国家出版基金项目
NATIONAL PUBLICATION FOUNDATION

"十四五"国家重点出版物出版规划项目
全国高校出版社主题出版
国家语委"十三五"科研规划重点项目

中国外语教材史

上卷

陈坚林 主编

上海外语教育出版社
SHANGHAI FOREIGN LANGUAGE EDUCATION PRESS

图书在版编目（CIP）数据

中国外语教材史.上卷/陈坚林主编.--上海：
上海外语教育出版社,2021
ISBN 978-7-5446-7031-9

Ⅰ.①中… Ⅱ.①陈… Ⅲ.①外语—教材—教育史—
中国 Ⅳ.①H09-092

中国版本图书馆CIP数据核字(2022)第111723号

出版发行：**上海外语教育出版社**
　　　　　（上海外国语大学内） 邮编：200083
电　　话：021-65425300 (总机)
电子邮箱：bookinfo@sflep.com.cn
网　　址：http://www.sflep.com
责任编辑：苗杨、许进兴

印　　刷：上海中华商务联合印刷有限公司
开　　本：710×1000　1/16　印张 50.75　字数 909 千字
版　　次：2023 年 7 月第 1 版　2023 年 7 月第 1 次印刷

书　　号：ISBN 978-7-5446-7031-9

定　　价：**180.00** 元

本版图书如有印装质量问题，可向本社调换
质量服务热线：4008-213-263

前　言

中国外语教学有着悠久的历史。许多学者对中国的外语教育教学史进行过研究，并撰写了不少相关文章和著作①。这些研究主要从宏观（语言政策与规划）到微观（课程与教学）对中国的外语教学进行了较为全面的梳理和探究，偶尔涉及教材的编写和使用，但只是蜻蜓点水，浅尝辄止。久而久之，学界似形成了一种思维定式，认为此类研究就仅局限于教育或教学的层面。但实际上，在外语教学史的长期研究实践中，中国外语教材的发展历史是更为基础、更为重要的一块。我们本着"以史为鉴，贯通古今，古为今用"的原则，重点研究中国外语教材史，以填补和完善中国外语教育教学史的研究体系。

本研究试图通过挖掘大量的第一手史料来勾勒中国不同历史时期外语教材发展的轮廓，梳理外语教材发展的历史脉络，力求生动再现外语教材发展的历史过程，总结不同时期外语教材的特点与规律，追溯外语教材从萌芽到成长再到兴盛的历史基点与源泉，展现中国外语教育教学的完整图景，重构外语教育教学史的研究格局，为当今外语教育教学改革，尤其是外语教材研发提供有价值的历史借鉴。

教材，作为人类历史发展进程中不可或缺的一部分，"不仅复活了古老的文化，而且回响着时代的声音，它浓缩了整个世界文明史，寄托着人类一直苦苦追求的全部梦想"②。研究我国外语教材发展的百余年历史，既可以真实地还原中国外语教材演变的历史曲线，又可以通过教材来透视时代发展的特征，为当代教材的发展提供借鉴。中国外语教材的发展历程充分体现了国家的变化与发展，

---

① 付克.中国外语教育史.上海：上海外语教育出版社，1986；李良佑.中国英语教学史.上海：上海外语教育出版社，1988；王建军.中国近代教科书发展研究.广州：广东教育出版社，1996；石鸥.百年中国教科书论.长沙：湖南师范大学出版社，2013.

② 石鸥.中国百年教科书图说.长沙：湖南教育出版社，2009：1.

尤其能从多方面折射出国家政策的更迭与走向、外语教学的演变与发展、价值体系的构建与嬗变以及社会的变迁与进步。因此,外语教材史的研究具有重要的历史意义和现实意义。

第一节 外语教材史研究的重要性

外语教材作为中国传统文化与西方现代文明的桥梁和纽带,历来受到关注。2017 年 7 月,为贯彻落实《关于加强和改进新形势下大中小学教材建设的意见》,国务院决定成立国家教材委员会,凸显了教材建设对于教育发展的全局性重要意义。2018 年 10 月,教育部印发《教育部关于加快建设高水平本科教育全面提高人才培养能力的意见》(简称"新时代高教 40 条"),要求全面提高教材编写质量,加强教材研究,创新教材呈现方式和话语体系,实现理论体系向教材体系转化、教材体系向教学体系转化、知识体系向学生的价值体系转化,使教材更加体现科学性、前沿性,进一步增强教材的针对性和实效性,全面提高人才培养质量。这说明在 21 世纪世界面临百年未有之大变局的今天,我们更应该从中国的外语教学实际出发,加强对外语教材的研究,使之更好地服务于国家人才培养的发展规划和构建人类命运共同体的宏大理想。

关于外语教材的研究,国内外学者已有不少成果,这在某种程度上反映出学界对外语教材史研究重要性的初步认识。

国外外语教材研究始于 20 世纪 80 年代,教材研究被看作实践者(practitioner)的研究或教学研究的分支,通常以某教学方法的操作实例呈现。这一时期的教材研究集中表现为教材评估和选择,或对教材编写给出实际建议。自 20 世纪 90 年代中期开始,教材研究成为独立的学术研究领域,涵盖了教材评估(evaluation)、改编(adaptation)、设计(design)、出版(production)、开发(exploitation)和研究(research)等方面,统称为"教材开发"(materials development),代表性著作①层出

---

① Cunningsworth, A. *Choosing Your Coursebook*. Shanghai:Shanghai Foreign Language Education Press, 2002;McGrath, I. *Materials Evaluation and Design for Language Teaching*. Edinburgh:Edinburgh University Press, 2002;McDonough, J. & C. Shaw. *Materials and Methods in ELT: A Teacher's Guide*. Beijing:Peking University Press, 2004;Tomlinson, B. (ed.). *Materials Development in Language Teaching*. Cambridge:Cambridge University Press, 1998;Tomlinson, B. (ed.). *Developing Materials for Language Teaching*. London:Continuum, 2003;Tomlinson, B. (ed.). *Materials Development in Language Teaching* (2nd ed.). Cambridge:Cambridge University Press, 2011;Tomlinson, B. & H. Masuhara (eds.). *Research for Materials Development in Language Learning: Evidence for Best Practice*. London:Continuum, 2010;Tomlinson B. & H. Masuhara (eds.). *Applied Linguistics and Materials Development*. London:Continuum, 2012.

不穷,在促进大学和教师培训机构更多关注教材如何帮助语言习得等方面迈出了重要一步。然而国外学者对语言教材的研究多是共时性研究,涉及的领域和话题较为分散,个性的讨论多于共性的分析,缺乏学术史维度上的收集与整理,不能适应外语教材持续发展和深入研究的客观需要。

我国教育界历来重视教材建设和研究。近年来,国内学者对外语教材的研究多是历时性研究,重视对外语教材发展的总结和展望,如胡壮麟解读《大学英语课程教学要求》对大学英语教材的深远影响①,陈坚林在总结 20 世纪 60 年代以来的四代大学英语教材共同特征的基础上提出"第五代大学英语教材"的构想②,还有众多学者相继对外语教材(尤其是大学英语教材)编写史和研究状况进行了描述和梳理③。这些研究成果涉及外语教材的基本内涵、理论渊源、实践基础、历史沿革以及当代价值等内容,但多数成果仅限于理论层面的探讨,缺乏学理分析和史料支撑,故而研究的系统性不够强。

综上,当前外语教材研究主要存在三方面的问题。(1)研究的落脚点多是在总结一个阶段外语教材编写特征的过程中发现教材领域的新问题并奠定教材发展的新基石,但在选取时间跨度、素材丰富程度、涉及语种广度、理论研究深度等方面皆有所欠缺,没有把百余年来外语教材的发展主线和具体历程梳理清楚。(2)多数研究混淆了外语教材研究与外语教学研究的谱系关系和不同之处,用后者替代前者的现象较为突出,没有把外语教材研究的鲜明特色体现出来,特别是在新时代外语教学面临重大转型之际理解外语教材的新内涵并找到把有中国特色的外语教材新体系融入外语教育发展的新途径方面仍显不足。(3)"一带一路"倡议背景下外语教材如何适应人才培养新形势是一个崭新的课题,但尚未有一部教材发展史能够提供借鉴、解读,以形成新思路、发现新方法。文献史料整理远远滞后于外语教材发展的需要,制约了外语教材研究的深入开展。因此,进行较为全面系统的教材史研究就显得十分重要,而且刻不容缓。外语教材的研究应该是全方位的,这已成为当前外语学术界的基本共识。

---

① 胡壮麟.新世纪的大学英语教材.外语与外语教学,2005(11):28-31.

② 陈坚林.大学英语教材的现状与改革——第五代教材研发构想.外语教学与研究,2007(5):374-378.

③ 王进军,冯增俊.国际外语教材发展的演进特征及其走向探索.比较教育研究,2009(6):67-71;黄建滨,于书林.20 世纪 90 年代以来我国大学英语教材研究:回顾与思考.外语界,2009(6):77-83;陈珍珍.论我国大学英语教材编写的演进轨迹.浙江师范大学学报(社会科学版),2010(2):104-107;柳华妮.国内英语教材发展 150 年:回顾与启示.山东外语教学,2011(6):61-66;杨港,陈坚林.2000 年以来高校英语教材研究的现状与思考.外语与外语教学,2013(2):16-19.

第二节　外语教材史研究的必要性

历史地看,中国自清末有对外商贸往来的 100 多年来,从手抄外语读本的民间流行,到西式教材的引进,从学堂自编教材之发轫与书坊教材之兴盛,到官编教科书的出现,从通用教材的一统天下,到多种教材的百花齐放,外语教材"以语言开启民智"[①],在古老的中国大地上投射现代文明之光,滋养心灵,形塑国民,推动着中国社会由近代的农业文明走向现代的工业文明。即使是在 20 世纪上半叶军阀混战、兵荒马乱的民国年间,外语教材仍然井喷式地涌现,其中不乏优秀的传世之作。要梳理百余年历史跨度的外语教材,就必须从不同角度入手,探究其在各历史时期的特征,而这些特征就反映在教材与教学、政策以及价值观的关系上。正因如此,其研究的必要性更加凸显。

一、教材与教学

教材与教学的关系主要体现在教学理念和教学方法上。就中国的外语教材而言,不同时期的教材都能在教学上反映其时代特征。

清末时期,国人开始接触并学习英语。为了能和外国人有效沟通,国人学习英语都用汉语方言注音。当时的许多教材(《红毛通用番话》《华英通语》《英话注解》等)用粤语、沪语、甬语、北方话注音,通过这种注音方法来学习的国人所讲出的英语真可谓千奇百怪、五花八门。

民国时期,英语教学注重标准发音,体现在教材上就是采用了丹尼尔·琼斯(Daniel Jones)的英语国际音标体系,推崇的是跟读的方法。当时有一批留洋归来的教师开始采用较为先进的教学方法,如直接法和情景法,词汇与语法的教学也是循序渐进的。这些在当年的教材中(《初中直接法英语教科书》《英文津逮》《开明英文读本》等)都有非常具体的体现。

中华人民共和国成立后,外语教学曾经历曲折。在改革开放之后,特别是进入 21 世纪以来,外语教学则发生了翻天覆地的变化,引进了许多先进的教学理念(以学生为中心、个性化教学、交际法、立体式教学等),国人也在教材研发与编写方面与时俱进,努力践行"引进、消化、再创新"的原则,教材也从纸质平面形式演变成了多媒体立体化形式,崇尚的是立体化综合教学模式。

---

① 严复.英文汉诂(卮言).上海:商务印书馆,1904:i.

　　由此可见,教学与教材有着逻辑上的紧密关系,教学由相应的理念指导,践行相应的教学方法,而这些教学上的方法和理念都会在教材的研发编写上反映出来,两者相互支撑,螺旋式向前发展。

二、教材与政策

　　国家意志和发展方向都体现于各种方针与政策之中,教育筑造民众的思想基石,历来是国家的大政,自然服务于国家意志和国家发展方向。教材作为践行教育的载体,自然也体现这种意志和方向。因此,不同时期的教材特征也反映出不同时期的国家政策。

　　清朝时期,传统教育制度以科举为核心,以儒家经典为教育内容,形成官学、私学、书院并存的教育模式,甚至还有过不许国人学外语的规定①。鸦片战争以后,随着传教士的到来和西学的传入,近代新型人才培养成为教育改革的目标。同时中国又掀起了洋务运动,向国外学习先进的科学技术。清政府采取了诸如"师夷长技以制夷"等一系列应对策略,也有大臣在给皇帝的奏折中写道:"欲悉各国情形,必先谙其文字,方不受人欺蒙。"在此背景下,中国才有了京师同文馆、上海广方言馆、广州同文馆等新式外语类学堂。此后,就有了汪凤藻的《英文举隅》和张德彝的《英文话规》等英语教材。

　　中华民国成立伊始,国民政府就颁布了《1912 年小学校令》和《1912 年中学校令》等一系列教育政策,明确规定了外语教学中学生应学习的语种和课时,使学校外语教育基本定型并得到了稳步发展。因有了明确的国家外语教育政策,中国不仅涌现出大批外语教材,而且还有专门的出版机构进行外语教材研发与组织编写。尽管这一时期的外语教育也存在一些局限,主要表现为有些教育政策难以落实,外语教材的编写与出版较为混乱与无序②,但还是产生了不少脍炙人口的优秀之作,如《英语模范读本》《开明英文读本》《英语标准读本》等。

　　1949 年中华人民共和国成立,百废待兴,各项建设都需要规划。在之后几十年的发展过程中,国家的外语教育政策也经历了多次调整。新中国成立伊始,国家确立了学习俄语的方针,俄语独占学校外语科目,同时也有了初步的俄语教材研发。此后,国家的发展又开始要求进行俄语和英语的平行教学,但不久外语科目被取消,而后又重新开设,在此期间学校使用的外语教材也是极不稳定的。"大跃进"时期,教材随着相关政策大批量仓促上马,数量不少,但质量低下,无

---

① 同文馆题名录. 光绪五年(1879)刊: 19 – 23.
② 王建军. 中国近代教科书发展研究. 广州: 广东教育出版社,1996.

法使用。"文革"时期,外语教材更是被当作政治和阶级斗争的工具,与现实的语言交际严重脱节。改革开放以后,外语教材随着国家拨乱反正政策的实施逐渐走上正轨,但基本是"一纲一本一统天下",换言之,就是外语教学依照一个教学大纲使用一套外语教材。进入 21 世纪以来,国家提倡"一纲多本"的外语教学,强调外语的综合教学。自此,外语教材随着国家相关政策的调整而蓬勃地发展起来。

综上,外语教材受限于国家政策的实施和变化,与政策有着极为密切的关系。

三、教材与价值观

教材编写的价值追求体现在国家意志的实现、文化基因的传承和个体完整人格的塑造三个方面[①]。为了实现这一价值追求,一般说来教材的编写需要贯穿三条逻辑线索:一是学生成长的生命逻辑,二是日益扩展的生活逻辑,三是相伴而生的知识逻辑。因此,教材和价值观体系构建有着非常紧密的联系。这些联系在中国的外语教材发展史上各个阶段的教材中都有所反映。

清末时期,中国在鸦片战争后开埠通商,产生了不少涉外职业,如跑街、跑楼、通事等,这些职业催生了民间的外语学习。当时有本小册子名为《红毛通用番话》,其封面是 18 世纪外国人的形象,这是外国人形象首次出现在中国的外语教材中。封面的文字、人物和册子的内容都反映了当时国人对外国人的认知及自身的价值观念。在英语学习上,国人采用各种方言来标注英语的发音,也反映了不同地方英语学习者的价值观念。严复在《英文汉诂》教材中就提出用英语开启民智,可见其改变传统价值观的心情之迫切。

民国时期,随着西方传教士来到中国,许多教会学校建立起来,这些学校使用的都是外国原版教材,自然也就反映了国外的历史文化、生活方式以及价值观念。即使是中国人编写的英语教科书,绝大多数也都是节选国外名著的片段或报刊的文章,免不了会把西方的生活方式或价值观念直接抛给中国的外语学习者,而这些都会对国人产生影响。

中华人民共和国成立后发行的教材也因国家政治和社会形势的变化,反映出不同时期的特定时代观念,如"大跃进"时期的"大干快上发展经济","文革"时期的"阶级斗争为纲",改革开放时期的"学习国外先进科学技术、发展本国经

---

① 张广斌. 进课程·进教材·进课堂·进头脑——中小学开展社会主义核心价值体系教育的几点思考. 中国德育,2011(10):54-58.

济",21世纪的社会主义核心价值观等。这些时代观念的变化都在我们的外语教材中体现出来,影响一代又一代的外语学习者。

从教材价值观演变可以窥见,外语教材与价值观念有着极为密切的联系。应该说,教材具有重要的意识形态教育功能。因此,我们在教材史的研究中,应探寻教材研发时如何使价值观体系显性呈现和隐性融入,探究如何使教材中的价值体系与学生先备价值观衔接,使之既要符合国家的整体发展,又要有助于国家意志的体现和实现。

综上所述,教材与教学、教材与政策、教材与价值观都有着非常密切的关系,而这些关系随着时代的发展而变化,随社会的变迁而进步。因此,要使教材与时俱进,加强教材史的研究就显得十分必要。

第三节　外语教材史研究的复杂性

外语教材史的研究纷繁复杂,教材本身种类繁多,涉及不同层次、版本、对象等,而且从百余年的历史跨度来看,有清末的教材、民国时期的教材以及中华人民共和国的教材,而中华人民共和国的教材又有各地实验教材和各学制教材的区别。如此复杂的情况纠缠在一起,使得梳理教材史的工作困难重重,超乎预想。尽管学界有过关于教材发展历史的专门论著,但它们多数是就1949年以后的教材进行了梳理和总结,即使有些论著涉及清末时期的教材,也是轻描淡写,一笔带过。

本外语教材史研究尝试对中国百余年外语教材的发展历史进行整理、描述和研究,考察对象不仅仅局限于英语教材,而且还有其他语种(日语、阿拉伯语、俄语、法语、德语、西班牙语)的教材,试图描绘出中国百余年外语教材发展的历史画卷。在梳理和研究过程中我们发现,每个语种的教材都有其发展的特征和规律,而且在历史长河中能够查找到的源头教材非常之少——即使查到,也不一定是当年的最初版本。历经百余年的风风雨雨,很多教材散落在全国各地甚至海外。要把这些教材都一一梳理清楚,实属不易。从这一点来看,撰写好一本能够反映时代特征且又轨迹完整清晰的教材史,其复杂性和困难程度可想而知。

为了能够有逻辑地串联起教材发展的历史节点,我们尝试以时间为轴撰写外语教材史,每一个时期都有不同的阶段,每个阶段都选择最具代表性的教材进行整理和分析,以期总结归纳出其重点和特色。同时,我们以史带论,史论结合,广泛收集并引用史料,力求公正地评价历史事件、人物与教材,客观论述某一时期外语教育教学的成败得失，尽力揭示不同时期教材的内在联系，这也是撰写本教材史时所遵循的指导思想。在撰写过程中我们还发现，各个语种的教材发展有先有后，发展轨迹也不尽相同。除了英语教材之外，日语、德语、俄语等语种的教材也有着非常悠久的历史。为了便于梳理，《中国外语教材史》分为上卷和下卷。上卷涵盖了中国从清末至今的英语教材历史，主要分为清末篇、民国篇和新中国篇。下卷包含有六个语种（日语、阿拉伯语、俄语、法语、德语、西班牙语），也基本涵盖了这六个语种从近代以来的教材发展历史。另外，为便于统计和论述，除特别说明外，书中资料和数据仅指中国大陆地区，港澳台地区相关内容单独列示与描述。

因工作量巨大，《中国外语教材史》编写组邀请了各语种的教材研究专家参与撰写工作。他们孜孜不倦，刻苦钻研，克服了史料查阅与核实上的诸多困难，填补了不少教材史研究上的空白。可以说，《中国外语教材史》是各方专家智慧的结晶，是弥足珍贵的研究成果。上卷中，清末篇和民国篇由陈坚林撰写；新中国篇中，基础教育中的中学部分由廖晓丹撰写，小学部分由朱小超撰写；1949—2000年的高等教育英语教材由柳华妮撰写，21世纪的高等教育英语教材由杨港撰写；高职高专教育中的英语专业部分由夏蓓洁撰写，大学英语部分由戴瑞撰写。下卷中，日语篇由伏泉撰写，阿拉伯语篇由廖静撰写，俄语篇由钱琴撰写，法语篇由朱燕撰写，德语篇由毛小红撰写，西班牙语篇由陆经生撰写。在此，作为主编，我为各位专家的钻研精神和辛劳付出表示由衷的感谢！

尽管我们为此付出了不懈的努力，但由于教材发展历程纷繁复杂，书中难免偶有疏漏或有待商榷之处，恳请各方专家、读者批评指正。

陈坚林

2023年春

目　录

新中国篇 / 187

基础教育部分

上卷导言

1862 年京师同文馆成立,中国从此有了较为正规的外语教学,当然也就有了外语教材。在中国外语教学的漫长发展过程中,英语教学最为悠久,其教材的发展甚至可以追溯至 18 世纪中叶。为能生动绘制出英语教材发展的历史画卷,本外语教材史英语卷将按教材问世的时期分为清末篇、民国篇以及新中国篇。

清末篇又以各阶段教材的发展状况分述为教材发展的萌芽期、成长期、发展期和繁荣期。整个清末,已有相当数量的英语教材,其中包括引进的教材和中外人士编写的教材。如果教材的编著者明确,则依问世时间将教材和编著者一并描述与介绍。若教材编著者不详,则以教材问世的先后顺序分述整理。

民国时期,英语教材发展非常迅速,出版机构、版本、版次繁多,同类型教材也是数量众多。本卷从民国初期的教育教学改革等社会变迁开始,描述了当时外语出版机构的诞生与发展及其对外语教材出版的规划、组织与编写编辑。鉴于教材数量甚众,本卷挑选当时具有相当影响力的代表性作者和教材进行描述与介绍。当时研发的外语教材中,既有官方的国定教材,又有民间流传的教材,可谓百花齐放,同时又伴有激烈的市场竞争。如此种种,本卷均加以详细整理和描述。

相较于清末和民国,新中国成立后的外语教材有了系统性的发展,本卷将其分为基础教育部分、高等教育部分和高职高专部分。新中国英语教材经历了"苏化"时期、探索时期、"文革"时期、恢复发展时期、义务教育时期以及 21 世纪繁荣发展时期。英语卷将对这些时期的教材进行全面的描写与刻画,包括语言政策与规划、课程变化与设置、教学改革与完善,以及各个时期教材的编者、编写、使用与特色。

整个英语卷对教材的整理与研究集中于具有时代影响力的代表性作品,其他未介绍的英语教材则在书后附录中呈现。

清末篇

引　言

　　清末,因对外通商,中国民间开始流传一种用汉语注音的英语小册子,这可算作中国英语教材的雏形。随着商务活动的扩大,中外人士开始编写各种英语学习材料以供急需之用,英语教材进入了萌芽期。中国洋务运动的兴起促使了京师同文馆的成立,标志着中国开始有了较为正规的英语教学,英语教材进入了成长期。京师同文馆开始编译出版英语教材,一定程度上改变了中国人学英语用汉语注音的习惯,英语教材也随之进入了发展期。之后,商务印书馆创立,致力于外语教材的编写与出版,英语教材进入了繁荣期。

第一章
清末时期的社会状况

　　西方教育早在明清之际就开始传入中国,如意大利的教会人士高一志(Alfonso Vagnone, 1568—1640)第一次向中国介绍了他的教育理论专著《童幼教育》。此书分上、下卷:上卷分为教育之原、育之功、教之士、教之助、教之法等,下卷分为缄默、言信、文字、交友、闲戏等,从多方面阐述儿童教育等理论。意大利耶稣会人士艾儒略(Giulio Aleni, 1582—1649)写过《西学凡》一书,较为系统地介绍了西方教育制度,包括欧洲大学所设的专业、课程、教学过程和教学方法等方面的知识。这两本书都被列入当时的《四库全书提要》①。

　　但是,明清之际西方教育论著的传入与传播并未汇成改革的潮流。乾隆年间的《万国来朝图》(图1-1)仍在展示元旦朝贺庆典上各国、各族宾客进献贡品的宏大场面。

　　那时的清朝统治阶层傲视世界,唯我独尊,但实际上封建知识群体既愚昧又自大,其盲目排外、闭关锁国的做法致使社会内部的改革意愿不强烈、不迫切,也抑制了资本主义萌芽,并导致西方的科学教育思潮对中国各阶层的影响极微。因此就有了国人的误解:"外国语就是鸟语、鬼话,是蟹行文字";国人的误法:"清政府规定外国人不许学习汉语,中国人不许学习外语。"②

　　当时,各社会阶层都弥漫着一种盲目自大的民族情绪,对世界上的变化和其他国家的发展情况几乎一无所知,自视皇家朝廷就是世界的中心。当时有一位叫汪康年的官员对此有所记载。

---

　　① 顾长声.传教士与近代中国.上海:上海人民出版社,1985;陈学恂.中国近代教育文选.北京:人民教育出版社,1983.
　　② 清实录.北京:中华书局,1985;何勤华.清代法律渊源考.中国社会科学,2001(2):115-132.

图 1-1　万国来朝图

汪康年（1860—1911），清末维新派，德宗光绪年间进士，张之洞的幕僚，中国近代资产阶级改良派报刊出版家、政论家。汪康年撰写过一本《汪穰卿笔记》，对于彼时境况有所反映，其中有两例十分有趣："通商初，万尚书青藜云：'天下哪有如许国度！想来只是两三国，今日称英吉利，明日又称意大利，后日又称瑞典，以欺中国而已！'又，满人某曰：'西人语多不实。即如英、吉、利，应是三国；现在只有英国来，吉国、利国从未来过。'"以今人眼光来看，当日士大夫的认知确实可笑。然而，在"普天之下，莫非王土"的视野下，读书人对于世界的无知，着实惊人。不过，就在人

汪康年

们争论"英吉利"到底是一个国家还是三个国家的时候，同文馆和方言学堂也在北京、上海、广州等地陆续开张（后有详述）。这些学习外语的专门学校，却命名为"同文馆""广方言馆"，倒也颇有意趣。当时的英文教材不忘在《序言》

中强调,学习"西国语言"是为了实现"书同文、行同伦",以远播儒家声教,而非自我矮化①。鸦片战争惊醒了国人,尤其使社会精英阶层对世界发展及自身的落后有了较为清醒的认识。

1840 年第一次鸦片战争爆发,清政府战败,西方列强迫使清朝政府签订不平等条约《南京条约》,以武力获得在华利益。从此,清朝统治力量开始衰落,近代中国半封建半殖民地社会开始形成。1856 年第二次鸦片战争爆发,清政府再次战败,被迫签订了《天津条约》《北京条约》《瑷珲条约》,列强侵略更加深入。两次鸦片战争让中国与世界联系在了一起,坚船利炮裹挟着鸦片来到中国,将中国拖入灾难之中。正是在这种情况下,出现了"师夷长技以制夷"的思想。随着西方资本主义入侵进一步深化,封建统治者赖以统治的农村自然经济开始解体。同时伴随着列强在华设厂和洋务运动的发展,中国出现了民族资本主义,开始冲破封建主义的束缚,有了向西方学习的探索,如洋务运动,促进中国文化的成长与革新。当时总理各国事务衙门与随后的北洋通商大臣负责对外关系与自强运动的策划与推行,先后引入国外科学技术,建立现代银行体系、现代邮政体系、铺设铁路、架设电报网;建立新式教育(新学),培训技术人才并派遣留学生到欧美日等先进工业国家学习,同时建立新式陆军与北洋舰队等。洋务运动使得清朝的国力有了一定程度的恢复,到慈禧太后与恭亲王联合执政的同治年间,在文武齐心合力之下,一度出现了较安定的局面,史称"同治中兴"②。

尽管清政府败于世界列强,签订了割地、赔款、通商、丧失主权的不平等条约,但清朝统治者并不认输,对于以英国为代表的各国在华所取得的特权与地位并不心服。当时的英国可以说是如日中天的世界霸主。英国经济学家威廉姆·斯坦利·杰文斯(William Stanley Jevons,1835—1882)在 1865 年曾描述道:"北美和俄国的平原是我们的玉米地,加拿大和波罗的海是我们的林区,澳大利亚是我们的牧场,秘鲁是我们的银矿,南非和澳大利亚是我们的金矿。印度和中国是我们的茶叶种植园,东印度群岛是我们的甘蔗、咖啡、香料种植园,美国南部是我们的棉花种植园。"③英国成为当时世界上最强大的资本主义国家,被称为"日不落帝国"。虽然天朝上国的自大主义碰了钉子,但其并未放弃。对于西方资本主义国家,虽有一些有识之士进行了研究,但清廷中的顽固派仍坚持天朝上国那一套。

---

① 同文馆题名录.光绪五年(1879)刊:19-23.
② 史革新.程朱理学与晚清"同治中兴".近代史研究,2003(6):72-104.
③ 郭方主编.全球通史 8——殖民争霸:1800—1914 年.长春:吉林出版集团有限责任公司,2010:101.

到 19 世纪 60 年代,迫于西方诸国的多重打击,以恭亲王奕䜣、李鸿章、曾国藩等为首的洋务派为挽救摇摇欲坠的封建统治皇朝,提出要"借法自强",主张造炮船、开矿源、建铁路、兴学校,意在培养人才,抗衡列强,进而走上富强自立之路。在洋务派看来,培养外语翻译人才尤为重要,因为要借鉴世界先进知识与科技首先需要精通西方语言文字。但清廷中顽固派仍死抱祖传封建教条,坚持闭关自守,反对洋务变革。在此过程中,发生了与外国条约中的主体语言使用问题。1858 年的《天津条约》中,英国提出正式文件使用的语言问题:"嗣后英国文书俱用英字书写,暂时仍以汉文配送,俟中国选派学生学习英文,英语熟习,即不用配送汉文。自今以后,遇有文词辩论之处,总以英文作为正义。此次约定,汉、英文字详细较对无讹,亦照此列。"随后,与法国的条约中增加了相同条款①。这可是一个莫大的威胁! 所以对清政府来说,培养外语翻译人才已刻不容缓。为此,奕䜣等于 1861 年上奏说:"欲悉各国情形,必先谙其言语文字,方不受人欺蒙。各国均以重资聘请中国人讲解文义,而中国迄无熟悉外国语言文字之人,恐无以悉其底蕴。"②在洋务派的努力下,京师同文馆于 1862 年成立,开始了中国正式的外语教学。

其实早在京师同文馆成立之前的几十年,在中国的少数几个沿海城市就已经有了英语教学。这些英语教学多由英、美两国的基督教传教士零星地进行,范围很窄,规模极小,所以并未形成一种正规、系统的外语教育③。但从京师同文馆成立之后的数年中,各类新型学校(多数为教会所办)如雨后春笋般涌现。到了 1866 年,在华的耶稣教会与天主教会办有义学、学堂、书院共计 74 所,学生约1,300 人④。与京师同文馆招考时半年之内仅有 98 人报名而赴考者仅 72 人相比,民间对新学的接受程度显然要高得多。到 1875 年左右,教会学校数量增加到 800 所,学生 20,000 余人,其中基督教教会学校 350 所,学生 6,000 余人,其余为天主教所设。1892 年,天主教学堂共有 633 所,学生 10,917 人,16 倍于同期中国人所办新式学堂学生人数⑤。教会学堂多数由外国人执教,学生自然要学习英语。同时,英语作为中外通商活动中的重要交流工具,以及一种谋生和文化传播的手段,也促使语言培训性质的学校相继在沿海城市出现。由于"通洋语,悉洋情,猝致富贵",通商口岸专门教授西语的学堂渐次增多,甚至出现"趋

---

① 王铁崖. 中外旧约章汇编(第 1 册). 北京:三联书店,1957:102－103.
② 总理各国事务奕䜣等折,1862 年 8 月 20 日. 筹办夷务始末,同治朝卷十五.
③ 李良佑. 中国英语教学史. 上海:上海外语教育出版社,1988:1.
④ 桑兵. 晚清学堂学生与社会变迁. 上海:学林出版社,1995:28.
⑤ 徐雪筠等译编. 上海近代社会经济发展概况:1882—1931. 上海:上海社会科学院出版社,1985:115.

利若鹜,举国若狂"的局面①。据统计,19 世纪 70—80 年代,上海市井中的英语夜校、英语培训班、英文书馆等"英语文字之馆"有 36 所之多②,掀起了中国首个外语学习热潮。要学习英语,必然要有学习的材料或教材。当时,在学校使用的教材基本都是由传教士从国外带来或引进。可以说,在中国外语教学的历史中,教材经历了从引进到本土萌芽,再到本土发展的漫长历程。

　　① 左宗棠. 发给勒伯勒东札凭片(同治六年十月二十二日). 左文襄公全集(奏稿卷三之二十九).(清)杨书霖编校.
　　② 熊月之. 上海通史——晚清文化. 上海: 上海人民出版社,1999: 297.

第二章
英语教材的萌芽期

　　虽说我国正式的外语教学,始于清同治元年(1862)的京师同文馆,但早在晚明民间就有英语的传播。从1637年第一艘英国商船来到广州,到17世纪中叶英国逐渐取得海上霸权,英语亦逐渐取代拉丁语成为主流。在相当长的时期里,广州一直是中国大陆重要的开放港口。1698年,法国商人首先在广州设立商馆,1715年,英国东印度公司也在广州设立了商馆,随后,西班牙、荷兰、丹麦、瑞典、美国等国的商馆相继在广州设立。当时正是清朝(乾隆年间)的鼎盛时期,中国与外国的经贸往来日益频繁,语言的交流显得重要起来。清朝时期主要贸易国就是英国,而本土通商口岸只有广州,因而英语与粤语成了主要沟通语言。这种交流促使清政府在乾隆十三年(1748)建立了一个名为"会同四译馆"[①]的政府翻译机构。会同四译馆为适应经贸发展的需要,编写了一种名曰《嘆咭唎国译语》的英语读本[②]。这可能是迄今所发现的中国最早的具有教材性质的英语读本。

---

　　① 清顺治初年仿明制置会同、四译两馆。会同馆属礼部,由礼部主客清吏司满、汉主事各一人主持馆事;四译馆隶翰林院,以太常寺少卿一人主持馆事。馆内分回回、缅甸、百夷、西番、高昌、西天、八百、暹罗八馆,分掌翻译之事。乾隆十三年(1748)四译馆并入礼部为会同四译馆,掌接待各藩属、外国贡使及翻译等事。以礼部郎中一人,带鸿胪寺少卿衔兼摄馆事,三年更换一次。以后又增设满稽察大臣二人,由各部院尚书、侍郎内简派。(俞鹿年.中国官制大辞典〈上卷〉.哈尔滨:黑龙江人民出版社,1992.)

　　②《嘆咭唎国译语》的珍贵孤本现收藏于故宫博物院。(钦定大清会典(514卷礼部).中华书局影印,1991;杨玉良.一部尚未刊行的翻译词典——清官方敕纂的《华夷译语》.故宫博物院院刊,1985〈4〉:67-69;刘迎胜.宋元至清初我国外语教学史研究.江海学刊,1998〈3〉:112-118;黄宏涛.《嘆咭唎国译语》的编纂与"西洋馆"问题.江海学刊,2010〈1〉:150-159.)

第一节　《嘆咭唎国译语》(1750)

《嘆咭唎国译语》读本约编写于 1750 年,但作者不详。这是一种英汉对照的词汇书(相当于"辞书"),属清内府抄本之蓝印本,是一部尚未刊行的书籍。该书一函 2 册,上册 104 页,下册 100 页,共收录词语 734 则,涉及译音汉字 490 个。据目前所知,这可能是我国历史上第一部官方辞书,由故宫博物院珍藏。然而,有学者认为《嘆咭唎国译语》更像是教材而非辞书,"是一部以字汇为主要内容的英语教材。"①

黄兴涛对《嘆咭唎国译语》一书有过这样的描述和评价:《嘆咭唎国译语》一共有 2 册,线装。封底通为蓝色,2 册的书名"嘆咭唎国译语"均题写在封底的白色贴页上端。② 全书按顺序分《天文门》《地理门》《时令门》和《人物门》等 20 门,一共收录了 734 个英汉对译词汇。其中,各门收词情况依次如下:《天文门》38 词;《地理门》52 词;《时令门》36 词;《人物门》60 词;《身体门》36 词;《宫室门》20 词;《器用门》56 词;《饮食门》22 词;《衣服门》24 词;《声色门》14 词;《经部门》20 词;《文史门》14 词;《方隅门》14 词;《花木门》18 词;《鸟兽门》50 词;《珍宝门》18 词;《香药门》32 词;《数目门》22 词;《人事门》110 词;《通用门》78 词。在编撰形式上,该词典由英文原词、对译汉字以及用汉字注出的英文发音合构而成。英文词以草体写出,下面的对译汉字词为楷书。当然,《嘆咭唎国译语》是会同四译馆组织在京西洋传教士所编,还是由中国广东"通事"所写,似乎众说不一,但多数认为由广东"通事"编写的可能性较大,有 3 点理由:一是词汇的发音都是粤语注音。二是早期"广东英语"中代词宾格和所有格混用。如短句"It is me",对应 me 的发音却注为"买",显然是 my 的发音;还有词汇等生搬硬套,如"半夜"用 halfnight 而不是 midnight,"大小(尺寸)"用 great-small 而不是 size。三是"广东英语"中的澳门葡语痕迹。比如,汉字"神"对应的英文词是 spirit,下面的汉字注音却是"(嗬)是",两者明显不对应。在"广东英语"里,神一般不称 god 或 spirit,而是 joss,它是 17 世纪澳门葡语 dios 的中文发音。不管其编者是外国人还是中国人,《嘆咭唎国译语》的问世有着 4 个方面的价值③:一是形成基于交际需要且贴近现实生活的教学内容;二是探索有效的"汉字记音"英

---

① 余德英.《嘆咭唎国译语》及其教育价值. 肇庆学院学报,2016(4):57-61.
② 黄兴涛.《嘆咭唎国译语》的编辑与"西洋馆"问题. 江海学刊,2010(1):150-159.
③ 同①.

语学习方法;三是奠定了前近代中国英语教材的编撰体例和方法;四是培养了中国近代最早的一批英语人才。

《噢咕唎国译语》是由清朝官方组织编写的英语读本。19 世纪初叶也有在华传教士撰写的或民间流行的英语教材。

第二节 《英国文语凡例传》(1823)

《英国文语凡例传》(*A Grammar of the English Language*)是中国早期英语语法教材之一,由英国传教士马礼逊(Robert Morrison, 1782—1834)编写于 1823 年。马礼逊是西方派到中国大陆的第一位新教传教士。他在华 25 年,在许多方面都有首创之功:是他首次在中国境内把《圣经》译为中文并予以出版,使基督教经典得以完整地介绍到中国;他花了整整 15 年时间编纂了第一部六大本合计 4595 页的《华英字典》,成为汉英字典编撰之圭臬。《英国文语凡例传》是他编写的一本鲜为人知的英汉对照语法书。

《英国文语凡例传》共 97 页,是马礼逊专为英华书院学生学习英语语法撰写的教本,于 1823 年出版于中国澳门,由东印度公司出版部印制。此书的最初版本现收藏于哈佛大学善本室①。《英国文语凡例传》由 4 个部分组成,即字头论(Orthography)、字从来论(Etymology)、字成句论(Syntax)、字音韵论(Prosody),用现在的说法就是正字法(如何正确拼写)、词源学(如何词语分类)、句法学(如何正确造句)、韵律学(如何正确发音)。

马礼逊

《英国文语凡例传》首先介绍 26 个英语字母及其发音,指出英语语音有元音和辅音之别,元音可单独发音,辅音则须连个元音方可读;还介绍了何谓"音节":"口气一发成音,或用一字头、两三字头不等,谓之 Syllable。"为配合训练发音,马礼逊列出了 700 多个由 2—4 个字母组成的单音节词以及多音节词近 600 个(标明音节),还相应附上 200 个简单句。关于词性,马礼逊介绍了 10 个类词,即名词、代

---

① 黄兴涛.第一部中英文对照的英语文法书——《英国文语凡例传》.文史知识,2006(3):57-63.

名词、冠词、动词、形容词、副词、分词、介词、连词、感叹词。而他的介绍较为特别，中英文合用，凡涉及语法术语性概念均用英文原文，如："凡有人、物、地、所在、事之名目谓之 Noun"；"凡有字言人、物或在、或是、或作、或被外物使，皆谓之 Verb"；"其 Participle 是从那 Verb 来的，而略带 Adjective 之意。要分现在之 Participle 和过去之 Participle，英文在其 Verb 添'ing'才成其现在之 Participle，又添'ed'，才成其过去之 Participle。"该书对英语动词的介绍是比较完整的，还列出了不规则动词过去式和过去分词变化表，收录了 192 个不规则变化动词。关于名词的复数形式，该书讲得比较完整，基本与现在的语法解释无异，如名词复数一般情况下在其原形后面加"-s"；名词以"-ch、-sh、-ss、-x"结尾时，加"-es"；如果以"-fe"结尾，则要将其改为"-ves"；以"-y"结尾，要将"-y"改写为"-i"再加"-es"；若"-y"前是元音字母，则只加"-s"等。书中还列举了 child 等不规则名词的复数变化以及 sheep 等单复数相同的名词。更有趣的是它对语法中"性"（gender）的介绍，英语中有区别性别的第三人称代词：he（阳性），she（阴性），it（中性）等，马礼逊就将 he，she，it 分别译作"他（男）""他（女）""他（物）"[①]。如 he：他，指男之他字；she：他，指女人之他字，因此，在使用上，只能在"他"字后面以括弧的方式表明指的是"妇人"或"男人"：She told me 他（妇人）告诉我；I saw her 我看见他（妇人）；This is his 这个是他（男人）的；That is hers 那个是他（妇人）的。

　　作为一本引导中国学生学习英语的入门语法书，该书还显粗陋，尤其是关于英语语法的一些关键概念直接搬用原文不加汉译，可能会造成初学者理解上的困难。但此书在语法教材的编写上展示了最初的范例。

第三节　《红毛通用番话》(1830)

　　《红毛通用番话》约撰写于 1830 年，作者不详，是一本用于商贸往来的小册子，也可以说是中国最早的商务英语读本。它的出现和在民间流行有着不一般的背景。

　　19 世纪二三十年代，广州作为对外的通商口岸，已有百余家英国商行。随着商贸交易的规模日益扩大，就有了大量诸如验货、定价、征税等活动和

---

① 当时，在汉语体系中没有"她"字，这是北大刘半农"五四"时期才发明的汉字。然而，清人郭赞生在他编译的英语语法书中较为成功地区别了英语 he 和 she 的汉译。

业务,因此需要一批能用外语进行日常沟通的人员来帮助打理,一些需要粗通外语的涉外职业就应运而生。那时在广州的中外贸易活动中,活跃着一批既了解中国市场,又略知英语的跑街、跑楼、通事和买办。有走街串巷进行产品宣传的人员,这就是"跑街";有要跑各家商户进行生意接洽的人员,这就是"跑楼";有需要对产品进行说明或传递消息的人员,这就是"通事";也有需要作为外国商贸的代理在中国打理生意的人员,这就是所谓的"买办"①。他们所使用的英语也有层次高低之分。活动在码头、街头的跑街、跑楼或捐客所说的往往是最蹩脚的洋泾浜英语,而从事货物生意交易的通事经纪人(有清朝的文献记载称作"翻译")一般要略好一些,洋行里的买办则英语程度较高。尽管这些与洋人打交道的人员外语水平参差不齐,但他们都需要有可以学以致用的材料,于是就有了民间(或在涉外从业人员中)流传的记录英语(时称"红毛番话"或"红毛鬼话")单词或词组的小册子,见图 2-1。

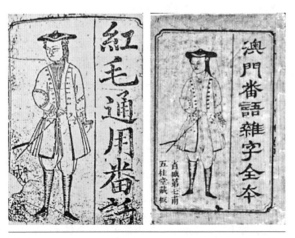

图 2-1　"红毛番话"小册子的封面

如图 2-1 所示,《红毛通用番话》小册子的封面画着一个身穿 18 世纪中叶服装的外国人——头戴三角帽,身穿宽下摆外套,马裤长袜,蕾丝褶皱袖饰,带扣足靴,手上拿着一根手杖。在清朝时期,最流行的两幅图,即《职贡图》和《万国来朝图》都对那时来中国的外国人,尤其是西洋人的形象有过较细微的刻画,见图 2-2。

_____

① 威廉·C. 亨特. 广州"番话"录. 冯树铁译. 广州: 广东人民出版社,1993: 37-45;聂宝璋. 中国买办资产阶级的发生. 北京: 中国社会科学出版社,1979: 2.

图 2-2 《职贡图》中的西洋人形象

图 2-2 中 18 世纪男性西洋人服饰风格的基本特征与图 2-1 相似,可见《红毛通用番话》小册子的封面反映了当时人们对西洋人形象的认知水平。

据考,《红毛通用番话》在 19 世纪 30 年代已经在广东出现,成为在民间颇为流行的教授或学习广东英语的教材或工具书,直至 19 世纪 80 年代还屡有翻印和再版。① 迄今,在民间流传的"红毛番话"小册子大致有 6 个版本之多,如荣德堂本《红毛买卖通用鬼话》、成德堂本《红毛通用番话》、璧经堂本《红毛通用番话》、富桂堂本《红毛番话贸易须知》、以文堂本《红毛话贸易须知》和五桂堂本《红毛番话贸易须知》,② 见表 2-1。

表 2-1　6 种"红毛番话"刻本词汇举隅

词条数/英文原词	荣德堂本	成德堂本	璧经堂本	富桂堂本	以文堂本	五桂堂本
37. one hundred	一百/温悭顿	一百/温悭顿	一百/温悭顿	一百/温悧顿	一百/温悧顿	一百/温悧顿
70. truly	老实/度咾利	老实/度咾利	老实/度咾利	老实/度老利	老实/度老利	老实/度老利
88. consciensia	公道/贡仙士	公道/贡仙士	公道/贡仙士	公道/贡伸士	公道/贡伸士	公道/贡伸士
133. good friend	好朋人/活父嗹	好朋人/活父嗹	好朋人/活父嗹	好朋友/活父	好朋友/活父	好朋友/活父
141. handsome	精致/痕甚	精致/痕甚	精/致痕甚	精/致痕甚	精/致痕甚	精/致痕甚
144. lost	舌本/咾士	舌本/咾士	舌/本咾士	舌/本咾士	舌/本咾士	舌/本咾士

---

① 邹振环. 19 世纪早期广州版商贸英语读本的编刊及其影响. 学术研究,2006(8):92-99;周振鹤.《红毛番话》索解. 广东社会科学,1998(4):148-149.

② 邱志红."鬼话"东来:"红毛番话"类早期英语词汇书考析. 清史研究,2017(2):113-121.

续　表

词条数/英文原词	荣德堂本	成德堂本	璧经堂本	富桂堂本	以文堂本	五桂堂本
207. one word	句/ 温忽	句/ 温忽	一句/ 温忽	一句/ 温忽	一句/ 温忽	一句/ 温忽

此外,这6种刻本还存在着"英粤对音"中"口"字旁汉字简化的趋势,以及不同刻本间讹误继承或纠正的情况。以荣德堂本《红毛买卖通用鬼话》为例,全册16页,每页3个单词为一列,内容分为4类:《生意数目门》《人物俗语门》《言语通用门》《食物杂用门》。每门各收词条数93个,一共收录372个英汉对译词汇。每一门的首页收录单词21个,其他每页则有24个单词。每门的具体内容见表2-2。

表2-2　《红毛买卖通用鬼话》内容

门　类	单　词
生意数目门	一至一百、一千、一万等数目字;一厘、一钱、一两、一尺、一丈;一箱、半斤、一斤至百斤;中意、唔中意、公道、几多钱
人物俗语门	皇帝、老爷、大班、二班、买办、剃头匠、财主、老公、老婆
言语通用门	请、坐、唔好、几多银、价钱、你买、你要、泔高、泔长、泔阔
食物杂用门	面头、米糖、沙糖、西瓜、咸鱼、牛乳

尽管这本小册子的版本种类繁多,但是基本格局未变,都呈现出这样的一些特点:

1)英文单词不是用字母拼写,而是汉字注音,使用的是粤语方言。如英文come注音"金",因为"金"在粤语里读kam,而不是像官话那样读kim。一些典型粤语也有对应英语备注,如"乜货:屈听what thing""唔做得:哪坚都no can do""俾钱:劫加示give cash""泔夜:梭坭地so night""乌糟:凸地dirty""龟公:各居cuckold"等。一词可多用,如"咪",即me,也可以当I、mine、we、us、our、ours使用。man可以有各种搭配,如tailman、sailman一类。

2)发音本土化,尤其是辅音结尾的英语单词,对国人来说不容易读出,常常就把此辅音省去,如deep只读成"喋"。当然有时也有繁化,在辅音后再加一个元音,以符合汉语的发音习惯,如lack读成"厘忌"(lackee)、call读作"加林"

（callam）、please 读作"鼻离士"（pilease）。这种发音的本土化还体现在将汉语所无的辅音如"th-"做了改变，如 thing 实际上读成 ting，所以注音为"听"。

3）留有洋泾浜葡语的痕迹。一些常用词，如 savvy（晓得）、maskee（系都好，没关系）、padre（和尚）都是从葡萄牙语来的。此书还只重词语而不重句子，即使有，也是典型洋泾浜如"不能做"即 no can do。当时会说些英文的人一般不认得英文的书面语，真是"但知夷语，不识夷字"。

这些"红毛番话"作为最早的以汉字标注英语词汇读音的词表，选择了最实用的日常生活和商贸用语，如表达计数、量词、器具、称谓、礼仪等简单词汇。这些读本尽管现在看来非常粗糙，但它们是中英商业文化交际中最早的一种工具书。它以一种文化内交际的编码形式来表达文化间交往的信息内涵，给我们提供了最初检索英语读音和意义的工具范例。

至今为止，所见的早期英语读本中，通篇不出现英语，仅用汉字和英语表达对应的粤音汉字注音标示的特殊编纂形式似乎仅为"红毛番话"类英语词汇书独有。

第四节　《华英通用杂话》（1843）

《华英通用杂话》（*Chinese and English Vocabulary*）由英国人罗伯聘（Robert Thom，1807—1846）编写，于1843年在广州出版。这是一本收录了商贸活动用

罗伯聘

语的英语教材。罗伯聘出生于苏格兰的格拉斯哥。1833年初他回到英格兰，此后又经法国前往中国，1834年2月抵广州，在怡和洋行就职，很快在余暇学会了汉语，是当时很少的几个认识汉字的外国人之一。1840年，他在英国领事馆当翻译，鸦片战争爆发后，他随英军在广东、舟山、镇海和澳门等地活动，1841年10月至1842年5月间任镇海民政长官。1844年5月5日，他被任命为宁波第一任英国领事，1846年9月14日，在任地病逝，年仅39岁。罗伯聘著述颇多，如把《警世通言》中的短篇小说《王娇鸾百年长恨》译成英文，并且加了大量的注释。1843年罗伯聘在广州编写刊印了《华英通用杂话》。

第一次鸦片战争后，《南京条约》规定了广州、厦门、福州、宁波、上海五口通

商,这五口虽地处东南沿海,但实际上中外商贸活动已逐渐北移,不少北方口岸城市商贸活动日趋频繁。为利于北方的商贸活动,消除由于语言障碍所造成的不良后果,英人"中国通"罗伯聃于1843年在广州编写刊印了《华英通用杂话》。该教材分上、下两卷,但目前众多学者研究发现的只有上卷。罗伯聃不是采用欧洲英语学习的经典教科书的方式,而是吸收了番话读本力求"本土化"的特点,又通过附载英语原文的方式弥补了"红毛番话"读本的缺陷,开辟了一个满足普通商贸英语读者所需要的成人英语读本的新设计。可以说,《华英通用杂话》是清末第一本适用于中外学习者学习中英双语的教材。该书的主要读者当然是积极学习英语的商贾,他们学会了英语就可以在生意上与人沟通和交流。这一点罗伯聃在《自序》中讲得很清楚:"余寓粤东多年,颇通汉语,然计汉人畅晓英成语者,不过洋务中百十人而已。"该书采用一种学习英语的新方法,即用北方官话注音,旨在使中外商贾迅速学习并掌握中外贸易英语口语。作者特选中外贸易中必需之句译出汉字英文,按照中文—英文—英文的谐音汉字的诵读模式编排成列,以便未曾学过英文的北方人和渴望学中文的外国商人"对照自学"。

《华英通用杂话》上卷分《序》《英文字头分别总目》《诵读华英通用凡例》《生意数目门》《日常口头语》《刊印错误说明》以及《致读者》7个部分。《序》介绍编写目的和体例。其他章节的编排遵循循序渐进的原则,逐步深入,既有读音拼写法又有词汇介绍与语法。《英文字头分别总目》,介绍了26个英语字母大小写的楷书与行书写法,以及《各字音韵分别用法》,如A音"亚"又"阿"等。为使学习者能讲出标准的英语,《诵读华英通用凡例》强调:"此书皆以正音所造,无论外省外府,凡欲研求此书者,务要从正音读之,方得其要旨,如以乡谈音韵读之,恐差之毫厘,失之千里,其话断难得其正,学者务要宜用心细辨可也。"也就是说,首先必须用北方官话(court dialect)诵读,否则"以乡谈音韵读之,恐差之毫厘,失之千里";其次,注重北方官话的"切"和"合"的用法。所谓"切",即将首字之头韵、次字之尾韵切成一声,如"乃因"(nine);所谓"合",即将首字与次字均撮其头韵紧凑,合念作一声,不可二声间断,如"托及"(dock, dog)。由3个或4个谐音汉字拼读的英文单词尤其需要"合"念,如"士必及"(speak)和"不里士的"(priest)等。《诵读华英通用凡例》还介绍了英语语法知识,如"英话说一把椅子,即系'温赤儿(切)one chair'及至二把、三把,至千把、百万把都要加一'士'字,如'都赤儿士(切合) two chairs''地儿衣赤儿士(切合)three chairs''温恨成列赤儿士(切合)one hundred chairs'"等等;同时该书也注意到不规则变化,如:"英话之大概虽加一士字,如指二多之数尚有出规,如一牙'温炉特 one tooth',二牙'都地衣特 two teeth',一个人'温蛮 one man',两个人'都岷 two men'，一只鹅'温古士 one goose'，三只鹅'地儿衣记士 three geese'，尚有不变改之语言，然而甚少，如一只绵羊'温示必 one sheep'，二只羊'都示必 two sheep'"等等。虽然罗伯聘认为初学英语发音准确很重要，但《华英通用杂话》还是以汉字注音，如：four 佛儿、fine 非因、gone 郭因、more 抹儿、nine 乃因、when 回因、where 回儿、two chairs 都赤儿士。这大概也是当时英语教科书的一大特点。

然而，较之"红毛番话"读本，《华英通用杂话》不仅供中国人学习英语，也给在华经商的外国人提供学习汉语的便利，主要体现在这些方面：

1）采用了中英对照的词汇表达。《生意数目门》列出了大量数量字句用法，如"二十二'敦地都 twenty two'""余数不用算'忒儿（切）衣士挪（合）屋茄森土工的（合）弗儿（切）特儿（切）There is no occasion to count further'"。《生意数目门》还介绍了许多欧洲的食品、物品，如"千里镜 sky-glasses""蛋糕 sponge-cakes""大麦酒 beer"等等。

2）出现了不少口语化的商用长句。如："我卖的都算现银不是赊卖的啊。I sell all for ready money! I don't sell on credit!""我办的事都是正经事，难道你当我是行偷漏不成。The business I do is all honest business; perhaps you take me for a smuggler, eh!"

3）出现了能体现文化的词语用法。该书《生意数目门》中有不少汉语中谦辞的用法，如"高姓何？What is your name?""贱姓……My name is ...""贵处呢？Where do you come from?""敝处英伦国。From England.""贵庚多少？How old are you?""虚度……I am ... years old."等。

4）涉及了中外文化的差异在称谓词语中的体现。如汉语的亲属称谓词语分为三大类，即宗亲（同姓）、外亲（异姓）、姻亲。宗亲又分为直系宗亲和旁系宗亲。在这类汉语的称谓词语中，不仅兄、弟、姐、妹都有单独的命名，而且堂、表、内、外、伯、舅、姑、姨等都有明确的区分。然而，西方在亲属称谓的分类上，要比中国笼统简单得多。brother 包括汉语的哥哥和弟弟，sister 可称呼汉语中的姐姐和妹妹，aunt 统称汉语中的伯母、姑母、舅母、姨母和婶母。因此该书在"日常口头语"部分中也特别介绍了各种称谓词，如"祖父又外祖父 grand-father""祖母又外祖母 grand-mother""伯父又叔父又舅父 uncle""姑母又姨母 aunt"等等。称呼词语无论在中国还是西方都是社会交际中至关重要的内容，因此在交往中如何使用谦称和敬称，是中外交往中一项重要礼仪，因为如何使用称呼语，反映着不同群体中人们对彼此地位、身份及相互关系的认定，所以也是参与社会组织活动者教养和社会交际能力的一种展示。

上述关于《华英通用杂话》编排形式和内容的分析表明罗伯聘不仅精通汉

英两种文字,而且非常重视不同语言在跨文化交际中的功能与作用,注重具有不同文化背景的中国人与西方人在某些文化语境中如何才能恰当而有效地进行交际和交流,从而使双方的贸易活动得以顺利进行。

第五节 《华英通语》(1855)

《华英通语》出版于 1855 年,但作者是谁却有不同说法。在《华英通语》出版之前,中国的外语教材基本上都是由外籍人士或中外人士合作编写或编译而成,直至 1855 年才有了中国人自己系统编撰的外语教材《华英通语》。据考,《华英通语》自 1855 年成书出版后有多种版本,如东北大学狩野文库本、福泽谕吉增订本、哈佛大学燕京图书馆藏本、耶鲁大学图书馆本[①]。这 4 个版本的封面书名等书志事项和成书年详见表 2 - 3[②]。

表 2 - 3 《华英通语》各版本信息

版本	狩野文库本	福泽谕吉增订本	哈佛大学本	耶鲁大学本
书名	咸丰乙卯 华英通语 协德堂藏版	万延庚申 增订华英通语 快堂藏版	丰庚申重订 华英通语 两营盘恒茂藏版	光绪己卯 藏文堂印 华英通语集全藏版
出版	1855 年	1860 年	1860 年	1879 年

作为用粤语注音的外语教科书,《华英通语》是研究 19 世纪中期粤语面貌的重要资料。关于该教材的编著者,4 个版本各有不同的说法。狩野文库本、福泽谕吉增订本所载《序》作者何紫庭记述:"吾友子卿,从学于英人书塾者,历有年所。凡英邦文字久深切究。"从此《序》看,何紫庭的友人子卿是作者,而哈佛大学本《序》作者拙山人记述:"余友子芳自少肄业于英人书塾,至今历年久矣。凡英国言语文字,靡不留心考究。"拙山人认为其友人子芳是编著者。然而,这两个《序》所提及的作者都是求学于英国。根据这些记述,很难说究竟谁是《华英通语》的作者,但可否猜测子卿和子芳是指同一人? 这有待进一步考证。

---

① 矢放昭文.《华英通语》反映的一百五十年前粤语面貌. 载张洪年,张双庆,陈雄根主编. 第十届国际粤方言研讨会论文集. 北京: 中国社会科学出版社,2007: 430 - 438.
② 同①431.

从《华英通语》的书名上看,"华"和"英"分别代表"华语"和"英语",这"华语"显然是指当时的粤语,这从 4 个版本的具体实例可见一斑,如:

洋遮—Umbrella　　　　行—Walk
茶煲—Tea Kettle　　　　我嘅—Mine or my
睇—Look　　　　　　　靓—Glistening

这些词语的粤语色彩在张双庆的《粤语的特征词》中也看得出来①。不过,有关人称代词或句子方面,现在的粤语不用或不说的例子也确有收载,如:

单字类有:"I 又曰 me,我"
　　　　　"You 又曰 thou,你"
　　　　　"He 又曰 him,他"
　　　　　"She 又曰 her,他,以女人而说之"
二字类有:"We 又曰 us,我侪,我们,我哋"
　　　　　"Ye 你侪"
　　　　　"They 又曰 them,伊等,佢哋也"

其中让人注意的是第三人称,如:单字类上"He 又曰 him,他",但是后面的长句类上把 he、his、him 一律都做"佢""佢嘅",不做"他""他的",相关例句如下:

He failed for a large sum. 佢刮多银。
He has put it in. 佢曾放之在此。
He has lost a law suit. 佢输了官讼。
He will come back soon. 佢就番来。
Help him down. 扶佢落去。
Wait for him to send back all answer. 等佢回音。
His oath is not worth with anything. 佢嘅誓无中用。
His father set him up in business. 佢老豆俾本钱佢做生意。

---

① 张双庆. 粤语的特征词. 载李如龙主编. 汉语方言特征词研究. 厦门: 厦门大学出版社,2002: 390.

在词语内容的收录上，这 4 个版本各有差异。狩野文库本和福泽谕吉本收载的词语与会话内容很接近，狩野文库本 2,614 条，福泽谕吉本 2,629 条。哈佛大学本收载的词语与会话句子 2,893 条，比前两本多 250 条以上。[①]《华英通语》的编著方法是以字数分类，如"单字类"以下分成"二字类""三字类""四字类""五字类""六字类""七字类""长句类"。比较前两个版本，哈佛大学本在词语的收录上要多一些，"三字类"中尤为明显。

综上，《华英通语》尽管编者不明，却是中国外语教材史上华人独立编撰的第一本教科书，其词语的收录与分类较此前教材也有明显的进步。

第六节 《英话注解》(1860)

《英话注解》由冯泽夫(生卒不详)等编写，于 1860 年出版，是一本关于商贸往来的英语速成读本。

冯泽夫，族名冯祖宪，是慈城望族冯氏统宗祠福聚匠支二房裔，沪上钱业界领袖，曾创办多家钱庄，按现在的观念，是典型的宁波富商。

《英话注解》是由冯泽夫联合了其他 5 位宁波籍人士共同出资，并编辑出版，其初版本封面上印有"咸丰庚申年，守拙轩藏版"的字样。

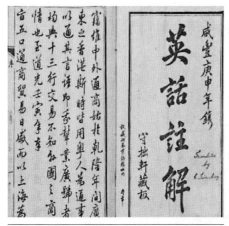 

图 2-3 《英话注解》初版本封面　　图 2-4 《英话注解》凡例

---

① 矢放昭文.《华英通语》反映的一百五十年前粤语面貌.载张洪年，张双庆，陈雄根主编.第十届国际粤方言研讨会论文集.北京：中国社会科学出版社，2007：430-438.

《英话注解》一书共 162 页,采用英文释义汉字,行文均是从右至左,英文单词、句子及注音则从左至右排列,这种编排顺序,既符合当时国人的阅读习惯,又提示了英语和汉语阅读顺序的不同。

《英话注解》当年一版再版,流布广泛,但这种用过即弃的"一月通"速成读本,能留存到百年后的今天实属不易。《英话注解》将单词分成:《各国镇头门》《天文门》《地理门》《时令门》《君臣门》《人伦门》《师友门》《器皿门》《床铺门》《花草竹木门》《进口货》等 30 余个门类。

图 2-5 《英话注解》目录

图 2-6 各国镇头门

该书最大的特点是用宁波话来标注英文单词、短语和句子,如:

黑枣 dates(代脱史)

苹果 apple(爱泼而)

小屋 small house(史毛而,好胡司)

自来火 matches(袜乞史)

美国 United States(尤乃哀脱,史胎此)

欧洲 Europe(尤而六泼)

货换货 Cargo for cargo(卡个,福,卡个)

卖一半 To sell one half(土,衰而,混,哈夫)

不然不成功 It won't do otherwise(一脱,话五脱,徒,厄受坏哀事)

翻开近代上海商界巨擘传记即可发现,许多早期宁波帮著名人物如虞洽卿、朱葆三、宋汉章、贾延芳、傅筱庵、黄楚九等都在上海夜馆补习"一月通"宁波

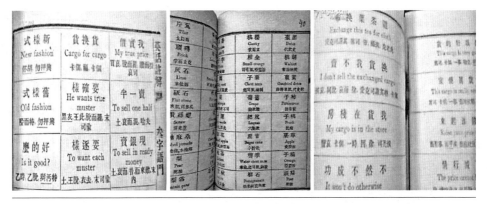

图 2-7　《英话注解》课文内容示例

方言注解英语的经历。宁波帮商人自然是《英话注解》的最大读者群和受益者。可以说，是宁波帮创造了《英话注解》，而《英话注解》又助力了宁波帮商人的成功。

　　上述 6 种教材是中国英语教材萌芽期的典型范例，均呈现了这些特点：1）教材基本是外籍人士或本土华人各自独立编写；2）教材内容多契合应急语用场合，缺乏规范性；3）中国方言注音，以词汇、短语为主。其原因可能是中国的外语教学还属非正式阶段。直至京师同文馆成立，中国有了正规的外语教学，英语教材也随之进入了成长期。

第三章
英语教材的成长期

清政府从闭关锁国到被迫开埠通商,社会对外语(尤其是英语)的需求日益增多,开始有了外语教材的发展萌芽。进入 19 世纪 60 年代后,随着洋务运动的兴起,特别是京师同文馆的成立,中国有了正规的学校外语教学,外语教材进入了一个常态化的成长期。

第一节　京师同文馆的成立

学习西方,尤其是学习西方的科学和先进的理念是从 1840 年鸦片战争之后才真正开始。18 世纪工业革命之后,世界资本主义潮流由欧美逐渐辐射全球。19 世纪中叶,英国坚船利炮轰开了中国的大门,几千年闭关锁国的封建王朝开始对外敞开大门,中国人由御侮而求自强到学习西方,并陆续兴办了第一批近代企业,创办了第一批新式学堂,派遣了第一批留学生等。这股学习西方的潮流导致中国封建社会格局的缓慢松动和变化。新的经济因素和政治因素也随之萌芽,中国资本主义的历史进程开始了。在封建统治阶层出现了洋务派,其主要代表人物是:曾国藩(1811—1872)、李鸿章(1823—1901)、左宗棠(1812—1885)、张之洞(1837—1909)等。洋务派在办洋务的过程中深感旧人才的明显缺陷,迫切希望能有一批既能恪守封建之道又能懂点西文西艺的洋务人才,这样外国语学堂应运而生,陆续创办了北京的京师同文馆(1862)、上海广方言馆(1863)、广州同文馆(1864)①、新疆俄文馆(1887)、台湾西学馆(1888)、珲春俄文馆

---

① 见附录一。

（1889）、湖北自强学堂（1893）等①。京师同文馆的成立极大地影响了中国教育和课程的发展，从同文馆的课程来看，引进西文主要是指外国语言，包括英语、俄语、德语等语种。洋务派在对外交往中首先碰到的就是语言问题，奕䜣在奏请开设京师同文馆时谈道："与外国交涉事件，必先识其性情。今语言不通，文字难辨，一切隔膜，安望其能妥协？"李鸿章也在一奏折中指出："遇中外大臣会商之事，皆凭外国翻译官传述，亦难保无偏袒捏架情弊。中国能通洋语者仅恃通事。凡关局军营交涉事务，无非雇觅通事往来传话，而其人遂为洋务之大害。"②因此，外国语言教育显得更为紧迫和需要。

　　京师同文馆办学伊始，在教学上遇到不少阻力，受到了以大学士倭仁为代表的保守派知识精英和政治精英的反对。倭仁认为，天文、算学，中国历代都有，即使教授，也不必聘请洋人为师，他将聘洋人为师视为"以夷变夏"之举，认为这是奇耻大辱。尽管洋务精英得到了皇帝的支持，但是自倭仁发表反对言论起，谣言四起，甚至出现"孔门弟子，鬼谷先生"等俚语，导致报考人数甚少。同文馆招生时，计有98人报名，实际参加者72人，天文算学馆名存实亡，新式学堂的性质大打折扣③。直至1869年11月，美国人丁韪良（William A. P. Martin 1827—1916）被聘为京师同文馆总教习后，对同文馆进行了改革，同文馆的性质由单一的语言学堂向综合技术学堂转变。在同文馆的整个办学过程中，丁韪良起到了非常重要的开拓作用。

　　丁韪良，美国传教士，出生于美国印第安纳州的一个牧师家庭，父亲及兄弟皆为牧师。第二次鸦片战争后，外国列强与清政府签订了《北京条约》，随后大批西方传教士获准进入北京传教，丁韪良是在京传教士中的"中国通"。他在京活动40余年，在传教之余结交权贵，先后主理京师同文馆和京师大学堂，积极参与中国社会活动，成为清末民初北京地区的风云人物。

　　1850年他受美国北长老会委派前往宁波传教，1858年曾作为美方的汉语翻译，参与了《天津条约》的签订。1863年，丁韪良从上海转赴北京传

丁韪良

---

　　① 周洪宇,申国昌.中国教育活动通史,第六卷.济南:山东教育出版社,2017:37.
　　② 高时良,黄仁贤.中国近代教育史资料汇编——洋务运动时期教育.上海:上海教育出版社,2007:6.
　　③ 同②19.

教,开辟了美国北长老会北京教区。为了方便传教,丁韪良在北京盖起了小礼拜堂,组织小型教会方便教徒们的聚会活动。在传教之余,丁韪良翻译了美国人惠顿的《万国公法》,该书受到奕䜣等人的赏识,由总理衙门拨专款付印出版。此外,他还参与了北京官本话《圣经》的翻译。1864 年丁韪良鉴于北京失学儿童众多,租赁民宅设立蒙学,定名崇实馆,招收附近儿童,花费均由丁氏筹集承担,课程为经学、常识,并讲授基督教义,意在培养本土布道员。至 1885 年,因学生众多,北长老会出资建校,崇实馆后来发展为崇实中学(今北京第二十一中学)。1865 年,经海关总税务司赫德推荐,丁韪良到京师同文馆讲授英文,后还被指派讲授国际法和政治经济学。1869 年丁韪良辞去美国北长老会的教职,随后通过了清政府的考试,出任京师同文馆总教习。1869 年 11 月 26 日,丁韪良在同文馆正式上任,并用汉语向学生们发表演讲。到任后,丁韪良对同文馆的教学进行了一系列的改革,建立了较为完整的近代教育体制。在生源上,他改革招生体制不仅招收八旗子弟,也开始招收汉族子弟。为了教学需要,丁韪良亲自或组织他人编订翻译了一批西方名著,并制订译书章程六条,涉及国际公法、经济学、化学、格物学、自然地理、历史及法律等方面。同时,同文馆还翻译出版了近代西方先进思想和科学的文化著作,例如《万国公法》(丁韪良译)、《格物入门》(丁韪良著)、《化学指南》(毕利干译)、《法国律例》(毕利干译)、《富国策》(汪凤藻译)等 20 余种。同文馆的新式教育实践促进了教育近代化发展,为《辛丑条约》后废除科举、建立新型教育体制提供了宝贵的经验。鉴于丁韪良所做的贡献,1870 年,纽约大学授予他名誉法学博士学位;1885 年,清政府授予他三品顶戴官衔。1902 年,清廷颁令恢复京师大学堂,丁韪良又被重新任命为总教习。1916 年 12 月 17 日,丁韪良在北京去世,与妻子同葬于西直门外的一块墓地。

京师同文馆开设的课程以外国语言为主,还有天文、舆图、算学、格致学、公法学、各国史略等,参见表 3–1。

表 3–1　课程目录

首　年	认字写字、浅解辞句、讲解浅书
第二年	讲解浅书、练习文法、翻译条子
第三年	讲各国地图、读各国史略、翻译选编
第四年	数理启蒙、代数学、翻译公文

续 表

第五年	讲注格物、几何原本、平三角、弧三角、练习译书
第六年	讲求机器、微分积分、航海测算、练习译书
第七年	讲求化学、天文测算、万国公法、练习译书
第八年	天文测算、地理金石、富国策、练习译书

同文馆还先后编著翻译了英语、法语、国际公法、西方法律、外国历史、化学、算学、格物、地理、医学等方面的书籍,其出书量在当时仅次于江南制造局翻译馆。这些书籍基本都用作教材。据光绪二十四年(1898)《同文馆题名录》所载历年所出书目大致有以下 26 种:

表 3－2　26 种书目单

数量	书　名	作　者
1	万国公法	丁韪良(总教习)译
2	格物入门	丁韪良(总教习)著
3	化学指南	毕利干(化学教习)译
4	法国律例	毕利干(化学教习)译
5	星轺指掌	联芳、庆常(副教习)译,丁韪良(总教习)鉴定
6	公法便览	汪凤藻、凤仪等(副教习)译,丁韪良(总教习)鉴定
7	英文举隅	汪凤藻(副教习)编译,丁韪良(总教习)鉴定
8	富国策	汪凤藻(副教习)译,丁韪良(总教习)鉴定
9	各国史略	常秀、杨枢等(学生)译,未完
10	化学阐原	毕利干(化学教习)口译,承霖(副教习),玉种祥(助译)笔述
11	格物测算	丁韪良(总教习)口述,席淦、贵荣、胡玉麟(副教习)笔述
12	全体通考	德贞(医学教习)译
13	戊寅中西合历	海灵敦(天文教习)算辑,熙璋等(学生)译

续　表

数量	书　名	作　者
14	己卯庚辰中西合历	海灵敦、费理饬(天文教习)算辑,熙璋等(学生)译
15	辛巳等中西合历	骆三畏(天文教习)算辑,熙璋(副教习)译
16	公法会通	丁韪良(总教习)译,联芳、庆常等(副教习)助译
17	算习课艺	席淦、贵荣(副教习)编,李善兰(算学教习)鉴定
18	中国古世公法论略	丁韪良(总教习)著,汪凤藻(副教习)译
19	星学发轫	熙璋、左庚等(副教习)译,骆三畏(天文教习)鉴定
20	新加坡刑律	汪凤藻(副教习)译,丁韪良(总教习)鉴定
21	同文津梁	丁韪良(总教习)著
22	汉法字汇	毕利干(化学教习)著
23	电理测微	欧礼斐(总教习)著
24	坤象究原	德贞(医学教习)著
25	弧三角阐微	欧礼斐(总教习)著
26	分化津梁	施德明(化学教习)口译,王钟祥(纂修官化学副教习)笔述

从上述书籍可以窥见京师同文馆翻译与外语学习的特色。后期同文馆还编译了其他外国语言类的教材,如:杨勋的《英字指南》、龚渭琳的《法字入门》、张德彝的《英文话规》。另外,在京师同文馆成立初期,也有不少外语教材通过其他途径被陆续编撰推出以满足当时社会学习外语的需求,推动了清末时期英语教材的成长,其中影响较为广泛的教材有:《英语集全》《文学书官话》《英字入门》以及《文法初阶》等。

第二节　唐廷枢与《英语集全》(1862)

《英语集全》由唐廷枢(1832—1892)编撰,于1862年出版,是一套成系列的英语教材,对清末年间的外语教学发展有较为广泛的影响。

唐廷枢,初名唐杰,号景星,亦作镜心,生于广
东香山县唐家村(今广东省珠海市唐家湾镇),是
中国近代历史上著名的洋行买办、清代洋务运动的
代表人物之一。唐廷枢的父亲曾在中国香港一个
美国传教医师布朗(Samuel Robbins Brown,1810—
1880)家当差。1842 年,他曾与哥哥唐廷植(茂
枝)、弟弟唐廷庚(应星)就读于布朗主持的香港马
礼逊学校。1850 年该校停办后,唐廷枢转入英国
伦敦会传教士理雅各(James Legge,1815—1897)
在香港所办的英华书院继续学习,先后在香港的教
会学校受过 6 年的教育。由于他有良好的英语素
唐廷枢

养,很快就受雇于香港一家拍卖行。此后从 19 岁至 26 岁,他受聘于香港政府巡
礼厅,担任了 7 年翻译。唐廷枢还热心办学,积极推动外语教育的发展,19 世纪
70 年代,他曾赞助上海英华书馆,参与并发起创办上海格致书院,是该院的董事
并担任该院中方负责筹款的主要代表和中方捐银簿的管理人①。

唐廷枢编撰的《英语集全》是 19 世纪 60 年代篇幅最大(共 6 卷)、编著水平
最高的粤语注音的英语读物②,见图 3 - 1。

图 3 - 1 《英语集全》(卷一至卷六)

唐廷枢当年编撰《英语集全》的目的是要帮助国人在中外商贸来往中免受
语言不通之苦,帮助他们在与外国人商贸交易中做到公平公正。他在该书的
《自序》中这样写道:"因睹诸友不通英语,吃亏者有之,受人欺瞒者有之,或因

---

① 王尔敏.上海格致书院志略.香港:香港中文大学出版社,1980.
② 邹振环.19 世纪早期广州版英语读物的编刊及其影响.学术研究,2006(8):92 - 99.

不晓英语,受人凌辱者有之,故复将此书校正,自思不足以济世,不过为洋务中人稍为方便耳。"在编撰过程中,唐廷枢参照前人编书的经验,采用汉英对照的方法,既可有利于国人学习英语,又有助于英美人士学习汉语,正如该书的《自序》所言:"此书系仿照本国书式,分别以便查览,与别英语书不同,且不但华人可能学英语,即英人美人亦可学华语也。"

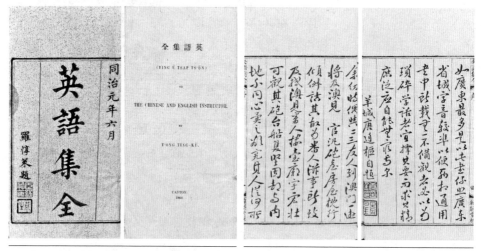

图 3-2　《英语集全》内封与出版时间　　　　图 3-3　《英语集全》自序

他强调英美两国都使用英语,来华外国人中"贸易最大莫如英美两国,而别国人到来亦无一不晓英语,是与外国人交易,总以英语通行。粤东通商百有余载,中国人与外国交易者,无如广东最多,是以此书系照广东省城字音较准。"张玉堂在《序言》中称:"夫不通语言,情何由达,不识文字,言何由通。自来中外通商,彼此无不达之隐,必有人焉为之音释,文字以通语言,亦必然之势也。……我粤自开关招徕外国商人分部最多,历时亦久,而语言之通以英国为准,前此非无《英语撮要》等书,但择焉不精,语焉不详,差之毫厘,谬以千里。凡有志讲求者,每苦无善本可守,至迟之久。而唐子景星释音书始出。唐子生长铁城,赋性灵敏,少游镜澳从师习英国语言文字,因留心时务,立志辑成一书,以便通商之稽考。但分门别类,卷帙浩繁,一时未能卒业。迨壮游闽浙,见四方习英语者谬不胜指,而执业请讲解者户限为穿。"①由此可见,唐廷枢在编撰之初的心情之迫切,尤其是看了前人所编的英语教材更觉"择焉不精,语焉不详,差之毫厘,谬以千里"。于是,唐廷枢立志要编撰符合国人学习的"正统"英语读物。刚编撰时

① 唐廷枢.英语集全.广州:广东纬经堂,1862.

取名为《华英音释》经过两年的努力终于完稿,正式出版时唐廷枢将其更名为《英语集全》。广东纬经堂 1862 年刊本上题写"羊城唐廷枢景星甫著,兄植茂枝、弟庚应星参校,陈恕道逸溪、廖冠芳若谿同订"。

《英语集全》正文卷前有《切字论》和《读法》两篇,《切字论》主要讲述英语的发音,指出外国字词"本身有一定之音,因其音乃相合而成字,故中国言语之中,多有音而无字。惟外国字与音相连,有音必有字,听一音可以一字相传。其间或有其字,而该字无解法者,亦有之。切音之法,肇自西域,汉人师承西域,故切法,中国与外国彼此均同一样。汉文八瓣,变化无穷,与外国文字二十六瓣变化无穷,其理本一",并尝试解说为什么很多学者将传统反切给英语注音的理论依据。《读法》中指出了该书也是采用广为流行的用汉字标注英语读音的方法,这是为了给学习者提供发音便利的不得已的方法,"中外文字相去甚远,有一汉字,而外国文字翻出数字,而亦有一外国文字译出汉文数字者,尤宜详审。……如汉文一字外国文字有以三字读音,若读了上两字略住,即将下一字牵搭下句而读,上下语气隔断不相贯注,则音韵不谐,人即不解为何音。善读者使上下三字一气呵成,累累如贯珠,则音韵出而文义显矣。"[①]

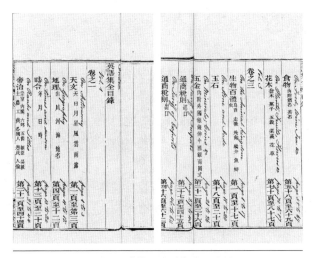

图 3-4 《英语集全》目录内容

该书正文分 6 卷。

卷一:天文(天、日、月、星、风、云、雨露)、地理(山、川、河、海、地名)、时令(年、月、日、时)、帝治(宗室、内阁、六部、五爵、朝臣、品级、士、农、工商、各国人、

_____

① 唐廷枢.英语集全.广州:广东纬经堂,1862.

游民、人伦)、人体(头、五官、四支[肢]、五腑、六脏)、宫室(楼台、房铺、亭、园、池)、音乐、武备(弓箭、刀枪、炮火)。

　　卷二:舟楫(船、艇、船上什物、桅、篷、索)、马车、器用(铺中器具、家中器具、玻璃器、刀叉器具)、器用(文房、书、牌照、单式)、器用(农器、工器)、工作、服饰(衣服、首饰)、食物(内附酒名、茶名)、花木(乔木、果子、五谷、菜蔬、花、草)。

　　卷三:生物百体(鸟音、走兽、飞禽、鳞介、鱼、蚌、虫)、玉石、五金(内附外国银钱伸中国银两图式)、通商税则(进口)、通商税则(出口)、通商税则(免税违禁货物)、杂货、各色烟、漆器、牙器、丝货、疋头(绒、呢、各色羽毛、布)。

　　卷四:数目、颜色、一字门、尺寸、斤两、茶价、官讼、句语(短句)、句语(长句)。

　　卷五:人事(一字句至四字句)。

　　卷六:主要是各类商贸英语的句语问答,如疋头问答(零碎、成单)、卖茶问答、卖肉问答、卖鸡鸭问答、卖杂货问答、租船问答、早辰问答、早膳、问大餐、小食、大餐、晚餐、雇人问答、晚间嘱咐、买办问答、看银问答、管仓问答、出店问答、探友问答、百病、医药等。

　　书中英文表达准确,而中文兼具广东口语和书面语,在注音上则完全采用广东话注音,如:

　　　　"你有边样色?"What colors have you? 注音:喝卡罉士啼乎哟。

　　　　"样样色都有。"I have all sorts of colors. 注音:挨啼乎阿厘哦士阿乎卡罉士。

　　　　"快的番来。"Come back quick. 注音:甘吡隙,又曰甘吡执执。

　　　　"莫等咁久。"Don't wait long. 注音:端威地郎,又曰糯士搭郎店。

　　所有译音均采用粤语注音。这是一部兼备词典和教科书性质的综合性著作。

　　在英语词汇和语句的收集方面,该教材比前人所编的英语读本要丰富得多,除了音注外还有若干商贸知识的注解,如:

　　　　"呢吓做的喫啡。"Make some coffee just now. (注释:"喫啡是荳名,番人取之炒焦,磨粉冲作茶用。")①

　　该教材在上述数十个门类下收录英文词汇、短语、简单句子多达 6,000 个以

---

① 唐廷枢. 英语集全(卷六). 广州:广东纬经堂,1862.

上,每个词条包括英语原词、汉字译词以及用粤方言标记的英语读音,此外还有用英语标记的汉字读音。其他各卷也是按照分门别类的方式编撰,但有了一些内容上的区别,其中卷四之后以短句和长句为主,卷六以问答为主,类似于今天英语教材中的会话。可见,唐廷枢的《英语集全》在编撰体例上还是没能走出前人编撰英语读物的方法窠臼,但在门类、词汇量,以及内容方面有所创新,而且在书的正文之前有明确的序言和凡例,说明编撰目的、切音方法和读法,初步具备现代英语教材的雏形了。该教材的问世打破了比较正式的实用性的英语读本由外国学者编刊的局面,从而揭开了清末更大范围、持续时间更长的中国人参与英语读本编译和出版的历史①。

第三节　高第丕与《文学书官话》(1869)

《文学书官话》由美国传教士高第丕(Crawford, Tarlton Perry, 1821—1902)和中国张儒珍(1811—1888)合作编撰,于1869年出版。

高第丕1821年出生于美国肯塔基州沃伦县。1848年,他在田纳西州莫菲斯堡的联合大学学习,1850年29岁时,他受美南浸信会的差遣作为宣教士前往上海,开始在中国长达半个世纪的宣教生涯。他先在上海传教11年,1863年到山东登州传教30余年。1865年,高牧师夫妇在登州府戚家牌坊街创办义塾。高第丕著有《上海土音字写法》,发明了以注音字母学上海方言的方法。

《文学书官话》(*Mandarin Grammar*)是一本以中文讲解英语语法的著作,同治八年(1869)出版于山东登州。高第丕有广泛的文化爱好和深厚的语言学功底,在传教的同时还致力于中西文化的传播和交流。高第丕精通中英两种文字,熟知英文文法并将这些语法知识融贯于中英两种文字之中。《文学书官话》就是其用娴熟的中文对英文语法进行编译讲解的一部著作,而不是一般意义上的译作。书中《序言》对此做了如下说明:"余于一书诵

高第丕

---

① 邹振环.19世纪早期广州版商贸英语读本的编刊及其影响.学术研究,2006(8):92-99.

习日久,略觉默识心通,因用中华文字辑成一卷,亦以文学书名,盖理有可以相同耳。"《文学书官话》最大的特点是,此书虽然讲的是英语语法,但通篇无一英文单词,是纯粹用中文形式讲解英文语法,并加以系统传播。①

《文学书官话》共21章,将词汇分成15类,即所谓"话字分十五类,叫名头、替名、指名、形容言、数目言、分品言、加重言、靠托言、帮助言、随从言、折服言、接连言、示处言、问语言、语助言是也"。这里的"名头"指的是名词;"替名"指的是代词或代名词;"指名"是指示代词;"加重言"是指"太、很、极、最"等程度副词或强调词;"形容言""数目言""接连言""问语言",都较易理解,一看便知是形容词、数词、连词和疑问词;"分品言"指量词,"示处言"是指表示方位之类的介词;"靠托言""帮助言""随从言""折服言"和"语助言",分别是指动词、助动词、副词、否定词和感叹词,就令人稍难直接理解。尤其是"靠托言"和"折服言"似乎与动词和否定词相差甚远。该书有这样的解释:"靠托言",是因为动词自身的形态和表达的意思必须依赖主格名词或代名词,所谓"靠托言必有名头或是替名,为他的根本。名头为君字,靠托言为臣字故也"。"折服言"大概是取其"使人受挫""拂人之意"的意思吧。名词又分为3种,即"定名""实总名"和"虚总名",也就是现在所说的专有名词、具体名词和抽象名词。动词又分为2类,即"动字"和"静字",也就是现在说的及物动词和不及物动词,但"静字"还包括 to be 等系动词。就动词的时态、语气、语态问题,该书将 tense 译作"时候",mood 译作"口气",voice 译作"行法"。动词有3个"时候",即过时、当时、后时;3个"口气",即直说的口气、问的口气、使令的口气;3个"行法",即顺行、退行、逆行,从实例看,"顺行"是主动语态,"逆行"为被动语态,至于"退行"是何意? 可能是作者根据中文做出的调整,其意不详。该书的前17章主要"讲明"这15类词汇,18章和19章介绍了各类词的词性在不同情况下可以相互转换的特点,并设计了判别和分析语法知识的例句,供学习者练习。20章和21章分别介绍了遣词造句的句法和修辞方面的知识。这是一本使英文语法概念有了中国化转换的专著。这些初译的概念为后来的同类语法书《文法初阶》的编写奠定了基础。

第四节　曹骧与《英字入门》(1874)

曹骧(1844—1923),上海人,肄业于广州方言馆,曾任上海道署翻译官,在

---

① 黄兴涛.《文学书官话》与《文法初阶》. 文史知识,2006(4):61-69.

1874 年编译出版了《英字入门》。这是一本以上海方言注音的英文词汇教材,其中讲到了英文发音、构词法、外来语、标点符号、9 种词类及其中包含的诸多英语语法问题。

图 3-5 《英字入门》封面、内封、序言

该书中还有一章专讲语法,题为《学语要诀》,几乎占了全书篇幅的四分之一。这一章开篇有一段表达编译语法之原委:"英国学语之法,另有一书,名 Grammar,所以学文法之巧妙、又句语之对合也,非浅学所能窥其底蕴。今特摘录其要者,以供学者入门后之揣摩焉。"

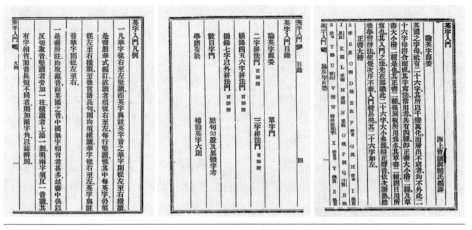

图 3-6 《英字入门》二字读法、语法要点、出版时间

曹骧把英文的 noun(名词)、adjective(形容词)、pronoun(代词)、verb(动

词）、adverb（副词）、definite article（定冠词）、preposition（介词）、conjunction（连词）、interjection（感叹词）分别对译为"实字""加实字""称呼字""动作字""加动作字""纲目字""位置字""相连字"和"呼声字"。有趣的是，形容词和副词的译名前都有"加"字，主要是鉴于其修饰作用，"加"于实字之上，和"加"于动作之前，以表达某种程度，故称作"加实字"和"加动作字"。至于冠词为何译作"纲目字"，书中解释为纲目字"用以作诸字之纲领也"，蛮令人费解。《英字入门》较为重视对动词的介绍，强调"是门为语言中之要知广者，学者苟能参熟，则措辞无不当矣"。《英字入门》中动词被分为两大类："随常动作字"和"帮助动作字"，即现在的一般动词和助动词；同时又分为"过字"和"不过字"，即及物动词和不及物动词，并有这样的解释："过者，须加一物于动作之后，以全一义；不过者，不必加而已成一义。"还介绍了动词的"分用之法"（分词形式），"分现在及过时两层"，解释了动词使用的 5 种方式（指示式、权利式、疑惑式、吩咐式、无限定式）和 6 种时态（现在、成就现在、过时、成就过时、将来、成就将来）。

第五节　郭赞生与《文法初阶》(1878)

《文法初阶》是一本由郭赞生（生卒不详）翻译，于 1878 年出版的语法教程。郭赞生，又名郭罗贵，广东人，毕业于广东会英书院，就职于广州海关，学贯中西，笔参造化。

《文法初阶》是中国人独立汉译的一部完整的英语文法著作，中华印务总局承刊出版，其英文底本为亚历山大·艾伦（Alexander Allen，生卒不详）和詹姆士·康威尔（James Cornwell，生卒不详）合著的 *English School Grammar* 一书。这是一本为英国本土幼童初习英文所用的启蒙读本，全书共 3 卷："首卷教童子知言语之大略，次卷则于语言中分门别类使其触类旁通，末卷乃专教童子作文捷法及当知避犯之法"。此书的编写方法循序渐进，富有条理，一般是先例句，后讲解，再定义，还设有分阶段复习和巩固知识的专节，较为适合中国人初学英语的实际需要。

郭赞生

编译上，郭赞生采取了英汉对照的方法，注重语法概念和语法术语一一对应的翻译。从翻译上可以看出，郭赞生参阅了前人译著和相关参考资料。在第一卷里，列出了《文学书官话》里的一些译法，如名词为“名头言类”，动词为“靠托言类”，副词属“随从言类”，介词属“示处言类”等，但在其后又相应列出了“实字”“虚字”“活字”“势位字”“半虚实字”和“定伦字”等自己的创新译法。郭赞生将形容词译为“形容字”和“辅助字”，将代词、连词以及感叹词译为“替代字”“相连字”和“呼叹字”。应该说，《文法初阶》对语法概念词的翻译较之已有译文，显得更加明确与严整。这一点还体现在以下概念的翻译上：article 译为“定准字”，定冠词为“有限之定准字”，不定冠词为“无限之定准字”或“无定准字”“不限之定准字”。普通名词和专有名词为“平常定名（实字）”和“非常定名（实字）”。动词的主动语态和被动语态以为“自行（活）字”和“受行（活）字”。动词的 3 个时态为“现时”（当时）、“过时”（前时）、“将来时”（后来时），还有与现在概念十分接近的翻译，如现在完成时、过去完成时、将来完成时分别译为“现时完全”“前时完全”和“将来完全”。郭赞生将语法概念“性”（gender）分别译为“生性”“阴阳别”或“男女分类”，尤其是第三人称单数，英语有 he 和 she，而汉语中只有“他”（既指男性又指女性），于是郭赞生创造性地把 she 翻译为“伊”，见图 3－7。

EXPLANATION.—*Man* means *he*, and is of
解　曰–男人意思是(HE)他，乃是
the MASCULINE Gender; *woman* means *she*,
屬陽類的；女人意思是(SHE)伊，
and is of the FEMININE Gender. *Boy* means
乃屬陰類的；小子意思

图 3－7　she 翻译为“伊”影印件

郭赞生成功地解决了马礼逊没能解决的英语性别上的翻译问题。可以说这是郭赞生在性别翻译上的一大贡献。

综上，尽管京师同文馆的成立开始了中国较为正规的外语教育，清末的外语教材也进入了一个常态发展的阶段，但是教材的开发和编写还未完全进入正轨，尤其是英语的发音，真可谓五花八门。19 世纪 70 年代末，外语教材的编写随着京师同文馆的发展而逐渐地正规起来，进入了稳定发展时期。

第四章
英语教材的稳定发展期

清末年间,外语教材的正规化是从英语发音开始的,从 19 世纪初叶至 19 世纪 70 年代末,中国的外语教材的英语发音基本都用汉语方言标注。这种语音标注体系有其独特的内在的自然变化过程。

第一节　英语教材中语音标注开始正规化

中国外语教材从 18 世纪初叶起都用汉语方言标注英语的发音,如《红毛通用番话》用粤语,曹骧的《英字入门》用上海话,冯泽夫的《英话注解》用宁波话,罗伯聘的《华英通用杂话》用北方方言等。因用汉语方言注音,当年那些英语学习者的发音之奇特可想而知。

即便是 1862 年京师同文馆成立以后,外语教材似乎还有沿用汉语方言注音的习惯,直至汪凤藻编译了《英文举隅》(1879)。在该教材的《总论》里,汪凤藻介绍了 26 个英文字母以及元音和辅音的区别,并将 alphabet 和 consonant 明确翻译为"字母"和"辅音",而 vowel 却以"正音"和"音目"对译之。可见,外语教材已开始逐渐改变汉语方言注音的习惯。清光绪二十八年(1902)和二十九年(1903),清廷分别颁布了《钦定中学堂章程》和《奏定中学堂章程》[①],尤其是后者,对于外国语有了具体描述,详见表 4-1。

---

① 李良佑,张日晟,刘梨. 中国英语教学史.上海:上海外语教育出版社,1988:98.

表 4-1　《奏定中学堂章程》学科程度章第二

第一节　中学堂学科目凡分十二： 四、外国语(东语、英语或德语、法语、俄语)			

第一节　中学堂各学科分科教法

四、外国语

外国语为中学堂必需而最重之功课，各国学堂皆同。习外国语之要义，在娴习普通之东语、英语及俄法德语，而英语、东语为尤要；使得临事应用，增进智能。其教法应由语学教员临时酌定，要当以精熟为主。盖中学教育，以人人知国家、知世界为主，上之则入高等专门各学堂，必使之能读西书；下之则从事各种实业，虽远适异域，不假翻译，方今世界舟车交通，履欧美若户庭；假令不能读其书，不能与之对话，即不能知其情状；故外国中学堂语学钟点，较为最多。中国情形不同，故除经学外，语学钟点亦不能不增加，当先审发音、习缀字，再进则习简易文章之读法、译解、书法，再进则讲普通之文章及文法之大要，兼使会话、习字、作文。

第二节　各学科程度及每星期教授时刻表

第一年	外国语	读法、讲解、会话、文法、作文、习字	8
第二年	外国语	同前学年	8
第三年	外国语	同前学年	8
第四年	外国语	同前学年	6
第五年	外国语	同前学年	6

　　由此可见，清末时期，外语教学受到格外的重视：1）中学课程强调了外语学习的重要性："盖中学教育，以人人知国家、知世界为主，上之则入高等专门各学堂，必使之能读西书；下之则从事各种实业，虽远适异域，不假翻译，方今世界舟车交通，履欧美若户庭；假令不能读其书，不能与之对话，即不能知其情状"；2）中学外语课程开始对语音重视起来："语学钟点亦不能不增加，当先审发音、习缀字。"可以说，从京师同文馆开始，用汉语方言注音英文的传统得到了改变，英文的发音开始纯正起来。

　　同时，在光绪年间，国际学术界也有了研究语言音韵的组织，开始对各种语言的音韵进行了归纳总结与研究，旨在设计能被普遍接受的国际音标。据考，1886 年，由法国语言学家保罗·帕西(Paul Passy，1859—1940)牵头，一些英国和法国语言教师组成了一个语音教师协会，旨在创造一套转写和记录人类语言音标系统,这正是 1897 年国际语音协会的前身。① 到了 1888 年,这些标音字母便修订成在各个语言中的统一符号,并发表在《语音教师》②上,这是历史上第一个国际音标表,也成了日后所有修订的基础。国际音标(International Phonetic Alphabet,缩写 IPA),早期又称万国音标,是一套用来标音的系统,以拉丁字母为基础,由国际语音协会设计并作为口语声音的标准化标示方法。按照国际音标的设计,它只可以分辨出口语里下列音质的对立成分:音位、语调以及词语和音节的分隔。若要表示诸如咬牙、咬舌和由唇腭裂所发出声音的音质,则有另一套获广泛使用的国际音标扩展系统(由国际语音协会设计)。自制订以来,国际音标经历了多次修改。经过 1900 年和 1932 年的大修订和扩展之后,此国际音标体系持续使用,直至 1989 年的国际语音协会基尔大会(International Phonetic Association Kiel Convention)召开。

　　讲到英语的国际音标,必须要提及丹尼尔·琼斯(Daniel Jones,1881—1967),他是世界公认的英国权威语音学家,创造了一套英语国际音标③,也称 DJ 音标。1917 年他根据国际音标编写了一本英式英语的发音辞典《英语发音词典》(English Pronouncing Dictionary),这本辞典后来成为一本典范。此后他又编写出版了《英语语音学纲要》(An Outline of English Phonetics,1918),总结出了标准英式发音,这就是 Received Pronunciation(简称为 RP),为英国人和外国人学习英国英语标准发音提供了可靠的理论依据和范例。1922 年《英语语音学纲要》被引进中国,每个词条后都加注了释义,称作《英华正音词典》(An English-Chinese Phonetic Dictionary)④,由中华书局出版,译订者为陆费执和瞿桐岗。同年,商务印书馆出版了两本有关英语语音教学和英语教学的书:一本是周由仅编撰的《英语语音学纲要》;另一本是美国盖葆耐(Brownell Gage,1874—1945)编写的《中国学校英语教授法》(How to Teach English in Chinese Schools),这两本书都使用了国际音标讲解英语发音⑤。自此,中国的英语教材终于摆脱了汉语方言注音的传统,开始了正规的英语语音教学。

----

① 梅德明. 语言学与应用语言学百科全书. 北京:北京大学出版社,2017:1328.
② 语音教师协会的会刊,创办于 1886 年,于 1971 年改名为《国际语音协会学报》(半年刊)。
③ 同①1330.
④ M. A. Daniel Jones 编,陆费执,瞿桐岗译订. 英华正音词典. 上海:中华书局,1922.
⑤ 1922 年之前教材注音基本以韦氏音标和牛津音标为主。韦氏音标是美国学生习惯的音标方式,韦氏拼音汉字注音系统里曾有一种系统叫威玛氏音标源。它是 1867 年开始的,由英国威妥玛(Thomas Francis Wade,1818—1895)与人合编的注音规则,现在叫"韦氏拼音"。英国人在词典中主要推出两种音标:一种是该国学生习惯使用的牛津音标,另一种是规范标准的"国际语音学字母",简称国际音标。美国人则推出美国学生习惯使用的韦氏音标和美式国际音标简称 KK 音标。

第二节 汪凤藻与《英文举隅》(1879)

《英文举隅》由京师同文馆学员汪凤藻编译,总教习丁韪良鉴定,于1879年由同文馆正式出版,是一本京师同文馆自编的不用汉字注音的英语教科书。

汪凤藻(1851—1918),字云章,号芝房,江苏元和人;曾在上海广方言馆随林乐知学习英语,修业期满后转学京师同文馆;据第一次同文馆题名录所载,光绪四年(1878)两科考试中年岁试榜单,汪凤藻的英文居全馆第一,汉文、算学居第二,后因成绩优秀升任算学副教习;他先后参与了《公法便览》《富国策》《新加坡刑律》等著作的翻译工作。

《英文举隅》是同文馆编译出版的第一本关于英文语法的专业书籍。汪凤藻具有较高的英语专业素养,在总结、吸收前人成果的基础上,通过自己的创造性的翻译,使得该书在语法概念的翻译和知识的介绍方面,比早期的英语文法书有了很大进步。

汪凤藻

《英文举隅》全书共59页,包括《序》《凡例》《总论》以及正文22节,为汪凤藻根据美国柯尔(Simon Kerl,1829—1876)的《英文文法》(*A Common-School Grammar of the English Language*,New York)第21次刊本编译而成。《英文举隅》书名乃取"举一隅而反三隅"之意,以举隅(即举例)的方式讲解英文语法是该书的一大特色。

图4-1 《英文举隅》封面

在具体讲述过程中,该书一般先论述语法,继而逐条举例,依次讲解。在中国人自编的英文语法书中,即使在当代都能见到当时的讲解影子。《英文举隅》在语法概念的翻译和语法知识的介绍方面,已经表现出些许的成熟和进步,尤其重视概念和术语的中英文对应,往往讲到一处语法概念或术语时,即附之以英文原文,这无疑对英语语法概念化进程的推进起到了积极的作用。此外,汪凤藻将grammar明确译为"文法",并在《总论》中开篇对其意义进行了专门说明:"人有意想,乃有语言,有语言,乃有文字,或以口宣,或以笔达,其用则明。文法一书,所以示语言文字之准,而此则为从事英文者示之准焉。"与此同时,曾纪泽的《序》中也出现"文法"这一概念。可见,19世纪70年代,用"文法"对译grammar,已经成为比较流行和普遍的用法,曹骧的《英字入门》(1874)与郭赞生的《文法初阶》(1878)等均为例证。

《英文举隅》的《序》为曾纪泽所作,写于光绪四年(1878)。从《序》中我们可以看出,《英文举隅》的成书与曾纪泽有着莫大关系。曾纪泽是晚清重臣曾国藩的长子,受时局影响,从中年起,他开始以自学的方式苦学英文,深感"数十年来,中外多闻强识之士,为合璧字典数十百种。或以点画多少为经,或以音韵为目,或以西洋字母为序,亦既详且博矣。然而说字义者多,谈文法者少……"因此,他曾酝酿自己编译一本英语文法书,但由于公务缠身以及自身英语水平的限制,终未如愿。光绪三年(1877),曾纪泽承袭侯爵进京,结识了京师同文馆总教习丁韪良,并与英文馆的左秉隆和汪凤藻相交甚厚。他特别赏识左、汪二人出色的英语能力,称二人"年富而劬学,兼营而并骛",并将编译英语文法书的工作托付给欲"以词章博科第"的汪凤藻。而汪亦不付重托,"阅月而成册"①,后经丁韪良鉴定,于1879年由同文馆正式出版,与1878年问世的郭赞生之《文法初阶》仅相差一年。

《总论》先简单介绍了26个英文字母元音和辅音的区别。这里,汪凤藻已经将alphabet和consonant明确翻译为"字母"和"辅音",而vowel以"正音"或"音目"对译之。同时将词汇分成9类,介绍说:"因言制字,奚啻万千,综其类可析为九,谓之字类Parts of speech,九类惟何? 曰静字Noun,曰代静字Pronoun,曰区指字Article,曰系静字Adjective,曰动字Verb,曰系动字Adverb,曰绾合字Preposition,曰承转字Conjunction,曰发语字Interjection。"也就是我们今天所讲的9个词性:名词、代词、冠词、形容词、动词、副词、介词、连词和感叹词。他将名词译作"静字",是要把名词与动词相对比而用,"静字者,事物之名,日月星辰山川草木鸟兽之类,皆是也;动字者,所以记事之迹,与静字相表里者也。"译者从名词、动词这两大词汇的基本特性出发,用"静""动"二字加以对译,更易于为读者所理解和掌握。该书的1—9节是关于英语的9个词性介绍;第10节开始分别讨论用字之法、造句之法;辨伪;章句条分;同字异用;标点符号的使用、拼音简例、略语和倒句等。

动词是《英文举隅》讲解语法知识的一大重点。它根据"凡一举一动,其力径及于物"与"不径及于物"的特点将动词分为"贯动字"和"不贯动字"两类,相

① 曾纪泽.《英文举隅》序.京师同文馆集珍版,1879.

当于依据动词后是否带有宾语而分及物动词和不及物动词。同时指出动词有"五辨"："势"（即语态）、"状"（即语气）、"时"（即时态）、"位"（即人称）和"数"，其中以动词的语态、语气和时态尤为重要。语态分"主作（势）"和"主受（势）"两种，即所谓主动语态和被动语态；语气分为 5 种，分别是"敷陈（状）""悬拟（状）""权度（状）""提命（状）"和"无限（状）"，相当于英文中的陈述语气、虚拟语气、可能语气、祈使语气和不定语气，而时态则包括现在时、过去时、将来时、现在完成时、过去完成时和将来完成时 6 种，分别译为"当时""曩时""异时""今成""昔成"和"将成"。同时，它还介绍了分词、动名词的概念和用法，将分词译作"系静动字"，包括"当时（系静动字）""已成（系静动字）"和"双叠（系静动字）"三类，相当于英文的现在分词、完成分词和复合分词，而将动名词则直译为"动静字"。可以看出，这些语法概念的翻译，均吸收、接受了前人的成果，但又具有自己的理解与创新，而语法知识的介绍，则明显更为全面与合理，这些与译者汪凤藻长期接受专门的英语训练，又先后经林乐知、丁韪良等人的传授熏陶，具有较高的理论素养和能力密不可分。

《英文举隅》主要作为同文馆英文语法教材而供学生学习，最初并没有在社会上流传，所以《申报》馆在代售此书的新版时称，此前版本是"总理衙藏版，民间罕得而见之"，而此新版则是署名"莳香居士"翻印的石印版本，这时已是光绪十四年（1888）。可见，《英文举隅》逐渐风行海内，并产生广泛的社会影响。

第三节　杨勋与《英字指南》（1879）

《英字指南》由杨勋编写，于 1879 年出版，是一套注重商贸英语和国际商贸知识的英语系列读本。

杨勋（生卒不详），字少坪，江苏常州人，上海广方言馆的毕业生。由于在正式的官办学堂中受过较好的英语训练，"英语颇称纯正。"当年向他请教英语的人很多，他自称"数年之内不下三四百人"，因此决定将自己已辑成的《中英万言集》修改重编成《英字指南》。

该教材 1879 年由美华书馆出版；全书分 6 卷。卷一、卷二是拼读与书写的教材；卷三、卷四是该书的核心部分：分类字学（即分类词汇）用汉字注音；卷五、卷六是"贸易须知"和"通商要语"。该书的特点也是讲究拼法，同时分类词汇与会话句型亦比以前增加。由于该书编得较为合理，20 多年后的 1901 年，商务印

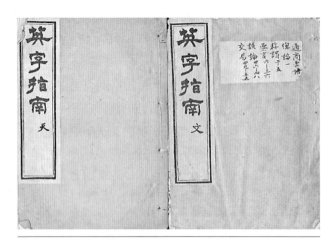

图 4 - 2　《英字指南》封面　　　　图 4 - 3　《英字指南》
　　　　　　　　　　　　　　　　　　　　（卷六）：通商要语

书馆还出版了《英字指南》增订本,题为《增广英字指南》,英文书名：*Method for Learning English*,实际上也仅在卷六《通商要语》末尾加上文规(即文法)译略及英语尺牍两节,并在同卷《交易》一节中加上十来句会话例句。早期很多英语初学者,都将该书作为教材。

第四节　张德彝与《英文话规》(1895)

《英文话规》由张德彝于 1895 年编写完成,是当时京师同文馆的英语语法

张德彝

教材之一。张德彝(1847—1918),原名张德明,字俊峰,满族,祖籍福建,后迁盛京铁岭(今辽宁铁岭),晚清外交家、翻译家、游记作家,光绪皇帝的英语教师。

《英文话规》是近代由中国人编写的最早英文文法书之一。该书 1909 年由京华印书局出版,将英文分为 9 类,并依次分为 9 章详细进行分析。一指字(即冠词)、二实字(即名词)、三指实字(即形容词)、四替实字(即代名词)、五动字(即动词)、六指动字(即副词)、七接连字(即前置词)、八承转字(即连接词)、九发语字(即感叹词)。书末还列有

英文的 12 种标点符号。张德彝在《序》称："尝思天下百工不以规矩工不能成。是循规蹈矩，其成工必精也。"英文自然也有其"成规"，"措置稍乖，义必相反"，因此在乙未年(1895)完成此书。

国家图书馆文津阁现藏有该书清稿本一册，包括《序》两页在内，全书共65 页，没有特别标明出版年月和地点，但书中《序》是作者张德彝自己所作，落款时间是光绪乙未年(1895)仲冬，故此书当成于此时左右；封面上书"英文话规"四字，系由皖江王崇厚题于光绪戊戌年(1898)仲春，即此稿本出版当于此后。张德彝自己作《序》。他认为，语法对于英语来说，就像行为、做事的习惯、标准和准则，只有掌握好语法，灵活把握词汇的构造、变化以及组词成句的规则，才能真正准确地掌握英语，其所谓"天下百工，不以规矩，工不能成，是循规蹈矩，其成工必精也；即西国之文字语言，亦尔字句皆有成规，措置稍乖，义必相反"，即是此意。因此，他将 grammar 译为"话规"，就是取孟子"不以规矩，不能成方圆"之义。在《序》中，张德彝特别强调在编译英语文法书过程中，很大程度上受汪凤藻之《英文举隅》的影响，但他认为此书"规模奥奓，文理艰深，尚不宜于初学"，因此，在此基础上"就简删繁，译成篇帙"是他的主要目的，也是他的主要成就。如他将名词所包括之专有名词和普通名词分别译作"专用的"和"泛用的"；二类冠词分别译为"有定的"和"无定的"；将名词、代词的性(gender)译作"类"、人称(person)译作"位"、格(case)译作"地"，以及将动词的语态(voice)译作"势"、语气(mood)译作"状"、时态(tense)译作"时"及各自的分类等，都继承和接受了汪凤藻在《英文举隅》中的译法。

在吸收前人成果的基础之上，张德彝在编译《英文话规》过程中，也注意彰显自身特色。首先在对 9 类词汇的翻译上，他将冠词、名词、形容词、代词、动词、副词、介词、连词和感叹词依次译为："分指字""实字""指实字""替实字""动字""指动字""接连字""承接字"和"发语字"。其译冠词为"分指字"，是因为它们"用在实字的前头，以指明实字是定或不定的"；译形容词为"指实字"，是鉴于它们修饰名词，即所谓"指明事体物件之形色界画的话，就是说这事物是什么样儿"；译代词为"替实字"，则是由于它们"用在一句话的后头，代替前头的实字，以免多说重复"；而译副词为"指动字"，是因为它们用来"指明所作动的如何"等。这些语法概念的翻译和解释，明显体现了译者自己的理解和创新。在针对 9 类词汇基础语法知识点进行介绍的深度和详细度方面，《英文话规》所表现出的全面、具体、完整性等特点都远远超过了《英文举隅》①。

　　综上,清末的中国外语教材经历了萌芽期后,随着京师同文馆的成立逐渐地成长了起来,外语教材的开发与编撰都有了长足的进步。19世纪末,商务印书馆的成立则标志着中国外语教材真正进入了繁荣期。

---

① 邱志红.《英文举隅》与《英文话规》——同文馆毕业生编译的早期英语文法书. 寻根,2008(5): 35－40.

第五章
英语教材的繁荣期

清末,中国社会出现了外语热,各种外语(尤其是英语)读物在学校和民间广泛流传,需求量很大,但此类的读物或报刊大都由外国在华的教会印刷出版,有些出版物(如教材)不符合中国国情,难以满足社会需求。为此,清末出现了中国本土首家民营专门出版机构——商务印书馆。它的诞生为中国外语教材持续、稳定的发展创造了条件。

第一节　商务印书馆的成立

要讲述近代中国的出版,尤其是翻译读物和教材的出版,商务印书馆绝对称得上首屈一指。

一、商务印书馆的初创

商务印书馆于清光绪二十三年正月初十(1897 年 2 月 11 日)创办于上海。创办人夏瑞芳(1871—1914)、鲍咸恩(1861—1910)、鲍咸昌(1864—1929)兄弟和高凤池(1864—1950)。他们最早皆为教会设立清心小学的工读生,其中夏瑞芳因学习成绩突出升入清心书院,毕业后他去了同仁医院当护士,此后他转入英商《文汇报》馆学习英文排字,数年后又入英商的《字林西报》馆做排字工,后又转入当时非常著名的英文报纸《捷报》馆与鲍氏兄弟一起做排字工[①]。与此同

---

① 蔡元培.商务印书馆总经理夏君传;蒋维乔.夏君瑞芳使略.载商务印书馆编.商务印书馆九十年.北京:商务印书馆,1987: 1-5.

时,高凤池也正在上海一家影响很大的教会出版机构——美华书馆当司务①。那时候,上海办英文报刊的都是西方人士,他们常有一种轻视华人的心理,尤其《捷报》总经理脾气暴躁且态度傲慢,所以在他手下工作的夏瑞芳和鲍氏兄弟常有不爽之时或受辱之感。这四人既是同学又有共同的基督教信仰,常一起去教堂做礼拜,去城隍庙或其他小饭馆吃饭,不久夏瑞芳与鲍氏兄弟的妹妹结婚,这样夏瑞芳与鲍氏兄弟情谊更为密切,再加上老同学高凤池,四人更是成了无话不谈的青年知己②。他们在一起时也常常相互吐露些工作上的烦恼或不快之事,慢慢地酝酿出与其寄人篱下,不如自立门户的想法。经过一番筹备和规划,四人合股四千元资本,在上海江西路德昌里 3 号租屋,创办了自己的印刷工场——商务印书馆③。创办伊始,商务印书馆驻地是楼上住人,楼下开展业务的印刷作坊。当时高凤池仍留在美华书馆,大概是要让其充当一种了解技术信息和商业情报的中介。商务印书馆就其名称而言,标明其业务主要与商务有关,承接印刷商业用品之类的生意,如名片、广告、簿记、账册、信纸、信封等。

尽管商务印书馆的创办者夏瑞芳等人的文化程度不高,也缺乏深厚的文化知识积累,但是他们却有着长期从事报刊书馆工作的经验,因而也就养成了较为敏锐的商业开拓眼光和判断能力。因此,在最初承接《格致新报》和《外交报》等一些其他业务的同时,商务印书馆觉察到上海日益成熟的外语读本市场和正在形成的庞大的英语读本的读者群体。夏瑞芳等创办者适时地抓住了这个难得的发展机遇。

二、商务印书馆的机遇

商务印书馆的第一次发展机遇就是聘请了著名英语专家谢洪赉(1873—1916)编译了《华英初阶》和《华英进阶》,完成了由单一的印刷作坊到从事编译出版机构的转变。商务印书馆又是如何策划出版这套教材的呢?

夏瑞芳和鲍氏兄弟早期都是在教会学校读书,那时使用的英语课本,叫 *Primer*,这是一本英国人专门为印度小学生编写的英语教科书。为了满足社会各界人士学习英语的需要,商务印书馆就把这本书翻印了出来,果然风行一时。但后来又发现这本书是全英语的,而且书中很多的内容或举例都与英国或印度有关,给中国的英语学习者带来诸多不便。夏瑞芳觉察到如果将 *Primer* 进行改编,融入中国元素,就可能给中国英语学习者带来学习上的方便,符合中国读者

① 商务印书馆编. 商务印书馆九十五年. 北京: 商务印书馆,1992: 2.
② 张锡琛. 漫谈商务印书馆. 载商务印书馆编. 商务印书馆九十年. 北京: 商务印书馆,1987: 102 – 104.
③《商务印书馆 120 年大事记》编写组. 商务印书馆 120 年大事记. 北京: 商务印书馆,2017.

的需求①。于是,夏瑞芳想到了谢洪赍。谢洪赍是鲍氏兄弟的宁波老乡,11 岁时被选送到苏州博习书院读书,学行优异的他受到了国文教员朱鼎卿的器重。在朱氏的指导下,谢洪赍阅读了大量儒家经典文献,对中国传统文化有了深刻的了解。他的勤奋好学和扎实的中西学问得到了书院院长潘慎文的赏识。1895 年,潘慎文调任上海中西书院院长,谢洪赍随之来到中西书院,参与了大量教科书的编写,还在上海各大杂志社编译了很多文章。这样贯通中西文化的人才自然十分难得,于是被聘请到商务印书馆做兼职编辑。谢洪赍到馆后,随即开展对 *Primer* 的编译和改编工作,尽可能地使教材中国化。经过谢洪赍的不懈努力,*Primer* 的编译工作终于完成,读本取名为《华英初阶》和《华英进阶》。1898 年商务印书馆在推出《华英初阶》和《华英进阶》两书后,又连续编出《华英进阶》第 2—5 集。1899 年将《华英初阶》和《华英进阶》合成一集出版,题名《华英进阶全集》。

《华英初阶》和《华英进阶》出版后影响很大,而且不断印刷再版。许多名人如胡适、梁漱溟、郑晓沧、钱玄同、章克标、戴家祥等人,早期学英语都使用过此教材②。据说有位叫杨宇霆的人,在 1902 年清朝政府选派赴日留学生测试外语时,把《华英进阶全集》从头到尾背了一遍,也可以证明这一教材当时的风行程度③。1907 年和 1908 年张元济给正在学英语的光绪皇帝呈进书籍,其中就有《华英进阶全集》④。可以说,商务印书馆选择"印度读本"*Primer* 作为打响教科书市场的第一炮,有其独到的眼光和对市场需求的把控能力。这套英语教科书使商务印书馆在 19 世纪末 20 世纪初的上海众多出版机构中脱颖而出,成为中国外语读本出版界的巨擘。

三、商务印书馆的发展

《华英初阶》和《华英进阶》出版后取得了很大的成功。自此,商务印书馆进入了稳定的发展期。1899 年,邝其照编的《商务书馆华英字典》出版,同年,夏瑞芳因承接印件业务结识了时任南洋公学译书院总校兼代办院事的张元济,后来他俩成为商务印书馆的"黄金搭档"⑤。1900 年夏瑞芳收购了日资聚文印刷所,

---

① 张锡琛. 漫谈商务印书馆. 载商务印书馆编. 商务印书馆九十年. 北京: 商务印书馆,1987: 105.
② 邹振环. 近代商务印书馆英语教科书的几个关键词. 文汇报(文汇学人: 讲演),2018. 10. 12(W11—12).
③ 邹振环. 创办初期的商务印书馆:《华英初阶》与《华英进阶》. 东方翻译,2011(1): 31—39.
④ 陈叔通. 回忆商务印书馆. 载商务印书馆编. 商务印书馆九十年. 北京: 商务印书馆,1987: 132.
⑤ 陈叔通回忆:"初创时期的商务印书馆是以印刷为主的,并不是一开头便想做个出版家的。商务后来发展成为出版家,而且成为解放前最大的出版家,不能不归功于夏瑞芳和张元济。商务的主要创办人是夏瑞芳。夏是一个有雄心的企业家,夏与张结合才为商务成为一个出版企业奠定了基础。"(回忆商务印书馆. 载《商务印书馆 120 年大事记》编写组编. 商务印书馆 120 年大事记. 北京: 商务印书馆,2017.)

同时购入了一批质量不高的日译本,但因各种原因没能达到预期的商业效果。夏瑞芳经过那次经济受损的教训以及创办 3 年来的出版实践,越来越感到商务印书馆要有大的发展,就必须拥有自己稳定的编译队伍。于是,1902 年他与张元济商讨后,创建了"商务印书馆编译所"这一核心部门,聘请蔡元培为编译所所长。在 1931 年之前,该所系商务印书馆所属的与印刷所、发行所平行的负责翻译、编纂、编辑的出版部门。编译所设有各专业部,其中国文、英文、杂纂是三个最早建立的专业部①。自此,商务印书馆每年都出版不少外文读物,具有代表性的读物详见表 5－1。

表 5－1　代表性读物

年　份	译者/编译者	外文读物名称
1903	蔡元培	《哲学要领》(〈德〉科培尔著)
	严　复	《群学肄言》(〈英〉斯宾塞著)
	林纾等	《伊索寓言》
1904	严　复	《英文汉诂》②
	胡文甫 吴慎之	《袖珍英华字典》
1905	严　复	《天演论》(〈英〉赫胥黎著)③
1906	宾步程	《中德字典》
	严　复	《法意》(〈法〉孟德斯鸠著)
1907④	周　达	《红星佚史》(〈英〉哈葛德著)
	南洋公学译书院	《新译日本法规大全》(八十册)

① 《商务印书馆 120 年大事记》编写组. 商务印书馆 120 年大事记. 北京：商务印书馆,2017.
② 该书为我国第一部汉字横排书。(参见文献同①.)
③ 严复译的《天演论》1898 年由湖北沔阳卢氏木刻印行,其后由商务印书馆于 1905 年出版。
④ 1907 年商务印书馆在广州、长沙、成都、济南、太原、潮州设立了分馆。

续　表

年　份	译者/编译	外　文　读　物　名　称
1908	颜惠庆	《英华大辞典》
1909①	孙毓修	《童话》②、《汉译日本法律经济辞典》③

　　这些出版物使商务印书馆名声大振,一举成为中国出版业的翘楚。据统计,商务印书馆在1898—1911年的14年间,共推出各类英语教材和英汉对照参考读本(不包括辞书)共计126种,而同一时期出版界总共出版的英文读本约180种,商务印书馆约占总数的70%。这126种英文读本内容涉及7个方面,即"初级读本与中小学教材""语音会话""英语语法""英文写作""英语文选和知识读本""英汉汉英翻译"和"英汉汉英辞典"。无论从出版的数量,还是内容的广泛性来看,在清末英语教材出版市场中,商务印书馆都堪称执牛耳者,其教科书的编纂与出版实力还可从以下例举窥见一斑:例如,1906年,清学部(即清政府教育部)第一次审定颁行的初等小学教科书暂用书目(相当于现在讲的"部定教材")共102种,其中商务印书馆出版的教科书就有54种,占52.9%。1910年清学部第一次审定中学堂、初级师范学堂暂用书目共84种,其中商务印书馆出版的有30种,占35.7%。由此可见,商务印书馆出版的英文教科书不仅"量"多,而且"质"高。④

　　商务印书馆在清末英语读本的编纂和出版史上创造了一个奇迹,标志着近代中国外语读物的出版进入了有计划、有组织的阶段。民营出版机构取代教会和官方出版机构成为外语读物编纂出版的主角。商务印书馆在自身的发展和建设中引进了国外的先进印刷技术,培养了一大批编辑、出版、发行的从业人员,而且还孵化了其他民营出版企业,如商务印书馆创立14年后,中华书局成立,其编辑、发行的骨干大都是从商务印书馆出来的;后来成立的世界书局、大东书局、开明书店,情形也大体如此⑤。

---

　　① 1909年商务印书馆在杭州、芜湖、南昌设立了分馆。
　　② 该书为我国最早出版的童话。(参见:《商务印书馆120年大事记》编写组.商务印书馆120年大事记.北京:商务印书馆,2017.)
　　③ 该书为我国最早译印的百科辞典。(参见文献同②.)
　　④ 邹振环.近代商务印书馆英语教科书的几个关键词.文汇报(文汇学人:讲演),2018.10.12(W11-12).
　　⑤ 叶圣陶.我与商务印书馆.载商务印书馆编.商务印书馆九十年.北京:商务印书馆,1987:302.

商务印书馆成立于清朝即将垮台民国行将诞生的年代,在中国外语教材的发展过程中起着承上启下的领头羊作用,也标志着中国外语教材进入了繁荣期。

第二节　谢洪赉与《华英初阶》《华英进阶》(1898)

《华英初阶》与《华英进阶》均由谢洪赉(1873—1916)编撰完成,于 1898 年由商务印书馆出版,是商务印书馆外语教材的开山之作,镇馆之宝。

谢洪赉,字㫤侯,别号寄尘,晚年自署庐隐,是清末民初知名的中国基督徒翻译家。他早年受其父影响,五六岁起就随着父母去教堂做礼拜,耳濡目染,接受

谢洪赉

基督教义。1883 年,11 岁的谢洪赉由绍兴本乡被选送到苏州博习书院(后来与中西书院合并为东吴大学)读书。13 岁那年谢洪赉在监理会受了洗礼成为监理会教徒。1892 年,谢洪赉毕业于博习书院。22 岁时,他师从美国传教士盖翰伯学习英文法。谢洪赉由于勤奋好学和中西学问扎实,得到书院院长、美国人潘慎文的赏识,留在其身边一边学习英文、教授课程,一边帮助潘慎文和潘夫人翻译并编辑教材,同时成为商务印书馆创办初期第一套英语教科书的译注者。他对英语教学有过系统的研究,他的研究报告发表在《普通学报》辛丑年(1901)第二期上,题为《论英文读本》。文中他对沿海城市流行的 6 种英文读本进行了逐本点评,其中他最推崇的英文读本就是从印度引进的 *Primer*,即后来的《华英初阶》与《华英进阶》编译的蓝本,见图 5 - 1、5 - 2。

从封面的字样可以看出,该套教材受读者青睐的程度:《华英初阶》1920 年已出了第 74 版,《华英进阶》1917 年就出了第 31 版。此套教材从酝酿编写到出版面世经历了一个社会英语学习的演变过程。

在戊戌变法及洋务运动时期,中国沿海城市的外语学习蔚然成风,各种教会学校、外语培训学校以及业余外语补习班如雨后春笋般地出现。英语成为一种谋生和文化传播的手段。市井中的通商活动,促进了带有语言培训性质的学校开始出现。由于"通洋语,悉洋情,猝致富贵",通商口岸专门教授西语的学堂渐

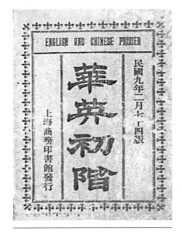

图 5 - 1　《华英初阶》封面
（1920 年第 74 版）

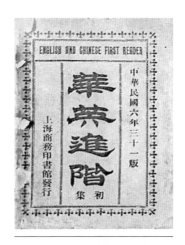

图 5 - 2　《华英进阶》封面
（1917 年第 31 版）

次增多,甚至出现"趋利若鹜,举国若狂"的局面①。据统计,19 世纪 70—80 年代,上海市井中的英语夜校、英语培训班、英文书馆等"英语文字之馆"有 36 所之多②。清末的英语热是在谋生需求下自下而上实现的。据考,上海《时务报》翻译曾敬诒、张佩之、潘士裴合开的英法文学塾,"每日上午九点至十二点专课法文,下午一点至四点专课英文"(《时务报》1898 年 7 月 16 日《新设英法文学塾》)。这一时期,"各地的教堂也附设了外文馆,学习英国语言文字,风气渐开,可见邑人士向学之殷。"(《中外日报》1898 年 11 月 10 日《风气大开》)。③ 当时在我国沿海城市,一个人是否能懂点英语或掌握一定的英语知识已成为社会阶层变动的重要文化资本,原因有二:一是英语给许多外来移民开拓了寻求新的较有层次工作的重要手段;二是英语学习的热潮以及较好的语言环境不仅给沿海城市带来了活力,也有助于中国学习者迅速提高英文水平。

　　但遗憾的是,各种外语教学或培训机构鱼龙混杂,水平参差不齐,也没有较为适合国人学习外语的教材,教材基本都是国外直接引进的原版课本或外国教员自己编写的小册子。那时在各个学校较为流行的英语课本是英国人给印度小学生编写的 *Primer*,或称"印度读本"(*Indian Readers*)。这是一套全英文的外语教材,当时直接搬过来给中国学习者使用,显然有许多不适合之处。商务印书馆

　　① (清) 左宗棠. 发给勒伯勒东札凭片(同治六年十月二十二日). 左文襄公全集(奏稿卷三之二十九). (清) 杨书霖编校.
　　② 熊月之. 上海通史——晚清文化. 上海:上海人民出版社,1999:297.
　　③ 邹振环. 创办初期的商务印书馆:《华英初阶》与《华英进阶》. 东方翻译,2011(1):32.

的创始人夏瑞芳曾经在教会学校就读,就意识到"外国原版教材不适应中国学生的实际情况",意识到"出版中国人自编外语教材的重要性和紧迫性"①。于是就有了谢洪赉根据 *Primer* 编译的《华英初阶》与《华英进阶》。

《华英初阶》与《华英进阶》是清末时期使用最广、最有影响力的英语教科书。《华英初阶》出版后,大受欢迎。一版再版,"至 1917 年该书已印行 63 版,1921 年达 77 版,直至 1946 年还在重印。"②商务印书馆乘势而上,请谢洪赉以同样的形式译注了《华英进阶》5 集,即《华英进阶初集》(*English and Chinese First Reader*)、《华英进阶贰集》(*English and Chinese Second Reader*)、《华英进阶叁集》(*English and Chinese Third Reader*)、《华英进阶肆集》(*English and Chinese Fourth Reader*)、《华英进阶伍集》(*English and Chinese Fifth Reader*)。《华英初阶》与《华英进阶》出版后又经历多次改订重版,盛行几十年。

一、《华英初阶》

《华英初阶》是英语初学者的入门用书,十分注重发音、翻译与宗教等内容,这从该书《前言》的"Plan of the Book"中可见一斑,见图 5-3。

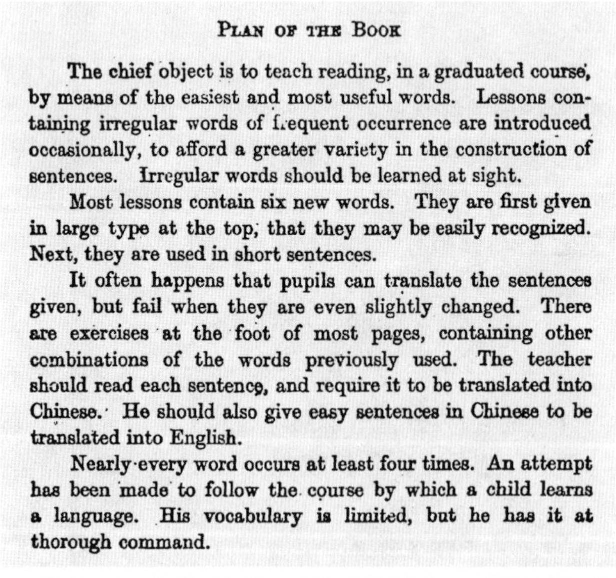

PLAN OF THE BOOK

The chief object is to teach reading, in a graduated course, by means of the easiest and most useful words. Lessons containing irregular words of frequent occurrence are introduced occasionally, to afford a greater variety in the construction of sentences. Irregular words should be learned at sight.

Most lessons contain six new words. They are first given in large type at the top, that they may be easily recognized. Next, they are used in short sentences.

It often happens that pupils can translate the sentences given, but fail when they are even slightly changed. There are exercises at the foot of most pages, containing other combinations of the words previously used. The teacher should read each sentence, and require it to be translated into Chinese. He should also give easy sentences in Chinese to be translated into English.

Nearly every word occurs at least four times. An attempt has been made to follow the course by which a child learns a language. His vocabulary is limited, but he has it at thorough command.

图 5-3 《华英初阶》教学计划

---

① 邹振环. 创办初期的商务印书馆:《华英初阶》与《华英进阶》. 东方翻译,2011(1):31-39.
② 蒋维乔. 创办初期之商务印书馆与中华书局. 载张静庐. 中国现代出版史料(下册). 北京:中华书局,1959:82.

《华英初阶》全书共有 90 课,分为 15 个板块内容,板块的名称位于每一页的页眉正中,按编排的先后顺序罗列如下:

从第 1 课起到第 16 课止,学习简单的两字母单词,如 no, am, me, be, at, in, do, to 等。从第 17 课起到第 20 课止,复习本书前面所学的全部字母、单词及其中文释义。谢洪赉在《华英初阶》的《前言》的"Plan of the Book"中指出编译该书的目的: The chief object is to teach reading, in a graduated course, by means of the easiest and most useful words.(主要目的在于通过渐进式的课程和最简单、最实用的词汇,来教授阅读。)该书第 1 课的前面有两个拼写板块,"Spelling of Two Letters"(两字母拼写,如 ba, be, bi, bo, bu, by; ab, eb, ib, ob, ub 等)和"Spelling of Three Letters"(三字母拼写,如 bla, ble, bli, blo, blu, bly 等)。教师教学"可自一课起,不必首读字母"。

图 5-4　《华英初阶》两字母拼写　　图 5-5　《华英初阶》三字母拼写

《华英初阶》还非常注重学习者的发音,在《前言》的"Directions to the Teacher"(教师指南)中有专门一段针对发音教学,摘录如下:

PRONUNCIATION. If children acquire a bad pronunciation at the commencement, it generally sticks to them through life. Special attention should be paid to the English sounds which do not occur in the languages of China. Much assistance will often be given by showing the pupils the position of the lips, teeth, etc., in pronouncing certain letters. The pupils should be exercised in repeating sentences by heart as if they were conversing.(如果孩子一开始学到了糟糕的发音,那就一辈子都改不掉了。应特别注意中文中没有的英语

DIRECTIONS TO THE TEACHER

The directions given in small type at the foot of each page should be carefully read and followed. Months are often wasted from want of skill on the part of the teacher.

PRONUNCIATION.—If children acquire a bad pronunciation at the commencement, it generally sticks to them through life. Special attention should be paid to the English sounds which do not occur in the languages of China. Much assistance will often be given by showing the pupils the position of the lips, teeth, etc., in pronouncing certain letters. The pupils should be exercised in repeating sentences by heart as if they were conversing.

RELIGIOUS LESSONS.—Though these are placed at the end of the book, they should be read according to the numbering of the lessons. They should never be used for teaching spelling, etc.

图 5-6 《华英初阶》教师指南

发音。发音时展示唇、齿等的位置,帮助学生形成正确的发音方法。训练学生犹如平时交谈似的熟记句子。)

这段话强调了语音学习的优先性和重要性,并指明了语音教学的重点和难点,以及突破难点的方法。《华英初阶》的其他课文内容详见表 5-2。

表 5-2 《华英初阶》课文内容

课程单元	学习内容	示　例
第 21 课—第 36 课	元音字母 a、e、i、o、u 在闭音节中的发音	cat、man、hen、red、leg、kid、win、him、dog、rob、cup、run 等
第 37 课—第 42 课	26 个字母的大写	
第 43 课—第 56 课	元音字母 a、i、o、u 在开音节中的发音	cake、made、rice、hole、rule 等
第 58 课—第 59 课	元音字母 a、i、o、u 和 re 组合的发音	bare、dare、care、fire、tire、here、more、sore、cure、sure 等
第 63 课	元音字母 o 位于单词中间的发音	come、done、son、some、none、love 等
第 67 课	辅音字母 v、w 和 x 在单词中的发音	vine、give、six、wine、line 等

续　表

课程单元	学习内容	示　例
第 68 课	辅音字母组合 ch 的发音	chin、chat、chase、much、such、rich 等
第 71 课—第 72 课	辅音字母组合 sh 的发音	she、shot、shake、shy、shut、shame、ship、fish、wish 等
第 75 课	辅音字母组合 th 的发音	then、both、with、those、these 等
第 76 课	辅音字母组合 wh 的发音	who、why、what、which、where 等
第 79、80 和 82 课	词尾两个相同辅音的发音	sell、tell、hill、kill、well、shell、ball、call、tall、wall、fall、all 等
第 83、84、87、88 课	两个相同元音字母的发音	bee、see、feed、been、seen、meet、feet、seek、teeth、week、keep、sheep、too、moon、shoot、food、soon、good、look、foot、wood、took、cook 等,并辨别了元音字母组合 oo 发长音和短音的情况

从表 5－2 内容可以看出,语音学习的板块有 11 个之多,约占全部板块的四分之三,足以见得《华英初阶》对语音学习的重视。

《华英初阶》主要以英汉对照,英汉互译为主:

The teacher should read each sentence, and required it to be translated into Chinese. He should also give easy sentences in Chinese to be translated into English. (教师应该朗读每一句子,并要求翻译成中文,还应该给些简单的中文句子让学生翻译成英文。)

因此,整本教材中的课文都是中英对照的编排。每课以动词学习为主,配以 6 个其他词汇。

《华英初阶》中的第 57、61、65、69、73、77、81、85、89 课都是宗教内容。宗教内容中除了宗教宣传外,还有晨祷词和晚祷词,以及晨祷文、日祷文和晚祷文,共 5 篇。在《华英初阶》的《前言》的"Directions to the Teacher"中郑重指出:"They should never be used for teaching spelling, etc."(这些宗教课文决不应该用作拼写等教学之用。)以示对上帝的尊重和爱戴。

谢洪赉译注的《华英初阶》不是一味地照译照抄,而是从便于中国初学者学

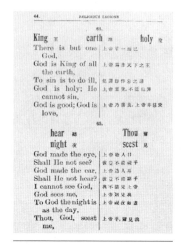

图 5 - 7　《华英初阶》课文词汇内容　　图 5 - 8　《华英初阶》课文中的宗教内容

习英语的角度出发,采用汉英对照的编排方式,循序渐进地安排教学内容,从字母、拼写、单词、句子逐渐过渡到宗教课文的篇章,课文容量由少到多,内容由简单到复杂,呈现螺旋式上升趋势。每一课中一般教授 6 个新单词,用大而加黑字体列于课文之上,使之醒目,让学生一目了然。每个新单词旁加注中文释义,便于学生理解,而且每个新单词有一例句,旁为文言翻译。从例句的类型来看,既有祈使句、陈述句、疑问句,也有简单句和复合句。

二、《华英进阶》

《华英进阶》全书共有 5 集:初集 60 课、二集 90 课、三集 110 课、四集 108 课、五集 108 课,选录内容有《伊索寓言》、西哲名言、名人传记、生活常识、花鸟虫鱼以及逸闻轶事等。课文都有英中文标题,注重文法、会话、尺牍和应用文体裁等的教学。较之《华英初阶》,《华英进阶》内容更加丰富,难度也大有提高,更加注重英语知识的呈现、学习者正确的英语发音、课文的全面理解等方面。《华英进阶》还根据中国人的学习特点对内容进行了修改和调整,正如商务印书馆对《华英进阶》修改本全集出版时的介绍所说:

> 当通商之始,华人士英文殆莫不以《进阶》一书为入门之钥。此书前经本馆译印,现又大加改良,不特中文句斟字酌,可与原文两两对照,毫无含糊谬误之处。即原文中有偏重印度或为印度人说法者亦统经删改,务合于华人之性情俗尚。全集五卷,一例精审到底不懈,是真教课之善本,

译学之模范也。①

现以商务印书馆 1924 年出版的《华英进阶》第三集为例，做些介绍。

图 5－9　《华英进阶》(第三集)封面　　图 5－10　《华英进阶》(第三集)内封

《华英进阶》第三集共有 110 课，其中穿插词汇知识(Word Lessons)8 课，语言语法知识(Language Lessons)9 课，课文目录前有"Directions to the Teacher"(教师指南)，见图 5－11。

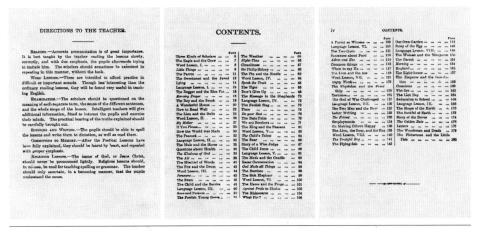

图 5－11　《华英进阶》(第三集)教师指南与课文目录

"Directions to the Teacher"从阅读、词汇、测试、拼写、背诵、宗教 6 个方面提

---

① 商务印书馆广告 813 号. 教育杂志，1910(12).

出建议,以指导教师有效地使用教材。阅读强调的是正确的发音(accurate pronunciation),词汇侧重于对发音难度大且重要的词汇进行操练(practice in difficult or important sounds),测试集中于词语意义、不同句子的含义以及课文整体要点(the meaning of each separate term, the sense of different sentences and the whole scope of the lesson),拼写强调课文词汇既能拼读又能听写(Spell the lesson and write them to dictation.),背诵主要是指诗歌的背诵(poetical lessons learnt by heart),宗教注重的是要尊敬上帝,宗教性课文绝不能用来教拼写或语法(Religious lessons should, in no case, be used for teaching spelling or grammar.)。

每一课文均含有英文原文和中文译文,以第一课"Three Kinds of Scholars"(学生有三等)和第二课"The Eagle and the Crow"(鹰与鸦)为例:

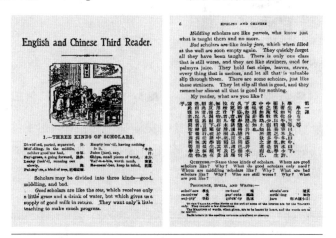

图 5-12　《华英进阶》第一课"Three Kinds of Scholars"(学生有三等)

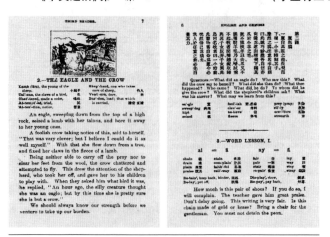

图 5-13　《华英进阶》第二课"The Eagle and the Crow"(鹰与鸦)

每篇课文都是以词汇开始，每个新词都被分好音节并带有中英文释义，然后是英文课文，附有中文译文。此后是提问测试部分，问题都是根据课文内容而设定，如第一课讨论的是学生有三等，所以问题围绕这一主题而设，如：Name three kinds of scholars. Whom are good scholars like? 第二课的问题就是 What did an eagle do? What did the crow say to herself? 等。这些问题都具有针对性，旨在通过问答帮助学生理解词汇、句子和课文。第一课最后的练习是发音、拼读和听写；第二课最后的练习是词汇学习和发音。这些课文的教学设计注重的是对学生在英语语音、词汇、语法、拼读、课文理解等方面的训练，较为全面，契合中国学习者的需求。

1899 年商务印书馆将《华英初阶》和《华英进阶》合成为全集出版，题名《华英进阶全集》，其编纂方式的主要特点是：1）采用汉英对照的编排方式，编译该书的目的在于通过渐进式的课程，以教授最简单和最实用的词汇，根据学习者的程度循序渐进地安排英文教学的内容。每一课中一般教授 6 个新单词后，均搭配有 6 个例句，旁为文言翻译。如，"My"译成"吾之"；"He and I can go"，译成"彼与吾可以去"。全书分为"字母表""两字词""三字句"，直至"五字句"等，最后为"宗教课程"（Religious Lessons），包含一些基督教宣传，如"God made me"，译成"上帝造吾"等;2）每一课中均有"教师指导"，以此针对课文的教学要点，对教师的讲授技巧加以指导和建议，力争让学生在教师的帮助下，打下良好的口语基础;3）每二到三节课，有"复习课"（Revision），列出容易混淆的字词供反复操练，巩固学习。这一教科书的编写方法，为后来中国人自主编撰英语教科书开创了良好的范例。

商务印书馆的《华英初阶》与《华英进阶》出版后就影响极广，"此书出版，行销极广利市三倍。"①这是中国近代史上第一套成人外语教材，所体现的是针对普通读者群的构思和成人教育式的课文设计，初具近代学堂英语教学的模型②。

《华英初阶》作为小学英语启蒙教材，陪伴了一代儿童的成长，给他们留下了美好的回忆。现在我们还能在名人的回忆录中看到《华英初阶》的影响，如周作人称自己在江南水师学堂里用的就是"印度读本"共发了 4 集，其实就是《华英初阶》和《华英进阶》③；梁漱溟回忆自己在北京中西小学堂开始学 ABC 用的

---

① 蒋维乔.创办初期之商务印书馆与中华书局.载张静庐.中国现代出版史料（下册）.北京：中华书局,1959：82.

② 孟悦.商务印书馆创办人与上海近代印刷文化的社会构成.学人（第 9 辑）.南京：江苏文艺出版社,1996：357.

③ 周作人.苦茶——周作人回想录.兰州：敦煌文艺出版社,1995：82,105.

就是《华英初阶》①；胡适在 1904 年在上海梅溪学堂用的英文课本也是《华英初阶》②。可见清末民初很多新式学堂都将《华英初阶》和《华英进阶》作为英语教科书，培养了不少外语人才。

三、严复与《英文汉诂》(1904)

《英文汉诂》由严复(1854—1921)编撰，于 1904 年出版，是一本较为全面又系统介绍英语语法的教科书，深受英语学习者的青睐，出版后社会影响很大，一再重版 20 余次，直到民国时期的 1933 年还有重印本③。

严复

严复，原名宗光，字又陵，后改名复，汉族，福建侯官县人，近代著名的翻译家、教育家、新法家代表人物，任教于北洋水师学堂，培养了中国近代第一批海军人才，翻译了《天演论》，创办了《国闻报》，系统地介绍西方民主和科学，将西方的社会学、政治学、政治经济学、哲学和自然科学介绍到中国，因提出了"信、达、雅"的翻译标准，对后世的翻译工作产生了深远影响。

《英文汉诂》的编撰与出版有过一段耐人寻味的故事④。1902 年，严复有一个学生叫熊季廉与其弟熊纯如在江西南昌办了一所"熊氏英文学塾"，专门培训英文。当时，严复的族子严培南也应聘到该校任教。在 1902—1903 年期间，严复与熊季廉与熊纯如兄弟俩常有书信往来，经常探讨英文的词汇(如形容词、动词等)的用法与搭配等问题。于是在 1903 年 11 月左右，兄弟俩请求严复写一部英文文法书，取名《英文汉读》，当时熊氏兄弟计划把这一教科书作为"熊氏英文学塾"的教材。严复写了几个月后(1904 年 1 月)，将此书名改为《英文汉解》，于 1904 年 4 月完成。为了保证出版的质量，严复亲自从天津到达上海，在行将编辑出版时才正式定名为《英文汉诂》⑤，见图 5-14、5-15。

① 梁漱溟. 我的自学小史. 载萧关鸿编. 中国百年传记经典(第一卷). 上海：东方出版中心，2002：548.

② 胡适. 四十自述. 载萧关鸿编. 中国百年传记经典(第一卷). 上海：东方出版中心，2002：340.

③ 张志建. 严复学术思想研究. 北京：商务印书馆有限公司，1995：149.

④ 邹振环. 翻译大师笔下的英文文法书. 复旦大学学报(社会科学版)，2007(3)：51-60.

⑤ 据《新华字典》第 11 版(商务印书馆 2013 年出版)，"诂"意为用通行的话解释古代寓言文字或方言之义。

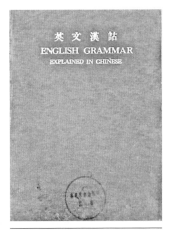

图5-14 《英文汉诂》封面

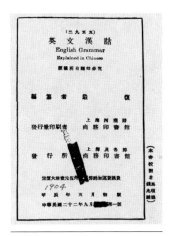

图5-15 《英文汉诂》版权页

严复的《英文汉诂》已具有近代英语语法书的风格,注重词汇的解释和用法,由浅入深地分析与解释。这可从其目录内容可见一斑,全书分18篇:

1)发凡(Introduction),分界说、辞语、文谱、英文谱、文谱分门,包括正书、字论、句法等;

2)正书(Orthography),分有节无节之音、元音、变元、仆音、舒促、钝锐、仆音表、元音正变表、字母、英字母之不完、仆音相从为变、一音二音三音多音之字等;

3)字论(Etymology),八部、指部、字之变形、尾声变形、变形之字古多今少等;

4)名物部(Nouns),分界说、分类、名物形变、属、古法变属、换头、数、变数法、变数古法、位、主名之位、呼告之位、受事之位、主物之位、主物变形法、别位异形表等;

5)区别部(Adjectives),分界说、分类、无定有定之指件、程度等级、寻常、较胜、参差等级等;

6)称代部(Pronouns),分界说、分类、三身称代、称代异形表、三身主物、反身称代、指事称代、发问称代、并字发问称代、复牒称代、并字复牒、无定称代等;

7)云谓部(Verbs),分界说、分类、及物与不及物、无主云谓、云谓变形、声、刚柔、情(语气)、实指、虚拟、祈使、实疏、主观客观、无定式、两用式、虚字实用、九候、正候、副候、九候表、刚声诸候、两"将"字辨、柔声诸候、今去二候、云谓身数、读破法、强破弱破等;

8)疏状部(Adverbs),分界说、分类、制字等;

9）介系部（Prepositions），分界说、分类繁简字等；

10）挈合部（Conjunctions），分界说、分类、相从等；

11）嗟叹部（Interjections），分界说等；

12）制字（Word-making），分文字、转注、名物、区别、疏状、云谓、音转义殊、以不及物为及物、会意、会意名物字、会意区别字、会意云谓字、条顿本语、拉丁与法文之尾声、悬名之尾声、区别之尾声、云谓之尾声、拉丁与法文之换头、希腊换头、希腊尾声、造字余论等；

13）句法（Syntax），分成句、句主谓语、谓语系属、区别系属、疏状系属、受事系属、间接受事、疏状属词等；

14）句主与谓语（Subject and Predicate），分句主谓语必同身数、专属谓语其上必有主名、添字句主、谓语、补足谓语、受事等；

15）句法分类（Classification of Sentences），分三种句法、合沓句法、椭句、包孕句法、实字子句、区别子句、疏状子句等；

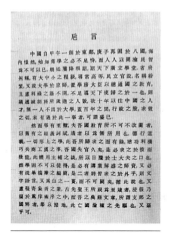

图 5 - 16 《英文汉诂》卮言（1）

16）造句集例（Summary of Rules of Syntax）；

17）析辞（Analysis of Sentences），分名学析辞法、中文释例、名学之句主谓语、繁复谓语、直接与间接受事、问语、区别子句析法、析辞层次、析间句法三十条、析繁句法等；

18）句读点顿（Punctuations），分四种点、句顿、支、半支、逗顿、繁句点顿、文字简号等。

严复在撰写《英文汉诂》时，力求用通俗易懂的汉语解释或揭示英文语法的结构规则和规律，但是也透露出严复试图通过传授语言、开瀹民智、办好教育的良苦用心，此中寓意可见于《英文汉诂》卮言开篇话语（见图 5 - 16）：

中国自甲午一创于东邻，庚子再困于八国，海内憬然，始知旧学之必不足恃，而人人以开瀹民智为不可以已，朝廷屡降明诏，诏天下广立学堂，省府州县有大中小之程级，寻常高等，民立官设，名称纷繁，又设大学于京师，置学务大臣以总通国之教育。

然而，在办好教育的同时，必须要向西方学习，要学习先进之处，就必须先学习好语言文字，见图 5 - 17、5 - 18。

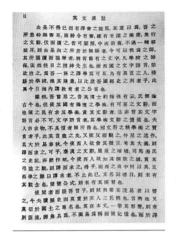

图 5-17 《英文汉诂》卮言(2)

图 5-18 《英文汉诂》卮言(3)

严复写道:

> 吾尝思之,昔英博士约翰孙有云,氏无论古今也,但使其国独擅之学术,有可喜之文辞,而他种之民,有求其学术,赏其文辞者,是非习其文字语言必不可,文字语言者,其学术文辞之价值也,夫入市求物,不具价者无所得也,矧文辞之精,学术之宝贵者乎,此其言尽之矣。

严复同时强调,要了解西方,向西方学习,必须先学好语言,因为语言是学习的基础。"居今日而言教育,使西学不足治,西史不足读,则亦已矣,使西学而不可不治,西史而不可不读,则术之最简而径者,固莫若先通其语言文字,而为之始基。"因此,严复在整个教材的编写中,体例安排都会以"开瀹民智"为先,循循善诱,渐渐深入。

《英文汉诂》借鉴了前人编写语法书的经验,对于语法的解释和解读,能够做到循序渐进、追根寻源、举一反三,使较为枯燥的语法规则变得生动有趣起来。

1) 循序渐进:严复对语法的解释,逻辑严密。何谓语法? ……何谓句? ……何谓字? ……以此引出英文为字母文字,同时讲解书写和发音。在解释 alphabet 时写道:"古英文一字之立,皆有三者可论,一曰其字之音 sound;二曰其字之义 meaning;既言其义,则必讲其分合增减之形 form 与其所从来之源流 origin;三曰其字之职 function,用于句中,所与他字相为系属对待者,是谓其序 relation。"严复对英文各字母写法和发音的讲解循循善诱,逐次推进,清晰明了。严复对各英文词性(parts of speech)的讲解更是体现了其对英语的理解和智慧。

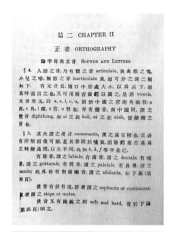

图 5-19　英语的发音与字母

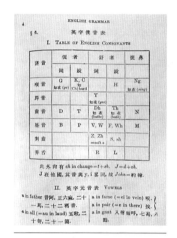

图 5-20　英语的辅音表和元音表

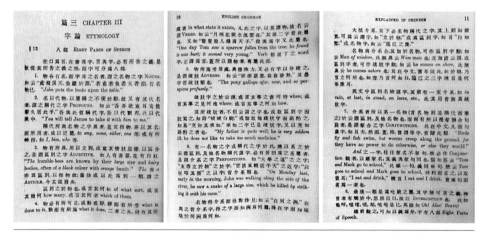

图 5-21　八类词性（Eight Parts of Speech）　循序渐进

因当时还没有诸如词性的中文表达方式或相应的词语,所以严复很智慧地应用了相应的中文实例,如对形容词的解释:"物有所异,用以立别,或写其情状品德,以区分之,是谓区别之字 Adjective,如人有善恶,花有白红。"严复还用例句说明"The bumble-bees are known by their *large* size and *hairy* bodies, often of a *black* colour with *orange* bands."句中斜体字便是形容词,顺便还讲解:"The 与 a 亦为区别,以指物故;旧法或以此为别一类,谓之 Articles,今其说废矣。"

2) 追根寻源:严复在解释何谓语法时,写道:"语言文字者所以达人意 thought者也。其所达者谓之词,speech or language。究辞之理,著其律令,使文从字顺者,谓之文谱,文谱 grammar,其字源于希腊之 gramma(文字),英文谱,其

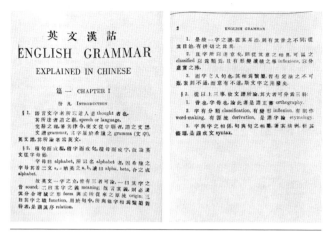

图 5－22　何谓语法？　追根寻源

所论者为英文。积句而成编,积字而成句,积母而成字,故论英文从字母始。字母曰 alphabet,所以名 alphabet 者,因希腊之字母其首二文 α、β 犹英之 a、b,读曰 alpha、beta,合之成 alphabet。"又如: 篇四(名物部),Nouns 的界说:"名物者何,字之为物名者也: A Noun is a Word Used as a Noun 之一字,法文谓之 nom,拉丁谓之 nomen 皆言名也。"篇五(区别部) Adjectives:"区别字者,所以表物之异,以区之于其名之所类也: to distinguish or describe the thing named。Adjective 字源于拉丁之 Adjectivum,译言所附益者。"《英文汉诂》每一篇的界说部分几乎都有辞源的说明。

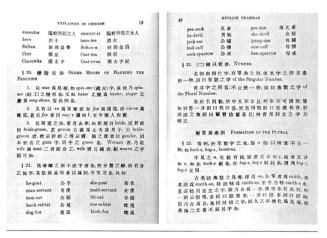

图 5－23　语法上的性别与单复数　举一反三

3) 举一反三:"尾声离之则不成字也,然分属之变,尚有合之他字,其阴阳易明者以为别，所常用也；此如：he-goat 公羊，she-goat 母羊；man-servant 男仆，maid-servant 女仆；tom-cat 公猫，tib-cat 母猫；"也有"英字以尾声别属，其阴字例于阳字而加尾声，如 tiger 为虎，而 tigr-ess 则为母虎"；"由阳属而转为阴属，其尾声多用-ess，如 heir 承业男，heir-ess 承业女；founder 创业人，foundr-ess 创业妇人；actor 戏子，actr-ess 女伶"等。类似举一反三的语法实例还体现于英语名词单复数的变化上，见图 5－24。

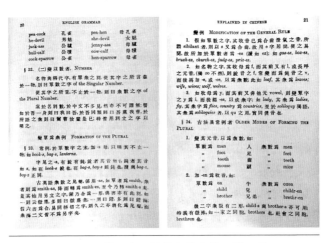

图 5－24　英语名词的单复数变化　举一反三

《英文汉诂》一经出版即在社会上引起很大反响，当时的商务印书馆广告中写道：

十年以来，吾国讨论西字者日多。有志之士虑译本或失其真，常欲从其文字语言认真下手，而不安浅尝。如前之仅资侍者、买办、市井口谈而已。此可为吾国学界深贺者也。但师资难得，而置身庄狱又非具大力，而裕于时日者不能旧说。精通西文非十年不办，则无怪有志未逮者，多向洋而叹者众矣。侯官严几道先生深得中西文字三昧，年来译者大抵典册高文，以为众人所不能为自任，故于文法一事，薄不肯为。近者从游高足诸公谓先生必纂一书，以为海内学英文者向导，敦请函促，乃以半年日力撰成。是编由浅而深，自审音、论字，至造句、析辞、点顿而止，用旁行式，英汉间出，无疑不析，无例不条。遇有中国诗文可互相发明者，辄旁证曲喻，凡为中国学者之难通者，尤必为之反复而明辨。盖作者不独以己之昭昭，启人之昏昏也，以办理学堂、典司教育日久，洞见症结，深悉初学之所疑难，故能惬心贵当如此。是诚西学之金针,而学界之鸿宝也。①

　　可以说,严复的《英文汉诂》是清末具有代表性的语法教科书,也是清末民初一部承上启下的英语语法代表作品。

---

① 商务印书馆广告 384 号. 教育杂志,1911 年(4).

第六章
清末教材中的汉字注音体系与启示

至此,我们已对清末英语教材的发展过程进行了历时与共时的回顾与总结,发现当时英语教材的一大突出特点就是用汉字注音,而且还形成了汉语方言注音的不同体系。这种不同方言注音的体系,尤其是其基本特征和形成过程,非常值得后人参考、研究与借鉴,给人们予以一定的启示。

第一节　汉字注音的基本特征

经前几章的描述和梳理,我们已对英语的汉语标注体系有了较为清晰的了解。无论是"广东葡语"还是"洋泾浜英语",其主要特征都反映在英语的汉语注音体系上。从 18 世纪初叶起,民间就有较为广泛流行的英语会话小册子,而且这些供人学习的英语小册子都用汉语方言注音,如《红毛通用番话》(1830)用粤语注音,罗伯聃的《华英通用杂话》(1843)用北方方言注音,冯泽夫的《英话注解》(1860)用宁波话注音,曹骧的《英字入门》(1874)用上海话注音等。因用汉语方言注音,当年那些英语学习者的发音之奇特可想而知。即便京师同文馆于1862 年成立之后,外语教材也仍然在沿用汉语方言注音的习惯,直至同文馆的教员汪凤藻编译了《英文举隅》(1879)。《英文举隅》的《总论》简单介绍了 26个英文字母以及元音和辅音的区别,这里汪凤藻已经将 alphabet 和 consonant 明确翻译为"字母"和"辅音",而 vowel 则以"正音"和"音目"对译之。可见,当时已出现不再用汉语注音的外语教材。从历史上看,中国人学英语时用汉语注音可谓是一大特色,而且在某种程度上还真成就了对外的沟通与交流。虽然英语用汉语注音毕竟不是标准英语学习的准确方法,但也有其独特之处,值得好好探究。

　　清末的英语语音标注方法究竟对现在的教材和教学有何借鉴和启示,先来
了解并对比下道光年间(1821—1850)和同治年间(1862—1875)用汉语注音的
26 个英文字母的读法,详见表 6-1、6-2。[①]

表 6-1　道光年间用粤语注音的英语字母表

字母	A	B	C	D	E	F	G	H	I	J	K	L	M
注音	挨	碑	思	地	依	鸭符	芝	咽住	矮	遮	踻	挨儿	奄
字母	N	O	P	Q	R	S	T	U	V	W	X	Y	Z
注音	燕	轲	丕	翘	鸦	挨时	梯	要	非	嗒布如	乌时	威	思

表 6-2　同治年间用沪语注音的英语字母表

字母	A	B	C	D	E	F	G	H	I	J	K	L	M
注音	灰	弥	西	哩	伊	阿夫	臬	阿池	爱	遮	格	阿耳	阿吾
字母	N	O	P	Q	R	S	T	U	V	W	X	Y	Z
注音	温	阿	必	鸠	阿	阿时	低	呦	威	那不留	阿慈	歪	直

　　从这两份分别用粤语和沪语注音的英语字母表中不难发现方言之间有着巨
大的差异,如 F 的发音分别为"鸭符"(粤)和"阿夫"(沪)、H 为"咽住"(粤)和
"阿池"(沪)、N 为"燕"(粤)和"温"(沪)、Z 为"思"(粤)和"直"(沪)。可以
说,大多数字母的注音都严重走音,有的注音令人匪夷所思。这两个英文字母注
音表在很大程度上反映了当时中国人学英语时对英语语音的最初认知程度,而
这种认知水平及发音特征都能从清末年间流行的英语教材(或小册子)中得到
验证。这种验证表明早期的英语教材读本含有这样的特点:语音、语法简化,不
但原本单词的发音被简化(没有卷舌、重读、语调等要求),而且所有单词基本上
只有一种形态。英语中一些辅音,中国人易读错。同时,受汉字单音节且常以元
音结尾这一特点的影响,中国人不易念好英语中那些以辅音结尾的单词,于是经
常将 ee 和 y 加在这类单词之后,如 catch 读作 catchee, make 读作 makee 等。早
期的这些英语教材读本尽管现在看来非常粗糙,但却是中英商业文化交流中最

为倚重的工具书,它们以一种文化内(中国文化)交际的编码形式来表达文化间(中英文化)交往的信息内涵,给我们提供了最初检索英语读音和意义的线索,揭示了中国人早期英语学习中对英语语音的认知程度与汉语方言注音的基本特征。

第二节　汉字注音的缘由与启示

为什么要用汉字来注音呢? 这是因为当人们面对一门外国语言时,最初的反应就是用母语把外国语言的读音标注下来,以便诵读和记忆。众所周知,汉语是象形文字,清末时还没有现在的拼音系统①,因此在初识一种外来语(英语)时,学习者自然会以已熟悉的母语来识别英语的读音,这就形成了最初的汉语标注英语读音的方式,亦称"假借法",即用汉字来描述和拼读英语的读音。这可能是语言文字学习的一种最本能的反应。即使在今天,一些初学者在学习外语音标时一旦遇到了困难,特别是记忆不清时,他们也会不由自主地用汉字注音。但由于英语与汉语差异甚大、无任何"血缘"关系,英语中许多读音,根本无法找到相应的汉字来准确摹仿和描述,结果只好取与其读音"相近"或"相似"的汉字来给英语字母或单词注音,从而造成了"注音扭曲"现象。其实,这种现象是英汉两种语言的语音差异所致。

英汉语的语音差异究竟有多大? 按现代语言学理论的说法,英语是印欧语系-日耳曼语族下的语言,共有 26 个字母,由 5 个元音字母和 21 个辅音字母组成。从英语发音的角度分析,其共有 48 个英语音标(20 个元音音标和 28 个辅音音标)。英文是拼音文字,声调不区分语义。② 而汉语属于汉藏语系③,汉字是象形文字,汉语声调可区分语义,故称声调语言(tone language)。汉语普通话,一般来说有 21 个声母,24 个韵母,有 4 个声调类:阴平、阳平、上声、去声。相比之下,粤语和沪语等方言的音素和声调就要丰富且复杂得多。粤语的声母 19 个,

---

① 汉语拼音是中华人民共和国官方颁布的汉字注音拉丁化方案,于 1955—1957 年文字改革时由原中国文字改革委员会(现国家语言文字工作委员会)汉语拼音方案委员会研究制定。该拼音方案主要用于汉语普通话读音的标注,作为汉字的一种普通话音标。1958 年 2 月 11 日,全国人民代表大会批准公布该方案。1982 年,该方案成为国际标准 ISO7098(中文罗马字母拼写法)。(辞海.上海:上海辞书出版社,1989.)
② 艾布拉姆·德·斯旺.世界上的语言.乔修峰译.广州:花城出版社,2008;N. D.阿鲁玖诺娃.语言与人的世界.赵爱国译.北京:北京大学出版社,2012.
③ 李如龙.汉语方言学.北京:高等教育出版社,2001.

韵母有56个,有9个声调(阴平、阳平、阴上、阳上、阴去、阳去、阴入、中入、阳入)和2个变调(高平和高升)。沪语有声母27个,韵母51个,声调6个(阴平、阴上、阴去、阳去、阴入、阳入)①。粤语和沪语都属南方方言,因此没有北方方言所具有的卷舌音、儿化音、轻声等。可见,粤语和沪语的音素都要比英语丰富,绝大多数的音素照理都能够在英语中得到体现,用汉语(或汉语方言)标注英文应该不成问题,但这里的关键是汉语是声调语言,同一发音但声调不同就会产生不同的意义,因此英语语音要用完全相同的汉语或汉语方言标注,就会显得相当困难,结果就是:常把h发作"咽住"或"阿池",甚至f发作"鸭符"或"阿夫",与标准发音差异甚巨。又譬如,"讨克滑丁"—"Talk what thing?"(你在说什么?)、"听刻由"—"Thank you"(谢谢你)。把three念作"的里",把teeth念作"迪夫",mouth念作"毛夫"就显得很有地方特色。

　　然而,随着对西学和西方语言的广泛接触和深入认识,中国人开始有了英语学习必须规范的认知。正如邹振环所指出的那样:"明末清初欧人东来,在语言接触过程中,主要是葡萄牙、西班牙、意大利等拉丁语系的外语,晚清最初接触的是英语。中国人在学习英语的过程中,从最初的《红毛通用番话》到《华英通用杂话》;从《英话注解》《英字指南》到《华英初阶》,中国学习者对英语词汇从发音到书写有了愈来愈清晰的认识。"②到了清末光绪二十八年(1902)和二十九年(1903),朝廷分别颁布了《钦定中学堂章程》和《奏定中学堂章程》③,尤其是《奏定中学堂章程》,其中关于外国语的教学有了十分明确的规定,特别是外语学习者的发音规范问题已开始引起重视④。当然,反映于教科书上的发音与习字等训练也就逐步地规范起来。

　　此外,在中国的光绪年间,国际学术界研究语言音韵的组织,开始研究、归纳和总结各种语言的音韵,并设计了能被普遍接受的国际音标⑤。中国人较有规模地学习英语始于鸦片战争后,从"广葡英语"到"洋泾浜英语",为了方便记忆和交流,国人的英语学习都是以汉语方言(粤语、沪语、宁波话、北方话)注音的形式进行着,直至民国初年国际音标注音的出现,才改变了中国人学习英语的方式。从早期中国人对英语语音的认知以及中英两种语言的差异中,可以初步了解到流行于中国的洋泾浜英语的来龙去脉及其中国特征。虽然洋泾浜英语听上

---

　　① 钱乃荣.上海语言发展史.上海:上海人民出版社,2003.

　　② 邹振环.2007 翻译大师笔下的英文文法书.复旦学报(社会科学版),2007(3):51-60.

　　③ 课程教材研究所编.20世纪中国中小学课程标准·教学大纲汇编.北京:人民教育出版社,2001:2-3.

　　④ 详见第四章第一节。

　　⑤ 同④.

去有点难登大雅之堂,但它毕竟融入了中华文化,丰富了英语作为世界通用语(lingua franca)的内涵。其实,在当时,洋泾浜英语的流行并不被人鄙视,和世界语(Esperanto)一样,也一度是世界通用语的热门选项。1933 年,著名翻译学家林语堂就曾用英语写过一篇有名的文章《为洋泾浜英语辩护》("In Defense of Pidgin English")。在文中林语堂引用萧伯纳的一段采访,认为洋泾浜英语比一般英语更富有表现力①。因此,通过探究中国早期学习者对英语语音的认知,我们可以从中得到这两方面的借鉴和启示:1)英语教学必须要打好基础,初学英语时语音是整个学习的起点和基点,必须规范学习并练习标准英语的发音(英国音或美国音);2)在英语学习的高级阶段(如高中、大学阶段)应该要多注意让学习者接触不同地区(非英美地区)的英语。因为英语作为世界通用语已不单单是英美人在使用标准发音的英语,世界各地英语(Englishes)都会带有不同的本地口音和文化痕迹。在全球化的今天,我们的英语教学是否也应该考虑进这一因素?在英语教育上,尤其是在教材研发上,应该让学习者接触更多其他地方的英语,如印度英语、泰国英语、中东英语、非洲英语等。唯有这样,中国人才既能讲出非常地道的英文,又能使自己融入世界,为人类命运共同体做出贡献。

---

① 马伟林.中国皮钦英语的历史地位.学术界,2005(2):190-195.

民国篇

引　言

　　民国成立伊始,即开展了全面的教育改革,并把英语作为学校教学的主要科目之一,同时中国出现了不少官办或民办的出版机构,使英语教材得以井喷式涌现。民国时期的英语教材经不完全整理多达近千种(部分教材见附录二)。然而,民国时期的英语教材发展较为无序,而且为争夺市场,出版机构和部分编者手段频出,甚至不惜对簿公堂。尽管民国时期的英语教材发展较为混乱,但也不乏深受欢迎的优秀之作,也成就了不少著名的教材编著者。民国时期的英语教材不仅种类繁多,而且还体现了当时较为先进的教学方法。

第七章
民国时期的社会状况

　　1911 年 10 月武昌起义成功,孙中山领导的辛亥革命推翻了清王朝 276 年的统治,结束了中国 2,000 多年历代王朝更替的封建君主制度。1912 年(壬子年)1 月,中华民国宣告成立,并开始对政治、经济、文化、教育等进行全面深入的改革,以适应共和国建设和发展的需要。

第一节　全面的教育改革

　　在教育方面,民国政府成立伊始就做了两件事:1) 取消清政府的学部,1 月 9 日成立教育部,著名教育家蔡元培出任教育总长;2) 教育部于 1 月 19 日颁布《普通教育暂行办法通令》和《普通教育暂行课程之标准》,规定清政府颁行之教科书一律禁用,9 月颁布了《学校系统令》(史称"壬子学制"),次年(1913 年,癸丑年),又陆续发布了各种有关教育改革的法令,逐步形成了一个新的学制,后统称为"壬子癸丑学制"①。

　　但不久,袁世凯窃取了革命果实,并导演了一场复辟闹剧;北洋政府时期军阀割据,使得政府形同虚设。民国时期的教育宗旨同此时的政权更替一样,不断变化。民国初年政府提出"四育教育宗旨",但不久就被袁世凯时期的"七项教育要旨"和北洋政府时期的"七条教育标准"所替代,此后民国政府又提出了"党化教育方针"和"三民主义教育宗旨"。这些宗旨和方针的不断修改与出台,虽

---

① 朱有瓛.中国近代学制史料(第三辑).上海:华东师范大学出版社,1990;舒新城.中国近代教育史资料(上册).北京:人民教育出版社,1981.

然其中也存在倒退，但从整体上看是时代的发展对教育的召唤，也是国人对教育的民主化、科学化与近代化的追求。从三民主义教育宗旨的确立，到民国教育宗旨与学制系统的局部调整与基本定型，教育改革的道路可谓坎坷多艰，曲折向前①。然而，在这曲折多变的教育变革中，外语却始终作为教育中的一个重要科目，受到当权者的持续重视，例如"壬子癸丑学制（1912—1913）"中的《1912年小学校令》和《1912年中学校令》②均有具体规定，详见表7-1、7-2。

表 7 - 1　1912 年小学校令

1912 年 9 月 小学校令（摘录） 第三章 教科及编制 　　第十二条 高等小学校之教科目，为修身、国文、算术、本国历史、地理、理科、手工、图画、唱歌、体操；男子加课农业，女子加课缝纫。 　　视地方情形，农业可以从缺，或改为商业，并可设英语，遇不得已，手工、唱歌亦得暂缺。 　　视地方情形，可改英语为别种外国语。

"壬子癸丑学制"规定高小有条件的可以开设英语课，也可视地方情形，改英语为别种外国语。可见，在小学，英语课程还不是一个必修的课程。

表 7 - 2　1912 年中学校令

1912 年 12 月 中学校令（摘录） 第一章 学科与程度 　　中学校教授科目，为修身、国文、外国语、历史、地理、数学、博物、物理、化学、法制经济、图画、手工、乐歌、体操，女子中学校加课家事、园艺、缝纫。 　　外国语以英语为主，但是遇地方特别情况，得任择法、德、俄语一种。 　　第四条 外国语要旨在通解外国普遍语言文字，具运用之能力，增进智识。外国语首宜授以发音拼字，渐及简易文章之读法、书法、译解、默写，进授普通文章，及文法要略、会话、作文。

与小学不同的是，外国语在中学是一个必修课程，而且有相当具体的教学程度要求，如："外国语首宜授以发音拼字，渐及简易文章之读法、书法、译解、默

---

① 周洪宇.中国教育活动通史（第七卷）.济南：山东教育出版社，2017：6-12.
② 李良佑.中国英语教学史.上海：上海外语教育出版社，1988：136；顾明远.教育大辞典.上海：上海教育出版社，1998：1279，1728，2096.

写,进授普通文章,及文法要略、会话、作文。"这些教学程度要求在中学阶段都有课程内容的标准规定,详见表 7－3。

表 7－3　中学课程内容的标准规定

课　目	第一年	第二年	第三年	第四年
外国语	发音、拼字、读法、译解、默写、会话、文法、习字	读法、译解、默写、造句、会话、文法	读法、译解、会话、作文、文法	读法、译解、会话作文、文法、文学要略

　　这是中华民国成立后制订的第一个新学制系统,它的基本精神是使教育符合共和国的宗旨,废除忠君、尊孔、读经为中心的封建教育制度,这在中国教育史上是一大了不起的进步。但是,就外语这门学科而言,民国初年"壬子癸丑学制"与清政府 1903 年及 1909 年颁布的学制[①]相比较,并无重大差别。只是在教学内容上,"壬子癸丑学制"规定中学第四年还要学习外国文学要略,这是一个不小的进步。此后,中国的外语教育教学又有了不少改革发展的举措,如1916—1922 年,中国的教育界在新文化运动的影响下,对中学教育目标和内容等方面的问题进行过广泛的讨论[②]。此后,由于战争与外敌入侵等多变的形势,国民政府的教育政策与外语教育教学,起伏不定,变化多端。这种多变的局面也体现在民国时期教育部不断地发布号令或政策文件上。表 7－4 是 1912—1922 年 11年间教育部颁布的政策、举措以及民间所出版的较有影响力的英语教材。

表 7－4　民国时期 1912—1922 年整体外语教育情况

时间	法令、规定、政策	执行、举措	教　材
1912	学校系统令、中等学校令实行规则、普通教育暂行课程之规则、外国语专门学校规则	禁用清朝教科书、制订新学制、外国语为学校主课、河南省留学欧美预备学校成立	国华书局出版《高小英文共和新读本》2 册、中华书局出版《中华英文文法》1 册

---

　　① 1903 年,清政府颁布了《奏定学堂章程》(癸卯学制),规定译学馆及方言馆属于高等教育,修学为五年制;商科类大学外国语为主课,英语必习;优级师范学校,英语列为必修课;中学堂的外国文为"最重要之功课"等。1909 年,清朝学部奏准变通中学堂课程为文科和实科两类,其中外国语(以英语为主)均为主课。

　　② 舒新城.中国近代教育史资料.北京:人民教育出版社,1981;陈学恂.中国近代教育史教学参考资料(中册).北京:人民教育出版社,1987.

续　表

时间	法令、规定、政策	执行、举措	教　材
1913	中学校课程标准、示范学校课程标准、大学令、大学规程	英文为中等学校和师范学校主课、大学有英文教学要求和课时要求	中华书局出版《英文教科书》2册和《中学英文教科书》2册
1914	无	举措等延续	中华书局出版《高小新制英文读本》4册、《修订新制中学英文教科书》3册、《中学师范用新制英文文法》2册、《中学英文文法初步》1册、《中华英文会话教科书》4册
1915	无	全国教育联合会成立、全国师范学校校长会议召开、教育部设立教科书编纂处	中华书局出版高级小学用《初等英文文法》和《中等英文文法》各1册,《新编高小英文》和《初等英文文法》各1册,中等师范新制用《英文作文》和《英文文学读本》各1册
1916	高等小学校令	规定外国语课之教学目的、要求和课时	无
1917	修订《大学令》	全国实业学校校长会议召开	无
1918	无	全国中学校长会议召开、教育部公布第一次重新审定之教科书	商务印书馆出版《英文法初步》1册、《新体英文教科书》2册
1919	公布各专门学校、大学校、中学校招生办法;规定各省中学校除英语外,还可酌用其他外语	规定外国人在内地所设专门以上学校不以传播宗教为目的,且不列宗教科目	商务印书馆出版《初级英语读本》(初集)1册、《中等英语会话》1册
1920	无	无	商务印书馆出版《初级英语读本》(贰集)1册、《新世纪英文读本》(首卷)1册
1921	无	全国教育会联合会在广州召开第七届年会	商务印书馆出版《新世纪英文读本》(卷贰)1册

续　表

时间	法令、规定、政策	执行、举措	教　材
1922	教育部颁布新学制（又名"壬戌学制"）	新学制课程改革委员会成立	中华书局出版《英语教学法》（张士一编），商务印书馆出版《英语语音学纲要》（周由仅编）

由表 7-4 可见，民国的最初 11 年是教育改革的 11 年，直到 1922 年"壬戌学制"的颁布，民国的教育，尤其是外语教育教学才算有了一个较为稳定的时期。关于民国初年及以后一段时期的外语教育教学状况，从一些学界前辈的回忆录中可见一斑。

1）方重回忆 1915 年常州与上海的外语教学经历①

1902 年，我生于安徽芜湖，祖籍江苏武进，即现在的常州……在我未满周岁时，主持家政的大伯父决定举家迁居南京。一年后，母亲带我回到常州，住在外祖父家里，就此便在常州落户……外祖父创办了一所县立的"冠英小学"，我长到 7 岁那年，他老人家亲自送我去报名入学，至今还记得外祖父每晨携着我的手去上学的情景。出外家旧宅前门，经一座石桥，到了河北岸，然后步行向东，便到了我童年启蒙的那所小学。在那里我读到小学毕业，所学课程除语文、数学、史地、写字、画图外，还学英语。我的英语也是从那时开始学的……

我于 1915 年在常州读完小学，那时父母已在上海定居，为了更有把握考入清华，不久我也来到了上海，入民立中学预科专习英语一年（该校英语教师是东吴大学出身的，资望甚高）。次年，参加清华入学考试，成绩优良，获准于入学后直接插入中等科二年级。

2）葛传椝回忆 1917—1920 年嘉定与太仓的外语教学经历②

1906 年，我出生于江苏省嘉定县（今上海市嘉定县）……我学英语是从 1917 年秋季进入县立高等小学一年级开始的。在这以前听到有人说起，英语共有 26 个字母，而且也知道几个字母的读法……

我有的唯一的英语书是英国人编的 *English Primer*，汉语名《华英初阶》。书上没有语法，也没有注音。老师教一课，我就反复地读一课。因为量小，我能做到每课全部背出。一本薄薄的书，一年就读完……二年级和三年级读的课文是

① 方重.求学年代漫笔.载外语教育往事谈.上海：上海教育出版社,1988：18-19.
② 葛传椝.英语教学往事谈.载外语教育往事谈.上海：上海教育出版社,1988：58.

邝富灼编、商务印书馆出版的《英文轨范》(*English Language Lessons*)和《新世纪英文读本》(*New Century English Readers*)第二册。还是教过一年级的那位老师授课,同样是先生讲,学生听。我总是把每课课文尽量多地熟读和熟记……

1920 年秋季,我升入江苏省立第四中学(在太仓县)一年级,继续学习英语。读了一年半,我考取了交通部当时在上海办的电报传习所。

3)季羡林回忆 1920—1922 年山东清平的外语学习经历[1]

我学外国语言是从英文开始的。当时只有 10 岁,是高小一年级的学生。现在回忆起来,英文大概还不是正式课程,是在夜校中学习的……在中学时,英文列入正式课程。在我两年半的初中阶段,英文课是怎样进行的,我已经忘记了。我只记得课本是《泰西五十轶事》(*Fifty More Famous Stories Retold by Jame Baldwin*)、《天方夜谭》(*Tales from the Thousand and One Nights*)、《莎氏乐府本事》(*Tales from Shakespeare*)、华盛顿·欧文(Washington Irving)的《拊掌录》(*Sketch Book*),好像还念过麦考莱(Thomas Babington Macaulay)的文章……初中毕业后,因为是春季始业,又在原中学念了半年高中。在这半年中英文教员是郑又桥先生。他给我留下深刻难忘的印象。听口音,他是南方人。英文水平很高,发音很好,教学也很努力。

4)许国璋回忆 1927 年嘉兴的外语学习经历[2]

我生于 1915 年,今年七十开外。……12 岁进嘉兴秀州中学,时在 1927 年。此校始为美国教会所办,创于清末,是年收回自办,请老校友一人任校长。他毕业于之江大学,到美国读过书,得硕士学位,颇受新文化影响。……我在初二初三选了应用文、心理学、人生哲学、宗教概论等。……英文,一周六节,只有朗读、听写、拼写,不讲课文,不讲语法,更无语法分析。读物,西方民间故事,一百多页之书,一学期读五六十页。平时好玩,叫背,径说背不出,便坐下,师也不甚责。不久寒假,老师说春季开学罚你连背十页,佯应,心想到时再说。寒假在家,睡在母亲房里,一日早醒,不敢惊动,出书试读,第一页完全不懂,看到页底,原来还有注释,再读,得其半,至第二页,始得大意。低声读下去,渐足以发。如是五日,不觉已读了二十多页。倦极而睡,正熟,母亲推醒,以为我梦魇,不知我在梦中背书。开学,老师问:十页之约记否? 我起立大声背书,一口气即是五页,师说够了。读书自觉进行,总有收获,前提是老师不逼不催。

这些回忆录节选描绘了民国时期学校中的英语教学情况,包括学习的方式、

---

① 季羡林. 我和外国语. 载外语教育往事谈. 上海:上海教育出版社,1988:1-2.
② 许国璋. 回忆学生时代. 载外语教育往事谈. 上海:上海教育出版社,1988:188-189.

教学的手段以及大概使用的外语教材。民国时期的英语教学大都集中于小学和中学,因此有许多适宜于此类学校的教材编写与出版。

第二节　中小学英语教材

从 1912 起,民国开始了较大规模的英语教材的编写与出版,但当时的教材主要集中在中小学的层面。

历史上,我国只有"小学教育"和"大学教育"之说,相当于现在的"基础教育"与"高等教育"。而"中学"是清朝后期才出现的一个概念,特别是 1902 年壬寅学制颁布以后,建设了中等教育性质的学校①。而从清朝末年到民国初年这段时间,英语教学不仅受到洋务运动"师夷长技以制夷"的实用型学习目的影响,还受到师资力量严重不足以及缺乏适合学生学习的优秀教材的制约,处境窘迫。当时,英语教学的重要阵地集中在教会学校,由外教自由选择英文原版教材进行英语教学。而有些学校为了解决师资问题,会直接邀请当时从事涉外工作的人员来从教。可想而知,当时教师队伍鱼龙混杂,也由此激发了民国中后期轰轰烈烈的教学改革运动②。但是,从另一个角度来看,正是这些教育背景复杂、行业经验丰富的英语教师极大地促进了英语教学的发展,使之取得了较为良好的教育教学效果,一代英语名师就是在这样的教学环境中孕育而出,也使得民国时期的英语教材逐步地繁荣起来。

如前所述,民国建立初期,教育部就颁发了法令,明确中学"外国语以英语为主"。1922 年民国政府颁布"壬戌新学制",这新学制使整个教育设施(从学制、学科、教材到教学方法)由模仿日本为主转为仿效英美为主。学生 6 岁入学,初小 4 年,高小 2 年,初中 3 年,高中 3 年,大学 4—6 年。1929 年颁布的《中学暂行课程标准》,英语为 30 学分,仅次于国文的 36 学分③。外语学科由初中开始设置,初中阶段的人数也有较大幅度的增长。据统计,在 1925 年全国有中学1,142 所,中学生 185,981 人,1929 年猛增为学校 2,111 所,中学生达 341,022人。④ 民国时期的外语教材主要集中在中学阶段,这可能与当时的国家外语教育规划的重点有着密切的关系。这个阶段中学英语教学大致有如下几个特点:

① 孙培青,杜成宪. 中国教育史. 上海:华东师范大学出版社,2009.
② 李良佑等编著. 中国英语教学史. 上海:上海外语教育出版社,1988:136-171.
③ 同②162-164.
④ 教育部年鉴编纂委员会编. 第二次中国教育年鉴. 上海:商务印书馆,1948:1428.

1）有些学校在初中阶段比较注意听、说、读、写的全面训练，到高中阶段一般仍侧重于阅读能力的培养；2）对西方的语言学和语言教学法已开始进行研究和介绍。有些学校的语音教学开始采用国际音标，韦氏音标或牛津音标渐被取而代之。奥托·叶斯帕森（Otto Jespersen，1860—1943）[①]的交际教学思想、哈罗德·E. 帕默（Harold E. Palmer，1877—1949）[②]的直接法等学说开始为人所瞩目。有些学者开始在教学上尝试新的教学方法，如张士一等人倡导试行直接法，林语堂早在20世纪30年代就提到功能语法和交际功能等；3）学生接触英语的机会比较多。除英语课外，数、理、化等学科在不少学校里均采用英美原版教材，体育活动也常用英语术语。社会上，英美原版电影、英文报刊、商业英文招贴等很多。可见英语在半殖民地的中国非常流行，这必然会对学校的英语教学产生影响。

民国时期，学校在教材使用上一般自行选择，因为当时的学校情况比较多样化。首先，学校类别较多：国立、省市立、县立、教会立、私立等，特别是教会立与私立学校，在教材选择上根本不受教育行政部门的管束；其次，各类学校教育目标和教学要求不一；第三，教材版本繁多，除英美原版教材外，各出版机构从市场需求出发开发出版了许多教材。但从实际情况看，自1922年新学制下的统一课程标准发布后，除教会学校以及个别大城市学校外，大多数内地和农村地区的中学使用较多的还是部编教材（或称国定教科书）[③]。

第三节　国定教科书

在民国时期，英语教材有部编教材和非部编教材之分，相当于现在的教育部规划教材与非规划教材。部编教科书制度始于清朝末年。光绪二十四年（1898），即百日维新时期，光绪帝准梁启超设立译学堂，编译各种西学教科书和报刊等。[④] 1901年张百煕奏称："译局非徒翻译一切书籍，又须翻译一切课本。泰西各国学校无论蒙学、普通学、专门学皆有国家编定之本，按时卒业，皆有定

---

① 叶斯帕森是享誉国际的丹麦语言学家，一生著述颇丰，多达487种，其主要著作《语法哲学》讨论了逻辑范畴和语法范畴及其相互关系。

② 英国学者帕默是提出直接法的主要代表人物，著有《口语教学法》《科学的外语教学法》《外语教学的原则》等。

③ 李良佑等编著. 中国英语教学史. 上海：上海外语教育出版社，1988：202.

④ 张运君. 清末教科书审定研究. 湖南师范大学教育科学学报，2010（2）：29-33.

章。今学堂既须考究西政、西艺,自应翻译此类课本。"①1906 年,清廷学部设立图书编译局,颁布编译章程 9 条,其中编辑规范仿效了文明书局和商务印书馆的教科书体例。这是我国部编教科书的开始。同年,学部颁布了第一次审定的"初等小学书目""高等小学暂用书目表"和"中学暂用书目表"。1909 年学部变更初等学堂课程,将部编各教科书书目注于各科目之下,从此就产生了"国定教科书"的说法。

民国成立伊始,教育部就公布了普通教育暂行办法,拟订了《审定教科图书暂行章程》,规定各类教科书务合乎共和国宗旨。1912 年 9 月,教育部又公布了《审查教科书规程》,规定"中小师范学校用教科书,须经本部审定";"须合于部定学科程度及教则";"发行人应于出版前呈样本二部,禀请审查";"审定有效期为六年"等等。1915 年,教育部设立教科书编纂处。1918 年,教育部第一次公布重新审定之教科书。1923 年教科书编纂处撤销,另设图书审定处,1925 年又改图书审定处,另设编译处。1937 年,国民党政府教育行政委员会设立教科书审查委员会,并公布教材图书审查条例,规定"中小学教科图书非经大学院审定,不得发行采用"等。

1937 年前,中国各类学校的英语教材非常丰富,因为各地出版社根据教育部颁布的课程标准竞相开发并出版教材。抗战爆发后,学校大都内迁,而此时只有正中书局一家内迁至后方,以致英语教科书一时奇缺,形成"书荒"。为改变此局面,教育部于 1942 年将中小学教科书编审委员会归于国立编译馆,改设教科用书组,责令编辑中、小学各科教材。出版单位也由正中书局一家改由商务印书馆、中华书局、正中书局、世界书局、大东书局、开明书店、文通书局 7 家出版机构联合供应,以此解决了教科书奇缺问题,并形成了民国时期教材开发、编辑、印刷、发行的基本格局。表 7－5、7－6 列举了民国时期(1928—1935)经教育部正式审定的部分中学和高中的英语教材。②

表 7－5　教育部审定的部分中学英语教材

书　名	册数	作　者	送审者	审定日期	执照号	失效日期
新学制初中英文读本文法合编	3	胡宪生等	商务	1929.03.08	部 14	1932.11.01

---

① 张运君.清末教科书审定研究.湖南师范大学教育科学学报,2010(2):29－33.
② 李良佑等编著.中国英语教学史.上海:上海外语教育出版社,1988:204－205.

续　表

书　名	册数	作　者	送审者	审定日期	执照号	失效日期
新学制初中英文法教科书	1	胡宪生	商务	1929.05.10	部19	1932.11.01
新中学教科书初级英语读本	3	沈彬等	中华	1929.06.14	部21	1932.11.01
初中直接法英语教科书	6	张士一	商务	1930	不详	不详
英语模范读本	3	周越然	商务	1930.01.06	部31	1932.11.01
开明英文读本	3	林语堂	开明	1930.02.26	部38	1932.11.01
现代初中英语教科书	3	周越然	商务	1930.09.09	部57	1932.11.01
英语标准读本	3	林汉达	林汉达	1931.04.21	部84	1932.11.01
进步英语读本	3	进步英文学社编译所	世界	1931.06.13	部93	1932.11.01
英语模范读本	3	周越然	商务	1933.10.27	教8	1936.10.27
直接法英语读本	4	（加）文幼章（J. G. Endicott）	中华	1934.01.01	教15	1937.01.11
初中英语标准读本	4	林汉达	世界	1934.05.01	教24	1937.05.01
开明英文读本	3	林语堂	开明	1934.06.30	教27	1937.07.30
国民英语读本一、二册	2	陆步青	世界	不详	不详	不详
综合英语读本	6	王云五等	商务	1934.11.23	教38	1937.11.23
新标准初中英语第一册	1	赵廷为等	开明	1935	不详	不详
初中进步英语读本	3	进步英文学社编译所	世界	1935.01.31	教47	不详
初中英语读本	4	李唯建	中华	1935.04.02	不详	不详

续　表

书　名	册数	作　者	送审者	审定日期	执照号	失效日期
初中英语第一册	1	薛俊才	正中	1935.12.21	不详	不详
新标准初中英语第三册	1	赵廷为 戚叔含	开明	1935.03.27	教94	1939.07.31

表7-6　教育部审定的部分高中英语教材

书　名	册数	作　者	送审者	审定日期	执照号	失效日期
新中学教科书高级英语读本	1	朱友渔	中华	1929.02.05	部3	1932.11.01
英文修辞学	1	林天兰	中华	1929.12.21	部30	1932.11.01
新中学高级英文典	1	王昌社	中华	1931.01.08	部77	1932.11.01
高中英文选	3	苏州中学教员英文研究会	中华	1931.06.16	部92	1932.11.01
高中英语读本	3	林汉达	世界	1935.06.08	不详	不详
高中英语读本	3	李儒勉	中华	1935.03.23	教53	1938

　　综上可见,自清末开始,中国的外语教育历经坎坷。但是,无论政权机构怎样更迭,发布了多少个明令禁文,当权者都力图控制中小学教材的编审权。这从一个侧面反映出教育对政权的稳固和国家的发展极为重要。然而,从民国时期的英语教材来看,因时局动荡政府没有把握整体教育格局的能力和机制,自然也就缺乏整体规划,教材真可谓五花八门、种类繁多,教材使用较为混乱。尽管如此,民国时期也不乏英语教材优秀之作,如张士一、周越然、林语堂、林汉达等人编的教材就具有相当广泛的影响力,而且民国时期的英语教材出版业也相当活跃,都对当时的英语教学起到了积极的推动作用。

第八章
民国英语教材的编辑与出版

说起民国英语教材编辑与出版的历史，不得不提这六大书局，即商务印书馆、中华书局、世界书局、大东书局、正中书局、开明书店①。这六大书局为民国时期外语教材的开发和发展做出了巨大的贡献。

第一节 商务印书馆

商务印书馆于清末光绪二十三年(1897)创办于上海。创办人是夏瑞芳、鲍咸恩、鲍咸昌兄弟和高凤池。关于商务印书馆的创建与发展，可详见第五章的第一节。商务印书馆是编辑出版各类教科书的专门出版机构，尤其是在出版外语教科书上在国内首屈一指。以下是商务印书馆出版的部分英语教材，详见表8-1。

表8-1　民国时期英语教材目录：商务印书馆

序号	书　名	作　者	出版时间	册数
1	现代初中英语教科书	周越然	1912年1月	2册
2	英语作文教科书	邝富灼	1912年1月	不详

---

① 王知伊.开明书店纪事.山西：书海出版社,1991：81；张锡琛.漫谈商务印书馆.载商务印书馆编.商务印书馆九十年.北京：商务印书馆,1987：102-104.

续　表

序号	书　　名	作　者	出版时间	册数
3	英华会话合璧	张士一	1912 年 8 月	不详
4	英语会话教科书	邝富灼	1912 年 10 月	不详
5	英语易通	商务印书馆	1912 年 12 月	不详
6	初级英语读本	商务印书馆编译所	1913 年 1 月	不详
7	共和国教科书中学英文读本	甘永龙	1913 年 2 月	3 册
8	共和国教科书中学英文法	邝富灼	1913 年 6 月	4 册
9	英文法阶梯	邝富灼	1913 年 6 月	4 册
10	高级英文范	（美）蒙哥马利（R. P. Montgomery）	1913 年 7 月	不详
11	共和国教科书高等小学英文读本	甘永龙	1913 年 9 月	不详
12	英文尺牍教科书	张士一	1914 年 1 月	1 册
13	新世纪英文读本	邝富灼	1914 年 3 月	6 册
14	英语第一新读本	吴继杲	1914 年 3 月	不详
15	英语第二新读本	吴继杲	1914 年 3 月	不详
16	实习英语教科书（语言练习）	（美）盖葆耐（B. Gage）	1915 年 1 月	2 册
17	英语会话教科书(活页本)	邝富灼	1915 年 1 月	不详
18	实习英语教科书（语言练习）	（美）盖葆耐（B. Gage）	1915 年 2 月	1 册
19	初级英文法英作文合编	吴献书	1915 年 11 月	不详
20	华英进阶　肆集	甘永龙	1916 年 1 月	不详

续 表

序号	书　名	作　者	出版时间	册数
21	英语作文捷径	邝富灼	1916 年 1 月	不详
22	初级英语读本	商务印书馆	1916 年 5 月	4 集
23	实习英语教科书：英文程式	（美）盖葆耐（B. Gage）	1916 年 10 月	1 册
24	英语撮要	商务印书馆编译所	1916 年 11 月	不详
25	英语作文示范	（美）博司（W. C. Booth）	1916 年 12 月	不详
26	实习英语教科书（英文程式）	（美）盖葆耐（B. Gage）	1917 年 1 月	2 册
27	英文造句教科书	张秀源	1917 年 2 月	不详
28	实习英语教科书：会话法规	（美）盖葆耐（B. Gage）	1917 年 7 月	1 册
29	日用英语会话教本	（美）布赖恩（J. I. Bryan）	1917 年 9 月	不详
30	简易初等英文法详解	商务印书馆编译所	1917 年 9 月	不详
31	中学实用英语读本	吴献书	1918 年 1 月	不详
32	英文格致读本	（美）祁天锡（N. G. Gee）	1918 年 2 月	不详
33	新体英文法教科书	商务印书馆	1918 年 4 月	上、下册
34	新体英文法教科书（上、下册）	杨锦森	1918 年 4 月	上、下册
35	英语模范读本	周越然	1918 年 11 月	4 册
36	实习英语教科书（会话法规）	（美）盖葆耐（G. Gage）、吴继杲	1919 年 1 月	不详
37	中等英文典	商务印书馆	1919 年 8 月	不详
38	中等英语会话	周越然	1919 年 8 月	不详

序号	书　名	作　者	出版时间	册数
39	中等英文典	（日）神田乃武（Kanda Naibu）	1919 年 8 月	不详
40	初级英语读本	商务印书馆	1920 年 1 月	4 集
41	英语会话教科书（新大陆采风谈）	（美）埃里斯(John Ellis)	1920 年 1 月	不详
42	实用英语阶梯	商务印书馆编译所	1921 年 1 月	不详
43	国民英语入门	周越然	1921 年 9 月	不详
44	英语语音学纲要	周由仪	1922 年 1 月	不详
45	新法英语教科书	周越然	1922 年 3 月	3 册
46	增广英文法教科书	（美）吉治理(G. L. Kittredge)	1922 年 4 月	不详
47	英文模范读本	周越然	1922 年 5 月	4 册
48	英语语音学纲要	周由仪	1922 年 5 月	1 册
49	复式英语会话	商务印书馆	1923 年 1 月	不详
50	新法英语教科书	周越然	1923 年 1 月	3 册
51	新学制初级中学英文读本文法合编	胡宪生、（英）哈格罗夫（H. L. Hargrove）	1923 年 2 月	2 册
52	初级中学英语文法读本合编	胡宪生	1923 年 2 月	4 册
53	新学制高级小学英语教科书	周越然	1923 年 7 月	2 册
54	新学制英语教科书	周越然	1923 年 7 月	2 册
55	现代初中英语教科书	周越然	1923 年 9 月	3 册
56	英语语音学纲要（精装）	周由仪	1923 年 9 月	1 册
57	新学制高级小学英语教科书	周越然	1924 年 1 月	2 册

续　表

序号	书　　名	作　　者	出版时间	册数
58	汉释初级实用英文法	平海澜	1924 年 5 月	1 册
59	英文会通	林天兰	1924 年 5 月	1 册
60	汉文译注：商业英语会话	张毓良	1924 年 9 月	1 册
61	英语模范读本	周越然	1925 年 1 月	4 册
62	新学制初级中学英文读本文法合编	胡宪生、（英）哈格罗夫（H. L. Hargrove）	1925 年 2 月	2 册
63	李氏英语文范	李登辉	1925 年 5 月	1 册
64	新学制高级小学注音英语教科书	周越然	1925 年 10 月	2 册
65	英语会话公式	周越然	1926 年 1 月	1 册
66	英语作文初步	商务印书馆编译所	1926 年 1 月	1 册
67	新学制初中英文法教科书	胡宪生	1926 年 2 月	1 册
68	现代初中英文法教科书	林天兰	1926 年 4 月	2 册
69	英文基础读本	谭安丽	1926 年 7 月	4 册
70	中学英语会话读本	（美）布赖恩（J. I. Bryan）	1926 年 10 月	不详
71	新学制初级中学注音英文读本文法合编	胡宪生	1926 年 11 月	3 册
72	英语模范课本	周越然	1927 年 1 月	不详
73	简要英文法教科书（小字本）	（美）纽生（Newson）	1927 年 8 月	1 册
74	英语活用读本	（美）福司德（L. Faucett）	1928 年 1 月	4 册
75	高级英语会话教科书	沈竹贤	1928 年 2 月	不详
76	英语活用读本	（美）福司德（L. Faucett）	1928 年 4 月	第 4 册
77	初级英语读本初集（有图）	商务印书馆编译所	1929 年 1 月	1 集

序号	书　　名	作　者	出版时间	册数
78	文化英文读本	李登辉	1929 年 3 月	3 册
79	初中直接英语法教科书	张士一	1930 年 5 月	5 册
80	英语初学诗选	周越然	1931 年 1 月	不详
81	商业英语会话	张毓良	1932 年 1 月	1 册
82	日用英语读本	（美）葛理佩（H. B. Graybill）	1932 年 1 月	前、后编
83	新学制高级中学英文读本	胡宪生	1933 年 1 月	1 册
84	新学制高级小学注音英语教科书	周越然	1933 年 1 月	1 册
85	综合英语课本	王云五、李泽珍	1933 年 6 月	6 册
86	实验高级英文法	邓达澄	1933 年 9 月	1 册
87	英文汉诂	严复	1933 年 9 月	1 册
88	高中英文作文	方乐天	1934 年 11 月	1 册
89	高中综合英语课本（高中用）	王学文、王学理	1935 年 1 月	3 册
90	初中简易英文文法	刘维向	1935 年 5 月	1 册
91	英语文学入门	吴献书	1935 年 5 月	1 册
92	中学英文法教科书	（美）威廉斯（E. M. Williams）	1935 年 6 月	不详
93	高中综合英文课本	王学文、王学理	1935 年 8 月	6 册
94	循序英文读本	邝富灼	1935 年 9 月	不详
95	大学一年级英文教本	陈福田	1938 年？月	7 册
96	学生英语会话	王元章	1939 年 1 月	1 册
97	初级英语作文（英语文库）	英语周刊社	1940 年 1 月	1 册
98	英语图解会话	王学谦	1940 年 1 月	1 册

续　表

序号	书　　名	作　者	出版时间	册数
99	复式英语会话	商务印书馆编译所	1940 年 1 月	1 册
100	基本英文法	陈竹君	1946 年 10 月	不详
101	英语翻译释例：汉文英译之部	郭崐	1947 年 1 月	1 册
102	日用英语会话	（美）布赖恩（J. I. Bryan）	1947 年 3 月	6 册

　　商务印书馆在清末英语读本的编纂和出版史上创造了一个奇迹,标志着近代中国外语读物的出版进入了有计划、有规模、有组织的阶段。同时,商务印书馆在自身的发展和建设中引进了国外的先进印刷技术,培养了一大批编辑、出版、发行的从业人员,而且还孵化了其他民营出版企业,如商务印书馆创立 14 年后,中华书局成立,其编辑、发行的骨干大都是从商务印书馆出来的;后来成立的世界书局、大东书局、开明书店,情形也大体如此①。也就是说,这几大书局的建立和发展都有商务印书馆的影子。

第二节　中　华　书　局

　　中华书局,全名“中华书局股份有限公司”,于 1912 年 1 月 1 日由陆费逵(1886—1941)筹资创办于上海,并于 1 月 25 日发表了《中华书局宣言书》,奉行“开启民智”的出版宗旨。中华书局是一家集编辑、印刷、出版、发行于一体的出版机构,创立之初,以出版中小学教科书为主,并印行古籍、各类科学、文艺著作和工具书等。中华书局的创建是辛亥革命的产物。1911 年辛亥革命前夕,在商务印书馆任出版部主任的陆费逵与戴克敦(1872—1925)、陈寅(1882—1934)等,约请编辑人员秘密编写新教科书。1912 年元旦,中华书局开业后,提出“教科书革命”和“完全华商自办”的口号,与商务印书馆竞争。中华书局首先出版新编的《中华教科书》,以其国旗图案抢占了大部分教科书市场。“于是改公司,添资本,广设分局,自办印刷”,后又盘入文明书局、民立图书公司和聚珍仿宋印

---

① 叶圣陶. 我与商务印书馆. 载商务印书馆编. 商务印书馆九十年. 北京：商务印书馆,1987：302.

书馆,迅速发展成为国内民间第二大出版机构。书局成立之时于福州路东首租3 间店面,又在福州路惠福里设立印刷所,不久迁河南路。1913 年设编辑所,沈知方(芝芳,1882—1939)加入,陆费逵任局长(后称经理),沈知方为副局长。1915 年改为股份有限公司,自办印刷所,增设发行所;翌年资本增至 160 万元,职工达 1,000 余人,继商务印书馆之后成为国内第二家集编辑、印刷、发行为一体的出版企业。1916 年中华书局迁至棋盘街(今福州路河南路转角)新建的 5 层楼大厦,店面 10 间,与商务印书馆贴邻。中华书局于 1912—1949 年共出版各类图书约 6,000 余种,包括教科书、古书、字典辞典、杂志、各科新书、儿童读物、外文书籍、碑帖书画等。中华书局从创办起就把业务重点放在教科书上。除了最先出版的《中华教科书》以外,先后出版了《新制教科书》《新编教科书》《新式教科书》等大量中小学、师范学校教科书及教师用书,共 400 余种。抗日战争时期,中华书局奉命在重庆参加国定本教科书联合供应处,承供教科书占 23%。1954 年,中华书局实行公私合营,总公司迁至北京,同时在上海留有中华书局上海办事处。1958 年改组为中华书局上海编辑所。同年,国务院古籍整理出版规划小组成立,中华书局被指定为该小组的办事机构,成为整理出版中国古代和近代文学、历史、哲学、语言文字图书及相关的学术著作、通俗读物的专业出版社,承担着国家级古籍整理的基本项目。中华书局出版过不少英语教材,部分教材详见表 8-2。

表 8-2　民国时期英语教材目录:中华书局

序号	书　　名	作　　者	出版时间	册数
1	新中学教科书混合英语	沈彬	1912 年 1 月	3 册
2	中华高等小学英文教科书	冯曦、吴元枚	1912 年 3 月	3 册
3	中华中学英文教科书	李登辉、杨锦森	1912 年 10 月	4 册
4	共和国民英文读本	苏本铫	1913 年 5 月	6 册
5	中华英文会话教科书	章景华	1914 年 3 月	4 册
6	新制英文读本	李登辉、杨锦森	1914 年 3 月	2 册
7	新制英文法	杨锦森	1914 年 4 月	2 册
8	近世英文选	(英)蔡博敏 (T. W. Chapman)	1914 年 9 月	不详
9	共和国民英文读本	苏本铫	1914 年 12 月	3 册

续　表

序号	书　　名	作　　者	出版时间	册数
10	英文文学读本	王宠惠	1915 年 4 月	1 册
11	初级英文教科书	李登辉	1915 年 6 月	2 册
12	新编高等小学英文教科书	李登辉、杨锦森	1915 年 9 月	不详
13	新制英文法	杨锦森	1915 年 10 月	2 册
14	柯提拿英语教科书	美国函授学校	1919 年 7 月	不详
15	新教育教科书英语读本	沈彬	1920 年 1 月	2 册
16	新教育教科书英语读本	沈彬	1920 年 8 月	3 册
17	英语读本	沈彬	1921 年 1 月	不详
18	新制英文读本	李登辉	1921 年 1 月	不详
19	英语读本教案	马润卿	1921 年 1 月	不详
20	新教育教科书英文法	戴克谐	1921 年 2 月	2 册
21	新教育教科书英语读本	西文编辑部	1921 年 2 月	第 1 册
22	新教育教科书万国语音学大意	沈彬	1921 年 11 月	不详
23	新中学教科书初级英语读本	沈彬、马润卿	1923 年 4 月	3 册
24	新中学教科书高级英语读本	朱友渔	1923 年 7 月	1 册
25	新小学教科书英语读本	沈彬	1923 年 12 月	3 册
26	英语基本练习口语	张士一	1924 年 1 月	1 册
27	新中学教科书英文作文法	谢颂羔	1925 年 3 月	1 册
28	新中学混合英语	沈彬、马润卿	1925 年 4 月	6 册
29	文学的英语读本	王宠惠	1928 年 1 月	不详
30	英语基本练习	张士一	1929 年 1 月	1 册
31	文学的英语读本	王宠惠	1929 年 3 月	2 册
32	中学英文读本（戏剧式）	钱兆和	1929 年 12 月	3 册
33	高中英文选	苏州中学教员	1930 年 5 月	3 册
34	直接法英语读本	（加）文幼章（J. G. Endicott）	1932 年 8 月	3 册

序号	书　　名	作　者	出版时间	册数
35	初学英文规范	邝富灼、徐铣	1932 年 9 月	2 册
36	新中学英语读本	沈彬、马润卿	1932 年 11 月	3 册
37	新中学英文法	王宠惠	1932 年? 月	不详
38	基本英语入门	张梦麟	1933 年 1 月	不详
39	初中英语读本	李唯建、金兆梓	1933 年 5 月	6 册
40	基本英语课本	张梦麟、钱歌川	1933 年 9 月	3 册
41	高中英语读本	李儒勉	1933 年 9 月	3 册
42	基本英语例解	（英）奥格登（C. K. Ogden）	1933 年 10 月	1 册
43	新中学教科书初级英文法	王宠惠	1933 年 12 月	上、下册
44	初级基本英语读本	钱歌川、张梦麟	1934 年 2 月	不详
45	初中学生文库: 学生英语会话	张谔	1935 年 1 月	3 册
46	基本英语会话	张梦麟	1935 年 7 月	3 册
47	基本英语留声片课本	赵元任	1936 年 3 月	1 册
48	直接法英语补充读本	（加）文幼章（J. G. Endicott）	1937 年 1 月	不详
49	最新英文读本	陈鹤琴	1937 年 4 月	4 册
50	基本英语进阶	（英）奥格登（C. K. Ogden）	1937 年 6 月	6 册
51	初中英语读本	李唯建、张慎柏	1937 年 7 月	4 册
52	标准英语读本	李唯建	1937 年 8 月	初集
53	最新英文读本	李卓民	1937 年 8 月	不详
54	英文学生丛书: 初学英语文法	陆贞明	1938 年 1 月	1 册
55	韦氏英文读本	（英）韦斯特（Michael West）	1939 年 1 月	不详

续　表

序号	书　　名	作　者	出版时间	册数
56	初级英文选读	桂绍盱	1939 年 3 月	2 册
57	学生英语会话课本	（美）哈金斯（M. I. Huggin）	1939 年 5 月	1 册
58	韦氏英文读本练习书	（英）韦斯特（Michael West）	1939 年 10 月	不详
59	直接法英语读本（改订本）	（加）文幼章（J. G. Endicott）	1940 年 1 月	3 册
60	英语课本小学校高级中学用	王祖廉	1940 年 1 月	4 册
61	妇女英语会话	（美）哈金斯（M. I. Huggin）	1940 年 10 月	1 册
62	新法高中英语读本	（加）文幼章（J. G. Endicott）	1940 年 12 月	不详
63	初中学生文库日用英语会话	史密斯（Clarinda Smith）	1941 年 1 月	1 册
64	初学英语文法	陆贞明	1941 年 8 月	3 册
65	基本英语读本	钱歌川、张梦麟	1944 年 1 月	4 册
66	日常英语阅读及会话	李儒勉	1947 年 2 月	不详
67	中等英文法	刘崇裘	1947 年 9 月	上、下册
68	中华文库：初学英语文法	陆贞明	1947 年 12 月	2 册
69	直接法英语读本教授书（改订本）	（加）文幼章（J. G. Endicott）	1948 年 1 月	不详
70	初级适用活的英语法	缪廷辅	1948 年 1 月	1 册
71	大东初中英语读本	李唯建、张慎伯	1948 年 1 月	不详
72	中级适用活的英语法	缪廷辅	1948 年 9 月	不详
73	初级适用活的英语法	缪廷辅	1948 年 9 月	不详
74	活的英语法	缪廷辅	1948 年 10 月	不详

第三节　世　界　书　局

　　世界书局于 1917 年由沈知方（1882—1939）在上海创办，1921 年从独资企业改组为股份有限公司，设编辑所、发行所和印刷厂，沈知方任总经理。世界书局创办初期以出版小说为主。从 1924 年起，编辑出版中小学教科书，在教科书市场与商务印书馆、中华书局形成三足鼎立。1934 年，因经济周转不灵，沈知方被迫退职，由陆高谊（1899—1984）任总经理。抗日战争期间，林汉达主编的英文文学读本颇负盛名。世界书局于 1917—1949 年共出版各类书籍约 5,500 余种。世界书局的创办及发展与沈知方的努力密不可分。

　　沈知方，字芝芳，浙江绍兴人，祖上是藏书世家，不过至其父一代，已是家道衰落，仅有薄田数亩，靠摆书摊为生。沈年少时，就被父亲送到绍兴奎照楼书坊当学徒，1899 年进上海广益书局，1900 年入商务印书馆。四处赶考卖书的学徒生涯，让他熟悉了各地的书业行情，培养了浓厚的商业意识，积攒了丰富的市场经验。1912 年，商务印书馆的劲敌中华书局创办成立，翌年，沈知方就被中华挖了墙角，委之以中华书局副局长的重要职务。1917 年沈知方离开中华书局，自行创办了世界书局。当他开始大张旗鼓地筹措中小学教科书出版时，商务印书馆和中华书局如临大敌。昔日的这两大冤家，此时由对手变伙伴，共同合资创办了国民书局，以低至成本以下的价格倾销教科书，试图挤掉世界书局，然而还是败下阵来。沈出奇制胜的招数，在于他另寻了一条销售教科书的新路子。商务印书馆、中华书局的教科书发行模式，是把分支机构开在全国大、中城市，而世界书局走得更远，把教科书销售网络的终端，延伸到商务、中华鞭长莫及的县城，走"农村包围城市"的道路。其办法不是设分支机构，而是在全国各地设立特约经销处，外地书店在预先向世界书局交纳部分保证金后，便有权挂起"世界书局某地特约经销处"，甚至是"世界书局某地分店"的招牌，享受着某一特定区域内该社所有图书的独家经营，这样便极大调动了各地书店推销世界版教科书的积极性。而对世界书局来说，完全不用总部派干事，不必花钱租赁房屋和装修，只需将一定数量书赊销给经销处，简便而易行。这是于社店双方均为有利的好办法，因而很快取得成功。另外，沈知方采用书刊互动的出版策略，在出书的同时又出版相关杂志。李涵秋和张云石主编的《快活》，严独鹤和施济群主编的《红杂志》，严独鹤和赵苕狂主编的《红玫瑰》，江红蕉主编的《家庭杂志》，施济群、程小青主编的《侦探世界》，均在世界书局的强大宣传攻势下，一时风行海内外。"五四"运动之后,提倡白话文学习一时形成社会风气,沈知方迎合时代潮流,出版了许多文白对照的作文、尺牍等书籍,供人学习模仿,受到学生界的极大欢迎。20 世纪 20 年代末,经新文化运动洗礼的国人,已深感科学知识于现实人生的重要性。正当商务印书馆瞅准时机,忙着编印各种学科普及小丛书时,沈知方也看到了这种现实阅读需要,特约徐渭南主编了一套"ABC 丛书",前后共 150 余种,于 1928 年 6 月陆续出版。这套丛书早于商务印书馆的"万有文库"一年时间出版,以其学科范围综合、内容通俗浅显、作者阵容强大、适合读者需要,获得巨大商业成功。在出版史上,我们应该记住沈知方这个人,不仅因为他创办了世界书局这个近现代出版史上第三大的书局,出书 5,500 余种,对中国文化发展做出了重要贡献;还因为他的发行才干和商业禀赋,把更激烈的竞争带入了出版界,对提高整个书业的经营水平产生了不容忽视的影响。

世界书局中期所出之书,以林汉达主编的英文文学读本为最多,影响也最大,如《华文详注英文文学读本》《世界近代英文名著集》两套,其中有金仲华注释的《安徒生童话选》《漫琅兰斯科》等。另有林汉达等主编的《英汉汉英两用辞典》《世界标准英汉辞典》等工具书较为畅销,这些都为西方文学的传入起到了中介作用。

世界书局先后开设分局有 30 余处,苏州、杭州设过编辑分所,但其分支机构不及商务印书馆、中华书局多,凡中小学教科书、专科、大学教本、参考书、工具书、课外读物、儿童读物、社会科学、自然科学、中外古今文艺名著、应用科学学术名著等,均有出版。世界书局所出版的部分英语教材见表 8－3。

表 8－3　民国时期英语教材目录:世界书局

序号	书　　名	作　者	出版时间	册数
1	纳氏文法	陈徐堃(编译)	1921 年? 月	4 册
2	高级英语读本教学法	芮听鱼	1924 年 4 月	2 册
3	新学制小学教科书高级英语读本	芮听鱼	1925 年 4 月	2 册
4	初级英语读本	世界书局	1926 年 1 月	2 册
5	初级英语读本	盛谷人	1926 年 1 月	1 册
6	英文文法 ABC	林汉达	1930 年 1 月	3 册

序号	书　　名	作　者	出版时间	册数
7	英语标准读本(初中)	林汉达	1930 年 2 月	上、下册
8	实验英文文法读本	吴献书	1930 年 2 月	3 册
9	英语散文 ABC	余天韵	1931 年 1 月	1 册
10	国民英语读本	陆步青	1932 年 1 月	6 册
11	高中英语读本	林汉达	1935 年 3 月	6 册
12	高中英语读本(修正本)	林汉达	1935 年 4 月	3 册
13	初中活用英语读本	詹文浒	1936 年 1 月	6 册
14	初级英语读本	盛谷人	1936 年 1 月	2 册
15	高中活用英语读本	詹文浒	1937 年 1 月	1 册
16	日用英语会话	詹文浒	1943 年 1 月	2 卷
17	大学新英语	林汉达	1944 年 1 月	6 册
18	初步背诵英语	黄稚澜	1946 年 1 月	4 册
19	初中活用英语读本	詹文浒	1947 年 1 月	6 册
20	简明高级英文法	闻天声	1947 年 9 月	不详
21	大学新英语(英文本)	林汉达	1948 年 1 月	2 册
22	短篇英语文范	闻天声	1948 年 4 月	不详
23	初中新英语	林汉达	1949 年 3 月	3 册
24	小学活用英语读本	詹文浒	不详	8 册

第四节　大　东　书　局

　　大东书局于 1916 年在上海创办,后期经过多年的改革与发展,出版了一系列较高水平的图书,是 20 世纪上半叶中国的重要出版社之一。早期由吕子泉、王幼堂、沈骏声和王均卿四人(均生卒不详)合资经营,1924 年改为股份公司,成

立董事会,设监察人,沈骏声仍任经理。发行所初设于上海公共租界中区福州路
昼锦里,1921 年迁到福州路 110 号,1931 年又迁到福州路山东路 310 号,其印刷
所也曾数度迁徙。1937 年淞沪会战爆发,大东书局内迁重庆。1945 年抗日战争
胜利以后,官僚资本侵入该局,由杜月笙任董事长,国民党人陶百川掌握局务。
1949 年,大东书局被军管;1956 年,大东书局职工并入上海科学技术出版社、新
华书店、大东印刷厂。

　　大东书局主要出版中小学教科书、法律、国学、中医、文艺、社会科学丛书和
儿童读物等,还出版了一批具有学术、史料和文献价值的图书,如郭沫若的《甲
骨文字研究》《殷周青铜器铭文研究》,江恒源的《中国文字学大意》,厉尔康的
《国防与物资》,于右任的《右任诗存》等。此外也出版了《四库全书总目》《中国
医学大成总目提要》等国学书籍和《世界名家短篇小说全集》等文艺书籍,并出
版《紫罗兰》(周瘦鹃主编)、《游戏世界》(周瘦鹃、赵苕狂编)、《星期》(包天笑主
编)等期刊。

　　大东书局为扩大本版书刊的发行,在全国大中城市设分局 16 处。自办印刷
厂,除印刷本版书刊外,还承印国民党政府的钞票、印花税票;另附设东方舆地学
社,专门编绘出版中国和世界的各种地图,每年重印 10 余次,行销 10 万册以上。
大东书局及其他相关出版机构所出版的部分英语教材见表 8 - 4。

表 8 - 4　民国时期英语教材目录:大东书局/龙门联合书局/竞文书局

序号	书　　名	作　　者	出版时间	册数
1	初中英语读本	沈彬、蒋梦麟、徐志摩	1932 年 1 月	不详
2	模范高级英文选	沈彬	1932 年 9 月	3 册
3	初中英文法	章长卿	1933 年 7 月	1 册
4	现代英文选注	葛传槼	1939 年 6 月	不详
5	实用中学英语语法	钱秉良	1939 年 8 月	5 册
6	竞文初级英语	谢大任	1940 年 1 月	6 册
7	简易英语作文	葛传槼	1940 年 8 月	上、下册
8	初中英文作文	葛传槼	1940 年 8 月	不详
9	简易英语会话	谢大任	1941 年 8 月	1 册

序号	书　　名	作　者	出版时间	册数
10	竞文初中英语语法	胡达人	1943 年 1 月	1 册
11	大东初中英语读本	沈彬	1947 年 5 月	1 册
12	大学英语作文	缪廷辅	1947 年 8 月	4 册
13	大学英语作文	缪廷辅	1948 年 1 月	4 册
14	高中英语选	葛传椝、桂绍旴	1948 年 1 月	2 册
15	大学英语作文	缪廷辅	1948 年 8 月	4 册
16	高级英语语法	缪廷辅	1949 年 3 月	3 册
17	高中英语读本	缪廷辅	1949 年 4 月	不详

第五节　开 明 书 店

开明书店成立于 1926 年,创办人是章锡琛(1889—1969)。章锡琛是绍兴人,民国元年独身闯入上海滩,在商务印书馆先任《东方杂志》编辑,后接《妇女杂志》主编,后来因与商务印书馆办刊宗旨不一致,辞去主编职务。在胡愈之、郑振铎以及吴觉农等人的支持下,另编《新女性》月刊,用新女性杂志社名义发行。在新女性杂志社的基础上,章锡琛请胞弟章锡珊合伙经营,于 1926 年 8 月 1日正式开办开明书店,地址在上海宝山路宝山里 60 号(即章锡琛的家),不久又扩展到 64 号。章锡琛首先将目标定在"百年大计"的教育事业上,并于 1927 年首创《开明活叶文选》,成为大中学校普遍采用的国文教材,其内容、编校、纸张、印刷、装帧设计都十分讲究,在读书界享有盛誉。一直办到抗日战争爆发,文选已出了 2,000 多期。

1928 年,由刘叔琴、杜海生、丰子恺、胡仲持、吴仲盐等人发起,开明书店改组为股份有限公司。第二年公司正式成立,杜海生任经理,章锡琛任协理。开明书店拥有夏丏尊、叶圣陶、顾均正、唐锡光、赵景深、丰子恺、王伯祥、徐调孚、傅彬然、宋云彬、金仲华、贾祖璋、周予同、郭绍虞、王统照、陈乃乾、周振甫等学者、作家担任编辑工作,形成一支知名的编辑队伍。

1929 年 12 月开明书店宣布《新女性》停刊,代之而起的是 1930 年 1 月创刊的《中学生》。开明书店还出版过一套初等小学用的《国语课本》,共 8 册,叶圣陶写的课文,丰子恺绘的插图。书本以确能发展儿童的阅读能力和表达能力为目标,内容紧系儿童生活,材料活泼有趣,文体兼容博取,模式语调贴近儿童口吻,图画与文字有机配合,这在当时同类教科书中是一种很新颖的装帧设计。《国语课本》1932 年初版后印行 40 余版次,受到了读者的极大欢迎。开明书店编出的教材契合实际、注重质量,其内容、编校、纸张、印刷、装订、装帧设计都十分讲究,为读书界所赞誉。开明书店依靠朴实、严谨的开明人,创出了严肃认真出好书的开明风。

　　1941 年,开明书店在广西桂林设立总办事处,后迁重庆,1946 年迁回上海。开明书店共出版书刊约 1,500 种。出版物主要以中等教育程度的青年为读者对象,内容包括文学、艺术、语文、自然科学、应用技术、史地等类型的刊物、教科书、青少年读物、古籍和工具书等。开明书店先后出版了数十种中小学各科教本,其中林语堂编的《开明英文读本》在早期的教科书中最为畅销。1950 年,开明书店实行公私合营,1953 年与青年出版社合并改组为中国青年出版社。开明书店出版的部分英语教材见表 8-5。

表 8-5　民国时期英语教材目录：开明书店

序号	书　　名	作　者	出版时间	册数
1	开明英文读本	林语堂	1928 年 7 月	3 册
2	英语发音	张沛霖	1930 年 1 月	1 册
3	开明英文文法(上、下册)	林语堂	1930 年 8 月	上、下册
4	开明英文文法	林语堂	1933 年 2 月	1 册
5	开明英语正音片课文	林语堂	1933 年 10 月	2 册
6	开明青年英语丛书：商业英语	马文元	1935 年 10 月	6 册
7	英语会话	袁克行	1936 年 1 月	3 册
8	英语翻译基础	周庭桢	1937 年 1 月	1 册
9	高中近代英文选	孟子厚	1937 年 5 月	1 册
10	开明青年英语丛书：英语会话	袁克行	1940 年 1 月	不详

续　表

序号	书　　名	作　者	出版时间	册数
11	开明青年英语丛书:英语图解法	谭湘凰	1940 年 2 月	2 册
12	初中英语教本	王国华	1940 年 6 月	不详
13	汉译开明英文文法	林语堂、张沛霖	1940 年 10 月	不详
14	开明青年英语丛书:商业英语	马文元	1941 年 1 月	6 册
15	英语学习法	杨承芳	1941 年 1 月	3 册
16	简易英语故事集	陆殿扬	1945 年 1 月	不详
17	中级英文读本	胡毅	1946 年 1 月	1 册
18	英语翻译基础:中英文对照	周庭桢	1947 年 1 月	不详
19	现代英语	柳无忌	1947 年 3 月	6 册
20	开明新编中等英文法(上、下册)	吕叔湘	1947 年 9 月	上、下册
21	初中英语教本(修正课程标准适用)	王国华	1948 年 1 月	不详

第六节　正　中　书　局

正中书局于 1931 年由陈立夫(1900—2001)创立于南京,是一家国民党党营出版机构。1933 年,陈立夫将正中书局的全部资产捐献给国民党,后者在其基础上进行扩充,并指派叶楚伧(1887—1946)、陈立夫等为董事,吴敬恒(1865—1953)等为监事(陈立夫为董事长,叶楚伧为出版委员长,吴秉常为总经理)。扩充后的正中书局设于南京杨公井,有营业、编辑和印务三所,并在上海、北京、天津、汉口、杭州等地有分局和发行所。

1936 年,正中书局接收上海新民印刷厂的机器,筹设上海印刷厂,并于次年将南京三民印务局并入,南京三民印务局改为第一印刷厂,上海的改为第二印刷厂。抗日战争开始后,第一、二印刷厂分别停工,次年迁往重庆。1937 年,正中书局进行机构调整,设经理室、编审处、业务处,撤销出版委员会。在政府的大力支持下,正中书局发展迅速,很快在当时的出版界站稳脚跟,被称为全国六大书局之一。抗日战争期间,正中书局迁往重庆,业务有所发展,在重庆设有 3 个分局,在桂林、贵阳、宜昌等地也设有分局,在昆明、广州等地派有专员。1938 年,正中书局成立香港办事处,就地印刷再版图书以满足华南各地消费需求。抗战胜利后,正中书局迁回南京,在全国 27 个分支机构先后恢复营业。战后正中书局拥有 4 家印刷厂,1949 年正中书局迁往中国台湾①。

　　建立初期,正中书局以编辑中学教科书和课外读物为主,后来逐渐扩大到学术专著、民众读物、儿童读物、字典等。抗战初期,应形势需要,正中书局编印大量战时读物,后仍以教科书、自然科学、三民主义及国民党党政要人的著作为主。正中书局出版的部分英语教材见表 8 – 6。

表 8 – 6　民国时期英语教材目录:正中书局

序号	书　　名	作　者	出版时间	册数
1	初级中学英语	陆殿扬	1935 年 8 月	6 册
2	初级中学英语	薛俊才	1936 年 1 月	3 册
3	新中国教科书高级中学英语	林天兰	1944 年 1 月	6 册
4	大众英语(英汉对照)	陈澄之	1947 年 1 月	2 册

　　从上述对各出版社及其出版物的描述,似可得出这样的结论:

　　1) 民国时期,民间出版业发展很快,各大出版社均有各自的出版特色、宗旨和理念。2) 民国时期,中小学教科书市场竞争十分激烈,如 1912—1924 年,全国中小学教科书市场几乎被商务印书馆和中华书局两家垄断。1917 年,世界书局成立,教科书市场形成三足鼎立之势。继世界书局后,开明书店、大东书局等也相继加入教科书出版市场中,其竞争愈加激烈②。3) 这几大书局都有很强的编辑队伍和领军人物,如商务印书馆的周越然、开明书店的林语堂、世界书局的林汉达等,为当时的中小学英语教学编写出了不少非常优秀又影响深远的教科书。

---

　① 吴永贵. 中国出版史(近现代卷). 长沙: 湖南大学出版社,2008.
　② 庞学栋. 解放前教科书出版的竞争及其影响. 出版发行研究,2003(1):72 – 76.

第九章
民国英语教材的整理与介绍

　　1912—1949 年期间,各类英语教材出版得非常多,要全部涵盖十分困难,因此,本书只能就民国时期部分具有影响力的著名英语教材按其出版时间顺序进行整理和介绍。

第一节　纳斯菲尔德与《纳氏文法》(1912)

　　《纳氏文法》(*English Grammar Series*)是一套中国引进的关于英语语法的系列教科书,由约翰·柯林逊·纳斯菲尔德(John Collinson Nesfield, 1836—1919)于 1895年撰写。纳斯菲尔德出生于英国南部威尔特郡的一个牧师家庭。1852—1855 年他在海格特文法学校念书,后来(1859—1864)又在那里任教。他获得了牛津大学默顿学院(Merton College)的高等奖学金(senior scholarship),并于 1860 年获学士学位,此后又在 1862 年获得了硕士学位。他曾一度担任过默顿学院的邮电所长和伦敦海格特地区圣迈克尔教堂的代理牧师(curate)。1867 年他开始了在印度的工作生涯。

纳斯菲尔德

　　在印度,他最初担任孟加拉管辖区的院长学院(Presidency College)和克里希纳格政府学院(Krishnagar Government Colleger)的教授。1872 年起他就职于政法部门专管教育事务,担任过下缅甸地区的公共教育主管和学校巡视员(Director of Public Instruction and Schools Inspector in Lower Burma),负责行政和政策制定工作。纳斯菲尔德一生著述颇多,但具有广泛影响力的是他的语法作品,如《成语、文法与综合》(*Idiom, Grammar, and Synthesis*, 1898)、《英语语法:过去和现在》(*English Grammar: Past and Present*, 1898)、《英语语法和作文手册》(*A Manual of English Grammar and Composition*, 1898)与《英文文法系列》(*English Grammar Series*, 1895)。

"纳氏文法"是学术界的一种普遍说法,因为好多名人在回忆学生时代学习英文时都会提及《纳氏文法》。该书的英文原版 *English Grammar Series* (1895)引进中国后因译法不同又有不同的名称,如《纳氏英文文法讲义》《纳氏英文文法系列》《纳氏英文文法》或《纳氏文法》,为便于叙述,这里统一用《纳氏文法》。

一般认为,《纳氏文法》是专为当时英国殖民地印度的中学生编写,并作为英语教科书使用。该套教材(1—4 册)于 1895 年由麦克米伦公司(Macmillan and Co., Limited, London)出版。根据 1930 年重印本记载,自 1898 年至 20 世纪 30 年代,该套教材几乎每年重印,而且常常一年之内印刷多次。由于需求量大,《纳氏文法》又由英国多家出版公司出版发行,如 Great Britain by Richard Clay & Sons, Limited, Stamford ST. (1921) 和 Great Britain by R. & R. Clark, Limited, Edinburgh(1926),这两家出版公司出版的《纳氏文法》均为 4 册,第一册 48 页、第二册 112 页、第三册 224 页、第四册 471 页。据笔者所考,《纳氏文法》于 1907 年引进中国,至 1923 年陆续出齐,此后就有各种版本在中国流行,各种汉译版本共有几十种之多,是 20 世纪上半叶在中国通商口岸颇为流行和引人注目的一套英文文法书①。从 1907 年起,上海群益书社陆续推出由赵灼、陈嘉、陈文祥等人译述、编著的《纳氏英文文法讲义》各册版本,包括初版、修订版和再版。除此之外,《纳氏文法》也曾于 1914 年由伦敦大学留英学者徐兆熊翻译为中文,取名为《英文法初集》(*English Lessons*)。1921 年世界书局也出版了《纳氏文法》,译者为陈徐堃。

English Grammar Series 最初确实是为印度学生编写的英文文法教材系列,相继出版了 4 册。第一册讲"词类",第二册讲"简单的解析和分析",第三册讲"短语和语法",第四册讲"短语、语法及综合",由浅入深,层层递进。而随着中

---

① 邱志红.近代中国英语读本印度溯源研究.兰州学刊,2016(9):58.

国学生对英语学习的迫切需求,20世纪后出现了专门为中国学生编写的英文文法教材("for Chinese students"),但与印度版本相比,二者内容并无差别,可以说是同一套文法书的"印度本"和"中国本",见图9-1、9-2、9-3。

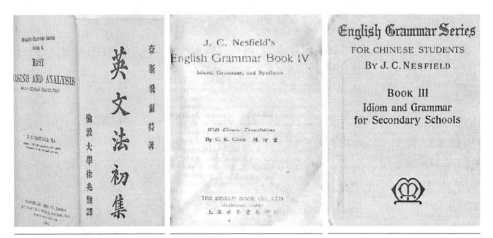

图9-1　徐兆熊译本　　　图9-2　陈徐堃译文　　　图9-3　专为中国学生的版本

现将赵灼译述的《纳氏英文法讲义》和陈徐堃翻译的《纳氏文法》(第四册)做较为详细的介绍。

一、《纳氏英文法讲义》(赵灼译述)

1912年,上海的群益书社出版了由赵灼(1882—1956)译述的《纳氏英文法讲义》,赵灼译述《纳氏第三英文法讲义(上卷)》同年9月订正三版,全书共有9编257页,前有教育家马相伯写于光绪三十三年(1907)十一月的《叙》,以及译者光绪三十四年(1908)三月的《绪言》。绪言开篇就说"纳氏文法丛书有二特色。不偏于理论而注重实际,一也;专为东洋人而著作,二也。故其书最适合我国人研究斯学之用。"①特别是该书不仅仅讲文法,同时还对造句和作文、修辞学、文字学、诗律等语法知识均有涉及,并且分析透彻,例证精详,材料丰富,体例完备。这从《绪言》可见一斑:"文法一学,最重解剖。纳氏原书,尤重此点。其每于词类之篇末,特设'解剖模范'(parsing model)一则。读者若揣摩而变化之,则于斯学之道,思过半矣。"②赵灼的译述版论述及解说简洁概括,所举例句完全由原书而来,并对例句做

---

① 赵灼译述.纳氏第三英文法讲义(下卷).上海:群益书社,1912:绪言.
② 同①.

了进一步解释,以为互相说明,并在篇末增设"解剖模范"启发、训练学生举一反三的能力。

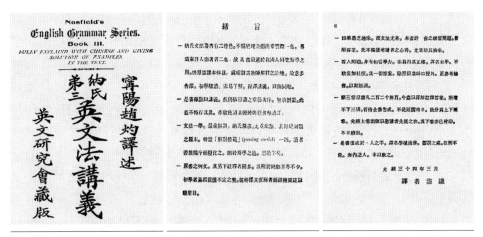

图9-4　赵灼译本封面　　图9-5　赵灼译本绪言(1)　　图9-6　赵灼译本绪言(2)

图9-7　赵灼译本目录　　图9-8　赵灼译本课文(1)　　图9-9　赵灼译本课文(2)

二、《纳氏文法》(第四册)(陈徐堃翻译)

《纳氏文法》虽有许多不同的版本,但其中第四册的使用最为广泛。1921年出版的第四册为471页,后经陈徐堃(生卒不详)翻译为中英对照的第四册为978页,由上海世界书局出版。笔者现看到的是1940年重版的《纳氏文法》第四册①。为什么《纳氏文法》第四册使用最为广泛？这在该书的《序》中译者有所解释："纳氏文法之成为英文文法书的权威，已经有很久很久的历史了，尽管有不少人嫌它陈旧，而加以攻击，可是至今尚无一本近人所著的文法书可以取代它的位置。它的好处当然是在于分析的严密，例证的精详，与材料的丰富，不但供给学者以一切文法上的必要知识，而且也是有志研究英国文字者的良好参考书。在各册之中，尤其以第四册为最好，因为前三册中所有的材料，第四册中都有，而第四册中所特有的材料，欲为前三册中所无。读者只要翻开目录来一看，就可知道其内容的广博，不但是文法学而已，而且还包括造句与作文，修辞学、文字学、诗律等。对于以英文为研究其他科学的工具的，这是一位随时可供顾问的案头良师，对于以英文为专门研究的，可以说是一座无尽的宝藏。本书的译文当然不能说是增加了本书的价值，但对于一般的读者也许是很需要的。少数过于陈旧或不适用的地方会加以改动，习题后的答案是译者加上去的，算是奉献给读者的一点小意思。"可见译者陈徐堃不仅翻译了全书，而且还根据中国学习者的需求对语法书做了一定的改编。全书分为 5 个部分：

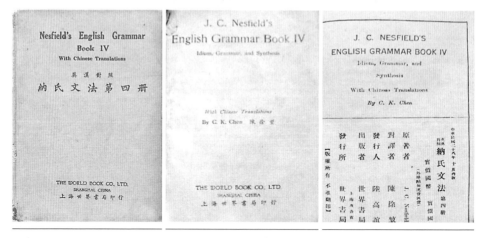

图 9-10 《纳氏文法》第四册封面　　图 9-11 《纳氏文法》第四册内封　　图 9-12 《纳氏文法》第四册版权页

第一部分：文法纲要、文句分析、造句法，及标点法（Accidence、Analysis、Syntax and Punctuation）。这一部分实际上介绍英文语法的基本概念，共有 13 章，详见表 9-1。

---

① J. C. Nesfield. *English Grammar Book IV — Idiom*, *Grammar and Sythesis*, with Chinese Translation by C. K. Chen(陈徐堃). 上海：世界书局，1940.

表 9 - 1　《纳氏文法》第一部分内容

章　节	内　　　容
第 1 章	大纲分析：一般定义。5 种句子：叙述句（assertive）、命令句（imperative）、疑问句（interrogative）、愿望句（optative）以及感叹句（exclamatory），主语和谓语、短语、子句，以及名词、代词、形容词、动词、介词、连词、副词、叹词等数十个语法概念。
第 2—9 章	介绍 8 个词类，包括各类细目和一般性的规则。如：名词首先分为具象（concrete）名词和抽象（abstract）名词 2 类。其中具象名词又分为专有名词、普通名词、集合名词和物质名词 4 类。
第 10 章	句子分析。句子分为单句（simple sentence）、并列复合句（compound sentence）和复合句（complex sentence）。前者只有一个限定动词（finite verb），后两者有一个以上的限定动词。单句包含 4 个部分：基本部分：主语（subject）、谓语（predicate）、定语性附加语（attributive adjunct）、状语性附加语（adverbial adjunct）。完整的谓语有 3 个部分：限定动词、宾语（object）、补语（complement）。
第 11 章	词的兼类（The same word in different parts of speech），内容比较简单，列举了许多兼类词的例子，如 better 词条下列举了"比较级形容词"（comp. adj.）、"比较级副词"（comp. adv.）和"形容词用如名词"（如 Do not despise your betters）3 种功能。
第 12 章	造句法，分为 2 个部分：第一部分讲字的相互关系，首先介绍名词、代词的 3 种"格"（case）：主格（nominative）、所有格（possessive）和宾格（objective），然后谈了一些具体的词类进入句子以后的比较特殊的功能，如动名词作形容词用、形容词代替副词、副词作定语和谓语等，这一部分谈到了主语和谓语在数和人称上必须一致（concord or agreement）；第二部分讨论字的位置，涉及名词、形容词、副词等的位置、关系代词和先行词的位置关系、介词和宾语、主语和宾语在语序上的特殊情况，等等。
第 13 章	介绍标点符号，或句读的正当用法（punctuation or the right use of stops），即如何正确使用标点符号。标点符号有 3 类：点号（points）、完句号（stops）和标号（marks），具体包括逗号、分号、冒号、句号、疑问号（note of interrogation）、撇号、惊叹号（note of exclamation）、括号、破折号、连接符和引号（inverted commas）。

第二部分：字、片语和句构的惯用法（Idiom in Words、Phrases and Constructions），这部分主要还是集中在词的层面上，详见表 9 - 2。

表 9-2　《纳氏文法》第二部分内容

章　节	内　　　容
第 14—19 章	分别讲了名词及代词、形容词、动词、副词、介词、连接词等的用法。但是这几章都涉及许多具体词语、短语和表达式的用法,如果独立出来,几乎可以当作一部惯用法词典,如:第 17 章讲副词的惯用法,介绍了大量的副词和副词性短语的用法,如 much、very、enough、little、a little、since 等。
第 20 章	讨论的是单字、片语,及句子杂论(miscellaneous words、phrases and constructions)。基本讨论的是一些词或短语在用法上的区别以及它们的习惯用法,如动词后接形容词(verb followed by adjective):bid fair、come true、go mad、look sharp 等;对偶字(word in pairs):by leaps and bounds、high and mighty、pains and penalties、safe and sound 等。

第三部分:句的变化和综合(Transformation and Synthesis of Sentences)。这一部分介绍了直接陈述(direct narration)和间接陈述(indirect narration),句子的转换、句子的合成。直接陈述和间接陈述部分所介绍的内容相当于现在一般所说的直接引语和间接引语。作者使用了"转述辞"(reporting verb,如 My father said)、"被转述的话"(reported speech)的概念。与转述有关的是句子转换(the transformation of sentences),其定义是:"从一种语法形式变成另外一种语法形式而不改变其意思。"比如:"He is too honest to accept a bribe."转换为"He is so honest that he will not accept a bribe."句子的合成包括把一个以上的简单句合并为一个简单句、并列句或复合句。

第四部分:构词法和派生(Word Formation and Derivatives)。这一部分讲合成词(compound word)、派生词(derivatives),然后介绍重要的拉丁语和希腊语词根。这一部分很注重词缀和词根的历史来源。派生词分为基本派生词(primary derivatives)和二级派生词(secondary derivatives)。前者是指在一个词根或基本词内发生变化以后产生的新词,如"strike(动)—stroke(名)""loose(形)—lose(名)""cool(形)—chill(动)",相当于现在一般所说的通过内部屈折构成的新词,后者指通过加词缀而形成的新词。第 26 章罗列出了大量的前缀和后缀,而且都标明了来源。纳氏认为英语的词缀主要有 3 个来源:条顿语(Tuetonic,即日耳曼语)、罗曼语(Romanic,含拉丁语和法语)、希腊语(Greek)。日耳曼语后缀有-er、-ar、-or 等,日耳曼语前缀有 a-、al-、at-等;拉丁语和法语后缀有-ain、-en、-an 等,拉丁语和法语前缀有 a-、ab-、abs-等;希腊语后缀有-ot、-ist、-ic 等,希腊语前缀有 amphi-、an-、am-等。

第五部分：辞格、诗歌和韵律（Figures of Speech、Poetry and Prosody）。这一部分由最后的第 28、29、30 章组成,介绍辞格、诗歌写作、韵律和格律等。这些内容用现代的眼光看,已经超出了"文法"的范围,但《纳氏文法》属于传统语法,包括这些内容也是很自然的,详见表 9 - 3。

表 9 - 3　《纳氏文法》第五部分内容

章　节	内　　　容
第 28 章	讲修辞格（figures of speech）,介绍了 24 种辞格,包括明喻（simile）、暗喻（metaphor）、寓意（fable, parable, allegory）、拟人（personification）、借代（metonymy）等。
第 29 章	介绍诗歌（poetry）的种类,纳氏以诗歌内容为纲,逐一介绍了田园诗（pastoral）、描写诗（descriptive）、叙事诗（narrative,包括史诗或英雄诗〈epic or heroic〉、浪漫诗〈romance〉、民谣〈ballads〉）、舞台诗（dramatic）、抒情诗（lyrical）、劝寓诗（didactic）、讽刺诗（satire）,并提到了其韵律（prosody）或格律（metres）形式。
第 30 章	讲诗歌措辞（poetic diction）。这一部分开头说,"诗歌之有别于散文,非但在于格律,亦在于措辞,或言之,在于语词及结构之斟选"（413 页）。然后介绍了诗歌在语词选择和结构、修辞等方面的特点,这一部分内容很多,兹举几例。首先提到的一点是,诗歌"使用古雅或不太浅俗的词语"的特点,作者举了许多例子,如一般使用 swine 代替 pigs、billow 代替 wave、nuptials 代替 marriage,等等。诗歌还有为格律省略词语、使用非常规（uncommon）结构、改变正常词序、用形容词或分词替代从句的现象,等等。

全书例证非常丰富,有许多的习题。但是,有一些内容重复出现,如名词的定义前后出现 3 次（第 6、71、12 页）,在此不一一列举。

20 世纪初,《纳氏文法》系列引进中国后,尤其是在通商口岸城市风行一时,成为深受近代中国读者欢迎的一部英语语法教科书,教会或是新式中小学堂都将此书作为教材加以使用,在很多学者的回忆录或日记文字中,我们都可以看到《纳氏文法》在当年他们英语学习历程中留下的深刻印记。1904 年 3 月至 1905 年 1 月的上海圣约翰书院院历中就明确规定以《纳氏英文法讲义》系列全套作为英文教材[①]。1906 年梁漱溟在北京顺天中学堂读书时,刻苦自学《纳氏英文法

　　[①] 圣约翰书院西学斋第一年教《纳氏英文法讲义》第一、二册,第二年教第三册,第三年教第四册上半部,第四年教第四册下半部。（圣约翰书院章程. 载朱有瓛、高时良主编. 中国近代学制史料〈第四辑〉. 上海：华东师范大学出版社,1993：438. ）

讲义》,"先生教第二册未完",已经开始"研究第三册了"。① 1907 年冬茅盾在浙江桐乡乌镇植材高等小学读书,对他而言,那些毕业于中西学堂并在上海速成班进修过的高才生英文教员使用的《纳氏英文法讲义》第一册已经是"内容相当深"的②。胡适年轻时曾在中国新公学当英文教员,给学生讲授的教材就是《纳氏英文法讲义》(第三册),他从中受益匪浅,自称在教学相长中"虽没有多读英国文学书,却在文法方面得着很好的练习"③。20 世纪 20 年代,季羡林上中学时每天晚上会去尚实英文学社学习英语,在回忆那段学习英语的经历时说过:"只有一本我忆念难忘,这就是 Nesfield 的文法,我们称之为《纳氏文法》,当时我觉得非常艰深,因而对它非常崇拜。到了后来,我才知道,这是英国人专门写了供殖民地人民学习英文之用的。不管怎样,这一本书给我提供很多有用的资料。像这样内容丰富的语法,我以后还没有见过"④。同一时期中学时代的王宗炎因为英文老师麦先生讲语法讲得太少,不得不"自己去苦读《纳氏文法》第三册"⑤。

　　《纳氏文法》在近代中国的广泛传播,除了对中国学者学习英语有所帮助外,也相当程度上推动了中国学者对汉语语法研究的深入。其中 1924 年黎锦熙出版的《新著国语文法》便是在模仿、借鉴与参考《纳氏文法》的基础上,创建的黎氏白话文语法体系,其中在对句法的重视,对词类及其细目的处理,对单句基本成分的处理方面,我们可以明显看到模仿"纳氏"的痕迹。如黎氏将汉语词类分成 9 种 5 大类,仅比纳氏文法增设助词一种,其他 8 种(名词、代词、形容词、动词、介词、连词、副词以及叹词)均与纳氏一样⑥。纳氏语法的影响,可见一斑。

第二节　张士一与《英华会话合璧》(1912)、
　　　　　《英文尺牍教科书》(1914)

　　张士一(1886—1969)是民国时期著名的语言教育家,他编写的《初中直接

---

　　① 梁漱溟. 我的自学小史. 载梁漱溟全集(第二卷). 济南:山东人民出版社,2005:677.
　　② 茅盾. 回忆录一集. 载茅盾全集(第 34 卷). 北京:人民出版社,1997:70.
　　③ 胡适. 胡适全集(27). 合肥:安徽教育出版社,2003:60;胡适. 四十自述. 载胡适全集(18). 合肥:安徽教育出版社,2003:88.
　　④ 李良佑等编著. 外语教育往事谈. 上海:上海外语教育出版社,1988:4.
　　⑤ 同④136.
　　⑥ 黎锦熙等编著. 新著国语问法. 北京:商务印书馆,1992.

法英语教科书》(5 册)是当时民国教育部的国定教科书,具有很大影响力。但是这里要介绍的是他最早期的英语教材作品《英华会话合璧》(1912)和《英文尺牍教科书》(1914),能反映出张士一关于外语教材的编写理念。

张士一,名谔,字士一,以字行,江苏吴江人,著名英语教育理论家和改革家。1901 年进入南洋公学,靠在校月考奖金及课外从事翻译所得稿费缴纳学费维持生活。他原来专攻铁路工程学,1906 年因患眼疾而中断学业,又因家庭经济濒于绝境,不得不提前就业。1907 年,成都高等师范学堂以高薪聘请他任该校英文教员,兼任外籍教授的口译。1908 年回上海南洋公学教英文,兼任学校的英文秘书。1914 年离开南洋公学,任中华书局英文编辑,编译了我国第一部英汉字典《韦氏大字典》。1915 年,南京高等师范学校成立,张士一经黄炎培介绍任该校英文教授兼英文部主任。1917 年,被选送到美国哥伦比亚大学师范学院进修,获得硕士学位,

张士一

1919 年应召回国返校任教。此后直至 1952 年,张士一历任国立东南大学教授、第四中山大学教授、中央大学(1949 年更名国立南京大学)教务长兼师范学院院长。1952 年全国高校院系调整,是年 8 月至 1960 年 8 月,张士一任南京师范学院教育系教授兼系主任;1960 年 9 月至 1969 年 4 月,任南京师范学院外语系教授兼系主任。从 1907 年执教起,张士一从事教育工作 60 多年,擅长实用英语语音学和英语教学法的教学与研究,为我国培养了一大批英语教师,南京大学的范存忠、吕天石、沈同洽,南京师范大学的陈邦杰、邬展云,华东师范大学的吴棠等,都出自他的门下。1954—1969 年,张士一先后担任省、市人大代表、政协委员、省政协常委等,为中华人民共和国的经济建设和教育事业做出了积极的贡献。于 1969 年 4 月 2 日在南京因病逝世,享年 83 岁。

在 60 多年的教育生涯中,张士一埋头于英语教学,悉心研究教学理论和方法,颇有建树。至 1949 年底,共出版《英华会话合璧》《英语教学法》《记忆学》《英文尺牍教科书》《英文学生会话》以及《初中直接法英语教科书》(5 册)等英语教材与专著 11 部。这里主要介绍张士一最早的两本英语教材:《英华会话合璧》和《英文尺牍教科书》,均由商务印书馆出版。

一、《英华会话合璧》

《英华会话合璧》(*Fifty Lessons in English Conversation*) 共 50 页,没有《前

言》,也没有目录页,封面后就是第一课对话。全书共有 50 个英语对话,每个对话含有 5—9 个句子不等,涵盖了学习、生活、工作、休闲、运动、文娱、聚会、出国、上学、考试、天气、自然等众多方面,句子形式多样,简单易懂,是一本供有一定英语基础的学习者进行自主学习的英语教科书。

《英华会话合璧》的前半部分是 50 个英文对话,后半部分是 50 个对话的中文译文,非常适合自学而且易学易记。

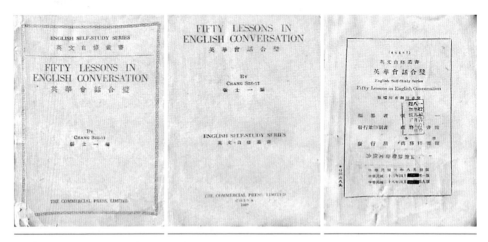

图 9-13 《英华会话合璧》封面　图 9-14　1939 年出版的内封　图 9-15　民国元年(1912)8 月初版

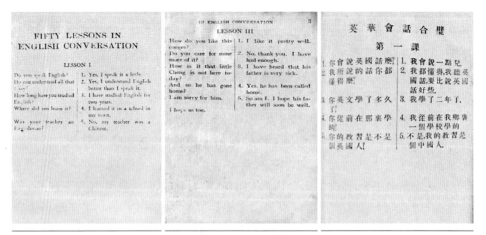

图 9-16　第一课的英文会话　图 9-17　第三课的英文会话　图 9-18　第一课会话的中译文

二、《英文尺牍教科书》

《英华会话合璧》出版后,张士一觉得在此基础上应该要有一个英语进阶的英语教科书,于是两年后(1914)又编撰了《英文尺牍教科书》,英文名称是 *A Class Book of English Letter Writing*,中文标题中的"尺牍"是一个文言书面语,就是"书信写作"(letter writing)之意,见图 9 – 19、9 – 20、9 – 21。

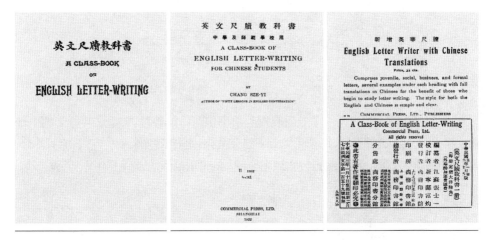

图 9 – 19　《英文尺牍教科书》　　图 9 – 20　1922 年版的内封　　图 9 – 21　1922 年版的版权页
封面

《英文尺牍教科书》的《前言》一开始就说明了本教科书与《英华会话合璧》的关系和编写此书的目的。如:This book is intended to complete the teaching of "a minimum of practical English" commenced by my "Fifty Lessons in English Conversation",见图 9 – 22。为了能使两本书有个更好的衔接,《英文尺牍教科书》的编写过程分为了 4 个步骤: 1) 研究各种书信典据(a study of authorities); 2) 编写课文(the writing of the text);3) 课堂试用(a test in the classroom);4) 改进课文(a revision of the test)。除了在《前言》中说明本书的编写过程和目标外,张士一还专门提出了教师使用这本教科书的 10 条建议,如:须经常提示注意书信的写作规则与原则、尽量多的示范其他的可用的表达方式、写完整的信件、写信时要注意书写工整、标点符号和语法规则使用正确、鼓励学生与讲英语的朋友写信等。建议教师灵活使用本书,同时要尽量利用第二部分的名人书信范文,见图 9 – 23。

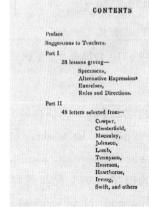

图9-22　前言　　　　　　　　图9-23　10条教学建议

《英文尺牍教科书》是一本专门教授英语书信写作的教科书,全书共分为两个部分:第一部分共28课课文,每课课文由4部分组成,如书信样例、表达方式、练习部分、写信规则与要求等。第二部分是48封英美名人的书信范例,见图9-24、9-25、9-26。

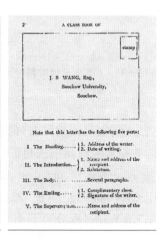

图9-24　教科书的两部分内容　　　图9-25　第一课:书信样本示例　　　图9-26　第一课:信封样本示例

《英文尺牍教科书》的最大亮点是第二部分48封英美名人的书信。这些书信都是一些名人写给好友、家人、同伴、亲戚、政要、作家、诗人、科学家等的,书信格式规范,语言地道流畅,表达礼貌得体,文字优美富有诗意,而且内容十分丰富,不仅反映了当时的风土人情、礼仪规范,而且还折射出当时的政治、社会、文化环境,有不少脍炙人口的经典语句,为学生提供了难得的学习和仿效的典据样本,见图9-27、9-28、9-29、9-30、9-31。

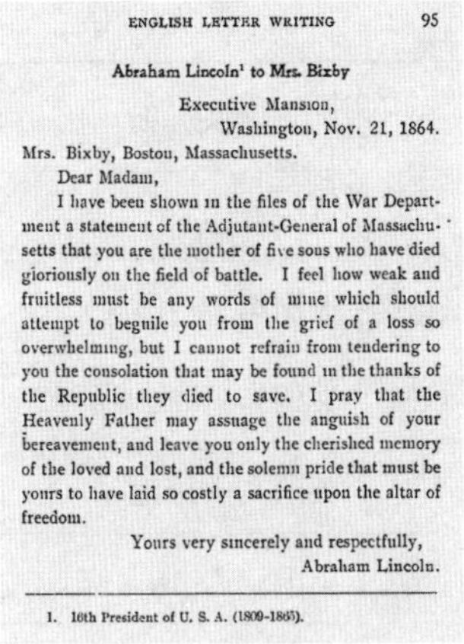

图 9-27 林肯，美国第 16 任总统　　图 9-28 富兰克林，美国作家、物理学家　　图 9-29 英国维多利亚女王

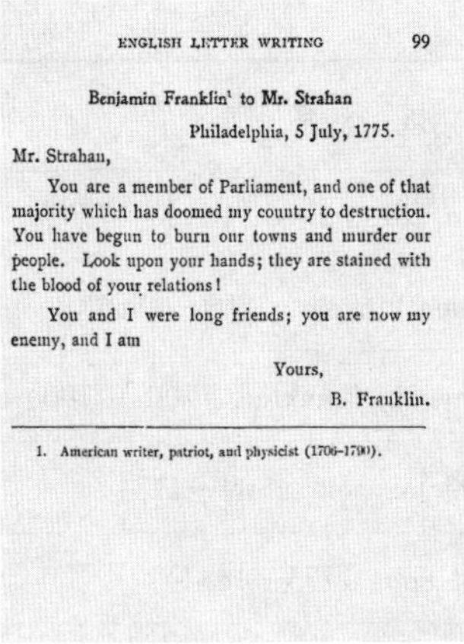

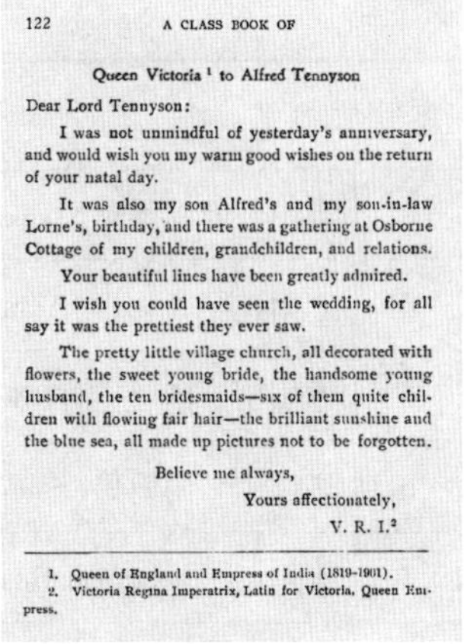

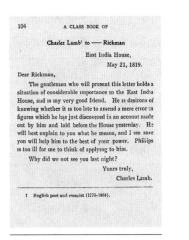

图 9-30 查尔斯·兰姆，英国诗人、散文家　　图 9-31 华盛顿，美国首任总统

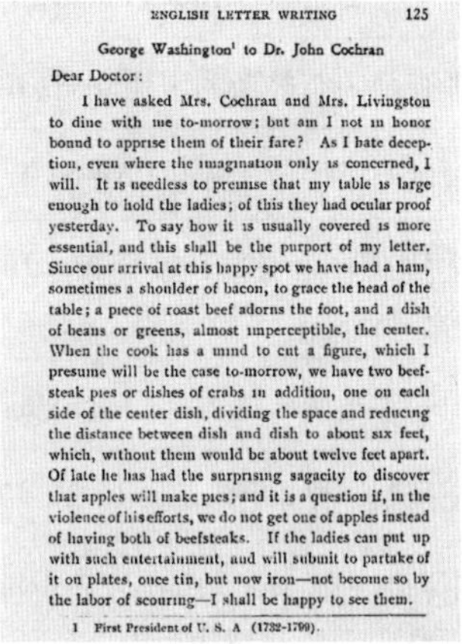

《英文尺牍教科书》第二部分的 48 封书信出自社会各界的 31 位英美名人，这些名人在 18—19 世纪在其国家都是举足轻重的人物，详见表 9-4。

表 9-4　31 封名人书信

序号	姓　名	头　衔
1	威廉·柯珀(William Cowper, 1731—1800)	英国诗人
2	罗伯特·路易斯·史蒂文森(R. L. Stevenson, 1850—1894)	英国小说家

续　表

序号	姓　名	头　衔
3	查斯特菲尔德勋爵（Lord Chesterfield, 1694—1773）	英国政治家
4	亚伯拉罕·林肯（Abraham Lincoln, 1809—1865）	美国第16任总统
5	本杰明·富兰克林（Benjamin Franklin, 1706—1790）	美国作家、物理学家
6	塞缪尔·约翰逊（Samuel Johnson, 1709—1784）	英国文学评论家
7	查尔斯·兰姆（Charles Lamb, 1775—1834）	英国诗人、散文家
8	亨利·W.朗费罗（Henry W. Longfellow, 1807—1882）	美国诗人
9	刘易斯·卡罗尔（Lewis Carroll, 1832—1898）	英国作家
10	薛尼·史密斯（Sydney Smith, 1771—1845）	英国牧师、幽默作家
11	理查德·布林斯利·谢立丹（R. B. Sheridan, 1751—1816）	英国剧作家
12	阿尔弗雷德·丁尼生（Alfred Tennyson, 1809—1892）	英国诗人
13	托马斯·亨利·赫胥黎（Thomas Henry Huxley, 1825—1895）	英国科学家
14	约翰·昆西·亚当斯（John Quincy Adams, 1767—1848）	美国第6任总统
15	托马斯·格雷（Thomas Gray, 1716—1771）	英国诗人
16	霍勒斯·沃波尔（Horace Walpole, 1717—1797）	英国作家
17	拉尔夫·瓦尔多·爱默生（R. W. Emerson, 1803—1882）	美国散文作家
18	维多利亚女王（Alexandrina Victoria, 1819—1901）	英国女王兼印度女皇
19	威廉·卡伦·布莱恩特（William Cullen Bryant, 1794—1878）	美国诗人和新闻记者
20	托马斯·胡德（Thomas Hood, 1799—1845）	英国诗人、幽默作家
21	乔治·华盛顿（George Washington, 1732—1799）	美国首任总统
22	纳撒尼尔·霍桑（Nathaniel Hawthorne, 1804—1864）	美国小说家
23	托马斯·杰斐逊（Thomas Jefferson, 1743—1826）	美国第3任总统

续　表

序号	姓　名	头　衔
24	霍雷肖·纳尔逊(Horatio Nelson, 1758—1805)	英国海军将军
25	乔纳森·斯威夫特(Jonathan Swift, 1667—1745)	英国讽刺文学大师
26	托马斯·卡莱尔夫人(Mrs. Thomas Carlyle, 1801—1866)	英国历史学家,卡莱尔之妻
27	珀西·比希·雪莱(P. B. Shelley, 1792—1822)	英国诗人
28	菲力普·布鲁斯(Phillips Brooks, 1835—1893)	美国牧师、雄辩家
29	华盛顿·欧文(Washington Irving, 1783—1859)	美国幽默作家
30	托马斯·B. 麦考利(Thomas Babington Macaulay, 1800—1859)	英国历史学家、散文家
31	马修·阿诺德(Matthew Arnold, 1822—1888)	英国近代诗人、神学作家

　　这些书信都写于 18—19 世纪,张士一能够收集并编于教科书内,为学习者提供了非常有价值的经典书信样本,实属不易,难能可贵。

第三节　周越然与《英文模范读本》(1918)

　　《英文模范读本》由周越然(1885—1962)编写,于 1918 年由商务印书馆出版,是民国时期最具影响力的中学英语教材之一。

　　周越然,乳名珍官,原名之彦,字月船,20 岁时改字为越然,浙江吴兴(今湖州市)人。周越然出身于官宦家庭,父亲周蓉第 20 岁考中进士,曾在吏部为官,有一定政声,可惜于 1890 年即英年早逝,当时周越然年仅 6 岁。由于家道中落请不起塾师,便由其母亲授课。在周越然 11 岁时,一个偶然的机会使他接触到英语。他在父亲的藏书中找到一部木刻本的《英话注解》①,此书成为周越然自学英语的教材,为他日后从事英语编译工作打下基础。1898 年,湖州来了两名

---

　　①《英话注解》由宁波慈溪人冯泽夫等人于 1860 年编印。

周越然

英语教师,分别在南街时务馆与西门钮氏宅中开馆教授英语,周越然想去加入却未被母亲准许,只能经常去偷听。同年他又购得《英字入门》一书,不到半年也把全书学完。1901 年,中华基督教南监理会将所创办于上海南翔镇的"悦来书塾"迁至湖州,男塾改名"华英学堂",女塾则称"文洁女塾"。1909 年,周越然的母亲在族叔的劝说下,将周越然送入华英学堂学习。由于是教会所办,学校特别重视英语,上英文课一律用英语会话,数学、地理等课本也用英文原本①。在这样的一种学习环境下,周越然学习英语步入正轨,进步很快。自辛亥革命后至 20 世纪 20 年代中期,周越然又先后在安徽高等学堂教授英语,后兼任教务主任,与陈独秀、马相伯

等人共事。后又回吴淞的中国公学,执教商科英语。1918 年起任教于南京国立高等师范学校,20 年代起任上海大学教授,并兼任英文文学系主任。民国初年,他曾在上海中华书局任英文总编辑,翻译出版过《大演论释》等 4 部书。1915年,经上海商务印书馆英文部部长邝耀西的介绍与保荐,周越然进入商务印书馆工作,任编译员,专门编译英文书籍。周越然在商务印书馆工作前后长达 30 年,先后翻译编纂的书籍与讲义有《国民英语入门》《英文作文要略》《英语模范短篇小说》《英美文学要略》《英文造句法》等 37 种②,其中又以《英语模范读本》的发行量与影响力最大。

一、《英语模范读本》的由来

辛亥革命以后,民国政府于 1913 年 1 月公布了"癸丑学制",将外国语列为中学主要课程之一。当时规定中学修业年为 4 年,其中外国语授课时数按学年为每周 7、8、8、8 课时,总授课时数约占全部课时数的五分之一,居所有课程之首。同时还规定各高等小学堂视地方情况,可加设英语或别种外国语,并制订了相应的中小学外国语教育要旨。为适应中小学外语教育的需要,各类人士纷纷编写各种英语教材,其中投送到商务印书馆要求出版的也很多。但是这些作者大多不熟悉外语教学法的原理,因此稿件或太简、或太繁,或陈腐、或不合学制。邝耀西

---

① 周越然. 书与回忆. 沈阳:辽宁教育出版社,1996.
② 董忆南. 周越然与《英语模范读本》. 浙江档案,2006(3):58.

遂决定用"竞赛"的方式挑选稿件,邀请包括周越然在内的八人各自撰写样课参加"竞赛"①。

话说周越然进英文部后,最初主要做翻译校读工作,后又参与函授教育,编校讲义,批改函授课卷等。在商务印书馆待了几年,周越然忽感不尽如人意,遂有离去之意,正巧南京的国立高等师范向他发出邀请。将去未去之际,出现了一个编辑教科书的机会。原来,商务印书馆的英文教科书,一直没有找到一部合适畅销的本子。为此,邝耀西费尽心思。他托人四下打听,又八方致函中外教育专家。将走未行的周越然,也被邝耀西纳入参与英文教材"竞赛"的行列。匆匆之间,周越然编成了自己的"竞赛"部分——课样 32 节。因时间紧,他连稿子都未誊正,就将一堆草稿送出,自己赶到南京上班去了。不料周越然来南京未及半月,便收到邝耀西寄来的快信,说商务编译所经过对多种英文教材评估后,一致觉得周越然编写的部分为最佳,已经决定接受印行,请其从速完成全书。真是无心插柳柳成荫,周越然喜闻此消息后,即刻投入编写工作。恰好这段时间,周越然实际办公时间不多。于是,他全身心地投入精力,收集材料,编写誊正。不长时间,一部名为《英语模范读本》的 4 册(后随学制变更改为 3 册)中学英语教科书完成了。《英语模范读本》第 1 版于 1918 年出版后,在两个月中即销售一空,不得不马上加印。在以后的 20 余年中,该书经过五六次修订,总发行量超过 100 万册。这在整个民国时期的出版史上,也是一个罕见的现象。由于《英语模范读本》销售火爆,模仿者、抄袭者、盗印者也纷纷出现。起先周越然还想通过法律诉讼解决,可此类事情太多,只能听之任之②。此时全国初中英文课本基本选用周越然 1918 年编写,由商务印书馆出版的《英语模范读本》。该书因体例符合部颁标准,风靡一时,作者和出版社都从中获益匪浅。周越然没有出过"洋"③,在学习英语过程中,甘苦冷暖,比受到正规教育的感受更深刻许多,因此,他在编写《英语模范读本》中学教材时,能够结合实际,满足教师和学生的需求④,这可能也是该书风靡多年的原因。

二、《英文模范读本》的介绍

《英文模范读本》编写出版于 1918 年 11 月,共分 4 册,以符合民国初年中学 4 年的学制。1923 年以后,由于民国政府教育部改行"壬戌学制",中学学

---

① 董忆南. 周越然与《英语模范读本》. 浙江档案,2006(3):59.
② 周越然. 书与回忆. 沈阳:辽宁教育出版社,1996.
③ 邱雪松. 1930 年《开明英文读本》官司考述. 中国出版史研究,2018(3):22－23.
④ 同②.

制由 4 年改为初中 3 年与高中 3 年,《英语模范读本》第 4 分册遂不再印刷,以前 3 册适合初中 3 年之学制。该教科书(3 册)于 1933 年进行了重新修订。此后,整套教材的每一课由 4 个部分和 1 个练习组成,以满足中学每周 5 课时的教学之需。

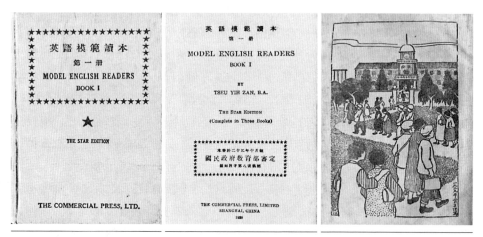

图 9-32 《英文模范 读本》封面　　图 9-33 内封有"教育部 审定"字样　　图 9-34 《英文模范读本》 插图

　　3 册书的总词汇量(包括各种词汇变体和习惯短语等)大概有 5,000 左右,但根词约有 3,000 个(If the different forms of these words and their combination into idiomatic phrases are counted, the number is about five thousand:root words, however, are hardly more than three thousand)。

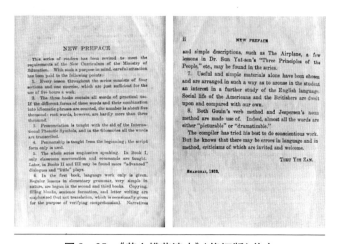

图 9-35 《英文模范读本》(修订版)前言

　　根据这套教材的 Introduction,这 3 册书中,第一册有 32 课课文和 2 个附录(字母书写和数字表以及总词汇表),第二册 30 课课文和 2 个附录(辅音语音表和词汇表),第三册 32 课课文和 2 个附录(对话材料和总词汇表),"这套教材适用于任何一所有英语课程的学校,其主要内容有:语音、书写、阅读、听写、拼写、会话、语言、语法、造句、写信、作文以及翻译等。"(The series is suited to any school that offers a course of English comprising these subjects:pronunciation, penmanship, reading, dictation, spelling, conversation, language, grammar, sentence formation, letter writing, composition, and translation.)

　　此套教材适用于 10 岁以上的中小学校的学生(每学年 32 周,每周 5 课时)。在教学上,整套教材对语音和书写都有要求:语音以国际音标(International Phonetic Symbols)为标准,英文书写以书写体(script form)为标准。课文中词汇不标注音标,但每册书后的总词汇中有国际音标标注和中文释义。这套教材特别注重学生的英文书写,如第一册第一页就示例英文 26 个字母的印刷体和书写体的区别,书后还有附录一:英文字母书写体大小写的书写方式示例,而且每篇课文结束页面的下端都有英文书写体的范例作为学生书写英文的参照。如此重视学生的英文书写方式在众多英语教材中实属罕见。

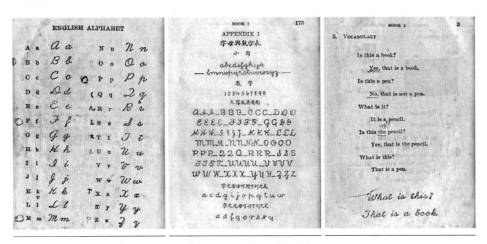

图 9 - 36　英语字母的印刷体　　图 9 - 37　英语字母大小　　图 9 - 38　每课文下端的
　　　　　和书写体　　　　　　　　　　　写的书写体　　　　　　　　　书写体示例

　　该教材较为注重口语练习,第一册的重点是教一些基础的课堂会话,基本不教授语法。课文内容主要包含英语基本表达所涉及的内容和概念,具体有 16 个方面,见表 9 - 5。

表 9-5 英语的基本表达话题

序号	话题(中文)	话题(英文)
1	校园与教室内容	Things in the School and the Classroom
2	从一到千的数字	Numbers Up to One Thousand
3	大小与形状	Size and Shape
4	日常活动	Everyday Actions
5	时、日、周、月	Hours, Days, Weeks, and Months
6	一年和四季	The Year and Its Seasons
7	时间	Time
8	四季和天气	Seasons and Weather
9	白天和夜晚	Day and Night
10	颜色	Colors
11	人体部位	The Parts of the Human Body
12	家庭关系	Family Relations
13	各种服装和衣着用品	Articles of Clothing
14	食品与饮料	Food and Drink
15	房子和房间	The House and Its Rooms
16	动物和植物	Animals and Plants

第二、三册教授一些较有难度的对话或短剧等,开始有些课文专门教授一些基础语法规则,整套教材不注重内容翻译(除非有讲解的必要),主要练习有填空、造句、拼写等,也有一些简单物体的描述,并强调使用直接法教学,如词汇教学,不能直接进行翻译,而是以物体或图画示之,或以某种情景化(dramatize)方式呈现。课文多为介绍英美人的社会文化和日常生活,每课的内容也相对较长。其中第二册采用故事形式,教授的是小范围的美国城市生活,如街道、方向、火车、轮船、汽车、商店、银行、货币、医院、游艺、图书馆等等,还附加一些有趣味的浅易小故事,附有相应的练习,自然比第一册略深。第三册涉及的是较广泛的国

外生活,尤其注重英国,目的是为学生以后出国留学或从事与外国的经济文化交往打下基础。教材内容上包括英国的重要城市与交通,英国的家庭与日常生活习俗,英国的宗教、物产、商业、邮电、学校、军队、气候等概况。书中的练习则偏重于文法造句。整套教材在课文安排上将英语学习中的"说话、听讲、阅读、书写"四要素熔于一炉,用循序渐进的方法不断给予训练和提高。总体来看,周越然编写的这部教材,思路明确,特色显著,注意到学生的兴味所在,最后得到社会的普遍欢迎,风靡数十年。

第四节　葛理佩与《英文津逮》(1919)

《英文津逮》是由当时岭南中学校长美国人葛理佩(Henry Blair Graybill,1880—1951)编写的英语系列教科书,在民国时期具有广泛的影响力。

葛理佩出生于美国弗吉尼亚州的阿姆斯特,1903 年进入岭南学堂[①]任教,1909 年任命为岭南中学校长至 1926 年。葛理佩原就读于格连贝赖亚长老会学校,后在华盛顿大学就读,毕业时适逢格致书院董事会的林安德医生(Dr. Andrew H. Woods,1872—1952)到华盛顿大学物色人选到书院任教,经推荐受聘。因此,葛理佩是以受学校聘请的教育者身份而非传教士身份来中国的。当时中国的现代教育仍是一片空白,办学的困难可想而知。为此,葛理佩利用 1906—1907 年的一年假期,回国到当时举世公认培养教育人才最好的哥伦比亚大学师范学院进修,并获得硕士学位,学成又回归岭南担任中学校长,是广州开拓现代中学教育的先驱。在岭南期间,葛理佩还专门为岭南校歌(Alma Mater Song,原曲 Annie Lisle)填写了英文歌词,后由陈辑五翻译

葛理佩

成中文。葛理佩于 1926 年辞职回国,由他的学生何荫堂、朱有光分别接任附中校长和大学教育系主任职务。1928 年 4 月,岭南为纪念葛理佩的铜匾举行揭幕仪式,揭幕主礼人是时任广东省政府主席的李济深。在岭南期间,葛理佩编写了

① 岭南学堂最初由基督教美北长老会广州长老会传道团申请成立,开始称为岭南格致书院,此后改为岭南学堂,1912 年改为岭南学校后又为岭南大学,1952 年合并于中山大学。

《现代中国》和《新中国》两本书,受到好评,上海商务印书馆把它们译成中文出版。作为教育家,他还编写了《英文津逮》(*Mastery of English*),这是第一套专为中国学生编写的英语教材,由于内容丰富,词汇选定科学,词语用字的重现频率设计周详,出版后,全国公私学校纷纷采用。

《英文津逮》(4册)是民国初期的英文教科书,于1919年由上海英商伊文思公司出版发行,适用于初中和高中学生。教科书中"津逮"二字是文言,据《辞海》,"津逮"亦作"津达",谓由津渡而到达,"津"即渡口。后常用以比喻为学的门径,或比喻通过一定的途径而达到或得到。《英文津逮》的英文名称 *Mastery of English*,意为对英语掌握(mastery)了,自然也就通达英文了,此为"津逮"含义。

《英文津逮》教科书以语法为主要线索,重视听、说、读、写全面训练,课文、语文、练习综合编排,课文类型分讲读课和语言课,主要练习以课文形式出现

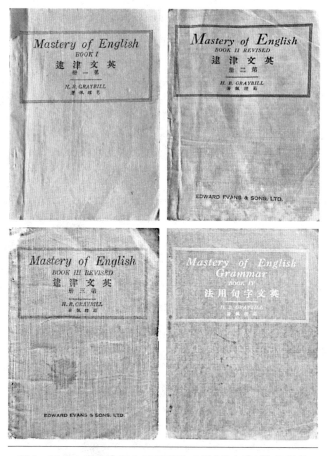

图 9-39 上海英商伊文思出版的 4 册《英文津逮》教科书

（因此每册都有课文 100 课以上），方式多样，重点和难点突出。教科书此后经多年不断的补充和修改，逐渐发展成"英文津逮"的一个完整系列，除了这 4 册教科书外，还有《津逮教学方法》(*The Mastery Method*)、《直接法实践指南》(*Direct-method and Practice Chart*)、《津逮练习册》(*Mastery Drill Book*)、《英语津逮试题集》(*English Mastery Tests*)、《英语默读试题集》(*English Silent Reading Tests*)、《学生学习记录表》(*Student Record Form*)，可见《英文津逮》配套使用书籍相当齐全，在民国初年实属罕见，见图 9–40。

图 9–40 上海英商伊文思公司出版的"英文津逮"系列

《英文津逮》是一套内容和结构非常完整的系列教材。第一册(159 页)有课文 200 课，以英语的基本句子或句型为主，每课大约有 10—30 个句子，而且约每 10 课左右，就会有相应的一课把已学句子串成短文，反复模仿，反复训练。全册没有目录页，原因是每课的题目基本相同，如"Read This""Say this""Read and Say This""Copy This"，见图 9–41。

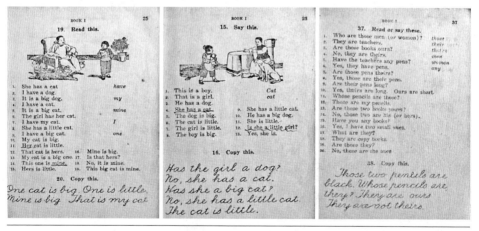

图 9–41 注意《英文津逮》第一册课文雷同的题目表达方式

如果以这种雷同的题目变成目录页难免有些奇怪，猜测可能由于这个原因第一册就没有目录和目录页。而且"Copy This"课文要求学生练习英文的书写体。还值得注意的是第一册中还有专属"Boy"或"Girl"的课文，见图 9–42。

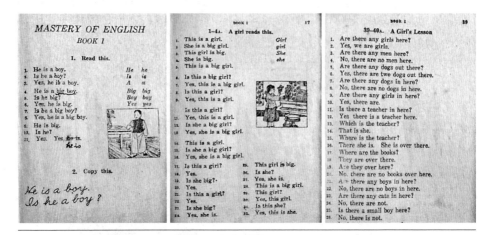

图 9 - 42   男孩课文和女孩课文的配图也很有特色

第一册以英语日常的简单句子为主。第二册(264 页)有课文 150 课,有目录页,见图 9 - 43、9 - 44。

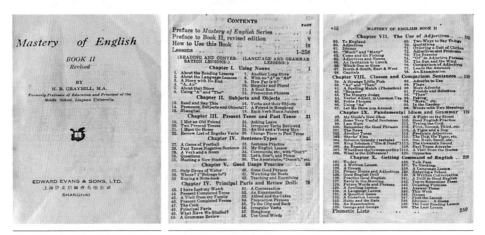

图 9 - 43   《英文津速》第二册内封   图 9 - 44   《英文津速》第二册目录

从目录中可以看出,第二册把这 150 课课文分为 10 个单元,以基本的语法和词汇的用法教学为主,详见表 9 - 6。

表 9 - 6   单元语法名称

1. Using Nouns;	6. Principal Parts and Review Drills;
2. Subjects and Objects;	7. The Use of Adjectives;
3. Present Tense and Past Tense;	8. Classes and Comparison Sentences;
4. Sentence Types;	9. Fundamental Idioms and Grammar;
5. Good Usage Practice;	10. Getting Command of English.

　　与第一册相比,学习的要求和深度自然要提高许多。葛理佩在教科书前言也这样写道:"英语学习的关键期是第二年和第三年,第一年虽重要,但还不能决定他们养成将来语言学习和语言使用的习惯。第二年和第三年的认真学习才能决定他们的命运。"(The critical period in the mastery of English by Chinese students is the second and third years. The first year on the language is important, but is usually not the period of habit-fixing that determines the future of the student's knowledge and use of the language. His fate is determined in the second and third years of serious study.)为此,第二册中每个单元的内容十分丰富,作者把语言(语法和词汇)基本用法与日常的生活、学习、文化有机地结合了起来,见图 9 – 45、9 – 46、9 – 47。

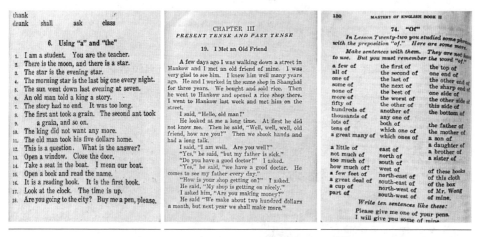

图 9 – 45　a 和 the 在句　　图 9 – 46　用生活故事　　图 9 – 47　of 的各种用法
　　　　　中的用法　　　　　　　讲解时态　　　　　　　　示范

　　第三册(265 页)也有课文 150 课,分为 11 个单元,详见表 9 – 7。

表 9 – 7　11 个单元内容

1. Introducing the New Book;	7. Mastery of Words
2. Writing Good Sentence;	8. Clauses and Good Usage Practice;
3. Good Pronunciation;	9. Punctuation Practice;
4. The Common Infinitive;	10. Sentences and Paragraphs;
5. Adjective and Adverb Phrases;	11. Reviews and Examinations.
6. Verbals and Predicate Verbs;	

　　与第二册内容比较,第三册除基本语法和发音外,增加了句子和篇章的写

作。内容更加丰富,不仅涉及语言知识、语法规则、标点符号的使用,而且还有文学作品、短剧、人物传记等,最后还有复习与测试。

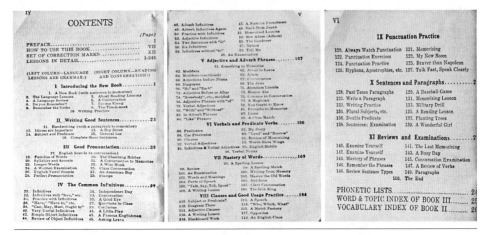

图 9-48　《英文津逮》第三册目录(11 单元 150 课)

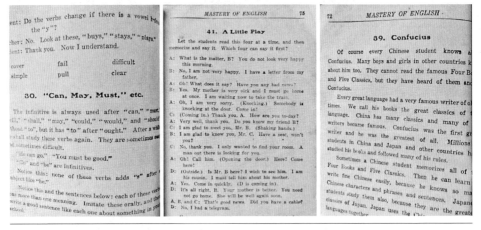

图 9-49　《英文津逮》第三册中的语法、短剧、人物等课文

《英文津逮》第四册的实际标题是《英文字句用法》(*Mastery of English Grammar*),共 334 页,175 课文,是一本相当完整的语法书,从它的目录页可见一斑,见图 9-50。

葛理佩在介绍部分明确指出:"学生一般经过三年、四年或五年的英语学习,似乎都会进入一个学习成效不确定期。"(After three or four or five years' study of English, students seem to reach a stage where progress becomes very uncertain.)所以必须要有个较为系统的语言整理和完善的过程,"此书就旨在帮助学生克服这样

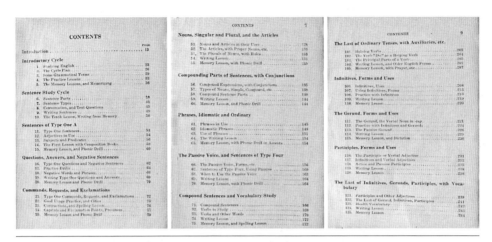

图 9‒50　《英文津逮》第四册目录的部分内容

一个困难而又令人沮丧的阶段。"(This book attempts to deal with this difficult and discouraging stage in the learning of English.)第四册对语法的介绍非常系统和完整,既可以作为系统整理和学习英语语法知识,又可以作为语法知识的参考书目,以引导学生进入更高阶段的英语"津逮"和英语语言的真正掌握(mastery of English)。

第五节　周由仅与《英语语音学纲要》(1922)

《英语语音学纲要》由周由仅(生卒不详)编译加工,于 1922 年商务印书馆出版。周由仅是民国初年的著名英语学者、周越然的哥哥、万国语音学会会员、商务印书馆《英语周刊》①的主编。

《英语语音学纲要》(*An Outline of English Phonetics*)原著作者是英国语音学家丹尼尔·琼斯(Daniel Jones,1881—1967),经周由仅编译,自 1918 年 1 月起,以连载的形式陆续刊登在《英文杂志》②上,《英文杂志》是当时在社会和教育界颇具影响力的期刊。在 1918 年出版的第一期《英文杂志》上,周由仅对英语之标准语音(RP)进行了详细而较为准确的阐述③。这是中国外语教学史上首次正式引进并介绍英语语音学的 RP 体系。

———————

① 《英语周刊》商务印书馆 1915 年创刊至 1927 年停刊。(参见:《商务印书馆 120 年大事记》编写组.商务印书馆 120 年大事记.北京:商务印书馆,2017.)
② 《英文杂志》商务印书馆 1915 年创刊至 1927 年停刊。(参见文献同①。)
③ 周由仅.A First Course of English Phonetics.英文杂志,1918,4(1).

　　此后,连载于《英文杂志》上的《英语语音学纲要》再经由周由仅进一步加工编纂,于1922年5月由商务印书馆正式出版。《英语语音学纲要》的概貌图片见图9-51、9-52、9-53。

图9-51 《英语语音学纲要》封面

图9-52 《英语语音学纲要》目录

图9-53 《英语语音学纲要》版权页

　　《英语语音学纲要》共分6章,书内附有大量的与发音相关的插图,对RP语音体系进行了极为详细的讲解和探讨。该书语言表达不仅通俗易懂、举例生动、讲解清晰,而且对各种相关概念做出了准确而严谨的界定。作者在书末所列举的参考书目全是原版的英语著作,其作者均是当时欧美国家研究英语语音学的著名学者和专家①。作者在《叙言》里,开篇就对编纂此书的历史背景进行了详细的说明,详见图9-54、9-55。

图9-54 《英语语音学纲要》叙言

图9-55 《英语语音学纲要》内容

① 周由仅.英语语音学纲要.上海:商务印书馆,1922.

　　本书之前数章,曾登入民国七年出版之《英文杂志》。一时读者颇为欢迎。计七八两年间,收到《英文杂志》读者来函,催促本书刊印单行本者,不下三百起。而自余主任《英语周刊》编辑事宜后,谬承读者不弃,来函以英语语音学相商榷。且问及本书出版日期者,尤不可胜数。以是知本书印成单行本后,既可免手书答复之劳,并可藉以为就正大雅之需。爰于九年春间,于日务之暇,竭数月晨昏之力,参考英美二国诸大语音学家之鸿著,取吾散见七年间《英文杂志》各稿,增删修订,成为今本。按诸原稿,增者约十之五六,删者约十之一二。图表则有增而无减,而原稿各图,大半废而重摹,以今观之,此本似较原稿略有进步矣。

　　同时还值得注意的是,转载于《叙言》后还有两封读者使用英语所写的感谢信,一封信函来自杭州著名的蕙兰中学的王姓英语教师(B. Y. Wang),原文刊登于1918年3月出版的《英文杂志》上,信中这样写道:

　　阅读刊登在一月份《英文杂志》上的英语语音学第一部分之后,感觉非常开心。这是我第一次看到使用国语所写的英语语音学。您所撰写的文章具有很高的价值。您的文章用国语讲解得如此清楚,我相信,您的文章对我今后的英语语音学习将会证明是最有作用的。我已经意识到它的重要价值。我确信您的文章将会对我的语音教学提供极大的帮助。①

　　另外一封来自上海的潘姓先生(Jencoln Per),原文刊登于1918年6月出版的《英文杂志》上,他在信中这样写道:

　　我特别想说的是,您于近期发表在《英文杂志》上的英语语音学之第一部分具有很高的价值。我对此篇文章非常满意,但是,最令我满意的一点是它是用国语所写的。由于家境窘迫,早年中途辍学,因此我的英语知识非常有限。为了在家中提高自己的英语水平,我特意订阅了《英语杂志》。在这份杂志上发表的所有文章,尤其是您写的,都使我受益匪浅。②

　　上述两封信函都表达了这样一个重要信息,以连载形式刊登在《英文杂志》

① B. Y. Wang. 感谢信. 英文杂志,1918,4(3).
② Jencoln Per. 感谢信. 英文杂志,1918,4(6).

上的《英语语音学纲要》学术价值很高,对国人学习英语语音学有很大的帮助。还有一点需要特别指出的是,这是国内读者所阅读过的第一部汉语版的英语语音学著作。《英语语音学纲要》出版后,民国初年的出版界还有一些汉语版的英语语音学教材或著作陆续问世:《英语语音学指南》(任瑞,世界书局,1925 年)、《英语发音学》(魏肇基,商务印书馆,1928 年)、《语音学纲要》(张世禄,开明书店,1934 年)、《开明青年英语丛书——英语发音》(张沛霖,开明书店,1936 年)、《语音学概论》(岑麟祥,商务印书馆,1939 年)等。可见,学界对英语语音教学和研究非常重视,成果颇多。

《英语语音学纲要》由 6 个章节组成,主要内容见表 9-8。

表 9-8　第一章内容

章　节	标　题	主　旨　内　容
第一章	总论	1)何谓英语语音学; 2)语音学之范围; 3)语音学之必要; 4)读英语语音学之功用; 5)论英文字母; 6)语音学字母; 7)英语之标准语音; 8)语音学字母及其所代表之音; 9)其他记号。

英语语音学对于当时绝大多数国人而言都是相当陌生的,因此作为第一部汉语版的英语语音学著作,该书在其《总论》中必须要对与之密切相关的重要概念和要解决的主要问题,给予准确的定义和清晰的阐释。作者使用了通俗易懂、言简意赅的表达,对英语语音学定义、语音学研究范畴、学习语音学之必要性、研读英语语音学之功能、何谓语音学字母、何谓标准语音、国际上通用的 46 个国际音标等,做出了精准的解释和说明,这对初学者大有裨益。为了便于读者理解,作者在介绍国际音标时,分别将它们依次放进了最常见、使用最为频繁的单词中加以阐述,使学习者易于感知英语发音的规律所在。作者所列举的 46 个单词及与之相对应的 46 个国际音标,均可以在丹尼尔·琼斯原著的《英华正音词典》中一一查到,可见这部语音学著作使用的是 RP 发音体系。由此可见,周由仅不失时机地把英语语音学的最新研究动态准确地引介到中国,这对中国英语教学,尤其是纯正的英语语音教学产生极其深远的影响。

表 9 - 9　第二至第四章内容

章　节	标　题	主　旨　内　容
第二章	论语音发生之理	1) 发音机关； 2) 论声带； 3) 论声与气之别； 4) 声与气之喻； 5) 论发音机关之为阻； 6) 何谓元音何为辅音。
第三章	辅音之类别	1) 类别辅音之法； 2) 带声与无声之试验； 3) 辅音表； 4) 第三章之总结； 5) 辅音唇舌取势图。
第四章	元音之类别	1) 类别元音之法； 2) 第四章之总结； 3) 元音唇舌取势图。

　　上述 3 章有关于发音原理的图标共计有 34 幅之多，对语音发声之原理、各个辅音发音及其之间的差异、各个元音发音及彼此之间的差异，有了相当专业的定义和描述。

表 9 - 10　第五至第六章内容

章　节	标　题	主　旨　内　容
第五章	杂论	1) 语音学字母之写法； 2) 论音节； 3) 论字中 r 音之读法； 4) 论 s（或 es），d（或 ed）二尾音； 5) 论贯气群——夫一群之字，须一气呵成而读出者，谓之贯气群（breath group）； 6) 论强读式（strong form 或 emphatic form）与弱读式（weak form 或 unemphatic form）； 7) 论音之同化； 8) 论辅音群之简读； 9) 复字之读法； 10) 音之分量； 11) 论字之重读； 12) 论句之重读； 13) 论爆发音； 14) 论语调； 15) 论英美语音之不同。

续　表

章　节	标　题	主　旨　内　容
第六章	练习	1）单字(计五百三十字)； 2）单句(计一百句)； 3）短篇(计五篇)。
附　录		第六章练习之正书、本书所用参考书目

　　"前四章所论,乃语音之基本,学者果能熟读深思,则于英语发音之道,无不明矣,今请进论关于语音学之一切要点,凡为前数章所未及详论者。"①很显然,第五章所阐述的内容是对前4章所论述的基本英语语音学原理的拓展和深化,它几乎涵括了现代英语语音学研究的各个领域,主要有音节的划分、音节的种类(开、闭音节的构成)、特殊尾音的读法、节奏群、单词的强读和弱读、连读、辅音连缀、爆破音的特别发音、音之长短、语调、常见英美发音之差异等等。第五章的讲解细致清晰,通俗易懂,又不失专业水准。

　　综上所述,《英语语音学纲要》是中国近代第一部汉语版的英语语音学专著,它完整介绍了现代英语语音学的框架和体系,触及 RP 体系的各个主体层面,无论是对英语语音学研究对象的称呼、书面表达方式、定义和阐释,还是研究对象涉及的探讨范畴,都达到了相当高的水准。该书于 1922 年 5 月由商务印书馆初版,在短短数月之内,便于同年 12 月发行了第三版②,足见其发行量之大,受欢迎程度之高。同时,这部英语语音学著作在中国英语教材史上具有里程碑式的价值,其意义主要有:1）及时(几乎是同步)向中国外语届引介了当时西欧一套系统的、科学的、成熟的、权威的最新现代英语语音学研究成果暨 DJ 英语语音体系③;2）不仅有助于教师自身语音学理论素养的整体提升,而且也满足了广大学习者自学标准英语语音知识的强烈需求;3）为众多中国外语教师在中学课堂上切实开展英语语音教学实践活动提供了权威且有力的理论指导和技术支撑;4）使中国的外语教学和教材编写跟上了时代的步伐,为国人更好地认知和研究现代英语语言打通了一条不可或缺的重要途径。应该说,民国初年,周由仅密切关注欧美语音学研究动态,综合借鉴其研究成果,几乎是同步把它们介绍到中国,为现代英语语音学在中国的引进和在社会上的推广做出了重要贡献。

---

① 周由仅. 英语语音学纲要. 北京：商务印书馆,1922：43.
② 丁伟. 民国时期第一部汉语版现代英语语音学研究专著的出版. 理论月刊,2012(11)：67-72.
③ 英国权威语音学家丹尼尔·琼斯创造了一套英语国际音标,也称 DJ 音标。

第六节　林语堂与《开明英文读本》(1928)和 《开明英文文法》(1933)

　　《开明英文读本》与《开明英文文法》在民国时期称得上是开创性的系列英语教科书,因为这两套教材不但编写新颖,而且倡导了一种直接法与意念功能法相结合的教与学的方法。这两套教材均由林语堂(1895—1976)编写完成。

　　林语堂,福建龙溪人,原名和乐,后改玉堂,又改语堂,中国现代著名作家、学者、翻译家、语言学家、音韵学家、辞书编纂家和中文打字机发明家。早年留学美国、德国,获哈佛大学文学硕士、莱比锡大学语言学博士。回国后在清华大学、北京大学、厦门大学任教。1945 年赴新加坡筹建南洋大学,任校长。曾任联合国教科文组织美术与文学主任、国际笔会副会长等职。林语堂于 1940 年和 1950 年先后两度获得诺贝尔文学奖提名。曾创办《论语》《人世间》《宇宙风》等刊物,作品包括小说《京华烟云》《啼笑皆非》,散文和杂文文集《人生的盛宴》《生活的艺术》以及译著《东坡诗文选》《浮生六记》等。1966 年定居中国台湾,1967 年受聘为香港中文大学研究教授,主持编撰《林语堂当代汉英词典》。1976 年在中国香港逝世,享年 80 岁。

林语堂

　　现在众多研究文献中常会出现《开明英文读本》(1—3 册)或《开明英文第一读本》《开明英文第二读本》《开明英文第三读本》等,其实是一套英语教科书,在此统称为《开明英文读本》。

一、《开明英文读本》

　　《开明英文读本》由林语堂编写,丰子恺(1898—1976)插图①,开明书店于 1928

---

　　① 丰子恺,浙江崇德(今桐乡)人,原名丰润,又名仁、仍,号子觊,后改为子恺,笔名 TK。师从弘一法师(李叔同),以中西融合画法创作漫画以及散文而著称。丰子恺是中国现代漫画家,散文家,美术教育家和音乐教育家、翻译家,是一位多方面卓有成就的文艺大师;曾任中国美术家协会常务理事、美协上海分会主席、上海中国画院院长、上海对外文化协会副会长等职。

年出版,是民国时期非常畅销且具有广泛影响力的一套英文教材,与《开明活页文选》和《开明算学教本:几何》并称为"开明三大教本",见图9-56、9-57、9-58。

图9-56　《开明活页文选》　　图9-57　《开明第一英文读本》图9-58　《开明算术教本:几何》

　　《开明英文读本》(共3册)体现了林语堂意念教学观,整个教材在结构体系上大致分为4部分:辅文、目录、正文、附录。辅文中除了介绍作者和教材,还加入了教法与学法以及作者的意念教学法,更为教师和学生充分使用该书教授和学习英语提供了宝贵的建议。如提倡在练习中废除分数(Do away with the marks during the practice);在英文学习方法中鼓励学生多做口语练习(Feel free to try and talk);在学生对待口语练习态度中林语堂提出二忌:忌怕羞、忌想分数,减轻学生的心理负担,使学生能够快乐地学习。

　　这套教材在内容上循序渐进,难度递增,从基础的字母、音标开始,进入单句、对话、短文,逐步过渡到短篇和长篇故事,其中穿插词汇与语法的讲解和应用。教材中,每篇课文的单词和词组排在课文和练习的后面,加粗且带有音标。这与附录里的只带有汉语意思的单词相补充,通过分离释义和单词及其读音,一方面有利于防止学生见到新单词就翻看单词表,侧重识记汉语意思的倾向;另一方面有利于帮助学生朗读课文,增强学生说英语的意识和能力。教学方法别具一格,第一册编有不少英国童谣(English nursery rhymes),目的是希望通过这些童谣的学习,使学生对英国孩子生活的真实背景能有一瞥(a glimpse of a part of the intimate background of English children)。教学上以基础发音、短句、短对话为主,从简单的日常生活入手,但并不是日常生活的简单演绎,而是通过中英文不同的意念和联想拓展孩子的英语运用,既符合孩子的思维习惯,又锻炼了孩子的想象力和创造力。第二、三册则以长短篇的故事文章为主,内容多选自中外经典故事，如《论语》《史记》《安徒生童话》《天方夜谭》《希腊神话》等，整套教材具有语言与历史、语言与文化、语言与思维的非同一般的内涵。

《开明英文读本》全套用英文写成，每课的词汇只有英文和音标没有中文释义，中文释义在每册书后的总词汇表中。每册书的前面都有给教师的教学建议，而且都不一样，都是根据本册书的特点有所侧重。如第一册，开始就有给教师诸如外语教学应“注重模仿和重复”“克服对语言理论方面抽象概念的畏惧心理”“强调外语学习的整体性而不是个别的单词”“鼓励学生大胆操练和应用不怕出错”“学外语不能只注重单词的意义而是要重视正确的应用”“要重视记忆因为这是外语学习”“鼓励学生开口操练并唤起他们对外语操练主题的兴趣”“要教学生们鲜活的语言”等8条教学建议，同时还用中文告诉学习者8条“学习英文要诀”，见图9－59。

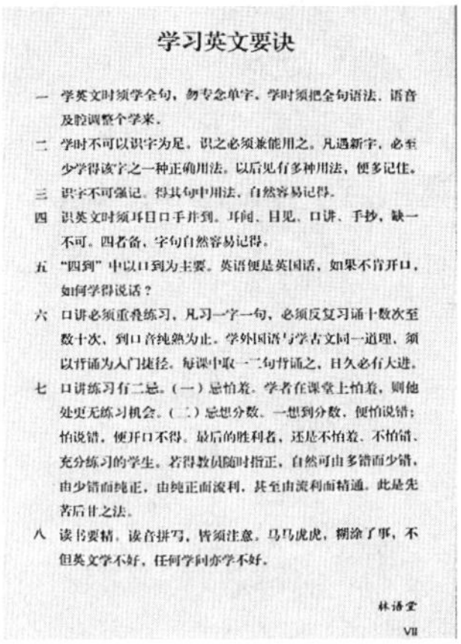

学习英文要诀

一　学英文时须学全句，勿专念单字。学时须把全句语法、语音及腔调整个学来。

二　学时不可以识字为足。识之必须兼能用之。凡遇新字，必至少学得该字之一种正确用法。以后见有多种用法，便多记住。

三　识字不可强记。得其句中用法，自然容易记得。

四　识英文时须耳目口手并到。耳闻、目见、口讲、手抄，缺一不可。四者备，字句自然容易记得。

五　“四到”中以口到为主要。英语便是英国话，如果不肯开口，如何学得说话？

六　口讲必须重叠练习，凡习一字一句，必须反复习诵十数次至数十次，到口音纯熟为止。学外国语与学古文同一道理，须以背诵为入门捷径。每课中取一二句背诵之，日久必有大进。

七　口讲练习有二忌。（一）忌怕羞。学者在课堂上怕羞，则他处更无练习机会。（二）忌想分数。一想到分数，便怕说错；怕说错，便开口不得。最后的胜利者，还是不怕羞、不怕错、充分练习的学生。若得教员随时指正，自然可由多错而少错，由少错而纯正，由纯正而流利，甚至由流利而精通，此是先苦后甘之法。

八　读书要精，读音拼写，皆须注意。马马虎虎，糊涂了事，不但英文学不好，任何学问亦学不好。

林语堂

VII

图9－59　学习英文要诀

这8条学习要诀强调的是学习外语必须勤学苦练，马虎不得，尤其是第七条：“口讲练习有二忌。（一）忌怕羞。学者在课堂上怕羞，则他处更无练习机会。（二）忌想分数。一想到分数，便怕说错；怕说错，便开口不得。最后的胜利者，还是不怕羞、不怕错，充分练习的学生。若得到教学随时纠正，自然可由多错而少错，由少错而纯正，由纯正而流利，甚至由流利而精通，此是先苦后甘之法。”

第一册以基础发音和短句短篇为主，附有口腔发音解析图。整册书共有课文120课，包括107篇正课文和13课校园会话。最后附有发音口腔解析图、分类词汇总汇（英文）和分课词汇总汇（中文释义）。107篇正课文的内容十分贴近人们的日常生活，如第1课，What's your name?；第8课，Right，Wrong；第12课，How old are you？等，也有些课文以词汇的用法为主，如第18课，He and She；第21课，Can and Cannot；第60课，Want，Like；第62课，Very，Rather，Quite；第67课，Above，Under；有些课文以语法为主，如第30课和第31课，What are you doing?；第42课，Older，Oldest；第57课，May，Should，Must；第86课，Did，Went，Had；也有些课文表达自然、生活、工作、人际关系、社会交往等意念和意象，十分丰富。每课课文后面都有相应的练习而且单词都有国际音标标注。在语音方面，第一册将语音练习分散在各课中，特别注重相似音的练习，认为只有通过对比和比较，现实生活中的语言才能被真正地理解。例如，第50课，Morning & Evening中[iː][ɪ]的语音练习，通过单词朗读，学生可以体验[iː]（sheep，week， sleep)和[I](kiss,with,sister)的区别,并进行对比学习和训练。

第二册共有80篇正课文,附录中有发音体系,包括韦氏音标、牛津音标及国际音标对照表和发音口腔解析图、语法概要、不规则动词表、分类词汇、分课词汇。第二册内容以短文为主,每课课文结合主题融入语法知识,如第2课和第3课的主题是 The Wise Men of Gotham,融入的语法知识是 *Will and Shall* 的用法;第18课 The Little Match Girl(4),讲解 *Who and Which* 的用法和区别;第19课 The Little Match Girl(5),融入了3个重要时态(Three Important Tenses)的讲解。

图 9-60　第 4 课 Shall I?

第二册的"Introduction"在介绍语法时,指出教师应该教给学生合适的单词用法和形式,并在系统的练习中避免不必要的技术用语。(The students are taught the proper forms and usage of words, in the form of systematic drills at evenly distributed intervals, without, however, being encumbered with unnecessary technical phraseology.)例如,第 9 课 Need, Must, Dare, Can't, Mustn't, etc. 讲解情态动词时,除了列举各个情态动词的用法例句外,还以对比的方式讲解了 must 与 have to 以及 don't need to 与 don't have to 等在用法上的异同,最后还用简单易懂的语言点出 dare、need 作为实义动词的用法。

在语法教学上,第二册还有较为有趣的教法,如第 4 课 Shall I? 是一首英国小学生经常在学校唱的儿歌,以朗朗上口的歌曲形式学习语法知识,不仅有助于记忆,还能学会地道正确的发音,参见图 9-60。

第二册中 The Little Match Girl(15—19 课)共分 5 课完成,每一课都有一个语言重点,如 15—16 课语言点是 Any, Some, No 的用法,第 17 课是 What, That, Which, etc. 的用法和操练,第 18 课是 Who, Which 的用法和操练,第 19 课是 Three Important Tenses(present, past and present perfect)的用法和操练。每一课都有插图一幅,5 个部分共有 5 幅插图,每幅图都高度概括课文内容,5 幅图放一起就能形成一个完整的故事,丰子恺的插图真是别具一格,匠心独具。有趣、有味、有逻辑、有内涵!(参见图 9-61)

第三册共有 80 篇正课文,大多是经典的文学神话作品,而且不少课文是故事连载,如 9—12 课是希腊神话故事 The Story of Io,16—18 课是 Apollo and Coronis,20—22 课是天方夜谭中的 The Fisherman and the Genie,55—58 课是安徒生童话中的 The Emperor's New Clothes 等。正课文后面是一些附录,如语法概

图 9 - 61　The Little Match Girl

要(共 58 条：1—40 条语法复习、41 条关于词性、42—48 条关于名词和代词、49—50 条关于形容词和副词、51—58 条关于动词的主动态和被动态)、不规则动词表、语音体系、语音对比练习、分类词汇以及分课词汇。相较于前 2 册,第三册在课文篇幅、词汇难度上都有较大幅度的增加,而且每课课文后都有一个 Oral Development 的练习,使学生有个复述和发挥课文内容的整体练习。

　　从整套教材的编写体系,可以看出林语堂受丹麦外语教学法大师叶斯帕森的交际教学思想影响,"从中国人学习英语的实际出发,有自己的创新,外语教学的任务在于培养语言表达能力,用语言做事",并认为"语言学习是以意象为基础,注重兴趣和表达能力的培养。意象使意念更加具体化。结合初中阶段学生心理,挑选儿童常见和少见的意象,创设灵活多变的真实语境",同时"强调以语言学习的内容而不是形式来组织外语教学,以学到'活'的、无规则但有规律的英语为追求"。① "通过《开明英文读本》书后'分课词汇'的分类,得出《开明英文读本》280 篇课文共包含 1,080 种意象,其中客观自然类意象 274 种,社会人文类意象 806 种。"②教材秉承"中学为体,西学为用"的宗旨,不仅有林语堂引

① 杨仁敬. 林语堂：我国早期英语教学的开拓者. 当代外语研究,2015(10)：1 - 3.
② 姚艳,吴小鸥. 林语堂的意念教学思想初探. 宁波大学学报(教育科学版),2015(6)：33 - 39.

进的教学方法,而且还有丰子恺富有中国特色的插画,相得益彰,提升了教材的质量和实际的教学效果。

二、《开明英文文法》

《开明英文文法》1933 年由开明书店出版发行,从 1933 年至 1943 年出了 10 版。改革开放后的 1982 年我国又再版,发行达 58,000 册①,有人称它是继英国《纳氏文法》后一部最有影响的英文语法教材②。

图 9-62 《开明英文文法》(上)　　　图 9-63 《开明英文文法》(下)　　　图 9-64 《开明英文文法》两册目录

《开明英文文法》分为上、下两册(上册 1—222 页,下册共 223—490 页),用英文写成。上册的内容,除前言(全书)外,有 8 个章节,分别是:

1)表达科学(The Science of Expression);

2)词性与功能变化(Parts of Speech and Change of Function);

3)句子的语气(The Sentence Moods);

4)人、物、性(Persons, Things, and Their Gender);

5)数与量(Number and Quantity);

6)重量、价值、尺寸、形状和位置(Weight, Value, Size, Shape and Position);

7)表述方式(Representation);

8)限定(Determination)。

---

① 杨仁敬.林语堂:我国早期英语教学的开拓者.当代外语研究,2015(10):1-3.

② 邱志红.近代中国英语读本印度溯源研究——以《纳氏英文法讲义》原本与汉译本的流布为例.兰州学刊,2016(9):57-64.

下册的内容也有 8 个章节加 2 个附录：

1）修饰（Modification）；

2）比较与程度（Comparison and Degree）；

3）动词的体（Aspects of Action）；

4）及物动词（Transitive Action）；

5）动词的时（Time of Action）；

6）现实与虚拟（Fact and Fancy）；

7）关联（Relationships）；

8）表达的简洁性（Economy of Expression）。

2 个附录：规范语法概念提要（Synopsis of Formal Grammar）、主题与术语索引（Index of Subjects and Terms）。

《开明英文文法》的主要使用对象是高中生。纵览全书，可以说就 20 世纪 30 年代我国外语教学的情况而言，林语堂的编写理念是十分先进的。例如，前言分为：表达科学（The Science of Expression）、中英文比较（Chinese and English Compared）、为何犯错（Why Mistakes Are Made）、有语法还是没语法（Grammar or No Grammar）、规则恐惧心理（The Bugaboo of Rules）、凡规则都有例外（All Grammatical Rules Leak）、走向无规则语法（A Grammar without Rules），这些关于何谓语法的阐述都体现了当时语言教学的先进理念①。

根据《开明英文文法》，汉英"意念与表达"可归纳为 3 类，第一类是汉英意念相同，表现方式不同；第二类是汉英意念相同，表达方式也相同；第三类是汉英中没有相对应的意念。这种以意念和意念表达为出发点的编写方式具有鲜明的特色。

首先它汲取了国际学术界当时对英语文法的最新研究成果，改变旧的语法概念，充分利用林语堂自己语言学造诣高深的优势，提出系统而全面的语言学知识。他广泛借鉴了丹麦文学家、语法家和教育家奥托·叶斯帕森在《语法哲学》（The Philosophy of Grammar）中提出的语法理论、意大利批评家和哲学家贝内第托·克罗齐（Benedetto Croce，1866—1952）的表现主义观点、法国哲学家和语言学家弗迪南·布吕诺（Ferdinand Brunot，1860—1938）和汉西·弗雷（Hensi Frei，生卒不详）合著的《思想与语言》（La Pensée et La Langue，1922）里的研究成果，革新了语法的概念。

---

① 杨仁敬. 林语堂：我国早期英语教学的开拓者. 当代外语研究，2015（10）：1－3；姚艳，吴小鸥. 林语堂的意念教学思想初探. 宁波大学学报（教育科学版），2015（6）：33－39.

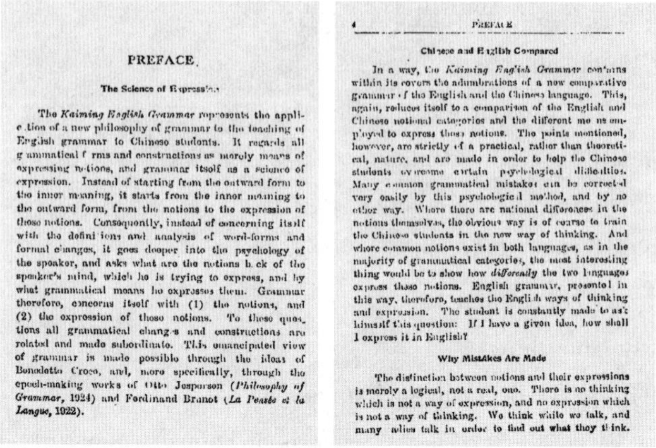

PREFACE

The Science of Expression

The *Kaiming English Grammar* represents the application of a new philosophy of grammar to the teaching of English grammar to Chinese students. It regards all grammatical forms and constructions as merely means of expressing notions, and grammar itself as a science of expression. Instead of starting from the outward form to the inner meaning, it starts from the inner meaning to the outward form, from the notions to the expression of those notions. Consequently, instead of concerning itself with the definitions and analysis of word-forms and formal changes, it goes deeper into the psychology of the speaker, and asks what are the notions back of the speaker's mind, which he is trying to express, and by what grammatical means he expresses them. Grammar therefore, concerns itself with (1) the notions, and (2) the expression of those notions. To these questions all grammatical changes and constructions are related and made subordinate. This emancipated view of grammar is made possible through the ideas of Benedetto Croce, and, more specifically, through the epoch-making works of Otto Jesperson (*Philosophy of Grammar*, 1924) and Ferdinand Brunot (*La Pensée et la Langue*, 1922).

4 PREFACE

Chinese and English Compared

In a way, the *Kaiming English Grammar* contains within its covers the adumbrations of a new comparative grammar of the English and the Chinese language. This, again, reduces itself to a comparison of the English and Chinese notional categories and the different means employed to express these notions. The points mentioned, however, are strictly of a practical, rather than theoretical, nature, and are made in order to help the Chinese students overcome certain psychological difficulties. Many common grammatical mistakes can be corrected very easily by this psychological method, and by no other way. Where there are national differences in the notions themselves, the obvious way is of course to train the Chinese students in the new way of thinking. And where common notions exist in both languages, as in the majority of grammatical categories, the most interesting thing would be to show how *differently* the two languages express these notions. English grammar, presented in this way, therefore, teaches the English ways of thinking and expression. The student is constantly made to ask himself this question: If I have a given idea, how shall I express it in English?

Why Mistakes Are Made

The distinction between notions and their expressions is merely a logical, not a real, one. There is no thinking which is not a way of expression, and no expression which is not a way of thinking. We think while we talk, and many ladies talk in order to find out what they think.

图 9－65 《开明英文文法》前言前 2 页

林语堂在前言开篇指出：

《开明英文文法》旨在应用一种新的语法哲学教授中国学生英语语法，这种语法哲学把语法形式和结构看作一种意念的表达方式，且把语法本身看作一种表达科学。（*The Kaiming English Grammar* represents the application of a new philosophy of grammar to the teaching of English grammar to Chinese students. It regards all grammatical forms and constructions as merely the expression of notions, and the grammar itself as the science of expression.）

其次，他始终贯穿了英语与汉语比较的原则。林语堂的观点是：

《开明英文文法》主要是比较一下中英两种意念的类别以及表达这些意念所要采用的不同方法。所提及的这些异同方面本质上属应用层面而非理论层面，目的是要帮助中国学生克服某种心理上的困难，因为许多常见的语法错误用这种心理方法而不是其他方法很容易就能纠正。（This reduces itself to a comparison of the English and Chinese notional categories and the different means employed to express these notions. The points mentioned, however, are strictly of a practical, rather than theoretical, nature, and are made in order to help the Chinese students overcome certain psychological difficulties. Many common grammatical mistakes can be corrected very easily by this psychological method, and by no other way.）

　　面对中国学生,他将新语法理论应用于中国英语教学,把一切语法形式和结构只当作意念的工具。语法是一种表达意念的科学,而不是死板的条条框框或规则的堆砌。不是从外表到含义,而是从含义到外表。所以,语法涉及的应该是:1)意念;2)意念的表达(Grammar therefore concerns itself with ① the notions, and ② the expression of these notions)。因此,教师不能引导中国学生从概念到概念,而是要强调表达,利用他们本国语汉语的优势,接受英语的特点,养成良好的语言习惯,让他们明白自己想说什么,并懂得怎么说。

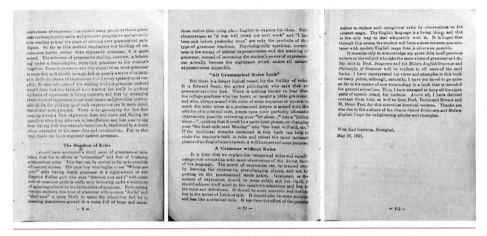

图 9 - 66　《开明英文文法》前言后 3 页

　　第三,林语堂特别强调了语言与思维的关系,尤其是在学习语法规则时,需注意思维与意念与语言表达的关系,有时语法上的错误大多是因为表达上的思维习惯所致,因此把语法看成一种表达科学就显得非常重要:

　　　　没有思维就没有表达,而表达无不是一种思维的方式。语法错误,大多是因为表达上的思维方式和习惯错了。语法错误有两种:一种是因为使用自己的思维方式,这种现象在外语学习者中间很普遍;另一种是其他一些心理因素造成的,如理念冲突、心智变化、易忘倾向、相近词语等。只是掌握语法规则根本就防止不了外语学习者还是本族语者犯些语法错误。因此,教授语法之明智而有效的方法就是把语法看成一种表达科学,同时通过反复系统的练习逐步建立起某种正确的符合表达习惯的思维方式。(There is no thinking which is not a way of expression, and no expression which is not a way of thinking. When grammatical mistakes are made, it is because the ways of thinking and habits of expression are wrong. Mistakes are two kinds: those due to foreign ways of thinking, found naturally among the foreign students of a language, and those due to other psychological causes, like conflict of ideas, change of mind, human forgetfulness, influence of near-by words, etc. More knowledge of rules does not prevent either foreign students or the native speaker from making mistakes. The only sensible way of teaching grammar and making it effective is, therefore, to regard it as the science of expression and build up certain correct, idiomatic habits of thinking and expression through repeated and systematic drills.)

　　有趣的是直接法是反对英汉对比的。叶斯帕森恰恰是直接法的倡导者。他在《怎样教外语?》(*How to Teach a Foreign Language*, 1904)中反复提倡在外语教学中采用直接法。由此可见,林语堂虽然敬重叶斯帕森,吸取他对语法学的研究成果,但并不盲目地接受他所提倡的一切。林语堂坚持中国学者的立场,从中国学生的特点出发来编撰语法书。因《开明英文文法》特色鲜明,又符合中国国情,受到我国广大师生的热烈欢迎。用新见解来编写的英语文法,在我国这还是第一本,具有十分重要的意义,也得到了当时学术界的好评。如叶斯帕森也肯定了《开明英文文法》的编撰特色,称赞它内容丰富,生动有趣;日本东京帝国大学的教授市河三喜则竭力加以推荐,认为它是中国学术界对英语研究的一个莫大的贡献。它对汉语问题的改进也有极大的帮助。①

　　在第一册第二页,林语堂就以 rain 一词为例说明何谓意念和意念表达,请看下例:

It rains.	下雨了。
Does it rain?	下雨了吗?
Is it raining?	正在下雨吗?
Has it rained?	下过雨吗?
Did it rain?	(昨天)下雨吗?

就 rain 这一自然现象的表达,英文在形式上的变化主要有:

　　① 林太乙.林语堂传.北京:中国戏剧出版社,1994;杨仁敬.林语堂:我国早期英语教学的开拓者.当代外语研究,2015(10):1-3.

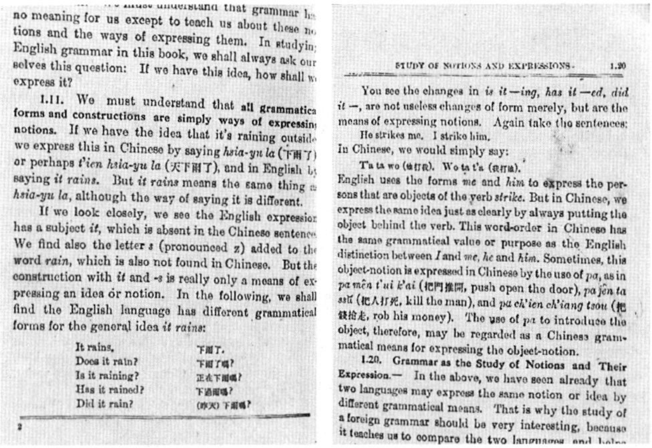

no meaning for us except to teach us about these no-tions and the ways of expressing them. In studyin English grammar in this book, we shall always ask our-selves this question: If we have this idea, how shall w express it?

1.11. We must understand that **all grammatica forms and constructions are simply ways of expressin notions.** If we have the idea that it's raining outsid we express this in Chinese by saying *hsia-yu la* (下雨了) or perhaps *t'ien hsia-yu la* (天下雨了), and in English b saying *it rains.* But *it rains* means the same thing a *hsia-yu la*, although the way of saying it is different.

If we look closely, we see the English expressio has a subject *it*, which is absent in the Chinese sentence. We find also the letter *s* (pronounced *z*) added to th word *rain*, which is also not found in Chinese. But th construction with *it* and *-s* is really only a means of ex-pressing an idea or notion. In the following, we shall find the English language has different grammatical forms for the general idea *it rains*:

It rains.	下雨了。
Does it rain?	下雨了吗?
Is it raining?	正在下雨吗?
Has it rained?	下过雨吗?
Did it rain?	(昨天)下雨吗?

2

STUDY OF NOTIONS AND EXPRESSIONS　1.20

You see the changes in *is it—ing, has it—ed, did it—*, are not useless changes of form merely, but are the means of expressing notions. Again take the sentences:

He strikes me. I strike him.

In Chinese, we would simply say:

T'a ta wo (他打我). Wo ta t'a (我打他).

English uses the forms *me* and *him* to express the per-sons that are objects of the verb *strike*. But in Chinese, we express the same idea just as clearly by always putting the object behind the verb. This word-order in Chinese has the same grammatical value or purpose as the English distinction between *I* and *me, he* and *him*. Sometimes, this object-notion is expressed in Chinese by the use of *pa*, as in *pa mên t'ui k'ai* (把門推開, push open the door), *pa jên ta ssŭ* (把人打死, kill the man), and *pa ch'ien ch'iang tsou* (把錢搶走, rob his money). The use of *pa* to introduce the object, therefore, may be regarded as a Chinese gram-matical means for expressing the object-notion.

1.20. **Grammar as the Study of Notions and Their Expression.—** In the above, we have seen already that two languages may express the same notion or idea by different grammatical means. That is why the study of a foreign grammar should be very interesting, because it teaches us to compare the two languages

图 9－67　语法课文讲解实例

It *-s*.

Is it *-ing*?

Has it *-ed*?

Did it -?

这里的斜体部分只是英文动词 rain 形式上的不同变化,但实际表达的是关于 rain 的不同意念。(You see the changes in *is it -ing*, *has it -ed*, *did it-*, are not useless changes of form merely, but are the means of expressing notions.)林语堂所举例子通俗易懂,不仅比较了中英文关于同一自然现象的意念,又能充分说明如何实现中英文的意念表达。

除了理清意念和意念表达,林语堂还用独特的"词语阶梯"(word rank)的方式描述语言中的意念关系,如,在第二册第 225—226 页林语堂以 word rank 的方式解释词语修饰和被修饰的意念关系:

an essay
a written essay
a well written essay
a very well written essay
a not very well written essay
a certainly not very well written essay

　　林语堂解释说,这个词语阶梯主要表达的是修饰和被修饰的意念关系中如何使用不同词语的词性,如形容词修饰名词,副词修饰形容词等。(Word-ranks are different from word-classes or parts of speech. Usually the first modified word is an, the first modifier is an adj., and the third, fourth and further modifiers are advs. But this is not always the case ...)同时,林语堂也指出,这种修饰关系不是一成不变的。

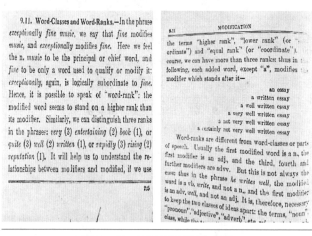

图 9 - 68　语法课文讲解实例

　　《开明英文文法》对语法现象的解释非常有特色,易学、易记、易掌握。在第二册第 466 页,林语堂就英语的习惯用法举例,以解释意念在人们社会生活中的表达方式,如按语法规则就会非常复杂,但习惯的意念表达方式就显得简洁易于记忆。

　　比如,中文说"坐吃山空",英文可表达为"Sit eat mountain empty",简洁明了,尽管难以用语法的规则套用分析,但表达的意思比一个长句形象得多(much more picturesquely than a long sentence)。如果用符合语法规则的方式表达,应该是:"If you do nothing but eat, even a fortune as big as the mountain will be gone some day."

　　《开明英文文法》还列举了其他一些习惯用法,以中英对照的形式帮助学习者加深印象: 说来容易做来难(Easier said than done.)、先来后到(First come, first served.)、一朝被蛇咬,十年怕井绳(Once bitten, twice shy.)、一日做贼,终身是贼(Once a thief, always a thief.)、没有付出就没有收获(No pains, no gains.)、好的开端是成功的一半(Well begun, half done.)。

　　鉴于此,英文和中文一样会有许多习惯表达方式,也称惯用法,千万不能拘

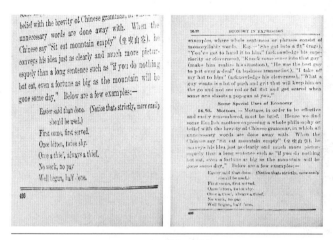

图 9 - 69　语法课文讲解实例

泥语法规则。为此,林语堂在前言中特别提到了有语法还是没语法、凡规则都有例外、走向无规则语法等 3 个方面。

综上,可以说《开明英文文法》的重点在培养学习者树立自己语言的意念表达习惯和表达能力,注重学习者结合自己所处环境和所处年龄、心境的意象等内容来创建自己的具体化的语境,这样的学习模式使得中国元素更多地与外语语言意念融会贯通。学生要通过精细的观察发现语法中的变化之处,再在系统的练习中善于总结规律,然后通过重复练习和诵读养成习惯,以至于灵活运用语法。

第七节　林汉达与《英语标准读本》(1930)

《英语标准读本》由林汉达(1900—1972)编写,分为初中读本 3 册和高中读本 3 册,是初中和高中英文教学相互衔接的教材,在民国时期具有相当的影响力。

林汉达,曾用名林涛、林迭肯,浙江镇海人,著名教育家,语言学家,中国民主促进会中央副主席。林汉达出身贫寒,祖父是个贫农,文盲。父亲只读过一年"雨书"(即晴天干活,雨天念书)。林汉达 8 岁入本乡私塾,14 岁入上虞崇仁小学,15 岁转入宁波崇信中学高小班,毕业后至观城约翰小学任助教。1917 年春又回崇信中学读书,毕业后为了积蓄上大学的学膳费,先后在上虞、宁波母校任教。1921 年秋考取杭州之江大学,同年获全国大学英语比赛第一名。3 年后毕业,任宁波四明中学英语教师。1928 年任上海世界书局英文编辑,后任编辑主

林汉达

任、出版部部长。在世界书局期间,林汉达主编的英文文学读本最多,影响也最大。如《华文详注英文文学读本》《世界近代英文名著集》两套,其中有金仲华注释的《安徒生童话选》《漫琅兰斯科》等,20世纪30年代主编了《初中英语标准读本》和《高中英语读本》等系列英语教材,是民国时期十分畅销的英语教科书。1937年他赴美国留学,考入科罗拉多州立大学研究生院民众教育系,获得硕士学位。1939年回国后,时值抗战,杭州之江大学迁至上海(后与东吴大学合并称华东大学),林汉达受聘为英语教授,后任教育系主任、教务长、教育学院院长等职。1949年出席中国人民政治协商会议第一届全体会议。中华人民共和国成立后,历任燕京大学教授、教务长、教育部社会教育司司长、中央扫盲工作委员会副主任、中国文字改革委员会委员、教育部副部长、第一至三届全国人大代表。

《初中英语标准读本》(1—3册)于1930年2—4月由林汉达编写完成,世界书局出版发行,见图9-70、9-71。

图9-70　《初中英语标准读本》
第二册封面

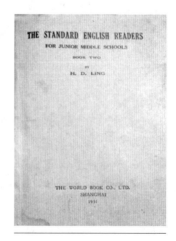

图9-71　《初中英语标准读本》
第二册内封

该书封面顶端有"民国二十年四月教育部审定"字样。此后他又于1935年编写完成了《高中英语读本》(1—3册)与《初中英语标准读本》配套,由世界书局出版发行,见图9-72、9-73、9-74。

图 9-72 《高中英语读本》 图 9-73 读本版权页 图 9-74 读本序言
第二册封面

　　该书封面顶端有"教育部审定"字样。据版权页信息,该书标有"中华民国二十四年八月教育部审定执照教字第七十三号"以及"中华民国二十五年四月内政部注册执照第七二〇二号",并注有"上海世界书局民国二十六年(1937)新十二版"字样。该书《序言》说,这套教材是和《初中英语标准读本》衔接配套,全套3册,课文多为故事、当代小说、散文、诗歌、科学常识、应用文等。第一册复习初中学过的基本语法;第二册重点是常见错误纠正训练、选词造句、前缀后缀等;第三册讨论各种文体:说明、描写、议论等。这套教材在初中英语学习的基础上,使语法呈现更加系统化并使学习者在各种丰富的课文内容中完善英语知识。

　　现就该套读本的第二册内容略做详解。该书第二册32开本222页,共有50篇课文按语法重点分为5个单元:1)常见语法错误(Common Grammatical Errors);2)常见语法错误(续)(Common Grammatical Errors〈Continued〉);3)正确使用词语(Correct Use of Words);4)容易混淆的词语(Words Often Confused);5)前缀后缀(Prefixes and Suffixes),见图9-75。

　　从内容目录可见,尽管内容按语法重点分为5个单元,但是实际内容却非常丰富,包含了各种题材的文章。每篇课文约占3页,都是很精彩的范文,文章深度和词汇量都与初中读本有机衔接。名著很多,如契诃夫的《凡卡》、笛福的《鲁宾孙漂流记》选段"礼拜五"、雨果的《悲惨世界》选段"芳丁"、狄更斯的"小小查理"等,散文有《向狗致敬》等名篇;诗歌有爱伦坡和朗费罗等大家的名作。应用文有各类应用书信(如求职、投诉等书信和回复的写作注意事项和范例),还有广告范例等。每篇课文后面都有讨论题、语法要点及练习等,见图9-76。

CONTENTS

I. COMMON GRAMMATICAL ERRORS

II. COMMON GRAMMATICAL ERRORS (Continued)

ii CONTENTS

III. CORRECT USE OF WORDS

CONTENTS iii

IV. WORDS OFTEN CONFUSED

iv CONTENTS

V. PREFIXES AND SUFFIXES

图 9－75 《高中英语读本》课文内容目录

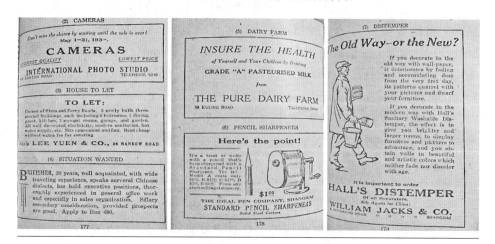

图 9－76 广告课文

　　课文在语法呈现上完全跳出其呆板枯燥的窠臼,使语法内容融入富有情趣的文学作品中,被自然地学习。如第 31 课 Sunrise,这是一篇纪念法国著名风光画家让·B. 柯罗(Jean B. Corot, 1796—1875)的文学作品,主要描述了太阳升起时在这位艺术家眼光中富有魅力的大地风光。课文在呈现艺术家眼中美丽风光的同时,巧妙地区分了词语的正确用法,如 sun, son; off, of; dawn, down; flower, flour; bath, bathe 等,这些词的正确用法在一篇美丽风光描述课文中得到了充分的展示和解读。课文内容详见图 9 - 77。

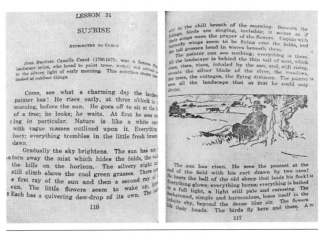

图 9 - 77　Lesson 31 Sunrise

　　该册读本内容不仅丰富而且涉及面宽广,除了经典的诗歌、散文等文学作品外,还包涵了许多历史、文化、社会、科技等方面的背景知识,如历史方面的有 The History of River、The March of the Marseillais;文化方面的有 Professor Frog's Lecture、The Game of Billiards;社会方面的有 A Tribute to the Dog、The Dignity of Labor;科技方面的有 Animal Mimics、Edward Jenner 等。

　　林汉达所编写的《英语标准读本》系列英语教材的影响力十分广泛,尽管初中读本和高中读本都编写于民国时期,但 20 世纪 50 年代和 60 年代初在中国大陆仍然被较为广泛地使用。

第十章
民国英语教材轶事

民国时期,英语教材发展非常迅速,每年的编写量和出版量都很大,原因有二:1)民国时期中学人数激增,教材需求量大;2)教材的编写和出版比较开放。因此,英语教材的开发、编写、出版也就显得有些杂乱无序,缺少权威性的政府规划,而且民国时期的教材市场竞争也异常激烈,出版机构之间常有摩擦和纷争。其中,就有开明书店和世界书局因教科书抄袭事件而引发过一场官司,在社会上引起相当大的轰动。这场官司与林语堂所编《开明英文读本》密切相关。

第一节 林语堂与开明书店的合作

20世纪30年代,林语堂与开明书店合作编撰初中英文教科书《开明英文读本》获得了巨大成功。不料,教材的成功却引来了一场两社之间的官司。

1927年9月,在武汉国民政府外交部任秘书的林语堂,有感于政治紊乱,偕家人离开武汉到上海,用他的话讲"从民国十六年,我就开始专心写作了"①。林语堂向来在经济上考虑周全,当然不会自信仅凭稿酬就能维持一家不菲的日常开销,于是就有了与开明书店的合作编写初中英文教材,即《开明英文读本》。教材出版后畅销不衰,林语堂也因此直至1951年仍有这笔版税收入②。

① 林语堂.八十自叙.载林语堂.林语堂名著全集(第10卷).长春:东北师范大学出版社,1994:299.
② 开明书店"五反"总结报告.中国青年出版社资料室藏.

　　林语堂与开明书店是如何开始合作的呢？开明书店挂牌于 1926 年 8 月 1 日,创办人为章锡琛。章锡琛之前任职于商务印书馆,主编《妇女杂志》,他响应"五四"思潮,加入新文化阵营,讨论妇女解放问题,因思想过于激越被馆方压制,最后愤而离职创业①。创办开明书店后,他更积极地融入新文化人士圈子,承印当时一些主张新文化的知名社团机构的刊物,开明书店以新文化出版的形象迅速在出版业立定脚跟。但章锡琛不满足于此,很明白当时的"商务、中华、世界所以能够成为出版界的翘楚,唯一的基本条件是印数最多的教科书"②。当年的背景是,民国初年中学生数量激增,政府又非常重视英语教学。据统计,在 1925 年全国有中学 1,142 所,中学生 185,981 人,1929 年猛增为 2,111 所中学,学生 341,022 人。③ 章锡琛明白,相比于数量有限的大学生和购买力不强的小学生,中学教材市场的潜力巨大,前景看好。于是,他开始全力筹划开发编写中学英语教科书。然而,他发现商务印书馆已完全占据了全国的初中教材市场,学校基本都采用周越然 1918 年编写的《英语模范读本》,该套教材因符合当时教育部颁布的教材标准,风靡一时。章锡琛在商务印书馆任职 15 年之久,知道周越然没有海外经历,他希望找到一位留学人士来编选英文教材,凭此打破商务印书馆英文教科书市场的垄断地位。最初人选是毕业于东京高等师范学校英文系,此时在立达学园任教的方光焘,但后者应允后迟迟不见动作,章锡琛只得另寻他人接手,后经孙伏园介绍联系上了林语堂④。而此时的林语堂正处于不佳的境遇。据宋云彬记叙:林语堂在 1927 年武汉政府垮台后准备在上海当寓公,不愿再当教授,也不愿意干别的工作,就想编一部中学英语课本,像周越然那样,靠版税起家。他就委托孙伏园代向书店接洽,当时就联系了北新书局和开明书店两家。他先跟北新书局接洽,因林语堂提出的条件是双方订立契约后,每月支付 300 元,将来在版税中分期扣还,北新书局当然不能答应。他又向章锡琛接洽,以为会同样落空,不料章锡琛居然一口答应了。就这样林语堂在上海住了下来,开始与开明书店的合作。⑤

　　① 章雪峰.中国出版家·章锡琛.北京:人民出版社,2016.
　　② 章锡琛.漫谈商务印书馆.载中国人民政治协商会议全国委员会文史资料研究委员会编.文史资料选辑(第 43 辑),1964:98.
　　③ 教育部教育年鉴编纂委员会编.第二次中国教育年鉴.上海:商务印书馆,1948:1428.
　　④ 章锡琛.教科书与开明书店.开明通讯,1950(1).
　　⑤ 宋云彬.开明旧事.载中国人民政治协商会议全国委员会文史资料研究委员会编.文史资料选辑(第 31 辑),1962:14.

第二节 开明教材的宣传策略

合作后,为使林语堂的《开明英文读本》一炮打响,林、章策划做了3件事:

1) 对现有教材进行评品。林语堂每周在《字林西报》发表文章,抨击现有教材的不足,而开明书店则在旗下刊物《一般》登载读者来稿指出教材如何的落后,不适时代,甚至还刊登了署名为"翼臣"的中学教师《评〈英语模范读本〉》[1],露骨地抨击教材的不足之处。2) 紧锣密鼓编写教材。在抨击现有教材不足的同时,林语堂抓紧教材的编写工作,一年后(1928年8月)《开明英文读本》第一册正式问世,翌年(1929年7月和9月)第二、第三册相继出版,其编写出版速度之快令人惊讶。3) 加紧宣传,扩大影响。《开明英文读本》问世后,林语堂即刻就邀请名人大腕,如赵元任、郁达夫、杨杏佛等撰写书评,刊登在报刊上[2],还特邀教育部长蒋梦麟亲笔题词:

> 近今以来,各书局编印之英文读本夥矣,惟完善者殊尠。盖借用国外所编辑者,既多不谙国情;而依文法入手者又复失之呆板;虽直接教学法,可以多得练习之机会,然取材不当,亦每易使学者感乏兴趣。林语堂先生,为英语语言学专家,既已熟知各家利弊所在,因参酌国情,编纂《开明英文读本》以应教者学者之需要。此书都为三册,另编《文学读本》及《现代文法》,以为补充。使兴趣与实用,读书能力与会话能力,兼可顾到。吾知出版之后,其裨益于教者读者,必非浅鲜也。[3]

经过周密的市场营销策划,《开明英文读本》正式推向市场后迅速被全国各地中学选用且深受好评。《开明英文读本》的极大成功,不仅使林语堂成了"版税大王"有了丰厚的收入,也使开明书店一举在激烈的教材市场竞争中站稳了脚跟[4]。

开明书店在教材开发上的成功无疑会在民国初年激烈的教材市场竞争中引

---

① 翼臣. 评《英语模范读本》. 一般,1927(2). ("翼臣"实为林语堂化名。)
② 参见1928年9月8日《申报》,1930年1月1日《中学生》第1、2期,1930年4月7日《申报》对《开明英文读本》推荐文章的汇总。
③ 蒋梦麟. 评林著《开明英文读本》. 中学生,1930(6).
④ 林太乙. 林语堂传. 载林语堂. 林语堂名著全集(第29卷). 长春:东北师范大学出版社,1994:62-65.

图 10 - 1　1928 年 9 月 8 日《申报》　　　图 10 - 2　1930 年 4 月 7 日《申报》

起各方的反响和仿效,其中就有世界书局。当时的世界书局是仅次于商务印书馆、中华书局的第三大出版社,开明书店在资本规模、分店数量,乃至营销让利上俱不如世界书局,现在开明书店后来居上,世界书局当然会深感压力①,也渴望在外语教材上有一番作为。

第三节　世界书局与开明书店的摩擦与和解

　　1929 年秋,世界书局老板沈知方责成英文编辑部主任林汉达编写一套中学英语教材以开拓中学英语教材市场。林汉达接到任务后即刻行动了起来,很快在 1930 年 2—4 月,编写完成了《标准英语读本》(1—3 册)。世界书局将其出版后先后投放市场,反应相当不错。岂料,林汉达的《标准英语读本》出版直接引发了开明书店与世界书局之间的版权官司。《标准英语读本》在被使用过程中,章锡琛得到信息,林汉达的《标准英语读本》与林语堂的《开明英文读本》有相似之处,遂让林语堂对两套书进行仔细比照,结果林语堂认为《标准英语读本》袭用了《开明英文读本》的部分材料和编排体例。章锡琛据此写信给世界书局,直指世界书局存在侵害著作权行为,要求停止发售《标准英语读本》。世界书局获信后,承认第三册 101 页的诗来自《开明英文读本》,愿意修改,但拒不认同抄袭指责。此后(7 月 26 日),开明书店法律顾问袁希濂致函世界书局,提出严厉警

---

① 朱联保.上海世界书局历年大事记(三).出版与发行,1987(6).

告。世界书局觉得让编者林汉达出面自行解决为好,故林汉达 27 日登门拜访了林语堂,表示愿意根据林语堂建议做出修改。28 日世界书局的编译所所长范云六为林汉达亲笔写了封介绍信:"敝局出版标准英语,闻与贵处出版开明英文有相似之嫌疑,刻由敝处原编辑人员林汉达君前来声明一切,希望免除误会。"林汉达携信至开明书店,章锡琛表示需与社内相关人员及林语堂商议后才能作答。林汉达于 29 日上午再至开明书店,未见章锡琛,故留下字条:"昨日会晤深知先生亦欲和平了结,然律师三日云已到敝公司,欲知该事可否由达自行解决,或须由敝公司答复律师。倘若昨日所示,则请转告贵律师。"章锡琛下午回来,看到纸条后回复,可以和平解决此事,但需要林汉达自行联系林语堂,商量改动事宜。林汉达当即再访林语堂,但后者并不在家。林汉达只得留下字条,其中谓"今为和平解决英语读本,讨教如何修改,望须答复"。次日两人见面,林语堂提出 3 种需修改情形:1) 文句抄袭者;2) 一篇中雷同之数处者;3) 编排中形式故意模仿者。林汉达回去后,世界书局发来律师函,认为双方已私下解决,世界书局与此事则不再有关系①。开明书店律师随即去函表示抗议,世界书局再次复函表示林汉达已自愿删除所引《开明英文读本》中的英诗,对开明书店抄袭指控予以否认,此后双方再无接触。

图 10-3　1930 年 8 月 14 日《申报》头版

开明书店与世界书局的官司看似平息,但一月后中华书局与世界书局的类似案例使此事再起波澜。《申报》在 1930 年 8 月 14 日头板刊登了《中华书局悬赏二千元》的广告文,指责世界书局的《初中本国史》教材抄袭了本社《新中学初级本国史》的部分内容②,详见图 10-3。

此广告随后又在《新闻报》《民国日报》和《时事新报》相继刊登。面对中华书局的指责,世界书局于 17 日在《申报》头版发表《世界书局初中本国史十大特色》予以回应。这样双方你来我往打起了默契的广告战,使彼此教材大出风头,实现了双赢。这可以从 9 月 14 日《申报》刊登的《中华书局为悬赏征求证明事件敬谢赐教诸君》中看出双方这出

---

① 分别参见《读书月报》1930 年第 1 卷第 1 期的《世界书局与开明书店涉讼》,《中国新书月报》创刊号的《开明书店与世界书局涉讼略纪》,《硬的评论》1930 年第 1 卷第 3 期《开明世界两书店的抄袭事件》,《福尔摩斯》1930 年 9 月 17 日的新闻栏。

② 中华书局悬赏二千元. 申报,1930-8-14.

"双簧"的端倪①,详见图 10-4。

图 10-4　1930 年 9 月 14 日《申报》头版

第四节　世界书局与开明书店摩擦再起与官司始末

再回到开明书店与世界书局的抄袭案,章锡琛发现了这出"双簧"对宣传教材的"特殊"效果,于是他在 8 月 26 日《申报》以及其他一些报刊发表了《世界书局承认〈标准英语读本〉抄袭〈开明英文读本〉之铁证》一文,还内附范云六介绍信和林汉达两字条等照片,并在同一版面还另刊登了《开明书店谨启》,直指《标准英语读本》尚未通过教育部审定,却先行发售的"显违部章"的行为,详见图 10-5。

面对突如其来的指责,沈知方即刻责成书局律师陆绍宗和施霖连续在《申报》(8 月 27 日和 29 日)刊登启事,从本方立场解释事件的来龙去脉,并向开明书店发出警告,不要"淆惑听闻"②,详见图 10-6。

紧接着,开明书店在《申报》(8 月 30 日)登出答文,在坚持立场之余,还以嘲讽的语气提及中华书局悬赏之事:"烦转至贵当事人,果自爱惜其名誉信用者,以后编辑图书,务望多聘通人,慎重将事。毋诱于小利,毋期其速成;弗劳他人悬

---

①《中华书局为悬赏征求证明事件敬谢赐教诸君》文末表示"至世界书局方面,已由敝局函请其于两个月内自行解决"。这样一种态度证明双方并未真正认为这是一起侵权。

② 世界书局警告开明书店启事. 申报. 1930-8-27.

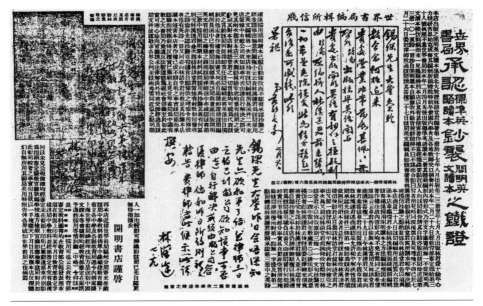

图 10-5 1930 年 8 月 26 日《申报》

赏两千元巨资,弗劳他人忙于迎送请求和平解决之贵编辑员。"①详见图 10-7。

图 10-6 1930 年 8 月 27 日《申报》

图 10-7 1930 年 8 月 30 日《申报》

针对开明书店的挑衅,世界书局于 8 月 31 日在《申报》上予以强烈反应,发表了长文《世界书局宣言:为教科书革命受到种种破坏将事实经过请社会公

---

① 开明书店再告各界并答世界书局代表律师. 申报,1930-8-30.

评》,从 5 个方面(教科书的重要性、教科书竞争的价值、我们出版教科书的目的和第一次竞争经过、我们出版中学教科书造成第二次竞争局面以及我们用正当态度对付环境)全面澄清并还击了开明书店的挑衅,最后还表示"我们既有优良的教科书,系蒙教育界批评比较而予采用,所以我们不怕任何破坏"①,详见图 10 - 8。

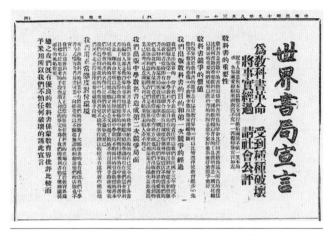

图 10 - 8　1930 年 8 月 31 日《申报》

世界书局还在第 7 版登出陆绍宗、施霖律师代表再告各界的启事,严正指出:"该书店登报广告除肆意毁损本局名誉信用,实足构成刑事罪证",并表示"该书店此种不法行为本书局已正式求法律之解决"②,详见图 10 - 9。

不久,世界书局的陆绍宗、施霖律师联合林汉达聘请的律师,向开明书店经理杜海生、总务主任章锡琛发起诉讼。章锡琛万万没有想到,本以为用这种双方默契的"双簧"达到宣传自己外语教材的效果,不料弄假成真,原本可以私了的事件演变成了官司。

图 10 - 9　1930 年 8 月 31 日《申报》

此次官司也是一波三折,世界书局于 9 月 4 日在《申报》上刊登了文章《世界书局〈标准英语读本〉中西教育名人的评论一斑》,大篇幅报道各大大学校长、教育局局长、教育部教材评审专家等对《标准英语读本》的赞誉性评论,积极挽回社会形象③,详见图 10 - 10。

---

① 世界书局宣言. 申报,1930 - 8 - 31.
② 陆绍宗施霖律师代表世界书局驳覆开明书店再告各界启事. 申报,1930 - 8 - 31.
③ 世界书局《标准英语读本》中西教育名人的评论一斑. 申报,1930 - 9 - 4.

图 10‑10　1930 年 9 月 4 日《申报》

为了打赢这场官司,世界书局下了大本钱,花了 3,000 大洋的律师费,抢先一步请来了大律师郑毓秀。这位郑毓秀律师,就是那位曾在 1919 年的法国巴黎拿着"玫瑰枪"威胁外交总长陆征祥的女学生郑毓秀。她学成回国后,活跃于中华民国司法界。到 1928 年,郑毓秀已经是国民党立法委员、建设委员会委员,并负责为南京国民政府立法院起草民法。昔日手无寸铁的女留学生,而今成了呼风唤雨的司法一霸。所以,到 1930 年章锡琛面对这样一位头上光环闪闪的女性大律师作为他打官司的对手,实在是毫无胜算①。

果然,法庭一审结果对开明书店极为不利。但开明书店毕竟留有后手,章锡琛随即去南京找当时与林语堂私交颇深的教育部长蒋梦麟,同时把教材雷同之处一并呈报南京教育部,请求鉴定。嗣后,因林语堂和蒋梦麟的关系,审定专家们以投票方式认定世界书局教本抄袭。教育部于 9 月 9 日向上海市教育局和开明书店下达文件:"查该书经本部审查完竣,确有抄袭冒效开明英文读处,已讫世界书局将该书停止发行矣。"开明书店得到批文后,于 13 日遍登沪上各大报刊②,详见图 10‑11。

图 10‑11　1930 年 9 月 13 日《申报》

面对这样一个结局,林汉达自有不甘,于是在 9 月 15 日的《申报》刊登启事,辞去世界书局的职务,

---

①　章雪峰. 中国出版家·章锡琛. 北京:人民出版社,2016.
②　教育部批第 458 号. 申报,1930‑9‑13.

专心办理官司,详见图 10 - 12。

图 10 - 12　1930 年 9 月 15 日《申报》　图 10 - 13　1930 年 11 月 22 日《申报》

但是,林汉达毕竟年轻,刚刚 30 岁,大学毕业才仅仅 6 年,一个初出茅庐的小伙子,面对法律官司,哪有办法打得赢?① 此后,经由南京教育部从中斡旋,商定世界书局赔偿损失,并把纸型送交开明书店销毁,不再追责,两家出版社随后在报上发表"紧要声明"达成谅解②,详见图 10 - 13。

这场诉讼公案,对于当事人,也都有不同的收获和教训。林语堂所编的这套《开明英文读本》3 册,从此更为风行,陆续发行 20 多年,他个人所获版税数十万元;开明书店因为这套书,也大大获利,渐渐发展成为上海商界不可小觑的大书店③。《标准英语读本》的编者林汉达,在这件事上当然颇受挫折,可是,他也更加发愤地读起书来,不久远赴美国科罗拉多州立大学留学。《标准英语读本》后来经修改后也通过了教育部的审定,恢复发行。

这场官司虽说已尘埃落定,但也说明民国时期的教材竞争之激烈已是无所不用其极,既有悬赏奖金"纠错"来引起读者对教材的关注,也有假官司真宣传的"双簧戏",又有弄巧成拙、弄假成真的官司较量,其中背后或桌下的手段真是令人目不暇接。这些也算是中国外语教材史上的有趣插曲吧。从此插曲中,现在中国外语教材在开发、编写、发展中应该汲取些怎样的教训,受到哪些启示,值得后人的深思!

① 林汉达.林汉达自传.载政协浙江省慈溪市委员会文史资料委员会编.慈溪文史资料(第 13 辑).1998:34 - 42.
② 开明书店世界书局紧要声明.北京:申报,1930 - 11 - 22.
③ 章雪峰.中国出版家·章锡琛.北京:人民出版社,2016.

第十一章
西南联大的英语教学与教材

第一节 国立西南联合大学

20世纪40年代，正值中国抗日战争时期，中国有一所非常特别的大学：国立西南联合大学(The National Southwestern Associated University)，简称西南联大（下文都用此简称）。

西南联大是中国抗日战争开始后高校内迁设于昆明的一所综合性大学。1937年11月1日，由国立北京大学、国立清华大学、私立南开大学在长沙组建成立的国立长沙临时大学在长沙开学（这一天也成为西南联大校庆日）。由于长沙连遭日机轰炸，1938年2月中旬，经中华民国教育部批准，长沙临时大学分三路西迁昆明。1938年4月，改称国立西南联合大学。从1937年8月中华民国教育部决定国立长沙临时大学组建开始，到1946年7月31日西南联大停止办学，西南联大前后共存在了8年零11个月，"内树学术自由之规模，外来民主堡垒之称号"，保存了抗战时期的重要科研力量。1946年8月，三校复员北返后，西南联大师范学院留昆明联大旧址，并独立设置，定名国立昆明师范学院，1984年改称云南师范大学，其旧址现为全国重点文物保护单位、全国首批百个爱国主义教育示范基地、国家级抗战纪念设施遗址、云南省社会科学普及示范基地、云南省国防教育示范基地等。

据记载，这所"最穷大学"的历史虽然不到10年，却成为世界教育史上的奇迹：培养了一大批卓有成就的优秀人才（共计3,343名毕业生），其中包括2位诺贝尔奖获得者、8位"两弹一星功勋奖章"获得者、171位两院院士、100多位人文大师……在西南联大任教过的教授、副教授共计300余人。西南联大先后有

3 位校长：张伯苓、蒋梦麟、梅贻琦。①

图 11－1　西南联大校园

图 11－2　西南联大课堂

第二节　陈福田与《大学一年级英文教本》

那时的西南联大，有一本"无人不读"的外语教材《大学一年级英文教本》（*Freshman Readings in English*）。该教材由陈福田（1897—1956）编写。

陈福田出生于夏威夷，是哈佛大学教育学硕士，著名的外国语言文学专家、西洋小说史专家。历任美国檀香山明伦学校教员，美国波士顿中华青年会干事。1923 年到清华大学执教，曾任清华大学外文系主任，西南联大外文系主任。1948 年离开中国回到夏威夷。

陈福田所编的《大学一年级英文教本》有 43 篇阅读课文，共 349 页，于 1939 年由商务印书馆出版，详见图 11－3、11－4、11－5。

西南联大的大一英文课是一门面向全校一年级学生开设的必修课程，每个学生都要学。该教材本着西南联大外文系"通识为本""培养博雅之士"

图 11－3　教材封面

---

① 北京西南联大校友会编. 国立西南联合大学校史. 北京：北京大学出版社，1996.

的教育理念,汇集了43篇人文社会科学的优秀文章,均出自中外名家之手,如赛珍珠、毛姆、林语堂、胡适、兰姆、梭罗、爱伦·坡等。这些文章具有跨学科、多层次的特色,体裁多样,作品脍炙人口,而且语言地道、流畅、经典,反映了当时英美国家的社会、文化、风俗、人文等各个方面,详见该书目录(图11-6)。

图 11-4　教材内封页

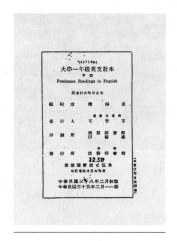

图 11-5　版权页:1939 年初版,1946 年第 11 版

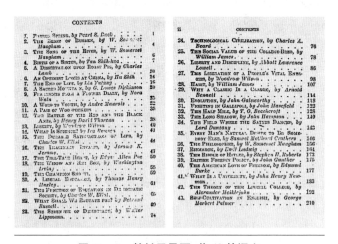

图 11-6　教材目录页,共 43 篇课文

　　该教材的特色是全英文编写,无中文翻译或注释。在民国时期,张士一、周越然、林语堂、林汉达等编写的民国著名教材都主张采用直接法进行教学,因此课文中一般不出现中文。图 11-7 是该教材的第一课。

図11-7　教材第一课：*Barren Spring* by Pearl S. Buck（《贫瘠的春天》，作者：赛珍珠）

第三节　夏济安与《大学一年级英文教本》的轶事

在西南联大，《大学一年级英文教本》在使用过程中也出现过不少逸闻趣事。其中西南联大教员夏济安（1916—1965）质疑陈福田的《大学一年级英文教本》就颇耐人寻味。

夏济安，原名夏澍元，江苏吴县人，评论家。1934年进金陵大学、中央大学学习，1937年转学上海光华大学英文系（今华东师范大学外语学院）。毕业后相继在光华大学、西南联大、北京大学、香港新亚书院任教。1950年由香港去台湾，先后任台湾大学外语系讲师、副教授、教授，为早期小说作家白先勇、欧阳子、王文兴、陈若曦、叶维廉等人的启蒙老师。1959年夏济安由中国台湾赴美，在西雅图华盛顿大学、加州柏克莱大学做研究，主要工作是研究中国共产党党史。1965年2月23日因脑溢血病逝于美国奥克兰。

夏济安

夏济安1945年秋进入西南联大任教，所教授的就是大一英文。这门课一般由职级较低的教员讲授，属于基础性的教学工作。据《国立西南联合大学各院系必修选修课程表（1945年至1946年度）》可知，夏济安所教授的课程有3门：

英文壹(作文)H组、英文壹(作文)L组、英文壹(读本)M组,与他同时教授大一英文课的还有杨周翰、卞之琳、钱学熙、王佐良、金隄等人。① 据夏济安自己所说,他所教的三门课中最成功的是读本课,全班几乎无人缺席,而两班作文课则只有20人左右出席,有时则更少。他还谈道,"其实我教读本顶擅长,因讲解清楚,穿插丰富,颇易引人兴趣。作文则选材难,讲来又不免枯燥也。"② 夏济安所使用的读本教材,正是由陈福田编的《大学一年级英文教本》。该教本初版于1939年,对西南联大的青年学子确实影响颇大,但是夏济安对该教本却意见颇多,不仅对教本所选的文章不满,而且还从中发现谬误若干,并草成《对陈福田〈大学一年级英文教本〉附注的正误、补遗和质疑》一文,详见图11-8。

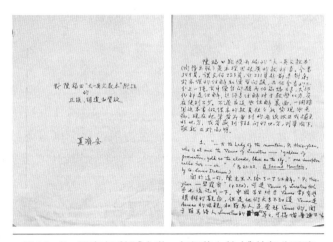

图11-8 夏济安质疑《大学一年级英文教本》的部分手稿

夏济安书稿共提出质疑意见16处,分为正误、补遗和质疑三类。其中,第3、4、6处意见为"正误",例如夏济安指出教本所引"Sweet day, so pure, so calm, so bright"一诗,so pure应为so cool,系出英国玄学派诗人乔治·赫伯特(George Herbert, 1593—1633)的《美德》("Virtue")一诗。第5、9、10、11、13、14、15处为"质疑",例如夏济安认为教本原注 nonelect 有误,引用了济慈(John Keats, 1795—1821)的《拉弥亚》("Lamia")诗句做对照,以增进理解。第1、2、7、8、12、16处意见为"补遗",例如教本对 Venus of Lucretius 为何像"碧霞云"未做出注解,夏济安便引卢克莱修(Titus Lucretius Carus, 99BC—55BC)的哲学长诗《物性

---

① 北京西南联大校友会编.国立西南联合大学校史.北京:北京大学出版社,1996.
② 夏济安.夏济安日记.北京:人民文学出版社,2011:93.

论》（"De Rerum Natura"）做比较。从这些商榷意见可以看出，夏济安补充的注解"穿插丰富，引人兴趣"，他所涉猎的材料多，关联性强，引述了诸如济慈、莎士比亚、卢克莱修、华兹华斯、乔治·赫伯特、托马斯·古德温、W. H. 赫德孙等人的诗文词句，充分显示了夏济安对西洋文学的熟稔程度。不仅如此，凡是有疑问的词汇，夏济安必查《牛津大字典》进行详细对照，其严谨程度亦可想而知。

　　不知夏济安是否将自己的手稿给陈福田本人看过，或当面与陈福田进行探讨，至少从新版来看，夏济安所提正误、补遗或质疑处，一仍其旧。或许夏济安本人出于种种考虑并未向陈福田提出，或许陈福田并不接受夏济安的意见，这些都已成了不复能解的历史之谜了。

　　为什么夏济安对陈福田编的《大学一年级英文教本》如此不满？这可能体现了现代中国大学英文教育理念的分歧。陈福田曾任西南联大外文系主任，他在抗日战争时期所编的《大学一年级英文教本》，成为大学英文教育通用教材。西南联大的英文教育之目的在于为国家民族培养通识人才、博雅之士，因此，该教本所选文章注重的是其社会功能价值，能够直接向学生传输道义思想和价值观念。教本中所选的文章诸如《民主的力量》《通识教育》《教育的目的》《大学生的社会价值》等等，的确可以说"将先进的教育理念融入英语教学之中，在提升英语阅读技能，欣赏英语范文、西方经典之外，更重要的是传递了一种深切的人文关怀和高尚的道德情操。阅读这类教材，学生学到的不是一鳞半爪的语言知识，或者猎奇的故事情节，而是旨在通过学习该教本，学生知道何为教育、何为学、如何学、为谁学、如何学有所为，从而使学生的英文能力得以加强，健全人格得以培养，精神世界得以升华"①。可见，陈福田所代表的西南联大的教育理念，更多的是从"造人"的理念出发，向学生传递"深切的人文关怀和高尚的道德情操"。而夏济安的教育理念却有所不同，他的目标并非输出某种思想观念，而是更强调对学生基本语言能力和欣赏水平的培养。其目的也绝非仅仅提高学生运用英文的现实效用，而是希望教会学生欣赏优美的英文，进而深入地感受和理解西方文化观念。今天，当我们高度评价西南联大英文教育理念的时候，似乎也不应该忘记夏济安曾经做出的可贵探索与重要贡献。

　　2018 年，罗选民组织了清华大学、北京大学、南开大学、北京外国语大学等多校英语名师，联合翻译了这本全校"无人不读"的《大学一年级英文教本》中的

---

① 陈福田编，罗选民等译.西南联大英文课.北京：中译出版社，2017：4.

每一篇课文,还配有重点释疑及思考题,编辑成英汉双语读本,同时旨在帮助读者更好地理解文章便于自学。现在出版的书改名为《西南联大英文课》(见图11-9),由美国著名录音演员朗读文章内容。罗选民为外语学术界"立体地"留存下这部经典教材,使人由衷地感到敬佩!

图11-9　西南联大英文课

第十二章
民国教材的教学方法与启示

如前所述,中国的外语教学到了民国时期已有了很大的发展,教材也似雨后春笋般不断涌现。由这些教材可见,中国的外语教材在借鉴了先进的外语教学方法的同时也发展了具有中国特色的教学方法。教材中所体现的教学方法就有了一个从引进到发展的过程。

第一节　教学法的引进

从民国时期外语教材的分析来看,中国引进西方外语教学法(直接法)可追溯至 1922 年。这个时期的学制仿参美国。当时,中国正处于一个割据政权和附美政权的时期,当政者的主要精力用于争夺政权和巩固政权,很少考虑国家的发展。因此,外语教育的发展动力,主要来自民间,政府不时制订课程标准、大纲,但贯彻不力,各地区和学校往往各行其是。"但在外语教学方面,着意引进直接法,并积累了一些创造性的财富。"[①]直接法是 19 世纪末西欧外语教学改革运动的产物,1901 年经法国教育部正式命名,它被称为科学外语教学法之始,20 世纪20—30 年代,是其鼎盛时期。

我国外语教学在 1922—1949 年的 28 年中,知名中学、条件较好的地区和学校,以及教会学校,大都采用直接法,外语教学法研究也集中于直接法的运用与拓展。它在外语教学法发展中居于主流地位,左右课程标准、教材的编写和影响

---

① 张正东.中国外语教学法理论与流派.北京:科学出版社,2000:18.

学校的教学①。据艾伟在 1929—1930 年对初高中英语教学情况的调查结果,中学一般采用直接法,基本上用英语授课。1928—1935 年是中国教学相对规范发展的时期,教材须经教育部审定才能在学校使用。据统计,那段时间教育部正式审定的初中英语教材 20 种,采用直接法的教材就达 15 种,占 75%。② 而且外语教学的学术研究成果主要是在引进、介绍、实践直接法的范围内,曾出版过不少专著,如 1913 年上海商务印书馆出版了吴继杲的《英文教授规程》(*English: How to Teach It*),该书主要以介绍国外的语法翻译法为主。1916 年,上海商务印书馆出版了周越然的《英语教授法》(*Notes on the Teaching of English*),但内容仍以介绍前人主张为主。1922 年上海商务印书馆出版了盖葆耐的《中国学校英语教授法》(*How to Teach English in Chinese Schools*),该书仍然着重结合实际介绍直接法。同年,中华书局出版了张士一的《英语教学法》,分上、下两篇,上篇为基本原理,下篇则重实际操作。1929 年商务印书馆又出版了周越然的《小学外国语科教学法》,主要介绍直接法如何实施,包括外国语的发展趋势、教学的新方法、教师的常识、教程、发音、文法等,内容相当全面。由此可见,关于教学法的引进和研究已有不少,但是真正把直接法引进中国并加以推广的主要是庄启(1882—1960)和周越然两位学者。

　　庄启可能是最早将直接法介绍到中国的学者。1915 年,庄启在商务印书馆所办的《教育杂志》第七卷第 2 期上发表了《外国文直授法》一文。在这篇文章里,庄启不仅首次提出了"直授法"(直接法)和"译授法"(翻译法)两个术语,还分别论述了外语教学的重要性。该文讲述了直接法的操作要点和程序,综其学术价值有三大点,第一,他批评了自然法仿小儿学母语途径学习外语的观点,这对于当代执信外语可以习得者,是一个难得的反方见解。因为 80 多年之前庄启介绍直接法时,就已经指出,不可采用小儿学习本族语文的方法学习外语。第二,他对翻译法的批评,至今仍未过时,接触目的语的时间少,母语负迁移,两种语言的等值翻译极为难得,学外语之难在于用,懂并不难,而翻译法的优点在于弄懂,通过翻译学习,学生易以母语译文代替外语。第三,他用孟子的语言教学观点来理解直接法,强调教学环境的重要性。此外庄启介绍的直接法操作要点,言简意赅,操作步骤以内容为径,突出了语法教学的安排,对当代之理解直接法者,也有参考价值③。

---

① 张正东.中国外语教学法理论与流派.北京:科学出版社,2000:20.
② 同①24.
③ 同①97－108.

周越然是上海广方言馆培养出来的外语教育家,擅长于编写教材和教学用书,尤其是他的《英语模范读本》更是风靡全中国。1929 年,他撰写了《小学外国语科教学法》,主要引用并介绍了帕默的直接法,主张唤醒学生学习语言的天赋能力,由耳及口,在语流中训练语音。他编撰的《英语模范读本》用的就是直接法。早在 1924 年,周越然就在《教育杂志》第 16 卷上发表了《英语教学法》一文,对直接法做了详尽的介绍和解读,把直接法的操作归纳为 10 点:1)注意学生的发音,初级尤须注重;2)上课的时候,必须于会话上做一定练习;3)上课以多用外国语为主;4)教学初级学生,用实物和画片为教具;5)教科材料,必和日常生活相联络;6)阅读为教学的中心点;7)文法用归纳法教学;8)高级学生的教材,才把风俗、民情加上;9)自由构思作文,高级才有;10)译本国语为外国语的功课,限于最少数①。在教学实践中,周越然建议要注意 2 点:1)英语学习的各项技能应分阶段进行,大学阶段还应注意翻译能力的培养;2)倡导会话教学与基于问题的教学模式结合使用,共同促进学习者的英语学习。文章还用大篇幅讲述了如何在课堂运用英语进行问答练习,他拟定的练习综合了 3 个特点:1)坚持直接法上课必练会话,会话内容切合学生生活和课堂教学情景,并可以动作演示;2)利用了古安系列教学法的提问技术;3)发挥了奥伦多尔弗把答话材料包含于问话之中的技巧。此外,周越然在文中开头就说,"学习外国语所必须不可缺的条件有三,就是读、写、讲(说),但是也因将来职业的需求,可加力于三项中的某一项。"这可能是当代"阶段侧重原则"之雏形,也在一定程度上表明了他那时已具有按学生需要取材的思想。

中国外语界在使用直接法的实践过程中,一方面积极学习国际上先进的教学思想,另一方面也逐渐有了自己的想法和创新的观点,试图将中国人学习英语的特点融入自己的外语教学中。这里的主要代表人物就是张士一和林语堂。

第二节 教学法的发展与启示

在民国时期,外语教材的编写和外语教学基本上都是采用直接法,庄启、周越然引进直接法,而张士一和林语堂在直接法的基础上有所创新,分别创立了情境教学法和意念功能教学法。

张士一是我国外语界早期介绍直接法的学者之一,但是他并不满足于教学

---

① 周越然. 英语教学法. 教育杂志,1924(16):3.

法的引进,而是汲取各种教学法之长(如直接法、综合自然法与演进法),创立了情景教学法。

　　一般情况下,人们在述及外语情境教学时,多将其归结为发端于20世纪50年代的英国、80年代在中国得到全面应用推广而风靡一时的教学法。事实上,"情境教学"是我国现代著名语言学家和外语教育家张士一在引进和反思直接法基础上,原创性地提出来的"语言教学的新理论"①。张士一外语情境教学理论主要包括理论基础、基本原理、实际应用三大部分,影响了民国时期中学英语课程标准的制订②、教科书的编写和教学方法的实际运用③。在英语教学上,他很重视阅读,要求学生准备配套的阅读材料,并主张"英语里头去学翻译",英语教学必须与有关学科相沟通,不可孤立;尤其是国语(语文)。1948年,他发表了《一个语言教学的新理论》一文,明确提出了英语"情境教学原则"。他认为,"情境与语言教学的关系,在已往的语言教学法著作里头很少论到。即或论到,也不过限于局部的一句话,散漫不成系统,没有确立成为一个原则。"所以"特别把它提出来做一次系统的讨论",并把它确立为"一个概括的基本原则"。文章包括两部分,第一部分"从事实归纳到原则,再从原则演绎到事实"来阐明"情境教学理论"的原理;第二部分"讨论的范围,包括教材和教法两个方面",即讨论情境教学理论"在我国英语教学上的应用","着重大体上的理论研究,详细的实施技术不在其内。"他主张从教材的选择、组织和分级3个方面来应用情境原则。首先,关于英语教材的选择。他认为,当时流行的英语"字表或字组表缺乏真正的决定性","因为这些表所给我们的是不连贯的单字和不连贯的字组"。因此,一方面"必须要把它们组成有连贯意义的句段来教",另一方面"必须先行选择它们发生反应的情境"。只有这样,才能"使学生学了都可以切于实用"。具体的办法归根结底就是"必须要做一个情境表"。情境表将情境与字、字组和句段融为一体。这样,教材就成了情境与句段相联合的东西,有了这种"合于情境原则的教材,才可以使学生真的运用英语"。其次,关于教材的组织。他认为应以单元的形式编排教材,但根据情境原则,单元不是孤立的字、字汇、语法等知识,而至少是一个情境与其相适配的反应的组合,他称这种组合为链条上的"环"。"每一个单元至少是一个情境和相配的反应,可是人生的情境绝不是演变而成为链式的,所以反应的语言也应成为链式的。"教材应该就是若干个小单元钩连成的大单元。实际上,这种组织方式就是以"问题"而不是以知识为基本单元的

① 陈艳君,张传燧.张士一外语情景教学理论初探.课程·教材·教法,2014,34(1):105.
② 张士一参与撰写了民国时1928年和1948年的英语课程标准。
③ 张士一.一个语言教学的新理论.英语教学,1948,1(1).

综合课程形式。最后,关于教材的分级。张士一主张按照先简单后复杂、先具体后抽象、先比较常见后比较少见的原则来安排情境,按照先比较简短后比较冗长、先比较固定后比较活动、先比较常用后比较少用的原则安排句段。这些观点无疑既体现了情境原则也反映了实用原则。关于教法,他认为"最要紧的是要用英语情境来引起英语反应"。他把中国学校英语教学中的英语情境分成"真的""逼真的"和"假想的"3种,认为"从教学的价值看,真的情境最高,逼真的情境较低,假想的情境更低"。张士一外语情境教学理论是原创的、本土化的、科学的外语教学理论,至今仍具有重要的理论与实践借鉴价值和深远的历史价值。

张士一作为一位英语教育家,致力于发展符合国情的英语教育,撰写了大量有关英语教学的研究论文:《英文书报之课外阅读》(《中华学生界》,1915年第1卷第1期)、《我国中等学校英语教授的改良》(《新教育》,1922年第5卷第1、2期)、《小学外国语教学法举隅》(《教育杂志》,1924年第16卷第2期)、《英语教学改进的计划》(《新教育》,1924年第9卷第1、2期)、《初中英语课程问题》(《中央大学实验学校教育研究汇刊》,1929年第9卷第1期)、《英语教学上的音译问题》(《中央大学教育学院教育季刊》,1931年第1卷第4期)、《中学英语教学的方法问题》(《中央大学实验学校教育研究汇刊》,1933年第1卷第1期)、《改进中学英语教学的根本办法》(《中华教育界》,1934年第21卷第7期)、《英语教学的出发点》(《江苏教育》,1934年第1卷第1期)、《英语教学的基本步骤》(《中央大学实验学校教育研究汇刊》,1935年第2卷第2期)、《英语教学上的四熟主义》(《教与学》,1935年第1卷第2期)、《中学英语师资训练问题》(《教育杂志》,1935年第25卷第8期)、《英语学习的基本工作》(《播音教育月刊》,1936年第2卷第2期)、《怎样解决中学英语教学的实际问题》(《江苏教育月刊》,1937年第6卷第1、2期)。

林语堂是民国时期著名的文学家、翻译家,他所编写的《开明英文读本》是继周越然《英语模范读本》后又一套风靡全国的英语教材。《开明英文读本》基本还是遵循了直接法的教学原则,但又在直接法的基础上有所突破和发展,提出了基于意念—功能的交际教学思想。林语堂的意念—功能教学思想来自丹麦外语教育家奥托·叶斯帕森的交际教学思想,以"意象"形成意念,以"文化"拓展意念,以"意念"活化文法。

交际法,又称意念法,或功能法,于20世纪70年代中期开始逐渐传入我国。实际上,林语堂早在30年代就提出了以意念—功能为纲的教学思想。关于意念交际思想,林语堂主要叙述于他的《开明英文文法》(1933)之中。在该语法书中,林语堂首先提出了意念及其表达方式的问题:"我们说话都包括了两个方面：1）说什么;2）怎么说。我们称前者为意念(notion)，后者为意念的表达方式(the expression of notions)。"①他倡导从内部看待语法而不应拘泥于词类及其变化形式的学习。基于这种思想，他提出了意念群(notional groups)或意念范畴(notional categories)的概念。《开明英文文法》列举的意念项目主要有：叙述、提问、命令、怀疑、希望、数量、重量、价值、距离、位置、形状、修饰、级、行为、行为时间、事实、想象、关系等。每一章都以意念项目为纲,学习多种语法结构。在意念的表达方式上,林语堂指出同一个意念在两种语言中的表达是有差异的,如中国人说"六十多、六十余",而英国人则说 over sixty。林语堂非常重视英汉语的比较,主张学习"地道的英语表达方式"。鉴于意念和功能,林语堂认为"语法是表达的科学"(the science of expressions)。从这一认识出发,他非常重视语法教学,但又与传统教学方法有很大区别。传统语法教学注重形式,即从形式到内涵,着重学习语法的外在形式,因而有很明显的"规定性"。他认为"语法要从内涵入手研究外形,即从想要表达的意念到意念的表达。"也就是说,从意念入手,研究表达这些意念的多种语法形式。因为一个意念可以有多种语言符号进行表达。因此林语堂认为中国人学习英文就是要学习英国人对意念的表达方式。由于教学最根本目的是培养交际能力,所以林语堂提出的"表达能力"实质上就是"交际能力",即学习如何在交际活动中表达意念,掌握英国人如何进行意念的表达。中英意念会有差异,所以为了将英国人的思想方法和表达法学来,了解不同国家的文化必不可少。因此,《开明英文读本》编入了许多与英国文化有关的押韵诗、韵文和经典故事,如第一册和第二册共编入了 14 首英国童谣儿歌(第一册 49 课 Little Star、第二册 13 课 Little Boys 等),第二册和第三册编入了 30 篇国外民间故事、安徒生童话和神话故事(第二册 15—19 课 The Little Match Girl 和第三册 2—3 课 The Sphinx's Riddle 等)。《开明英文读本》中的押韵诗、韵文和经典故事,加强了文化导入,使学生在诵读的过程中不断理解和丰富外国文化知识及背景,增加学习外语的兴趣,拉近与目标语和文化的距离,为英语学习奠定良好的基础。

　　此外,林语堂还认为,在听讲写读中,口讲甚为重要,因此在"学习英文要诀"中提道:"读英文时须耳目口手并到。耳闻、目见、口讲、手抄,缺一不可。四者备,字句自然记得","'四到'中以口到为主要。英语便是英国话,如果不肯开口,如何学得说话?""口讲必须重叠练习,凡习一字一句必须反复习诵十数次至数十次到口音纯熟为止。"由此可见,林语堂主张的意念—功能教学思想强调的

---

① 林语堂. *Kaiming English Grammar*. 上海：开明书店,1948.

是学习者语言技能的综合训练,达到语言能力(文化、知识、技能、交际等)的全面发展。

综上所述,庄启最早将直接法介绍到中国并详细描述了直接法的操作要点和程序。他不主张自然法仿小儿学母语途径学习外语,也不主张采用小儿学习本族语文的方法学习外语。在20世纪20年代,他就执信外语不可习得的观点,实属难能可贵。他认为,直接法的操作步骤应以内容为径,突出了语法教学的安排,对当代之理解直接法者,颇有参考价值。周越然推崇帕默,主张"耳听→口音→语流中读音"的教学流程,并主张唤醒学生天生学习语言的能力。张士一从教科书编写到课堂教学,都贯串帕默思想并发展了情境教学理论,主张教材按情境链进行分级,其观点实开语境教学之先河。林语堂也非常主张用直接法,颇受叶斯帕森的影响,首先提出了学习语言的社会交际功能,主张通过英语学英语。

新中国篇

引 言

　　1949 年 10 月 1 日中华人民共和国成立,开创了中国历史的新纪元,揭开了中国现代教育的新篇章。纵观此后数十年教育发展的历程,中国教育真正实现了由封闭到开放、由落后到繁荣、由借鉴到创新的转变①。同时,由于信息技术的突飞猛进,外语教育在资源和手段上都更加丰富,得到了空前的繁荣发展。进入 21 世纪以来,特别是国家中长期教育改革与发展规划纲要颁布之后,促进人的全面发展成为教育的根本目标,也是中国外语教育和外语教材发展的前提和基础。然而,回顾中国外语教材的发展历程就不难看出,无论是基础教育阶段、高等教育阶段,还是高职高专教育阶段,都充满了艰辛与坎坷,但也孕育着光明与希望,展示出繁荣发展的勃勃生机。

---

① 周洪宇.中国教育活动通史(第八卷).济南:山东教育出版社,2017:1－3.

新中国篇 ▶ 基础教育部分 ▶

第十三章
中学英语教材（一）

第一节 "苏化"时期的英语教材（1949—1956）

中华人民共和国成立之初，百废待兴。要建设国家，我们能够获得支持的唯一大国就是苏联。因此，当时的基本国策就是全面地学习苏联，也包括我们的教育和外语教育，这就是所谓的"苏化时期"。

一、新中国教育事业的恢复

1949 年 9 月 21—30 日，中国人民政治协商会议第一届全体会议在北京举行，会议一致通过《中国人民政治协商会议共同纲领》。该纲领明确规定了新中国的文化教育政策：

> 中华人民共和国的文化教育为新民主主义的，即民族的、科学的、大众的文化教育，以提高人民文化水平，培养国家建设人才，肃清封建的、买办的、法西斯主义的思想，发展为人民服务的思想为主要任务（第四十一条）。人民政府有计划有步骤地改革旧的教育制度、教育内容和教学法（第四十六条）。有计划有步骤地实行普及教育，如加强中等教育和高等教育（第四十七条）[1]。

1949 年 10 月 1 日，中华人民共和国成立。新生的中华人民共和国根据《中

---

[1] 何东昌. 中华人民共和国重要教育文献（1949—1997）. 海口：海南出版社，1998：1.

国人民政治协商会议共同纲领》的指导,开始采取一系列措施来建设新中国的
教育事业和文化事业。同日,《人民日报》发表社论《中华人民共和国万岁》,指
出"恢复和发展人民的文化教育事业"是中国人民面临的任务之一。10 月 19
日,全国新华书店出版工作会议闭幕,时任中共中央宣传部部长的陆定一致闭幕
词,提出:"教科书要由国家办,因为必须如此,教科书的内容才能符合国家政
策,而且技术上可能印刷得好些,价钱也便宜些,发行也免得浪费","教科书对
于国计民生,影响特别巨大,所以非国营不可"①。1949 年 12 月 23 日至 31 日,
教育部在北京召开第一次全国教育工作会议,明确了改革旧教育的方针、步骤和
发展新教育的方向,指出"中华人民共和国的教育是新民主主义教育,其主要任
务是提高人民文化水平,培养国家建设人才。教育必须为国家建设服务,学校必
须为工农开门。教育工作的发展方针是普及与提高的正确结合"②。会后,各地
教育行政部门传达和贯彻了这次会议的精神,教育事业在全国各地蓬勃开展
起来。

1949 年 9 月 29 日,中国人民政治协商会议第一届全体会议通过《中国人民
政治协商会议共同纲领》,第四十九条规定:"发展人民出版事业。"③1950 年 9
月,中央人民政府出版总署召开第一届全国出版会议,对全国出版、印刷、发行工
作进行专业化分工,确定中小学教材实行全国统一供应的方针,出版总署和教育
部共同组建人民教育出版社,承担全国统一的中小学教科书编写任务。1950 年
12 月 1 日人民教育出版社成立,拉开了我国编辑中小学教材的序幕。

1950 年 7 月,教育部和出版总署联合发布了《1950 年秋季中小学教科用书
表》,但表中没有关于外语教科书的规定,说明当时还没有全国通用的外语教科
书,也没有被中央政府完全认可的外语教科书④。自此,我国的教育事业开始全
面恢复。

二、外语学科的设置与取消

新中国建立初期,在外交政策上采取"一边倒"的方针。1949 年 10 月 3 日
与苏联政府建立外交关系,并于 1950 年 2 月 14 日与苏联政府在莫斯科签署《中
苏友好同盟互助条约》。毛泽东主席于 1949 年在《论人民民主专政》一文中指
出:"苏联共产党就是我们的最好的先生,我们必须向他们学习。"这充分肯定了

---

① 中央教育科学研究所. 中华人民共和国教育大事记. 北京：教育科学出版社,1984：5.
② 同①7.
③ 何东昌. 中华人民共和国重要教育文献(1949—1997). 海口：海南出版社,1998：1.
④ 石鸥. 新中国中小学教科书图文史　外语. 广州：广东教育出版社,2015：16.

苏联在经济、文化、教育领域对中国的榜样作用。因此,我国开始大力加强俄语教学工作,培养俄语干部,兴办俄语学校。1950 年 9 月 25 日至 28 日,第一次全国俄语教学工作会议在北京举行,这也是中华人民共和国成立之后第一次全国性的外语教育工作会议①。在这期间,俄语逐渐取代英语,成为当时最受欢迎的语言。虽然英语失去了其原有的优势地位,但仍然是外语教学领域的主要语种之一。中国此时期的教育发展摒弃了清末"仿日"、民国"随美"的路径,确立了"学苏"的教育改革基本方针,学制改革、课程设置、教材编写、院系调整等教育措施都深深留下"学苏"的烙印。

　　1950 年 8 月 1 日,教育部颁布《中学暂行教学计划(草案)》,这是中华人民共和国成立之后政府正式颁布的第一份中学教学计划。该计划明确了中学的教学科目及授课时数。外国语是 14 门教学必修科目之一。初中阶段,外国语科目进行 3 学年的学习,每学年 40 周,每周 3 课时,3 学年总课时为 360 学时,占所有科目总学时的 10%,仅次于语文(23.33%)和数学(15.56%),和历史(10%)持平。高中阶段,外国语科目同样进行 3 学年的学习,每学年 40 周,每周 4 课时,3 学年总课时为 480 学时,占所有科目总学时的 13.33%,仅次于语文(17.78%)和数学(16.66%)。该计划同时规定,初高中均须设一种外国语,若有条件(如师资、教材等)宜开设俄语,但对于已开授英语的班级,仍继续教授英语,不可中途变更②。从这个教学计划可以看出,我国政府当时在中学积极推行俄语教学,英语只在不具备俄语教学的条件下才暂时教授。1951 年,教育部颁布了《普通中学英语科课程标准草案》③,该草案分为"初级中学英语课程标准草案"和"高级中学英语课程标准草案"两部分。"初级中学英语课程标准草案"规定初中英语的教学目标为: 1) 养成阅读和练习英语的兴趣,打下继续进修的基础;2) 能认识 1,000—1,500 个一般的常用字;3) 能运用常用的典型短语(包括片语,简单的会话)约 200 句;4) 能阅读生字不超过 1/10—2/10 的浅近英语;5) 能清晰熟练地书写(即常用之书写体,印刷体能辨认即可)。时间分配为:每学年每周上课时间各为 3 小时,第三学期得加翻译和文法 1 小时。"高级中学英语课程标准草案"规定高中英语的教学目标为: 1) 养成阅读和练习英语的志趣,打下进修专科用的英语基础;2) 除了复习,继续运用初中所学的 1,000—1,500 个单字以

---

　　① 四川外语学院高等教育研究所.中国外语教育要事录(1949—1989).北京:外语教学与研究出版社,1993: 6 - 7.

　　② 课程教材研究所.20 世纪中国中小学课程标准·教学大纲汇编:课程(教学)计划卷.北京:人民教育出版社,1999: 196 - 198.

　　③ 同②77 - 84.

外,能再加修 3,000—4,000 一般通用的单字(连初中所学的,共约 5,000 字);
3)能练习运用普通英语,包括简单的会话和写作;4)能认识一种标音制(如国
际音标或韦氏音标);5)能借助字典、词典阅读一般性的英语书报杂志。高中时
间分配为:每学年每周上课时间各为 5 小时。《普通中学英语科课程标准草案》
的颁发,在英语教材建设的初步统一和规范化方面迈出了第一步。

　　1952 年 3 月,教育部又颁发试行《中学暂行规程(草案)》①,对英语教学的
课时数进行了调整。外国语的学时设置与 1950 年的《中学暂行教学计划(草
案)》基本相同。其中,初中外国语开课 3 学年,每周 3 学时;高中外国语开课 3
学年,每周 4 学时。各校视具体条件教授俄语或英语。不同的是:1952 年的《中
学暂行规程(草案)》中,每学期实际上课时间为 18 周,而 1950 年的《中学暂行
教学计划(草案)》中每学期上课时间为 20 周。另一个更明显的特点是:增设了
一些政治理论课程,如“中国革命常识”“社会科学基础知识”“共同纲领”等。由
于设置了更多的必修科目,初中和高中中的外国语所占课时数均有下降。

　　从 1953 年起,国家开始实施第一个五年计划,在教育战线上提出的口号是
“为胜利地完成教育建设工作的任务,首先要加紧学习苏联的先进教学经验”②。
在当时的大环境下,国内出现了中学生都不愿学英语而要求学俄语的现象,导致
全国俄语教育得到加强,而开设英语课的中学数量逐年减少,并且计划今后只在
少数中学保留英语教学。外语课程的设置看似已基本确定,但仅过一年情况突
变。1954 年 4 月 28 日,教育部突然下达《关于从 1954 年秋季起中学外国语科设
置的通知》,取消初中外语,而将中学外国语科的设置问题规定如下:

　　1)从 1954 年秋季起初中不设外国语科;二、三年级原已授外国语科的一律
停授;外国语科停授后,各校不得任意增加其他学科的授课时数与教材分量。

　　2)高中设外国语科,一、二、三年级每周授课时数均为 4 小时;从一年级起
授俄语;个别地区如缺少俄语师资的可授英语;二、三年级原授英语的,可继续授
英语,如有俄语师资而学生又愿意改授俄语并对英语教师能作妥善安置者,可改
授俄语③。

　　从教育部当时颁布的中学各年级各学科授课时数表④可见,初中外国语科

---

　　① 课程教材研究所. 20 世纪中国中小学课程标准·教学大纲汇编:课程(教学)计划卷. 北京:人民
教育出版社,1999:206—212.
　　② 李良佑,张日升. 中国英语教学史. 上海:上海外语教育出版社,1988:325.
　　③ 课程教材研究所. 20 世纪中国中小学课程标准·教学大纲汇编:外国语卷. 北京:人民教育出版
社,1999:85.
　　④ 课程教材研究所. 20 世纪中国中小学课程标准·教学大纲汇编:课程(教学)计划卷. 北京:人民
教育出版社,1999:228.

已被取消,高中仍保留每周4学时。

关于取消初中外国语科的原因,1954年11月13日教育部在《关于初中不设外国语科的说明的通知》中解释如下:

> 初中一般不设外国语的主要原因,是为了减轻初中学生学习的过重负担,使他们能更好地学好本国语文和其他学科。目前初中各科师资质量不高,学生基础知识差,学习各门学科本已吃力,而外国语文又与本国语文不是同一系统,学习就更费劲。虽然初中原设的外国语每周只有3小时,但学生在课外所花的时间是很多的,以致形成学生学习负担过重,不仅外国语一科学习成绩差,而且影响学生身体健康和妨碍其他学科知识的巩固。①

外国语科的设置与取消,以及设置何种外国语,在很大程度上影响着"学苏"时期教材建设的走向。

三、外语课程与教材

中华人民共和国成立初期,基础教育中的外语课程经历了恢复设置到部分(初中)取消的过程,再加上受当时政治背景的影响,外国语学习以俄语为主,因此作为基础教育中的外语学科并没有统编的英语教材。人民教育出版社于1951年根据教育部的指示修订出版了第一套全国通用中小学教材,于当年秋季陆续在全国使用,但其中没有英语教材。

为了维持基础教育中的正常英语教学秩序,各校学生只能使用由商务印书馆、中华书局和五十年代出版社等3家出版机构提供的英语教材。其中,有的是根据中华人民共和国成立之前使用较广的英语教材进行的修订或改编,如中华书局出版的《初中标准英语读本》(林汉达编)和上海商务印书馆出版的《标准高级英文选》(李儒勉编);也有一些当时新编的英语教材,如上海商务印书馆出版的《新编初中英语》(丁秀峰编),五十年代出版社出版的《高中英语读本》(北京市中等学校教材编选委员会编)②,详见表13-1。

---

① 课程教材研究所.20世纪中国中小学课程标准·教学大纲汇编:外国语卷.北京:人民教育出版社,1999:87.
② 唐钧.三十二年来的中学英语教材.课程·教材·教法,1982(1):42-47.

表 13 - 1　"苏化"时期的中学英语教材

序号	书　　名	册次	编　者	出版机构	出版年代	备　注
1	初中标准英语读本	1—3	林汉达	中华书局	1950	"解放后新编本"
	高中标准英语读本	1—6	林汉达	中华书局	1951	1951 年新编本（多个版本）
2	标准高级英文选	1—3	李儒勉	商务印书馆	1950	
3	新编初中英语	1—6	丁秀峰	商务印书馆	1951	
4	高中英语读本	1—3	北京中等学校教材编选委员会	五十年代出版社	1952	

当时中学英语教学中学生使用的主要是这 4 套教材，其详情逐一介绍如下：

（一）《标准高级英文选》（1950）

《标准高级英文选》是李儒勉在其 1929 年出版的《高中英语读本》基础上几经改编而成的。《高中英语读本》于 1928 年 8 月出版，1929 年 10 月开始使用，总共 6 册。书内"编辑大意"指出："本书六册，依照修正英语课程标准编辑，专供高级中学三学年使用，每学期一册。本书所选各篇以英美名作为主，文字务求其优美而且实用，内容求其足以启发学者之思想，增加学者了解西洋生活与文化之程度。期使学者体认各种文章之做法而能运用自如。"①1931 年，此书改编以《标准高级英文选》为名出版，1933 年、1935 年、1948 年均有再版。改编后的教材由原来的 6 册变成 1950 年的 3 册，供高中三个学年使用，每册使用一学年。改编版修订的主要方面是："删减了诗歌类的选文；用当代的有趣味性的文章替换了一些比较难的课文；大大增加了对生词和短语的注释；将篇幅长的课文分解为二至三课，以方便课堂教学的需要。"②

这套属于文选型教材，用全英语编撰。该教材的前言指出③：

---

① 李儒勉编. 高中英语读本（第 5 册）. 上海：中华书局，1929.

② 课程教材研究所. 新中国中小学建设史（1949—2000）研究丛书：英语卷. 北京：人民教育出版社，2010：17.

③ 李儒勉. 标准高级英文选（第 3 册）. 上海：商务印书馆，1948.

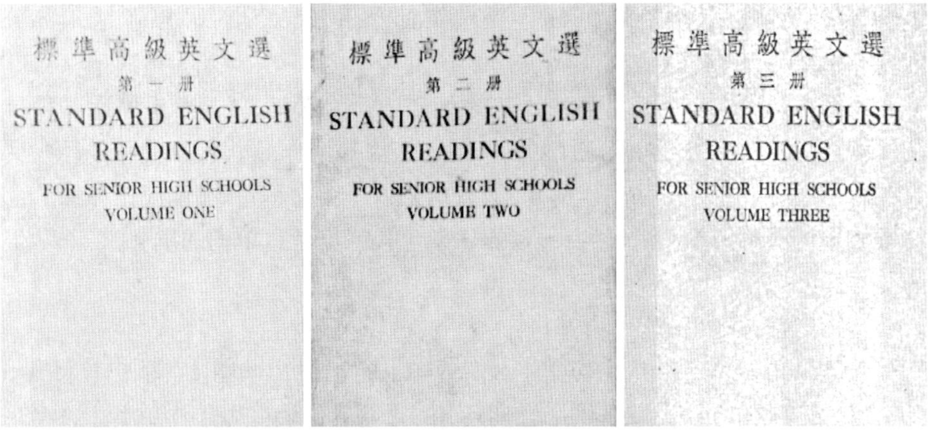

图 13-1　《标准高级英文选》(1950)

李先生的这套文选的特点是对中国学生来说具有特殊的优势。其一，文选在上海印刷比西方原版要便宜许多，这是一个非常重要的考虑因素。其二，与英国文学作家的原版专著和供西方学生使用的文学选读相比，这套自编文选能帮助学生更全面地熟悉更多的英国文学作家和作品。本文选选编了一些简短的、不同类型的作品，如诗歌和散文。

另外，这套教材设置了两个目录，第一个是按照通常的页码顺序编排的目录，第二个是按照选文类别编排的目录。每课仅由课文和“读者帮助”(Helps to

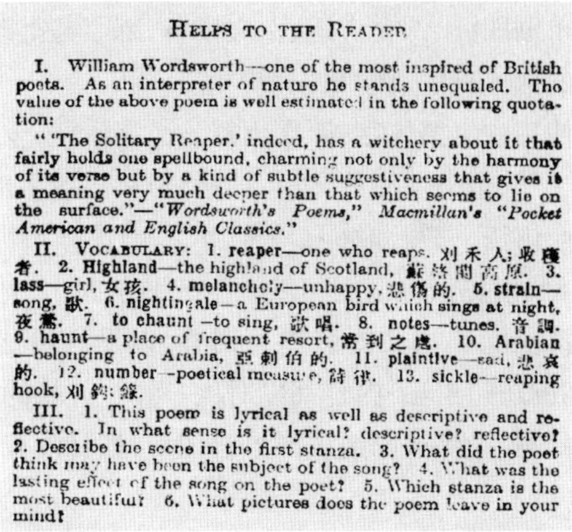

HELPS TO THE READER

I. William Wordsworth—one of the most inspired of British poets. As an interpreter of nature he stands unequaled. The value of the above poem is well estimated in the following quotation:

"'The Solitary Reaper,' indeed, has a witchery about it that fairly holds one spellbound, charming not only by the harmony of its verse but by a kind of subtle suggestiveness that gives it a meaning very much deeper than that which seems to lie on the surface."—"*Wordsworth's Poems,*" *Macmillan's* "*Pocket American and English Classics.*"

II. VOCABULARY: 1. **reaper**—one who reaps, 刈禾人;收穫者. 2. **Highland**—the highland of Scotland, 蘇格蘭高原. 3. **lass**—girl, 女孩. 4. **melancholy**—unhappy, 悲傷的. 5. **strain**—song, 歌. 6. **nightingale**—a European bird which sings at night, 夜鶯. 7. **to chaunt**—to sing, 歌唱. 8. **notes**—tunes, 音調. 9. **haunt**—a place of frequent resort, 常到之處. 10. **Arabian**—belonging to Arabia, 亞剌伯的. 11. **plaintive**—sad, 悲哀的. 12. **number**—poetical measure, 詩律. 13. **sickle**—reaping hook, 刈鉤;鐮.

III. 1. This poem is lyrical as well as descriptive and reflective. In what sense is it lyrical? descriptive? reflective? 2. Describe the scene in the first stanza. 3. What did the poet think may have been the subject of the song? 4. What was the lasting effect of the song on the poet? 5. Which stanza is the most beautiful? 6. What pictures does the poem leave in your mind?

图 13-2　《标准高级英文选》(1950)第三册第六篇文章的“读者帮助”

the Reader）组成，其中"读者帮助"提供作者介绍、课文词汇和思考题 3 部分内容。

此教材最大的特色是以各种体裁的英文名作为素材，帮助学生熟悉各种体裁文章的特点和写法、领略英国文学领域的杰出作家作品。此书中许多经典文章在后期教材中被广泛采用。另外，该教材采取全英文编写，在词汇注释部分也注重使用英语对新单词进行注释，以提供学生接触已学过单词的机会，培养学生的英语思维。

（二）《新编初中英语》（1951）

丁秀峰编著的《新编初中英语》由商务印书馆于 1951 年出版，全套教材共 6 册，供初中三学年使用，每册供一学期使用。"编者的话"说明了该教材的编写理念和教法建议等：

> 本书内容，按照初学者学英语的程度，配合现实的生活、时代的环境，树立"五爱"的观点，灌输积极的建设性的思想。全书六册，每册可供一学期之用，每课视课文深浅长短，可分作二小时至三四小时之用。每课新的单字的发音，须首先搞好，然后讲解正文，正文意义，彻底解释明白后，再由教师领导学生，逐句朗读，朗读顺口，即可告一段落，背诵、复讲、默写，由教师轮番指定。课文工作完了，然后再做语法、单字、翻译等练习，每一练习，均须在教室内逐字逐句搞好，写在练习簿上，由教师轮番传改，每次四五本，交由学生依照传改，这样逐课循序搞好，英语自有进步。①

教材提倡采用单词朗读、课文讲解、课文读背、练习与批改的教学流程，并主张采取学生以自评的形式巩固所学知识。

此套教材仍然使用中文繁体字，课次用罗马数字标注，全书没有插图。除了给单词标注中文释义外，全书使用英文语言。教材从教授字母和单词开始，每课包括发音练习、朗读、语法、书写和练习环节，练习形式有填空、回答问题、翻译。"语法"没有讲解规则，仅提供大量例句供学生归纳掌握。"回答问题"的练习主要是依据答者实际情况而非课文内容进行回答，以操练语法结构为主要目的。无论是语音练习、朗读还是语法，内容都以对比、递增、替换的方式呈现。学生通过反复朗读、背诵、默写、操练或归纳掌握语言知识，教材没有理论知识和语法规则的讲解。

---

① 丁秀峰.新编初中英语.上海：商务印书馆，1951.

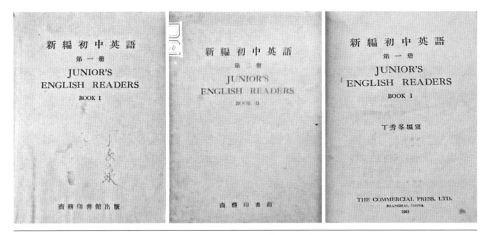

图 13-3　《新编初中英语》(1951)

(三)《高中英语读本》(1952)

《高中英语读本》由北京市中等学校教材编选委员会 1950 年暑期开始编写、五十年代出版社出版,原书全套共 6 册。为适应高中英语教学,1952 年全套 6 册被改编精简成 3 册,供高中三年使用。该套教材前言提出:

> 为解决北京市中等学校高中英语教材问题,本会自 1950 年暑期开始选编《高中英语读本》,并在每一学期结束后,根据实际教学经验屡加修订。当初由于时间仓促,编选经验缺乏,决定一、三、五册与二、四、六册分期编选出版,以应急需。现在将原有一至六册的内容综合精简,并按课文深浅变成一、二、三册,分别共高中一、二、三年级全年讲授之用。讲课分量教师可按实际情况稍予增减,但以能讲授读本的 80% 以上为合适。语法与练习须请教师配合课文自行编制,目前尚难统一解决。①

因当时为应急而仓促编写,这套教材只有课文,语法和练习尚未编入,要求老师结合课文自行编制。课后没有分课词汇表,教材附录没有总词汇表,全书没有任何插图。从多次修订以及短时间内将 6 册精简汇编成 3 册,亦可看出当时教材编写之初并没来得及全程规划好这套教材。课文标题下的文章出处显示课文主要来自苏联的教材和报刊,以及中国的报纸、文学刊物和教材。每本教材前面对国旗、国徽、国歌进行了介绍,这与当时强调"在教学中贯彻思想政治教育"

---

① 北京市中等学校英语教材编选委员会.高中英语读本第 1 册　高一全年用.北京:五十年代出版社,1952.

的理念密切相关。课文的左页每隔5行标注了行号,如5、10、15,方便师生课堂教学中快速定位内容。

图13-4 《高中英语读本》(1952)

(四)《初级中学校用 标准英语读本》(1950)与《高中标准英语读本》(1951)

1950年由中华书局出版的这两套中学英语教材是由林汉达编写的《初中标准英语读本》(1930)和《高中英语读本》(1935)几经出版、改编修订而来。《初中标准英语读本》于1930年由世界书局出版,1934年部审,1950年和1951年修订由中华书局再次发行为"解放后新编本",后来有"1952年和1953年秋修订本"。《高中英语读本》于1935年部审,1949年世界书局印发,"1951年新编本"以及1956年修订均由中华书局修订出版;同时,《高中英语读本》1951年、1955年、1956年也由时代出版社出版过。"解放后新编本"书名改为《高中标准英语读本》。

"解放后新编本"分初中和高中两个系列。其中,《初级中学校用 标准英语读本》(*The Standard English Readers*)共3册,供初中三个学年使用,每册使用一学年;《高中标准英语读本》(*The Standard English Readers for Senior Middle Schools*)共6册,供高中三年使用。封面为白底黑字,包括中英文书名、册次、版次、出版社等信息。

1951年中华书局出版的"解放后新编本"《初级中学校用 标准英语读本》第三册有45课,显示发行量为48,001—83,000册。1949年世界书局出版的《高中英语读本》第一册有50课,由课文和语法组成,其中语法部分包括:1—10课讲授词类(The Parts of Speech),11—20课讲授句子结构(Structure of

Sentences),21—30课讲授短语(Phrases),31—40课讲授从句(Clauses),41—50课讲授句子种类(Kinds of Sentences)。课文配有少量插图。由时代出版社1951年出版、1957年再版的《高中英语读本》中,第一册变为36课,显示发行量为24,501—47,500册。1956年由时代出版社出版的1951年新编本《高中标准英语读本》第四册共有25课,显示发行量5,001—9,000册。从发行量来看,足见教材的受欢迎程度。但这套教材版次众多、信息混乱。在当时的英语教学中,这套教材具有如下鲜明特色:

1)注重说和表演能力的培养。教材在"介绍"部分就强调说(talk)和表演(act out)的重要性,并提供多种机会供学生进行口语会话训练,例如对话(constant conversation)、自由讨论(free discussion)和戏剧表演(dramatizing)。明确听、说、演、读、写的次序。这套教材采用的是直接法①,在读写教学盛行的年代强调说和表演的重要性,并且将新的教学方法融入教材,实属当时教材的一大进步。

2)语法教学循序渐进,采用归纳的方式教授。语法的设置由易到难,理论讲解较少,避免使用抽象的术语和规则,并辅以大量的例句和练习,让学生通过例句和练习来掌握语法规则。例如,第三册第1课的语法"名词",课本只给出名词的定义和8个例词,练习要求学生将课文中所有名词找出来,通过这种方式帮助学生掌握名词。

3)培养自学习惯和注重个体差异的指导。《初级中学校用　标准英语读

图13-5　《初级中学校用　标准英语读本》(1950)与《高中标准英语读本》(1951)

① 周流溪.要有理想主义和创造的勇气——林汉达的榜样.外国语言文学,2003(2):68-69+72.

本》在"教法提要"部分,强调学生在老师的引导下培养自学习惯,要求教师发现学生在能力方面的个体差异并给予个体不同的帮助。这种自主学习的培养和注重个体学习差异在当时已经是很先进的理念。

综上,"苏化"时期的英语教材没有统一,教材主要是改编自 1949 年前使用比较广泛的教材,也有部分是地方新编教材。教材形式不一,大都采用初级教科书形式,从字母、音标、单词学起,涉及对话、课文、语法、语音和练习等环节(但其中有一套因修改仓促,仅提供了课文)。教材均强调背诵、抄写和操练等传统教学方法。足见这个时期的教材编写水平还只是刚刚起步。

第二节　探索时期的英语教材(1957—1966)

新中国的外语教育教学经过"苏化"时期之后,有了较为全面的恢复,但同时国人也逐渐认识到,要使外语学科符合中国国情的发展,必须建立自己的外语教育教学体系,于是英语教学与教材编写开始进入探索期。而要进行探索,必须恢复并发展学科。

一、英语学科的恢复与发展

如前所述,1954—1957 年初中停开外语课,但 1956 年却是一个关键的转折点。随着我国同世界各国的联系日益频繁,国家意识到,要进行伟大的社会主义建设,就需要吸收世界各国最新的科学技术成果,而外国语的学习最能帮助学生了解其他国家,扩大学生的眼界。1956 年 1 月,中共中央召开关于知识分子问题的会议,号召大家向科学技术进军,并提出了"必须扩大外国语的教学,并且扩大外国重要书籍的翻译工作"的要求[①]。1956 年 3 月,国务院成立科学规划委员会,在制订规划时发现,新中国成立后过多地缩减西方语言(特别是英语)的教学对于国际交往和国内建设都是不利的。与此同时,经过几年的时间,发现生搬硬套苏联的经验并不能奏效[②]。片面发展俄语、忽视英语、初中暂停开设外语等做法是一个极大的错误。它不仅使中学外语水平下降,而且对以后的整个外语教学,特别是高校的外语教育造成很大的损失。

1956 年 7 月,教育部发出《关于中学外国语科的通知》,特别指出:

---

① 课程教材研究所.新中国中小学建设史(1949—2000)研究丛书:英语卷.北京:人民教育出版社,2010:10.

② 李良佑,张日升.中国英语教学史.上海:上海外语教育出版社,1988:330.

为了适应我国社会主义经济建设和文化建设的需要,必须扩大和加强中学外国语的教学。各厅局除注意改进俄语教学外,还必须注意扩大和改进英语教学。从 1956 年秋季起,凡英语师资条件较好的地区,从高中一年级起应增设英语课;高中二三年级原教英语的更应该继续教下去。准备从 1957 年秋季起,初中一年级开始恢复外国语科(每周授课时数暂定 4 小时)。关于俄语、英语两科教材,已责成人民教育出版社编辑,及时出版。各地中学教俄语和英语的比例暂定各为 50% 左右。俄语和英语以分校教学为原则。每校设一种外国语,于配备师资和逐步提高教学质量,均属便利。但如有个别中学师资条件特优的,也可两种兼设分班教学。①

此后,初中的外语教学逐步恢复,而且俄语和英语的教学比例也有了明确的规定。

1957 年 6 月,教育部发布《关于 1957—1958 学年度中学教学计划的通知》,明确指出:"大中城市有条件的中学,从 1957 年秋季起初中一年级开设外国语科,每周教学时数 3 小时。初中外国语科同高中一样设俄语或英语,有俄语师资的学校开设俄语,有英语师资的学校开设英语。各地区设俄语的中学与设英语的中学可以各占一半,在某些地区设英语的学校也可以多于一半。"②初中逐渐恢复外国语科目的教学,同时调整了英语、俄语教学比例,1949 年后第一次提出开设英语的学校比例可多于开俄语的学校,且可多于一半。然而,因我国的外语教学还处在探索阶段,教育部对初中是否开设外语课程又有反复,如 1957 年 7 月 15 日,教育部发布《关于"1957—1958 学年度中学教学计划"的补充通知》指出:"初中外国语科,在 1957—1958 学年一般暂不开设,大中城市个别有条件的学校可以开设,作为试点。"③1958 年 3 月 8 日,教育部又颁发了《关于 1958—1959 学年度中学教学计划的通知》,初中的外国语科又被取消,高中三学年的授课时数为 5—4—4。尽管教学计划中初中取消开设外国语科,但是说明中却非常重视外国语教学。该通知指出:"外国语是中学教育基础知识的组成部分之一,是吸取各国科学成就的重要工具,在中学教育中有着重要的作用。当前的任务是着重整顿和加强高中外国语科的教学,同时在大中城市有条件的初级中学

---

① 课程教材研究所. 20 世纪中国中小学课程标准·教学大纲汇编:外国语卷. 北京:人民教育出版社,1999:88.
② 课程教材研究所. 20 世纪中国中小学课程标准·教学大纲汇编:课程(教学)计划卷. 北京:人民教育出版社,1999:255 - 256.
③ 同②255 - 257.

开设外国语科。"①该通知肯定了外国语教学对科学发展的重要性,加强了高中阶段外国语科的教学,同时显示初中取消外国语科,表明探索时期的举棋不定。

1959 年 3 月 26 日,教育部下达了《关于在中学加强和开设外国语的通知》,指出:

> 今后全日制中学拟分甲乙两类:甲类教学计划要求较高,设置最高限度的科目,乙类教学计划要求较低,设置最低限度的科目。从 1959—1960 学年度起,全日制的甲类中学一定要在初中开设外国语,在高中加强外国语教学。全日制乙类中学的初中部,一般可不开设外国语。中学设置各种外国语的比例,大体上规定约有 1/3 的学校教俄语,2/3 的学校教英语及其他外国语。②

为了培养高级建设人才和科学研究人才,该通知强调在初中开设外国语,在高中加强外国语的教学,并且调整了俄英及其他外语的教学比例。随着这些通知的下达,外国语科在中学教育中的地位,以及英语在外国语教学中的合理比例终于得到了正式的确认。

1964 年 11 月,中共中央、国务院同意国务院外事办公室、国务院文教办公室、国家计划委员会、高等教育部、教育部等 5 个部门联合上报的《关于外语教育七年规划问题的报告》和《外语教育七年规划纲要》,特别指出,这次七年规划既需要大力改变学习俄语和其他外语人数的比例,又需要扩大外语教育的规模,把外语教育的发展纳入同国家长远发展相适应的轨道,变被动为主动。所提出的"外语教育规划的方针"要求:在学校教育中确定英语为第一外语,大力调整高等学校和中等学校开设外语课的语种比例。加强普通中学外语教育,开设英语和俄语两种。开设外语课的学校计划到 1970 年以前,全日制初中约 40%—50%,全日制高中全部开设外语;学习英语、俄语的学生比例现要求调整到 1∶1,1970 年以后逐步实现 2∶1。要求学习过 6 年外语的高中毕业生,一般要掌握 3,000 个左右单词,能够阅读浅近的外语书报,并能进行简单的会话。应该说,《外语教育七年规划纲要》的制订是我国外语教育史上的重大事件。它适应当时国际形势和国内社会主义建设事业发展对外语人才的需要,描绘了外语教

---

① 课程教材研究所. 20 世纪中国中小学课程标准·教学大纲汇编:课程(教学)计划卷. 北京:人民教育出版社,1999:262.

② 四川外语学院高等教育研究所. 中国外语教育要事录(1949—1989). 北京:外语教学与研究出版社,1993:61.

育事业发展的壮观蓝图,是我国外语教育史上重要的历史文献①。

综上,由于意识到英语对于国家发展的重大战略意义,国家逐步出台了一系列英语教育政策。这些政策不仅恢复了英语学科教学,还逐步确定了英语作为第一大外语的学科地位。英语教育得到了全面的恢复和稳定,教育部制订并颁发英语教学大纲,并要求编写出版统一的英语教材,英语教材的建设得到空前的重视。

二、英语教材的探索与发展

英语在中小学课程中的重要地位和性质确定后②,教育部颁发英语教学大纲,自此开始有了真正意义上的中小学英语教材(尽管还是以中学教材为主)。人民教育出版社编写通用教材,使得这个时期的教材取得了巨大的发展。教材的建设经历了放权自主到重新统一、探索改进的过程。这个时期主要的中小学英语教材按套系传承关系归纳如下:

表 13-2　探索时期的中学英语教材

序号	书　名	册次	编　者	出版机构	出版年代	备　注
1	高级中学课本　英语	1	周谟智	人民教育出版社	1956	第一套全国通用中学英语教材;依据1956—1957年初高中教学大纲编制而成;十二年制教材
	高级中学课本　英语	2	刘承沛			
	高级中学课本　英语	3	王晋熙、刘承沛、吴千之			
	初级中学课本　英语	1	应曼蓉	人民教育出版社	1957	
	初级中学课本　英语	2	范瑛			
2	高级中学课本　英语(代用课本)	3	人民教育出版社	人民教育出版社	1960—1962	衔接1957年使用的应曼蓉《初级中学课本　英语》,代替1957年使用的周谟智等的《高级中学课本　英语》;十二年制教材

① 四川外语学院高等教育研究所.中国外语教育要事录(1949—1989).北京:外语教学与研究出版社,1993:93.
② 石鸥.新中国中小学教科书图文史　外语.广州:广东教育出版社,2015:38.

序号	书　　名	册次	编　者	出版机构	出版年代	备　注
3	高级中学课本　英语	3	北京外国语学院	人民教育出版社	1960	改编自 1957 年应曼蓉编的《初级中学课本　英语》和周谟智编的《高级中学课本　英语》;十二年制教材
	初级中学课本　英语	1	上海外国语学院			
	初级中学课本　英语	2—3	北京外国语学院			
4	初级中学课本　英语（暂用本）	3	上海市教育局改编	人民教育出版社	1963	改编自 1960 年上外、北外编的《初级中学课本　英语》;十二年制教材
5	九年一贯制试用课本　英语	18	北京师范大学外文系	人民教育出版社	1960	全国 18 省市各自编写教材,其中北师大这套影响较大
6	上海市五年制中学课本　英语	5	华东师范大学编	上海教育出版社	1960	全国 18 省市各自编写教材;有小学五年制课本五册
	上海市五年制中学课本　英语(供小学未学过英语的学生试用)	5				
7	江苏省五年制中学试用课本　英语	10	江苏省教材编辑委员会编	江苏人民出版社	1960	
8	十年制学校初中课本　英语(试用本)	3	人民教育出版社编	人民教育出版社	1961—1962	第二套全国通用中学英语教材
	十年制学校高中课本　英语(试用本)	2			1963—1964	

续　表

序号	书　　名	册次	编　者	出版机构	出版年代	备　注
9	初级中学课本　英语（1963年新编）	6	人民教育出版社编	人民教育出版社	1963	第三套全国通用中学英语教材；新编十二年制教材；依据1963年全日制教学大纲编制；1966年停止使用
	高级中学课本　英语（1963年新编）（未出版）	3				

（一）《高级中学课本　英语》（1956）和《初级中学课本　英语》（1957）

教育部于1956年和1957年分别颁发了《高级中学英语教学大纲（草案）》和《初级中学英语教学大纲（草案）》，并就英语、俄语两科教材责成人民教育出版社编辑出版。

《高级中学英语教学大纲（草案）》是新中国成立后第一个针对高中始学英语的教学大纲。该大纲包括"说明""学生在三年应达到的水平""各年级的教学重点和任务"以及"教学大纲"4部分，将高中英语教学的目的描述为："教会学生能借词典的帮助，阅读并了解简易的英语读物或通俗文章；教给学生掌握将来进一步学习英语、利用英语所不可缺少的一些知识、技能和熟练技巧。"[①]于是，人民教育出版社统编了《高级中学课本　英语》第一册（周谟智编）、第二册（刘承沛编）和第三册（王晋熙、刘承沛编）。这套教材是高中始点教材，配合课本的教学参考书，每册可供全年使用。

《初级中学英语教学大纲（草案）》规定初中英语教学的目的是："教会学生将来进一步学习英语、利用英语所不可缺少的一些知识、技能和技巧。学会1,000个左右的单词。"[②]根据这个大纲，人民教育出版社统编了《初级中学课本　英语》第一册（应曼蓉编）和第二册（范瑛编）。这套教材是初中始点教材，初中英语每周只有3学时，这两册教材实际供初中三个学年使用。

《高级中学课本　英语》使用每周4学时，含有1,500词汇量。教材采用中文繁体字。教材由课文、补充材料和词汇表组成。每课由重点提要（包括语音、字母、读音规则、语法4个方面）、课文、生词、语音、字母、读音规则、语法、书法、

---

① 课程教材研究所.20世纪中国中小学课程标准教学大纲汇编：外国语卷.北京：人民教育出版社，1999：89-100.

② 付克.中国外语教育史.上海：上海外语教育出版社，1986：223.

课堂练习、家庭作业组成。第一册40课,第二册共有32课。每课设有分课词汇表,生词提供音标和中文释义,未标注词性。遵照1956年《高级中学英语教学大纲(草案)》所提出的"第一学年以语音教学为重点,第二学年以语法教学为重点,第三学年重点培养学生阅读英语的能力"的要求,该套教材第一册侧重语音学习,第二册侧重语法学习,第三册侧重阅读能力。这套教材编有相应的教学参考书,《高级中学课本　英语一年级第1分册教学参考书》由应曼蓉、周谟智编写,《高级中学课本　英语一年级第2分册教学参考书》由周谟智、初大千、刘世沐编写,人民教育出版社出版。"从1956年秋季开始使用高中英语第一册。配合第一册还灌制了语音教学唱片,出版了语音教学挂图。"①

　　《初级中学课本　英语》共两册,供初中三学年使用,人民教育出版社1957年出版。课本的编排体系和《高级中学课本　英语》基本相同。第一册有46课、186页,每课包括语音、课文、生词、书写/语法、练习。字母和国际音标学习同时进行。课文配有精美插图,课后有分课生词表,生词标注了音标和中文释义,未标注词性。书写练习有印刷体和手写体两种。练习主要有朗读、抄写、翻译句子、选词填空等形式。课本后面附有两表:1)英语语音常识、读音注释及语法注释;2)词汇表。第二册有36课、168页,每课包括:课文、生词、语法、练习。语法以表格形式归纳呈现,一目了然,没有语法规则的烦琐讲解。练习主要采用朗读、根据课文回答问题、改写句式、用正确的语法形式填空、抄写等形式。课本后面附有3表:1)英语语法注释、语音注释和读音注释;2)词汇表;3)不规则动词变化表。由于受当时政治环境的影响,初中两册课文材料带有明显的苏联特征:

　　　　初中教材中共有文章72篇,其中超过1/3(23篇)为政治主题的文章。这些课文中的内容反映了当时的社会状况,主要包括歌颂社会主义,培养对党的忠诚、对党的感情以及批判资本主义制度的黑暗。另外,由于受苏联的影响,谴责资本主义种族歧视、民主的虚伪性以及拜金主义价值观的文章是政治主题文章的另一大类型②。

　　这套教材也配有教学参考书。

　　由于1954—1957年初中停开外语课,《高级中学课本　英语》和《初级中学

① 张同冰,丁俊华.中国外语教育发展史回顾.基础教育外语教学研究,2002(10):38.
② 陈雪芬.中国英语教育变迁研究.杭州:浙江大学出版社,2011:140.

课本　英语》这两套教材都是零基础英语教材,从字母音标的学习开始。但随后教育部规定,1957—1958 年初中一般暂不开设外语课,1958—1959 学年度的教学计划中初中外语课时为零,1959—1960 学年度教学计划中乙类初中部不开设外语,因此这套初中教材并没有得到充分使用。1958—1960 年"大跃进"引发了"教育大革命",大量缩短学制,精简课程,增加劳动,注重思想教育。《高级中学课本　英语》和《初级中学课本　英语》被认为"少慢差费"而被要求改革。到1960 年秋季,这两套教材被停止使用。

《高级中学课本　英语》和《初级中学课本　英语》是新中国自主编写的两套教材,在思想性、科学性以及文字等方面比"苏化"时期教材都有很大的进步。从语音和字母学起,循序渐进,语音、语法由易到难,依次引入,语音规则和语法理论均用中文讲解。教材按照教学大纲编写,词汇量、词汇分布、各册侧重点都把握得很好。目录以表格的形式将语音、语法、课文等信息罗列出来,重点突出。这两套教材分别作为初中始学和高中始学教材,整体难度较低,适合入门级的英语学习者使用。从这两套教材开始,我国逐步形成中学教材的统编制度。

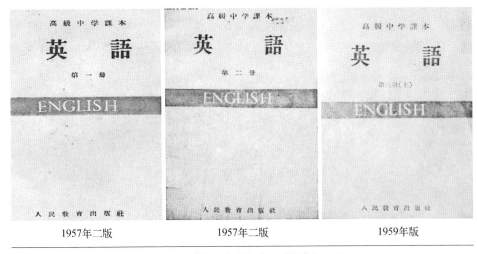

1957年二版　　　　1957年二版　　　　1959年版

图 13-6　《高级中学课本　英语》(1956)

(二)《高级中学课本　英语(代用课本)》(1960)

《高级中学课本　英语(代用课本)》共 3 册,从标题看,这是一套较为特殊的英语教材,而且是专供在初中学过英语的高中学生使用,这就意味着还有在初中没有学过英语的高中生。为什么会出现这种情况？这要从当时多变的课程设置说起。

如前所述,1957 年 6—7 月教育部连续颁发了《关于 1957—1958 学年度中学教学计划的通知》和《关于"1957—1958 学年度中学教学计划"的补充通知》。

第一个通知是恢复初中的外国语科目,而第二个通知却再次取消初中外国语科,建议仅在大中城市个别有条件的学校试点,这就造成一批来自试点学校的高中学生在初中已经学过 3 年英语。而依据 1956 年《高级中学英语教学大纲(草案)》编写的《高级中学课本 英语》(1—3 册)是一套高中起点的零基础英语教材,即针对初中 1954—1957 年因停开外语课而没学英语的学生所编制。为了使初中学过英语的学生在进入高中后能有延续性的课本进行英语学习,人民教育出版社出版了《高级中学课本 英语(代用课本)》,第一册于 1960 年出版,第二、三册相继在 1961 年和 1962 年出版。此套教材只注明编写单位,不署个人名字,"其中主要的参与人员有人民教育出版社的王悦祖、刘平英、吴道存等"①,主要衔接 1957 年始用的应曼蓉和范瑛所编《初级中学课本 英语》,并与之一起形成新中国成立后第一套完整的供初高中 6 个学年使用的中学英语课本。与当时高中始学教材《高级中学课本 英语》(周谟智等编)相比,这套教材起点较高,不再是从字母、音标学起,而是直接进入篇章课文的学习,词汇量也大大增加。"1961 年召开了文科教材会议,在会议后发文不再使用代用课本 1960 年的第一册,原因是课本选文内容偏左,语言方面问题较多。"②尽管这套教材出版时间不长,但还是有较大的影响力,这从其发行量可见一斑:1960 年第一版,1962 年第二版,第一册印数显示 1—11,000 册;1963 年第一版,第三册印数 1—4,800 册。

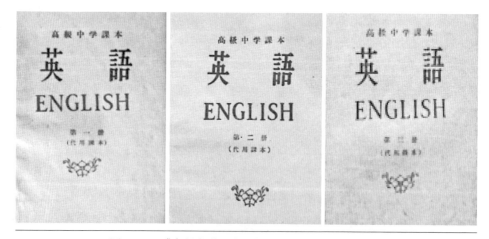

图 13-7 《高级中学课本 英语(代用课本)》(1960)

---

① 课程教材研究所.新中国中小学建设史(1949—2000)研究丛书:英语卷.北京:人民教育出版社,2010:37.

② 同①.

(三)《初级中学课本　英语》(1960)

1960年春,教育部开始组织编写第二套初中英语教材《初级中学课本　英语》,第一册委托上海外国语学院编写,第二册和第三册委托北京外国语学院编写,均于1960年由人民教育出版社出版,以代替1957年应曼蓉和范瑛所编《初级中学课本　英语》(1—2册)。教材只注明编写单位,没有个人署名。这套新教材的课文调整偏向增加政治方面的内容,多是反映我国政治生活的中文译作,由此导致"词汇与题材亦偏于政治方面,生活习用的词汇过少,对语言训练的要求考虑多在背诵、翻译与造句能力。改编是在同一时期由不同地方不同单位的编写人员参与,造成各册在词汇、语法等方面互不衔接,影响了教学效果"[①]。由于这三册教材和前述人民教育出版社所编的《高级中学课本　英语(代用课本)》(1—3册)并不能互相配套,1962年以后大部分高中采用十年制课本初中第三册作高中一年级教材使用[②]。

(四)《初级中学课本　英语(暂用本)》(1963)

1963年又对1960年改编版《初级中学课本　英语》(1—3册)进行了再次改编,改名为《初级中学课本　英语(暂用本)》(1—3册),教材同样只注明编写单位,没有个人署名。这套课本由上海市教育局统一组织编写,参考1961年十年制课本初中第一、二、三册,政治内容较少,教学反映好。这套教材各册均配有教学参考书,提供课本介绍、分课教学建议和附录(课堂用语、课外活动材料、语

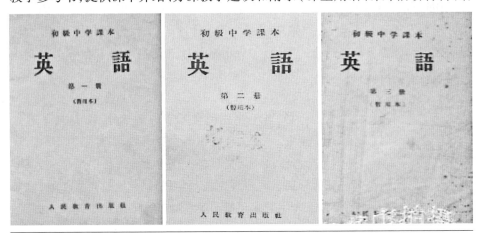

图13-8　《初级中学课本　英语(暂用本)》(1963)

① 课程教材研究所.新中国中小学建设史(1949—2000)研究丛书:英语卷.北京:人民教育出版社,2010:49.
② 张同冰,丁俊华.中国外语教育发展史回顾.基础教育外语教学研究,2002(10):39.

音参考资料），并就解决《初级中学课本　英语（暂用本）》第三册与《初级中学课本　英语》第二册衔接问题给予建议。这套教材受到当时盛行的结构主义语言学理论影响，许多方面都有听说法设计模式的痕迹，例如增加说的内容、注重句型学、设计大量的句型操练，具有明显的结构型教材特征。

（五）《九年一贯制试用课本　英语》（1960）

《九年一贯制试用课本　英语》由人民教育出版社于1960年出版，全套教材共18册，供小学一年级至九年级使用，实现了一贯制。在中国英语教材探索期，有这样大部头的教材出现，有其令人无奈但又值得深思的发展过程。

首先，国家针对基础教育教科书的使用有了新的政策变化。1958年8月，中共中央、国务院发布《关于教育事业管理权力下放问题的规定》，指出："各地根据因地制宜、因校制宜的原则，可以对教育部和中央主管部门颁发的各级各类学校指导教学计划、教学大纲和通用教材、教科书，领导学校进行补充修订，也可以自编教材和教科书。"①同年9月，教育部根据中共中央、国务院的上述规定发出通知，各地可以自编教材，教育部今后不再下发教学用书表。人民教育出版社根据教育部颁发的指导性教学计划和教学大纲，印发教材预告目录，供各地选用。同年10月，人民教育出版社发出《1958至1959年度第二学期教学用书预告目录》，供使用单位选择。这是我国中小学教材第一次允许"地方化"。

其次，受当时"大跃进"运动的影响，各方一味追求效率，但从未考虑其科学性。1958年9月中共中央、国务院发布的《关于教育工作的指示》提出："为了多快好省地发展教育事业，必须采取统一性和多样性相结合，普及与提高相结合，全面规划和地方分权相结合的原则。"1960年3月，《陆定一同志在省市委文教书记会议上的讲话（节录）》中讲道：

> 我们现行的学制太落后，甚至比国民党时候的还落后，12年只学苏联学校10年的课程，而从前12年还比现在学的东西多一点，人家学10年，我们要学12年。这个无论怎样讲不通道理……这次北师大搞了一个文件，研究了教学上少慢差费的原因。北师大想搞九年一贯制，就是六岁入学，学九年，毕业时的程度相当于大学一二年级。我们知道这个东西很高兴，我们要试验，各地也可以搞少数试验②。

---

① 中央教育科学研究所.中华人民共和国教育大事记.北京：教育科学出版社，1984：228.
② 何东昌.中华人民共和国重要教育文献（1949—1997）.海口：海南出版社，1998：962.

时任中央宣传部部长陆定一对这一时期的十二年制教学提出质疑,表示支持北师大的九年一贯制教学改革,以解决教学上少慢差费问题。在国家政策的指导下,外语教育战线上掀起一场轰轰烈烈的教材改革运动,全国18省市开始各自编写教材,其中影响较大的是北京师范大学编写的九年一贯制英语课本。

"九年一贯制"教材可以说是群众运动的产物。根据课程教材研究所编写的《新中国中小学建设史(1949—2000)》的记载①:为了完成教材的编写任务,"本科生提前一年或两年毕业,同教师坐在一起,编写九年一贯制英语课本"。当时一无大纲,二无参照课本,编写的依据有以下三条:

第一,秉承当时中宣部和教育部的指示,即"政治挂帅"。审查的人不看英文只看译成中文的课文,后来外文出版社组织人力讨论了英语课文。

第二,大兵团作战。北师大外语系师生全上阵,晚上睡3小时,第二天8点一起冥思苦想继续干。手头仅有的资料为领导人的讲话、报刊登载的文章摘要、当时流行的标语、口号等。

第三,速战速决。一周内必须完成编写、插图、版面设计、印刷等工序。

编者们只能顺手牵羊,东拼西凑,来了一个"选—译—注"三位一体的编法。就是在这样的背景下,《九年一贯制试用课本　英语》匆忙地完成编写(关于教材具体内容将在第五章详述)。

由于是短时间内以"速战速决"的方式编撰的教材,课文结构简单,练习题非常简短。本套教材学习起点早——从一年级开始起就开设英语课,以使英语教学适应社会主义建设事业的迫切需求。课文以中文译作居多,政治口号多,地

图13-9　《九年一贯制试用课本　英语》(1960)

① 课程教材研究所.新中国中小学建设史(1949—2000)研究丛书:英语卷.北京:人民教育出版社,2010:50.

道英语少。"大跃进"运动的"左"倾错误体现在教材编写中。粗制滥造的教材自然难以满足教学实际需求。这套教材仅在北京师范大学实验小学使用过,第四至十八册的教材基本未被使用过,浪费了大量的物力和人力。

(六)《上海市五年制中学课本　英语(试用本)》(1960)和《江苏省五年制中学试用课本　英语》(1960)

根据 1958 年《关于教育事业管理权力下放问题的规定》的要求,全国各地开始自编教材。据此,上海市组织华东师范大学外语系师生和复旦大学、上海外国语学院、上海师范学院以及部分有经验的中小学教师共同编写了《上海市五年制中学课本　英语(试用本)》(5 册),由上海市中小学外语课程革新委员会审定,上海教育出版社出版。随这套教材出版的英语教材还有《上海市五年制中学课本　英语》(5 册)(供小学未学过英语的学生试用)和《五年制小学课本　英语(试用本)》(5 册)。《五年制中学课本　英语(试用本)》供五年制中学各年级使用。

图 13-10　《上海市五年制中学课本英语》(1960)

江苏省教材编辑委员会组织编写了《江苏省五年制中学试用课本　英语》(10 册),供中学使用,由江苏人民出版社出版。每册 10—15 课。受当时"大跃进"极"左"思潮的影响,教材选材多为政治建设方面的题材,忽略了语言本身的规律,且多为译文,而不是地道的原文,这对学生能力的提升作用有限。课文与同时期各版本教材互相借用。

(七)《十年制学校初中课本　英语(试用本)》(1961)和《十年制学校高中课本　英语(试用本)》(1963)

《十年制学校初中课本　英语(试用本)》和《十年制学校高中课本　英语(试用本)》两套教材是在国家意识到各地自编教材中存在的问题后组织力量编写而成,同时也为适应当时的十年新学制。

1961 年 2 月,中共中央批转中央文教小组《关于 1961 年和今后一个时期文化教育工作安排的报告》,指出:"全日制中小学教学改革要有计划地继续进行。在学制改革方面准备在十年至二十年的时间内,分期分批将现行学制改为中小学十年制。1961 年编写出试行新学制的新教科书。十年制教科书以大体保持现在十二年制的程度为原则,一般不要再提高程度。今后不再进行九年一贯制

图 13-11 《江苏省五年制中学试用课本 英语》(1960)

的试验,并停止春季招生。"①为顺应政策的变化,教材编写也进行了相应的调整。1961 年,在文科教材会议以后,外语教学界也着重研究了编写外语教材工作中的 3 个关系问题:"政治与语言的关系;如何联系现实;原文和译文的关系。"②1961 年 10 月,教育部在报中央文教小组《编写中小学教材的概况和对今后工作的意见》中指出,新编十年制教材应"力求避免贴政治标签的缺点,注意用马克思主义的立场观点方法阐述自然现象和社会现象;力求避免片面强调联系实际,削弱基本知识的缺点,注意基本知识和基本训练的加强;力求去掉少慢差费,适当反映科学技术的新成就;力求避免程度过深、难教难学的毛病,注意深

① 何东昌. 中华人民共和国重要教育文献(1949—1997). 海口:海南出版社,1998:1028.
② 四川外语学院高等教育研究所. 中国外语教育要事录(1949—1989). 北京:外语教学与研究出版社,1993:72-73.

浅安排适当,切合当前的教学实际"。但是,由于时间比较仓促,这套十年制教材总体还是比较粗糙,不少问题未能很好解决。①

由于国家教材编写权回收、学制改革的需求,1960 年 10 月,人民教育出版社开始编写第二套全国通用中学英语教材②。这套十年制中学英语教材的编写原则是:不提高程度,不改变体系,适当缩短年限,在 10 年内学完 12 年的课程。过去中学英语教材是委托外语院校编写,这次是教育部直接领导和组织人力编写。1960 年 10 月,中小学教材编审领导小组成立,并聘请王佐良、许国璋、赵诏熊为英语教材顾问,借调北京外国语学院和上海外国语学院 3 位英语教师(应曼蓉、唐钧、吴道存)、江苏省和山东省 4 位中学英语教师(姜子敬、廖慕禹、卢毅、孔昭棣)以及人民教育出版社 3 位干部(寿纪瑜、王悦祖、刘平英)组成英语教材编写组③。英语只编写中学阶段 5 年的教材。《十年制学校初中课本　英语(试用本)》(1—3 册)于 1961 年秋季起在十年制试验学校使用,《十年制学校高中课本　英语(试用本)》(1—2 册)于 1964 年秋季起在十年制试验学校使用。

图 13‑12　《十年制学校初中课本　英语(试用本)》(1961)和
《十年制学校高中课本　英语(试用本)》(1963)

初中第一册共 30 课,生词 406 个,用语 28 条,从字母音标教学开始。第二册共 24 课,生词 459 个,用语 70 条,继续关注口语发展,并开始培养学生阅读能力,课文题材除了学校生活外,还涉及看病、购物、参观展览会等。第三册 18 课,

---

① 人教历史大事记. http://old. pep. com. cn/rjs/rjgl/rjls/dsj/201012/t20101206_982058. htm.
② 张同冰,丁俊华. 中国外语教育发展史回顾. 基础教育外语教学研究,2002(11):46.
③ 课程教材研究所. 新中国中小学建设史(1949—2000)研究丛书:英语卷. 北京:人民教育出版社,2010:59.

生词 375 个,介绍语法项目第 1—16 个,题材涉及日常生活方面,体裁有故事、小品文、对话、短剧、书信等,大部分课文是以外国事物为背景,或是世界上有名的寓言,或是英语原著,大多根据教学要求,经过加工或改写①。该套教材每课包括课文、重点例句、单词和习惯用语、课文注释、会话用语、语音、语法和练习。高中第一册有 22 课,生词 670 个,惯用语 149 个,介绍语法项目第 17—31 个。高中第二册有 18 课,生词 610 个,惯用语 98 个,介绍语法项目第 32—37 个。作为十年制学习的最后一年,第二册课文篇幅较长,每篇课文含 450—500 词,重点培养学生的阅读能力。

　　这两套初高中教材对句子结构的基本类型进行了系统的介绍,是一套典型的结构型教材。初中 3 册教材每课提供 1—3 个"重点例句",要求学生熟记并进行模仿。重点例句来自课文,用方框标出,置于课文之后,绝大部分为简单句。第三册附录"简单句复习"将第一、二、三册教材中出现的简单句分类归纳为 16 个语法句型,高中 2 册教材在课文后归纳出了 20 个语法句型。语法句型涉及 5 个基本的类型:"主语+系动词+表语""主语+不及物动词""主语+及物动词十宾语""主语+及物动词+间接宾语+直接宾语"和"主语+及物动词+宾语+补语"。

Grammar

Pattern 32

S	V.t.	O (*that* –clause)
I	think	(that) I'll be all right in a few days.
I	hope	(that) she will succeed.
He	said	(that) he would come today.
I	hear	(that) there will be a large elephant in the zoo.
We	saw	(that) the plan would fail.

Pattern 33

S	V.t.	O (Noun Clause)
I	know	who she is.
She	asked	if I could remember it.
I	wonder	why you did that.
He	wants to know	when the meeting is to take place.
We	should do	what the teacher told us to do.

图 13‑13　《十年制学校高中课本　英语(试用本)》
第二册第六课第 32—33 个语法项目

---

① 人民教育出版社编.十年制学校初中课本　英语(试用本)　第 3 册教学参考书.北京:人民教育出版社,1962.

由于不同的动词跟不同的词、短语甚至从句搭配,每个基本类型又各构成若干句型。句型的特点是:1)简明扼要;2)以动词为句子结构的关键;3)有一定的数量,一般常用句型共 40 个左右①。语法句型以表格形式呈现,帮助学生掌握动词的用法,提高造句能力。

另外,该套教材克服了之前教材的缺点,删除了极"左"的政治口号,统一规划编写,体系成套,册次衔接良好,使词汇、语音和语法学习保持一定的系统性和连续性。教材强调多选原文,语言地道,重视培养学生阅读、口语和书写等方面的英语运用能力,比较适合语言教学。配套出版了教学参考书,在使用过程中得到了师生的好评。总的来说,这是新中国成立后一套比较好的初高中英语教材,但由于"文革"的到来,这套初高中教材只使用了一轮就停用了。

(八)《初级中学课本 英语(1963 年新编)》(1963)

《初级中学课本 英语(1963 年新编)》(6 册)和《高级中学课本 英语(1963 年新编)》(3 册)(送审未能出版)是当时国家第三套全国通用中学英语教材②,从策划、编写到试用、修改,都反映了我国对初中英语教材进行探索的曲折而又漫长的过程。

1961 年,中国的基础教育开始实施十年制的学制改革。当时,虽然国家试行了十年制,但十二年制学校仍居多数。1961 年 4 月,中央文教小组开会讨论中小学教材问题并决定:"将已编出的十年制教材,供各地试用;待一定时期后,将其学习时间拉长为十二年,作为十二年制教材。目前,还需对现行十二年制教材作适当修改出版。"③1961 年 6 月,根据中央精神和教育部部署,人民教育出版社开始进行全日制十二年制中小学教材和教学大纲的编写准备工作。首先,国家加强编辑队伍建设。1962 年 5 月 23 日,教育部决定健全两个教材工作小组——普通教育教材编审小组与高等学校和中等专业学校教材出版工作领导小组,其中普通教育教材编审小组负责研究解决关于普通教育教材编审工作中的原则问题和其他重大问题④。1962 年 6 月,人民教育出版社增设外语编辑室(英语、俄语两个组),英语组由应曼蓉担任组长。在十二年制教材编写过程中,教育部又聘请了一大批专家对各科新编教材进行审阅,包括刘世沐、许国璋、赵诏

---

① 人民教育出版社编. 十年制学校高中课本 英语(试用本) 第 1 册教学参考书. 北京:人民教育出版社,1963:4.

② 张同冰,丁俊华. 中国外语教育发展史回顾(十一)第五章新中国外语教育的发展过程. 基础教育外语教学研究,2002(11):46.

③ 中央教育科学研究所. 中华人民共和国教育大事记. 北京:教育科学出版社,1984:291.

④ 同③309.

熊、初大告、李秉汉、周珊凤等①。其次,人民教育出版社还进行了充分的调研工作。1962 年,人民教育出版社组织人员对我国 1949 年前的教材进行研究,总结经验教训,并由人民教育出版社外国语编辑室发布题为《建国以前的中学英语教学和教材》的调查报告,报告分两部分:一、清末至中华人民共和国成立英语教学和教材的演变概况;二、各时期英语教学的目的、要求、课时以及几种主要教材的内容和程度等的比较。② 人民教育出版社也收集和借鉴了一些外国教材,其中包含英、美、日、苏的中学英语教材。1963 年 3 月 23 日,《中共中央关于讨论试行全日制中小学工作条例草案和对当前中小学教育工作几个问题的指示》第五条指出:

> 改进教学计划,抓紧教材建设,是中小学教育当前和长远的一项重要任务。教育部应该按照全日制中小学工作条例草案的有关规定,认真总结全国解放以来的经验,进一步修订全日制学校的教学计划和教学大纲;制订二部制学校的教学计划和教学大纲。应该特别重视教材建设工作。教育部要在今后两三年内编写或者选定质量较高的全国通用的教科书。③

这一指示再次强调总结 1949 年以来教材建设的经验、制订教学计划和编写全国通用英语教材的要求。同时在附录文件《全日制中学暂行工作条例(草案)》中指出:“全日制中学必须根据中华人民共和国教育部统一规定的教学计划、教学大纲和教科书进行教学。”④

根据部署,教学计划、教学大纲和教材编写工作同步进行。经历了 3 年时间,教育部于 1963 年 5 月颁发《全日制中学英语教学大纲(草案)》,对初高中的教学要求做出如下说明:

> 初中阶段,要求掌握 1,500—2,000 个单词和一定数量的惯用词组,基本的语音知识和技能,关于词法和句法的基本知识和技能,初步具有阅读浅易文章的能力,具有一定的造句能力,以及日常生活中简单的会话能力。高中阶段,要求继续掌握 2,000 个左右的单词和一定数量的惯用词组,进一步

---

① 人教历史大事记 http://old.pep.com.cn/rjs/rjgl/rjls/dsj/201012/t20101206_982057.htm.
② 人民教育出版社外国语编辑室. 建国以前的中学英语教学和教材. 课程·教材·教法,1982(1):48-52.
③ 课程教材研究所. 20 世纪中国中小学课程标准·教学大纲汇编:课程(教学)计划卷. 北京:人民教育出版社,1999:272.
④ 同③282.

的语法知识,具有借助词典初步阅读英语书籍的能力,就日常生活方面的题材进行简单会话和作文的能力,以及初步的翻译能力。①

这是 1949 年以来规定中学英语教学要求最高、教学内容最多的一个大纲。

1963 年 7 月,教育部颁发《全日制中小学新教学计划(草案)》,规定初高中外语课时数为 7—6—6—6—6—5,总课时数 1,238,占总课时的 9.2%②。从课时数设置的变化来看,1958—1959 学年中学教学计划中,初高中外语课时数仅为 0—0—0—5—4—4,总课时 434;1959—1960 学年中学教学计划中,全日制的甲类中学初中一定开设外国语,乙类中学初中可不开设外国语,高中加强外国语教学;1959—1960 学年中学教学计划的补充通知中,增设初中外语课时数是 3。比较而言,1963 年教学计划中的英语课时数大幅度增加,比前一个阶段增加几乎一倍,是 1949 年以来安排课时数最多的教学计划,因此教材难度也比之前的版本有所提高,单词、课文数量和教学语言量都有明显增加。

按照教学大纲和教学计划的课时数要求编写的《初级中学课本　英语》试教本,于 1962 年秋季发行,在北京市丰盛中学、北京市二龙路学校、天津市第四十一中学、天津静海县一中等 4 所学校进行试点③。之后根据一学期的试教情况进行完善,新十二年制《初级中学课本　英语》正式本于 1963 年出版,1963 年秋季在全国广泛使用。

1964 年 2 月 12 日,毛泽东主席《在春节座谈会上的讲话》④一文提出:现在学生课多、书多,压得太重;学生中学毕业后可参军半年到一年;课程可以砍掉一半,要给学生留些参加生产劳动和社会活动的时间;教学、考试方法都要改。同年 5 月,一些地区反映当时教材内容深、分量重、教学困难,教育部发出《关于精简中小学各科教材的通知》。7 月 14 日,教育部发出《关于调整和精简中小学课程的通知》指出,《初级中学课本　英语(1963 年新编)》试行一年的结果反映,课程门类和每周上课时数都比较多,学生的课业负担较重。为了减轻中小学课业负担,提高教学质量,需要对课程门类进行初步调整,其中初中 3 年的外国语学时由原来的 7—6—6 调整为 6—6—6。"教材只做必要的小修改。各科教材,

---

① 课程教材研究所.20 世纪中国中小学课程标准・教学大纲汇编:外国语卷.北京:人民教育出版社,1999:105.
② 课程教材研究所.20 世纪中国中小学课程标准・教学大纲汇编:课程(教学)计划卷.北京:人民教育出版社,1999:296.
③ 课程教材研究所.新中国中小学建设史(1949—2000)研究丛书:英语卷.北京:人民教育出版社,2010:93.
④ 何东昌.中华人民共和国重要教育文献(1949—1997).海口:海南出版社,1998:1249.

除外国语适当减少词汇量外,一般不降低程度。只把理论要求过高的,烦琐的教材内容做必要的精简,使其基本上能够适应这次调整后的上课总时数。"①同年,人民教育出版社遵照上级指示开始修订刚刚使用不到一年的外语教材。1965年4月,全日制十二年制中小学教材完成全部修改工作。原计划当年秋季供应,后遵照中共中央宣传部指示,延迟一年供应。同年夏天,毛泽东主席对《北京师范学院一个班学生生活过度紧张、健康状况下降》一文做了批示,即著名的"七三指示":"学生负担太重,影响健康,学了也无用。建议一切活动总量中,砍掉1/3。"人民教育出版社据此又对教材修改本再次做了修改,计划于1966年秋季供应,但因"文革"爆发而最终未能出版使用。原有课本也于1966年停止使用,

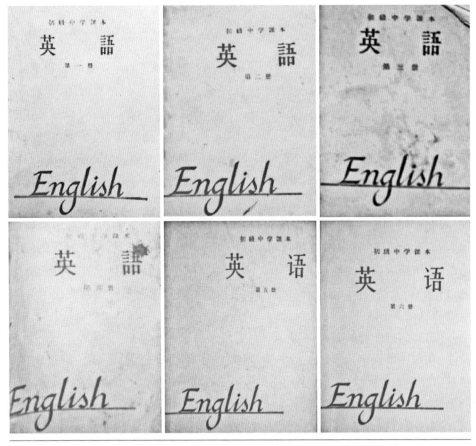

图 13−14　《初级中学课本　英语(1963 年新编)》(1963)

---

① 课程教材研究所.20 世纪中国中小学课程标准·教学大纲汇编:课程(教学)计划卷.北京:人民教育出版社,1999:300.

新编写的衔接《初级中学课本　英语（1963年新编）》的《高级中学课本　英语（1963年新编）》3册都完稿送审，但也没能出版。"这是新中国成立以来人民教育出版社投入最多、耗时最长，力图结合中国的教育实际编写出一套高质量的中小学教科书的有益探索。"①

三、典型英语教材介绍

在教材探索时期，如表13-2所示，我国出版发行了多套中学英语教材，其中新编十二年制《初级中学课本　英语（1963年新编）》使用时间虽短，但得到了业界的普遍认可和师生的好评，被认为"1949年以来所编中学英语教材以这套质量为最好"②。无论从编者队伍、教材内容，还是编写理念、练习设计，该教材可称得上是中国教材探索期英语教材的典范。

（一）一流的专业编者队伍

新中国成立后，全国统一编写的通用教材不署个人名字，只注明编写单位，所以这套教材的编者是"人民教育出版社外国语编辑室"，但在教材的内页标注了参与教材编写的工作人员，每册略有不同。例如，参与第一册教材编写工作的人员有张志公、冯伴琴、吴道存、廖慕禹、应曼蓉、唐钧、孔昭棣、刘平英、周礼芹，参与第三册教材编写的有张志公、冯伴琴、吴道存、应曼蓉、唐钧、陈国芳、孔昭棣、刘平英、周礼芹，参与第四册教材编写的有张志公、冯伴琴、吴道存、应曼蓉、唐钧、寿纪瑜、陈国芳、刘平英、周礼芹。

这些编者中，张志公是当时人民教育出版社外语编辑室主任，应曼蓉是英语组组长，其余是英语教材编写组成员。他们或是毕业于外语系，或是对外语深有造诣，在中学或大学担任过英语教学工作。此外，吕叔湘、范存忠、葛传椝、赵诏熊、许国璋、吴棠、林汉达等著名语言学家和外语教育家对教材编写提出了许多宝贵的意见。

（二）编排新颖的教材内容

《初级中学课本　英语（1963年新编）》由说明页、目录、课文、附录组成。目录以表格的形式提供了各课的内容信息。每课包括课文、语音或语法、练习等项目。每册附录略有不同，第一册有单词短语表（New Words and Expressions）、语音符号表（Phonetic Signs）；第二册有单词短语表；第三册有单词短语表、习惯用语表（Idioms and Phrases）；第四册有单词短语表、习惯用语表和动词的五种形

① 石鸥. 新中国中小学教科书图文史　外语. 广州：广东教育出版社，2015：64.
② 张同冰，丁俊华. 中国外语教育发展史回顾. 基础教育外语教学研究，2002（11）：47.

式表(The Five Forms of the Verbs)。从书后附表可以看出本套教材是如何逐渐融入各种知识点的。课本的目录、语法(辅以中文)和练习的标题都使用英语。

全六册初中阶段要求掌握 1,500—2,000 个生词,严格遵守 1963 年教育部颁发的《全日制中学英语教学大纲(草案)》关于初高中词汇的要求。第一册全书生词 303 个,其中,名词占词数的 45%,其次是代词和少量形容词,大多数词汇复现率较高;第二册生词总数为 321 个,词组 58 个;第三册共 291 个生词,每课平均 13 个单词左右;第四册全册单词 320 个,生词表中有 35 个词用斜体排印,这些词是熟词僻义词或熟词的新语法变形;第五册生词为 284 个,习惯用语 87 条;第六册生词共 282 个,习惯用语 82 条,没有分课词汇表,生词在课文中用黑体标出,可在书后词汇表中查询词义。

初中阶段第一册 32 课,第二册 30 课,第三册 22 课,第四册 20 课,第五册 16 课,第六册 14 课,全 6 册总共 134 课。全套教材共有文章 111 篇。入门阶段课文形式和编排顺序是字母、看图识字、成组的单句、问答和对话。篇章课文的选材范围从学校学习、日常生活逐渐扩展到社会生活的话题,例如国内外大事、政治斗争、科学技术常识等。体裁最初以对话和记叙性散文为主,逐渐扩大到故事、寓言、小说、诗歌以及论说文、应用文等。低年级以自编课文为主,逐渐过渡到经过改写的原文故事和未经改写的文选。课文篇幅一般是 300 字左右。

语音教学主要安排在第一、二册。第一册语音教学从字母入手,侧重发音、拼音和朗读技能的训练,并适时归纳和讲授拼读规则,要求学生能正确地朗读单词、句子和课文;第二册开始学习国际音标,涉及 22 个元音、26 个辅音。因为有了第一册实际发音和拼音技能的训练,第二册采用短时间集中教学的方法教授音标,进一步训练发音技能。第 1 课和第 3 课介绍最常出现的元音音标 16 个和辅音音标 23 个,其他音标分别在第 4 课、第 8 课、第 14 课介绍。另外,第 2 课介绍了单词重音,第 5 课介绍升降调,第 6 课和第 8 课介绍句子重音。第三册至六册内容不包含语音教学,但在练习中安排了一些语音训练;音标教学以归纳总结、语音对比的方式,将在不同位置上的发音和不同字母组合的发音进行图示化展示,有利于学生理解单词读音和拼法之间的关系,如图 13-15 所示。另外,语音知识讲解和语音操练基本都以表格形式呈现。

初中阶段重视基础语法知识。句法知识方面主要教学生确立句子的概念,学习句子的基本用途、简单句的基本句型和复杂句的构造方法。词法知识结合句法知识逐步讲解。第一册主要是简单句的学习,例如肯定句、否定句、一般疑问句、特殊疑问句、选择疑问句,以及主谓一致的掌握。第二册主要是一般现在时、现在进行时的学习,并帮助学生初步了解一般将来时、一般过去时、动词不定

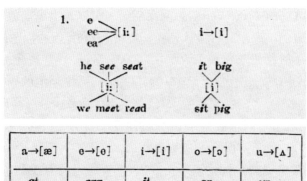

图 13‑15　《初级中学课本　英语(1963 年新编)》(1963) 第二册第 1 课音标教学

式、形容词副词比较级。第三册继续巩固第二册已学的 4 种时态,让学生初步了
解复合句和过去进行时。第四册主要介绍了各种完成时态、被动语态和定语从
句。例如第 12 课的被动语态以列表的形式介绍被动语态的构成,以及主动语态
是如何转换成被动语态的,非常便于理解。第五册以时态复习为重点,同时讲授
了分词、不定式和动名词。第六册有两个语法项目:简单句复习和主从复合句
复习。作为初中最后一学期的课本,第六册对句法和词法进行了系统的归纳整
理。课文注意语法的重复,并为语法项目提供大量的例句,让学生多读例句、多
套用句式来掌握语法。语法项目基本采用排比或列表的方式呈现,易于理解,便
于复习和记忆。

```
I·················ask        he·················asks
you·············sing        she················sings
we··············live        Mary·············lives
they············wash        Dick·············washes
the boys········go          my brother·······goes
the pupils······do          my sister········does
the birds·······fly         the bird·········flies
```

图 13‑16　《初级中学课本　英语(1963 年新编)》(1963)
第二册第 7 课语法教学

教材编配了多种多样的练习,例如发音、拼读、拼写、朗读、背诵、听写、问答、对话、造句、复述、作文、翻译、阅读等。练习最基本的方式是套用句式,例如句型转换和句型替换。问答练习也是以模块的方式进行句型练习,让学生通过书面和口语的反复练习来掌握语言,如图13-17所示:

I. Answer the questions like this:

Example: Whose cap is this? (我老师的)→
It is *my teacher's*. It is *his*.

1. Whose pictures are these? (我姐姐的)
2. Whose notebooks are those? (我同班同学的)
3. Whose scarf is this? (刘英的)
4. Whose tie is that? (我父亲的)

图 13-17 《初级中学课本 英语(1963 年新编)》(1963)
第二册第 6 课句型练习

该套教材出版后被广泛使用。根据当年的印刷数据,第一册(1963 年第一版;1965 年第 12 次印刷)显示印数为 317,201—325,200 册;第二册(1963 年第一版;1965 年第 4 次印刷)显示印数为 290,001—312,000 册;第三册(1964 年第一版;1965 年第 2 次印刷)显示印数为 52,501—132,500 册;第三册(1964 年第一版;1965 年第 4 次印刷)显示印数为 63,501—193,500 册。

(三) 风格独特的教材结构

《初级中学课本 英语(1963 年新编)》设计周密。前 4 册配有《初级中学课本 英语教学指导书》,第 5—6 册没有教学指导书[①]。教材主要特色如下:

1) 改变 20 世纪 50 年代以来盲目学习苏联的教条主义倾向,关注语言学习的规律。吸取我国自 1902 年至 1962 年 60 年间中学英语教材与教学的成功经验,结合当时学校的教学实际,由专门的英语教材编写组编写而成。

2) 重视英语的基本训练。1963 年教育部颁发的《全日制中学英语教学大纲(草案)》规定:"中学英语教学的目的,是使学生初步掌握英语这个工具,具有初步阅读英语书籍的能力。"[②]这一教学目的在这套教材中得到了很好的体现。

---

① 课程教材研究所.新中国中小学建设史(1949—2000)研究丛书:英语卷.北京:人民教育出版社,2010:128.

② 课程教材研究所.20 世纪中国中小学课程标准·教学大纲汇编:外国语卷.北京:人民教育出版社,1999:105.

教材注重加强基础知识和基本技能训练,强调语音学习、对话朗读,强调大量练习和反复操练。它以课文为主体,语音、语法、词汇根据由易到难、由简到繁、重点突出的原则进行编排,少了空洞的理论讲解,注重知识的系统性。

3) 改革语音和书法教学,并灌制了教学留声片。语音教学先通过单词和句子进行一学期的语音技能训练,提高语音技能;通过符合拼读规则的单词教授拼音,然后归纳。第二学期在学生有了一定的实际发音、拼读技能的训练后,再集中教授国际音标和语音知识。书法教学也不用历年来流行的圆体行书,而采用易认易写的斜体行书。

4) 这是 1949 年以来课时数安排最多的教材,因此单词也相应地增多,课文的数量和教学的语言量也明显增加。

5) 这套教材受到当时盛行的结构语言学和行为主义心理学的影响,推崇听说法,重视听说、朗读、背诵。它注重用列表的方式呈现语法知识,通过大量练习帮助学生掌握语法。

这套教材虽然“短命”,但是用过该套教材的学生大都觉得受益匪浅,直到“文革”后恢复高考时还记忆犹新。改革开放后的通用初中英语教材就是在这套教材的基础上编写的;尽管中英合编教材的内容、体系和方法有了很大变化,然而,语音、语法和词汇教学的系统性基本继承了下来,而且有关的语言练习多出自中国编者的手笔。细心的读者分析和比较 1963、1982 和 1993 年的初中英语教材的体系,便知分晓①。

四、探索时期的英语教材特色

探索时期英语教材编写呈现如下特征:

1) 套系繁多、版本变更频繁、使用不充分等多种原因促成了教材的这种局面。首先,初中英语课程的设置与取消。1958—1959 学年计划中,初中不设英语;1959—1960 学年教学计划中,甲类初中开设英语。这批学生到了高中,一部分初中学过英语,而另一部分初中没学过英语。因此,高中教材需要编写两个套系——一套是初中始学的高中教材,另一套是高中始学的高中教材。其次,在国家统一编写通用教材和各地自编地方教材方面,国家政策变更频繁。新中国成立之初,国家实行中小学教材全国统一编写、供应的方针。1958 年,国家发布教育事业管理权力下放的规定,允许各地自编教材。1959 年,中央认为教材应由

---

① 刘道义,龚亚夫,张献臣. 我国中小学英语教材建设的历史经验及启示. 课程·教材·教法,2011,31(1):69-75.

中央政府管理,建议教育部统一编写通用教材。相应地,1956 年起发行一套全国通用教材,1958 年之后出现系列地方自编教材,1960 年又重新编写全国通用教材。第三,学制变更频繁,且多种学制并存。1958 年各地开始试行学制改革,出现了九年一贯制、十年制以及新中国成立初期沿用下来的十二年制并存现象。教材也编写出九年一贯制教材(例如北师大版)、十年制教材(例如通用版和地方自编版)以及十二年制教材(例如通用版)。第四,"大跃进"时期"多快好省"地发展教育,违背教学规律。1958—1960 年"大跃进",在十年内学完十二年的课程,教材难度加大,并增加了政治内容。1964 年国家要求精简各科教材,减轻学生负担,开始对教材删繁就简,相应地教材进行了多次修订。第五,课时数的频繁变化。1958—1959 学年初高中课时数 0—0—0—5—4—4,到 1963 年的 7—6—6—6—6—5,再到 1964 年的 6—6—6—6—6—5,课时变动也带来了教材的反复修订。

2)教材编写在内容、体系和方法上取得了巨大的进步,教材编写初具系统性,这在"文革"后教材改革中得到传承和体现。这个时期国家在教材编写方面投入了大量的精力,做了大量的工作,探索之路虽然曲折,但是积累了许多经验,为后来的教材编写打下了基础。这反映出新中国对发展教育事业的迫切愿望。

第三节 "文革"时期的英语教材(1966—1976)

1966 年中国爆发"文化大革命"(简称"文革"),《外语教育七年规划纲要》被迫中断执行,各类学校相继停课"闹革命",学校停止招生,中小学正常的教学秩序遭到严重破坏,教学计划、教学大纲和教科书的内容处于畸形状态。外语教育的发展势头戛然而止。

一、"文革"与教材改革

1966 年 5 月 16 日,中共中央政治局扩大会议在北京通过了毛泽东主持起草的指导"文化大革命"的纲领性文件《中国共产党中央委员会通知》(即《五·一六通知》)[1],其主要内容是:成立"文化革命"领导小组,隶属于政治局常委会。这是为了开展"文革"采取组织措施;夺取文化领域中的领导权,号召向

---

[1] 何东昌.中华人民共和国重要教育文献(1949—1997).海口:海南出版社,1998:1396.

党、政、军、文各界的"资产阶级代表人物"猛烈开火。1966 年 6 月 1 日,《人民日报》发表陈伯达阅改的社论《横扫一切牛鬼蛇神》,后连续发表其他社论,把《五·一六通知》的内容推向全国。一场全国性的、历时十年的"文革"就此开始了。

"文革"是从文教领域开始,而在文教领域中,外语教育又更具特有的"崇洋媚外""里通外国"等罪名。外语教育工作者——无论是领导干部还是专家学者或一般教师——都可能被戴上"帝修特务"的帽子①。

1966 年 6 月 13 日,中共中央、国务院批转教育部党组《关于 1966—1967 学年度中学政治、语文、历史教材处理意见的请示报告》的通知,指出:"目前中学所用教材,没有以毛泽东思想挂帅,没有突出无产阶级政治,违背了毛主席关于阶级和阶级斗争的学说,违背了党的教育方针,不能再用。教育部应该积极组织力量,根据党中央和毛主席有关教育工作的指示,重新编辑中学各科教材。在新教材未编出以前,望各地按此报告执行。"②此报告把原有的教材看作是"封、资、修"而全盘否定。中小学政治、语文、历史教科书停用,改上毛主席著作课。全国统一的中小学教材被废除。1966 年 8 月 8 日,党的八届十一中全会通过《中共中央关于无产阶级文化大革命的决定》,将"教学改革"规定如下:

> 改革旧的教育制度,改革旧的教学方针和方法,是这场无产阶级文化大革命的一个极其重要的任务。在这场文化大革命中,必须彻底改变资产阶级知识分子统治我们学校的现象。在各类学校中,必须贯彻执行毛泽东同志提出的教育为无产阶级政治服务、教育与生产劳动相结合的方针,使受教育者在德育、智育、体育几方面都得到发展,成为有社会主义觉悟的、有文化的劳动者。学制要缩短。课程设置要精简。教材要彻底改革,有的首先删繁就简。学生以学为主,兼学别样。也就是不但要学文,也要学工、学农、学军,也要随时参加批判资产阶级的文化革命的斗争。③

这一决定强调彻底改革教材,彻底改变"资产阶级知识分子"统治学校的现象,决议精神成为"文革"期间各教材编写的基本原则。

"文革"全面爆发后,人民教育出版社等被迫停止工作,所有编辑、出版的教材被停止使用。这个时期外语教材的发展情况主要分为两个阶段:"复课闹革

---

① 李传松编著. 新中国外语教育史. 北京：旅游教育出版社,2009：146.
② 何东昌. 中华人民共和国重要教育文献(1949—1997). 海口：海南出版社,1998：1401.
③ 同②1406.

命"阶段(1967—1970)和"回潮与返回潮"阶段(1971—1976)①。

二、"复课闹革命"阶段的教材

1967年2月4日,中共中央发出《关于小学"无产阶级"文化大革命的通知(草案)》要求各地小学在春节后一律开学。1967年10月14日,中共中央、国务院、中央军委等发出《关于大中小学校复课闹革命的通知》,要求全国各地大学、中学、小学一律立即开学,一边进行教学,一边进行改革,逐步提出教学制度和教学内容的"革命方案"。10月25日,《人民日报》发表社论《大中小学都要复课闹革命》。11月26日,又发表社论《再论大中小学都要复课闹革命》。此后,各地更多的中小学陆续复课,复课情况因地因校而异。一般由学校或师生自订方案,自定课程,自选教学内容,自编教材。在上海、天津、北京、山东、内蒙古、青海等成立了革命委员会的地区,由地方各级革命委员会统一组织当地中小学的招生和开学工作②。

1969年以后,各省市响应"开门办学"的号召,开始成立中小学教材编写组,采取统一组织、各地区分工编写、集中审查出版的方式来编写教材。教材编写组遵照毛泽东主席的"教育要革命,教材要彻底改革"的方针,开始自编中学外语教材。因此,"文革"时期使用的教材不是全国统编教材,而是当时一些地方革委会组织人员编写的临时教材。据不完全统计,自编中学英语教材的地区有"北京市、上海市、天津市、广州市、黑龙江省、吉林省、江苏省、浙江省、辽宁省、陕西省、山西省、河北省、河南省、安徽省、湖北省、湖南省、云南省、福建省、江西省、山东省、甘肃省、四川省、广西壮族自治区、新疆维吾尔自治区、内蒙古自治区"③。1968年上海编写的教材为"暂用",北京编写的教材为"试用",没有自编教材的地区多采用北京版和上海版。这个时期主要的中学英语教材归纳见书后附表。

"复课闹革命"阶段编写的教材,其封面与"苏化"时期和探索时期教材风格迥异。其一,封面色彩鲜艳,以红色为主色调:红色的大幅图片、红色的文字,或者红色的大块底色,以浓重的红色宣誓这是以"毛泽东思想"挂帅的新教材,浓烈的革命意味跃然纸上。其二,封面图片非常夺目,主要元素是鲜艳的五星红

① 中央教育科学研究所.中华人民共和国教育大事记.北京:教育科学出版社,1984:443;石鸥.新中国中小学教科书图文史　外语.广州:广东教育出版社,2015:94.
② 中央教育科学研究所.中华人民共和国教育大事记.北京:教育科学出版社,1984:415.
③ 课程教材研究所.新中国中小学建设史(1949—2000)研究丛书:英语卷.北京:人民教育出版社,2010:130.

旗、毛主席头像、金光闪闪的红太阳、斗争中的无产阶级、高举《毛泽东选集》或《毛主席语录》的全国各族人民、天安门城楼、中国版图等,以阶级斗争题材为特点,给人一种"红光亮""高大全"的视觉冲击。其三,封面文字以口号、标语、语录为主,甚至以大段落的形式出现,位置凸显。例如"全世界无产阶级联合起来""毛主席语录:全世界人民团结起来,打败帝国侵略者及一切走狗""让我们更高地举起马克思列宁主义的革命红旗,在反对以美帝为首的帝国主义、以苏联为首的现代修正主义和紧随美帝、苏修的各国反动派的伟大斗争中,携手前进吧!"等等。这些文字给人一种热血澎湃的感觉,形成"文革"时期的一大特色("复课闹革命"阶段中学英语教材封面展示见书后附录)。

这一时期的教材因其内容和形式都是高举毛泽东思想的"红色课本",具有重合性和雷同性,因此只选择天津、上海、湖南地区的教材进行概述,选择北京地区的教材作为代表性教材进行详细分析。

(一)天津市中学英语课本

1967 年初,正当红卫兵们走出校园、走向全国各地、大搞"革命大串联""斗私批修""破四旧"的时候,天津市延安中学却解散"战斗队",开始"复课闹革命"——这在"文革"发动不足一年的当时,真是一件逆潮流而动的大事。可是,这件事得到毛泽东和中共中央的认可,成为红卫兵参与"文革"的转折点。从此,在全国各地"造反"的中小学生先后返回课堂"复课闹革命",社会的动荡局面也因此有所改善①。

1967 年 10 月 28 日,中国人民解放军天津军训联合指挥部在《人民日报》发表《在毛泽东思想指引下做教育革命的探索者——天津延安中学是怎么复课闹革命的》,指出天津延安中学的革命师生正是以毛主席的"五七指示"为最高纲领,高举革命的批判大旗,彻底批判修正主义教育路线,打破旧的教育制度,建立毛主席的无产阶级教育路线,从而取得了初步成就。天津延安中学"改革教学思想,以斗私批修为纲;改革教育体制,建立教师'跟班教学'的新的教育体制,和同学们同革命、同学习、同劳动;改善师生关系,建立师生政治上互相关心、工作上互相帮助、教学上互补长短、生活上互相体贴的新的师生关系;改革教学方法,采用启发式、开讲用会、讨论会等民主教学方法;改革教材,革命师生们以毛主席著作为基本教材。外语课学习毛主席语录,以及战时所需的对话喊话等。②"

---

① 董保存,卜算子.天津延安中学复课闹革命始末.党史博览,2006(11):15.
② 中国人民解放军天津军训联合指挥部、天津市革命委员会筹备小组文教办公室编选.教育革命学习材料.天津:天津人民出版社 1967:26-28.

1968 年 2 月,天津延安中学革命委员会和天津东风大学教育革命办公室编制发行《四年制普通中学教学改革方案(试用稿)》,在《致我市中学革命师生》中提到了试用稿编制的过程:

> 在伟大导师毛主席教育革命思想的指引下,天津延安中学和天津东风大学的革命师生,探索性地编写了一套四年制普通中学的教学改革方案和毛泽东思想课、语文、数学、英语、物理、化学等科的教学大纲(试用稿)。编写这套教学改革方案和教学大纲,得到了中国人民解放军天津军训部队的大力支持和帮助,并且是在革命大批判的基础上,经过几个月的艰苦奋战才实现的。在编写过程中,他们深入工农兵之中,跑了几十个工厂,征求了百余所学校的意见,一再修改;还在天津市第一期毛主席论教育革命学习班里,进行了讨论。编写出来后,又邀请了七十多个学校四五百名科任教师座谈、审议。①

这套教学改革方案和教学大纲可供天津市中学全面复课、进行教学改革参考。

四年制普通中学教学改革方案规定:4 年内共 208 周,其中学习文化科学基础知识为 127 周,占四学年总周数的 61%;学工、学农、学军为 56 周,约占总周数的 27%,机动时间为 25 周,约占 12%。每学年安排 32 周(第四学年为 31 周)。4 年内主要学习毛泽东思想、语文、数学、物理、化学、外语、军体、农业基础知识②。外语总学时 286,第一、二、三学年 32 周,周学时为 4;第四学年 31 周,周学时为 3③。至于中学为什么要学英语,天津延安中学所编的《英语教学大纲》认为:"一是因为历史赋予中国青年用外语这个阶级斗争的有力武器,把战无不胜的毛泽东思想广泛传播到全世界;二是吸收外国好的经验与科学技术,需要掌握一定的外语知识④。"而原有旧英语课本"不突出无产阶级政治,不与三大革命运动的实际相结合,使外语教材充满了资产阶级思想和低级庸俗的东西,让那些没有得到彻底改造的资产阶级知识分子利用外语讲台,大肆贩卖修正主义的黑货,极力宣

---

① 天津延安中学革命委员会和天津东风大学教育革命办公室编. 四年制普通中学教学改革方案(试用稿). 天津:天津人民出版社,1968.
② 同①3.
③ 石鸥. 新中国中小学教科书图文史　外语. 广州:广东教育出版社,2015:69.
④ 段发明. 天津延安中学的"复课闹革命"与"红色"课本. 教育史研究,2010(3):42.

扬资产阶级生活方式,毒害青年,为其复辟资本主义做准备"①。自此,旧教材被全盘否定,要求依据教学改革方案开始编写全新教材。

1968年4月《四年制普通中学课本 英语(试用本)》是依据天津延安中学《四年制普通中学教学改革方案(试用稿)》所编制出来过渡性的"急就章"教材②。封面分上、下两部分,上面是鲜艳的红旗衬托毛主席的头徽,下面是白色为底。课本的第一页是一副大型毛主席肖像画,用英语写着"Chairman Mao Tsetung, Our great teacher, great leader, great supreme commander and great helmsman."(毛泽东主席,伟大的导师、伟大的领袖、伟大的统帅、伟大的舵手)。

图 13-18 《四年制普通中学课本 英语(试用本)》(1968)

第一册共22课,课文长短不一,相差悬殊。每课由语录指示、课文、教室英语(Classroom English)、单词和习惯用语(New Words and Expressions)、语音(Phonetics)、练习(Exercises)组成。"语录指示"主要是最高指示、毛泽东语录或林彪语录,用方框凸显,置于页面顶部,大部分是中文语录,部分是英文语录,旨在加强对学生的思想政治教育。"用语"包括日常用语、军事用语或科技用语。

教材编排从学习英语大小写字母开始,接着学习音标,书后附有国际音标简表。分课生词表标注了音标和中文释义。语法主要是通过书末所附的简易语法知识以及大量的语法练习帮助学生掌握运用。课文内容主要以毛泽东思想和工农兵形象为题材,包括以下几方面:

---

① 天津延安中学革命委员会和天津东风大学教育革命办公室编. 四年制普通中学教学改革方案(试用稿). 天津:天津人民出版社,1968:2.
② "急就章"教材是指"文革"初期应急需而匆促编写而成的教材。

1）毛泽东思想的一些基本观点。如：阶级和阶级斗争；全心全意为人民服务；帝国主义和一切反动派都是纸老虎；等等。

2）全世界革命人民无限热爱毛主席。如：中国人民歌颂党和毛主席的短文和短诗；世界人民歌颂毛主席的短文和短诗；世界人民反帝反修斗争中学习和运用毛泽东思想的短文。

3）表现工农兵英雄形象的短文。如：工农兵在三大革命运动中活学活用毛主席著作的心得体会；表现工农兵在三大革命运动中的革命干劲的短文；歌颂工农兵的短文和诗歌。

4）一般军事用语、科技用语和日常用语①。

课文内容完全政治挂帅，把英语课上成政治教育课，极力灌输革命思想，宣扬阶级斗争，不符合语言学习对学生智育的培养。

《天津延安中学四年制普通中学课本　英语（试用本）》是全国"文革"期间首套以毛泽东思想挂帅的英语教材，这套教材随后成了1969年以后各省市教材编写的示范教材。1970年天津市工农兵编写教材小组在1968年《四年制普通中学课本　英语（试用本）》的基础上，改编并出版了第二套"复课闹革命"的教材《天津市四年制普通中学课本　英语》（1—2册）。

图 13-19　《天津市四年制普通中学试用课本　英语》（1970）

（二）上海市中学英语课本

1967年上海市中小学教材编写组成立，并编写临时课本供"复课闹革命"使用。1969年6月，上海印发了《上海市中小学教育革命纲领（草案）》，规定开设

---

① 段发明.天津延安中学的"复课闹革命"与"红色"课本.教育史研究,2010(3)：43.

包括外国语在内的课程。这一纲领包括总则、无产阶级对学校的领导和管理、学制、政治思想工作、学生、教员、课程与教材、教学方法、学工学农学军、勤俭办学10个方面。1969—1970年在这一纲领的指导下,上海市中小学教材编写组编写了《上海市中学课本　英语》(3册)。

　　1969年8月,上海市中小学教材编写组颁发《上海市中小学英语教学大纲》供讨论使用,该大纲指出:"外语并非纯语言课程,当今外语教学中存在着极其尖锐的两条路线的斗争,旧教材中塞满了封、修、资的破烂货,是复辟资本主义的工具。现在要彻底改变过去'只讲ABC,不分敌我友'的严重脱离无产阶级政治的倾向,要彻底批臭……修正主义路线,肃清其流毒。"该大纲确定的教学目的是:"为了转变学生的思想,以战无不胜的毛泽东思想统帅教学,为中国革命和世界革命服务,培养学生的爱国主义和国际主义精神。"同时,该大纲还对各年级需要达到的水平提出了总要求,例如,对中学四年级的要求是:进一步培养学生自学能力,巩固已学知识,要求学生较广泛地阅读毛主席著作选段、一般政论文、英雄人物的故事和工农业常识的短文,适当扩大词汇量(总达2,500个左右)。关于教学方法,该大纲强调:"每一节英语课都应贯彻思想政治教育;少讲多练,坚持启发式,废除注入式;对中小学学生应有不同的要求,中学阶段对一些重要语法现象应在大量实践的基础上,加以归纳,防止为语法而语法的脱离实际的做法。"1969—1970年,在这些纲领的指导下,上海市中小学教材编写组对教材进行改革,删繁就简。

图13-20　《上海市中小学试用课本　英语》(1969)

　　1969年5月,《上海市中小学试用课本　英语》由上海市中小学教材编写组编写。封面上红彤彤的太阳和各族人民占据了封面的多半,太阳上面是毛主席头像,下方用红色标注"英语"两字。封面色彩浓烈,彰显教材的政治性和阶级斗争性。教材由封面、封二("敬祝毛主席万寿无疆")、扉页(毛主席画像、毛主席语录)、目录("万岁,我们的红司令毛主席")、课文、附录(毛主席语录)、说明等几个部分组成。扉页是黑白毛主席头像,并附文"大海航行靠舵手,干革命靠毛泽东思想"。封三的"说明"指出:"教材仅供本市中小学初学英语者秋季前复课闹革命用。各校可根据需求采用全部或其中若干内容,也可另用自编教材。"书后附有英文革命歌曲,例如"The East Is Red"(东方红)和"A Long, Long Life to Chairman Mao"(毛主席万岁),并配有简谱。

每课由黑白插图(常置于每课顶端)、语录、课文、生词和词组、字母、书写等部分组成。课文标题配有中文翻译。课文简短,单句罗列,基本没有故事情节,内容均来自语录翻译。部分课文提供中文补充资料,例如在第十二课"Never Forget Class Struggle"前,提供了一页题为"千万不要忘记阶级斗争"的中文资料。

表 13-3 《上海市中小学试用课本 英语》(1969)课文

万岁,我们的红司令毛主席
Lesson 1　Long Live Chairman Mao!（毛主席万岁!）
Lesson 2　Wish Chairman Mao a Long, Long Life!（敬祝毛主席万寿无疆!）
Lesson 3　Chairman Mao, the Red Sun in Our Hearts.（毛主席,我们心中的红太阳。）
Lesson 4　We Are Chairman Mao's Red Guards.（我们是毛主席的红卫兵。）
Lesson 5　Long Live the Invincible Thought of Chairman Mao Tse-tung!（战无不胜的毛泽东思想万岁!）
Lesson 6　The East Is Red(东方红)
Lesson 7　Serve the People(为人民服务)
Lesson 8　The Great Communist Party of China(伟大的中国共产党)
Lesson 9　Sailing the Seas Depends on the Helmsman.（大海航行靠舵手。）
Lesson 10　The Working Class Must Exercise Leadership in Everything.（工人阶级必须领导一切。）
Lesson 11　Learn from the P.L.A(向人民解放军学习)

续　表

Lesson 12	Never Forget Class Struggle（千万不要忘记阶级斗争）
Lesson 13	Down with U.S. Imperialism！（打倒美帝国主义！）
Lesson 14	Follow Chairman Mao，Always Make Revolution（紧跟毛主席，永远干革命）
五个附录	

1969—1970 年，上海市中小学教材编写组出版《上海市中学课本　英语》共三册。这套教材应该是在上一套《上海市中小学试用课本　英语》（1969 年 5 月版）的基础上改编而成，教材编排和课文标题基本一致。

《上海市中学课本　英语》（1969 年 9 月版）的封面颜色是红色。第一册封面图案是"团结在毛泽东金光照耀下的各族人民"，正中央有"毛主席语录"。第二、三册封面图案是手举《毛泽东选集》的工农兵，上面写着"全世界无产者联合起来！"。课本内部配有许多黑白插图，基本都是各族人民簇拥下的金光闪闪的毛泽东、团结一致的工农兵等。教材由封面（"敬祝毛主席万寿无疆"字样、毛主席肖像画、"毛主席语录"）、目录（"为中国革命和世界革命学好外语"字样）、课文（"毛主席语录"）、附录（"最高指示"）字样组成。"毛主席语录"贯穿教材始终，封二、目录前、附录、封三以及每课的开头都有"毛主席语录"或"最高指示"。附录部分的"毛主席语录"采用的是中英文双语语录，其余部分的语录均为中文。教材的第一页"为中国革命和世界革命学好外语"指出，学习外语是"为了宣传毛泽东思想，为了备战的需要，为了同各国革命人民交流斗争经验，我们必须掌握外语这个工具。……为了我国社会主义革命和社会主义建设的胜利，为在整个地球上消灭人剥削人的制度，使整个人类都得到解放，我们必须学好外语"。

目录标注了课次、中英课文标题、页码等信息。每课由课前语录指示、课文、生词和短语、语音或课文注释、练习组成。分课词汇标注了音标和中文释义。课文注释简短，仅对课文难点进行翻译和简单讲解。练习题以汉语为指令语，采用朗读句子或段落或课文或音标、书写、选词填空、句式改写、段落英译汉、词组汉译英、句子汉译英等形式。

第一册共 15 课，穿插有 3 个复习练习，书后附有"毛主席语录"（"Quotations from Chairman Mao Tsetung"）、政治用语（Political Terms and Expressions）、军事用语（Military Terms and Expressions）、课堂英语（Classroom English）、革命歌曲

(Revolutionary Songs)、词汇表(Vocabulary),语录和用语都是中英双语形式编排。第二册共 10 课,穿插有 3 个复习练习,另附 2 篇选读课文;书后附有"毛主席语录"、政治用语、军事用语、革命歌曲;另有附录 4 个:词类、书写说明、语音简表、词汇表。第三册共 10 课,穿插有 3 个复习练习,另附 2 篇选读课文;书后附有"毛主席语录"、革命歌曲、词汇表。其中第一、二册部分文章来自《上海市中小学试用课本　英语》(1969 年 5 月版)。全 3 册的课文主题全部是"歌颂伟大领袖""革命好榜样""军民团结""阶级斗争"的文章。

(三) 湖南省中学英语课本

1969 年,湖南省中小学教材编写组编写的《湖南省中学试用课本　英语》(1—2 册)出版,本教材也被广西等地区采用。这套教材的封面沿用了 1963 年人民教育出版社编写出版的《初级中学课本　英语(1963 年新编)》的封面,所不同的是 1969 年的这个封面添加了"湖南省"和"供一学年使用"字样。1970 年新编的"复课闹革命"教材,封面便改成了富有革命色彩的红色和具有象征意义的红太阳图案。

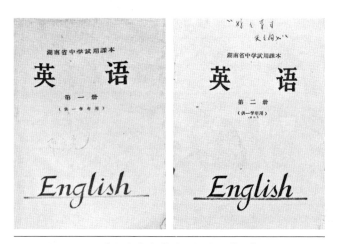

图 13 - 21　《湖南省中学试用课本　英语》(1969)

封面虽"传统",但教材内容完全是"政治挂帅"。教材的整个扉页印着毛主席彩色画像,下方配有红色文字"Chairman Mao Tsetung, Our great teacher, great leader, great supreme commander and great helmsman(毛泽东主席,我们伟大的导师、伟大的领袖、伟大的统帅,伟大的舵手)"。第二页印着英文版的毛主席的最高指示:"SUPREME INSTRUCTION:The next 50 to 100 years or so, beginning from now, will be a great era of radical change in the social system throughout the world, an earth-shaking era without equal in any previous historical period. Living in such an era, we must be prepared to engage in great struggles which will have many features different in form from those of the past."。意思是"从现在起的 50 年到 100 年内外,是世界上社会制度彻底变化的伟大时代,是一个翻天覆地的时代,是过去任何一个时代都不能比拟的。处在这样一个时代,我们必须准备同过去时代的斗争形式有着许多不同特点的伟大的斗争"。

　　第一册共 21 课,第 1—5 课按顺序学习 5—6 个字母,第 6—15 课学习音标,从第 16 课涉及音节和单词读音。从第 7 课开始接触语法,包括名词、动词和一般现在时。每课由语录(并不是每课都有)、课文、生词和短语、语音、语法、练习组成。第一册课文简短,大部分是句子罗列,而前面几课仅一句标语。每课配有黑白插图。书后词汇表按字母顺序排列,提供中文释义音标和词性。课文中穿插有英文革命歌曲。

表 13-4　《湖南省中学试用课本　英语》(1969)第一册课文

Lesson 1	Wish Chairman Mao a Long, Long Life!(敬祝毛主席万寿无疆!)
Lesson 2	Long Live Our Great Leader Chairman Mao!(伟大领袖毛主席万岁!)
Lesson 3	Long Live the Great Communist Party of China!(伟大的中国共产党万岁!)
Lesson 4	Long Live the Great People's Republic of China!(伟大的中华人民共和国万岁!)
Lesson 5	We Love Chairman Mao Best.(我们最爱毛主席。)
Lesson 6	The East Is Red(东方红)
Lesson 7	Place Mao Tsetung Thought in Command of Everything.(让毛泽东思想领导一切。)
Lesson 8	Vice-Chairman Lin Piao's Inscription(林副主席题词)
Lesson 9	Follow Chairman Mao and Make Revolution Forever(跟着毛主席永远干革命)
Lesson 10	Yung-hung Is a Red Guard(永红是红卫兵)
Lesson 11	The Most Powerful Weapon Is Mao Tsetung Thought.(毛泽东思想是最强有力的武器。)
Lesson 12	We Wear Chairman Mao Badge.(我们佩戴毛主席像章。)
Lesson 13	Heroic Albania(英雄阿尔巴尼亚)
Lesson 14	Down with U.S. Imperialism!(打倒美帝国主义!)
Lemon 15	Vice-Chairman Lin Piao's Inscription(林副主席题词)

续　表

Lemon 16	A Quotation from Chairman Mao（毛主席语录）
Lesson 17	Peking, Our Capital（北京,我们的首都）
Lesson 18	Learn from the P.L.A. （向解放军学习）
Lesson 19	Our Great Leader Chairman Mao（我们伟大的领袖毛主席）
Lesson 20	Shaoshan, Where the Red Sun Rises（韶山,红太阳升起的地方）
Lesson 21	The Working Class Is the Leading Class. （工人阶级是领导阶级。）

　　第二册共 12 课,在第 3、6、9、12 课安排了单元复习。语音主要是句子层面的重读、连读、语调等。语法也在第二册开始进行系统的介绍,包括动词的各种时态、被动语态、形容词和副词的三级、复合句、不定式等。提供两个附录:不规则动词表和词汇表。两册课文都是语录类、政治类题材的文章。

　　1970 年 11、12 月,湖南省中小学教材编写组先后编写了《湖南省中学试用课本　英语》,这套教材也是在 1969 年版的基础上修改而成。新教材封面换成了大面积红彤彤的颜色,图案是高举《毛主席语录》的世界各族人民,背后是红太阳照耀下的毛主席故居——韶山——远景,正中央是红色的"英语 English",视觉上更趋同于"复课闹革命"特殊时期的革命教材风格。在目录前的"毛主席语录"中阐明了为何以及如何学习外国语,"要从外国语言中吸收我们所需要的成分。我们不是硬搬或滥用外国语言,是要吸收外国语言中的好东西,于我们适用的东西。"

图 13－22　《湖南省中学试用课本　英语》(1970)

每课都有中文语录。课文后面穿插有英文翻译的革命歌曲,配有简谱。第一册课文是简单的语录句子,课文后附有"单词与词组";第二册课文难度加大。个别课文在文中直接标注了升降调。作为 1969 年的改编本,这套教材和 1969年版的编排形式和内容基本一致。

(四)"复课闹革命"阶段的教材特点

1969 年,人民教育出版社干部职工随教育部下放到安徽省凤阳县"五七干校"劳动锻炼,教材编写组随之被解散。各地教材编写靠没有教材编写经验的师生进行,加上当时的政治背景,所以"入门阶段英语教材多半是语录和标语口号,生僻的政治词汇、多音节词、长句子,很难上口①"。此阶段的教材呈现出如下一些特点:

1) 以毛泽东思想为编写指导思想。课文内容和编排形式不再以过去的语法为纲,而是本着"以阶级斗争为纲""一切都是为了转变学生的思想"进行。教材内容泛政治化,极力突出无产阶级政治,突出战无不胜的毛泽东思想。无论是封面设计、语录指示,还是课文内容,都凸显是以毛泽东思想统帅的无产阶级新教材。课文主题全部是毛泽东思想和无产阶级斗争的文章,各地教材的课文重合度较高,例如,均涉及英雄阿尔巴尼亚、向解放军学习等内容。

2) 语言不地道,成人化、政治化、汉译式语言充斥教材。教材编排人为地割裂语言学习的整体性和连续性,不符合儿童语言学习的规律。

3) 各地教材编写模式基本相同。在 1969 年仓促出版 1—2 本"急就章"教材供"复课闹革命"临时使用,随后进行改编扩充,形成第二套"复课闹革命"教材,于 1970—1971 年出版。与第一套相比,第二套教材有所进步。例如,第一套教材课文是纯语录的学习,而第二套教材将语录学习和少量句型结构结合起来,并将字母、语音、语法循序渐进纳入学习内容,课文难度也呈现一定渐进性,由单句到多句,由段落到篇章。

4) 地方教材的编写实行"开门"的方式,领导、专家和群众三方面结合进行。因此教材在"说明"中强调,"是在广大师生和革命群众编写的基础上汇编而成","希望广大工农兵和革命师生提出批评和意见"。

5) 教材对外语学习做了明确的定位。关于"为什么学外语",这个时期的教材在"说明"或"语录"中做出了明确的阐述:学习外语是为了宣传毛泽东思想,为了备战的需要,为了同各国革命人民交流斗争经验,为中国革命和世界革命学

---

① 张同冰,丁俊华.中国外语教育发展史回顾(十一)第五章 新中国外语教育的发展过程.基础教育外语教学研究,2002(11):47.

好外国语,为了从外国语言中吸收我们所需要的成分。

三、"回潮与反回潮"阶段的英语教材

"回潮与反回潮"是"文革"时期一个比较特殊的阶段①。"文革"开始,很多正常的社会秩序包括教育秩序受到了冲击和破坏。1972年,邓小平主持中央日常工作,开始了全面整顿工作,全国教育秩序逐步回到正轨,呈现一派新气象。这种以整顿纠正"左"倾错误的努力被错误地认为是"右倾回潮",所以"四人帮"借此机会利用"批林批孔"来代替"批林整风",竭力"反右倾回潮"。在"四人帮"的影响下,全国各级学校出现了"反回潮"的运动,刚刚有所恢复的教育形势又开始恶化。在外语教育的历史上,"回潮与反回潮"运动使得外语教育和外语教材的编写工作又陷入混乱。

1970年11月6—20日,周恩来总理召开外语教学座谈会,并先后4次在中南海接见北京大学、北京外国语学院等校师生代表,着手外语建设工作,强调外语人才的"三个基本功",即政治思想、语言本身、各种文化知识,主张学好语音、语法、词汇,做到能听、能说、能读、能写、能译②,回归外语教材编写应有的道路。1970年后,我国同许多国家建立外交关系;1971年10月,我国在联合国的合法地位得到恢复;1972年2月,美国总统尼克松访华并同我国共同发表了《中美上海公报》。随着国际形势的变化,外语人才的需要也越来越急迫。毛泽东主席和周恩来总理、李先念副总理专门研究了外语人才的培养工作并做出指示:必须不失时机地抓紧外语人才的培养。1971年,外语院(系)相继恢复招生。1972年,恢复了派出留学生的工作③。

1972年,在周总理的指示下,国务院口头发布了毛主席"外语还是从小学学起好"的语录,随之在全国各地掀起了一股小学开设外语课的热潮。小学不但开设英语课,有些学校还开设了日、俄、法、德、阿等其他语种的课程④。1972年4月29日,《人民日报》刊登苏州地区教材编写组《关于正确处理编写教材中的几个关系问题》的文章,从政治教育与基础知识关系、理论与实践关系、体系问题探讨如何编写新教材:

> 一是正确处理好政治教育与基础知识教学关系的问题。选教材时,把

---

① 石鸥.新中国中小学教科书图文史　外语.广州:广东教育出版社,2015:94.
② 中央教育科学研究所.中华人民共和国教育大事记.北京:教育科学出版社,1984:435.
③ 李传松编著.新中国外语教育史.北京:旅游教育出版社,2009:157.
④ 刘道义主编.基础外语教育发展报告(1978—2008).上海:上海外语教育出版社,2008:7.

政治标准放在第一位,艺术标准放在第二位,坚持革命的政治内容和尽可能完美的艺术形式的统一。二是正确处理理论和实践关系的问题。三大革命运动的实践是编写新教材的源泉,把阶级斗争、生产斗争和科学实验的新形势、新成就及时反映到教材里。三是正确处理紧跟形势和相对稳定关系的问题。教材要反映社会主义革命和社会主义建设的新成就,要无产阶级政治挂帅,要理论联系实际。但是为了有利于中小学,各年级,上、下册之间更好地衔接,教材也要相对稳定。因此,我们编教材时,除了根据形势的发展不断充实新的内容外,还注意留有余地,让各地自编自选一些教材,以丰富教学内容。编写教材前,要对各年级的要求反复讨论研究,做出一个整体打算,以防顾此失彼,教材体系年年变动。①

1972 年 8 月 7 日,国务院科教组发出《关于新建人民教育出版社的通知》,由原人民教育出版社和高等教育出版社部分干部、编辑重新组成人民教育出版社。新建的人民教育出版社将逐步承担编辑出版高等学校工科基础理论课、基础技术课教材、中小学教材、教学参考书和其他教育书籍的任务②。11 月,戴伯韬被指定负责人民教育出版社的重建工作。1973—1976 年间,人民教育出版社主要做调查研究工作,并编辑出版了少量教材和教育书籍,均带有明显的时代特色。

1972 年 10 月 17—18 日,国务院科教组在北京召开教材工作座谈会,参会的有华东、中南、华北 17 个省市教育局的有关人员,探讨如何推动大中小学教材改革和建设。会议确定由科教组分大区交流编写教材的经验,组织协作编写,然后采用分科设点、择优推荐、集体修订、分工出版的办法,出版一批质量较高的教材,供各地参考使用。在此基础上,制订教材改革和建设规划,逐步建立教材编审、出版工作新体制③。1973 年 5 月“华北五省市区教材改革经验交流会”在北京召开,时任北京外国语学院院长廖承志做了《改革外语教材的几点体会和设想》的发言,指出:“外语课要求全面培养听、说、读、写、译的能力。在组织学生‘学工、学农、学军’和‘开门办学’中坚持保证外语学习的时间。”在主持外国语学院工作时,廖承志就教材编写提出了“教材是政治和业务的统一,不能分开,一定的知识教育不可少;外语教材必须遵循语言规律和语音教学规律”等原

---

① 石鸥.新中国中小学教科书图文史 外语.广州:广东教育出版社,2015:95.
② 中央教育科学研究所.中华人民共和国教育大事记.北京:教育科学出版社,1984:445.
③ 同②446.

则①,促使我国外语教育进入一个逐步恢复、全面整顿的阶段。教材编写也开始注重拓宽选材范围,增加基础知识、文化知识以及语言技能等。

就在整个外语教学秩序逐步走上正轨的时候,发生了这样一件事:1973 年 7 月 10 日,唐河县马振扶公社中学初中二年级的 15 岁学生张玉勤在期末英语考试中交了白卷,并在试卷背面写道:"我是中国人,何必学外文? 不会 ABC,也当接班人,接好革命班,埋葬帝修反。"因为这几句顺口溜,张玉勤在受到校长罗长奇、班主任杨天成的批评之后选择了自杀。1974 年 1 月底,马振扶事件被认定为"修正主义教育路线复辟、回潮的典型",有关部门逮捕法办马振扶公社中学校长和班主任,并将全省一大批忠于职守、热心教育工作的中小学教师打成"复辟典型"。

1974 年 1 月 18 日,中共中央发出江青的《林彪与孔孟之道》,供全国"批林批孔"之用,毛泽东批准在全国开展"批林批孔"运动,一场声势浩大的"批判修正主义教育路线复辟回潮"的斗争在全国教育系统迅速展开。这个运动从 1974 年年初至同年 6 月,历时半年左右。

1974 年 11 月 6 日,国务院科教组按照江青"关于检查大中小学教材的意见"发出通知,要求各地检查修订学校现行教材,具体要求是: 1) 要充分反映无产阶级文化大革命的成果和开展"批林批孔"的要求;2) 可将《论语》《神童诗》《三字经》《女儿经》等节选、批注编入课本;3) 先抓中小学历史、语文、政治和大学的文科教材的修订工作,然后再抓其他教材。为了传达江青的意见,迟群让国务院科教组于 11 月 22—28 日在北京召开了部分省市教材改革座谈会,研究了检查、修订教材的原则和措施②。1973 年至 1975 年间,"四人帮"接二连三掀起"反复辟反回潮""反师道尊严""批林批孔"等运动。在这些干扰下,外语教学秩序又陷入混乱,外语教材建设遭到严重破坏。

在此阶段教材繁多,重复出版。同一套教材同一地区反复修订、多次再版,或同一套教材在不同地区印刷出版,或同一地区不同套系教材出版,教材版次混乱,其主要原因是:"文革"期间,中学英语教学目的不明确,学制不一致。据 1973 年 9 月 11 日国务院科教组统计的中小学学制情况可知,"文化大革命以来,有十四个省、自治区实行九年制(小学五年,初中二年,高中二年);七个省、市、自治区实行十年制(小学五年,初中三年,高中二年或小学六年,中学四年);九个省、自治区农村学校实行九年制,城市学校试行十年制;西藏自治区实行小

---

① 李传松编著. 新中国外语教育史. 北京: 旅游教育出版社,2009: 158.
② 中央教育科学研究所. 中华人民共和国教育大事记. 北京: 教育科学出版社,1984: 468.

学五年制和六年制并存,初中实行三年制。"①学制较短,基本在 4—5 年间。上课时数少,每周 2—3 课时,要求比较低。各套教材的词汇量为 800—1,200 不等。这一时期的主要英语教材描述如下:

(一) 广东省英语教材

1971 年"九·一三"事件发生后②,周恩来在毛泽东的支持下开始对某些极"左"的做法进行纠正,外语教育也一度受到重视。

1973 年 6 月,《广东省中学试用课本　英语》(1—8 册)第一版由广东省中小学教材编写组编写。该教材为四年制教材,初中二年和高中二年共 8 册。思想政治内容依然摆放在比较突出的位置,但该教材开始对基础知识和基本技能有所侧重,在一定程度上关注学生的年龄特点、认识规律以及知识的内在联系。然而,在"反回潮"和"批林批孔"阶段,这套"在无产阶级政治统帅下比较重视基础理论和基本知识"的教材,很快就被"四人帮"诬蔑为"智育第一""回潮复辟"的产物。1974 年 11 月,按照江青关于检查大中小学教材的意见,开始检查、修订和重写教材,以便"批判尊儒反法思想"等。此套教材修改后第二版在 1975年(3 月、9 月、11 月)陆续出版,套系、封面和内容变化不大,1978 年仍有重印。

该套教材等封面不再是红彤彤的颜色和大幅政治宣传图案,取而代之的是简单明了的设计风格,白色打底,左侧 1/3 大小的色块用不同的颜色对不同册次进行视觉区别。

封二仍然是"毛主席语录"。封三或封底的"说明"指出:"遵照伟大领袖毛主席关于'教材要彻底改革'的教导,按上级领导的意见,我们与湖南、福建、广西三省(区)教材组的有关同志共同编写出这套中学英语使用课本。"这套由国务院科教组委托 4 省协作编写的教材,在中南地区使用,例如河北人民出版社、湖北人民出版社和吉林人民出版社都重印发行过。湖北人民出版社重印教材的封面在广东省原教材封面上方添加了一个光芒四射的大五角星,保持"广东省中学试用课本"等字样,封底"说明"指出:"从 1973 年秋季初中一年级起,我省中学英语采用广东等省协作编写的《英语》课本。"河北人民出版社重印教材的封面与原版完全相同。吉林人民出版社重印教材的封面略有改动,"广东省中学试用课本"改成了"中学试用课本",封三说明:"这套英语课本是广东、湖南、福建、广西四省(区)协作编写的,供我省中学试用。黑龙江省中小学教材编写组,吉林省中小学教材编写

---

① 中央教育科学研究所. 中华人民共和国教育大事记. 北京: 教育科学出版社,1984: 454.
② 这一事件是指 1973 年 9 月 13 日,林彪一伙驾机叛逃苏联,后飞机失事,林彪一伙摔死于蒙古的温都尔汗,故称"九·一三"事件。

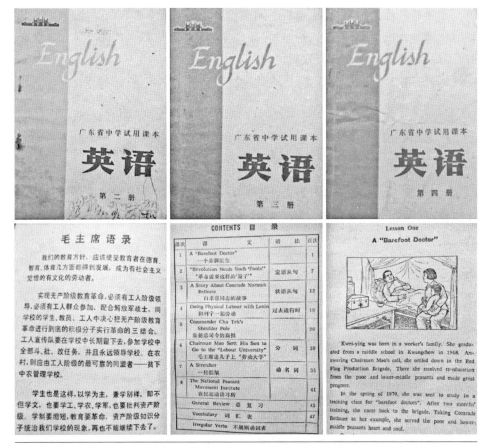

图 13-23　《广东省中学试用课本　英语》(1973)

组,1975 年 11 月。"课文内容和课文数量均和广东省第一版保持一致。

各册目录提供中英文标题和语法要点,内容重难点一目了然。由于课时精简,每册课文数量不多,均在 8—10 课之间。每课由课文、句型结构(Sentence Pattern)、生词和短语、课文注释、日常口语(Learn to Say)、语法、练习等组成。"句型结构"用方框凸显附在课文下方。"日常口语"独立编排,每课约 2 句,以循序渐进的方式培养学生的口语能力。"练习"包括朗读、课文理解题、语法填空题、英译汉、汉译英等。结构清晰,方便学生学习。附录包括总复习、词汇表、不规则动词表等。词汇表有标注课次,方便学生查询。整套教材套系完整,册与册之间难度逐增,梯度分明。

该套教材不再一味地突出政治性,课文内容不再只是空洞的政治口号和语录,而是倾向于选择一些符合学生情感体验、与学生的日常生活经验相关的题材。即使是政治类的文章,也是将思想政治教育融入情节丰富的真实故事中,潜移默化地进行德育教育。教材开始重新关注语音、语法、口语等语言知识和技能的学习。教材仍然有结构型教材的特征,重视语法的讲解。习题注重语法知识的运用,如句型转换、语法选择;也有的直接考察语法知识本身,如划出句中的及物动词和不及物动词。

(二)上海市英语教材

1972 年 1 月,上海市中小学教材编写组遵循毛主席关于"教材要彻底改革"的教导,与区县联合组成一支教材改革队伍,在工农兵革命师生支持下,编写出版《上海市中小学课本 英语》(1—8 册)。各校可根据需要采用全部或其中若干内容,也可另用自编教材。这套教材课文内容政治色彩浓重,"毛主席语录"统领整个教材。

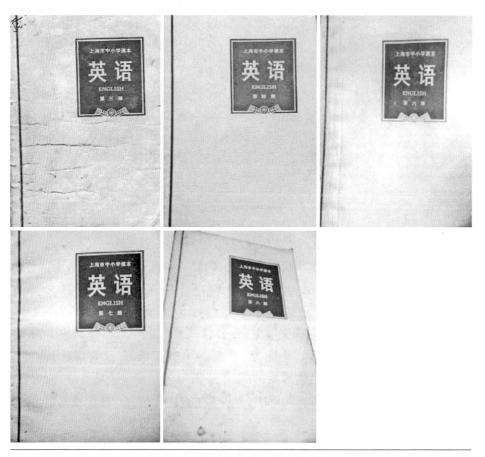

图 13-24 《上海市中小学课本 英语》(1972)

每本教材由(两个)"毛主席语录"、目录、课文前语录、课文、附录、说明组成。目录提供课次、中英课文标题、语音要点、语法要点、页码等信息。每册教材后面均设有附录——"革命歌曲"和"词汇表",以及根据不同册次内容补充特定的附录表,例如"音标"(Phonetics Symbols)、不规则动词表等。每课由方框标注的"毛主席语录"、革命插图、课文(语录或文章)、生词和短语、日常口语、课文注释、语法、练习。课文前方框内的"毛主席语录"为中文语录或者英译语录。黑白插图大多数是毛主席图片和宣扬阶级斗争的图片,置于课文前凸显位置。这套教材每册8课左右,在第四单元有期中复习,第八单元后有总复习,另提供了2篇补充阅读。少量课文是以对话形式出现的。"坚持政治标准第一,艺术标准第二"的教材编写原则和"从政治领袖著作和文化大革命的题材中选取文章"的选材要求①。

对于当时学生的学校生活,第八册第一课"Our School Life"(我们的学校生活)做了如下介绍:

> We are pupils of the Evergreen Middle School of Shanghai. We go to school at seven o'clock every morning. At half past seven we do morning exercises. Classes begin at eight. Every day we have six classes, four in the morning and two in the afternoon. At a quarter to three in the afternoon, we begin our group activities. We study Chairman Mao's works and read newspapers. Sometimes we review our lessons or do military training. After school some of us learn to sing revolutionary songs or modern revolutionary Peking Operas. Others play basketball, volleyball or table tennis. We often go to work in the factories or in the countryside ...

从这篇课文中可以发现,上海常青中学的学生每天7点上学,7:30早锻炼,8点开始上课,每天6节课,其中上午4节下午2节。下午2:45开始小组活动:朗读《毛泽东选集》、读报、复习或者军训。放学后,学生演唱革命歌曲、表演现代革命京剧或开展球类活动。学生也经常到工厂和农村去接受实践教育。学生每天的学时与现在差不多,但是学习中多了许多政治方面的内容。

这套教材的特色有:1)依据"复课闹革命"思想编写,教材政治色彩浓重,具有鲜明的时代烙印。几乎每册第一课都是以"毛主席语录"开始,每课开头都

---

① 聂晓阳."大跃进"及"文革"时期语文教科书乱象.瞭望,2009(28):20-21.

有"毛主席语录",课文主题也是革命内容,旨在推动学生的思想革命化。这个时期的经典文章被各省各版的教材共同选用,例如《南京长江大桥》《到农村去》《提高警惕,保卫祖国》《千万不要忘记阶级斗争》等;2)编写体系比较完善,内容循序渐进。受当时"课时要精简,教育要革命"思想的影响,每册课程内容不多,课文8课左右,语法任务也不是很重。

　　1973 年 7 月,上海市中小学教材编写组编写的《上海市中小学课本　英语》(1—6 册)出版。1973 年 12 月,上海市中小学教材编写组编写了《上海市中小学课本　英语》第 7—10 册,1974 年 11 月上海市中小学教材编写组编写《上海市中小学课本　英语》第 11 册。根据张同冰(2002)提到的"上海市教育局编的中小学英语教材出版了 11 册"①推断,上述 11 册教材应该是一套小学、初中、高中延续使用的教材。第一至四册封面充满童趣——一群背着书包、活泼快乐的学生朝前走来。第五至六册封面略显正式,代替学生画像的是双色方格子,格子中间是大写的 26 个字母。不同风格封面体现不同学段。第一至四册是小学学段教材,被湖北省采纳。

图 13 - 25 　《上海市中小学课本　英语》(1973)

　　① 张同冰,丁俊华.中国外语教育发展史回顾(十一)第五章　新中国外语教育的发展过程.基础教育外语教学研究,2002(11):47.

　　每册教材有 8—10 课,教材扉页是"马克思语录""列宁语录"和"毛主席语录"。每课由课文、生词和短语、课文注释、日常口语、练习组成。书后有总复习、革命歌曲和词汇表。革命歌曲是英译的中文歌曲,配以简谱供学生学唱。生词表按字母顺序排列,标注了音标、中文释义和课文出处。这套教材出版了教学参考书《上海市中小学课本英语使用说明》,由上海市中小学教材编写组编写,上海人民出版社 1973 年出版。

　　本套教材主要特色是: 1) 政治内容减少许多,不再是每课学语录,生活题材的内容增加,开始关注基础理论和基础知识的学习,中小学、各年级、各册次之间衔接更好,教材体系也相对完善,还配备了教学参考书;2) 不管是语法讲解还是练习题,大量以句型替换的方式出现,是一种比较典型的结构型教材;3) 受当时精简课程的影响,每册课文不多,在 10 课左右。

　　1974 年 1 月 8 日,中共中央发布北大、清华汇编的《林彪与孔孟之道》,作为"批林批孔"运动的资料,全国正式掀起"批林批孔"运动。教材从名称到内容严重异化,"为了突出课本的政治性,有的地区一度把政治、语文、历史三科合并为毛泽东思想课本,体育改为军事体育课,以军训代替体育,音乐、美术合并为革命文艺课等等。为了突出实践性,多数地区取消了物理、化学、生物课,改设'工业基础知识'和'农业基础知识',强调'典型产品带教学',以生产为主线安排教学内容。物理学部分讲'三机一泵'(拖拉机、柴油机、电动机、水泵);化学部分讲土壤、农药、化肥;生物部分讲'三大作物'(稻、麦、棉)和一头猪……①"为了顺

图 13-26　《上海市中小学课本　英语　批林批孔教材》(1974)

---

① 石鸥. 新中国中小学教科书图文史　外语. 广州: 广东教育出版社,2015: 109.

应"批林批孔"革命斗争形势,1974年上海市出版了许多"批林批孔"书籍和教材,其中包括上海市中小学教材编写组编写的《上海市中小学课本 英语 批林批孔教材》上、中、下3册。上册相当于上海市中小学课本第一至第三册,中册相当于第四至六册,下册相当于第七至十册。

教材结构和课文结构与前面的教材略有不同。教材包括"毛主席语录"、目录、课文、口号(Slogans)、"批林批孔"用语(Expressions Used in Criticizing Lin Piao and Confucius)。每课由课文、单词表、课文注释等组成。

教材每册有5—6课,不仅增加了"批林批孔"表达,还编入了"批林批孔"课文,例如下册第三课"A Page from Chang Hua's Diary"。这个日记写于1974年1月23日,第三段内容就是直接批评林彪的:

> Lin Piao, the 'super spy', wanted to turn our country into a colony of Soviet revisionists' social imperialism. He wanted to turn our Party into a revisionist party. He tried to turn back the wheel of history. He was crushed in the end. And his bosses, the Soviet revisionists, will come to no good end, either. Down with Lin Piao! Down with Soviet revisionism! (林彪,'超级间谍',想把我们的国家变成一个苏维埃修正主义的社会帝国主义的殖民地。他想把我们党变成一个修正主义政党。他试图扭转历史的车轮。他最终被粉碎了。他的主使,即苏维埃修正主义者,也不会有任何好结果。打倒林彪! 打倒苏维埃修正主义!)。

在这篇课文中,林彪被批判为与苏联勾结的"超级间谍"。上册第四课"Criticize Lin Piao and Confucius"(批林批孔),以对话的方式批判林彪和孔子的反动思想,弘扬无产阶级革命思想。

中册第三课"Learn from Huang Shuai"(向黄帅学习)。黄帅是北京市海淀区中关村第一小学五年级学生,和班主任产生了一些矛盾后,给《北京日报》写了一封信,希望报社调和她和老师之间的矛盾。此时,江青等人正好需要在教育界树立一个"横扫资产阶级复辟势力""批判修正主义教育路线回潮"的典型。黄帅这封600字左右的信成为江青等人的突破口。1973年12月12日,《北京日报》以《一个小学生的来信和日记摘抄》为题,发表了黄帅10月21日给该报的信和日记摘抄。1973年12月28日《人民日报》全文转载该文,又另加《编者按》来赞扬"黄帅敢于向修正主义教育路线开火"。此后在全国各地的中小学中迅即掀起了一股"破师道尊严""横扫资产阶级复辟势力""批判修正主义教育路线

"回潮"的浪潮。在这股浪潮中,学校为建立正常教学秩序所采取的措施,教师对学生的教育管理,严格要求,统统被指为搞"师道尊严""复辟""回潮"。这也是一篇跟"批林批孔"紧密相关的文章。

1974年的这套"批林批孔"教材被云南省教育局教材编审室采用,由云南人民出版社出版,供云南省"批林批孔"使用。教材在封底"说明"中指出:"1974年8月,当前伟大的'批林批孔'运动正在深入、普及、持久地发展,外语教学必须紧密地配合革命形势,我省选用了"上海市英语批林批孔课本"下册,与高中英语教材配套,供我省高中一、二年级学生同时使用。"

1974年12月,上海市中小学教材组编写,上海人民出版社出版了《上海市中小学课本　英语　补充材料》上、下册,其中下册字数仅为15,000,仅提供课文、生词、课文注释。

图13‑27　《上海市中小学课本　英语　补充教材》(1974)

(三) 北京市英语教材

1972年1月,北京市教育局中小学教材编写组编写、北京人民出版社出版《北京市中学课本　英语》。这套教材被青海人民出版社、内蒙古人民出版社、河南省新华书店、新疆人民出版社等重印发行,供当地教学使用。教材封面十分简洁,上端绿底白字,下端白底红字,格调简洁。封面和北京1970版教材相似,天安门城楼点缀在封面下端,不像"复课闹革命"阶段的教材那么过分渲染。这也反映出本套教材对于政治内容所采取的态度:政治说教内容会有涉及,但不会统领整套教材。

教材包括课文、生词和短语、课文注释、语法和练习。语法讲解非常详细。课文题材更丰富,例如第五册课文:1. "China"(中国);2. "A Brave Vietnamese

Boy"(一个勇敢的越南男孩);3."A Wolf in Sheep's Clothing"(披着羊皮的狼);
4."A Speech"(演讲);5."Deaf-Mutes Speak"(聋哑人说话);6."An Industrial
Exhibition"(工业展);7."A Small Yard Builds a Big Ship"(小院子造大船);
8."The Sun and the Moon"(太阳和月亮);9."Drive for the Revolution"(革命的
推动力);10."See a Film"(看电影)。每册后面有总复习、(归纳前面几册的)
不规则动词表、日常用语(Daily Expressions)、革命歌曲、词汇表。总体来说,虽
然教材仍具有"复课闹革命"时期特征,涉及一些政治内容,但逐渐注重语言知
识和语言能力的培养。

图 13-28 《北京市中学课本　英语》(1972)

　　1973 年 1 月,北京市教育局教材编写组编写、北京人民出版社出版《北京市
中学课本　英语》,共 9 册。这套教材被新疆、内蒙古、山东、山西、贵州、四川、宁
夏等地重印出版。自 1976 年陆续再版,到 1978 年仍有印刷。教材封面一致,纯
白的封面左上角是天安门广场。教材体系比较完善,语音、语法、句型等逐步纳
入教学内容当中。教材结构与前版教材有很多不同。

　　第一册共 13 课,其余每册 8—10 课,另补充 2 篇阅读课文。书后附有总复
习、课堂用语、革命歌曲、词汇表、语音音素或不规则动词表。每课由句型结构
(Sentence Patterns)、句型操练(Pattern Drills)、课文(Text)、生词和短语(New
Words and Expressions)、注释(Notes)、语法(Grammar)、口语练习(Learn to Speak)、
语音(Phonetics)、练习(Exercises)、词汇学习(Word Study)等组成。第一册重点是
字母和语音学习,其余各册重点是句型操练(Pattern Drills)。课文有短文和对话两
种形式。部分课文有"词汇学习",详细讲解单词的多种意思及用法,并提供例
句。课后设置了大量的练习,例如按例句改写句子、看图完成句子、句子汉译英、
选词填空、短文阅读等。课文和习题中插图很多,用图片指示所要表达的实物。

图 13－29　《北京市中学课本　英语》(1973)

四、"文革"时期的典型英语教材

"文革"时期的教材套系繁多,政治色彩浓重。《北京市中学试用课本　英语》是一套具有"文革"特色的典型教材:一是"复课闹革命"阶段的教材更能反映"文革"特殊时期教材的特点,二是首都北京的教材有其特殊意义,被多省市选用,具有典型性。

(一)编者与教材简介

《北京市中学试用课本　英语》于 1969 年 4 月由北京市中小学教材编写组编写,北京市新华书店发行。这个时期的教材实行"开门"的方式,采取领导、专家和群众三方面结合进行编写,是广大工农兵、干部、革命师生共同的智慧结晶。

教材的"说明"指出:"这套中学课本是遵照伟大领袖毛主席关于教育革命的指示,在广大师生和革命群众编写的基础上汇编而成。此教材仅供本市中学复课闹革命试用。各校可根据需要采用全书或其中若干内容,也可以另用自编教材。"1969 年 7 月,该教材被湖北省中小学教材编写组采用,封三"说明"中提道:"我省决定采用北京市新编中小学使用课本,供本市中小学教学试用。各地仍遵照伟大领袖毛主席'教材要有地方性,应当增加一些地方乡土教材'的教导,放手发动群众,以工农兵为主体编出一套闪耀着毛泽东思想光辉的地方性教材。"1971 年湖北省编出自己的地方英语教材《湖北省中学试用课　英语》供湖北省使用。

　　1970—1971 年由北京市教育局革命领导小组和北京中小学教材编写组编写的《北京市中学试用课本　英语》共 3 册出版,这套教材是在 1969 年版本的基础上拓展而成。两套教材不仅同名,而且内容和编排基本相同,都包括毛主席语录、最高指示、毛主席巨幅彩色肖像画、相同的目录格式(标注了课次、课文标题、语音、语法)、说明等。每篇课文开头都有方框标出的中文语录。所不同的是,1970 年版教材的封面更为简洁,白底红字,天安门图标小而不如从前夸张,内容编排也相对系统,课文还加入了英语学科知识以及非典型语录的文章。表 13 - 5 以 1969 年 4 月出版的《北京市中学试用课本　英语》的第一册为例,对教材内容进行分析。

　　（二）教材内容介绍

　　教材封面简洁,页面上方用 1/4 大小的方框标识"最高指示",强调"我们的教育方针,应该使受教育者在德育、智育、体育几个方面都得到发展,成为有社会主义觉悟的有文化的劳动者"。封面上标有"字母"两字,说明这套教材是供初学者使用,从字母音标学起,涉及少量语法。封二是一长段"最高指示":"学生也是这样,以学为主,兼学别样,即不但学文,也要学工、学农、学军,也要批判资产阶级。……在农村,则应由工人阶级最可靠的同盟——贫下中农——管理学校"。扉页是一幅整页的毛主席彩色肖像画,下方配以红色文字"A Long, Long Life to Chairman Mao!"(毛主席万岁!)。教材目录提供了课次、课文标题、字母音标、语法、页码的信息。

图 13 - 30　《北京市中学试用课本　英语》(1969)

教材面向初学者,第一至六课学习字母,第七课开始学习音标,第九课开始接触简单语法。全书共 25 课,82 页。每课由语录、课文、生词、课文注释、字母或语音、语法、练习组成。每课的正上方是用方框凸显的中文语录或"最高指示",例如"毛泽东同志是当代最伟大的马克思列宁主义者""毛主席对红卫兵说:我向你们表示热烈支持""毛主席是当代无产阶级最杰出的领袖,当代最伟大的天才"等。

课文简短,其中 5 篇课文没有标题仅一句语录,5 篇课文有标题和一句语录,大部分课文只有 2—4 句的长度。略长的课文,如第 21 课是对话形式的课文,第 23 至 25 课是段落形式的课文。课文内容全部是英译的"毛主席语录"或口号,宣誓效忠毛主席,表达对毛主席的热爱与崇敬,表达与帝国主义、修正主义、反动派划清阶级界线和势不两立等。分课生词表,仅提供生词和中文释义。偶有课文注释,讲解简短。每篇课文配有黑白插图。

表 13－5　《北京市中学试用课本　英语》(1969)第一册内容归纳

课次	课文(中文名本文作者加)	课文长度	字母音标	语　法
1	Chairman Mao(毛主席)	仅 1 句语录	字母 C, H, A, I, R, M, N, O	
2	Long Live Chairman Mao! (毛主席万岁!)	仅 1 句语录	字母 L, G, V, E	
3	Wish Chairman Mao a Long, Long Life! (敬祝毛主席万寿无疆!)	仅 1 句语录	字母 T, S, W, F	
4	Chairman Mao Is Our Great Teacher. Chairman Mao Is Our Great Leader. (毛主席是我们伟大的导师,毛主席是我们伟大的领袖。)	仅 2 句语录	字母 U, D, J, Q, X	
5	Workers, Peasants, Soldiers Love Chairman Mao Best. (工人、农民、解放军最热爱毛主席。)	仅 1 句语录	字母 K, P, B, Y, Z	
6	Chairman Mao Is the Red Sun in Our Hearts. (毛主席是我们心中的红太阳。)	仅 1 句语录	字母表	

续　表

课次	课文(中文名本文作者加)	课文长度	字母音标	语　法
7	A Quotation from Chairman Mao Tse-tung(一则毛主席语录)	标题+1 句	音标	
8	A Quotation from Chairman Mao Tse-tung(一则毛主席语录)	标题+1 句	音标	
9	A Quotation from Chairman Mao Tse-tung(一则毛主席语录)	标题+1 句	音标	名词的复数(I)
10	Long live the great teacher, great leader, great supreme commander and great helmsman Chairman Mao! A long life to him! A long, long life to him! (伟大的导师、伟大的领袖、伟大的总司令、伟大的总舵手——毛主席万岁,万万岁!)	仅 1 段话	音标	
11	Chairman Mao Is Our Red Commander.(毛主席是我们的红司令。)	标题+5 句	音标	
12	I Am a Red Guard.(我是一名红卫兵。)	标题+4 句的段落	音标	"是"动词 am is are
13	A Quotation from Chairman Mao Tse-tung(一则毛主席语录)		音标	名词的复数(II)
14	Down with U. S. Imperialism! Down with Soviet Revisionism! Down with the Reactionaries of All Countries! ...(打到美帝国主义! 打到苏联修正主义! 打到各国一切反动派! ……)	仅 4 句标语	音标	—
15	Albania—Our True Friend(阿尔巴尼亚——我们的真朋友)	标题+3 长句的段落		
16	The East Is Red(东方红)	标题+4 句	—	英语的词类

续　表

课次	课文(中文名本文作者加)	课文长度	字母音标	语　法
17	Vice Chairman Lin's Inscription (林副主席题词)	标题+2 句	—	一般现在时(I)
18	Vice Chairman Lin's Inscription (林副主席题词)	标题+1 句		一 般 现 在 时 (II)
19	The Supreme Instructions(最高指示)			
20	The Working Class Is Forever Loyal to Chairman Mao. (工人阶级永远忠于毛主席。)	标题+4 句的段落	—	—
21	Work Hard for the Revolution (为革命努力工作)	标题+对话 2 长段		行为动词一般现在时的疑问式或否定式
22	Quotations from Chairman Mao Tse-tung(毛主席语录)			
23	Learn from the P.L.A (向解放军学习)	标题 + 3 个段落	—	—
24	Peking(北京)	标题 + 3 个段落	—	—
25	Eager to Get a Chairman Mao Badge(渴望得到一枚毛主席像章)	标题+3 个长段落		动词 have, has
附录	革命歌曲(大海航行靠舵手) 词汇表 课堂用语 音标简表			

　　课文将语录和语法学习结合起来,兼顾政治学习和语言结构掌握。例如,第21 课这段对话涉及一般现在时的疑问句学习,并强调"为革命努力工作"的主题。

表 13-6 《北京市中学试用课本 英语》(1969)第一册第 21 课对话

Lesson Twenty-one
Work Hard for the Revolution

A：Do you see a worker in the picture?
B：Yes, I do. He is running a machine.
A：Does he run the machine every day?
B：Yes, he does. He works hard for the revolution.
A：What do you see in the picture?
B：I see a peasant and a tractor. The peasant is driving the tractor. She works hard for the revolution.

练习指令语为中文。练习形式有：抄字母、抄课文、拼读单词、朗读音标、背诵课文、朗读段落并译成中文、词组汉译英、句子英译汉，句式转换等。练习形式跟过去的教材一样，但练习内容完全不同，全部是语录、"最高指示"等政治内容，例如，第 17 课的练习：

表 13-7 《北京市中学试用课本 英语》(1969)第一册第 17 课练习部分

I. 让我们怀着对伟大领袖毛主席无限忠诚的心情,背诵林副主席的题词,并结合国内外形势谈谈学习林副主席题词的体会。
II. 用括号里的动词填空。
1. The red sun _____ (rise) from Shaoshan (韶山).
2. The people _____ (love) Chairman Mao, and Chairman Mao _____ (love) the people.
3. The workers _____ (work) hard (努力) for the revolution.
III. 把下列句子译成英语：
1. 毛主席是红卫兵的红司令。
2. 毛主席是我们心中的红太阳。
3. 毛主席是人民的大救星。

书后有 4 个附录：革命歌曲、词汇表、课堂用语、音标简表。革命歌曲 "Sailing the Seas Depends on the Helmsman"（大海航行靠舵手）以毛主席语录为歌词。课堂用语（Classroom English）提供了 20 条课堂常用句,并配有中文翻译。第 1—8 条课堂用语是口号,例如：1. Salute our great leader Chairman Mao（向伟大领袖毛主席致敬）;2. Let's wish our great leader Chairman Mao a long, long life（让我们敬祝伟大领袖毛主席万寿无疆）;3. Let's sing the song "The East Is Red"（让我们高唱《东方红》）。第 9—20 条是课堂指令用语,例如：9. Take out your book（把书拿出来）;10. Read after me, please（跟我读）。

这是 1969 年仓促出版的"急就章"教材,供"复课闹革命"临时使用,主要有以下特征:

1) 教材编制粗糙简短。无论是课文、生词和短语、课文注释、语法还是练习,都非常简短。整本教材仅 82 页、25 课,其中 80% 的课文仅几句语录。练习题一般 3—4 个,偶有课文注释。2) 教材内容全面政治化,课文、练习、课堂用语、插图和革命歌曲都与政治相关,整个教材从头至尾都是语录和最高指示的学习。3) 教材语言不地道,政治化、成人化、汉译式语言充斥教材。教材不是按语言学习规律进行编排,而是一切"以阶级斗争为纲"。

五、"文革"时期的英语教材特色

"文革"时期,教育领域打破资产阶级知识分子统治,建立无产阶级全面专政,实行"革命干部、军队代表、群众代表"三结合。强调工人宣传队长期留在学校并永远领导学校。在农村,则应由工人阶级最可靠的同盟者——贫下中农——管理学校。缩短学制,实行"开门办学",让学生走出学校,在学工、学农、学军的社会实践中,在工厂、农村的大课堂中接受教育,以打破教师、书本、课堂"三中心";取消各级学校的考试制度;反对智育第一,分数挂帅;高校实行免试推荐入学,招收有实践经验的工农兵学员;打击和降低教师的地位作用,批判师道尊严等等①。在这样的政策背景下,教材种类繁多,版次混乱,内容随国家形势的发展而变化多端,呈现出浓重的政治色彩。

（1）教材总体特征:"文革"初期教材缺乏基础知识与基本能力的训练,忽视语言学习规律和儿童心理特征,只注重思想政治教育功能,将英语教材等同于政治教材,抹杀了英语教材作为一个学科的独特功能。"回潮"时期教材开始恢复基础知识的学习与训练,相对减少政治内容与语录的学习,获得了暂时的发展期。但不久这批教材被污蔑为"智育第一,复辟产物"而遭到"四人帮"的批判,被要求检查修改,同时各种"批林批孔"教材出现。直到 1976 年,各地的中小学教材仍具有特殊时代痕迹。1) 前期领袖语录贯穿全书。2) 政治化的选文内容:领袖诗文,歌颂伟大领袖毛主席和毛泽东思想;批判资产阶级路线及资产阶级代言人,批判万恶的旧社会,批判资产阶级和修正主义的教育路线。3) 成人化的文章体裁。4) 色彩浓厚的封面、插图与夸饰的教材语言。5) 不地道的语言,课文多数为中式英译文②。

---

① 彭秀良,季秀丽."文化大革命"中关于"教育革命"的不同声音.百年潮,2012(11):41.
② 王润."文革"中的第一套中学语文教材.中华读书报,2015-05-27(005).

　　（2）采用地方自行编写教材的政策。地方成立了各自的教材编写组,实行"开门"的方式,实行"三结合",即领导、专家和群众参加。地方对省编教材的改革,在一定程度上有利于改正教材的某些缺点,实现因地制宜。"文革"后期部分省市合编教材,其他各地借用教材比较多。

　　（3）"文革"时期的教材编写变革频繁,造成了极大的浪费。从"文革"开始之后,课程设置不断变化,教材也跟随着不断更新。教材的停用、重编、重印给地方财政、人力、物力带来巨大负担。省编和地区教材的这种频繁的变更在1975年达到高潮,以至于纸张告急①。

---

① 胡耿,李兴韵."文革"时期中小学的教材变革——以广东为例的分析. 党史研究与教学,2011(05）: 92.

第十四章
中学英语教材(二)

第一节　恢复发展时期的英语教材(1976—1985)

随着"文革"结束,教育部于 1976 年 11 月中旬邀请北京、上海、吉林、河北 4 省市负责中小学教材编写工作的专家,针对清除"四人帮"在中小学教材中的流毒和影响问题,分析情况并研究处理意见。1977 年 9 月 7 日,教育部再次发布通知,要求按下列原则检查现行教材:

1)"四人帮"及其余党的言论、文章和形象,坚决清除。2)"四人帮"控制的写作班子写的宣扬修正主义观点、制造反革命舆论的文章,坚决清除。3)"四人帮"对抗毛主席的指示,"批林批孔",批经验主义,又批"走后门","三箭齐发",这些在教材中有反映的,应按照毛主席关于"批林批孔"的指示修改。"批邓""反击右倾翻案风"的教材,应予删除。4)"四人帮"吹捧、宣扬和插手的人和事,或与"四人帮"阴谋活动有关的人和事,分别不同情况处理。凡中央文件、各地党委、报刊文章已予批判的,应予删除。有些人和事,目前情况尚不清楚的,可暂予回避。5)"四人帮"的反动观点,坚决清除。影响或贯穿全书的,停止使用,重新编写。反映在部分章节的,删除或修改①。

因时间仓促,在外语教学上还来不及颁布相应的政策和规划,因此出现了暂用的过渡教材。

---

① 何东昌. 中华人民共和国重要教育文献(1949—1997). 海口:海南出版社,1998:1576.

一、过渡阶段的过渡教材（1976—1978）

在 1978 年全国通用教材出版之前,学校使用的教材仍以修订"文革"后期的教材或者各地重新编写的教材为主。这一阶段的教材统称为"过渡教材",其内容与形式介于"文革"后期教材和统编教材之间,少了政治性,但系统性还不够。通过分析,可将这个阶段的过渡教材分为 3 类,补充教材、改编教材、新编教材,具体列表如下:

表 14 - 1　过渡时期部分中学英语教材列表

序号	书　名	册次	编　者	出版机构	出版年代	备注
1	《北京市中学课本英语补充阅读教材》	1	北京教育学院教材教研部编写	北京人民出版社	1978 年	补充教材
2	《北京市中学课本英语阅读教材》	1	北京教育学院外语教研室英语组编写	北京出版社	1979 年	补充教材
3	《河南省中学试用课本英语补充教材》	1	河南省革命委员会教育局中小学教材编辑室编写	河南人民出版社	1978 年	补充教材
4	《上海市中学课本英语》	1—4	上海市中小学教材编写组编写	上海人民出版社和上海译文出版社	1977 年	
5	《河南省中学试用课本英语》	1—4	河南省革命委员会教育局中小学教材编辑室编写	河南人民出版社	1978 年	
6	《湖北省中学试用课本英语音标始本》	1—2	湖北省中小学教学教材研究室校订	湖北人民出版社	1978 年	
7	《江西省中学试用课本英语》	1—4	江西师院中学英语教材编写组和江西省中小学教材编写组共同编写	江西人民出版社	1978 年	

(一) 补充教材

各地除按照教育部的要求对原有教材进行清理和修改之外,还新编了一些过渡性质的补充教材。这些教材是对"文革"后期教材进行补充,与原教材配套使用。

《上海市中学课本 英语 补充材料》由上海市中小学教材组编写,上海人民出版社于 1977 年 1 月出版,共 6 课,仅少量页数。《北京市中学课本 英语 补充阅读教材》(共 1 册),由北京教育学院教材教研部编写,由北京人民出版社于 1978 年 6 月出版第 1 版,山东人民出版社同时重印出版;《北京市中学课本 英语 阅读教材》(共 1 册),由北京教育学院外语教研室英语组编写,由北京出版社于 1979 年 5 月出版第 1 版。

图 14 - 1 上海市和北京市的补充教材

《河南省中学试用课本 英语 补充教材》(共 1 册),由河南省革命委员会教育局中小学教材编辑室编写,河南人民出版社于 1978 年 11 月出版第 1 版。该课本内容共分为 3 个单元,第一单元有 8 篇文章,第二个单元有 9 篇文章,第三单元有 10 篇文章。教材扉页上是河南省教育局教材编辑室 1978 年 6 月做出的"说明":"这本《英语补充教材》是对省编中学英语教材(全 4 册)的补充。全书分选读课文及附录两部分,补充词汇 380 个左右,语法项目 8 条。原则上第一单元供学完英语第二册后选学,第二单元供学完英语第三册后选学,第三单元供学完英语第四册后选学。"

教材中部分课文仍选自"文革"期间经典的政治性课文,例如:第一单元第 5 篇文章"The Miner and Coal"(《矿工和煤》)与 1973 年《广东省中学试用课本 英语》第三册第 9 课的课文一样;第二单元第 9 课"The Cock Crows at

Midnight"(《半夜鸡叫》)与 1973 年《广东省中学试用课本　英语》第五册第 6、7
课的课文,1969 年《湖南省中学试用课本　英语》第二册第 11 课的课文,1972 年
《北京市中学课本　英语》第四册第 7、8 课的课文一样。《半夜鸡叫》在"文革"
期间各个版本的英语教材中反复出现,足见其价值所在。《半夜鸡叫》讲的是
旧社会里地主阶级压迫农民,农民奋起反抗的斗争故事。教材也补充了一些
新的政治题材,例如第一单元第 2 课"We Love Chairman Hua"(我们爱华国锋
主席)。

　　课文取材虽然没有完全改变"文革"时期政治性选材的特点,但也增加了一
些寓言故事,例如第三单元第 5、6 课的"Mr. Tungkuo and the Wolf"(《东郭先生
和狼》),第 8、9 课"The Blind Men and the Elephant"(《盲人摸象》),以及一些童
话故事,如第三单元第 2、3 课"The Little Match Girl"(《卖火柴的小姑娘》)。

　　每篇课文提供生词和短语、课文注释,没有附带课后练习。这套教材旨在补
充阅读材料,从而提高学生阅读能力、扩大词汇量、加大基础知识的积累。

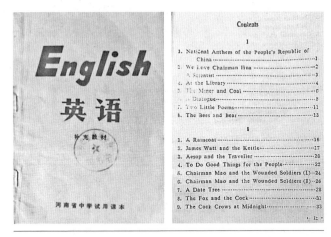

图 14-2　《河南省中学试用课本　英语　补充教材》(1978)

(二) 新编教材

　　部分省市在"回潮"和"反回潮"阶段与其他省市共同协作编写教材或采用
其他省市教材,"文革"结束后开始新编自己的教材,供过渡时期使用,其中包括
1977 年 2 月第 1 版出版的《上海市中学课本　英语》共 4 册、1978 年 6 月第 1 版
出版的《河南省中学试用课本　英语》共 4 册、1977 年 5 月陆续出版的《江西省
中学试用课本　英语》共 4 册、1977 年 5 月洛阳市内部发行的《河南省中学试用
课本　英语》、1978 年 1 月出版的《湖北省中学试用课本　英语　音标始本》共
2 册等。

1.《上海市中学课本　英语》(1977)

《上海市中学课本　英语》(1—4 册)由上海市中小学教材编写组编写,于1977 年陆续出版,上海人民出版社和上海译文出版社都出版过此套教材。1977年 2 月第 1 版第二、四册,1977 年 5—6 月第 2 版,1977 年 12 月第 3 版,第 1 版和第 3 版教材的个别课文有改变。1978 年 1 月湖北人民出版社第一次印刷。课文内容的"阶级斗争"成分有所淡化,更多的是跟当时形势相关的文章,例如第二册第 1 课(第 3 版)"We Love Chairman Hua"(《我们爱华主席》)、第三册第 1课"A Visit to Our Party's Birthplace"(《参观党的出生地》)、第四册第 1 课"Lenin and the Guard"(《列宁与卫兵》)。《参观党的出生地》介绍了第一次党代会的时间、会址,共产党的创始人,以及共产党的指导思想——马列主义毛泽东思想。《我们爱华主席》介绍毛主席的接班人华国锋:"Chairman Hua is our wise leader. He is Chairman Mao's worthy successor. Chairman Hua is loyal to Marxism-Leninism-Mao Tsetung Thought. He firmly carries out Chairman Mao's revolutionary line. He loves the people, and the people love him. We will follow Chairman Hua and make revolution for ever . . ."(华主席是我们英明的领导者。他是毛主席可靠的接班人。华主席忠于马克思列宁主义毛泽东思想。他坚定地执行毛主席的革命路线。他爱人民,人民爱他。我们将跟随华主席,永远干革命……)。这套教材配有黑白插图。

图 14 - 3　《上海市中学课本　英语》(1977)

2.《湖北省中学试用课本　英语　音标始本》(1978)

《湖北省中学试用课本　英语　音标始本》(1—2 册)由湖北省中小学教学

教材研究室校订,湖北人民出版社于 1978 年 1 月出版第 1 版。在第二册封底"说明"写道:"从一九七七年秋季起,我省中学开始采用省编英语教材。这套教材是由华中师范学院外语系编写的,并有襄阳、黄冈等地区部分中学教师参加。经省审定并做修改,现在出版第二册,供学完第一册(音标始本)的年级使用。"湖北省原先采用 1973 年出版的《广东省中学试用课本 英语》,过渡时期开始使用自己的省编教材。

这套教材从音标开始学起,注重基础知识和基本技能的训练。以第二册为例,全书共 10 课,第 5 课后有单元复习,第 10 课后有总复习,书后附有词汇表。内容设置和之前教材差不多,每课由课文、生词和短语、日常口语、语法、练习组成。练习形式和之前教材也基本一样,有朗读、替换练习、翻译、书写等。第二册开始简单语法学习,例如:词类,主语和谓语、名词复数、"动词 am、is、are""动词have""there be 句型"。相比较而言,课文主题变化稍大,主题更多的是:1) 对党和国家的热爱,例如 Lesson 3 "They Are Party Members"(《他们是共产党员》)、Lesson 4 "We Love Our Party"(《我们热爱我们的党》);2) 对美好生活的热爱,例如 Lesson 8 "Our Classroom"(《我们的教室》)、Lesson 9 "Our School Farm"(《我们的校办农场》)、Lesson 10 "My Family"(《我的家庭》);3) 在光辉道路上奋勇前进的劳动热情,例如 Lesson 2 "Labour Day"(《劳动节》)、Lesson 5 "Work Hard for Revolution"(《为革命努力工作》)、Lesson 6 "We March on the May 7 Road"(《我们前进在"五七"道路上》)。

图 14 - 4 《湖北省中学试用课本 英语 音标始本》(1978)

(三)教材整体特点

在过渡时期,国家的相关政策还没有颁布,英语教材也只能修修补补,起着

过渡的作用。但是,过渡时期的教材还是反映出以下特点:

1)教材主题更多元化,不再只局限于阶级斗争,而是与当时的政治、经济、生活息息相关。例如对当时新一代领导人的颂扬、对党和国家的热爱、新榜样的宣传、社会主义经济建设的新成就等。"复课闹革命"阶段,课文要求学习"毛主席语录";"回潮"和"反回潮"阶段,课文内容开始变为"打倒叛徒林彪";"文革"结束后,课文开始变为打倒"四人帮",并开始出现歌颂华国锋和周恩来的文章。在"文革"后期,虽然已不再是每篇文章都有"毛主席语录",但每套教材仍体现不变的原则,即无产阶级政治挂帅和毛泽东思想领先。教材尝试通过一些与人民生活紧密相关的文章来坚定无产阶级路线和社会主义路线。

2)教材种类逐渐多元化,注重弥补"文革"期间忽视基础知识和基本技能的缺陷。"文革"期间,教材政治挂帅,英语教材亦当做宣传无产阶级专政的革命阵地,忽视基础理论和语言知识的培养。"文革"之后,开始补充一些阅读教材,例如《北京市中学课本　英语　补充阅读教材》《北京市中学课本　英语　阅读教材》《河南省中学试用课本　英语　补充教材》,旨在通过与原教材配套使用来提高学生的阅读能力,增加学生的词汇量。补充语法教材《上海市中学课本　中学英语复习教材》,帮助学生系统掌握必要的语法知识。教材注重音标学习,例如《湖北省中学试用课本　英语　音标始本》尝试从音标学习,打好语音基础。

3)从教材内容来看,教材课文前和课文中都已经没有语录或口号之类的内容;教材课文也添加了许多新内容,如政治时事、时代人物、社会建设以及寓言故事等。教材形式完备,内容翔实、练习丰富,注重语言知识和语言技能的学习和训练。

二、拨乱反正阶段的十年制教材(1978—1982)

"文革"结束后,党和国家的政治生活步入正常化轨道。我国的外语教育——尤其在外语政策、教材出版、教学规划等——进入"拨乱反正"阶段。

(一)外语政策

1977年7月17日,中共十届三中全会一致通过《关于恢复邓小平同志职务的决议》,开始在教育战线全面拨乱反正,整顿教学秩序,重编教材,恢复中断十年的高考制度。1977年8月8日,邓小平主持科学与教育工作座谈会,发表《关于科学和教育工作的几点意见》的讲话,充分肯定中华人民共和国成立后17年教育战线上所取得的成绩,并指出教育制度中存在许多问题:"学制问题,是否先恢复小学五年、中学五年。""关键是教材,教材要反映出现代科学文化的先进水平,同时要符合我国的实际情况。""高等院校招收应届高中毕业生的问题。今年就要下决心恢复从高中毕业生中直接招考学生,不要再搞群众推荐。"①1977年10月12日,国务院批转教育部关于1977年高等学校招生中考试科目暂不设置外语,报考外语专业的加试外语。1978年初,"十年浩劫"后的第一批大学生跨进高校的大门,实现了从"不学ABC,照样干革命"到"尊重知识、尊重人才"的历史进步。1977年9月19日,邓小平同教育部主要负责同志就《教育战线的拨乱反正问题》进行谈话,邓小平指出:"教材非从中小学抓起不可,教材非教最先进的内容不可,当然,也不能脱离我国的实际情况。"②

　　1978年3月5日,五届人大一次会议通过的《中华人民共和国宪法》第十三条规定:"国家大力发展教育事业,提高全国人民的文化科学水平。教育必须为无产阶级政治服务,同生产劳动相结合,使受教育者在德育、智育、体育几方面都得到发展,成为有社会主义觉悟的有文化的劳动者。"会议同时决定刘西尧任教育部部长③。1978年7月8日,国务院批转教育部《刘西尧同志在全国教育工作会议上的报告和总结》,指出:根据发展国民经济十年规划的要求,教育部初步拟定了1978年至1985年全国教育事业规划纲要(草案);要完成新时期教育战线的任务,从现在起到1985年,是最关键的8年,前3年要着重整顿提高,为后5年的加快发展打好基础④。1979年12月21—30日,教育部在北京召开教育事业计划座谈会,讨论贯彻"调整、改革、整顿、提高"八字方针的具体措施⑤。1978年8月28日至9月10日在北京召开了全国外语教育座谈会,总结1949年以来外语教育的经验教训,提出《加强外语教育的几点意见》,要求各级教育行政部门和学校领导千方百计地提高外语教育质量,切实抓好中小学外语教育这个基础,并指出:中学外语课和语文、数学等课程一样,是一门重要的基础课。座谈会提出编选出一批相对稳定的大中小学外语教材⑥。

　　1979年5月3日,国务院批转教育部《关于1979年高等学校招生工作的意见》,规定:"外语考试成绩,报考重点院校的,按10%计入总分;报考一般院校

① 何东昌. 中华人民共和国重要教育文献(1949—1997). 海口:海南出版社,1998:1575.
② 同①1578.
③ 中央教育科学研究所. 中华人民共和国教育大事记. 北京:教育科学出版社,1984:512.
④ 同①1611.
⑤ 同③566.
⑥ 同①1668.

的,只作参考分。"①1980 年 4 月 24 日,国务院批转教育部《关于 1980 年高等院校招生工作的规定》。1980 年、1981 年、1982 年分别按 30%、50%、70%计入总分,1983 年起按 100%计入总分②。

我国进入"拨乱反正"阶段后,国家将更多的精力从阶级斗争转移到经济建设和教育事业上来。各种关于教育或外语教学的座谈会、讲话、政策纷纷出台,国家外语教育事业和教材建设迎来了一个春天。

(二) 教材建设与出版

1977 年 10 月 5 日的《教育部关于 1978 年秋季开始供应中小学教学用书的通知》指出:教育部正集中人力,讨论制订中小学各科教学大纲,编写各科基本教材和教师使用的教学参考资料。由于中小学用书印量大、时间紧,为保证各地学校在开学前拿到课本,决定由人民教育出版社制成纸型,分省印造。1978 年秋季开始供应小学一年级和初中一年级使用的教材和其他年级新开课程的教材;配合新编教材的教学参考资料,除政治、中学语文和体育外,同时供应。教育部计划在 1977 年 11 月起陆续把大纲(初稿)、12 月中旬起陆续把教材(初稿)寄送各地征求意见,以便做好培训工作。1978 年秋除教育部供应的教材外,各年级其他教材则因内容的衔接问题,需要逐步过渡,在过渡期间仍需使用各地自编教材③。

1977 年 9 月,教育部开始组织人力编写中小学各科全国通用教材。全国大多数省、自治区、直辖市的中小学都是九年制,少数地区是十年制。研究决定:以十年制为中小学的基本学制,制订教学计划;以人民教育出版社的中小学教材编写人员为基本力量,从全国 18 个省、自治区、直辖市借调 200 余位大中小学教师和教材编写人员;以"全国中小学教材编写工作会议"的形式,开始教材编写工作。同时,还聘请了关肇直、吴文俊、江泽涵、苏步青、段学复、唐敖庆、贝时璋、童第周、周培源、王竹溪、褚圣麟、何祚庥、于光远,叶圣陶、吕叔湘、夏鼐、白寿彝、高士其等 45 位专家担任编写各科教材的顾问。成立教材编审、领导小组,由浦通修(教育部副部长,担任组长)、肖敬若(教育部中学司司长)、戴白韬、叶立群、张玺恩 5 人组成④。领导小组集体研究确定中小学教材的编写方针和各科教材的编写原则,并领导制订各科教学大纲,重大原则问题报教育部党组审定。会议

---

① 四川外语学院高等教育研究所.中国外语教育要事录(1949—1989).北京:外语教学与研究出版社,1993:159.

② 同①176.

③ 何东昌.中华人民共和国重要教育文献(1949—1997).海口:海南出版社,1998:1578 - 1579.

④ 中央教育科学研究所.中华人民共和国教育大事记.北京:教育科学出版社,1984:498.

按学科设立了包括英语编写组的 12 个编写组。

1977 年 12 月 20 日至 28 日,经国务院批准,教育部在河北省涿县联合召开全国教材出版发行工作会议,会后发布《教育部、国家出版事业管理局关于全国教材出版发行工作会议的报告》,会议制订了各省、自治区、直辖市 1978 年度中小学教材出版计划,提出了今后一个时期教材建设的具体任务:1980 年以前编出一整套质量较高的高等学校、中等专业学校和中小学教材以及相应的教学参考书、工具书;1985 年以前编出几套适应各种办学形式和要求,具有不同风格和特色,反映国内外先进科学水平的新教材;力争提前完成。切实保证做到"按时、足量"供应学校,实现"课前到书,人手一册"。中小学教材由教育部负责统编,计划在 3 年内完成,其中 1978 年秋季中小学一年级和部分课程的统编教材共 22 种,由人民教育出版社出版,在 1978 年秋季开学前完成。暂无统编教材的各课程,仍由地方组织力量,参照统编教材的编写大纲编写,乡土教材和补充教材由各省自行编写出版①。

在全力进行通用教材建设的同时,我国开始引进国外先进教材,以借鉴国外教材编写经验。1977 年 8 月 16 日,教育部、外交部联合致函我国驻美、日、英、法、西德使领馆,委托各使领馆"尽快购买驻在国最新的、水平较高的各科中小学教材各一套(包括教材大纲、教学计划、教科书、配合教科书的教师用书、学生用的有习题的练习书、配合教材必需的教具,包括教学电影、幻灯片、录音带等)"。为贯彻邓小平同志"要引进国外教材,吸收外国教材中有益的东西"的指示,人民教育出版社利用中央划拨的 10 万美元专款,购进大中小学教材,供编写教材时参考。1979 年 2 月 2 日,教育部、外交部、财政部联合发布《关于加强外国教材引进工作的规定和暂行办法》,以尽快编撰出一套反映国内外科学技术先进水平的社会主义新教材,以提高我国教学质量。"要求基本摸清美、日、西德、英、法等国大学所开设的课程和使用的教材;要求基本引进上述外国大学的各种参考价值较大的教材,选择质量较好、参考价值较大和有代表性的,分别组织翻译或影印。外国教材的引进主要通过中国图书进口公司进行,同时也可以根据不同情况,请我驻外使馆、派出的代表团、考察组或其他有关人员,中国血统的外籍人士、外国友好人士和外国专家、文化和科学技术的合作和交流等渠道,加以引进。"②

教育部还加大外语教材出版社和外语教学资料中心的建立。1979 年,经教

---

① 何东昌. 中华人民共和国重要教育文献(1949—1997). 海口:海南出版社,1998:1602 - 1603.

② 同①1664.

育部批准成立外语教学与研究出版社(北京外国语学院办)和上海外语教育出版社(上海外国语学院办),专门出版外语教材、教学用书。1980 年,教育部建立4 个外语教学资料中心:北京外国语学院外国语言教学资料中心、清华大学科技外语资料中心、上海外国语学院外国语言教学资料中心、上海交通大学科技外语资料中心,负责收集、整理、复制、介绍国内外有关外语教学与研究的各类资料①。

(三)教学规划

为更好地发展"文革"后的外语教育,使其适应国家发展的需求,教育部开始制订一系列关于我国十年制基础教育中英语教学的规划文件。

1. 1978 年《全日制十年制中小学英语教学大纲(试行草案)》

"文革"结束后,全国大多数地区的中小学都是九年制,少数地区是十年制。1978 年 1 月 18 日,教育部颁发的《全日制十年制中小学教学计划试行草案》规定:全日制中小学学制为十年制,小学五年、中学五年,中学按初中三年、高中二年分段,统一为秋季始业。对外语课的规定为:

> 中小学要学好外语。根据现有条件,目前可集中师资力量首先在重点中小学和一部分条件具备的中小学开设外语课。从小学三年级起学习外语,在中学毕业时,切实打好一种外国语的基础。语种以英、俄语为主。各地可根据需要和可能,适当规定开设英、俄语课的比例。条件具备的地区,也可以开设其他语种的外语课。学生在中小学学习的语种必须衔接。各科教材和教学都要用马列主义、毛泽东思想统帅起来。既要防止不问政治的倾向,又要反对取消科学基础知识的倾向。②

全国中小学教材编写工作会议英语编写组根据 1978 年 1 月教育部颁发的《全日制十年制中小学教学计划试行草案》,代教育部制订 1978 年版《全日制十年制中小学英语教学大纲(试行草案)》③,同时编写十年制全国通用教材。由于当时新旧教材替换仓促,这份大纲和教材基本是同时问世的。该大纲参考了1963 年《全日制中学英语教学大纲(草案)》,但其框架结构与 1963 年大纲不同。"教学目的和要求"是:

---

① 四川外语学院高等教育研究所.中国外语教育要事录(1949—1989).北京:外语教学与研究出版社,1993:188.

② 课程教材研究所.20 世纪中国中小学课程标准·教学大纲汇编:课程(教学)计划卷.北京:人民教育出版社,1999:324－329.

③ 课程教材研究所.20 世纪中国中小学课程标准·教学大纲汇编:外国语卷.北京:人民教育出版社,1999:120－135.

　　着重培养学生的阅读和自学英语的能力,并培养一定的听、说、写和译的能力,为毕业后在三大革命运动中进一步学习和运用英语或进入高等学校学习打好基础。英语课从小学三年级起开设。通过八个学年的学习,要求学生掌握基本语音和语法,掌握 2,800 个左右单词和一定数量的惯用词组,能借助词典阅读一般题材的中等难度的读物,具有一定的听、说、写和译的能力。从初中年级起开设的话,通过五个学年的学习,要求学生掌握基本语音和语法,掌握 2,200 个左右单词和一定数量的惯用词组,能借助词典阅读一般题材的浅易读物,具有初步的听、说、写和译的能力。课时和词汇量要求:小学三年级开始八年的学习,课时为 1,080,词汇要求是 2,800;初一开始五年的学习,课时为 656,词汇要求是 2,200。

　　"教学原则"中指出,要正确处理英语教学中政治思想教育和语言教学、理论与实践、听说与读写、教与学的关系。"教学方法"分别对语音教学、词汇教学、语法教学、课文教学、阅读教学、直观教学、电化教学和外语环境提供了建议。最后,该大纲列出了中小学(八年)和中学(五年)的具体教学要求和教学内容。该大纲统一了全国已分散十年的中学英语教学。

　　2. 1980 年《全日制十年制中小学英语教学大纲》

　　1978 年十一届三中全会后,教育部要求根据会议精神修订中小学教学大纲,在修订的基础上产生 1980 年版《全日制十年制中小学英语教学大纲》①。修订后的大纲框架结构、教学目的和要求、教学方法、各年级教学要求和教学内容基本未变,课时和词汇量要求未变。"教学原则"部分更为具体:"1) 英语教学要注意研究、总结中国学生学习英语的规律;2) 中小学英语教学应重视培养学生实际应用英语的能力;3) 学习一种外语,必须通过听、说、读、写、译的综合训练才能较好地掌握;4) 教师的主导作用在英语教学中应特别加以强调。"英语教学开始关注"中国学生学习英语的规律",重视"学生实际应用英语的能力",强调"教师的主导作用"。最后,该大纲列出了中小学(八年)和中学(五年)的具体教学要求和教学内容。

　　(四) 教材编写与发展

　　根据 1978 年《全日制十年制中小学计划试行草案》和 1978 年《全日制十年制中小学英语教学大纲(试行草案)》的精神,中小学通用教材英语编写组编写

---

　　① 课程教材研究所. 20 世纪中国中小学课程标准·教学大纲汇编:外国语卷. 北京:人民教育出版社,1999:140 - 155.

了十年制英语教材《全日制十年制初中课本(试用本)　英语》,共 6 册,每学期 1
册。该教材由人民教育出版社 1978 年出版,1978 年秋季开始使用。1981 年秋
季出版了配合十年制初中课本的《全日制十年制学校高中课本(试用本)　英
语》,共 2 册,每学年 1 册。这套十年制教材配合课本编有《教学参考书》。
1979 年中小学通用教材英语编写组编写了《高中代用课本　英语》,供当时的
高中学生或者未使用《全日制十年制学校初中课本(试用本)　英语》的高中
学生使用,是一套程度较低的过渡性高中教材。3 套教材供全国使用,教材再
次统一供应。

表 14－2　"拨乱反正"时期中学英语教材列表

序号	书　　名	册次	编　者	出版机构	出版年代	备　注
1	《全日制十年制学校初中课本(试用本)　英语》	1—6	中小学通用教材英语编写组	人民教育出版社	1978—1980	十年制初中课本
2	《高中代用课本英语》	1—2	中小学通用教材英语编写组	人民教育出版社	1979	替代各地自编教材
3	《全日制十年制学校高中课本(试用本)　英语》	1—2	中小学通用教材英语编写组	人民教育出版社	1981	十年制高中课本

1.《全日制十年制学校初中课本(试用本)　英语》(1978—1980)

《全日制十年制学校初中课本(试用本)　英语》(1—6 册)由中小学通用教
材英语编写组依据 1978 年《全日制十年制中小学计划试行草案》和 1978 年《全
日制十年制中小学英语教学大纲(试行草案)》编写而成,从 1977 年秋开始至
1980 年完成,由人民教育出版社出版。这套教材为了应对急需,编写时间紧迫,
故以"试用本"出版发行。经过 4 年的教学使用,试用本教材修订为正式本,正
式本将在全面改革阶段进行介绍。

这套教材编写的基本要求是为培养适应四个现代化需要、又红又专的人才
打基础,力求做到下列 4 点:1) 肃清林彪、"四人帮"的形式主义和庸俗化的流
毒,正确处理思想政治教育和文化科学知识教育的关系;2) 肃清林彪、"四人帮"
的实用主义的流毒,正确处理理论和实践的关系;3) 吸收外国教材改革的经验,
妥善处理传统内容和现代科学内容的关系;4) 在认真选取和编排基础知识的同

时,重视对能力的培养。①

全套教材共 6 册,每册供一学期使用。第一册主要编者是周谟智、夏祖煃,教学参考书由周谟智执笔;第二至六册主要编者是夏祖煃;中学组其他成员胡文静、乐秋祥等编练习,并进行编辑工作;杨友钦主编第二至六册教学参考书;唐钧等审订教材和教参②。教材封面简洁,左侧竖排注有"全日制十年制学校初中课本"字样。

图 14-5　《全日制十年制学校初中课本(试用本)　英语》(1978—1980)

教材采用全英文目录,目录提供字母(Letters)、句型(Drills)、对话(Dialogue)、课文(Text)、拼写与发音(Spelling and Pronunciation)、诗歌(Rhyme/

———————

① 方德溥.教育部召开中小学教材改革座谈会.课程·教材·教法,1981(2):1-1.
② 课程教材研究所.新中国中小学建设史(1949—2000)研究丛书:英语卷.北京:人民教育出版社,2010:155.

Song)、语法(Grammar)等要点,内容一目了然。扉页图片为彩色,书内插图为黑白,图片与课文内容非常贴切。课次用英文基数和序数两种方式标注,例如:第一课　Lesson One/The First Lesson。除复习课外,每课由句型、课文、生词和短语、日常用语(Everyday Sentences)或对话(Dialogue)、拼写和发音、语音和语调(Pronunciation and Intonation)、课文注释、语法、练习、诗歌中若干项目组成,各册略有不同。

第一册19课,分为三个单元;第二册13课,分为三单元;第三至六册均为12课,每册分为两单元;每个单元的最后一课为复习课,详见表14-3。

表14-3　《全日制十年制学校初中课本(试用本)　英语》(1978—1980)课文归纳

课 本 册 次	第一单元	第二单元	第三单元	使用学期
第一册(共19课)	第1—7课	第8—13课	第14—19课	第一学期
第二册(共13课)	第20—23课	第24—27课	第28—32课	第二学期
第三册(共12课)	第1—6课	第7—12课		第三学期
第四册(共12课)	第13—18课	第19—24课		第四学期
第五册(共12课)	第1—6课	第7—12课		第五学期
第六册(共12课)	第13—18课	第19—24课		第六学期

"课文"体现题材和体裁的多样化,例如,第五册课文有历史人物故事(Lesson 12 "Galileo and Aristotle"《伽利略和亚里士多德》)、神话、寓言(Lesson 7-8 "The Fisherman and the Genie"《渔夫和精灵》)、短篇故事、古迹介绍(Lesson 4 "The Pyramids"《金字塔》)、动物(Lesson 10 "Whales — Giants of the Sea"《鲸鱼,海洋巨人》)和体育常识(Lesson 9 "Sports"《运动》)等,一般在300个词左右,个别超过400个词,难度循序渐进。第一、二册每课设置有"日常用语"若干句,注有句子重音和语调。日常用语以简单实用为标准,与教材其他部分没有很密切的联系。从第三册起,每课安排一段"对话",取代第一、二册的"日常用语"。"对话"选择学生日常生活题材,活用当课的或前面学过的语言知识,例如第1课的"对话"编入"What Are You Going to Do Today?"就是为了活用该课重点句型"to be going to"。

第一、二册没有编排语法知识,从第三册开始系统教授语法知识。"拼写和发音"培养学生根据单词的拼法判断读音、根据单词的读音记住拼法的能力,帮助学生掌握单词重音规律等。"语音和语调"包括短语朗读练习和句子朗读练习,第一类着重训练节奏、连读、失去爆破等技巧,第二类着重训练节奏、句子重音和语调等技巧。"练习"涉及语音、拼法、语法、词汇、书法等方面,方式比较多样。第一、二册提供了书法范例供学生临摹,并安排了书法练习。部分课后安排有"诗歌"环节,以训练学生的语音和提高学生学英语的兴趣,要求学生能大致了解诗歌的意思,并能以正确的语音背诵或歌唱,其中的语法和生词均不作要求,例如:第一册第 1 课、第 13 课和第 16 课各有短歌一首,第 10 课、第 18 课和第 19 课各有短诗一首。

这套教材一个显著特征是采用先学字母再学音标的顺序。在编写初始阶段,编写组就围绕起点教学阶段先出字母还是先出音标的问题进行了争论。

赞成入门阶段音标先行的观点是:

1)国际音标有利于正音和辨音;2)防止用汉字注音,以免形成错误的发音;3)便于掌握拼读规则,解决单词拼法的困难;4)音标是"拐杖",没有老师也能自学语音;5)音标教学也可以搞得生动活泼,这样学生会爱学。

反对的观点是:

1)孩子通过模仿可以打好语音基础,不需要音标。即使有音标,也可能用汉字注音。而且,语音不只是单音,语流很重要。单音到了句子中会发生变化,还应注意语调。2)音标先行带有学究气,适于大学,对于小孩子枯燥无味,"倒胃口"。3)小孩子模仿力强,爱说新鲜有趣的、与生活密切联系的语言。先学音标不利于听说领先,因为选词受限制,而许多常用词并不符合读音规则。4)音标先出,字母后出,容易混淆。5)长期以来教师习惯先教字母,改变习惯教师会很不适应。况且当时的广播英语教学就是先教字母后出音标,与其同步有利于学生学习。①

通过讨论,编写组决定第一册先出字母,再出音标,音标从第 8 课开始。

这套教材另一个显著特征是重视句型练习。句型练习作为第一项内容置于每课之首,是每课的核心部分,体现了各课的语法重点。学生主要通过句型练习来掌握语音、语法和口头运用句子。例如第一册涉及 8 个语法项目:1)This (That)加 is 和单数名词或形容词的陈述句,一般疑问句和肯定与否定的答语;2)"What's this (that)?"和答语;3)物主代词 my、your、his、her 以及 our、their

---

① 课程教材研究所. 新中国中小学建设史(1949—2000)研究丛书:英语卷. 北京:人民教育出版社,2010:154.

和名词所有格;4)These(Those)加 are 和单数名词或形容词的陈述句,一般疑问句和肯定与否定的答语;5)"What are these(those)?"和答语;6)各人称代词加 am、is 或 are 和单复数名词的陈述句,一般疑问句和肯定与否定的答语;7)数词、时间表达法和简单的加、减、乘、除算式表达法;8)"There is(are)"结构的陈述句,一般疑问句和肯定与否定的答语,及以 How many 开头的特殊疑问句。课文一般服从句型练习的需要,对已出现的句型和词汇进行复习巩固,也为即将学习的新句型奠定基础。

在教材使用两年左右的时间,张正东(1980:62)对四川省初中英语教材一至四册使用情况进行了调查和分析。调查报告指出①,从总体分量的统计来看,教材合适者的比率逐册下降(32%→27%→26%→14%),各册分量太重。主要原因有三:一为教学时间太少,学生每天难得有一小时学习外语;二为教学条件较差,班次大,各年级都以 55—68 人一班者居多;三为师资力量较弱,多数是中等师范学校和短期培训出来的。可是,若要求中学外语基本过关,课本的分量势必有增无减。这套教材基本要求是采用听说法,但在实际教学中,教师并没有完全采用听说法进行授课,而是采用更熟悉的语法—翻译法,效果事倍功半。

唐钧(1982)也指出如下几个问题②:

1)课本在内容的安排、取舍和表达方面都有不妥的地方。如初中课本中出现的单词量超过教学大纲的规定约 250 个;词汇重现率低;每课项目繁多,重点不突出或难点比较集中;语法安排计划不周。2)客观的因素,如课时太少,1978 年教学计划规定中学 5 年外语课时为 656,几乎只有 1963 年的一半;多年来对中学外语不够重视;师资数量缺乏、水平不高;受单纯追求升学率的影响,高考外语不计满分,学生学习积极性不高。

1982 年,人民教育出版社根据各地教师的反馈意见和调查结果开始对《全日制十年制学校初中课本(试用本)　英语》进行修订,修订后的正式本《初级中学课本　英语》于 1982 年秋季起开始替代使用。

2.《高中代用课本　英语》(1979)

1978 年,全国开始试行教育部制定的教学计划和教学大纲,并在初中一年级开始使用新编教材《全日制十年制学校初中课本(试用本)　英语》,而对于当时的高中学生或者未使用初中新课本将升入高中的学生,没有高中教材可用。一方面,"文革"期间的各地自编高中教材因政治原因不宜继续使用;另一方面,

---

① 张正东,张鹏浩.第一次调查研究　初中英语课本第一至四册使用情况调查报告.张正东著.琼林撷萃　外语教学论著自选集.北京:人民教育出版社,2002.09.
② 唐钧.三十二年来的中学英语教材.课程·教材·教法,1982(01):42-47.

也不宜直接过渡到使用新编的十年制高中课本,因为新课本比原有教材起点水平有所提高,编排体系也有所改变,词汇和语法的安排有自己的系统性,而"文革"之后学生外语水平参差不齐,因此衔接上存在一定困难。鉴于以上情况,中小学通用教材英语编写组编写了一套程度较低的过渡性《高中代用课本 英语》,于1979年3月出版,以满足当年高中学生用书的需要。

《高中代用课本 英语》(1—2册)由英语编写组的唐钧、刘锦芳、谢淑明、夏祖煊、杨友钦、岳汝梅、司延亭等编写。课本扉页的"编辑说明"指出:"课本注意选用了1979年高考复习大纲英语常用词汇表所列的词汇,并包括复习大纲中规定的基础语法项目的一些主要内容。本书每课包括课文、生词和短语、课文注释、语法和练习等项,书末附有词汇表和不规则动词表。为了适应各地不同的教学情况,词汇注释力求详尽,练习也较多,练习中还包含了一些课文中不易安排但又属于复习大纲常用词汇表范围内的词。"教材采用了广大教师所熟悉的传统编排体系。

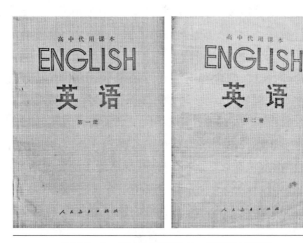

图14-6 《高中代用课本 英语》(1979)

全套共2册,每册供一学年使用。每册20课,共编入课文40篇,课次顺延编号,第一册为第1—20课,第二册为第21—40课。全英文的目录中标注了每课的语法要点。每课由5个项目组成:对话或课文、生词和短语、课文注释、语法、练习。课本后附有词汇表和不规则动词表,第二册书后附有各课练习答案。课文中配有少量黑白插图。

课文大部分选自英语国家的教材或原著,经过适当的删节、加工和改写而成,力求保持原文风格,题材和体裁都比较广泛,包括故事、小说、童话、神话、民间故事、传记、科技小品以及论说文等,反映了英美等国的社会、历史、地理等多方面的内容。"这些课文情趣盎然,改变了以往政治词语连篇、单调枯燥的弊病,通过生动的故事情节让学生学到比较标准的英语。"① 各类题材英美文化约占 25%,人物传记约占 20%,童话故事小说约占 30%②,主要课文归纳如下:

表 14－4　《高中代用课本　英语》(1979)课文归纳

题材/体裁	使　用　学　期
英美文化	London and New York　(伦敦和纽约) Working in Britain　(在英国工作) Where Did Americans Come From　(美洲人从哪里来的?) Dustmen on Strike　(清洁工人在罢工) The Story of My Life　(关于黑人青年的自述) The Battle at Trenton　(特林顿战役)(2 课)
人物传记	Nathan Hale　(内森·黑尔) Abraham Lincoln　(亚伯拉罕·林肯) A Red "Bandit" in the Midst of White Troops　(白军中的一个"赤匪") Thomas Edison, the Inventor　(发明家托马斯·爱迪生)(2 课) Simple Habits, Deep Thought　(关于爱因斯坦)
童话、故事、小说	The Blind Men and the Elephant　(盲人摸象) The Emperor's New Clothes　(皇帝的新衣) The Trojan Horse　(木马计) Street Gang　(街道上的流氓集团) The Monkey and the Crocodile　(猴子和鳄鱼) The Arab and the Camel　(阿拉伯人和骆驼)
科学小品	Matter　(物质) The Sun　(太阳) The Moon　(月球) The Air around Us　(我们周围的空气) How Coal Was Formed　(煤的形成) Water, Steam and Ice　(水、水蒸气和冰) The First Men on the Moon　(第一批登上月球的人)
学习	Look Carefully and Learn　(仔细观察然后学习) The Importance of English　(英语的重要性) A Question of Pronunciation　(发音问题)

① 市教研室外语组. 谈谈高二英语代用课本的教学问题. 天津教育,1979(10): 31－32.
② 中小学通用教材英语编写组. 介绍新编高中英语代用课本. 吉林教育,1979(8): 40－42.

　　"生词和短语"提供了音标、词性和中文释义。第一册 450 个生词,每课 30 个左右,生词率为 6.7%。第二册课本是以 500 单词为起点选注每课生词,书内各课加注的生词和词组达 600 个(不包括每课补充阅读中的生词),还有不少数量的外国人名和地名。这些生词中有 270 个词和词组是 1978 年高考复习大纲英语常用词汇表所列 1,200 个词汇以外的,以此推论,本届学生应该掌握约 1,500 个词汇。由于该书大多采用原文材料,体现英语习惯用法的词和词组就较多。①

　　"课文注释"比较详细,包括: 1) 课文的作者、出处;2) 课文中出现的有关人物、事件的背景知识;3) 难句的参考译文和句子结构分析;4) 课文中出现的某些较难的语言现象,需要解释,但又没有列入语法项目的,在这里加以归纳,举例说明。②

　　"语法"采用规则讲解和辅助例句的方式进行,讲解语言为中文。按 1978 年英语高考复习大纲的要求,编入过去完成时和过去将来时,归纳学习非谓语动词、it 作主语的句子结构、直接引语和间接引语、主从复合句。第二册教材增加了现在完成进行时和过去完成进行时两个时态,加大了主从复合句和非谓语动词的深度和难度③。

　　"练习"设置有 5—10 个,主要涉及词汇练习(同形异义词和同形异类词、构词法、同义词辨析)、语法练习(记不规则动词、句型替换、句型转换)以及围绕课文内容进行问答的练习。

　　"文革"后期师生外语水平差,相对来说,教材内容显得艰深,加之 1978 年恢复高考,1979 年报考重点院校的考生外语成绩按 10% 计入总分,因此许多省市编写了相关教学辅导用书,用以辅助《高中代用课本　英语》的使用。例如,1980 年 1 月,云南省教育局教编室编写、由云南人民出版社出版的《高中代用课本　英语　教学参考资料》;1980 年 2 月吉林省教育学院外语教研室编写、吉林人民出版社出版的《高中代用课本　英语　教学参考书》;1980 年 5 月由湖南省教材教学研究室编写、湖南人民出版社出版的《高中代用课本一、二册　英语疑难浅析》;1981 年,高玉华编写、由山东人民出版社出版的《高中代用课本　英语辅导》;1981 年,福建教育学院外语组编写、福建教育出版社出版的《高中英语代用课本　学习辅导材料》;1981 年,宋学侠、唐连义主编,辽宁人民出版社出版的《高中英语代用课本　辅导手册》;1981 年,王树凯编写、天津人民出版社出版的《高中英语代用课本辅导》,福建教育学院外语组编写的《高中英语代用课

---

　　① 市教研室外语组. 谈谈高二英语代用课本的教学问题. 天津教育,1979(10): 31 – 32.
　　② 中小学通用教材英语编写组. 介绍新编高中英语代用课本. 吉林教育,1979(8): 40 – 42.
　　③ 同①.

本　学习辅导资料》;等等。湖南省的《高中代用课本一、二册　英语疑难浅析》在"编者的话"中指出:"内容生动,题材广泛,语言规范,但程度较高,难度较大。许多教师反映,不易教,不好学。"这些辅导书主要提供课文注释、课文译文、练习答案以及常用句型等。

这套教材编写时间仓促,属于过渡性质的教材。教材由基本的项目构成,注释和语法讲解详细,练习很多。题材广泛多样,内容趣味性和故事性极强,正确处理了语言与思想政治的关系。

3.《全日制十年制学校高中课本(试用本)　英语》(1981)

1978年1月,教育部颁发《全日制十年制中小学教学计划试行草案》,规定中学五年学制(初中三年、高中二年),同年颁发《全日制十年制中小学英语教学大纲(试行草案)》;1981年4月教育部颁发《全日制五年制中学教学计划试行草案的修订意见》。中小学通用教材英语编写组以此为依据,于1981年起编辑出版《全日制十年制学校高中课本(试用本)　英语》(1—2册)。这套教材以"试用本"形式出版发行,与《全日制十年制学校初中课本(试用本)　英语》(1—6册)进行衔接,一起形成一套"十年制通用教材"。

图14-7　《全日制十年制学校高中课本(试用本)　英语》(1981)

第一册供高中一年级使用,共20课;第二册供高中二年级使用,共14课,编者陈国芳、胡文静,审订者邓炎昌。书末附有词汇表和4篇补充阅读(Supplementary Readings),补充阅读的生词和短语加了汉语注释。每课包括5个项目:对话或课文、生词和短语、课文注释、语法、练习。

第一册课文全部选自英语国家的教材和其他出版物,其中有英语原著或改写本,有其他语言著作的英译,经过适当的删节和加工,以适应高中英语教学的要求。课文配有大幅黑白插图。其中有 3 课来自《高中代用课本　英语》："The Blind Men and the Elephant"（《盲人摸象》）、"Abraham Lincoln"（《亚伯拉罕·林肯》）、"The Emperor's New Clothes"（《皇帝的新衣》）。课文题材和体裁广泛而多样，主要有 3 大类。1）小说节选、短剧、童话、寓言、短篇故事等。这类课文共 9 课，占课文总数的 45%。2）人物传记、名人轶事和英美人士写的有关中国的新人新事的文章。这类课文共 6 课，占课文总数的 30%。3）科普文章和科学小品。这类课文共 5 课，占课文总数的 25%。①

第二册课文较长，均选自英语国家的教材和其他出版物，或其他语言著作的英译本，题材和体裁广泛多样。第一类是短篇小说或小说节选："Portrait of a Teacher""All These Things Are to Be Answered For"（分两课）、"The Last Lesson"（分两课）、"The Gifts"（分两课）这类课文共 7 课，占课文总数 50%。第二类是人物故事："Albert Einstein"（分两课）、"Madame Curie and Radium"这类课文共 3 课，占课文总数 21.5%。第三类是科普文章："Infinity and Infinitesmal""Winter Sleep""A Tree — A Factory"这类课文共 3 课，占课文总数 21.5%。第四类是论说文："Sports and Games"这类课文共 1 课，占课文总数 7%。

"生词和短语"是教材中新出现的，或者前几册已出现过，但其词义和词类有所扩大的词汇。编排方式按生词、短语在课文中出现的先后次序排列。凡符合基本拼读规则的单音节词都不注音标。书末附有按字母顺序排列的词汇表。

"课文注释"讲解详细，主要涉及：1）课文的作者、出处；2）课文中出现的有关人物、事件的背景知识；3）难句的参考译文和句子分析；4）课文中出现的某些未学过的语法问题。

第一册讲授 6 个"语法"项目，前半册重点是从句，例如以关系副词引导的定语从句、主语从句、表语从句、同位语从句等名词性从句。后半册重点学习不定式的进行式、完成式、被动式以及归纳情态动词的用法。第二册"语法"重在填平补齐，安排独立主格结构和虚拟语气两个语法项目，对冠词、it 用法、倒装句进行了归纳。

"练习"每课设置 5—7 个，形式多样，包括课文内容理解题、语法练习题、词汇练习题、复习性质的综合练习题、汉译英练习、阅读理解练习。部分课文最后一个练习是课外阅读理解，主题与课文相关，附有生词表，练习形式为读后翻译、回答问题、填空后再复述等。"练习"指示语为英语。

---

① 中小学外语编辑室英语组. 全日制十年制学校高中英语第 1 册　试用本　教学参考资料. 北京：人民教育出版社，1981.02.

这套教材配备有教学参考资料,例如:中小学外语编辑室英语组编写的《全日制十年制学校高中英语试用本 教学参考资料》于 1981 年由人民教育出版社出版;山东省教学研究室编写的《全日制十年制学校高中课本 试用本 高中英语辅导》(1—2 册)于 1982 年由山东教育出版社出版。

此套教材配备教学录音磁带,供教学使用,此为人民教育出版社音像教材之开始,标志着我国的英语立体化教材的开端。

经过几年的"拨乱反正",我国的外语教学逐渐走上了正轨,十年制英语教材得到了初步的开发与发展,克服了"文革"时期教材的缺点,体现了以下一些优点:

1)比较好地处理了思想教育和语言教学的关系。2)在语言知识教学和能力培养的关系方面,重视能力的培养。3)在听说和读写的关系方面,采用综合训练、阶段侧重的方法。如中学低年级以句型教学为主,侧重培养初步的听说能力,高年级以课文为主,侧重培养阅读理解能力。①

十年制教材的成功发展为此后英语教学的全面改革,以及开发十二年制的英语教材奠定了扎实的基础。

三、全面改革阶段的十二年制教材(1982—1986)

(一)教学规划

我国基础教育全面改革阶段始于 1982 年,教育部就基础教育的学制以及英语教学进行了全面的规划,制订了 3 个规划文件:

1. 1982 年《全日制六年制重点中学英语教学大纲(征求意见稿)》

在大纲制订和教材编写过程中,教材组不断征求各地意见,发现 1980 年《全日制十年制中小学英语教学大纲》实施难度比较大。在 5 年中很难完成教学计划,主要是因为:一是学制比 1963 年缩短,教学时间减少,教学内容偏多偏深;二是师资水平低;三是教学条件差。② 另一方面,农村孩子小学 5 年毕业后,年龄偏小,不适于参加劳动。1979 年 6 月 2 日,教育部邀请北京市部分教育工作者座谈中小学学制改革问题。4 月初,《人民日报》刊登了宫景隆等 4 人的建议:将现行的中小学学制由十年恢复到十二年。上海、北京、天津等地也提出了延长

---

① 唐钧.调整内容 降低难度 减轻分量——初中英语课本修订情况.课程·教材·教法,1985(4):70-50.

② 课程教材研究所.新中国中小学建设史(1949—2000)研究丛书:英语卷.北京:人民教育出版社,2010:138.

中小学学制的意见。① 为适应改制的需要,教育部 1981 年 4 月颁发《全日制六年制重点中学教学计划(试行草案)》和《全日制五年制中学教学计划试行草案的修订意见》,于是形成了十年制与十二年制并存、由十年制向十二年制过渡的学制。

1982 年,教育部根据 1981 年《全日制六年制重点中学教学计划(试行草案)》草拟了《全日制六年制重点中学英语教学大纲(征求意见稿)》。该大纲提出:"六年制重点中学英语课从初中一年级开设。在学习期满时,要求掌握基本语音和语法,学习 2,700—3,000 个单词和一定数量的习惯用语,借助词典阅读与课文难易相当的一般读物,并且有一定的口语能力。"教学原则是:1)遵循语言教学规律,寓思想教育于语言教学之中;2)精讲语言基础知识,着重培养运用语言的能力;3)综合训练,阶段侧重;4)尽量使用英语,适当使用母语;5)发挥教师的主导作用,调动学生的积极性。另外,该大纲提出了一些新的教学原则,如"寓思想教育于语言教学之中""阶段侧重""尽量使用英语"等,从中可以看出我国英语教学理念的发展与进步。该大纲还建议:"在初级阶段,以听说训练为主";"入门阶段,使用直观方式进行教学"。由于当时外语教学中存在师资严重不足、教学质量很差等各类问题,全国各地开始取消小学外语课,因此该大纲也没有小学部分。

2. 1982 年《关于加强中学外语教育的意见》

1982 年 7 月 30 日,教育部印发《关于加强中学外语教育的意见》②的通知,明确中学外语教育的要求:我国是个大国,各地区之间、城乡之间经济文化水平和外语教学基础差别较大,外语教学又有它本身的特点,因此,中学外语教育应从实际出发,区别要求,有计划地逐步发展。中学外语教学可以有 3 种不同情况:

1)重点中学和外语师资条件较好的中学,争取在 3—5 年内达到全日制六年制重点中学外语教学大纲的要求。2)具备一定条件,但目前完成现行英语教材试用本有困难的中学和班级,教学要求可降低一些,进度可放慢一些。3)不具备或不完全具备外语师资条件的中学,报经主管教育部门批准,外语课可暂不开设或只在部分班级开设。有条件的中学一般应从初中一年级开设外语课。由于缺乏师资,部分学校和班级也可以从高中一年级开设,课时适当增加。凡学过外语的初中学生,报考高中应考外语,考试成绩从 1983 年起 100%计入总分。

---

① 中央教育科学研究所. 中华人民共和国教育大事记. 北京:教育科学出版社,1984:550.
② 何东昌. 中华人民共和国重要教育文献(1949—1997). 海口:海南出版社,1998:2025–2027.

3. 1986 年《全日制中学英语教学大纲》

为了使教学要求符合我国多数学校的实际,减轻学生的负担,教育部于 1985 年发出《关于印发调整初中数学、物理、化学、外语 4 科教学要求意见的通知》,指出:

近几年来,初中教育虽逐年有所加强,但仍然存在学生学习负担较重、分化较大、及格率偏低等问题。因此调整四科教学要求,教材不动,只是在教学内容,习题的深度、广度上加以控制,进一步明确教学要求,以利于学生减轻负担,增强信心。关于外语课,各省、自治区、直辖市可从实际出发,区别不同情况,确定教学要求。条件较好的中学争取完成现行初中外语教材;完成现行外语教材有困难的学校,教学要求可降低一些,进度可放慢一些;不具备或不完全具备外语师资条件的中学,外语课可不开设或只在部分班级开设。中考时,外语如何要求,各地从实际情况出发,制订相应的办法。①

教育部依此组织力量调整教学大纲,制订 1986 年的《全日制中学英语教学大纲》。

1986 年《全日制中学英语教学大纲》是在 1978 年、1980 年大纲的基础上,参考 1982 年大纲制订而成。所不同的是:1978 年大纲和 1980 年大纲有小学部分,而 1982 年大纲和 1986 年大纲都没有小学部分;1986 年大纲增加了“全日制中学高中年级起始英语课的教学目的、要求和安排”和“词汇表”。该词汇表包含 2,003 个单词和 597 条短语和习惯用语。“1986 年人民教育出版社在唐钧的带领下开展了大量的词汇调研工作,分析了近 20 个中外英语词表,选择确定最基本、最常用的 3,000 词,从中选择了 800、1,000、2,000 词,分别放入 1986 年及以后的大纲之中。”②1986 年《全日制中学英语教学大纲》中,中学英语课有两个起点:“一个是从初中一年级开设,另一个是从高中一年级开设,其要求接近初中一年级起始的英语课的要求。从初中一年级开设的英语课的要求是:在学习期满时,要求学生掌握基本语音和语法,学会 1,800—2,000 个单词和一定数量的短语和习惯用语,具有一定的听、说、写的能力,能借助词典独立阅读难度略低

---

① 课程教材研究所.20 世纪中国中小学课程标准·教学大纲汇编:外国语卷.北京:人民教育出版社,1999:160-161.

② 课程教材研究所.新中国中小学建设史(1949—2000)研究丛书:英语卷.北京:人民教育出版社,2010:139.

于课文的一般题材的读物。"①

"教学目的"和前面几个大纲基本一致。"教学原则"比 1982 年的大纲多了第六条:"提高课堂教学质量,指导学生开展课外活动。"强调课堂教学是教学的基本形式。"教学方法"也有所变化,从听说教学、读的教学、写的教学、课文教学、语音教学、词汇教学、语法教学、测试方法 8 个方面给出教学建议。"教学方法"从只关注知识模块(语音、词汇、语法等)的教法转变为既关注知识模块(语音、词汇、语法等)又关注能力模块(听说、读、写)的教法,并建议进行听力和口语的测试。与前面 3 个大纲相比,1986 年大纲的教学目的与要求更为符合实际,教学原则和教学方法更加体现了中学英语学科的特点,而且词汇教学要求的确定更加科学化②。

从 1978 年《全日制十年制中小学英语教学大纲(试行草案)》颁布以来,教学大纲几经调整和修改,几个版本一脉相传,逐步提高。所发生的变化反映了不同时期国家对人才培养目标、教学要求、课程原则、教学方法、教学评估设置等多方面的变化和发展,也反映了不同时期教学理念的变化和发展。同时,根据教育部《关于加强中学外语教育的意见》③的通知,外语教学必须要有多元的教辅资源予以支撑,加强教材建设,改进教学方法,改善外语课教学条件。提倡和鼓励大中学校教师和社会上热心中学教育的外语专家编写外语教材、工具书、参考书和课外读物。对高质量的教材和有关读物给予荣誉和奖励;要求制作与课本配套的录音(唱片或磁带)、幻灯片、挂图等;要求中央和各省、市、自治区的电教馆组织拍摄、制作和提供中学外语教学录像片、影片、幻灯片和唱片;逐步装备录音机、幻灯机和打字机等。为此,上海外国语学院、北京外国语学院以及其他高等院校都相继成立了外语音像出版社。1983 年 1 月,文化部出版局正式批准人民教育出版社为音像出版机构。外语教学的全面改革阶段为我国外语教材的立体化发展奠定了基础。

(二) 全面改革阶段的英语教材

根据 1982 年《全日制六年制重点中学英语教学大纲(征求意见稿)》,全面改革阶段的中学英语教材编写全面展开。首先,对"拨乱反正"时期十年制试用本教材进行改编,在参考各地教师试用意见的基础上将试用本修订成正式本:

---

① 课程教材研究所. 20 世纪中国中小学课程标准·教学大纲汇编:外国语卷. 北京:人民教育出版社,1999:162-173.
② 课程教材研究所. 新中国中小学建设史(1949—2000)研究丛书:英语卷. 北京:人民教育出版社,2010:139.
③ 何东昌. 中华人民共和国重要教育文献(1949—1997). 海口:海南出版社,1998:2025-2027.

1982—1984 年出版《初级中学课本　英语》,1984—1986 年出版《高级中学课本　英语》。其次,为了满足高中三年级英语课教材的需要,1982 年新编出版《高级中学三年级暂用课本　英语》(全一册),供六年制重点中学高中三年级全学年使用。同时,1982—1985 年还新编了《高级中学课本　英语(供高中开始学习英语的班级用)》(1—6 册),供部分农村和边远地区全日制中学以及从高中一年级起学英语的学生使用,具体列表如下:

表 14‐5　全面发展时期中学英语教材列表

序号	书　名	册次	编　者	出版机构	出版年代	备　注
1	《初级中学课本　英语》	1—6	中小学通用教材英语编写组	人民教育出版社	1982—1984	十二年制初中课本,改编自 1978 年版《全日制十年制学校初中课本(试用本)　英语》,1986、1990 年微调
2	《高级中学三年级暂用课本　英语》	1	中小学通用教材英语编写组	人民教育出版社	1982	十二年制过渡课本,衔接 1981 年《全日制十年制学校高中课本(试用本)　英语》(1—2 册)
3	《高级中学课本　英语》(供高中开始学习英语的班级用)	1—6	中小学通用教材英语编写组	人民教育出版社	1982—1985	十二年制高中始学课本
4	《高级中学课本　英语》	1—3	中小学通用教材英语编写组	人民教育出版社	1984—1986	十二年制高中课本,改编自 1981 年《全日制十年制学校高中课本(试用本)　英语》(1—2 册)和 1982 年《高级中学三年级暂用课本　英语》(全一册),1990 年微调

1.《初级中学课本　英语》(1982)

1982年版《初级中学课本　英语》(1—6册)是以1978年版《全日制十年制学校初中课本(试用本)　英语》为基础,在试用本使用4年之后参考各地教师的意见编订而成。全套教材共6册,供初中三年使用,每学期一册。1982年秋季开始使用初中第一册,并逐年取代试用本。本套教材由北京外国语学院邓炎昌审定,人民教育出版社中小学外语编辑室英语组编订。这套教材修订自试用本,因此只对修订内容进行介绍。

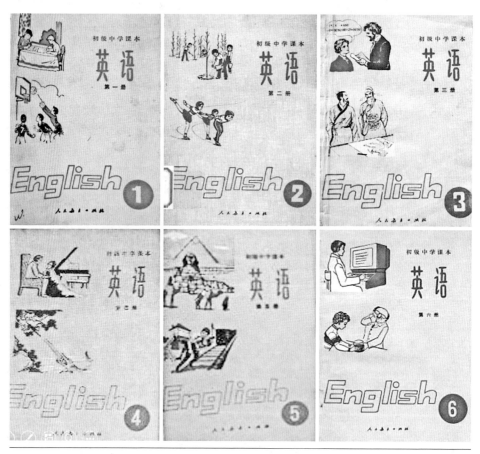

图 14‑8 《初级中学课本　英语》(1982)

(1) 教材内容

第一册课本由唐钧、刘道义、王美芳编订,邓炎昌审定。第一册供五年制或六年制中学初中一年级第一学期使用。本册编写体系,除个别地方做了调整外,基本上同试用本。不同之处有:

1）字母和音标教学：试用本第 1—7 课为字母教学阶段,正式本第 1—5 课为字母教学阶段。2）句型练习：正式本"句型练习"一般分为 3 个阶段,个别分为 4 个阶段,用大写字母 A、B、C、D 进行顺序编号。"句型练习"的语法项目有所增加,由试用本的 8 个增加到 12 个语法项目。3）语法教学：试用本第一、二册没有编排语法知识,第三、四册有语法知识,而正式本第一册就编入了语法知识。4）教材项目构成："日常用语"由试用本的"生词和短语"之后调整至"练习"后面。试用本的"发音和拼写"修改为"语音和语调"。

修订内容归纳如下表：

表 14－6　第一册主要修订内容

书　名	1979 年《全日制十年制学校初中课本(试用本)英语》第一册	1982 年《初级中学课本　英语》第一册
学时	80 学时×6 学期	85 学时×6 学期
字母	第 1—7 课字母教学	第 1—5 课为字母教学阶段
音标	第一册第 8 课开始音标教学	第二册开始音标教学
构成	Drills Dialogue/Text New Words and Expressions Everyday Sentences Pronunciation and Spelling Exercises	Drills Dialogue/Text New Words and Expressions Grammar Pronunciation and Intonation Exercises Everyday Sentences
课文	19 课,分为 3 个单元	21 课,分为 4 个单元
句型练习	8 个语法项目	12 个语法项目
语法	第一册没有编排语法知识	第一册编入 7 个语法项目
附录	词汇表	词汇表;2 篇补充阅读;发音的口形舌位图

第二册由董蔚君、刘岩编订,邓炎昌审定。本册供五年制和六年制中学初中一年级第二学期使用。第二册正式本相较于试用本,在音标教学、词汇教学、语法教学、日常用语以及补充阅读等方面都有不同程度的修改,修订内容归纳见表 14－7。

表 14-7　第二册主要修订内容

书　名	1979 年《全日制十年制学校初中课本(试用本)　英语》第二册	1982 年《初级中学课本　英语》第二册
学时	80 学时×6 学期	85 学时×6 学期
音标	第一册第 8—18 课分散教授音标	第二册第 1—2 课集中教授音标
课文	13 课,分为 3 个单元	17 课,分为 4 个单元
课次	顺延第一册编号,第 20—32 课	重新开始编号,第 1—17 课
生词和短语	第二册按词类排列	第二册改为按词在课文里出现的先后顺序排列
语法	第二册没有编排语法知识	第二册开始增设语法知识,语法规则归纳及时态
附录	无补充阅读	2 篇补充阅读

　　第三册由刘道义、司延亭编订,邓炎昌审定。广大教师反映试用本"课本分量过重,头绪多,难度较大,与第二册相衔接,坡度较大,难以完成教学任务[1]。"人民教育出版社据此反馈意见对试用本进行修订,修订后的正式本编排体系基本保持原样,但删去了"对话""拼写和发音"两大部分,精简了"句型练习"。"语法"也在第一、二册基础上做了调整,难度相应降低,分量也减少了。另一方面,本册增设了"注释",试用本是第四册开始增设的。修改总的要求是:力求好教好学[2]。试用本共 12 课,正式本为 15 课。试用本教材书后没有补充阅读,正式本书后有 4 篇补充阅读。修订内容归纳如下表:

表 14-8　第三册主要修订内容

书　名	1979 年《全日制十年制学校初中课本(试用本)　英语》第三册	1982 年《初级中学课本　英语》第三册
学时	80 学时×6 学期	85 学时×6 学期
课文	12 课,分为 2 个单元	15 课,分为 2 个单元

---

[1] 刘道义,司延亭.力求好教好学——初中《英语》第三册修订说明.课程·教材·教法,1983(4):43-45.

[2] 同[1].

续　表

书　名	1979 年《全日制十年制学校初中课本(试用本)　英语》第三册	1982 年《初级中学课本　英语》第三册
构成	Drills Dialogue Text New Words and Expressions Grammar Pronunciation and Spelling Pronunciation and Intonation Exercises 说明：第四册开始增设"注释"	Drills Dialogue/Text New Words and Expressions Notes Grammar Pronunciation and Intonation Exercises 说明：删去"对话""拼写和发音"，精减"句型练习"，增加"注释"。
附录	无补充阅读	4 篇补充阅读

　　第四册由刘岩、万大林编订，邓炎昌审定，在《全日制十年制学校初中课本(试用本)　英语》的基础上修订而成。经试用后，教师反映第四册试用课本存在着"深、难、重"的问题，即课本的结构层次多，重点不突出，课文里新的语法现象打的"埋伏"多，分量比较重，教学起来比较困难。[①]　参考各地教师意见修订后的课本，编排体系与试用本基本上相同。本着"减少枝节，突出主干"的精神，第四册也删去了"对话""拼写和发音""语音和语调"3 个部分，精简了"句型练习"，调整了"语法"项目，修订的宗旨是力求便于教与学。试用本册 12 课，正式本为 14 课。正式本对"语法"项目做较大调整：试用本里的一些语法项目(如词类、句子种类、句子成分和动词种类等)已分别移至修订本的第一、二、三册；余下的项目(如过去进行时、状语从句和现在完成时)在本册正式本中作为主要语法项目做了归纳处理。本册删去了"语音和语调"，因此语音练习编入"练习"项目中。正式本后面增加了 2 篇补充阅读，供学有余力的学生选读。

　　第五册由刘道义、司延亭编订，邓炎昌审定。这册修订本同试用本相比，变动不及前面 4 本书大。主要的变化是："语法项目做了调整，加强了知识内在的联系；常用词比重有所增加，生词率有所下降；难度大的课文被换或简化；句型练习更趋于情景化；练习量有所加大，特别是阅读练习量；等等。"[②]

---

　　① 刘岩，万大林.减少枝节，突出主干——初中《英语》第四册修订说明.课程·教材·教法，1984(1)：67-69.
　　② 刘道义.加强知识内在的联系——初中《英语》第五册修订说明.课程·教材·教法，1984(4)：70-72.

表 14-9   第四册主要修订内容

书　名	1979 年《全日制十年制学校初中课本(试用本) 英语》第四册	1982 年《初级中学课本 英语》第四册
学时	80 学时×6 学期	85 学时×6 学期
课文	12 课,分为 2 个单元	14 课,分为 2 个单元
构成	Drills Dialogue Text New Words and Expressions Notes Grammar Pronunciation and Spelling Pronunciation and Intonation Exercises	Drills Dialogue/Text New Words and Expressions Notes Grammar Exercises 说明:删去"对话""拼写和发音""语音和语调",精减"句型练习"。
附录	无补充阅读	4 篇补充阅读
课次	顺延第一册编号,第 13—24 课	重新开始编号,第 1—14 课

修订后的第五册主要教授 4 个语法项目,增加了直接引语和间接引语,减去了动词不定式。"句型练习"随"语法"项目的调整而做相应的调整。课文题材比前几册广泛,故事性的居多,如历史人物白求恩、内森·黑尔、爱迪生的事迹,寓言、神话等;也有知识性的文章,如介绍埃及的金字塔等。正式本的"词汇和短语"提高了常用词的比重,降低了生词率,增加词汇重现率,见表 14-10①:

表 14-10   第五册"生词和短语"的生词率和常用词比重

项目 课本	课时	生词数	每课时 生词量	句型练习和 课文词汇量	生词率	常用词比重
试用本	64	256	4	5,308	4.8%	73%
正式本	85	200	2.3	4,832	4.1%	82%

第六册由唐钧、刘锦芳编订,邓炎昌审定。本册共 10 课,分为 2 个单元。编

---

① 刘道义.加强知识内在的联系——初中《英语》第五册修订说明.课程·教材·教法,1984(4):70-72.

排结构与第五册基本相同。

(2)教材特色与配套资源

该套教材吸收了结构主义语言教学理论的许多观点,带有结构法的特点:重点培养学生运用英语的能力;重视语音和口语的训练;采取句型练习和语法知识归纳相结合的方法;尽量使用英语,适当利用母语,例如提供大量插图,用英语说明练习题的要求,在课本中编入用英语解释生词的练习等。图文并重,有利于进行直观教学①。

该套教材经修订后有了很大的改进,特色更加鲜明,具体体现在以下几方面:

1)减少了课文和生词的分量。修订本第三、四册的课文从3部分减为2个部分;生词量从6册总计1,500多个减到1,265个。每课的生词量,试用本平均为20.6个,修订本为17.3个。2)分散过于集中的语法知识项目。正式本把原第三、四册的一部分语法知识(如词类、句子的种类、一般现在时、现在进行时、形容词和副词的比较级等)安排在第一、二册中教学,把较难的定语从句安排到高中进行教学。3)大量选取常用词汇,并做了合理的安排。4)加强了课文的趣味性和知识性。正式本保留了试用本中较受欢迎的课文,增选了故事性强的原著或改写的原著,也编入一些如电子计算机、生态平衡等有现代知识的课文。②

在使用过程中,人民教育出版社不断完善该套教材的教学资源和辅导用书,包括《初级中学英语教学参考书》共6册、《初级中学英语练习册》共5册、《初级中学英语复习练习册》共1册、《初级中学英语阅读训练》共4册、《初级中学英语听力训练》共3册(配有录音磁带)、《初中英语句型情景教学》共4册(配有录音磁带)、《初级中学课本英语抄写本》共2册、《外语教学组合图片》共1套、教学录音磁带共12盒、《中学英语教学指导书》甲乙2册等。这些配套资源不仅提高了教材的教学适用性,也延长了这套教材的使用年限。《全日制十年制学校初中课本(试用本) 英语》1978年秋投入使用,使用4轮,1985年学习该套教材的初三学生毕业。《初级中学课本 英语》从1982年秋起开始替代试用本,1995年学习这套教材的最后一批初三学生毕业,使用11轮③。直到1993版九

---

① 张志公,刘道义.中学英语教材的现状与未来.载张志公.张志公文集(5) 外语教学及其他.广州:广东教育出版社,1991:19.

② 唐钧.调整内容 降低难度 减轻分量——初中英语课本修订情况.课程·教材·教法,1985(4):70-50.

③ 课程教材研究所.新中国中小学建设史(1949—2000)研究丛书:英语卷.北京:人民教育出版社,2010:163.

年制义务教育教科书正式向全国供应,试用本和正式本总共使用了 15 年,这在当时是使用时间最长的一套教材。

2.《高级中学三年级暂用课本 英语》(全一册)(1982)

1981 年,教育部颁发了《六年制重点中学教学计划试行草案》,五年制重点中学先后改为六年制。为了满足高中三年级英语课教材的需要,1982 年人民教育出版社外语室英语组在 1981 年版《全日制十年制学校高中课本(试用本) 英语》(1—2 册)之后编写了《高级中学三年级暂用课本 英语》(全一册),供六年制重点中学高中三年级全学年使用。

《高级中学三年级暂用课本 英语》(全一册)由胡文静和陈国芳编订、邓炎昌审定,于 1982 年由人民教育出版社出版发行。配合课本,编写了《教学参考资料》,并录制出版了教学录音磁带。因高中三年级的学生已经学过基本的语法并掌握 2,000 多个单词和一定数量的习惯用语,本册着重培养学生阅读英语的能力,没有专设语法项目,仅在课文注释中提供解析。书末附有词汇表和 8 篇补充阅读。

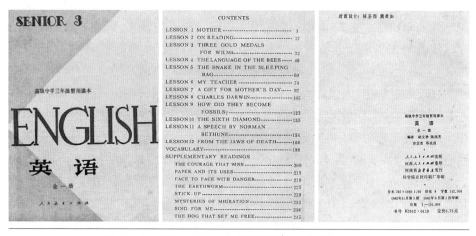

图 14-9 《高级中学三年级暂用课本 英语》(1982)

该暂用课本的编排体例和《全日制十年制学校高中课本(试用本) 英语》(1—2 册)基本相同,包括课文、生词和短语、课文注释和练习 4 个项目。全册共 12 课,计划上学期学 8 课,下学期学 4 课①。12 篇课文大致可以分为 4 类:1) 小说和故事共 4 篇,占 33%;2) 历史和人物故事共 4 篇,占 33%;3) 演讲和

---

① 陈国芳.着重培养阅读能力——介绍新编高中《英语》第三册.课程·教材·教法,1983(4):42-43.

论说文,各 1 篇,占 17%;4) 科普文章共 2 篇,占 17%。课文寓思想教育于语言教学之中。除第一课选编自高尔基的长篇小说《母亲》的英译本并经过改写以外,其余 11 篇均选自英语原著。为了适应教学需要和便于学生理解,暂用课本对个别篇幅过长的文章和过难的词句做了删节或改写,但力求保留原文的风格。课文的长度和难度比试用本略有提高,"生词和短语"按照在课文中的顺序编排;"课文注释"详细提供了课文的作者、出处,人物、事件的背景知识,难句的参考译文和扼要分析,个别语法注解;"练习"每课设置 3—4 个,包括词汇练习和课文内容理解题,如是非题、选择题、填空题、问答题,练习指示语为英语。所不同的是,暂用课本的"练习"中增加了用英语解释生词的练习,以培养学生应用英语的习惯和用英语进行思维的能力。

为了更好地使用该暂用课本,人民教育出版社于 1982 年 12 月还出版了由胡文静编撰的《高级中学三年级暂用课本英语教学参考资料　全一册》。另有多家单位和个人也编写出版了相关教学参考书和基础训练丛书,配合人民教育出版社出版的教材和教学参考使用,例如:北京教育学院外语教研室编写的《高中英语第三册教学参考书》第一、二分册于 1985 年 4 月由北京出版社出版;徐鸣嵩编写的《高级中学三年级暂用课本　英语学习辅导　全一册》于 1984 年由河南教育出版社出版;烟台市教学研究室编写的《高级中学三年级暂用课本　英语基础训练　全一册》和《高级中学三年级暂用课本　高中英语辅导　全一册》于 1985 年由山东教育出版社出版。这些辅导资料主要提供背景材料、补充注释、词汇学习、补充练习、阅读材料等,对教师教学和学生课后练习起着重要的作用。

至此,"文革"后第一套全国通用中学教材编写完毕,其中包括:1979—1980 年出版的《全日制十年制学校初中课本(试用本)　英语》(1—6 册),该教材于 1982 年修订为《初级中学课本　英语》(1—6 册);1981 年出版的《全日制十年制学校高中课本(试用本)　英语》(1—2 册);1982 年出版的《高级中学三年级暂用课本　英语》(全一册)。

3.《高级中学课本　英语(供高中开始学习英语的班级用)》(1—6 册)(1982—1985)

1982 年 7 月教育部印发《关于加强中学外语教育的意见》,明确我国部分地区的全日制中学可以从高中一年级起开设英语。据此,人民教育出版社编写了《高级中学课本　英语(供高中开始学习英语的班级用)》(1—6 册),于 1982 年至 1985 年间陆续出版,第一册 1983 年秋季开始供应。第一、二册编者为李泽鹏、王美芳,第三、五册编者为陈国芳、王美芳,第四、六册编者为胡文静、岳汝梅,均由张志公、邓炎昌审定。

图 14 - 10　《高级中学课本　英语(供高中开始学习英语的班级用)》(1982—1985)

这套教材按照如下课时分配进行编写:第一学年,每周 6 课时,32 周,共计 192 课时;第二学年,每周 6 课时,32 周,共计 192 课时;第三学年,每周 6 课时, 28 周,共计 168 课时,三年总计 552 课时。"编写说明"对本套教材的编写目的和内容明确如下:

通过三个学年的教学,对学生进行听、说、读、写的基本训练,着重培养阅读能力,为进一步学习和运用英语打下一定的基础。在学习结束,要求学生掌握基本的语音知识和技能,比较系统的语法知识,学习 2,000 个左右的单词和一定数量的习惯用语,能借助词典阅读一般题材的浅易读物。教材从字母入手,逐步编入单词、句子、连贯的句组和成篇的文章。以课文为主体,按照进行各项基本训练的需要循序渐进地编排各种材料。从高中一年级开始学英语,学三年,时间比较短,但是高中学生理解力比较强,学习的自觉性比较高,根据这些特点,语音、语法知识相对集中点。第一、二学年打好语音和语法基础,同时逐步扩大词汇量、增加阅读分量,使三个学年的词汇总量和阅读总量以及培养达到的阅读能力水平,大体上接近从初中开始学的五年制的程度。①

(1) 教材内容

每册教材由编写说明、目录、课文、词汇表、附录组成。第一册目录中提供了课文和句型、语音、语法的要点。书末附有词汇表,提供英语书写基本知识、拼读规则参考资料、英语课堂用语 3 个附录。

第一册共 20 课,分为 2 个单元,其中第 10 课和第 20 课分别为复习课(Revision)和总复习课(General Revision),复习课安排了几篇阅读材料,以培养学生的阅读能力和自学能力。本册重点是语音教学。每课由内容提要、课文、单词和习惯用语、注释、语音、语法、练习等 7 个项目组成,项目名称采用英语并辅以汉语加括号标注。"内容提要"置于每课开头,用方框列出各课的语音、句型和语法等内容提要,各课重点一目了然,如下图。

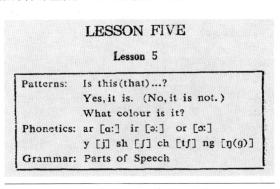

图 14-11　第一册第 5 课的"内容提要"

从第 6 课开始,每课有课文和对话(或问答),以课文为主体。大部分课文是根据词汇和语法教学的需要编写的,对话是关于课文的或日常生活的问答。课文采用直观教学法,附有大量与单词或对话对应的图片,利用图画等直观手段解释词义,尽量不翻译成本族语,以建立英语与所代表事物的直接联系。"单词和习惯用语"标注了词性、音标、中文释义。第一册共有单词 365 个、习惯用语

---

① 李泽鹏,王美芳编. 高级中学课本　英语(高中始学)第 1 册. 北京: 人民教育出版社,1982: 12.

39 个,每课约 20 个生词。列入"单词和习惯用语"中的都要求掌握,阅读材料中的生词没有计算在内。"注释"采用中文讲解,注释内容包括:难句的翻译、句型的讲解和示例、惯用词组和短语的归纳说明、有关知识的介绍等,便于学生自学。"语音"项目主要教授拼读规则。

"语法"从第一册第 5 课开始教授,依次有:词类、可数名词的复数、人称代词(主格)、动词 be、特殊疑问句、动词 have、物主代词、表示位置的介词、"there be"结构、数词、句子成分、祈使句、人称代词的宾格、不可数名词、一般现在时、基本句型,同时对语法项目进行比较系统的归纳和讲解。为了使学生更好地掌握英语语法,教师讲解语法时常常就英语和汉语的异同加以比较说明。举例如下:

1)英语可数名词有数量变化,汉语名词没有数量变化且需要加量词。
2)英语和汉语对一般疑问句的回答有区别,即汉语只需要回答一个表示肯定或否定的词就行,而英语则不然。3)英语的一般疑问句和汉语的是非问句性质相同,但语序不同;汉语是非问句的语序和陈述句没有区别,主要靠语调或语气词"吗"来表达,而英语则是用不同于陈述句的语序来表达(如图 14-12 所示)。

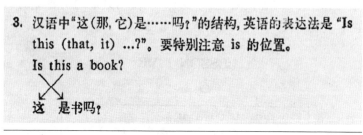

图 14-12　第一册第 5 课"课文注释"英汉对比

"练习"每课设置 5—6 个,前面几课主要是语音拼读和单词抄写。语法练习安排了较多的替换、造句、变换句子等单项练习和综合性的练习,旨在通过反复训练,使学生比较自觉地运用语法规则,获得实际运用语言的能力。练习的指示语为英语,并辅以汉语翻译。

第二册共有 15 课,第 1—7 课为第一单元,第 8—15 课为第二单元。目录提供句型、课文或对话、语法的要点。书末附有词汇表和不规则动词表,从第二册开始提供补充阅读 5 篇。"补充阅读"和正式课文一样,生词和习惯用语都有较详细的注释,供学生独立阅读。语法讲解详细,辅以 1—2 个例句加以说明,多采用表格方式系统罗列语法规则,例如第二课的"语法"使用 3 个表格归纳呈现本课语法知识,包括"现在进行时的肯定式和否定式""现在进行时的疑问式及其问答""现在分词的构成",如图 14-13 所示。

三、现在分词的构成

情　况	构成方法	原　形	现在分词
一般动词	原形末尾加-ing	go ask tell teach	going asking telling teaching
以不发音的字母 e 结尾	先去 e，再加 -ing	write take close	writing taking closing
以重读闭音节结尾，末尾只有一个辅音字母	先双写词尾的辅音字母，再加-ing	put dig get run	putting digging getting running

图 14－13　第二册第 2 课以表格形式呈现语法

　　第三册共 14 课,第 1—7 课为第一单元,第 8—14 课为第二单元。目录提供课文或对话、语法的要点,书末附有"不规则动词表""词汇表"和"补充阅读"5 篇。编排体系和前面两册基本相同,由课文、对话、单词和习惯用语、注释、语法、练习组成。每课由课文、对话、单词和习惯用语、注释、语法、练习组成。从第三册起,课前不再设置加框的句型、语音、语法、课文的"内容提要"。该册有 5 个语法项目:情态动词、现在完成时、不定式、反身代词和宾语从句,其中现在完成时和不定式为重点。"练习"同样从词汇、语法、课文 3 方面安排。不同的是本册词汇练习多了不规则动词练习;练习后面是小诗、对话或故事,附有生词注释,供学生朗读和欣赏。

　　第四册共 14 课,目录提供课文或对话、语法的要点,书末附有不规则动词表、词汇表和补充阅读 5 篇。每课由课文、对话、单词和习惯用语、注释、语法、练习组成。14 篇课文中有 11 课来自当时的初中英语教材,3 篇课为新选课文。课文总词汇量约为 6,300 个,比第三册增加 1,400 多个,约提高 30%。语法项目涉及过去完成时、过去将来时、直接引语和间接引语、状语从句、定语从句、被动语态,其中后两个为本册重点。语法练习采用句型变换、时态变换、改写句子、完成句子、组合句子、填空的形式进行。

　　第五册共 12 课,目录提供课文和语法的要点,书末附有词汇表和 5 篇补充阅读。前 6 课的课文长度为 400—500 词,后 6 课的课文长度为 500—600 词,12 篇课文总长度为 6,000 词。本册着重培养学生的阅读能力,并通过阅读扩大词汇量和掌握语法知识。语法重点是分词和构词法，除第 11 课外，每课都有安排了构词法练习，见图 14 - 14：

1. Read the following:

n.	adj.	n.	adj.
east	eastern	day	daily
west	western	week	weekly
north	northern	month	monthly
south(南方)	southern(南方的)	year	yearly

2. For each word or phrase in Column I find a phrase with similar meaning in Column II:

I	II
1) object	1) very bad
2) defend	2) time with a beginning and an end
3) period	3) to keep safe from harm
4) terrible	4) to make somebody do

图 14 - 14　第五册第 1 课"构词法练习"和"英英释义连线练习"

第六册共 8 课，目录提供课文和语法的要点，书末附有词汇表和 4 篇补充阅读。课文难度和长度均比第五册有所增加。8 篇课文中有 7 篇改编自初中起始英语课本高中第二册。生词总量为 250 多个，习惯用语约 50 条，每课 20—40 个生词。该册语法有虚拟语气、倒装句和 it 的用法，主要是归纳前 5 册中学的语法。

这套教材的总体编排是：语音教学主要集中在第一册，语法教学主要集中在第二册至第四册，第五、六册侧重阅读能力的培养。

（2）教材配套资源与特色

该套教材专为高中开始学习英语的学生设计和编写，供 20 多个省、市、自治区几千所高中数以百万计的学生使用，一直沿用至 2003 年①，一套教材能使用 20 年确实是很少见的②。该套教材的许多内容直接选自或改编自同时期的初中始学课本，教学上以课文为中心，语法和练习围绕课文进行。此外，人民教育出版社还出版配套该教材的《教学参考书》共 6 册、《高级中学英语复习练习》1 册，并录制出版了教学录音磁带。教学参考书内容包括：课本介绍、分课教学参考、

① 详见教育部 2002 年 10 月颁布的 2003 年教学用书目录。

② 课程教材研究所. 新中国中小学建设史（1949—2000）研究丛书：英语卷. 北京：人民教育出版社，2010：187.

练习答案。每课包括 5 部分:教学要求、课文补充注释、词汇学习、课文参考译文、听写材料,个别还补充语法讲解。

该套教材不仅受到广大师生的喜爱,也深受教材专家的好评,如:李修敏等(1985)指出四川南充地区白塔中学自 1983 年 9 月试用这套教材以来,师生反映"没遇到太大的困难,教和学两方面都比较顺利。有的学生学了这套教材后,从不爱学英语变为爱学英语了。教学效果也比较好①"。他们认为这套教材有 4 大优点:1) 适合高中学生的年龄特征和学习状况,教学内容简明扼要,重点突出;2) 重视培养学生自学语音的能力;3) 注意英汉两种语言的对比;4) 以课文为主体,进行综合教学。胡文静(1985)经调查后指出:"自出版以来,使用的班级和学生逐渐增多。据 1984 年上半年对 13 个省市的调查资料统计,约有 60 万学生在使用这套课本。"②刘道义(2011)也认为,该教材具有弹性,非常符合那些初中没学好英语而高中有强烈学习动机的学生的需要,该书为数百万学生使用,历时达 20 年之久。这是历史上最为成功的例子之一③。

4.《高级中学课本 英语》(1984—1986)

1981 年出版的《全日制十年制学校高中课本(试用本) 英语》(1—2 册)和 1982 年出版的《高级中学三年级暂用课本 英语》(全一册)构成一套高中 3 个学年使用的教材,面向重点中学,但又为全国通用,在使用过程中广大师生反映偏难。于是,1984 年人民教育出版社在试用本和暂用本的基础上,参考各地教师提出的意见和建议,修订了《高级中学课本 英语》(1—3 册),用以代替原教材,并衔接 1982 年修订的《初级中学课本 英语》(1—6 册)。部分教材也参考了 1986 年版的《全日制中学英语教学大纲》。

《高级中学课本 英语》(1—3 册)由中小学通用教材英语编写组编写,1984 年陆续出版,共 3 册,每学年 1 册。因为是修订版,因此主要介绍修订的部分。

(1) 教材内容

第一册由人民教育出版社外语室英语组编,董蔚君、刘道义编订,邓炎昌审订,1984 年 10 月由人民教育出版社出版,同样供五年制或六年制中学高中一年级全年使用。目录标注了每课的语法要点,目录中课次和标题仍全部用大写字母。第一册共 18 课,分为 4 个单元,第 5、9、14、18 课后设置了单元复习。除了 7

---

① 李敏修,陶怀德,罗莽.学有所得 教有甜头——谈高中起始英语教材.课程·教材·教法,1985(4):13-13.

② 胡文静.介绍从高中一年级起始的英语课本.课程·教材·教法,1985(2):66-69.

③ 刘道义,龚亚夫,张献臣.我国中小学英语教材建设的历史经验及启示.课程·教材·教法,2011,31(1):69-75.

图 14‑15　《高级中学课本　英语》(1984—1986)

篇课文不含"语法"外,其余各课由课文、单词和习惯用语、课文注释、语法、练习
等项目组成。修订后教材的部分课文与《高级中学课本　英语(供高中开始学
习英语的班级用)》第五册一样,课文配有黑白插图。课文共含教学新词约 500
个、习惯用语约 150 条。同样,每课练习中有一篇短文阅读,配有生词注释;增加
了课后练习题量,书末增加了补充阅读 2 篇。

表 14‑11　第一册主要修订内容

书　名	1981 年《全日制十年制学校高中课本(试用本)　英语》第一册	1984 年《高级中学课本　英语》第一册
编审	人民教育出版社外语室英语组编	人民教育出版社外语室英语组编,董蔚君、刘道义编订,北京外国语学院邓炎昌审定。
目录	标注了每课的语法重点,目录、课次、标题全部用大写字母	同左
项目	Text Words and Expressions Notes to the Text Grammar Exercises	同左
课文	全书共 20 课,不分单元,没有单元复习	全书共 18 课,分为 4 个单元,每单元后设有单元练习;新增加 4 篇新课文,删除原教材 6 篇课文,将其中 2 篇课文合成 1 篇,并调整课文顺序。

续　表

书　名	1981 年《全日制十年制学校高中课本(试用本)　英语》第一册	1984 年《高级中学课本　英语》第一册
注释	1) 课文的作者、出处;2) 课文中出现的有关人物、事件的背景知识;3) 难句的参考译文和句子分析;4) 课文中出现的某些未学过的语法问题	同左
语法	6 个语法项目:定语从句、主语从句、表语从句、同位语从句,不定式、分词,并复习情态动词	同左
练习	每课设置 5—7 个	每课设置 7—8 个
补充阅读	4 篇	6 篇

第二册 1985 年 10 月出版,陈国芳、刘岩编订,邓炎昌审定,同样供五年制或六年制中学高中二年级全年使用。修订版教材尽量保留原有的课文和编排体系,但也做了一些调整,"目的在于降低难度,同时加强课文教学,培养阅读能力"①。课文变动如下:原教材共 14 课,不分单元;修订后课文增加至 16 篇,分为 4 单元,每单元后设有单元练习。该册新教词汇 460 个(其中包括人名、地名约 30 个)、习惯用语约 80 条。"语法"项目也做了修订:本册共有 4 个语法项目:动名词、虚拟语气、it 的用法、倒装结构,分别安排在第 5、7、10、12 课。与原教材相比,修订本删掉了"独立主格结构";简化了"虚拟语气",并将原来的两部分合并。

表 14‐12　第二册主要修订内容

书　名	1981 年《全日制十年制学校高中课本(试用本)　英语》第二册	1984 年《高级中学课本　英语》第二册
编审	编者陈国芳、胡文静,审定者邓炎昌	陈国芳、刘岩编订,审定者邓炎昌
项目	Text Words and Expressions Notes to the Text Grammar Exercises	同左

---

① 刘岩.加强课文教学,培养阅读能力——高中《英语》第二册修订说明.课程·教材·教法,1986(7):49‐51.

续　表

书　名	1981 年《全日制十年制学校高中课本(试用本)　英语》第二册	1984 年《高级中学课本　英语》第二册
课文	全书共 14 课,不分单元,没有单元复习	全书共 16 课,分为 4 个单元,每单元后设有单元练习;新增加 4 篇新课文,删除原教材 2 篇课文,并调整课文顺序,降低课文难度。
注释	1) 课文的作者、出处;2) 课文中出现的有关人物、事件的背景知识;3) 难句的参考译文和句子分析;4) 课文中出现的某些未学过的语法问题	同左
语法	5 个语法项目:独立主格结构、虚拟语气、冠词用法、it 的用法、倒装结构	4 个语法项目(动名词、虚拟语气、it 的用法、倒装结构)分别安排在第 5、7、10、12 课。删掉了"独立主格结构";简化了"虚拟语气",并将原来的两部分合并;增加"动名词"(二);"冠词用法"已移至初中第四册中。
练习	每课设置 5—7 个	每课设置 7—8 个,尤其阅读理解的题量增加。
补充阅读	4 篇	6 篇

　　第三册 1986 年 10 月出版,胡文静、刘岩编订,邓炎昌审定,供高中最后一学年使用。本册课本是以《高级中学三年级暂用课本　英语》(全一册)为基础,参考各地教师提出的意见和建议修订而成。修订本的编排体系和《高级中学课本　英语》第一、二册基本一样,每课都由课文、单词和习惯用语、课文注释和练习等 4 个部分组成。课文均选自英语原著或简写本。为了适应教学的需要,对过长的文章做了一些删节,对某些难句做了适当的改写,对一些不太常用的词做了调换。修订本练习量比较大,每课有 7 个大题,最多有 9 个大题。本书增加了新的练习题型——应用文练习,涉及写布告或通知、填表、课程表、了解英文书信格式、认识路标和缩写字、写个人简历及家庭成员表等。因为"到高三学生毕业后,无论继续升学还是就业,除了需要具备阅读理解英语的能力之外,还需要一些其他实际应用的能力"①。

---

　　① 刘岩.加大阅读量,着重能力的培养——高级中学课本《英语》第三册简介.课程·教材·教法,1987(09):43－44.

表 14-13　第三册主要修订内容

书　名	1982 年《高级中学三年级暂用课本　英语》(全一册)	1986 年《高级中学课本　英语》第三册
编审	胡文静、陈国芳编订,邓炎昌审定	胡文静、刘岩编订,邓炎昌审定
项目	Text Words and Expressions Notes to the Text Exercises	同左
课文	全书共 12 课,不分单元,没有单元复习。课文长度 800—1,000 字。	全书共 12 课,不分单元,没有单元复习。删除原教材 2 篇文章,代之 2 篇新文章。
语法	本册没有安排语法项目,仅在课文注释中提供解析	同左
生词	生词(包括人名、地名)约 470 个,平均每课 30—40 个,最少 20 个,最多 60 个。	生词(包括人名、地名)约 470 个、习惯用语约 100 条
练习	每课设置 3—4 个	每课设置 7—9 个,添加了应用文练习和课外阅读材料,培养学生查字典的能力。
补充阅读	8 篇	9 篇

　　该教材在 1990 年修订后注明了"必修"和"选修",即《高级中学课本　英语(必修)》第一册、《高级中学课本　英语(必修)》第二册、《高级中学课本　英语(选修)》第三册,其中课本第一册 18 课,第二册 12 课,第三册 12 课。第一册与1984 年版完全相同,第二册删去了 1984 年版第二册中 4 篇课文,将第二册删去的 4 篇课文移至第三册,将 1984 年版第三册的最后 4 课删除。《高级中学课本英语(选修)》第三册课文难度有所降低。1990 年版教材的封面与 1984 年版教材的封面基本一样,唯一的区别是 1990 年版教材的封面上标注了"必修"或"选修"字样,另外封面主体色有变化。全 3 册编写体例不变。

　　(2)教材配套资源与特色

　　人民教育出版社出版的《初级中学课本　英语》(1—6 册)和《高级中学课本　英语》(1—3 册)是一套深受中学师生欢迎的英语教材。它是以《全日制十年制学校初中课本(试用本)　英语》和《全日制十年制学校高中课本(试用本) 英语》为基础,参考各地教师在试用期间提出的意见修订而成。从 1978 年出版的《全日制十年制学校初中课本(试用本) 英语》第一、二册,到 1986 年修订完高中《英语》第三册,历时 8 年之久。《高级中学课本 英语》(1—3 册)主要特色如下:

1) 以课文为核心,词汇、语法和练习等均围绕课文进行设置,不再单独设置句型练习或围绕句型编排内容。

2) 课文精选自英语国家的教材和其他原著,具有经典性。20 世纪 70—80 年代,我国开始引进国外中小学教材,包括教科书、教师用书、练习册、教具、有关英语刊物等,供我国编写教材参考使用。高中课文多数是从这些原版材料中择优改编而成。选材的标准主要是:力求题材与体裁多样、语言地道;内容健康,有一定的教育意义;难易适中;生动活泼。改编的目的是保证每一课课文所呈现的词汇和语法符合教学的系统要求,深度和难度适中。改编后的课文由北京外国语学院邓炎昌、丁往道、柯鲁克等严格把关,语言质量有保证①。

3) 更加重视培养阅读理解能力。同试用本一样,每课最后一道练习是一篇短文阅读,第一册的短文阅读配有生词注释,第二、三册取消生词注释,以培养学生查字典的能力。另外,3 册教材还增加了 5 篇补充阅读,附在书末。

4) 练习形式更加多样化。增加了课外短文阅读理解题;第三册还增加了应用文写作练习题;设置了词汇英英释义的连线题,培养英语思维;听写和复述练习,《高级中学英语 教学参考书》专设"听写材料"部分,材料多数是课文内容的摘要,供听写和课文复述使用。

5) 教材配套资源逐渐系列化。配合《高级中学课本 英语》,人民教育出版社推出了《高级中学英语教学参考书》(1—3 册)、《高级中学英语练习册》(1—3 册)、《高级中学英语听力训练》(1—3 册)(配有录音磁带)、《高级中学英语阅读训练》(1—3 册)、《中学英语教学指导书》甲乙 2 册,录制了教学录音磁带。

第二节　义务教育时期的中学英语
教材(1986—2000)

1988 年,国家教委提出"九年制义务教育",实现了教育思想的大转变,即从

---

① 课程教材研究所. 新中国中小学建设史(1949—2000)研究丛书:英语卷. 北京:人民教育出版社,2010:180.

培养少数人的英才教育转变为面向全体学生的大众教育,从应试教育转变为素质教育。

一、教学与教材管理规划

在具体制订教学规划上,国家教委要求分开制订九年制义务教育初中英语教学大纲和高中英语教学大纲,把两者的性质、目的、要求区别开来,有利于将各个阶段的英语教学向纵深发展①。

(一)《九年制义务教育全日制初级中学英语教学大纲》

为了制订《九年制义务教育全日制初级中学英语教学大纲》,国家教育委员会高教一司和中学司组织力量,于1985年6月对全国不同类型地区的经济、教育、文化发展状况和现行教学计划、教学大纲、教材,以及我国15个省市139所中学的英语教学现状进行了一次大规模的抽样调查。1987年发布《全国中学英语教学调查四川省调查报告》《全国中学英语教学调查云南省调查报告》②和《对北京市中学英语教学情况的调查》等③。在调研的基础上,制订《九年制义务教育全日制初级中学英语教学大纲》。

1. 1988年《九年制义务教育全日制初级中学英语教学大纲(初审稿)》

1988年,国家教委印发《义务教育全日制小学、初级中学教学计划(试行草案)》和24个学科教学大纲(初审稿)的通知④,指出该试行草案适用于"六·三"学制(小学六年初中三年)、"五·四"学制(小学五年初中四年)、九年一贯制,也适用于"五·三"过渡学制(小学五年、初中三年)。按照这个教学计划,1988年,国家教委审查通过《九年制义务教育全日制初级中学英语教学大纲(初审稿)》⑤。该大纲框架包括前言、教学目的、教学要求、教学内容、教学中应注意的几个问题以及附表。初中阶段应教授的内容包括功能意念项目、语音、词汇、语法,以四个附表形式给出。该大纲第一次提出使学生获得为交际初步运用英语的能力,初现交际法对国内教学的影响。

1990年秋季,根据1988年颁布的《义务教育全日制小学、初级中学教学计

---

① 石鸥.新中国中小学教科书图文史 外语.广州:广东教育出版社,2015:144.

② 张正东,汪时蔚.英语教学的现状与改革 全国中学英语教学调查西南研究报告.重庆:西南师范大学出版社,1987:09.

③ 中学英语教学调查北京市调查组.对北京市中学英语教学情况的调查.课程·教材·教法,1987(5):24-26.

④ 课程教材研究所.20世纪中国中小学课程标准·教学大纲汇编:课程(教学)计划卷.北京:人民教育出版社,1999:350-358.

⑤ 课程教材研究所.20世纪中国中小学课程标准·教学大纲汇编:外国语卷.北京:人民教育出版社,1999:203-208.

划(试行草案)》和《九年制义务教育全日制初级中学英语教学大纲(初审稿)》，国家教委组织人民教育出版社和部分地区编写了 8 套不同特色、不同风格的新教材，并在全国范围内进行大规模的试验。根据试教后的反馈意见，国家教委对 1988 年《九年制义务教育全日制初级中学英语教学大纲(初审稿)》做进一步修改，修改后的《九年义务教育全日制初级中学英语教学大纲(试用)》于 1992 年颁布实施。

2. 1992 年《九年制义务教育全日制初级中学英语教学大纲(试用)》

1992 年国家教委制订《九年义务教育全日制小学、初级中学课程方案(试行)》。该课程方案由《九年义务教育全日制小学、初级中学课程计划(试行)》(以下简称《课程计划》)和 24 个学科教学大纲(试用)组成。

国家教委首次将沿用几十年的"教学计划"更名为"课程计划"。《课程计划》的核心是课程设置和结构：

> 课程包括学科、活动两部分，主要由国家统一安排，也有一部分由地方安排。学科以文化基础教育为主，在适当年级，因地制宜地渗透职业技术教育；以分科课为主，适当设置综合课；以必修课为主，初中阶段适当设置选修课；以按学年、学期安排的课为主，适当设置课时较少的短期课。活动在实施全面发展教育中同学科相辅相成。①

《课程计划》规定，外语课为中学基础学科之一，除了没有条件开设的学校经地区教育部门批准可以免开外语课外，一般学校应从初中一年级开设外语课。初中外语为国家安排课程，所有接受义务教育的学生在学习外语方面是平等的。同时又规定，外语分两级水平，其中第二级水平外语所需课时由地方安排课程中的课时解决，这就给地方以灵活安排的余地，以便符合各地的不同情况和需要。

1992 年的《九年制义务教育全日制初级中学英语教学大纲(试用)》与 1988 年版教学大纲的框架和内容基本相同，增加了"考试和考查"，"附表一"名称改为"日常交际用语简表"，内容一样，包含问候、介绍、告别、打电话等在内的 30 类日常交际用语；附表二　语音项目表包括字母、国际音标、基本的拼读规则、辅音连缀和成节音、单词重音、语调 6 个方面；附表三　词汇表提供按字母顺序的

---

① 课程教材研究所.20 世纪中国中小学课程标准·教学大纲汇编：课程(教学)计划卷.北京：人民教育出版社,1999：373.

词汇以及分类词汇;附表四　语法项目表包括词类、构词法、名词、时态等 16 类语法项目。1992 年的大纲指出,义务教育全日制初级中学英语教学的目的是"通过听、说、读、写的训练,使学生获得英语基础知识和运用英语交际的基本能力,激发学生的学习兴趣,养成良好的学习习惯,为进一步学习打好初步的基础;发展学生的思维能力和自学能力。《课程计划》规定,初中英语按不同情况分两级要求,从一年级起学习两年的,为一级要求;根据需要和可能继续学习一或二年的为二级要求"。① 一级要求掌握 350 个左右最常用单词、100 条左右习惯用语及固定搭配,还要求扩大 300 个左右的认读词汇。二级要求三年制掌握 600 个左右常用词和 200 条左右习惯用语及固定搭配,认读 400 个左右词汇;四年制掌握 700 个左右常用词和 200 条左右习惯用语及固定搭配,认读 500 个左右词汇。三年制或四年制阅读速度分别为每分钟 40—50 和 50—60 个词,理解正确率达到 70%。一级写作要求能听写用学过的课文组成的材料,听 3 遍,书写速度每分钟为 5—7 个词;二级要求为 10—12 个词。

根据此大纲,人民教育出版社修订了 1989—1991/1992 年出版的《义务教育三年制、四年制初级中学教科书(实验本)　英语》(JEFC)(1—3/4 册),并于 1992—1996/1997 年以教材名《九年义务教育三年制初级中学教科书　英语》(JEFC)(1—5 册)和《九年义务教育四年制初级中学教科书　英语》(JEFC)(1—6 册)正式出版,供全国选用。

1994 年 7 月 5 日,鉴于我国实行新工时制(每周五天半),国家教育委员会发布《关于印发中小学语文等 23 个学科教学大纲调整意见的通知》,在附录一《九年义务教育全日制初级中学英语教学大纲(试用)》中列出调整内容和说明。"六·三"学制英语 I 级要求的初一、初二由每周 4 课时改为每周 3 课时,II 级要求的英语课时不变。"一级要求"做了相应的调整:

1)词汇:把"认读 300 个左右单词及其相关的习惯用语和固定搭配"改为"认读 180 个左右单词及其相关的习惯用语和固定搭配"。2)语法:把"初步掌握动词的 4 种基本时态的基本用法"改为"初步掌握动词"的 3 种基本时态以及"be going to"表示将来时间的基本用法②,以切实减轻中小学生过重的课业负担,全面提高教育质量。

3. 2000 年《九年制义务教育全日制初级中学英语教学大纲(试用修订版)》

2000 年,教育部颁发再次修订后的《九年义务教育全日制初级中学英语教

① 课程教材研究所.20 世纪中国中小学课程标准·教学大纲汇编:外国语卷.北京:人民教育出版社,1999:252-303.

② 同①400.

学大纲(试用修订版)》。该大纲用"自主学习能力"代替"自学能力",首次提出培养"学习策略""真实交际""观察、记忆、思维、想象和创造能力""文化差异""学生的健全人格"等多维教学目的。根据该大纲规定,初中英语按不同情况分两级要求,从一年级起学习两年的,为一级要求;学三或四年的,为二级要求。每周课时为 4 课时①。词汇要求有所增加。其中,一级要求掌握 450 个左右最常用单词、100 条左右习惯用语及固定搭配,比 1992 年版增加 100 个常用单词;二级要求掌握 800 个左右最常用单词、200 条左右习惯用语及固定搭配,还要求扩大400—500 个认读词汇,比 1992 年版三年制多 100—200 个常用词汇。一级要求阅读速度为 40—50 个词;二级要求阅读速度为 50—70 个词,比 1992 年的提高10 个词,但没做理解正确率要求。一级写作要求略有提高,能听写已学课文组成的材料,听 3 遍,书写速度每分钟为 6—8 个词,二级要求为 10—12 个词。附表三 词汇表标注了词汇数 830 个,增加"新增词词汇表",本新增词汇表所列的词汇包括原大纲(试用本)带 * 号的单词 97 个、新增加的单词 123 个,共 220个。增加"附表五 话题",包括"家庭、朋友和周围的人""日常生活"等 16 个话题。

根据这个大纲要求,人民教育出版社对 1992—1996/1997 年出版的《九年义务教育三年制初级中学教科书 英语》(1—5 册)、《九年义务教育四年制初级中学教科书 英语》(1—6 册)进行了大规模的修订工作。修订版于 2000—2001 年以教材名《九年义务教育三年制初级中学教科书(修订版)英语》(1—5册)、《九年义务教育四年制初级中学教科书(修订版) 英语》(1—6 册)再次出版,供新课程标准实施前过渡使用。

(二)全日制普通高级中学英语教学大纲

为了解决初中与高中数学、英语两学科教学上的衔接问题,国家教育委员会于 1992 年决定重新编制全日制高中教学大纲②。

1. 1993 年《全日制高级中学英语教学大纲(初审稿)》

《全日制高级中学英语教学大纲(初审稿)》于 1992 年开始编写,1993 年颁布实施。该大纲关于教学上的主要内容有:附表一 日常交际用语简表,提供了包括问候、介绍、告别等在内的 41 类日常交际用语,比同时期的初级中学英语教学大纲多 11 类;附表二 语音项目表,包括国际音标、基本的拼读规则、辅音连缀和成节音、单词重音、语调 5 个方面,比初中英语教学大纲少了"字母"的要

---

① 课程教材研究所. 20 世纪中国中小学课程标准·教学大纲汇编:外国语卷. 北京:人民教育出版社,1999:472.

② 同①401.

求;附表三　词汇表,提供词汇表1(1,200词)和词汇表2(800词);附表四　语法项目,包括12类的语法,比初中的少4类。[①] 没有话题附表。

根据这个大纲精神,人民教育出版社与英国朗文出版公司合作编写了与义务教育初中英语衔接的高中英语教材《高级中学教科书(实验本)　英语》(SEFC)(1—6册)。第一册于1993年秋在部分地区(义务教育初中英语教材实验地区)试教,之后根据试教反馈意见和1994年的《实行新工时制对高中教学计划进行调整的意见》修改了大纲和教材。高中一年级教材通过国家教委中小学教材审定委员会的审查,于1996年秋季开始使用,修改后的大纲也于1996年颁布实施。

2. 1996年《全日制普通高级中学英语教学大纲(供试验用)》

1996年颁布实施《全日制普通高级中学英语教学大纲(供试验用)》。该大纲根据1996年国家教委颁布的《全日制普通高级中学课程计划(试验)》对1993年《全日制高级中学英语教学大纲(初审稿)》编订而成。1996年"供试验用"大纲的结构与初审稿基本相同。修改后词汇表2变为740词,减少了20词,其中对带＊的词(240)一级目标不做要求。增加了附表五　话题,话题有16类。高中一年级(必修)每周4课时,35周,共140课时;高中二年级(必修)每周3课时,35周,共105课时;高中三年级(文理科选修)每周4课时,26周,共104课时;高中三年级(实科选修)每周2课时,26周,共52课时。高中两年达到一级要求,高中三年级(文理科选修)达到二级要求。一级要求阅读速度为每分钟40—50个词,准确率为70%;一级词汇要求在初中掌握600个词的基础上,再掌握500个词和一定数量的习惯用语及固定搭配,另识别500个左右的词汇;一级写作要求能在30分钟内仿写60—80个词所学过的书信和短文。二级要求阅读速度为每分钟50—60个词,准确率为70%;二级词汇要求掌握1,200个左右常用词和一定数量的习惯用语及搭配(含第一级目标词汇1,100个),识别740个词汇(含第一级目标词汇500个);二级写作要求能在30分钟内写80—100个词的短文。该大纲首次提出,在高中培养初步运用英语进行交际的能力和观察、注意、记忆、思维和想象等能力,要求增进对英语国家的了解。

1996年的大纲与九年制义务教育课程方案相衔接,按照国家教委的部署,该计划于1997年秋季开始在江西、山西、天津两省一市进行试验。1997年9月,人民教育出版社依据此大纲编写全日制普通高级中学教材《全日制普通高级中

[①] 课程教材研究所.20世纪中国中小学课程标准教学大纲汇编:外国语卷.北京:人民教育出版社,1999:304-398.

学教科书(试验本)　英语》(1—5 册),与九年义务教育教材衔接,在山西、江西、天津两省一市开始试验。

3. 2000 年《全日制普通高级中学英语教学大纲(试验修订版)》

2000 年 1 月 31 日,教育部印发《全日制普通高级中学课程计划(试验修订版)》,并根据此课程计划,修订 1996 年《全日制普通高级中学英语教学大纲(供试验用)》,于 2000 年颁发《全日制普通高级中学英语教学大纲(试验修订版)》。

该大纲框架中的"考试考查"改为"教学评价",首次提出对学生的评价采用形成性评价和终结性评价等多种方式,既关注结果,也关注过程。

人民教育出版社根据这些文件,进一步修订已在两省一市试验近 3 年的高中实验教材。2000 年秋季,修订后的《全日制普通高级中学教科书(试验修订本)　英语》正式出版,试验的地区由两省一市扩大到 10 个省和直辖市。2001 年起,各年级全部使用新修订的教材。

义务教育时期的大纲设立必修和选修两类课程,设立分级(一、二级)教学要求,引入意念功能大纲,重视日常交际用语学习,提出了许多新概念和先进教学理念等。这一大纲的进步迎来了教材编写的繁荣时期。

(三) 教材编审制度的改革

新中国成立以来,我国很长时期内实行的是"编审合一""一纲一本"、统编通用的国定教科书制度,即由原国家教育委员会指定人民教育出版社根据国家制订的教学计划和教学大纲编写教科书,其间编审合一。这种教科书制度虽然保证了教科书编写与出版的质量和水平,但却很难适应我国幅员辽阔、各地区经济文化发展不平衡的实际①。

因此,1985 年 1 月 11 日,教育部发布关于《全国中小学教材审定委员会工作条例(试行)》的通知,指出:"今后中小学教材建设,把编写和审查分开,人民教育出版社负责编,省、自治区、直辖市教育部门可以编,有关学校、教师和专家也可以编,教育部成立全国中小学教材审定委员会负责审,审定后的教材,由教育部推荐各地选用。"②1985 年 4 月 10 日,教育部发出《教育部关于选聘全国中小学教材审定委员会学科审查委员会的通知》,同时公布了第一批选聘委员。1986 年 9 月 22 日,全国中小学教材审定委员会和各学科教材审查委员会在北京正式成立,审定委员会主任:何东昌,副主任:沈克琦、顾明远、邢家鲤、柳斌、王

---

① 葛越."八套半"教材之内地版教材的研究[D].湖南师范大学,2012:10.

② 国家教育委员会办公厅.教育工作文件选编(1985).北京:人民教育出版社,1987:382.

明达,审定委员 20 人,各学科审查委员 111 人[1],中小学教科书制度由"国定制"向"审定制"转变,这是我国教材建设史上的重大变革。会议对《全国中小学教材审定委员会工作条例(试行)》进行讨论修改,修改后以《全国中小学教材审定委员会工作章程》的名称于 1987 年 10 月 10 日正式发布[2]。该章程明确规定:"今后根据国家教委颁布的中小学教学大纲,编写可供全国通用的中小学教材,包括教科书、习题集、练习册、教学挂图、音像教材、教学软件、选修教材等,以及供教师用教学指导书、教学参考书必须经全国中小学教材审定委员会审定或审查。"[3]同时,根据该章程,还制订和颁发了《中小学教材审定标准》和《中小学教材送审办法》两个附件,开始教材的编审分离。

1992 年 4 月至 5 月,中小学教材审定委员会在北京分别组织召开了义务教育文理科教学大纲与教科书审查会议,主要审查人民教育出版社负责编写的义务教育"六·三"学制和"五·四"学制(也适用于"五·三"学制)的两套教材,广东省教育厅、福建省教委、海南省教委和华南师范大学联合编写的"六·三"学制教材,四川省教委与西南师范大学联合编写的义务教育"六·三"学制教材共 128 册,还有各地编写的部分义务教育学科教材共 104 册。此后,其他各套义务教育教材也相继通过国家教委中小学教材审定委员会的审定。凡经中小学教材审定委员会审查通过的义务教育教材,均可列入国家教委颁布的九年义务教育选用教材,向各地学校推荐使用,而没有经审查或没有通过审查的义务教育教材必须反复修改试用,不能大面积推广使用[4]。1996 年 10 月 30 日,国家教委再次修订和颁布《全国中小学教材审定委员会工作章程》[5]。2001 年 6 月 7 日,教育部正式颁布了《中小学教材编写审定管理暂行办法》[6]。

自此,教材改革实现了编审分离,国家主抓教学大纲和教材审定两项宏观管理政策,部分地区按教学大纲要求编写教材,各地区根据中小学教科用书目选用合适的教材,逐步实现教材的多种风格和一纲多本。

(四)一纲多本与八套半教材编写

1988 年 5 月 6—11 日,国家教委在山东泰安市召开九年义务教育教材规划会议,会上讨论修改了根据九年义务教育要求制订的《九年制义务教育教材编写规划方案》(以下简称《规划方案》),并于 1988 年 8 月 11 日由国家教委正式

---

① 课程教材研究所. 教材制度沿革篇(下册). 北京:人民教育出版社,2004:762.
② 何东昌. 中华人民共和国重要教育文献(1949—1997). 海口:海南出版社,1998:2673 - 2675.
③ 课程教材研究所. 教材制度沿革篇(下册). 北京:人民教育出版社,2004:763.
④ 田慧生,曾天山著. 中小学课程教材改革与实验. 成都:四川教育出版社,1997.203.
⑤ 同②4066 - 4068.
⑥ 何东昌. 中华人民共和国重要教育文献(1998—2002). 海口:海南出版社,2003:905 - 906.

发布。《规划方案》对编制规划的指导思想、目标、关于编写中小学教材的几个问题、教材的推荐与选用、编写人员和经费、时间安排6个方面做了详细的说明。指导思想是:

> 1)根据《中华人民共和国义务教育法》所规定的义务教育的性质、任务,九年制义务教育的教材必须着眼于提高民族素质,为培养德、智、体、美全面发展的,有理想、有道德、有文化、有纪律的社会主义公民和各级各类人才奠定基础;2)根据我国地域辽阔、人口众多、经济文化发展不平衡的国情,九年制义务教育的教材,必须在统一基本要求,统一审定的前提下,逐步实现教材的多样化,以适应各类地区、各类学校的需要;3)把竞争机制引入教材建设,通过竞争促进教材事业的繁荣和教材质量的提高;4)加强宏观指导,严格审查、审定,以保证教材的编写质量。

《规划方案》指出编制规划的目标是,用4—5年时间逐步完成以下4种不同类型教材的编写工作:

> 1)教材内容的要求和程度,达到九年制义务教育教学大纲的规定,面向全国大多数地区适合一般水平的学校使用的小学六年制和初中三年制的教材;2)教材内容的要求和程度,达到九年制义务教育教学大纲的规定,面向全国大多数地区适合一般水平的学校使用的小学五年制和初中四年制的教材;3)教材内容的要求和程度,适当高于九年制义务教育教学大纲的规定,主要面向经济文化比较发达地区和办学条件较好的小学和初中选用的教材;4)教材内容的要求和程度,基本上达到九年制义务教育教学大纲的规定,面向经济文化基础比较薄弱的边远地区、农牧地区和山区,以及教学设备较差学校使用的小学和初中教材。每个类型可以编写不同风格,不同特色的教材,既可有成套的教材,也可有单科的教材。①

要求教材编写单位和个人要处理好以下几个问题:教材的统一性与多样性;通用教材与地方教材;全套教材与单科教材;教材建设中的理论研究与教学实验。

---

① 何东昌.中华人民共和国重要教育文献(1949—1997).海口:海南出版社,1998:2775-2777.

根据《规划方案》的要求,国家教委组织人民教育出版社等单位和地区开始编写以上4类教材,供全国不同地区、不同条件的学校使用,形成了"八套半"教材。

二、教材的编写与发展

"八套半"教材分别是:1)2)人民教育出版社与英国朗文出版集团有限公司合作编制的义务教育三年制和四年制英语教材(实验本);3)北京师范大学九年制义务教育"五·四"学制教材总编辑委员会编写的"五·四"学制初中英语实验课本;4)四川省九年制义务教育教材编写委员会编写的九年制义务教育初中英语(实验本);5)广东省九年制义务教育教材编辑委员会编写的初中英语实验教材;6)8家师范院校联合编写的要求较高的"六·三"学制教材;7)上海编写的面向发达城市地区的"六·三"学制教材;8)浙江省编写的面向发达农村地区的"六·三"学制教材;9)河北省编写一套农村小学复式班的教材,这套教材因为没有初中部分,因此被称为"半套"。"八套半"教材是我国的教科书制度由"一纲一本"到"一纲多本"的产物,详见表14-14。

表14-14　"八套半"英语教材列表

序号	书　名	册次	编　者	出版机构	出版年代	发行范围
1	人教版("六·三"学制)	1—3	人民教育出版、朗文出版集团有限公司合编	人民教育出版社	1989—1991	面向全国
2	人教版("五·四"学制)	1—4	人民教育出版、朗文出版集团有限公司合编	人民教育出版社	1989—1992	面向全国
3	北师大版"五·四"学制	1—8	北京师范大学"五·四"学制教材总编委会	山东教育出版社	1993—1996	面向全国
4	上海发达地区版("五·四"学制为主;"六·三"学制为辅)	1—14	上海市中小学教材改革委员会	上海外语教育出版社	1993—1996	面向上海等发达城市

续　表

序号	书　　名	册次	编　者	出版机构	出版年代	发行范围
5	四川内地版"六·三"学制	1—6	内地版初中英语教材编写组	西南师范大学出版社	1993	面向内地和西部地区
6	广东沿海版（"六·三"学制甲种本）	1—6	九年义务教育教材沿海地区编写委员会	广东教育出版社	1993	面向全国沿海地区
	广东沿海版（"六·三"学制乙种本）	1—6				
7	浙江发达农村版（"六·三"学制）		浙江省教委		1991—1993	面向浙江省
8	八校联合版（"六·三"学制）		华东师范大学等八所师范院校联合编写	华东师范大学等八所师范院校出版社		面向全国
9	河北"复式班"版		河北教育科学研究所			面向全国复式学校

在这八套半教材当中，人教版义务教育英语教材先后经过两次修订，形成 3 套不同版次的教材。同时，人民教育出版社还编写出版了两套高中英语教材，其中一套经过两次修订，总共形成 4 套高中英语教材。上海市除义务教育教材外，也编写出版了高中英语教材，经过一次修订再版，总共两套高中英语教材。

（一）人教版教材

人民教育出版社于 1988 年编写了面向全国大多数地区、适合一般教学水平学校的"五·四"学制和"六·三"学制的义务教育教材《义务教育三年制、四年制初级中学教科书（实验本）　英语》（JEFC）（1—3/4 册）各一套。1990 年秋季从初中一年级开始，陆续供全国各省市部分学校试用。根据试用反馈意见和 1992 年《九年制义务教育全日制初级中学英语教学大纲（试用）》，修改后以《九年义务教育三年制、四年制初级中学教科书　英语》（JEFC）（1—5/6 册）于 1992—1997 年正式出版，供全国各地选用。2000 年教育部颁发《九年制义务教育全日制初级中学英语教学大纲（试用修订版）》，根据这份大纲的精神，教材进行了再次修订,于 2001—2003《九年义务教育三、四年制初级中学　英语》(JEFC)(修订版)(1—5/6 册)。

在此期间,人民教育出版社还出版了高级中学用书。首先,人民教育出版社根据 1993 年国家教委颁发的《全日制高级中学英语教学大纲(初审稿)》,编写了《高级中学教科书(实验本)　英语》(SEFC)(1—6 册),并于 1993—1995 年进行试用,试用后修订为正式本《高级中学教科书(必修/选修)　英语》(SEFC)(1—6 册)于 1995—1998 年出版。

1996 年颁发《全日制普通高级中学英语教学大纲(供试验用)》颁布实施,人民教育出版社依据此文件精神编写高中试验教材《全日制普通高级中学教科书(试验本)英语》(1—5 册)(1996—1998),在山西、江西、天津两省一市开始试验。2000 年,教育部制订《全日制普通高级中学英语教学大纲(试验修订版)》,人民教育出版社根据此文件,进一步修订已在山西、江西、天津两省一市试验近三年的高中实验教材。2000 年秋季,修订后的全日制高级中学教材(试验修订本　必修)正式出版,试验的地区由两省一市扩大到 10 个省和直辖市。

表 14-15　人民教育出版社的中学英语教材列表

	序号	书　名	册次	编　者	出版机构	出版年代	备　注
初级中学教材	1	《义务教育三年制、四年制初级中学教科书(实验本)英语》(JEFC)	1—3/4	人民教育出版社、朗文出版集团有限公司合编	人民教育出版社	1989—1991/1992	实验本,四年制教材的前 3 册与三年制的教材一样,封面也一样。
	2	《九年义务教育三年制、四年制初级中学教科　英语》(JEFC)	1—5/6	人民教育出版社、朗文出版集团有限公司合编	人民教育出版社	1992—1996/1997	正式本,改编自 1989 年的实验本;四年制教材的前 5 册与三年制的教材一样,仅封面标注为"三年制"或"四年制"。
	3	《九年义务教育三、四年制初级中学　英语》(JEFC)(修订版)	1—5/6	人民教育出版社、朗文出版集团有限公司合编	人民教育出版社	2001—2003	修订本,改编自 1992 年版;四年制教材的前 5 册与三年制的教材一样,仅封面标注为"三年制"或"四年制"。

续　表

	序号	书　名	册次	编　者	出版机构	出版年代	备　注
高级中学教材	4	《高级中学教科书（实验本）　英语》（SEFC）	1—6	人民教育出版社、朗文出版集团有限公司合编	人民教育出版社	1993—1995	实验本（少数地区用）
	5	《高级中学教科书（必修/选修）　英语》（SEFC）	1—6	人民教育出版社、朗文出版集团有限公司合编	人民教育出版社	1995—1998	正式本（全国除上海以外地区使用）
	6	《全日制普通高级中学教科书（试验本必修）　英语》	1—5	人民教育出版社、朗文出版集团有限公司合编	人民教育出版社	1996—1998	供江西、山西、天津使用
	7	《全日制普通高级中学教科书（试验修订本　必修）英语》	1—5	人民教育出版社、朗文出版集团有限公司合编	人民教育出版社	2000	使用范围扩大到10个省和直辖市

1.《义务教育三年制、四年制初级中学教科书（实验本）　英语》（JEFC）（1989—1991/1992）

《义务教育三年制、四年制初级中学教科书（实验本）　英语》（JEFC）（1—3/4册）由人民教育出版社和朗文出版集团有限公司合作编写，人民教育出版社出版。邓炎昌、张志公、路易·亚历山大（英方）担任顾问；刘道义、乃威尔·格兰特（英方）担任主编。这套实验本教材从 1989 年开始出版，供部分初中三年制学校实验用，实验本第四册于 1992 年 10 月出版。教材英文名为 *Junior English for China*，简称 JEFC。这两套实验本教材共 4 册，三年制学校使用第一至三册；四年制学校使用第一至四册。四年制学校前 3 年的内容与三年制的相同。教材内容的要求和程度以九年制义务教育英语教学大纲为依据编写。

自 1990 年起，人民教育出版社开始出版该教材的配套用书《教师教学用书》《练习册》《阅读训练》、录音磁带、《教学简笔画》，以及挂图、听力材料及词

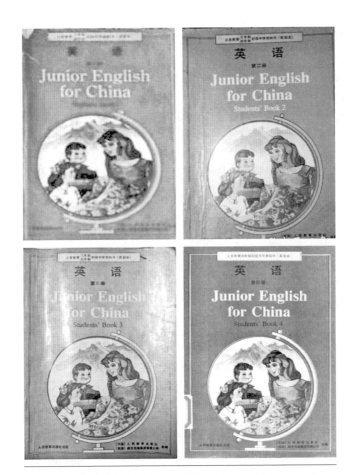

图 14 - 16 《义务教育三年制、四年制初级中学教科书
(实验本)　英语》(1989—1992)

典等工具书。"在新教材的试用期间,每个学年(不是学期)将各有一册《学生课本》(*Students' Book*)、《练习册》(*Workbook*)、《阅读训练》(*Reading Practice*)、《教师教学用书》(*Teacher's Book*)及 3 盒口语录音带(*Speech Cassette*)和 1 盒听力训练录音带(*Listening Cassette*)。其中,《阅读训练》第一册供初中一年级第二学期用。"①

　　1990 年秋季起,这两套教材在全国大部分省、自治区、直辖市的部分地区或学校试用,旨在通过一次大规模的教材改革实验和教学改革实验来:

----

① 人民教育出版社外语室英语组.谈九年制义务教育初中英语教材的编辑指导思想.课程·教材·教法,1990(6):15 - 18.

　　1）检验教材是否符合义务教育的培养目标和国家教委颁布的教学计划和教学大纲的精神;2）检验教材的思想性和科学性如何,是否符合我国国情和体现时代精神,是否做到理论与实际相联系;3）检验教材内容的结构、编排和表述是否符合学生的年龄特征、认知规律和思维发展规律,是否能激发学生的学习积极性,有利于学生打好基础,培养能力,发展智力,使学生的兴趣、爱好、才能得到发展;4）检验教材的程度、分量是否适当,是否既能使绝大多数学生达到教学的基本要求,作业负担合理,又能适应地区差异,便于因校制宜,因材施教;5）检验各学科教材之间的横向联系做得如何;6）征集广大教师和教研人员对教材的文字、插图、版式、印刷、装帧等方面的改进意见。①

　　这套实验本教材在试用后改动不大,因此具体介绍和 1992—1996/1997 年正式本一并进行。

　　2.《九年义务教育三年制初级中学教科书　英语》(1—5 册)、《九年义务教育四年制初级中学教科书　英语》(1—6 册)(JEFC)(1992—1996/1997)

　　(1) 编制背景

　　人民教育出版社根据实验本试教反馈意见和 1992 年颁发的《九年义务教育全日制小学、初级中学课程计划(试行)》及《九年义务教育全日制初级中学英语教学大纲(试用)》的精神,对实验本进行修订,于 1992 年开始在全国发行《九年义务教育三年制初级中学教科书　英语》(1—5 册)和《九年义务教育四年制初级中学教科书　英语》(1—6 册),供学校选用。四年制教材的前 5 册和三年制教材的一样。

　　(2) 教材介绍

　　该套教材是根据我国政府与联合国开发计划署达成的协议,由联合国开发计划署提供资助,联合国教科文组织任执行机构,人民教育出版社与朗文出版集团有限公司合作编写而成。邓炎昌、张志公、路易·亚历山大(英方)担任顾问;刘道义、乃威尔·格兰特(英方)担任主编。主编为多年从事教材研究、编辑工作的专家。新教材的编写,由人民教育出版社编审委员会领导。编者由教师、专家、专职编辑结合组成。人民教育出版社外语室英语组胡文静、董蔚君、刘锦芳、刘岩、魏国栋、方鸣、张献臣等参加了编写工作。

　　新教材的编写指导思想是:1）寓思想教育于语言教育之中;2）语言结构与

---

　　① 人教版九年制义务教育教材教学实验有关问题.课程·教材·教法,1990(3):35-36.

语言功能相结合;3)教学内容力求符合学生的需要,具有趣味性;4)通过听、说、读、写的全面训练培养学生为交际初步运用英语的能力;5)以我为用,洋为中用,中外互补。

这套教材的"前言"中谈到,教科书依据以下的教学原则编写:1)由浅入深,由易到难,由已知到未知循序渐进地安排教学内容;2)使用循环编排方法,系统地安排教学内容,不断复习,多次循环,逐步扩展、加深;3)在用中学,积极地运用语言,而不是单纯地学习语言;4)教学内容力图密切结合学生的需要,符合学生的兴趣,以便最大限度地激发学生的动机,又能做到学以致用。

教材封面仍用红、绿、橙、蓝四个色系来区别4册教材,"第一册用红色,标志着开门红;第二册用绿色,标示顺利前进;第三册用橘红,象征丰收;第四册用天蓝色,展示美好的未来。"①教材的封底是一个地球,地球上的窗格里展示着各国的标志性建筑,右边是手持课本的中国女学生和英国女学生。另外,这套教材的版式设计变化比较大,由原来的小32开本改成了16开本,配有彩图,课文全部套色。为了满足全国不同地区的不同需要,从1993年起又出版了黑白版,即该教材有黑白版和双色版,为发达地区提供了双色版。每一册书开始均有四面彩图(第四册有两面),展示书中的主要人物和重要内容。在"说明"中提到:"本册课本已经国家教材中小学教材审定委员会审查。"三年制共5册(第一册上、下,第二册上、下,第三册),教材顶端标注"九年义务教育三年制初级中学英语教科书";四年制教材共6本(第一册上、下,第二册上、下,第三册,第四册),教材顶端标注"九年义务教育四年制初级中学教科书",这是三年制和四年制教材封面的标识区别,其余一样。

从册次来看,1992年正式本将1989年实验本的第一册和第二册分开装订为第一册(上、下)和第二册(上、下),第三、四册不变。从课文数量来看,1992年正式本的第一、二、四册课文与1989年实验本一样;第三册课文略有变动,1992年正式本最后两个单元中删除了1989年实验本中的两课,总课数变为24课,课次略有调整。第一册(上)16个单元,第一册(下)14单元,第二册(上)14个单元,第二册(下)14个单元,每册分为两个大单元;第三册24个单元,第四册24个单元,每册分为4个大单元。第一、二册的上、下两册单元连续编号,例如第一册(下)是从第17单元开始到第30单元结束。

该教材使用小课型,按"一页一课,一个单元四课"的体例编排。各单元4

① 课程教材研究所.新中国中小学建设史(1949—2000)研究丛书:英语卷.北京:人民教育出版社,2010:230.

图 14-17　《九年义务教育三年制初级中学教科书　英语》(1992—1996)

课的安排大体是:"第一课以旧带新,承上启下;第二课教学重点项目;第三课展
开活动,加强训练;第四课复习巩固,归纳小结,设有复习要点(Check-point)。"①
每一课教学内容可用一节课完成,大部分单元可用一周(4 课时)教完,部分单元
需用 5 课时完成。为了便教易学,教科书使用"透明法"(Transparency
Methodology)编排各项活动的标题,使师生看到标题就明白该使用什么方法,例
如每个单元的听、说、读、写活动形式主要有:"Look, listen and say""Read, say
and write""Read and say""Read and learn""Listen and answer""Listen, read and
learn""Read, ask and answer""Listen""Read""Read and act""Ask and answer"
"Read and practice"等。"复习要点"主要归纳了每个单元 4 课的"语法"

---

① 刘道义.开阔视野　全面训练　培养能力——义务教育初中英语教材介绍.人民教育,1993(Z1):
46-48.

图 14-18 《九年义务教育四年制初级中学教科书 英语》(1992—1997)

(Grammar)和"表达"(Useful Expressions)。整个编排由视听说到读写,由对话到课文,循序渐进,循环编排,培养学生初步运用英语进行交际的能力。以第二册(上)第一单元为例,"一页一课,一个单元四课"的体例编排如图 14-19 所示。

该教材采用话题、功能、结构的编写思路。第一册(上、下)和第二册(上)从话题、功能、结构、语音四个方面编排内容;第二册(下)、第三册、第四册从话题、功能、结构 3 个方面编排内容,将语言功能居于首要的地位,并尽可能将 3 者有机地结合起来。在话题方面,每个单元一个话题,每个话题编排 4 课;"话题"设置考虑学生的生理和心理特点,结合学生的生活和社会实际;"从自我介绍到与他人交往,从学校到家庭、社会,从学习到生活,从科学文化知识到风俗习惯、地理概貌等,每个单元的教学内容均是看得见、摸得着的。"①在功能方面,新教材

---

① 王桂云.谈人教版义务教育初中英语教材的特点.课程·教材·教法,1996(1):29-32.

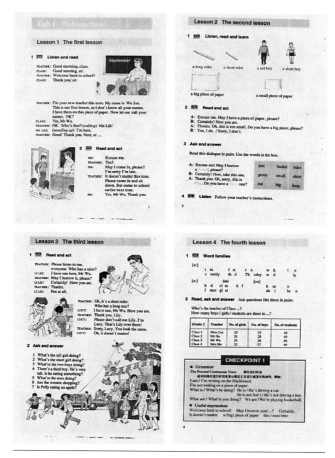

图 14-19 《九年义务教育三年制、四年制初级中学教科书 英语》
第二册(上)第 1 单元

非常重视语言功能的教学。"功能"设置依据教学大纲的"功能意念项目"进行,并采用循环编排方式,把同一个功能项目安排在不同的教学阶段中,每次围绕类似的话题进行多种交际活动。在结构方面,以往教材中"语法"以项目形式单列出来,进行重点教学,本套教材仅以"复习要点"(Check-point)方式简要附在每个单元的最后,另提供"语法"附录。这套教材是交际法(功能法)教材,改变了过去以语言结构为主要线索安排教学,而是采用以交际功能为主要线索安排教学。

以第二册(下)前面 6 个单元的话题、功能、结构的编排为例(如下表),所有"话题"跟学生生活密切相关,有"打电话""天气""季节""派对",也有"英国饮食文化"。"功能"紧扣教学大纲,详见表 14-16。

表 14-16　第二册(下)前六个单元的"话题—功能—结构"的编排

单元	话 题	功 能	结 构
15	Thanks for the message!	Making telephone calls	The past tense of there be
16	The seasons of the year	Talking about the seasons	Disjunctive questions;(反义疑问句) The preposition in, on, at
17	What's the weather like today?	Talking about the weather	Making words: n-adj, adj-adv, Exclamatory sentence
18	Come to the party!	Invitation and responses; Asking permission	Would you like to …? I hope you can … I would love to …
19	A weather report	Talking about the weather	The future indefinite tense: will
20	What do English people eat?	Likes and dislikes; Agreeing and disagreeing	Making comparison: more/the most delicious

　　该教材重视听、说、读、写的全面训练,培养学生初步运用英语进行交际的能力。在听说方面,第九单元开始到第二册全册教音标,比以往提前半学期,学生用书一直到第二册(下)才不再提供语音练习,练习册到第三册不再提供语音练习,而且重视语音规则的教学。第一册第七单元开始,每个单元都编配了听力练习,教师教学用书中也补充了大量的听写材料。"三年制初中教材中共有 166 段对话,四年制初中约有 200 段对话。"①第一、二册以对话为主,第三、四册每个单元的第 2—3 课逐渐过渡到短篇课文。课文前一般编排有作为导入的简短对话。在读写方面,教材系统地安排了阅读和写作技能的训练,从拼读词语、朗读对话、阅读短文,到阅读各种体裁语言材料的阅读训练;从抄写、填空、完成句子、组成句子、写短文,到有指导的写作训练。

　　该套教材将原来放在课后的"课文注释""生词和短语""练习"均附在书末。课文中以"活动"代替以往教材的"练习",以往的"练习"则以"练习册"的形式附在学生用书的书末,与学生用书同时出版发行。书后附录较多,设有课文注释、发音和拼法、语法、各单元单词和习惯用语、词汇表、不规则动词表以及练习

① 王桂云.谈人教版义务教育初中英语教材的特点.课程·教材·教法,1996(1):29-32.

册等,各册略有不同。

义务教育是普及教育,这套教材相对以往教材减轻了分量,降低了难度。义务教育三年制初中英语总课时(400)比现行初中教学计划规定的少100课时;四年制初中英语的总课时则多36课时。义务教材与现行教材比较,词汇和语法两方面都有所减少。例如,三年制初中现行教材要求掌握1,250个单词。义务教育三年制要求掌握600个单词,认读400个单词。四年制要求掌握700个单词,认读500个单词。语法部分减少了直接引语和间接引语、一般将来时和现在完成时的被动语态、动词不定式作表语等项。对某些语法项目只要求理解,不要求掌握,如冠词的用法,过去完成时和过去将来时(这两种时态在四年制初中要求初步掌握),动词不定式作主语和定语等①。此外,义务教材中的课文难度明显下降。义务教育初中英语3年的教材复现率比旧教材增加了4倍,生词率由5%降至1%。考虑到我国幅员广阔、各地发展不平衡、师资水平参差不齐,教材对语言知识和语言能力提出不同层次的要求,达纲、保底,但不封顶,以适应不同层次的学校和不同实际需求的学生②。

JEFC以教科书为主,系列配套。除《学生用书》外,还包括《教师教学用书》《练习册》《阅读训练》和《阅读训练录音带》《教学指导与参考》《教学简笔画》、教学投影片、教学录像带、口语录音带、听力训练录音带和教学挂图,一年级还配有《抄写本》等。《练习册》放在学生用书之后,与学生用书合订成一本书。《练习册》与教科书同步,按单元编排,一页一课,每课练习2—5个。录音磁带由英语国家人士录音。口语录音带包括教材中的对话、课文、各单元单词和习惯用语及练习册中的语音练习、歌曲等。口语录音带又分朗读和领读两种。听力训练录音带包括全部听力训练和教师用书中的听写材料。

该教材的编写理念和编排体例均有别于以往的教材,为做好新教材的试用工作,人民教育出版社于1990年4—5月举办了新教材师资培训班。1990年和1991年,英方派教师培训专家来华进行短期师资培训工作,帮助试教的教师熟悉新教材和新教学方法。

3.《九年义务教育三年制初级中学教科书(修订版)　英语》(1—5册),《九年义务教育四年制初级中学教科书(修订版)　英语》(1—6册)(2000—2001)

随着21世纪的到来,科学技术突飞猛进,知识经济已崭露头角,国力竞争日趋激烈,教育在综合国力的形成中处于基础地位。为此,国家提出了深化教育改

---

① 人民教育出版社外语室英语组,朗文出版集团有限公司.初中英语.课程・教材・教法,1990(5):33-34.

② 王桂云.谈人教版义务教育初中英语教材的特点.课程・教材・教法,1996(1):29-32.

革、全面推进素质教育的人才培养目标。在新的课程体系和课程标准建立之前，教育部先对 1992 年的《九年义务教育全日制初级中学英语教学大纲(试用)》进行了修订，为新课程标准的实施奠定了基础。2000 年，教育部颁发再次修订后的《九年义务教育全日制初级中学英语教学大纲(试用修订版)》。

　　另一方面，《九年义务教育三、四年制初级中学教科书　英语》从 1990 年开始实验到 2000 年，已经使用 10 年。随着时代的发展和教学改革的深入，部分内容已经不适应新时代学习的需求。加之教师在教学实践中也发现了一些问题，例如：1)练习量偏少；2)起始年级写作训练不够系统和扎实；3)语法安排不够系统；4)初三年级教学内容安排过重；5)一些单元的话题与功能结构的联系不够密切；6)一些阅读材料的内容显得过时陈旧；7)起始年级阅读语篇偏少，整体输入量不够；8)一些活动的操作性不够强，而且能力培养的练习显得不足；9)教材图画过于成人化，不利于激发学生的学习兴趣。① 因此，基于大纲修订、教师反馈意见、教材更新等原因，人民教育出版社对《九年义务教育三、四年制初级中学教科书　英语》进行了一次较大规模的修改，以适应新时代贯彻素质教育的精神。

　　《九年义务教育三年制初级中学教科书(修订本)　英语》(1—5 册)和《九年义务教育四年制初级中学教科书(修订本)　英语》(1—6 册)中，四年制教材的前 5 册和三年制教材一样。修订后的教材封面和书内插图都变化较大，将原版的写实风格的插图换成了漫画形式的插图，课本的人物角色仍基本保持原样。图 14-20 是《九年义务教育三年制初级中学教科书(修订本)　英语》(1—5 册)的封面，封面顶端有"经全国中小学教材审定委员会 2001 年审查通过"字样。《九年义务教育四年制初级中学教科书(修订本)　英语》(1—6 册)封面插图和三年制的一样，只是将"九年义务教育三年制初级中学教科书"改为"九年义务教育四年制初级中学教科书"字样。

　　该教材改编自 1992 年版，因此只介绍修订部分的内容。修订内容主要包括：

　　　　更换篇章内容，增加阅读篇章，调整阅读篇章的位置，加强话题与结构功能之间的联系，改进或更换教学活动，增加语言练习，调整语法顺序，编写新的教学内容，第三册减少教学单元、完善课文注释、增加注释中的问题互

---

① 课程教材研究所.新中国中小学建设史(1949—2000)研究丛书：英语卷.北京：人民教育出版社，2010：284-285.

图14-20 《九年义务教育三年制初级中学教科书(修订版) 英语》(2000—2001)

动、改进附录部分语音内容和语法内容的呈现方式、单词表中增加新的国际音标符号、增加按词性分类词表、更换教材插图风格、改进版式设计等。前四册书(第一册上、下和第二册上、下)修订幅度较大,修订量达60%以上。后两册书(第三册和第四册)与前几册相比变化更大,修订量至少在70%以上。①

修订后的学生用书总体结构基本没有改变。第一册(上、下)和第二册(上)仍保持原来的单元数,第二册(下)的单元数由原来的14减为12。原教材初三年级教学内容安排过重,因此修订本教材对第三册做了较大调整,由原来的24

---

① 课程教材研究所.新中国中小学建设史(1949—2000)研究丛书:英语卷.北京:人民教育出版社,2010:286.

单元减为 18 单元,其中 8 个单元改编自原教材,7 个单元是新编单元,3 个单元是阶段复习课。

　　原教材阅读输入量不够,其中对话偏多,短文较少,而且内容与时代脱节。修订本教材替换并增加了一些阅读材料,每册平均增加了一倍半的阅读,例如,第一册(上、下)和第二册(上)分别增加了 20、30 和 34 篇,后面几册书也都有不同程度的增加。从第三册起,书末还附有"补充阅读"。内容方面增加了与现代生活息息相关的电子邮件、网上购物、网上信息检索、机器人等。在原教材中,除对话外,短文只有 5—6 篇,而现在增加到 25 篇。

　　在话题方面,2000 年的教学大纲试用修订版附录增加了 16 个话题:家庭、朋友与周围的人,日常生活,兴趣与爱好,文体活动,健康,天气,节假日,旅游与交通,饮食与饮料,服饰,文化习俗,世界与环境,教育,科普知识,著名人物,职业。修订本教材相应地增加了新话题的内容。单元话题内容变化比较大,其中 1/3 的单元内容完全更新,第三册的大多数单元话题被更新。

　　原教材语法安排不够系统,修订本教材增加了语法和词汇两方面的语言知识,调整了部分语法项目的呈现顺序,比如将"there be"结构从原初一(下)调整到现在的初一(上)。另外,根据教学大纲要求,增加了由 who、which、that 引导的定语从句,只要求理解。修订本套教材生词量的分布如下:第一册(上)367个,第一册(下)318 个,第二册(上)344 个,第二册(下)306 个,第三册 435 个,第四册 330 个。生词不再分为"一会""二会""三会"和"四会"要求,只分为"掌握层次"和"认读层次"。"掌握层次"的词用黑体标注,主要是大纲要求掌握的830 个基本词汇;"认读层次"的词用白体标注,主要是大纲要求的认读词以及常用的话题拓展词汇。黑体词和白体词三年制共出 1,558 个,四年制出白体词共255 个,其余带星号或三角符号的词共出现 287 个。其中,带星号的词只要求理解,带三角符号的词基本上都是地名、专有名词①。

　　原教材的练习量偏少,修订本教材增加了练习和教学活动量。原教材从第一册到第四册每单元正文部分一课一页,共 4 页。修改后教材从第一册到第四册每单元 5 页,即增加一页,每单元仍然安排 4 课,但最后一课增加一页。修订本教材四课安排如下:"第一课中的对话以介绍功能项目为重点,第二课阅读语篇通过语境介绍词汇、语法等,第三课侧重语言训练,第四课提供听、说、读、写的交际性活动。"②修订后的学生用书练习与活动量明显增加。《练习册》的练习活

---

① 课程教材研究所.新中国中小学建设史(1949—2000)研究丛书:英语卷.北京:人民教育出版社,2010:293.

② 刘道义.与时俱进的初中英语教材——修订后的 JEFC.课程・教材・教法,2001(11):20-24.

动也相应增加了许多。从练习种类来看,修订本教材每个单元都有 1—2 个听力训练活动,阅读量平均每册增加一倍半,增加了写作训练。

原教材起始年级写作训练不够系统,修订本教材增加了写的练习,并关注写的层次性训练,例如,课本及练习册中写的练习主要分为"控制性写作"(Controlled Writing)、"指导性写作"(Guided Writing)、"自由性写作"(Free Writing)3 种层次。练习中增加了组词成句,用所给词的正确形式填空、完成句子、句型转换、翻译练习等"控制性写作",为写作打基础;增加了补全对话、编写对话、信息转换、续写故事、看图说话等"指导性写作",逐渐过渡到"自由写作"。自由写作是写作训练的最终目的,学生通过所学的语言知识和语言技能自由表达自己的思想和观点,图 14 - 21 为第一册(下)第 17 单元的写作任务:

图 14 - 21　第一册(下)第 17 单元的写作任务

第二册仍然以"指导性写作"居多,但提供的指导性语言越来越少。第三册中自由性写作较多,各册课本写作任务循序渐进,练习册也安排有写作训练。

另外,修订本教材还设计了许多"任务型"活动,并编制了《初中英语学习评价手册》。"任务型"活动方面设计了具有信息差(information gap)的交际性活动以及一些真实性任务活动。2000 年《九年制义务教育全日制初级中学英语教学大纲(试用修订版)》提出"教学评价",根据这一大纲的要求,教育部基础教育课程教材发展中心组织专家开展的基础教育英语教学评价试验项目,配合教材出版了《初中英语学习评价手册》,重点"考查学生运用语言做事情的能力,考查其思维能力、创造能力和解决问题的能力①",力求通过改变传统的练习和测试题的形式,逐步实现评价的改革。

---

① 刘道义. 与时俱进的初中英语教材——修订后的 JEFC. 课程·教材·教法,2001(11):20 - 24.

4.《高级中学教科书(实验本) 英语》(SEFC)(1—6 册)(1993—1995)

1990 年秋,义务教育初中英语教材开始进入实验阶段。3—4 年后,这批学生进入高中学习,因而到 1993 年秋,国家需要给实验地区提供与初中义务教育相衔接的高中英语教材。1996 年秋,按照义务教育新课程方案进行教学的大批初中毕业生也将进入普通高中学习。为此,1993 年,国家教育委员会制订并颁布实施《全日制高级中学英语教学大纲(初审稿)》;1996 年发布《关于现行高中数学、英语两学科教学内容与初中义务教育课程方案衔接处理意见的通知》。依据这些文件精神,人民教育出版编写了《高级中学教科书(实验本) 英语》(SEFC)(1—6 册),用于衔接九年制义务教育初中英语教材。

这套教材通过国家中小学教科书审定委员会审查通过后,于 1993 年至 1995 年在武汉、青岛等少数地区实验。"尽管高中学生面临高考的压力,敢于试验新教材的学校不多,但仍有 1,200 个左右的班级、85,000 多名学生用了新教材,而且取得了好成绩。1995 年,在武汉和青岛两市,通过对参加实验的 48 位教师和 688 个学生的问卷调查了解到:97% 的教师认为 SEFC 能够帮助学生培养听、说、读、写四项技能;他们全都认为 SEFC 有助于英语教师的专业发展;90% 的学生表示对这套英语教材感兴趣。"[1]实验为 1996 年在全国顺利推广奠定了基础。

根据我国政府与联合国开发计划署达成的协议,由联合国开发计划署提供资助,人民教育出版社与英国朗文出版集团有限公司合作编写 *Senior English for China*(简称 SEFC)。这套教材封面是 6 幅各国代表性建筑的图片,采用与《九年义务教育四年制初级中学教科书 英语》(JEFC)(1—6 册)一样的编排体例。该教材的编写指导思想是:

1) 贯彻《全日制高级中学英语教学大纲(初审稿)》的教学目的、要求和内容及有关教学内容。2) 充分考虑学生的需要、兴趣和要求,注意学生的心理和生理发展的特点,以及说汉语的人在学英语时所存在的特殊问题,以便最大限度地激发学生的动机和积极性。3) 符合学生学习语言的认知规律,贯彻循序渐进的原则,采用螺旋式或循环式教学方法,系统地复习和扩展所教的语言项目,区分教学目标的层次,逐步让学生掌握大纲所要求的语言项目。4) 教科书要教会学生使用语言,而不仅仅是懂点英语知识;在加强基础知识和基本训练的同时,要使基础知识转化为语言技能,并发展成

---

[1] 课程教材研究所.新中国中小学建设史(1949—2000)研究丛书:英语卷.北京:人民教育出版社,2010:252.

图 14‑22 《高级中学教科书(实验本) 英语》(1993—1995)

运用英语进行交际的能力。5)教科书的设计有助于学生运用语法结构实施大纲中列入的交际功能项目,如问候、道歉、建议、劝告等,鼓励他们在用中学,积极地运用语言,而不是单纯地学习语言。6)教科书全面培养听、说、读、写英语的四种技能,并侧重培养阅读能力。7)教科书的设计有助于教师更有效地进行教学,教科书采用"透明教学法",也就是说,教师看到教科书中每一课的小标题就能明白教科书要求使用什么方法。8)以学生用书为核心,系列配套,增加语言实践量,充分考虑如何使用直观教具和电化教学手段,使教学形象直观。[①]

---

① 人民教育出版社,朗文出版集团有限公司.高级中学英语第2册 上 实验本 教师教学用书.北京:人民教育出版社,1993.12.

　　全套教材由第一册(上、下)共 30 单元,第二册(上、下)共 24 单元,第三册(上、下)24 单元组成。每册分为两个大的单元,大的单元后设有阶段复习课(Mainly Revision)。和初中教材一样,该高中教材采取话题、结构、功能相结合的方式进行编排。每个单元有 4 课。其中,第 1 课教学对话和日常交际用语,占 1 页;第 2—3 课教学阅读课文和语法、词汇等语言项目,每课占 2 页;第 4 课主要进行听和写的训练,并着重复习该单元的语言材料,占 1 页。每个单元的教学材料内容充分。

　　为了提高学生的自学能力和读写技能,教材设置了讨论、查字典、记笔记、写摘要等活动。"讨论"主要安排在课文阅读前或阅读后。从高中二年级开始,教材增设《小字典》("Dictionary"),附在书末,其中列出少量生词,用英语释义。"查字典"安排在课文阅读之前,要求学生从这个小字典里查找部分生词。

　　学生课本后面附有"课文注释"(Notes to the Texts)、"语法"(Grammar)、"各单元单词和习惯用语"(Words and Expressions in Each Unit)、"词汇表"(Vocabulary)、"三会词表"(Three-Skill Words in Senior Book)、"四会词表"(Four-Skill Words in Senior Book)和"字典"(Dictionary)等,供师生查阅参考。

　　配合该教材还出版了《练习册》《教师教学用书》《阅读训练》、口语录音带,听力训练录音带等。练习册放在学生用书之后,与学生用书合订成一本书。口语录音带的录音包括学生课本中的对话、阅读课文、单词和习惯用语,由英语国家人士朗读,为学生提供了朗读示范。口语录音带分"朗读带"和"领读带"两种。

　　5.《高级中学教科书(必修/选修)　英语》(SEFC)(1—6 册)(1995—1998)

　　1990 年,国家教委颁发《现行普通高中教学计划的调整意见》,将高中课程结构调整为学科课程和活动课程两部分,其中学科课程采取必修课和选修课两种形式。另外,《高级中学教科书(实验本)　英语》(1993—1995)在武汉、青岛等市实验后,广大师生反映良好,同时也反馈了一些问题,例如认为实验本分量重。根据文件精神和实验反馈意见,人民教育出版社于 1995—1998 年修订出版《高级中学教科书(必修/选修)　英语》(SEFC)(1—6 册),第一、二册(必修)和第三册(选修),与九年制义务教育初中英语教材衔接,供全国(除上海以外)各地使用。

　　"修订本"与"实验本"具有相同的封面图案,仅教材名标注不同,第一册(上、下)与第二册(上、下)的封面顶端有"高级中学教科书(必修)"字样,第三册(上、下)有"高级中学教科书(选修)"字样。

图 14-23　《高级中学教科书(必修/选修)　英语》(1995—1998)

　　由于反馈意见中认为"实验本"内容偏多,因而"修订本"删减了"实验本"的 4 个单元,分别是:"实验本"第一册(上)的"Enjoying Your Meals"、"实验本"第二册(上)"Natural Engergy"和"Girls"、"实验本"第二册(下)"Waste"。剩下的课文按照第一册(上)14 单元,第一册(下)至第三册(下)全部为 12 单元顺延编入课本。这样,第一册(上、下)由原来的 30 单元减为 26 单元,第二、三册仍保持 24 单元。每个单元有 4 课,第 1、4 课占一页,第 2、3 课各占 2 页。每个单元的第 1 课教学对话和日常交际用语,第 2—3 课教学阅读课文和语法、词汇等语言项目,第 4 课是听力、写作和复习要点。

　　与"实验本"一样,"修订本"仍按照"话题—结构—功能"相结合的方式进行编排。以第三册(上)"Madame Curie"第一单元为例,"修订本"和"实验本"具有相同的话题材料,相同数量和相同类型的活动编排,只是个别活动前后顺序有调整,个别练习中句子或词汇被更换。基本做法是:较容易的词汇用稍难词汇取代;较容易的句子用较复杂的句子取代;不太地道的句子用地道句子取代。为了提高学生的自学能力和读写技能,教材也设置了讨论、查字典、记笔记、写摘要等活动。

练习册不仅补充了听说训练的材料,而且增加了大量写、译、读的练习。练习册每个单元一页一课,每课练习 2—4 个。有些练习标有星号(＊),供有条件的班级选用。每个单元后有一个复习型的练习,目的是复习该单元的重点语言项目。各单元中听力训练的练习集中放在练习册之后。第二、三册还为各单元编配了完形填空练习,放在书后,可供进度较快的班级选用。

书末附表,除了"实验本"原有的材料外,"修订本"还补充了练习(Exercises)、听力训练(Listening Practice)、完形填空(Cloze Tests)等。系列辅导用书更加完善,除了《练习册》《教师教学用书》《阅读训练》、口语录音带、听力训练录音带外,还补充了《简笔画》、教学挂图、教学录像带。

该套教材打破以往用语法结构为主线来组织和安排教学的模式,采用以话题—结构—功能编写体系,以话题为核心来安排每个单元的听、说、读、写活动。话题贴近实际,反映社会生活的方方面面,具有真实性。作为高中英语教材,在兼顾学生的听、说、读、写能力培养的同时,略侧重读写的能力。加大阅读输入量,每个单元的课文在 300—350 字,长课文分布在两课里,最长的课文达 800词。课文篇数更多,题材更加丰富。设计了一系列培养写作技能的训练材料,按句子、段落和篇章 3 个层次循序渐进。重视学生自学能力的培养,在练习中设置了一些学习策略的活动,如记笔记、写摘要等。课文选材充分考虑学生的需要和兴趣,贴近生活,体裁丰富多样。以往的教材大多选自传统名家名作,而这套教材选材更具有时代感、思想性、知识性和真实性。这套教材所提供的语言输入量大大超过旧教材。"以高中二年级的教材为例,现行教材是 22 万字,而 SEFC 是37 万字,且篇幅缩短,篇目增加,从而大大增加了信息总量。"①

6.《全日制普通高级中学教科书(试验本　必修)　英语》(供江西、山西、天津使用)(1—5 册)(1996—1998)

1996 年《全日制普通高级中学教科书(试验本　必修)　英语》共有 5 册,即第一册(上、下)、第二册(上、下)、第三册。第一册与 1995 年版完全一样。第二册共有 18 个单元,加上 4 个复习课。第三册 14 个单元,加上 2 个复习课。全套书比 1995 年版少了一册,但第二、三册都附有补充练习,这些练习多选自 1995

---

① 任志娟.高中英语新编教材的特点.甘肃教育,1995(11):39-40.

年版中被删去的材料①。

7.《全日制普通高级中学教科书(试验修订本 必修) 英语》(1—5 册)(2001—2003)

2001 年修订出版的《全日制普通高级中学教科书(试验修订本) 英语(必修)》是根据教育部 2000 年颁布的高中课程和英语教学大纲,遵照 1999 年全国教育工作会议的精神,在两省一市进行试验的《全日制普通高级中学教科书(试验本 必修) 英语》的基础上进行修订而成的。

图 14-24 《全日制普通高级中学教科书(试验修订本) 英语(必修)》(2001)

SEFC 总共有 4 个版本:1993—1995 年的《高级中学教科书(实验本) 英语》(1—6 册)供少数地区实验用,1995—1998 年的《高级中学教科书 英语》(必修/选修)(1—6 册)供全国除上海以外各地使用,1996—1998 年的《全日制普通高级中学教科书(试验本 必修) 英语》(1—5 册)供江西、山西、天津使用,2001—2003 年的《全日制普通高级中学教科书(试验修订本 必修) 英语》(1—5 册)供 10 个省市使用。几套教材的编排体系和内容变化不大,此处不做详细介绍。

(二) 北师大版教材

在基础教育阶段的英语教材方面,人民教育出版社主要集中于九年制义务教育的教材编写与出版,而北京师范大学主要是研究"五·四"学制教材的研发与编写。

---

① 课程教材研究所.新中国中小学建设史(1949—2000)研究丛书:英语卷.北京:人民教育出版社,2010:262.

1."五·四"学制教材

早在 20 世纪 60 年代,北京师范大学就开始试验新学制和编写新学制教材。1981 年成立学制研究小组,进行"五·四"学制的理论研究和实验。1983 年,国家教委委托北京师范大学编写"五·四"学制教材,实验取得了较好的效果。1987 年,国家教委委托将本套教材作为全国规划教材之一。1984 年,经批准,课题《中小学学制、课程、教材、教法改革的实验与研究》列为教育部"六五"期间教育科研重点项目①。因此,1988 年在普及义务教育的大趋势下,北京师范大学成立总编辑委员会,承担"五·四"学制义务教育教材的编写任务和实验工作。这套教材按照九年义务教育教学大纲编写,面向全国大多数地区一般水平学校的教材。与人民教育出版社所编写的教材不同的是,该套教材不搞兼顾,只专注"五·四"学制,面向"五·四"学制学校的大多数学生。

1988 年,北京师范大学着手组织人员编写这套"五·四"学制教材。各学科教学专家、教授,各地有丰富教学经验的教师,以及出版社的编辑人员等组成编写队伍,山东省教学研究室组织教材审查队伍,编审分离,共同保证教材的质量。教材主编是马俊明和胡铁成,修订后主编是马俊明和高洪德。1990 年开始,这套教材又由 6 家出版社(北京师范大学出版社、山东教育出版社、青岛出版社、黑龙江教育出版社、黑龙江美术出版社、辽宁美术出版社)联合出版。其中,初中英语由山东教育出版社出版。自 1990 年秋开始,"实验本"教材先后在山东、湖北、黑龙江、河北、河南等地区进行实验。

根据反馈意见,并依据 1992 年《九年制义务教育全日制小学、初级中学课程方案(试行)》和《九年制义务教育全日制初级中学英语教学大纲(试用)》,编写人员对"实验本"进行了修改。修改的"正式本"于 1992 年 4—5 月通过国家教委中小教材审定委员会审查,改为"试用"教材。初中英语第一册被列为国家教委 1993 年秋季普通中小学义务教育阶段教学用书,在全国范围内发行,供实施"五·四"学制的学校选用。1997 年这套教材进行了一次修订。2000 年 3 月,教育部颁发《九年义务教育全日制初级中学英语教学大纲(试用修订版)》,编写人员据此对本套教材进行全面修订。

2.教材介绍

1993—1996 年《九年义务教育四年制初级中学试用课本　英语》(1—8 册)由"五·四"学制教材总编委会编写,山东教育出版社出版,经国家教委中小学教材审定委员会审查通过。

---

① 田慧生,曾天山著.中小学课程教材改革与实验.成都:四川教育出版社,1997:218.

图 14-25 《九年义务教育四年制初级中学试用课本 英语》(1993—1996)

该套教材的编写指导思想是:

1)严格遵循国家教委 1992 年颁布的《九年制义务教育全日制小学、初级中学课程方案(试行)》和 24 个学科教学大纲(试用)精神。2)教材体现义务教育的精神,重视学生"双基"以及知识运用能力的培养,培养学生的科学态度、科学作风和科学的学习方法,并进行辩证唯物主义和爱国主义教育。3)教材编写依据教育目标及师生教学能力,贯彻基础性、实用性、思想性和注意实际联系的原则,加强与社会的联系。4)力图使教材的逻辑顺序、学生认知能力发展的顺序和学生的认知顺序合理结合,以获得较好的教学效果。①

教材共分八册,每学期一册,供四年制初中学生使用。第一至四册,在听说、读写并举的前提下,侧重听说训练,培养口语能力;第五至八册,逐渐过渡到侧重读写训练,培养读写能力。第一册 18 课,第二至四册各 14 课,第五至八册各 12 课。第一册从第 7 课开始每课由 6 个项目组成:听说训练,对话,生词和短语,注释,发音训练,练习。第二至八册用课文代替了对话,并置于听说训练之前,后 4 个项目保持不变。全英文目录提供课次,课文/对话,听说训练要点,语法要点等。每册基本由 2 个单元组成,每个单元后面安排了单元复习课,复习课不出现任何新的语言现象。各单元采取语音、语法、词汇综合安排和听、说、读、写综合

---

① 田慧生,曾天山. 中小学课程教材改革与实验. 成都: 四川教育出版社,1997: 218.

训练的办法,注重"双基",侧重能力。每篇课文配有黑白插图。"生词和短语"提供音标、词性、词义 3 方面信息。书后附有词汇表,按字母顺序列出本册课本的全部生词和习惯用语。每个词都注有音标、词类、词义和该词第一次出现的课次,供学习和复习时查阅。在词汇表中,对于未列入教学大纲的单词和习惯用语,均用＊标出。该套教材略微减轻了对语法的教学,语法采用归纳与演绎结合的办法,如介词、冠词等采用归纳法,动词时态、形容词、副词、从句等一般采用演绎法,个别语法以表格的形式附在书后。

与课本配套的有《教学参考书》(1—8 册),《练习册》(包括听力训练)(1—8 册),与课本同步的听力磁带(8 盒)、供一年级使用的《习字帖》(1—2 册),供三、四年级使用的《英语阅读理解》(1—4 册),《初中英语学习词典》。另外,还配套出版了教学图片,包括词汇示意、字母卡片、音标卡片、综合示意图,均由上海外语教育出版社按照《初中英语教学大纲(试用)》设计、出版、发行。

3. 教材特色

该套教材注重课文内容渗透思想品德教育与爱国主义教育。此外,它还有以下特色:

1) 教材强调语言结构与功能、交际相结合。每课都结合语法从课文中抽出基本句型,提供贴近生活的真实情景,着重加以练习。在句型练习的基础上,扩展听说和听读练习,起到融合结构和交际于一体之效。将 30 个功能意念项目、80 多个交际用语贯穿到"听说训练"项目之中,旨在使学生学了基础英语就会用它来进行简单的交际[①]。

2) 教材注重图文并茂,创设语言情景。教材在开始的字母和发音部分,就采取看图拼音,以图示意的方法。每课课文都配有综合示意图和看图问答、看图说话、看图造句等,为学生创设了一定的情景,有利于发展学生的形象思维,有利于增强学生直接用英语思维的能力,提高学习效果。

3) 教材注重英语国家文化的介绍。课本有意识地介绍一些有关英语国家人民文化知识和生活风貌,扩大学生的视野,增进对所学语言国家的了解,从而适应对外开放政策的需要。

在注重基础知识的同时,尤其突出对学生能力的培养。教材特别强调知识的实用性与语言综合应用能力的培养。

(三) 上海等发达地区版教材

1988 年 4 月,江泽民在上海市九届人大的《政府工作报告》中提出,要"抓好

---

① 北京师范大学组织编写的九年义务教育"五·四"学制教材.教育学报,1992(06):23-36.

中小学课程、教材改革";5 月,上海市成立中小学课程教材改革委员会,正式启动第一期外语课程改革,同时负责编写一套适应经济文化比较发达地区和条件较好的学校使用的课程改革方案和九年制义务教育教材。"1988 年开始组建课程教材的编写队伍和审查队伍,由大学教授、中小学教师和出版社编辑等 500 多位借调人员组成。1988—1989 年,这支队伍到全国 19 个大城市进行教育调查研究,制订课程目标和课程计划。1989—1990 年制订课程标准,九年义务教育和高中教育课程各一套方案。1990 年开始进入教材编写阶段。"①

1. 教学规划

经过一年多的社会调查、国内外资料查阅和理论研究,上海市制订了上海市中小学课程教材改革的整套方案。这个方案包括《全日制九年制义务教育课程标准(草案)》《九年制义务教育英语学科课程标准(草案)》《全日制高级中学课程标准(草案)》《高级中学英语学科课程标准(草案)》等文件。

(1) 1991 年上海《全日制九年制义务教育课程标准(草案)》

上海《全日制九年制义务教育课程标准(草案)》于 1991 年 8 月编印,包括总则、22 个分科课程标准(20 个必修课程、1 个选修课程、1 个活动课程)等内容。

根据上海《全日制九年制义务教育课程标准(草案)》,中小学教育旨在"对学生进行德、智、体诸方面的教育,使他们成为有良好的思想品德素质、文化科学素质、身体心理素质和劳动技能素质,个性得到健康发展,适应社会主义事业需要的公民"②。英语是九年义务教育中必修的工具学科,自三年级开设至九年级,3—9 年级英语周课时为 2+2+2+4+4+3+3,总计为 686 课时,占九年义务教育总课时 7,792 的 8.8%。与国家教委九年制义务教育教学计划相比,英语总课时增加了 2.4%,体现了发达地区及开放城市外向型经济发展的特点与需要。

上海小学、初中学制以"五・四"学制为主、"六・三"学制并存,上海《全日制九年制义务教育课程标准(草案)》对课程结构体系做九年一贯的统筹安排,"对六年级的开设科目及内容做了既可作为小学的最高年级又可作为初中的最低年级的变通处理。"③

---

① 孙元清,徐淀芳,张福生,赵才欣.上海课程改革 25 年(1988—2013).上海:上海教育出版社,2016:31.

② 金光华.上海《九年制义务教育英语学科课程标准(草案)》简介.学科教育,1992(2):13 - 14.

③ 上海市中小学课程教材改革委员会.上海《全日制九年制义务教育课程标准(草案)》的主要特点.学科教育,1992(1):18 - 22.

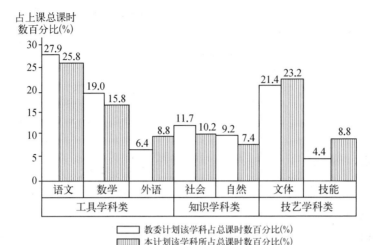

图 14‐26　上海的课程方案与国家教委义务教育教学计划在各类学科上课总时数占比①

在选修课设置方面,上海建立了由必修课、选修课和课外活动 3 个板块组成的新课程结构。与国家教委颁发的义务教育计划相比,上海《全日制九年制义务教育课程标准(草案)》对上述 3 个板块的课时配比也做了调整:"必修课时间大约占学生在校时间的 2/3;选修课时间与活动时间大约占 1/3;选修课只在 8—9 年级开设,每周 2—3 节,带有让学生初步适应的性质。"②

表 14‐17　九年制义务教育阶段三个"板块"课时配比③

板　块	国 家 教 委	上　海
必修课程	8,379 节	7,792 节
选修课程	164 节	170 节
活动课程 (只计课外活动)	1,690 节 (未计集体教育活动)	3,384 节 (未计社会实践活动)

《全日制九年制义务教育课程标准(草案)》中的《九年制义务教育英语学科

①　上海市中小学课程教材改革委员会.上海中小学课程改革方案.物理教学,1991(1):1‐5.
②　上海市中小学课程教材改革委员会.上海《全日制九年制义务教育课程标准(草案)》的主要特点.学科教育,1992(1):18‐22.
③　同②.

课程标准(草案)》对英语学科进行了规划。遵循"教育要面向现代化、面向世界、面向未来"的宗旨,英语教学培养目标概括为3个方面:"1)通过大量的长期的语言训练和实践,使学生获得英语的基础知识和运用英语的基本能力,为今后学习和运用英语打下扎实的基础;2)使学生明确学习目的性,受到爱国主义教育;3)在学习英语的同时,在记忆、观察和思维等方面的能力相应有所提高,从而具有良好的素质。"[①]1996年6月修改后印发《全日制九年义务教育　英语学科课程标准(试用)》。

根据《九年制义务教育英语学科课程标准(草案)》编写的教材于1991年下半年开始在上海市虹口区及其他兄弟区县的试验学校开始英语学科单科教材的教学试验,1993年在全市全面推广使用。

(2)《全日制高级中学课程标准(草案)》《高级中学英语学科课程标准(草案)》

《全日制普通高中课程改革试行方案》是供上海市多数学校试行的,采取了"二一分段,高三分流"的格局。高三的选修课有着形成分流格局的作用。高三学生分为普通班与职业班两部分,普通班具有大学前教育或大学预备教育的性质,分文、理两科[②]。选修课课时逐年增加,到高一、高二与必修课课时比例已分别为1:6和1:5,到高三则达3:5。选修课分为必选与自选两种。

根据《高级中学英语学科课程标准(草案)》编写的教材于1995年9月1日在全市高中一年级开始全面推行;1997年9月1日起,全市各年级全面使用新英语教材。通过逐册编写、逐册送审、逐册试验、逐册修订,到1996—1997年形成了成套教材[③]。

2. 初中和高中教材

根据英语教学规划,上海编写了4套教材。《九年制义务教育课本　英语(试用本)》和《高级中学课本　英语(试用本)》构成一套适应经济文化比较发达地区和条件较好的学校使用的教材。从小学到高中,整套学生用书20本、教师用书20本,供小学三年级至高中三年级发达地区教学使用。这两套教材在试用之后分别修订为《九年制义务教育课本(修订本)　英语》和《高级中学课本英语(实验本)》,详见表14-18。

---

① 金光华.上海《九年制义务教育英语学科课程标准(草案)》简介.学科教育,1992(2):13-14.
② 上海市中小学课程教材改革委员会办公室.上海市中小学课程改革方案中的选修课简介.语文学习,1990(04):8+43.
③ 孙元清,徐淀芳,张福生,赵才欣.上海课程改革25年(1988—2013).上海:上海教育出版社,2016:32.

表 14－18　上海发达地区版教材列表

序号	书　名	册次	编　者	出版机构	出版年代	备　注
1	《九年制义务教育课本　英语(试用本)》	1—14	上海市中小学教材改革委员会	上海外语教育出版社	1991	试用本
2	《九年制义务教育课本(修订本)英语》	1—14	上海市中小学教材改革委员会	上海外语教育出版社	1993—1996	修订本,初中英语 7—14 册。"五·四"学制为主、"六·三"学制为辅教材,面向上海等发达城市
3	《高级中学课本　英语(试用本)》	1—6	上海市中小学教材改革委员会	上海外语教育出版社	1992—1993	
4	《高级中学课本　英语(实验本)》	1—6	上海市中小学教材改革委员会	上海外语教育出版社	1995—1997	

（1）初中教材

1993—1996 年,《九年制义务教育课本　英语(试用本)》(初中 7—14 册)根据上海中小学课程教材改革委员会制订的《九年制义务教育英语学科课程标准(草案)》,由上海外国语大学、上海市教育委员会教学研究室组织编写,主编戴炜栋,副主编张慧芬,全套从三年级开始,共 14 册,其中初中为第 7—14 册。自 1991 年起,《九年制义务教育课本　英语(试用本)》在上海地区部分学校试点教学,试验学校反映良好。新教材大致有以下特点:"1) 重视加强德育;2) 学生基础扎实,负担有所减轻;3) 学生的实践操作能力有所增强;4) 教材各课重视反映发达地区改革开放的实际。"①与此同时,"试点学校教师向编写组及上海市中小学课程教材改革办建议,应在修订本出版发行的同时,供应配套教学录像片及录音带,使本套系列教材第一次成为立体英语教材:文字、声音图像、情景、表演、难点(重点)讲解及听力补充材料融合一体,既方便教师教学,又给学生创

① 田慧生,曾天山著.中小学课程教材改革与实验.成都:四川教育出版社,1997: 278－279.

造大量模仿操练的实践机会。"①经上海中小学教材编审委员会审查通过,《九年制义务教育课本(修订本) 英语》自 1993 年起由上海外语教育出版社陆续出版。

图 14-27 《九年制义务教育课本(修订本) 英语》(7—14 册)(1993—1996)

该套教材采用"结构—功能法"(Structural-Functional Approach),即以结构为主体,辅以情景,将交际功能的训练贯穿始终。以按难度分级编排的语法体系作为核心,意念、功能和情景围绕这个核心呈螺旋形与其融合在一起②。目录提供了每课课文标题、功能、意念 3 方面信息,部分表达提供了中文翻译。每课由课文、操练(Drills)、作业(Homework)、韵律/歌曲(Rhyme/Song)4 个项目组成,每个项目又细分成若干个英语活动。用活动代替传统的练习,让学生在学中用、在用中学。分课词汇表附在书末,而不是每课后面。

第一个项目"课文"是教材的核心部分,每篇课文体现结构与功能的结合,课文后配有两个英语活动:"Look at this"和"Lesson Notes"。前者以方框的形式提取课文中的重点句型或语法要点,后者主要是对课文的难点、句型、习惯用语

---

① 钟扬. 视听说"三合一"学英语好帮手——沪版英语课本(第 8 册)教学录像系列片评介之二. 外语电化教学,1994(2):43-47.

② 金光华. 上海《九年制义务教育英语学科课程标准(草案)》简介. 学科教育,1992(2):13-14.

加以简单注释,偶尔辅以规则讲解。课文选材地道,贴近学生生活,扩大学生知识面。例如:教材中有运动会、生日聚会、假期生活、兴趣小组、英语晚会等密切结合学生生活实际的题材;有机器人、计算机、地铁、超市、电子游戏、电视节目等现代科技生活方面的题材;有圣诞节、感恩节、美国的学校、米老鼠和唐老鸭、德国工程师等外国风俗与文化方面的题材;有科普性的题材,如飞碟、水的三态、环境污染、鲸鱼;有反映上海和中国文化的题材,例如上海的天气、科技馆、故宫、相声、除夕。当然也有故事与小说等欣赏性的题材。课文题材丰富多样,极具现代气息。

第二个项目"操练"是本套教材的重点项目,旨在通过听、说、读等多种多样的活动形式,帮助学生掌握结构、功能和词汇。活动形式有:像这样说(Talk like this)、看图填空后表演(Look, complete and act)、听录音后填空(Listen and complete)、听录音后朗读(Listen and read)、两人一组会话(Talk in pairs)、听录音后回答问题(Listen and answer)、阅读后选择(Read and choose)、看图说话(Look and say)、朗读下列单词(Read the following)、听录音后对比发音(Listen and compare)等。其中"朗读下列单词"主要是朗读涉及语法构词法的单词,例如比较级,最高级等。所有的这些活动都会提供 Word box 或 Model,以及图片情景,让学生在模拟的情景下练习和提高语言运用能力。每课安排4—6个上述英语活动,活动形式逐册加大难度。"整套教材提倡采用2L2S 的教学手段,即看(Look)、听(Listen)、说(Speak)和唱(Sing),并辅以表演和游戏。"①

第三个项目"作业"主要是通过练习巩固每课学习的结构和功能,所以练习也是从词汇、结构、功能、课文阅读方面进行。练习形式多样,针对性强。词汇练习形式有填入所缺字母和构词法练习。结构练习有:用正确的词填空、按范例改写句子、按范例提问,几乎所有结构练习都是在听说交际语境中进行。功能练习形式有:看图完成对话、按范例对话、按范例谈论某人某物、完成下列对话、朗读并根据情景进行对话等。大部分练习都提供了示范。

第四个项目"韵律/歌曲"。每课后面都附有 A Children's Rhyme(童谣)、Song(歌曲)或者 A Tongue Twister(绕口令)等,其中歌曲提供五线谱。

听、说、读、写材料既自成体系又相辅相成,注意单项技能训练与综合技能训练相结合。新教材注意听力、会话、阅读和写作微技能的培养,要求"四会"能力逐步提高。如会话能力从简单的模仿小对话到能主动提问、对

---

① 课程教材研究所.新中国中小学建设史(1949—2000)研究丛书:英语卷.北京:人民教育出版社,2010:201.

所听到的话语做出快速应答、看图说话、按情景编对话过渡到复述课文和小故事,最后达到能就一般性话题简单地表达自己的看法。在培养会话能力的同时,还有意识地培养听力和阅读微技能,包括抓大意、抓住有关点、摒弃无关点、推测等。写的能力从拼写、连词造句、完成句子过渡到听写句子和小段落、看图写话和根据情景写话等。每课书的听、说、读、写操练又围绕该课的教学重点,而且每一单项技能训练材料又都可以用来进行综合技能训练,如一篇听力材料可以边听边写,听后又可作为对话或口头叙述材料。①

从第 7 至 14 册,每册安排有 Key Points 部分,包括 Basic Structures、Useful Expressions 等,用于归纳前面几课所有的语言结构和习惯用语。

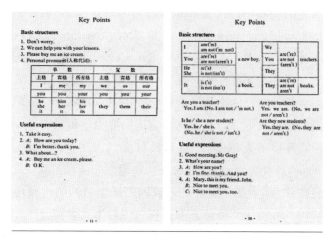

图 14-28　第七册第二课和第八册第二课后的 Key Points

该套教材的配套用书有《教师用书》、配套录音录像磁带、教学挂图、幻灯片、课堂教学示范录像,录音磁带由上海外语音像出版社录制。

(2) 高中教材

《高级中学课本　英语(试用本)》(1—6 册)根据上海中小学课程教材改革委员会制订的《高级中学英语学科课程标准(草案)》编写。本教材由上海外国语大学、上海市教育局教研室组织编写,经上海中小学教材编审委员会审查通过,上海外语教育出版社出版。主编戴炜栋,副主编李佩莹。高中全套共 6 册,每学期 1 册。

《高级中学课本　英语》的封面与《九年制义务教育课本　英语(修订本)》

① 张慧芬.上海市九年制义务教育英语七—十四册教材简介.外语界,1993(4):44-47.

保持一致,所不同的是右上角用显目的数字标注了册次。

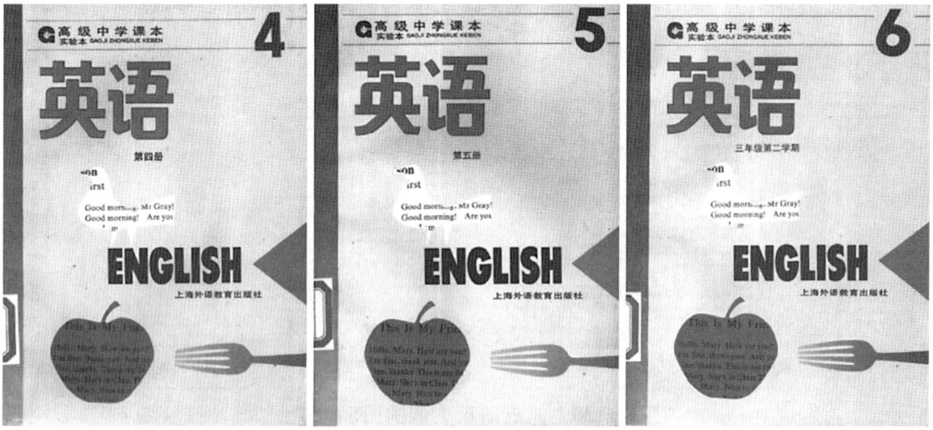

图 14‑29　《高级中学课本　英语(实验本)》(1992—1993)

第一册 16 单元;第二册 14 单元;第三册 12 单元;第四册 14 单元,补充阅读 7 篇;第五册 12 个单元,书后补充 6 篇课外阅读材料;第六册 8 单元,书后补充阅读 14 篇。每册供一学期使用。

每册课本最前面提供"英语音标",包括元音和双元音、辅音,提供音标和例词,供学生查阅使用。教材的目录以列表形式提供"单元数"(Unit)、"引出语法结构的对话"(Dialogue：Language Structure)、"介绍语言功能的对话"(Dialogue：Language Function)、"听力理解"(Listening Comprehension)、"课文"(Text)、"写作指导"(Guided Writing)、"页码"(Page)7 方面信息。每个单元安排一篇课文,课文和对话题材新颖,结合学生生活实际,富于思想性、科学性,语言规范。每两个单元间隔安排引出语法结构的对话、介绍语言功能的对话、写作指导及听力理解各一篇,并配有适量的练习。

第一个项目之一"引出语法结构的对话"。首先是对话,对话中若有生词,则以生词表的形式罗列出来,提供音标、词性、词义;接着以方框的形式罗列出对话中需要掌握的语法结构,下面附有"说明",用以对语法结构加以解释,归纳出语法规则。

第一个项目之二"介绍语言功能的对话"。首先是对话,根据需要提供或不提供生词表;接着是"习惯表达"(Some Useful Expressions),对话和习惯表达练习的是 1992 版初中英语教学大纲规定的功能意念项目和交际用语,例如：第五册第 2 课练习的功能意念项目"Giving Warnings"(警告)是教学大纲中规定的第 22 条;最后提供了一个待补充完整的对话供学生进行"对话训练"(Dialogue for Practice)。

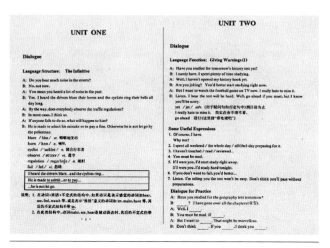

图 14‑30   第五册第 1 课的"两种对话"

第二个项目"课文",包括课文、生词和短语、课文注释、课文理解问题、课文话题讨论、看图复述课文等。每单元一篇课文,配以黑白插图。"课文理解问题"主要以问题的形式检查学生对课文的理解,或者根据学生自己的知识进行回答的开放式问题,一般 5 个左右的问题;"课文话题讨论"是根据课文主题设置的口语讨论题,由 3—4 个子问题构成一个大主题问题;少量课文后编排有"看图复述课文",提供与课文内容相关的 4 幅图片作为情景,图片下给出需要用到的生词和表达,让学生在复述课文的同时,训练口头表达能力。

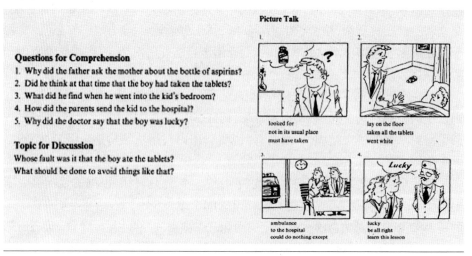

图 14‑31   第四册第 1 课的课文练习活动

第三个项目之一"听力理解",一般分为 A、B 两部分,主要形式是听力选择题、听力填空、短文复合式听写等。听力内容有意识地重现本课对话部分的语法结构和功能表达。

第三个项目之二"写作指导"。涉及的写作指导有:词序(Word Order)、句子组合(Sentence Combination)、便条写作(Note Writing)、段落写作(Paragrapgh Writing)、书信写作(Letter Writing)等,写作内容从词、句、段落到完整应用文,难度逐步加大,注重操练复合句、复杂句和连接词的使用。采取的形式首先是英文指示或讲解,接着提供一个作文范例,最后是一个相关的写作练习题,供学生练习。3 个活动形式一起构成一个完整的"讲解、举例、练习"模式,帮助学生有效提高写作能力。

课本从第一至六册,由相同的项目构成,每个项目下的活动也相同。每个项目自成一个完整的体系,包括重点、讲解、示范、练习等。4 个项目一起组成一个围绕同一个结构—功能而设置的单元。教材看似活动安排多,但分属不同项目,让整个教材的编排内容丰富,同时条理清晰。这是该套教材的一大优点。

表 14-19 《高级中学课本 英语(实验本)》(1992—1993)项目编排

项 目	名 称	与项目对应的英语活动
1(每课二选一)	引出语法结构的对话	对话;生词(部分有);语法结构;说明
	介绍语言功能的对话	对话;生词(部分有);习惯表达;供练习的对话
2	课文	课文;生词与表达;课文注释;课文理解问题;课文话题讨论;看图复述课文(偶有)
3	写作指导	写作讲解;举例;练习
	听力理解	一般分 A、B 两部分,选择或填空
4	练习	约 5 个

1992—1993 年《高级中学课本 英语(实验本)》经过修改后,于 1995 年以《高级中学课本 英语(试用本)》再次陆续出版。同原版本一样,本教材根据上海中小学课程教材改革委员会制订的《高级中学英语学科课程标准(草案)》,由

上海外国语大学、上海市教育局教研室组织编写,经上海中小学教材编审委员会审查通过。主编戴炜栋,副主编李佩莹。使用全新的封面,不再标识册次,而是直接标注使用的年级学期。

图 14-32 《高级中学课本 英语(试用本)》(1995—1997)

《高级中学课本 英语(试用本)》改编自 1992 年的同名课本,其编排体系和内容仅少量变化,基本保持原样。和原课本一样,新教材每册课本最前面提供"英语音标",包括元音和双元音、辅音,但例词略有变化。新教材书末只附有词汇表,原教材中书后附录的大量课外阅读材料移至每课的练习最后一题。原版本每课由四个项目组成,调整后的新版本由 6 个项目组成,原本二选一的"写作指导"和"听力理解"分设为 2 个独立项目,且将"听力理解"移至第二个项目,在每课最后增加一个"补充阅读"项目。"补充阅读"供教师选择使用,带有生词表和阅读理解题。

表 14-20 《高级中学课本 英语(试用本)》(1995—1997)项目调整

原 版		新 版	
1(每课二选一)	引出语法结构的对话	1(每课二选一)	引出语法结构的对话
	介绍语言功能的对话		介绍语言功能的对话
2	课文	2	听力理解
		3	课文

续　表

原　版		新　版	
3(每课二选一)	写作指导	4	写作指导
	听力理解		
4	练习	5	练习
		6	补充阅读

　　该教材的配套用书有《教师用书》(6 册),配套录音录像磁带由上海外语音像出版社录制。此外,上海外语教育出版社配合这套教材编写了《中学英语基本训练丛书》,其目的是为使用者提供一套与教材相结合的训练教材。该丛书包含《学生英语能力训练》(6 册,每学期一册)、《学生英语阅读训练》(3 册,每学年一册)、《学生英语听力训练》(3 册,每学年一册)3 种,于 1993 年出版。

　　(3) 教材特色

　　上海市编写的这套教材有其非常明显的特色:

　　1) 该教材"采用结构—功能法体系编写,将传统和现代教学法的优点有机地结合在一起。教材编写以结构为主体,辅以情景,把交际功能的训练贯穿始终。这样,教材既继承了传统教学法系统性强、循序渐进、注意语言的正确性和规范性、便于初学者打基础的优点,又融合了功能法注意语言的交际性及实用性、突出语言能力训练的长处,同时还兼顾了目前中小学师资水平和教师习惯于结构法教学的现状[1]"。

　　2) 课文短小精悍,内容新颖。原中学教材课文冗长,最短的一篇含 500 多个字,长的超过 1,000,一篇课文往往需要 1.5—2 个星期。这套教材多数课文字数控制在 300 字以内,短文降低了难度,减轻了学生负担,用 2—3 教时就能教完一课(包括阅读和听力材料)。课文短,则篇数多,话题更丰富。"这套教材高中1—6 册含 78 篇课文,即 78 个题材;而原统编教材高中 3 册含 46 篇课文,即 46个题材。这套教材字数篇幅小于原统编教材,却在题材上增加了 70%,即信息量知识面增加了 70%。"[2]内容新颖,而且契合学生生活实际,多为学生熟悉、关心、感兴趣的内容。

---

　　① 宗晓英.沿海发达地区中小学英语系列教材简介.外语界,1990(3):51.
　　② 何林松.教学方法改革的摇篮——《高中英语实验本》.外语界,1994(4):35-38.

3）淡化语法,加强交际能力。教材中不做烦琐的语法讲解,一般语法现象只出现,不讲解,适当归纳,提供大量语言运用情景。例如,初中课本每隔几课安排一次"Key Points"项目,对语法知识进行归纳和小结,同时初中课本在书末以多个附表对每一个语法进行了专项归纳总结。在课文中,语法结构隐含于对话和课文中。课本提供了丰富的结合学生日常生活实际的情景,强调语法在交际场合的运用,结构和功能相结合。

新教材还有下列优点:1）把思想品德教育渗透到语言教学中;2）编写指导思想明确,特点明显;3）题材较宽,体裁多样,总体安排有新意;4）语法处理简洁;5）练习紧扣每课要点,题型多样化。是一套值得推广的好教材。①

（四）四川"内地版"教材

1988 年,受国家教委委托,四川省教委牵头,同西南师范大学共同承担面向内地和西部经济不发达地区的"六·三"学制义务教育教材编写任务。为编写内地版教材,四川省教委成立了四川省九年制义务教育教材编写领导小组。

全套教材的编写工作始于 1988 年 3 月,聘请了中小学高级教师、教育科研人员、高等师范院校的专家组成"三结合"编写队伍,在先进的课程教材理论指导下,对国内外现行教材进行比较研究,深入内地农村学校进行实地考察,采取边编写、边试验、边修改的工作方法进行。1990 年秋季起开始在贵州省的余庆,四川的广汉、大竹、洪雅等县试用②。

1992 年 4—5 月,该套教材通过国家教委中小学教材审定委员会英语学科审查小组的审查,被列入国家教委推荐的 1993 年秋季中小学教材书目,供全国选用。"在四川省,除成都市和重庆市之外,其他地区均要求选用这套教材,甘孜、阿坝、凉山三个民族自治州可酌情选用。"③

1. 教材介绍

"内地版"义务教育教材《九年制义务教育三年制初级中学课本　英语》(1—6 册)由四川省教委与西南师范大学合作编写,1993 年由西南师范大学出版社出版。主编:江家骏;副主编:陈治安、杨玉华。主要面向内地经济不发达地区、西部地区和教学条件较差的"六·三"学制初中学校。编写依据是国家教委颁发的 1988 年的《九年制义务教育教材编写规划方案》、1992 年的《九年义务教育全日制小学、初级中学课程计划(试行)》和《九年制义务教育全日制初级中

---

① 张慧芬.上海市九年制义务教育英语七一十四册教材简介.外语界,1993(4):44－47.

② 课程教材研究所.新中国中小学建设史(1949—2000)研究丛书:英语卷.北京:人民教育出版社,2010:221.

③ 田慧生,曾天山.中小学课程教材改革与实验.成都:四川教育出版社,1997:209.

学英语教学大纲(试用)》,以及内地经济文化的实际情况。配合教材,编制《教师用书》《练习册》、音像教材、录音带以及教学挂图。

图 14 - 33 四川"内地版"《九年制义务教育三年制初级中学课本 英语》(1993)

该套教材的"说明"指出:

> 我国人口大多数在农村,农村是教育的重点和难点。为此,本套教材立足内地农村,着眼提高素质,面向全体学生,重视思想政治教育,注重基础知识的学习和能力的培养,注意与生产、生活、社会实际的联系,融思想性、科学性、适应性、启发性和趣味性为一体。各科课本在体系的建立、内容的选择、文字的表述和习题的设计等方面,都进行了探索,力求体现改革的精神,利教利学。

为了立足内地农村,这套教材在安排教材的语言内容时,注意减少量度和降低难度,词汇量严格控制在教学大纲规定的数量内。教材内容注意联系学生的生活实际,"选择了一些与内地农村生产、生活有关的词汇,如 pig(猪)、pigsty(猪圈)、hen(母鸡)、pond(池塘)等,便于学以致用"[①];介绍农村地区文化,例如第六册第 7 课"The Soil"(《土壤》)、第 8 课"A Strange Melon"(《奇怪的瓜》)。教材也介绍西方文化,例如第六册第 3 课"Christmas"(《圣诞节》)。

贯穿全套教材有两条主线:一条是服务于交际能力的培养,以 30 个功能意念项目(日常交际用语)为中心,配合适当数量的思想内容健康且符合语言教学

---

① 四川省教委,西南师范大学. 九年义务教育教材. 教育学报,1992(6): 52 - 57.

规律的短文,故事,寓言,童话,科技小品等语言材料,构成教材的主体;另一条是科学合理、由浅入深地安排教学大纲规定必学的语言、词汇、语法基础知识。前者是主干,后者是根基,两者相互依存,相互促进,力图改变传统的以语言知识为基本内容的教材体系,实现教学大纲的教学目的①。在传统教材项目组成的基础上,增加了"看图说话"或"看图学话",主要处理大纲中规定的功能意念项目和日常交际用语。教材提供丰富的情景语言材料,大量精美的黑白插图为对话提供生动的语境,以激发学生的学习兴趣和表达欲望。

2. 教材特色

与"沿海版"比较,"内地版"教材改革比较保守。基本上沿用恢复发展时期教材的编排体系和编写理念,在原基础上增加了日常交际用语的学习,但本套教材并没有明确标识某课所处理的具体功能意念项目。从单课内容来看,每课似乎也没有清晰地聚焦或围绕某一个功能意念项目来练习,而更多是围绕一个语法项目来练习。另外,本套教材有"说"但没有"听"的内容,对听力能力的培养不够。关于"语法"项目,"内地版"教材仍然非常重视语法知识的讲解,不仅单列语法项目,而且语法知识安排密集。语法讲解仍以抽象规则讲解为主,个别举例说明。

这套教材1992年由国家教委列入中小学教学用书目录,供全国各地选择试用,然而"内地版"教材在全国的选用情况却不理想,"内地版教材几乎无人问津"②。到1995年停用③,淡出人们的视野。

(五)广东"沿海版"教材

自20世纪60年代末以来,沿海地区部分城市从小学就开设英语课。70年代,作为改革开放实验地区,广东等地在社会经济和文化教育方面取得了举世瞩目的进步,例如:广州市的小学自从1969年就开设了英语课;广州市的初中自从1986年开始实行了全市初中毕业会考的制度;1993年开始,广州市在全国比较早地把听力考试引入了初中会考④。

随着商品经济的发展、先进技术的引进、学生英语水平的提高,以及编写外语教材经验的积累,广东省教育厅、福建省教委、海南省教委和华南师范大学联合起来,依照《九年制义务教育全日制初级中学英语教学大纲(初审稿)》,着手编写面向沿海经济发达地区、教学条件较好学校的"六·三"学制义务教育

---

① 四川省教委,西南师范大学. 九年义务教育教材. 学科教育,1992(06):50-57.
② 张鹏举. 中学语文教学的发展方向. 内蒙古教育,1996(7):21.
③ 课程教材研究所. 新中国中小学建设史(1949—2000)研究丛书:英语卷. 北京:人民教育出版社,2010:221.
④ 郭汉光,鲁宗干. 关于广州市编初中英语教材特色的思考. 教育导刊,2000(1):30-33.

教材。

1988 年,沿海版教材编审委员会成立,组织开展跨地区合作方式的教材建设,具体如下:

> 从广东、福建和海南三省之中聘请高等院校的各学科专家和教育理论工作者、各相关行政部门的领导和教研人员、中小学中有教学经验的教师以及出版部门里的编辑人员加以组成的一支近 300 人的编写队伍。此外,在编委会下还设置了各个学科的编委会。其次,编委会的成员对我国历来的中小学教材建设和教学改革实践加以分析和总结,深入调查沿海地区中小学生所处的社会环境、教育状况以及学生的心理特点,并对国外及我国港澳台地区的课程教材进行研究,确定教材编写的指导思想。①

1990 年,"沿海版"教材与其他版本的教材一起正式进入大规模的试验阶段。1992 年,"沿海版"义务教育教材通过国家教委中小学教材审定委员会审查,被列为中小学教学用书。1993 年,根据试用情况修订好的《九年义务教育实验教材(沿海版) 英语(甲种本)》和《九年义务教育初级中学 英语 试用课本(乙种本)》由广东教育出版社出版,1993 年秋季供全国各地中小学选用。英语教材由教育专家王屏山任编写委员会主任;主编中山大学方淑珍,后由鲁宗干接任;副主编鲁宗干、关庆宁、唐锡玲。教材编写采用主编负责制。到 1996 年,"沿海版"教材的编写工作基本完成②。初中部分的教材(包括甲种本和乙种本)一直到 2005 年才停止使用③。

图 14-34 广东"沿海版"《九年义务教育初级中学 英语 试用课本(乙种本)》(1993)

1. 教材介绍

在沿海地区,部分城市早在 20 世纪 60 年代就已经开设小学英语课,而更多地区是从初中开始开设英语课,只有一个版本的英语教材显然无法满足沿海地区的实际需求。因此,"沿海版"义务教育教

---

① 王屏山.改革与创新:九年义务教育沿海版教材建设十年.广州:广东教育出版社,1998:12-13.

② 吴雪燕.改革开放后"八套半"教科书的研究:背景、建设过程及反思.湖南师范大学,2012:31.

③ 课程教材研究所.新中国中小学建设史(1949—2000)研究丛书:英语卷.北京:人民教育出版社,2010.

材分为甲乙两个版本。甲种本从小学五年级开设（后改为三年级），每周 3 课时，衔接到初中，每周 4 课时；乙种本从初中一年级开设，共 6 册，每周 4 课时。甲种本经广东省教育厅教材审查委员会审查通过，乙种本经国家教委中小学教材审定委员会审查通过。

该教材编写指导思想是：

　　1）中小学英语课是一门实践性很强的语言课。其目的是通过听、说、读、写的训练，使学生获取英语的基础知识和为交际初步运用语言的能力。同时培养学生良好的思想情感，发展智力。2）教材是与一定的教学法密切结合的。教材的编写应取各家之长，特别是把功能意念法、结构法等教学法的优点吸收进教材，建立一个与我国沿海改革开放地区社会经济文化发展相适应的英语教学法体系。①

　　第一册 8 个单元，第二至五册每册有 6 个单元，每个单元有 4 课，前 2 课为课文，课文后有课文理解练习、课文知识、语音练习；第 3 课为体现语言结构的小对话，以替换练习形式出现，帮助学生巩固和拓展词汇；第 4 课是综合学习材料，增加学生的阅读量。第六册有 5 个单元，每个单元有 3 课，第 1 课为课文等，第 2 课为体现语言结构的小对话等，第 3 课为综合学习材料等。每册每单元后附有语法总结和课外活动材料，提供词汇的知识和歌曲等。各册教材后附有练习册②。

　　教材采取"情景—结构—交际"的编写形式，即教材中的主课文有一定的情景，起始阶段以对话为主，通过课文中大量的感性知识，归纳出基本的语言结构，最后引导学生在一定的情景中对语言结构进行机械操练、意义操练和交际性操练，最后使学生达到"应用"的目的。同时注重口语训练，尝试改变几十年来过于强调语法结构的编写模式。甲种本中小学词汇量为 1,200，乙种本为 800。

　　"沿海版"中学英语教材编委会编写了配套教材，如《教学参考书（甲种本）》（1—6 册）、《抄写本（乙种本）》《教学参考书（乙种本）》（1—6 册）、《英语教学指导（乙种本）》。各册课本后附有《练习册》，配有录音带、教学图片等，并根据教材制作录像带与幻灯片，使教材立体化。《练习册》双色印刷，比较精美。练

---

　　① 广东省教育厅、福建省教委、海南省教育厅和华南师范大学共同组织编写的九年义务教育教材．学科教育，1992（06）：37 - 49．
　　② 课程教材研究所．新中国中小学建设史（1949—2000）研究丛书：英语卷．北京：人民教育出版社，2010：214．

习形式丰富,注重"双基",能力练习从"记忆""操练""应用"3个层次设置,以"操练""应用"练习为主。

2. 教材特色

相较于上海和北京的教材,广东"沿海版"教材有其鲜明的特色:

1) 建立了"情景—结构—交际"教材的新体系。它打破了"语法为纲"的编排形式和"结构主义"的编写方法,但保留了结构法教材的系统性强的合理部分、吸收了功能法的优点。按照循序渐进、由浅入深的原则安排3条平行的线索:

> 一是日常交际用语项目,即打招呼、道谢、道歉、咨询、请求、问路、天气、打电话、购物、用餐等;二是情景,即家庭、学校、商店、邮局、医院、银行、图书馆、旅店、饭店、车站、运动场等,这些项目的出现是采取螺旋式上升的方式安排的;三是语音、语法项目,但原则上不出现语音、语法的条文,而是引导学生在学习语言、实践语言的基础上归纳、总结语言的规律。[①]

2) 具有鲜明的沿海地区特色。沿海版教材利用其地理优势,发挥敢于创新和突破的精神,大胆借鉴我国港澳台地区及东南亚等国家的教材编写理论,并且将这些先进的理论与沿海地区的实际联系起来,在内容和形式上都表现出沿海地区的独特风貌[②]。

3) 教材具有一定的弹性。"教学要求分'四会''三会''两会',材料分必教、选教,练习分课内练习、课外练习、课外活动。"[③]

(六) 浙江"发达农村版"教材

浙江省承担编写面向经济发达农村地区、教学条件较好的"六·三"学制义务教育教材。为编写这套义务教育教材,浙江省制订了义务教育教学计划和学科指导纲要。

1985年9月,浙江省人大制订了《浙江省九年义务教育条例》。经国家教委批准,浙江根据本地区经济文化的发展实际,进行九年制义务教育的课程教材改革试验。1988年秋,浙江省教委开始为课程设置和教材编写做准备工

① 课程教材研究所. 新中国中小学建设史(1949—2000)研究丛书:英语卷. 北京:人民教育出版社, 2010:215-217.

② 吴雪燕. 改革开放后"八套半"教科书的研究:背景、建设过程及反思. 湖南师范大学,2012:37.

③ 张同冰,丁俊华. 中国外语教育发展史回顾(十一)第五章　新中国外语教育的发展过程. 基础教育外语教学研究,2002(11):46-49.

作,例如组织人员在全省 9 个市(地)、36 个县(市)和 170 多个乡(镇)进行广泛的调查分析,听取各方面关于义务教育课程教材的意见,了解农村的实际需要。1988 年底,出台教学计划的初步方案,并组织讨论和修改。1988 年 12 月,浙江省义务教育教材编委会成立,此后又相继成立各学科教材编委会,成员包括教研员、中小学教师、大专院校教师和编辑人员共 160 多人,并聘请一批学科专家担任学科编委会顾问或组织审稿工作[①]。1989 的秋季至 1991 年 8 月,《浙江省义务教育试行教学计划》与 15 门学科的教学指导纲要《义务教育各学科教学指导纲要》研讨完成,并于 1991 年 10 月通过全国中小学教材审定委员会审定。

1991 年 7 月,各学科教材第一册及部分学科教材第二册正式由浙江教育出版社和中国地图出版社出版。1991 年秋季起在诸暨市、慈溪市、绍兴县的小学和初中一年级开始进行试教。1993 年,浙江省编的全套义务教育教材及配套教学用书基本完成。浙江省编义务教育教材立足于本省的农村地区,教材具有地方性。教材将教学目标进行分层,分出 3 类教学目标,使得各学科教学目标各有侧重。教材的内容要求分为"基本"和"提高"2 类,具有灵活性。

(七)河北复式班教材

河北、山西、陕西等省较多农村山区实施复式教学。复式教学(Combined Instruction)是把两个或两个以上年级的学生编成一班,由一位教师用不同的教材、在同一节课里对不同年级的学生进行教学的组织形式。教师给一个年级讲课时,其他年级学生自己做作业或复习,如此按计划地交替进行。复式教学是相对于单式教学而言,单式教学即把同一年级的学生合成一班,在一个教室内由一位教师教学。中国采用复式教学始于清朝末年。但新中国成立以后,为了普及教育,在人口居住分散且交通不便的山区、牧区和农村仍采用复式教学。

为了适应当地对复式教学的需要,河北省教委与人民教育出版社合作编写了一套针对农村特别是山区小学复式班的教材,这套教材没有初中部分,因此被称为"半套"。

(八)"八校联合版"

受到国家教委的鼓励,东北师范大学等八家师范院校拟联合编写一套略高于教学大纲的"六·三"学制义务教育教材,但这一计划终因编写力量及编写经费不足等问题而"夭折"。

---

① 田慧生,曾天山.中小学课程教材改革与实验.成都:四川教育出版社,1997:216.

三、八套半教材的整体特点

1986年,我国中小学教材编审制度进行重大改革,"审定制"取代"国定制","一纲多本"八套半教材代替一统天下的统编通用教材。各省市根据国家教委1988年颁发的《九年制义务教育教材编写规划方案》等文件和各地实际情况开始编写教材。1992年,国家教委中小教材审定委员会组织审查编写出来的各版教材,通过审查的教材被列入国家教委1993年秋季普通中小学义务教育阶段教学用书,在全国范围内发行供选用。

在教材的编排体系方面,各版本教材差别不大。教材都尝试摆脱传统语法结构教材的缺点,采用"结构—功能"相结合的编写模式。在传统教材的基础上,更加注重听说能力的培养,注重提供多样交际情景,国家教委大纲中规定的功能意念项目贯穿教材始终,以活动代替练习。但在编写过程中,各版本教材对"结构—功能"法的理解和运用存在一定的差别。

八套半教材中,上海和浙江地区在编写教材的同时,进行了整套课程教材改革实验,颁发了地方课程方案或教学计划等,改革比较彻底,教材革新明显;而其他教材(包括"沿海版"教材在内)的改革都限定在只改教材、不改课程的框架之内,"基本上没能真正摆脱以知识(学科)为中心的课程的束缚,不少改革只是对内容的顺序做一些调整以适应学生的学习,或是以新的知识体系代替过时的知识体系。"①

在教材的实际选用方面,"由于考试制度的统一导向以及人们对统编教材的定势认同感"②,人教版仍然占据着极大的优势,上海版和浙江版教材在推广中比较顺利,但其他教材在竞争之下情况都不太理想。结果"人民教育出版社的教材仍占领着全国90%以上的市场。广东编的沿海版教材只有两三万学生使用。四川编的内地版教材几乎无人问津③"。而各省市的地方版教材基本上由指定的出版社出版,没有严格意义上的教科书审查和可供选择的余地,因此"一纲多本"的局面并没有很好地实现。

---

① 高凌飚,庄兆声,余进利.关于义务教育教材的创新与特色问题的思考——沿海版教材建设的经验与启示.教育研究,2000(4):42-45.

② 贺璞.从"一枝独秀"到"百家争鸣"——中国教科书制度的历史回顾.吉首大学学报(社会科学版),2009(1):175.

③ 张鹏举.中学语文教学的发展方向.内蒙古教育,1996(7):21.

第三节　新世纪繁荣发展时期的英语
教材（2000—2020）

随着 21 世纪的到来,国家综合国力和国际竞争力越来越取决于教育发展、科学技术和知识创新的水平,许多国家都把振兴教育作为面向 21 世纪的基本国策。1997 年 9 月,中国共产党第十五次全国代表大会对落实科教兴国战略做出全面部署,以实现跨世纪社会现代化建设的宏伟目标与任务。自此,我国开始了以新世纪素质教育思想为指导的基础教育课程的改革。

一、新基础教育课程改革

20 世纪末,许多国家陆续开启基础教育课程改革,将课程标准置于突出的位置。韩国于 1997 年 12 月颁布第七次基础教育课程大纲,决定小学从 2000 年 3 月开始实行新的教育课程[①];美国于 2010 年颁布该国历史上首部具有统一性质的国家中小学课程标准《州立共同核心标准》(*Common Core States Standards*);英国于 1999 年 7 月出台国家课程改革方案,并宣布中小学从 2000 年 9 月起开始实施新国家课程[②];俄罗斯于 1997 年出台《普通基础教育国家教育标准(草案)》[③];新加坡在 1999—2001 年对中小学课程大纲进行全面修订[④]。一场以编制课程标准为起点,依据课程标准开展课程、教学、评价和教师专业发展等方面改革的国际性运动得以形成,即"基于标准的改革"(standards-based reform)[⑤]。在国际教育竞争和课程标准改革的大背景下,我国于 1999 年开始制订相关政策计划、构建课程体系、研制课程标准、推进教育信息化等,以全面推进素质教育,落实科教兴国战略。

(一)课程改革政策的制订

为了实现党的十五大所确定的目标与任务、落实科教兴国战略、全面推进教育的改革和发展,1999 年 1 月 13 日,国务院批准教育部《面向 21 世纪教育振兴

---

① 索丰,孙启林.韩国基础教育.上海:同济大学出版社,2015.

② 陈霞.英国现行国家课程标准的特征及启示.课程·教材·教法,2003(06):71-75.

③ 白月桥.俄罗斯课程改革的具体剖析及其借鉴意义(上).首都师范大学学报(社会科学版),2000(06):105-115.

④ 罗毅,王秀萍,寿恩代,吕飞飞,李薇,张维文.英语课程标准研修与教材分析.杭州:浙江大学出版社,2014.

⑤ 汪贤泽.基于课程标准的学业成就评价的比较研究.北京:教育科学出版社,2010.

行动计划》的通知①。这一行动计划是在贯彻落实《教育法》和《中国教育改革发展纲要》的基础上提出了跨世纪教育改革和发展的蓝图。

1999 年 6 月,党中央国务院召开改革开放以来第三次全国教育工作会议,会上颁布了《中共中央国务院关于深化教育改革全面推进素质教育的决定》②,"调整和改革课程体系、结构、内容;建立新的基础教育课程体系,试行国家课程、地方课程和学校课程;增强农村,特别是贫困地区义务教育的课程、教材与当地经济社会发展的适应性;促进教材的多样化,进一步完善国家对基础教育教材的评审制度"。在此背景下,中学英语开启了新一轮课程改革。

2000 年 2 月 18 日,教育部基教司印发《国家基础教育课程改革项目进展情况的报告》。该报告指出,1999 年"行动计划"已陆续启动,主要涉及:1)国内外课程改革综述和研究报告;2)制订义务教育课程计划;3)制订农村初中《绿色证书教育实施方案》;4)农村课程改革经验调查与交流会;5)义务教育阶段语文、数学、外语 3 个学科课程标准研制;6)研究制订课程改革实验区工作方案。各项工作进展顺利,其中英语学科的课程标准已经形成初步框架③。

2001 年 6 月 8 日,教育部印发《基础教育课程改革纲要(试行)》,从课程改革的目标、课程结构、课程标准、教学过程、教材开发与管理、课程评价、课程管理、教师的培养与培训、课程改革的组织与实施 9 个方面规范了此次基础教育课程改革的内容④。

(二) 课程标准的研制与实验

自 1999 年起,教育部开始对我国基础教育原有教学大纲进行调整,同时研制新的课程标准。新英语课程标准先后共有 3 个版本:一是 2001 年 7 月教育部发布的《全日制义务教育普通高级中学英语课程标准(实验稿)》,涵盖小学、初中和高中 3 个阶段的内容;二是 2003 年教育部发布的《普通高中英语课程标准(实验)》,只涉及高中阶段的内容;三是 2011 年教育部发布的《义务教育英语课程标准(2011 版)》,删除了有关高中学段的内容,重点陈述了义务教育阶段的内容,突出了义务教育阶段英语课程的特点。

1. 2001 年《全日制义务教育普通高级中学英语课程标准(实验稿)》

2001 年 11 月 19 日,教育部印发《义务教育课程设置实验方案》,对义务教育阶段进行九年一贯整体设置课程,建议小学开设英语的起始年级一

---

① 何东昌.中华人民共和国重要教育文献(1998—2002).海口:海南出版社,2003:217.

② 同①286.

③ 同①531.

④ 同①970.

般为三年级①。2001 年,教育部依据《基础教育课程改革纲要(试行)》,吸收国内外外语教育研究成果,结合我国英语教育的实际和未来发展需要,制订了《全日制义务教育普通高级中学英语课程标准(实验稿)》(以下简称《课程标准》)。

《课程标准》指出,英语的课程性质是基础教育阶段的必修课程,并从 6 个方面阐释了英语课程的基本理念: 1) 面向全体学生,注重素质教育;2) 整体设计目标,体现灵活开放;3) 突出学生主体,尊重个体差异;4) 采用活动途径,倡导体验参与;5) 注重过程评价,促进学生发展;6) 开放课程资源,拓展学用渠道。

英语课程总体目标是培养学生的综合语言运用能力,从语言技能、语言知识、情感态度、学习策略和文化意识 5 个方面进行整体培养。课程目标分级为九级,从 3 年级开设英语课程的学校,3—4 年级应完成一级目标,5—6 年级完成二级目标,7—9 年级分别完成三、四、五级目标;高中阶段完成六、七、八级目标。第九级为外国语学校和外语特色学校高中毕业课程目标的指导级,该级别也可以作为部分学校少数英语特长学生基础教育阶段的培养方向②。

和以往教学大纲相比,新课程标准具有诸多新的突破: 1) 弃用"教学大纲",改用"课程标准"的名称;2) 新课程标准将义务教育和普通高级中学合并编制,建立连贯、衔接的中小学英语课程体系,将基础教育阶段的小学、初中、高中英语课程视为一个整体;3) 新课程标准从课程目标、内容标准、实施建议 3 个大方面对课程进行规范,并就课程性质、基本理念和设计思路进行了说明,解决了课程理念与课程目标设置的一致性问题。

随着新课程标准的颁布,教育部着手编写新的初高中英语教材,教材多元化局面进一步显现。

2. 2003 年《普通高中英语课程标准(实验)》

2003 年 4 月,教育部正式公布《普通高中课程方案(实验)》和《普通高中英语课程标准(实验)》等各学科课程标准③。由此,与义务教育课程改革衔接的新一轮普通高中课程改革的高中新课程标准实验教材的立项、编写工作正式启动。

《普通高中课程方案(实验)》④指出,普通高中教育是在九年义务教育基础上进一步提高国民素质、面向大众的基础教育。普通高中课程结构由学习领域、科目、模块 3 个部分构成,"学习领域"涉及"语言与文学"等 8 个,"科目"包括

---

① 何东昌. 中华人民共和国重要教育文献(1998—2002). 海口: 海南出版社,2003.
② 中华人民共和国教育部. 全日制义务教育普通高级中学英语课程标准(实验稿). 北京: 北京师范大学出版社,2001: 4.
③ 崔允漷,汪贤泽. 基础教育课程改革的意义、进展及问题. 全球教育展望,2006,35(1): 31-35.
④ 中华人民共和国教育部. 普通高中课程方案(实验). 北京: 人民教育出版社,2003.

"英语"等 12—13 个,每一科目由若干模块组成,模块之间既相互独立又反映学科内容的逻辑联系。

《普通高中英语课程标准(实验)》对普通高中英语课程进行整体规划,明确英语课程应具有工具性和人文性,高中英语课程总目标是使学生在义务教育阶段英语学习的基础上,进一步明确英语学习的目的,发展自主学习和合作学习的能力;形成有效的英语学习策略;培养学生的综合语言运用能力。高中英语课程以义务教育一至五级为基础,设有 4 个级别(六至九级)的目标要求。其中,七级是高中阶段必须达到的级别要求,八级和九级是为愿意进一步提高英语综合语言运用能力的高中学生设计的目标。各个级别的要求均从语言技能、语言知识、情感态度、学习策略和文化意识等 5 个方面进行具体描述。

3. 2011 年《义务教育英语课程标准(2011 年版)》

为贯彻落实 2010 年《国家中长期教育改革和发展规划纲要(2010—2020年)》的精神,教育部开始部署中小学课程标准的修订工作,并于 2011 年颁布了修订后的《义务教育英语课程标准(2011 版)》,2012 年秋季起在全国中小学开始执行。

《义务教育英语课程标准(2011 版)》保持课程标准已有的总体框架、基本设计思路、基本理念和总体课程目标不变,删除了有关高中学段的内容,对义务教育阶段的一些具体内容做出了微调:

1)除从国家发展外,还从学生发展的角度明确了英语课程的价值。2)第一次明确提出义务教育阶段英语课程具有工具性和人文性的双重性质。3)调整了"任务型教学"的表述,倡导采用多种教学途径。4)调整课程内容和容量,减轻学生过重负担,例如:修订词汇表,分别提供二级和五级两个词汇表,并对二级和五级词汇量的要求增加了弹性;调整情感态度和学习策略,力求更加具体和可操作;修改文化意识标准,缩减内容,降低标准。5)增强实施建议的指导性和可操作性。①

修订后的义务教育课程标准坚持了素质教育的方向,在遵循深化改革的方向迈出了新的步伐,为教材编写提供了明确指导②。

(三) 教材编审制度的改革

2001 年 6 月 7 日,教育部颁布《中小学教材编写审定管理暂行办法》,落实"竞编选用"的教材审定制度,将我国教材审定制度确立为国家和地方两级审定

---

① 王蕾.深化改革理念　提升课程质量——解读《义务教育英语课程标准(2011 年版)》的主要变化.课程·教材·教法,2013,33(1):34—40.

② 陈琳,王蕾,程晓堂.义务教育英语课程标准(2011 版)解读.北京:北京师范大学出版社,2001.

体制,实行编、审分离。同时,教材编写实施项目管理,鼓励科研机构、高等学校、出版部门、社会团体和个人参与教材的编写,但教材编写须向相应教育行政部门申请立项,经有关教材管理部门核准,完成编写的教材须经教材审定机构审定后才可使用。全国中小学教材审定及审查委员会委员由国务院教育行政部门聘任,任期由原来的 3 年调整为 4 年。2001 年 6 月 8 日,教育部印发《基础教育课程改革纲要(试行)》,对教材开发与管理做出明确规定:教材改革应有利于引导学生利用已有知识和经验,主动探索新知识;应有利于教师发挥创造性开展教学;积极开发并合理利用校内外各种课程资源,包括学校资源、社会资源、自然资源和信息化资源。

在教材的出版与发行方面,试行招标、投标的竞争机制。2001 年 5 月 29 日,《国务院关于基础教育改革与发展的决定》提出改革中小学教材制订出版的方式和单一渠道发行的体制,试行出版发行公开竞标的办法(何东昌,2003)。2001 年 10 月,新闻出版总署、教育部、国家计委制订《中小学教材出版招标投标试点实施办法》和《中小学教材发行招标投标试点实施办法》[1],决定实施中小学教材出版和发行的招标、投标试点,即通过竞标来承担教材出版与发行,以打破教材垄断局面。

(四) 教育信息化发展规划

1999 年 6 月,中共中央、国务院发表《关于深化教育改革全面推进素质教育的决定》,其中第十五条明确提出“大力提高教育技术手段的现代化水平和教育信息化程度”,这是“教育信息化”概念首次出现在我国中央政府文件中[2]。

2012 年 3 月,教育部制订《教育信息化十年发展规划(2011—2020 年)》,确定我国 10 年教育信息化的总体战略目标和发展任务。这一规划指出:实施优质数字教育资源建设与共享是推进教育信息化的基础工程和关键环节。到 2015 年,基本建成以网络资源为核心的教育资源与公共服务体系,为学习者可享有优质数字教育资源提供方便快捷服务。

2013 年 3 月,教育部办公厅印发《2013 年教育信息化工作要点》,确定 2013 年教育信息化工作核心目标,其中核心目标之一是加强优质数字教育资源建设与应用,明确提出:全面启动第二代“人教数字教材”等数字产品的研发,2013

① 新闻出版总署、教育部、国家计委关于印发《中小学教材出版招标投标试点实施办法》和《中小学教材发行招标投标试点实施办法》的通知,http://www.moe.gov.cn/jyb_xxgk/gk_gbgg/moe_0/moe_7/moe_20/tnull_323.html.
② 教育部教育信息化战略研究基地(华中).中国教育信息化发展报告(2013).北京:人民教育出版社,2015.

年秋季推出部分学科试用性产品。

随着教育信息化的推动和发展,网络教材、数字教材等开始出现在人们的视野中。

二、教材的编写与发展

根据基础教育课程改革的要求,教育部开始组织教材的研发与编写。课程改革初期,教育部对义务教育时期的教材进行修订,如人民教育出版社编写的《九年义务教育三、四年制初级中学教科书(试用修订版)　英语》《全日制普通高级中学教科书(试验修订本)　英语》等,供新课程标准实施以前过渡使用。同时,教育部根据新课程标准,编写新课程标准实验教材。

2001 年,教育部开始施行中小学教材出版与发行的招投标竞争机制。为此次课程改革,全国有 78 家出版社参与竞争九年义务教育中小学教材编写与出版,有 37 家出版社竞争高中课程标准实验教材的编写与出版,每个学科都有多种版本①。在英语学科中,11 家出版社成功立项教材编写并通过审查,因此这个时期教材版本较多。从教育部每年公布的中小学教学用书目录可知,经过教育部基础教育教材审定的义务教育"六·三"学制的初中英语教材有 8 套,"五·四"学制的初中英语教材有 2 套,普通高中英语教材有 7 套。除此之外,还有一些地方教材,如北京市义务教育课程改革实验教材、上海市二期课改教材等。义务教育教材除了衔接小学的教材外,还编写了初中起始教材 2 套、外国语学校英语系列教材 1 套,以满足不同地区的教学水平。自此,中小学教材开发开始呈现多样化特征。2012 年,各出版社根据 2011 年的英语课程标准对各自原有的教材进行了大幅度的改编,出版了 2011 版的新版教材②,形成不同版本。

在课程改革初期,原教学大纲的试验修订版教材和新课程标准的实验教材同时使用。鉴于各套教材间的相似度,下面仅介绍部分主要出版社的教材。

(一)人民教育出版社的教材

人民教育出版社出版了新目标系列教材,包括一套初中学段教材和一套高中学段教材,两套教材衔接使用,均被纳入教育部教学用书目录。

九年制义务教育课程标准教材中,人民教育出版社的教材在全国占 53%的市场份额;新高中课程标准教材中,在已实验的 15 个省、市、自治区中,人民教育出版社的教材占据 60%以上的市场份额③。

① 韩绍祥.十套教材见证新中国教育的改革与发展.出版发行研究,2009(10):34-36.
② 文秋芳,徐浩.2013 中国外语教育年度报告.北京:外语教学与研究出版社,2014.
③ 同①.

1.《义务教育课程标准实验教科书　英语(新目标)》(1—5 册)(2002)

《义务教育课程标准实验教科书　英语(新目标)》(*Go for It*)在美国汤姆森学习出版集团的 *GO FOR IT* 的基础上,依据国家教育部颁发的《全日制义务教育普通高级中学英语课程标准(实验稿)》,由人民教育出版社和美国汤姆森学习合作改编而成,经全国中小学教材审定委员会 2002 年初审通过。编委会主任刘道义,美方主编 David Nunan。在修改过程中,对原书的结构与内容做了适当的调整,增加了复习单元、文化背景知识和学习策略等部分,并增加了任务型学习成分和语篇输入[①]。

图 14-35　《义务教育课程标准实验教科书　英语(新目标)》(1—5 册)

---

① 课程教材研究所. 义务教育课程标准实验教科书·英语(新目标)*Go for It* 七年级下　教师教学用书. 人民教育出版社,2006.

全套教材共 5 册,供七年级上学期至九年级一学年使用。七年级上册共 14 个单元,包括 2 个复习单元;七年级下册共 14 个单元,包括 2 个复习单元;八年级上册共 16 个单元,包括 2 个复习单元、2 个文化单元;八年级下册共 14 个单元,包括 2 个复习单元;九年级全册共 18 个单元,包括 3 个复习单元。不同版次的单元数量略有变动。另外,七年级上册教材在新单元前增设了预备篇,包括 3 个单元,内容为 26 个英文字母和基本日常用语,供没有英语学习基础的学生选用。

目录提供了话题(Topic)、功能(Functions)、结构(Structures)、目标语言(Target Language)、词汇(Vocabulary)、复习(Recycling)、学习策略(Learning Strategies)等信息。附录提供补充材料、听力文本、语音、语法、发音表(Pronunciation Table)、分单元生词与表达、词汇索引。

全套教材每个单元开头简要列出了本单元的语言目标、主要的功能项目和语法结构、需要掌握的基本词汇。每个单元有 6 页,由 A 部分(Section A)、B 部分(Section B)、自我检测(Self-Check)3 个部分组成。“A 部分”是基本的语言内容,为目标句型提供分步示例和指导性练习;“B 部分”是知识扩展和综合语言运用,循环强化“A 部分”的语言学习,同时扩展新的语言知识,使综合语言运用能力螺旋上升;“自我检测”供学生检测自己对本单元所学语言知识的掌握情况,包括词汇知识评价、语法项目评价和语言应用能力评价等,使学生对自己的英语水平有明确的认知。

配套教学资源有:练习册、评价手册(含磁带)、教师教学用书、教学挂图、跟我学系列(同步词汇语法、同步听力、同步阅读、同步写作)、新教材新学案、轻松同步练习、活学活用系列、寒暑假快乐作业、录音带、投影片、评价手册(录音带)、同步听力(录音带)、义务教育课程标准实验教科书·英语(新目标)CD－ROM、英语(新目标)学习丛书(词汇学习手册、英语评估与测试、英语阅读与表达)、英语(新目标)初三总复习、同步解析与测评①。该套教材还配有数字资源,如人教数字资源、教学示范录像课 DVD、教学资源 CD－ROM、人教网初中英语教学专栏②。教材的主要特色如下:

1)该套教材采用任务型语言教学(Task-Based Language Teaching)模式。依据课程标准的要求,英语课程目标是培养学生的综合语言运用能力,倡导任务型教学模式和体验参与。教材以学习者真实生活中的实际语言需要和相关活动作

---

① 课程教材研究所. 义务教育课程标准实验教科书·英语(新目标)*Go for It* 七年级下　教师教学用书. 人民教育出版社,2006.

② 蔡红梅. 中小学英语教材分析与教学设计. 武汉:湖北教育出版社,2014.

为语言学习的内容,通过学习者完成各种任务来提高语言运用和交际的能力。

2)活动丰富,活动形式多样。任务型教材通常设置大量的活动,让学习者通过完成各种任务来提高语言运用和交际的能力。该套教材的课程要求至少要有 60—90 小时的学生活动时间,甚至课时数量可以扩展至 120 小时①。活动形式有学生独立活动、结对活动、小组活动,班级活动等。

2.《普通高中课程标准实验教科书 英语》系列(共 16 册)(2004)

《普通高中课程标准实验教科书 英语》由刘道义任主编,龚亚夫、郑旺全任副主编。该教材系列分为必修、顺序选修、任意选修 3 个部分,具体如下:

(1)《普通高中课程标准实验教科书 英语(必修)》(1—5 册)

该教材 2004 年通过全国中小学教材审定委员会审定。"英语必修"分为 5 个模块,按顺序开设,每个模块 2 个学分、36 学时(每周 4 学时)。第 1—2 册供高中一年级上学期使用,第 3—4 册供高中一年级下学期使用,第 5 册供高中二年级上学期使用。学完必修课程,达到课程标准的七级要求。

教材目录提供了单元的题目、话题、功能意念项目、语法结构、阅读课文的标题、写作技能等,全书内容一目了然。

每册由 5 个模块组成(Module),每个模块分为 9 个部分,即预热活动(Warming Up)、读前(Pre-reading)、阅读(Reading)、理解(Comprehending)、语言学习(Learning about Language)、语言运用(Using Language)、小结(Summing Up)、学习建议(Learning Tip)、趣味阅读(Reading for Fun)等。各部分重点突出,目标明确。

《练习册》(Workbook)附在学生用书的第 5 个模块之后,每个模块的练习由 10 个部分组成:听(Listening)、说(Talking)、单词和习语的运用(Using Words and Expressions)、语法结构的运用(Using Structures)、听的任务(Listening Task)、读的任务(Reading Task)、说的任务(Speaking Task)、写的任务(Writing Task)、项目(Project)、自我评价(Checking Yourself)。

书末附若干附录,包括课文注释(Notes to the Texts)、语法(Grammar)、各单元生词和习惯用语(Words and Expressions in Each Unit)、词汇表(Vocabulary)、不规则动词(Irregular Verbs)、英语国际音标变化表(Changes in International Phonetic Symbols for English),供学生查阅和自学使用。配合教材还出版了《教师教学用书》、口语录音带,听力训练录音带。

---

① 课程教材研究所. 义务教育课程标准实验教科书·英语(新目标)*Go for It* 七年级下 教师教学用书. 人民教育出版社,2006.

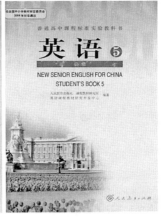

图14-36　《普通高中课程标准实验教科书　英语(必修)》(1—5册)

(2)《普通高中课程标准实验教科书　英语(选修)》(6—11册)

该教材属高中学生"顺序选修"的英语课本,2005年通过全国中小学教材审定委员会审定。"顺序选修"共有6个模块(6—11),同样每个模块2个学分。其中,第6册供高二年级第一学期用,第7、8册供高二年级第二学期用,第9、10册供高三年级第一学期用,第11册供高三年级第二学期用。学完选修模块6—8,目标是达到课程标准八级要求;学完选修模块9—11,目标是达到课程标准的九级要求。

"英语必修"与"顺序选修"具有一脉相承的编写理念和编排体系。"顺序选修"也是每册教材有5个模块,每个模块由基本相同的栏目构成。不同之处是:每个模块的栏目构成中,顺序选修系列比必修系列少了最后的"趣味阅读"(Reading for Fun)部分,顺序选修系列中阅读课文的篇幅略长,从500—600字增

图 14-37　《普通高中课程标准实验教科书　英语(选修)》(6—11 册)

至 600—700 字。

(3)《普通高中课程标准实验教科书　英语(选修)》(共 5 册)

该教材属高中学生"任意选修"的英语课本,包括 3 类:语言知识与技能类、语言应用类、欣赏类。其中,语言知识与技能类 2 册(《英语写作》与《英语语法与词汇》)、语言应用类 2 册(《初级财经英语》与《计算机英语》)以及欣赏类 1 册(《小说欣赏入门》)。各册教材均配有《教师教学用书》。"任意选修"意味着不规定学生选修的门类和次序。

《英语写作》由 Neville Grant(英)和刘道义主编,2005 年通过全国中小学教材审定委员会审定。该教材共 1 册,教学时长 36 学时。全册共 8 个教学单元和 1 个复习单元,写作内容涉及多种不同交际意图的文体,例如问候卡、便条、日记、报告、申请表、书信、电子邮件、故事类文章等。目录提供了文体类型、阅读课

图 14-38 《普通高中课程标准实验教科书 英语》(5 册)

文、基本范文(Basic Model)、语言要点、页码的信息等,旨在通过写作方法的指导和写作任务的训练来提高学生的英语写作能力,进而提高学生用英语进行表达、交流、传递信息的能力。

《英语语法与词汇》由李静纯、郝建平、Elizabeth Parry 主编,人民教育出版社和新加坡思达出版有限公司联合出版,2006 年通过全国中小学教材审定委员会审定。全册共 14 个单元(Unit),每个单元设置了若干栏目。具体内容包括:1)目标(Objectives),罗列本单元需掌握的语法词汇要点;2)课文阅读(Listening and Reading),提供一篇课文供学生听读,课文后的思考题引导学生关注语篇中的语法现象,也检查学生对课文的理解程度;3)使用中的结构(Structures in Use),讲解多个语法要点(Focus),每个语法要点单独由一个表格呈现,提供指导语、典型语段和文字工具箱(Word Tool Box)等内容;4)练习

（Exercises），对本单元的语法知识进行巩固与操练；5）自我评价（Self-Assessment），类似于单元测试题。该教材旨在帮助高中学生在词汇和语法学习方面得到更系统的训练。

《初级财经英语》由 Graham Happer（澳）、Robert Mulas（澳）和李泽鹏主编，人民教育出版社和麦格劳-希尔教育集团联合出版，2005 年通过全国中小学教材审定委员会审定。全书共有 9 个单元（9 周 36 学时），分为两大部分：1）"个人理财"（Personal Finance），由 5 个单元组成，介绍了个人理财的 5 个方面，如收入（Earning an income）、消费和储蓄（Spending and saving income）、借贷（Borrowing money）、理财（Managing finances）和投资（Investing money）；2）"投资"（Investing），分别从 4 个方面介绍投资理财，如投资决策（Making investment decisions）、投资选择（Investment options）、投资计划（Investment planning）、当期债券（Current issues）。

《计算机英语》由人民教育出版社和美国汤姆森学习出版集团合作编撰，2006 年通过全国中小学教材审定委员会审定。该教材是在 2003 年美国汤姆森学习出版集团出版 Discovering Computers 2004—A Gateway to Information 的基础上改编而成，全书分为 8 章（Chapter），每章介绍一个专题，包括计算机介绍、互联网与万维网、应用软件、系统组成、输入、输出、存储、操作系统和应用程序等。每章由 6 个部分组成：1）教学目标（Objectives），罗列本章节的教学目标；2）教学内容，作为每章的主体部分，以段落阅读的方式，从多个方面介绍计算机知识；3）本章总结（Chapter Summary），简要总结本章的内容要点；4）术语列表（Key Terms），罗列本章出现的计算机术语；5）单元注释（Notes），对难句进行翻译，提供相关背景知识等；6）练习题（Checkpoint），通过对所学的内容进行训练，用以巩固知识和自我评价。该教材旨在帮助学生了解个人计算机的硬件、软件、互联网等方面的基础知识和信息技术的最新发展。

《小说欣赏入门》由人民教育出版社和麦格劳-希尔教育集团联合出版，2006 年通过全国中小学教材审定委员会审定。该教材共有 6 个单元（9 周 36 学时），第 1—3 单元是基础篇，第 4—6 单元是提高篇，内容包含 3 方面：故事（Stories）、文学元素（Literacy Elements）、复习（Recycling）。教材除作品欣赏外，还注重培养阅读策略，如识别文学元素、比较和对比、预测、识别铺垫、推断、归纳总结、得出结论、反思等策略。

上述教材共同构成一套由初中到高中的衔接教材系列，并具有以下特点：

1）采用任务型语言教学模式，将"话题—功能—结构—任务"融为一体，在培养听、说、读、写技能的基础上，加强综合语言能力的培养。

2）启发学生进行探究式的学习,培养他们的创新精神和实践能力。教材引导学生由单纯模仿,被动接受的学习转变为运用观察、发现、推测、理解、记忆、对比、分析、联想、归纳、内化等策略进行学习。

3）重视自主学习能力的培养,书末提供了大量的附录,配合教材出版了辅助教学材料,建立了教学网站提供网络资源,供学生自学使用。

4）注重学习策略的培养,初中学段的教材在目录中提供了"学习策略"的要点,高中学段的教材专门设置"学习建议"讲解学习策略。增加形成性评价,注重学生在评价中的主体作用。

（二）上海外语教育出版社的教材

上海外语教育出版社隶属于上海外国语大学,自1979年成立后,出版了大量的外语读物、教材及工具书,是我国最大、最权威的外语出版基地之一。该出版社的主要中学英语教材如下:

1.《全国外国语学校英语系列教材》(2002)

随着改革开放的深入发展,全国各地先后办起了不同类型的外国语学校[①],因此需要一套教学理念新颖、教学内容丰富,教学手段创新、适合我国国情的英语教材供外国语学校使用。为此,全国外国语学校工作理事会在1999年通过决议:集中全国外国语学校的优质资源,依托全国外国语学校丰富的英语教学经验,编写一套符合我国外国语学校,包括重点中学英语教学的英语系列教材,使外国语学校在外语教学方面真正起到示范性、辐射性的作用。通过3年左右的努力,由上海外语教育出版社出版的《全国外国语学校英语系列教材》终于问世[②]。该系列教材分为《全国外国语学校英语系列教材　综合英语教程》(12册)、《全国外国语学校英语系列教材　英语阅读与写作》(12册)、《全国外国语学校英语系列教材　英语听说》(12册)3个系列,分初中学段和高中学段。

该系列教材由全国知名外国语学校组织骨干教师编写而成,编者阵容强大:

上海外国语大学校长、教育部高等学校外语专业教学指导委员会主任委员、博士生导师戴炜栋教授和时任全国外国语学校工作理事会理事长的吴友富教授担任"全国外国语学校英语系列教材"的总主编;武汉外国语学校校长、英语特级教师燕华兴担任《全国外国语学校英语系列教材　综合英语教程》的主编;南京外国语学校校长、英语特级教师董正璟担任《全国外国语

---

① 何东昌. 中华人民共和国重要教育文献(1949—1997). 海口:海南出版社,1998:1195.

② 戴炜栋. 全国外国语学校英语系列教材　综合英语教程4 初中二年级第二学期.上海:上海外语教育出版社,2004.

学校英语系列教材　英语阅读与写作》的主编;杭州外国语学校副校长、英语
特级教师汪忠民担任《全国外国语学校英语系列教材　英语听说》的主编;全
国一些知名外国语学校的校长、英语教学的专家担任副主编和编委。①

该系列的各分册教程介绍如下:
(1)《全国外国语学校英语系列教材　综合英语教程》(初中部分)(1—6 册)
《全国外国语学校英语系列教材　综合英语教程》(以下简称《综合教程》)
由燕华兴任主编,上海外语教育出版社于 2002 年推出第一版。该套教程初中部
分共 6 册,每册 10 个单元,供初中一年级第一学期至初中三年级第二学期使用,
2005 年又配有《全国综合教程(预备级)》和《综合教程(预备级)练习册》。

图 14 - 39　《全国外国语学校英语系列教材　综合英语教程》(1—6 册)

该教程目录提供主题(Theme)、话题(Topics)、功能(Functions)、结构
(Structures)等信息,书末附有词汇表(Vocabulary)。每个单元由话题(Topic
Areas)、内容简介(Highlights)、导入(Getting Started)、聊天室(Chat Room)、课文
正文(Programme)、信息窗(Message Box)、资料库(Data Bank)、活动室(DIY
Lab)、文化角(Culture Corner)、游戏园(Game Zone)等 10 个部分组成。

1)话题:每个单元一个话题,教学内容和教学活动均围绕这个话题进行。
2)内容简介:简要列出本单元的话题、功能和结构的要点。3)导入:列出本单
元与话题和功能相关的典型句式和基本结构,一目了然。4)聊天室:选编 2 段

---

① 戴炜栋. 全国外国语学校英语系列教材　综合英语教程 4 初中二年级第二学期. 上海: 上海外语
教育出版社,2004.

对话,对话围绕本单元的话题、功能、导入的句式进行。5)课文正文:由2—3个项目(Items)组成,每个项目提供一篇与本单元话题相关的课文,课文前提供课文的听力理解,课文后提供课文的阅读理解和主题讨论等练习。6)信息窗:由3—6个窗(Boxes)组成,以图表和例证归纳语法规则,也提供读音规则和语音语调练习。7)资料库:用插图形式提供分类词汇,扩大接受词汇量,也小结惯用短语和固定搭配的用法。8)活动室:一般包括陈述、结对活动、讨论、解决问题和网上冲浪(Internet Surfing)等活动。9)文化角:专项介绍中西文化异同,包括风土人情、传统习俗、生活方式、行为规范、价值观念等,拓展学生国际视野,培养跨文化交际能力。10)游戏园:提供使用英语的游戏娱乐项目,如小话剧、歌谣、游戏、诗歌、歌曲、幽默等。① 另外,教材还配有练习册、教师用书、录音带、多媒体教学辅助光盘等。

本教程在使用过程中,根据全国外国语学校的教学实际和教育部《义务教育英语课程标准(2011年版)》进行了修订再版。

本教程的特色是采用“任务型语言教学模式”,使话题、句子结构、功能和任务型教学活动有机结合,话题自成体系,功能循环加深,语法项目循序渐进,教学活动丰富多样,体现了外国语学校英语教材内容方面的深度与广度。

(2)《全国外国语学校英语系列教材　英语阅读与写作》(初中部分)(1—6册)

《全国外国语学校英语系列教材　英语阅读与写作》(以下简称《英语阅读与写作》)由董正璟任主编,上海外语教育出版社于2002年推出第一版。该套教程初中部分共6册,供初中一年级第一学期至初中三年级第二学期使用。

《英语阅读与写作》由20个单元组成,每单元分为话题阅读(Topic Reading)、名篇选读(Selected Reading)和趣味阅读(Fun Reading)3部分。每篇阅读量为100—200词。每篇文章后附有生词注释(Notes)和练习题(Exercices)。生词注释提供词汇和英英释义,有的生词还配了图画;练习题形式有正误判断、填空、配对、填图、问答、多项选择等多种形式,以检测学生阅读理解程度并训练阅读技巧。单元之间的难度由浅入深,循序渐进。话题涉及政治、经济、天文、航天、地理、文学、历史、文化、风俗人情等诸方面,所选文章均出自英美原版书籍。本教程在培养阅读习惯、积累英语词汇、提高英语阅读能力等方面发挥积极的作用②。尽管教程名称是“阅读与写作”,但几乎无写作内容。

---

① 戴炜栋.全国外国语学校英语系列教材　综合英语教程4 初中二年级第二学期.上海:上海外语教育出版社,2004.

② 戴炜栋.全国外国语学校英语系列教材　英语阅读与写作2 初中一年级第二学期.上海:上海外语教育出版社,2003.

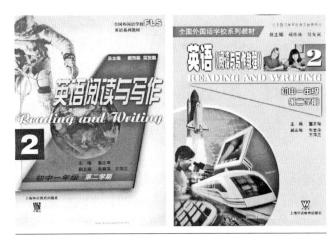

图 14-40 《全国外国语学校英语系列教材 英语阅读与写作》
(1—6 册)不同版次的封面

(3)《全国外国语学校英语系列教材 英语听说》(初中部分)(1—6 册)

《全国外国语学校英语系列教材 英语听说》由汪忠民任主编,上海外语教育出版社于 2002 年推出第一版。该套教程初中部分共 6 册,供初中一年级第一学期至初中三年级第二学期使用。

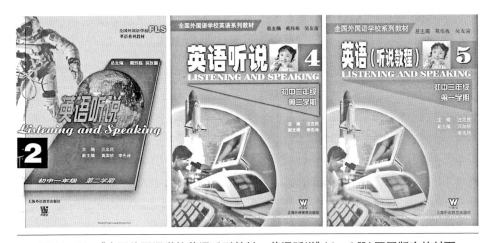

图 14-41 《全国外国语学校英语系列教材 英语听说》(1—6 册)不同版次的封面

该教程以话题与功能为线索进行编排,功能项目主要参照全国的初中大纲,并按外国语学校的特点进行增补。教学设计采用"先听后说"模式,以学生的活动为主线展开教学。

每册 16 单元,书后设置展示课型,供学生展示自己的学习成果,取代期末测试单元。每个单元由花圃(Flower Garden)、语言亭(Language Pavilion)、表演区(Performance Area)、游乐园(Amusement Park)、信息中心(Information Center)5个部分组成。

1)花圃:这部分是课前热身,编选一则小诗、绕口令、电影片段、歌曲、广告词或名人演说等,供学生欣赏和模仿,旨在让学生体会英语语言与音律之美。2)语言亭:这部分主要是听能训练,提供2—3篇听力材料,涉及对话、访谈、电影节选、体育评论等多种听力形式。3)表演区:这部分主要是口语表达能力的训练,由2—3项活动组成,如结对活动、小组活动、快速响应(Quick Response)等。4)游乐园:这部分主要是猜、唱、比赛等形式的课堂游戏,如魔术(Magic Tricks)、智力测试(Intelligence Test)等。5)信息中心:这部分提供本单元的词汇、表达法与句式,也提供背景材料,供学生使用与查阅。这一部分作为对该单元语言材料的补充,是课堂教学的延伸与扩展。该教程为培养听说专项语言能力的教材,旨在提高学生听说的实际应用。

"全国外国语学校英语系列教材"突出外国语学校的特点,内容丰富,具有一定的难度。教材内部各部分结构清晰,目标明确,重点突出,便于师生把握。活动设计以"互动、参与"为原则,引导学生进行自主学习。

2.《普通高中课程标准实验教科书　全国外国语学校系列教材》(共25册)(2006)

该系列教材用以衔接《全国外国语学校英语系列教材》(初中部分),由上海外语教育出版社出版,分为"必修""顺序选修""任意选修"3个系列,并配有教师用书、录音带和多媒体教学辅助光盘等。上海外国语大学戴炜栋和吴友富担任该系列教材的总主编;武汉外国语学校燕华兴担任高中教材必修及顺序选修系列的主编;上海外国语大学虞建华担任高中教材任意选修系列的主编。

该系列高中教材以2003年《普通高中英语课程标准(实验)》为编写依据,以"互动、参与"为原则,突出交际能力,全面培养学生的听、说、读、写等技能和综合运用能力,引导学生进行自主学习。现将该系列中"必修""顺序选修""任意选修"3部分教材介绍如下:

(1)《普通高中课程标准实验教科书　全国外国语学校系列教材　英语必修》(1—5册)

《普通高中课程标准实验教科书　全国外国语学校系列教材　英语　必修》共5册,每册6个单元,每个单元6学时,10周完成一册教材的学习与复习考试。第1、2册供高一年级第一学期用,第3、4册供高一年级第二学期用,第5册供高二年级第一学期用。

图 14‑42　《普通高中课程标准实验教科书　全国外国语系列教材　英语　必修》(1—5 册)

(2)《普通高中课程标准实验教科书　全国外国语系列教材　英语　顺序选修》(6—11 册)

《普通高中课程标准实验教科书　全国外国语系列教材　英语　顺序选修》共6册,其中第6册供高二年级第一学期用,第7、8册供高二年级第二学期用,第9、10册供高三年级第一学期用,第11册供高三学年第二学期用。

图 14‑43　《普通高中课程标准实验教科书　全国外国语系列教材　英语　顺序选修》(6—11 册)

(3)《普通高中课程标准实验教科书　全国外国语系列教材　英语　任意选修系列》(14 册)

该"任意选修系列"包含 14 册选修教材,如《初级英语语法与修辞》《英汉初级笔译》《英语应用文写作》《英语报刊阅读》《英语演讲与辩论》《文秘英语》《科技英语》《初级旅游英语》《初级经贸英语》《英美文学欣赏入门》《英语影视欣赏入门》《英语戏剧与表演入门》《英语歌曲欣赏》和《信息技术英语》等,旨在为全国各类外国语学校和省市重点高中的英语教学提供丰富的选修课教材。为了帮助师生更好使用此套教材,教材以"方便操作,引领入门"为原则进行编写。其"序言"指出,教材特点如下:

1) 以国内外国语学校和省市重点高中为使用对象,难度略高于一般的高中教材,适用于英语教学处于较前沿的学校。2) 注重进一步提高学生的英语理解和表达能力,拓展表达范围。3) 尽量避免过多的专业词汇和术语,尽量向日常普通英语靠拢,在一些专业性较强的部分,配以汉语解释和其他辅助手段。4) 注重思想性、趣味性、多样性、可读性,图文并茂,创造轻松、高效学习的必要条件。5) 以专业入门为原则,以语言教学为重点。6) 课文后配有注释和练习,以达到复习巩固的目的;在专业方面,练习以认识、了解和初步掌握为目的,对学生不提更高的要求。

现将该系列中的部分教材介绍如下:

《初级英语语法与修辞》(1 册),主编虞建华,编者赵美娟,由上海外语教育出版社 2006 年推出第一版。该教材主要作为国内外国语学校和双语学校高中学生学习英语语法和修辞的入门读本。语法指语言的运用规则,涉及"对"与"不对"的问题;修辞指语言的使用技巧,涉及语言使用的有效性和艺术性的问题。该教材共 18 个单元,每个单元包含语法(Grammar)和修辞(Rhetoric)两个部分。教材语言为英语,但对一些重点和难点适当插入了汉语解释。练习部分从相对单一的练习到综合练习,循序渐进。语法和修辞内容具有一定的系统性和针对性。本教材书末提供词汇表,另配有教师用书。

《英汉初级笔译》(1 册),主编虞建华,编者肖维青,上海外语教育出版社 2006 年推出第一版。该教材旨在培养学生初步的笔译能力。教材共有 10 个单元,每个单元由下列 5 个部分组成:

1) 学习预热:此部分又分为若干小项,如英译的中国古诗或谚语格言、生

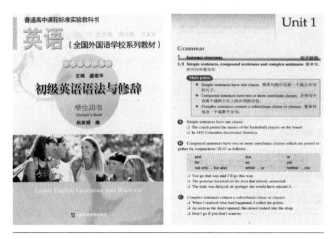

图 14-44　《初级英语语法与修辞》(1 册)

词及生词注释、翻译练习题等;2) 翻译技巧:此部分又分为 2 个小项,如翻译技巧、"牛刀小试"练习题等;3) 主课文:选取一篇文章作为翻译范例;4) 翻译小词典:介绍一些翻译常识,包括巴别塔、圣经翻译、机器翻译、复译等内容;5) 游戏:有一般的语言游戏,也有和课文相关的游戏、翻译游戏等。

　　针对高中生的特点,该教材选择了一些趣味性较强的题材,例如,比尔·盖茨的童年、迪斯尼的生平、哈利·波特的遭遇、姚明的小档案、侯宝林的趣谈,另外还有一些妙趣横生的散文、小幽默等。教材还配有课文录音和精美插图以及教师用书。

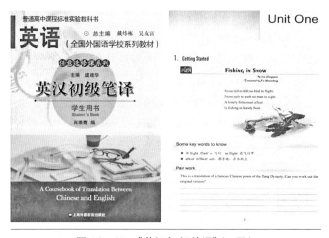

图 14-45　《英汉初级笔译》(1 册)

　　《英语应用文写作》(1 册),主编虞建华,编者殷书林,上海外语教育出版社

2006 年推出第一版,旨在通过文本阅读、讲解和写作训练,帮助学生掌握主要应用文体的结构和特点、常用词汇和写作技巧,提高学生的写作水平。全书共分为 15 个单元,涉及日记、便条、贺卡、信函、图表、作文等,内容包括感谢、道歉、邀请、祝贺、建议、询问、请求、投诉和求职等。

每个单元由以下 6 个部分组成:

1) 内容提要(Highlights):简要概括本单元的主要内容。2) 首次接触(First Contact):编选一组某一文体的典型文本供学生阅读学习,并针对文本内容设置阅读选择题、问答题或讨论题,帮助学生直观了解本单元所学习的文体。3) 词库(Word Bank):列出本单元的重点生词和常用术语等。4) 写作技巧指南(Writing Tips):针对本单元的文体进行讲解,包括界定、构成、目的、格式和语言特点等。5) 写作知识点滴(The ABC's of Practical Writing):介绍与本单元相关的应用文写作知识。6) 熟能生巧(Practice Makes Perfect):设置若干练习进行强化训练,练习形式有句子或段落排序、汉英短语或句子翻译、应用文写作,练习内容与本单元文体相关。

教材最后附有词汇表,带 * 号的属于《普通高中英语课程标准(实验)》范围内的词语,另配有教师用书。

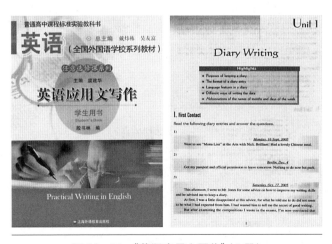

图 14-46 《英语应用文写作》(1 册)

《英语报刊阅读》(1 册),主编虞建华,编者张健,上海外语教育出版社 2005 年推出第一版,旨在提高学生的英语报刊阅读能力。该教材共 18 个单元,按选文内容编排单元主题,依次为:经济要闻、科技博览、健康人生、艺苑风景、体坛掠影、神游天下、校园生活、全球气候、天灾人祸、动物王国、太空旅行、网络世界、新闻人物、男人女人、书香碟花、史料拾珍、点击生活、社会广角。

每一单元由3篇选文(Press Clipping)和若干部分构成:

1)学习预热(Getting Started):一是 Word Bank,列出第一篇选文的生词及中文释义;二是根据第一篇选文回答一个主旨问题。2)继续学习(Moving On):阅读第一篇选文,对选文细节做出判断。3)选文一(Press Clipping One):提供1篇报刊选文,选文下面附有选文注释(Notes),包括长难句的翻译和专有名词的解释。4)读报点津(Tips for Reading):介绍报刊文章的特点和阅读技巧。5)随堂习题(Practice Exercises):提供2个练习和1篇选文(Press Clipping Two)。6)补充习题(Additional Practice):与第五部分一样,提供2个练习和1篇选文(Press Clipping Three)。

教材语言为英语,但对一些重难点辅以汉语解释,另配有教师用书。

图 14－47　《英语报刊阅读》(1 册)

《英语演讲与辩论》(1 册),主编虞建华,编者朱晔,上海外语教育出版社2009年推出第一版,旨在培养学生的演讲和辩论技能。该教材共有9个单元,前面6个单元涉及演讲,后面3个单元关注辩论。

每个单元由下列3个部分组成:

1)热身练习(Warm-Up):分为3个小项,一是著名的演讲或辩论图片;二是"问问你自己"(Ask Yourself),由学生讲述该图片的人物、事件和历史故事;三是"我们来讨论"(Let's Discuss),提供本单元主题的开放式问题供学生讨论,为随后的学习做准备。2)课文(Text):这是每个单元的重点部分,又分为4个小项,即词汇学习(Vocabulary)、掌握技能(Build Up Your Skills)、了解更多(Why Not Know More)、自我测试(Test Yourself)。3)后续活动(Follow-Up),这是前两

部分的补充和衍生。前 6 单元的演讲部分又分为 3 个小项:补充阅读
(Supplementary Reading)、小组讨论(Group Discussion)、实战任务(One More
Task),每个小项提供 1 篇阅读片断,其中小组讨论部分还提供了讨论题。后 4
单元的辩论部分又分为班级讨论(Class Discussion)、实例学习(Learn from an
Example)、实战任务(One More Task)。

书末附有词汇表,带 * 号的属于《普通高中英语课程标准(实验)》范围内的
词语,另配有教师用书。

图 14‐48　《英语演讲与辩论》(1 册)

《文秘英语》(1 册),主编虞建华,顾伟勤编,上海外语教育出版社 2006 年推
出第一版,是一本文秘英语学习用书。本教材将英语语言学习和秘书日常工作
结合,围绕秘书工作场景进行设计,融入了文秘工作中常用的英语词汇、句型。
10 个单元的主题依次为:秘书职责、与老板交谈、接待客人、处理电话、电话信息
与备忘、办公室设备、预定住宿、安排会议、书信、报告。

本教材共有 10 个单元,每个单元由以下 5 部分构成:

1)学前准备(Preparation):这部分又分为 2 个小项,其中“Questions to
Discuss”是与本单元主题相关的两个问题,供学生讨论;“Key Words to Know”是
第二部分课文的生词表。2)正文(Text):这部分又分为 3 个小项,其中
“Dialogue/Sample Writing”分别是会话和写作范文;“Language Notes”提供课文注
释;“Words from Betty”是一个专栏,由资深秘书 Betty 介绍秘书工作的相关知识
和技巧。3)茶憩读一读(Coffee Break Reading):这部分又分为 2 个小项,其中
“Relevant Knowledge”是本单元相关的文秘知识拓展,“Humor in the Office”提供
一则办公室幽默笑话。4)动手做一做(Do It Yourself):这部分一般有 4—5 项

练习。5）课外作业（Homework）：针对本单元主题写一篇有关文秘的作文。

另外，本教材配有教师用书。

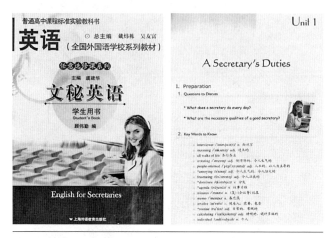

图 14－49 《文秘英语》（1 册）

《英美文学欣赏入门》（1 册），主编虞建华，编者虞建华，上海外语教育出版社 2005 年推出第一版。该教材供一学期使用，共 10 个单元，每周 1 学时，每单元 2 学时完成。10 个单元中，4 个单元的课文是诗歌欣赏，6 个单元的课文是小说欣赏。4 个诗歌单元中，每个单元提供 3 首短诗。6 个小说单元中的作品均为短篇小说或长篇小说片断，大多出自名家手笔。

每一个单元由下列 4 个部分组成：

1）学习准备（Preparation for Reading）：该部分又分为 4 个小项，其中"Meet the Author"简要介绍作品的作者；"Things to Think About"是作品的思考题，起热身和导入主题的作用；"Key Words to Know"列出作品中生词和词义；"A Special Notice"讲解作品中一个文学知识点，例如音节省略、修辞手段等。2）作品欣赏（Text）：这部分又分为 2 个小项，其中"Text"是诗歌或小说的作品欣赏；"Some Language Points"是对作品提供简要注释。3）反思讨论（Reflections and Discussions）：这部分又分为 3 个小项，其中"Attention to the Details"是判断题，帮助学生把握作品的细节信息；"Opinions of Understanding"是选择题，帮助学生理解作品主旨和字里行间传递的思想；"Your Point of View"是开放式讨论题，供学生基于作品发表自己的看法。4）英语文学基本知识（Elements About Literature）：介绍一类文学基本知识。

本教材配有课文录音和教师参考用书。

图 14-50　《英美文学欣赏入门》(1 册)

另外,该系列还有《科技英语》《初级旅游英语》《初级经贸英语》《英语影视欣赏入门》《英语戏剧与表演入门》《英语歌曲欣赏》和《信息技术英语》等教材,在此不再做详细介绍。该套教材具有如下特点:

1)依托外国语学校长期以来的外语教学优势,由著名大学教授和全国知名外国语学校骨干教师编写,编写阵容强大。

2)凸显外语学校的优势与特色,教材内容的深度、难度和广度均高于一般英语教材,旨在全面提高学生的英语素质,全面培养听、说、读、写等技能,同时加强语言综合运用能力的培养。

3)采用"任务型语言教学模式"的编写理念,使话题、句子结构、语言功能和任务活动有机结合,教学活动丰富多样。以学生的"互动、参与"为编写原则,引导学生通过探究和体验完成一定的任务,同时培养学生的自主学习能力。

(三)上海市二期课改教材

1998 年,上海市启动第二期课程教材改革(以下简称"二期课改"),开始探索研制课程方案、课程标准、学科课程的改革行动纲领,以及各学科教材的引进和编制工作。1999 年,上海市中小学课程教材改革委员会发布《面向 21 世纪中小学新课程方案和各学科教育改革行动纲领(研究报告)》,这是二期课改的阶段性成果之一。2001 年起,二期课改进入文本编制阶段,上海市中小学课程教材改革委员会完成了《课程标准(征求意见稿)》、34 个学科的《课程标准》、课程标准解读、《课程指导纲要》,以及各种学科教材的 1,500 多种文本的编制工作。2004 年,《上海市普通中小学课程方案(试行稿)》和《上海市中小学英语课程标准(征求意见稿)》等正式发布。

　　2002 年,二期课改开始进入试验推广阶段,在上海全市 151 所中小学课改基地学校试验;2004 年起在小学起始年级全面推广;2005 年起在初中起始年级全面推广;2006 年起在高中起始年级全面推广;2008 年,全市 1,500 多所中小学全面实施新课程、使用新教材。2008 年,"二期课改"进入质量提升阶段,完善课程标准和教材成套修订工作①。

　　二期改革提出"以学生发展为本"和"总学习观"的课程改革理念,全面实施素质教育,重点培养学生的创新精神和实践能力②。依据《上海市普通中小学课程方案(试行稿)》,上海市中小课程体系由基础型课程、拓展型课程和研究型课程三类课程体系组成。课程分为 3 个层次:学习领域、科目、模块或主题。在教材改革方面,实施教材多样化政策。二期课改基础型课程教材全部由课改委组织专门队伍编写;拓展型课程教材部分由课改委约请有经验的个人或单位编写,也鼓励学校和有关单位自行开发校本教材;研究型课程教材除学习包由课改委组织编写外,其余均由学校校本化开发③。依据新课程改革对教材编写的要求,综合一期课改中教材编写的经验以及上海地区基础教育的特点,上海市中小学课程教材改革委员会于 1999 年推出《牛津英语(试验本)》等教材,2000 年推出《英语(新世纪版)(试验本)》等教材。新世纪版和牛津版英语教材被纳入上海市中小学教学用书目录,牛津版初中英语此后被纳入教育部教学用书目录。

　　1.《英语(牛津上海版)》系列教程(共 14 册)(2002)

　　《英语　牛津上海版(试验本)》系列教材(*Oxford English*)(共 8 册)由上海中小学课程教材改革委员会和牛津大学出版社(中国)有限公司,根据牛津英语教材 *English First!*、*On Target!* 和 *Oxford English* 合作改编,改编顾问张民伦,由上海教育出版社出版。改编本基本保留了原版教材的框架体系,根据上海等城市和地区英语教学发展实际情况,对原教材的分册做了调整,将原版本十一年的教材压缩调整至改编本十年的教材,供上海等地区小学三年级至高中三年级使用。

　　(1)《九年义务教育课本　英语　牛津上海版(试验本)》(共 8 册)

　　该教材是初中学段教材,共 8 册,供小学六年级(初中预备班)至九年级(初中三年级)使用,每学期一册。该教材经全国中小学教材审定委员会 2002 年审定通过,由上海教育出版社出版。该套教材采用模块(Module)、单元

---

　　① 孙元清,徐淀芳,张福生,赵才欣.上海课程改革 25 年(1988—2013).上海:上海教育出版社,2016:34.
　　② 同①33.
　　③ 同①114.

(Unit)编写体系,保证语言知识和语言技能的循环、复现、发展和提高。每册教材由3—4个模块构成,每个模块以一个主题为中心,围绕该主题设计3—4个单元。每个单元集中讨论该主题下的一个具体话题。每个单元设计了大量的语言任务,倡导任务型教学法。配合教材有《练习部分》《语法训练部分》《教学参考》等。

2007年8月,修订后第二版使用教材名由"实验本"改为"试用本",经上海市中小学教材委员会审定准予试用,由上海教育出版社出版。每册有3个模块,每个模块有2—3个单元。每个模块末尾设置了模块复习,包括听力(Now Listen)、使用英语(Using English)、更多练习(More Practice)。每个单元由听说(Listening and Speaking)、阅读(Reading)、写作(Writing)、词汇(Word Box)、课文注释(Notes)5个部分组成。配合教材有《练习部分》。

图14-51 《九年义务教育 英语 牛津上海版》的不同版本(共8册)

(2)《高级中学课本 英语 牛津上海版(试验本)》(6册)

《高级中学课本 英语 牛津上海版(试验本)》是高中学段教材,共6册,供高中一年级至高中三年级使用,每学期一册。该套教材经上海市中小学教材委员会审定准予试用,每册安排了4—7个章节(Chapter),每个章节由6个部分组成:1)阅读(Reading),含略读、扫读、课文精读以及阅读理解练习等;2)听力技能或综合技能(Listening/Integrated Skills),含技巧讲解及相关训练;3)语法(Language),含语法讲解及练习巩固;4)口语(Speaking),专注口语训练;5)写作(Writing),专注写作练习;6)更多语言输入或学习进度(More Language Input/Progress File)。该教材倡导"任务型"教学法。配合教材有《练习部分》《教学参考》。

2006年8月起,修订后的第二版教材名由"试验本"改为"试用本",经上海市中小学教材委员会审定准予试用,由上海教育出版社出版。教材编排体系略有不同,采用模块(Module)、单元(Unit)编写体系。每册有3个模块,每个模块有2个单元,前2个模块后面补充了一个"使用英语"(Using English),最后1个模块后面是一个"项目"(Project)。每个单元分为6个部分:阅读(Reading)、语法(Grammar)、听—说—写的技能(Skills)、补充阅读(More Reading)、生词与表达(Words and Expressions)5部分组成。配合教材有《练习部分》。

图14-52 《高级中学课本 牛津英语》的不同版本(共6册)

《英语 牛津上海版》系列教材除了纸质教材外,还提供了录音带,光盘等电子材料,同时还建立了教学资源网站。该套特点是:1)突出中外优势互补,体现先进课程理念;2)构建模块建筑体系(Building Blocks),内容编排螺旋式上升;3)体现英语的工具性和人文性双重特点。这套教材被教育部列入"义务教育课程标准实验教学用书目录"。到 2005 年秋,浙江、江苏、山东、江西、安徽、辽宁、吉林等地一些师资条件较好的学校采用这套教材,使用人数已接近上海①。

2.《英语(新世纪版)》系列教程(共 14 册)(2001)

(1)《九年义务教育课本　英语(新世纪版)(试验本)》(共 8 册)

《九年义务教育课本　英语(新世纪版)(试验本)》是《英语(新世纪版)》系列教程的初中学段教材,经上海市中小学教材委员会审定准予试验用,由上海外语教育出版社出版。该教材由上海市中小学课程教材改革委员会组织、上海外国语大学主持编写,总主编戴炜栋,分册主编张慧芬、盛建元。本教材根据《上海市中小学英语课程标准(征求意见稿)》编写,同时参照了教育部 2001 年《全日制义务教育普通高级中学英语课程标准(实验稿)》。初中学段教材共 8 册,供上海市初中预备年级(六年级)到初中三年级(九年级)学生使用,也可供我国发达地区同年级学生使用。配合教材有《教学参考》8 册、《练习部分》8 册,六年级第一学期的《练习部分》包括"英语国际音标训练",另配有录音磁带、教学挂图、多媒体教学光盘、多媒体助学光盘。本教材从 2001 年 9 月到 2005 年 7 月在上海市区和郊县部分中学进行了试验,受到广大师生的欢迎。

2005 年起,教材编写组根据试验学校师生的反馈意见和上海市教材审查委员会专家的建议,对系列教程进行了修订,适当减少了输入量,降低了难度。修订后书名由"试验本"改为"试用本",即《九年义务教育课本　英语(新世纪版)(试用本)》,经上海市中小学教材委员会审定准予试用。修订后的试用本从

图 14-53　《九年义务教育课本　英语(新世纪版)》(共 8 册)

① 孙元清,徐淀芳,张福生,赵才欣.上海课程改革 25 年(1988—2013).上海:上海教育出版社,2016: 34.

2006年9月开始使用,代替第一版试验本①。

　　该教材采用主题教学法(Theme-Based Approach)、结构—功能法(Structural-Functional Approach)和任务型教学法(Task-Based Approach)相结合的编写体系。学生通过完成教学型任务(Pedagogical Task)和真实生活任务(Real-Life Task)来熟悉语言知识、掌握语言技能。

　　(2)《高级中学课本　英语(新世纪版)(试验本)》(6册)

　　《高级中学课本　英语(新世纪版)(试验本)》是《英语(新世纪版)》系列教程的高中学段教材,经上海市中小学教材委员会审定准予试验用,由上海外语教育出版社出版。该教材依据上海市中小学(幼儿园)课程改革委员会制订的课程方案和《上海市中小学英语课程标准(征求意见稿)》,由上海市中小学课程教材改革委员会组织、上海外国语大学主持编写,总主编戴炜栋,分册主编何松林、陈立青。最早使用的教材名是《高级中学课本　新世纪高中英语(试验本)》。

　　2005年起,教材编写组对该套教材进行修订,修订后书名由"试验本"改为"试用本",即《高级中学课本　英语(新世纪版)(试用本)》。修订总主编为戴炜栋,修订分册主编为何兆熊、张沪平,经上海市中小学教材委员会审定准予试用。和初中学段的教材一样,高中学段教材也采用"主题教学法"与"结构功能法"相结合的编写体系。每个单元围绕一个主题,设计多种听、说、读、写技能的实践活动以及任务型的(task-based)教学活动,在每一个单元设计一项体现综合技能的"任务"。

图14-54　《高级中学课本　英语(新世纪版)》的不同版本(共6册)

---

　　① 钟敏. 基于《上海市中小学英语课程标准(征求意见稿)》的《新世纪高中英语(试用本)》的评析. 上海师范大学,2009:15.

这套教材配有《练习部分》《教学参考资料》、录音磁带、多媒体光盘以及相关背景资料的网址。修改后的"试用本"具有 4 个特点：1) 内容丰富,题材多样,体现新课程标准的内容和要求;2) 既重视语言基本功的训练,又强调教学活动与现实世界的联系;3) 素材选自原著,并与语言活动巧妙结合;4) 充分体现人类文化的真善美,着力于提高学生的道德素养。[①]

(四) 外语教学与研究出版社教材

外语教学与研究出版社推出的"新标准"英语系列教材包括两套初中学段教材(一套衔接小学英语,一套初中起点)和一套高中学段教材,其中初中学段教材(衔接小学英语)和高中学段教材被纳入教育部教学用书目录,主编陈琳。新标准教材在全国多地使用。

1.《九年义务教育初级中学英语教材(实验本)　新标准英语(初中起点)》(共 6 册)(2002)

《九年义务教育初级中学英语教材(实验本)　新标准英语(初中起点)》(*New Standard English*)由外语教学与研究出版社和英国麦克米伦出版公司联合编写,陈琳任主编,鲁子问任副主编,编者分别是 Nicholas Sampson、Fiona Williams。全套 6 册,每学期 1 册,供初中一年级开始开设英语课程的中学试用。教材于 2002 年 7 月推出第一版。教材组在编写之前对我国农村和边远地区自初中一年级起开设英语课的教学实际情况进行了调研和论证。

图 14-55　《九年义务教育初级中学英语教材(实验本)　新标准英语(初中起点)》(共 6 册)

---

① 孙元清,徐淀芳,张福生,赵才欣.上海课程改革 25 年(1988—2013).上海：上海教育出版社,2016：180.

该教材依照"题材—功能—结构—任务"的编写原则和任务型教学方法编写教材、设计练习活动,培养学生的语言运用能力。内容体裁尽量反映不同地区的现实生活,同时也介绍现代城市生活和西方文化。

配合教材还出版有《教师用书》《教学辅助卡片》《配套读物》以及录音磁带。该教材为小学未能开始学习英语的地区提供了适当的教材。

2.《义务教育课程标准实验教科书　英语(新标准)》(共 6 册)(2004)

《义务教育课程标准实验教科书　英语(新标准)》由外语教学与研究出版社和英国麦克米伦出版公司于 2000 年联合编写,是中小学"一条龙"英语教材"新标准英语"系列的初中部分。陈琳任中方主编,鲁子问任中方副主编。英方主编是 Simon Greenall。教材于 2004 年通过全国中小学教材审定委员会审定后推出第一版。这套教材被教育部列入"义务教育课程标准实验教学用书目录"。

教材全套共 6 册,每学期一册,供在小学学过 4—6 年英语的初中学生使用。学生学完这 6 册教材,应掌握 1,600 个单词的词汇量,达到英语课程标准五级的要求。教材依据"话题—功能—结构—任务"的总体编写思路,采用任务型学习原则进行设计,即用所学语言"做事情"。每册教材共 12 个模块,每个模块标题下列出"本模块任务"(Module Task),使师生们在模块学习之前就明白本模块要求完成的任务。每个模块由 3 个单元(Unit)组成:第一、二单元,学习新语言;第三单元,运用所学语言运用,通过归纳语法规则和练习巩固本模块所学内容。初中一年级上册前面部分是《预备级》(Starter),作为"一条龙"教材中衔接小学英语和初中英语的补充教材,供小学学过一些英语以及小学阶段没有接触过英语的初中一年级学生使用,帮助小学阶段没有接触过英语的学生英语入门。

教材配有:学生用书(含活动用书)、同步评价手册、教师用书、同步练习与测试(A、B卷)、学生用书配套录音带、同步听力、教学辅助挂图、同步练习册、多媒体教学课件 CD - ROM、精讲精练、阅读。另外,建立了新标准英语网(NSE ONLINE),推出了新标准(NSE)网络教材,注重自主学习能力的培养。

该教材被多个省市使用,仅在教材封面右上角标注"广东省专用""山东省专用""四川省专用""浙江省专用"等字样。

2011 年,教材编写组依据《义务教育英语课程标准(2011 年版)》的要求,对教材进行了修订。修订后教材改名为《义务教育教科书　英语》,于 2012 年 7 月出第一版并通过教育部 2012 年审定。修订版《义务教育教科书　英语》的编排体系、模块结构和单元栏目设置基本保持不变,部分内容根据时代变化进行了更新。

3.《普通高中课程标准实验教科书 英语(新标准)》系列(共 14 册)(2004)

《普通高中课程标准实验教科书 英语(新标准)》系列教材由外语教学与研究出版社与英国麦克米伦出版公司联合编写,是中小学"一条龙"英语教材"新标准英语"系列的高中部分,由陈琳和 Simon Greenall(英)任主编,张连仲任副主编,供参与教育部普通高中新课程改革实验的中学以及从小学三年级开始学习英语的高中学生使用。

该系列教材的高中部分共 14 册,其中必修模块教材 5 册(第 1—5 册),顺序选修模块教材 6 册(第 6—11 册),任意选修模块教材 3 册(每种 1 册)。学完必修模块 1—5,将掌握 2,500 的词汇量,达到课程标准七级的要求;学完顺序选修模块 6—8,将掌握 3,500 的词汇量,达到课程标准八级的要求。

该系列的高中部分教材和初中部分教材具有相同的编写理念,采用"题材—功能—结构—任务"的编写原则,探究式、发现式、任务型等学习方式,培养学生使用英语做事情的能力以及自主学习的能力。

(1)《普通高中课程标准实验教科书 英语(新标准)(必修)》(1—5 册)

《普通高中课程标准实验教科书 英语(新标准)(必修)》(1—5 册),经全国中小学教材审定委员会 2004 年审定。教材的第一、二册供高中一年级上学期使用,第三、四册供高中一年级下学期使用,第五册供高中二年级上学期使用。

该套教材还配有《同步评价手册》《同步听力》《同步练习与测试》《教师用书》《精讲精练》《阅读》,另外还配有录音磁带、多媒体教学课件 CD-ROM。

图 14-56 《普通高中课程标准实验教科书 英语(新标准)(必修)》(1—5 册)

(2)《普通高中课程标准实验教学用书 英语(新标准)(顺序选修)》(6—11 册)

《普通高中课程标准实验教学用书 英语(新标准)(顺序选修)》(6—11 册)经全国中小学教材审定委员会 2005 年审定通过。

该选修教材 6—11 各册是必修教材 1—5 册的延续,其教学内容、语言理论、语言技能、跨文化意识等方面,是在必修教材 1—5 册的基础上提出更高的要求,使整个教程(1—11 册)成为一个高中阶段英语学习的系列整体。

该教材第六册供高中二年级上学期使用,第七、八册供高中二年级下学期使用,第九、十册供高中三年级上学期使用,第十一册供高中三年级下学期使用。

图 14 - 57　《普通高中课程标准实验教学用书　英语(新标准)(顺序选修)》(6—11 册)

(3)《普通高中课程标准实验教科书　任意选修系列》(3 册)

高中任意选修系列包括《写作教程》(1 册)、《阅读教程》(1 册)以及《中国之旅》(1 册),供高中阶段 2—3 年级任意选修使用。主编陈琳、Simon Greenall (英),副主编张连仲。

《写作教程》于 2005 年通过全国中小学教材审定委员会审定,旨在帮助学生初步掌握常见的应用文基本格式和恰当的语言表达,从而提高学生的英语写作能力。该写作教程共有 9 个模块,涉及社会交往的电子邮件(Social Emails)、社会交往的信函(Social Letters)、留言便条与备忘(Notes Messages and Memos)、笔友信笺与卡片(Pen Pal Letters and Cards)、个人简历和人物介绍(Resume and Information about People)、通知警示与说明(Notices Warning and Instructions)、作文(Article and Compositions)、概要写作(Summaries)、图表与统计(Charts and Statistics)等内容,教材英语名 *Functional Writing* 亦能反映该教材内容的定位。

《阅读教程》(1 册)于 2006 年通过全国中小学教材审定委员会审定,旨在通过阅读技能训练和篇章阅读提高学生的阅读能力,进而培养学生用英语获取和处理信息的能力。

教材由 9 个教学模块和 1 个附加模块组成。每个教学模块包括 4 篇主题相关的文章,附加模块包括 8 篇拓展性阅读文章。9 个教学模块的设计围绕两条主线:阅读篇章和阅读技能。阅读篇章涉及不同的主题和文体。其中,阅读主题来自高中英语课程标准建议的"话题"和"功能意念",文体类型涉及新闻、短篇小说、自传、记叙文、广告、个人叙事等。阅读技能涉及主旨大意理解、生词词义猜测、信息预测、具体信息理解、句子结构理解、文本结构理解、文本评价、作者风格理解等。每个教学模块集中展示、讲解和训练一项阅读技能,每项技能分别通过定义性的介绍、举例性的说明和归纳性的总结,贯穿 4 篇文章,在阅读与情境中培养阅读技能。每篇文章长度为 500—600 个单词,全书篇章阅读总量在 26,000 个单词左右。

《中国之旅》(1 册)2005 年通过全国中小学教材审定委员会审定,旨在培养从事旅游服务工作的人才。全书共 18 个单元,供一个短学期(10 周)使用。整本教材从史密斯一家人从上海开启中国之旅开始,途经故宫博物院、长城、北京、西安、南京、桂林、云南等地,最后离开广州结束中国之旅。

每个单元通过多种真实情景下的听、说、读、写活动进行,且整体以"输入"为主。每个单元的活动设置基本相同,以第一单元为例:1)篇章阅读(Reading);2)口语任务 1(Speaking 1),以结对活动形式进行;3)写作(Writing),画行程图;4)听力(Listening),以对话的形式呈现;5)口语任务 2(Speaking 2),以结对活动和小组活动形式进行;6)词汇练习(Vocabulary),以归纳分类词汇的形式进行;7)口语任务 3(Speaking 3),结对活动;8)文化角(Cultural Corner),介绍文化差异和外国景点,加强跨文化交流。

图 14-58 《写作教程》(1 册)、《阅读教程》(1 册)、《中国之旅》(1 册)

《普通高中课程标准实验教科书 英语(新标准)》系列教材(14 册)具有如下特点:1)涉及小学、初中、高中学段,配套成龙,具有连续性,自定位为"第一套中小学一条龙英语教材";2)采取"话题—功能—结构—任务"的总体编写思路,采用任务型学习原则进行设计,即用所学语言"做事情"——完成一定的任务;3)重视学生自主学习能力的培养,配合教材内容提供了多个方便学生自学的附录、辅导资料和网站资源;4)遵循教学资源化的理念,配套教科书还编写了大量教学辅助资料,建立了教学资源网站等;5)设置了专门的文化栏目"文化角",对课程标准中文化意识内容有较好的体现;6)教材由中英两国英语教学专家合作编写,由中英两国权威外语出版机构联合出版。

(五) 译林出版社教材

译林出版社出版了一套初中学段教材和一套高中学段教材,主编王守仁、何锋,两套教材均被纳入教育部教学用书目录。

1.《义务教育课程标准实验教科书　牛津初中英语》(共 6 册)(2002)

《义务教育课程标准实验教科书　牛津初中英语》由江苏中小学教学研究室和牛津大学出版社联合编写,2002 年通过全国中小学教材审定委员会审定,由译林出版社和牛津大学出版社联合出版。教材的英方主编 Catherine Dawson,中方主编王守仁、何锋。

该套教材以任务型教学模式进行编写,每个单元围绕一个话题,让学生通过体验、实践、参与、合作、交流和探究等方式学习和使用英语,完成学习任务。该套教材重视学习技巧和语言学习策略,旨在提高学生用英语获取信息、处理信息、分析和解决问题能力,有意识地培养学生的自主学习精神和终身学习能力。

每册设置 2 个模块,每个模块有 2—3 个单元,每个单元设置了多个学习栏目,包括"卡通漫画"(Comic Strip)、"导入"(Welcome to the Unit)、"阅读"(Reading)、"词汇"(Vocabulary)、"语法"(Grammar)、"综合技能"(Integrated Skills)、"学习技巧"/"语音"(Study Skills/Pronunciation)、"中心任务"(Main Task)、"检测"(Checkout)9 个栏目。

教学配有:录音带、练习册、自主学习手册、词汇手册、课课练、同步阅读、同步听力、实践与评估、试卷集、教师教学用书、教案新编、随堂实练、示范课 VCD、教学挂图集、抄写本。学完义务教育阶段教材,目标是达到课程标准规定的五级水平。

2.《普通高中课程标准实验教科书　牛津高中英语》系列(共 14 册)(2004)

该教材由江苏省中小学教学研究室和牛津大学出版社联合编写,2004 年通过全国中小学教材审定委员会审定,由凤凰出版传媒集团、译林出版社和牛津大学出版社联合出版。英方主编为牛津大学出版社(中国)有限公司英语教学编写委员会,中方主编由王守仁、何锋担任。该教材由必修课程、顺序选修课程和任意选修课程组成。

"必修课程"教材(1—5 册),供高中一年级上学期至高中二年级上学期使用,每册使用半学期,2 个学分,36 学时。每册教材安排 3 个教学单元。每个单元安排了 7 个模块的教学内容,包括导入(Welcome to the unit)、阅读(Reading)、词汇学习（Word power）、语法使用（Grammar and usage）、任务（Task）、项目（Project）、自我测评（Self-Assessment）。完成"必修课程"教材1—5册的学习，目标是达到英语课程标准的七级水平。

"顺序选修课程"教材（6—11册）供高中二年级上学期至高中三年级下学期使用。每册4个单元，每个单元围绕一个话题展开。"选修课程"和"必修课程"的单元具有相同的模块构成。教材均配有《教师教学用书》《自主学习手册》《练习册》《评价与测试》《同步阅读》《同步听力》《课课练》《试卷集》《教材录音带》。学完6—8册选修模块，目标是达到英语课程标准的八级水平；学完9—11册，目标是达到九级水平。

"任意选修课程"教材共有3册，其中《初级英语语法与修辞》（1册）属于课程标准中语言知识与技能类，《牛津初级经贸英语》（1册）属于语言应用类，《英

图 14-59　义务教育、必修、顺序选修、任意选修教材（2002年起）

语文学欣赏入门》(1册)属于欣赏类教材,3册教材均经全国中小学教材审定委员会2004年审定,供高中学生选修使用。该套教材主要特点如下:

1)根据教育部英语课程标准积极倡导的任务型教学模式进行编写,让学生通过体验、实践、参与、合作、交流和探究等方式学习和使用英语,完成学习任务,提高学生用英语获取信息、处理信息、分析和解决问题的能力。

2)教材对课程标准要求的文化意识和学习策略均编排了相关内容。在介绍外国文化的同时,宣传中国文化;学习策略培养也渗透到教材的各个环节。

3)培养学生的自主学习能力,注重形成性评价,促进学生不断发展。每个单元安排了评价专栏,帮助学生对自己的知识学习、能力运用等多个方面进行自我评价,例如,初中学段每个单元设置了Checkout栏目,高中学段每个单元设置了Self-Assessment栏目。

(六)河北教育出版社教材

河北教育出版社出版了3套教材,含2套初中学段教材和1套高中学段教材,均被纳入教育部教学用书。

1.《义务教育课程标准实验教科书　初中英语(初中起始版)》(共6册)(2002)

《义务教育课程标准实验教科书　初中英语(初中起始版)》由田贵森任主编。该教材是根据河北教育出版社和DC加拿大国际交流中心合编的《学英语》教材改编而成,原书特约编委胡壮麟、章兼中,主编Jim Parsons等。《学英语》教材于1999年6月开始由河北教育出版社出版,供小学三年级至高中三年级使用,共20册,后被我国台湾东华书局买下版权,成为第一部被台湾学校采用的大陆教材①。

《义务教育课程标准实验教科书　初中英语(初中起始版)》于2002年通过全国中小学教材审定委员会审定,共有6册,每册8个单元(Unit),每个单元有8个课文。每个单元有学习目标,涉及功能、语法和结构3个方面。教材配有《教师用书》《活动手册/读物》以及录音带等。此外,还有"电脑家教版"(有下载地址),通过多媒体技术使课本具有"说唱"功能。

这套教材强调以任务为中心的语言学习方式,采用项目式教学方法(Project Approach),把探究性学习引入外语学习中,使学生主动融入创造性的、有意义的整体语言学习中。

---

① 胡壮麟.《学英语》:英语教材编写的新突破.出版参考,2001(06):16.

2.《义务教育教科书 英语(衔接三年级起点)》(共 6 册)(2002)

该教材由田贵森任主编,是在河北教育出版社和 DC 加拿大国际交流中心合编的《学英语》基础上改编而成,供初中一年级至初中三年级使用。教材采用项目任务式的教学方法,把探究性学习引入外语教学之中。

课文内容围绕单元话题、以主要人物的活动为主线展开。有些课里设计了"文化小贴士"(Culture Tip)、"深入探讨"(Dig In)、"学习小贴士"(Learning Tip)等模块,对课文中所涉及的文化、背景、策略、知识等方面进行说明或拓展。教材配有《活动手册》《同步练习册》《教师用书》以及录音带等。

3.《普通高中课程标准实验教科书 英语》系列(共 16 册)(2002)

《普通高中课程标准实验教科书 英语》系列由 Ingrid Johnston、Yangsheng Guo 和田贵森任主编,杨永军任副主编。全套教材分为英语必修、英语选修Ⅰ、

图 14-60 河北教育出版社出版的初高中教材

英语选修Ⅱ三个部分。

"英语必修"和"英语选修Ⅰ"每册 8 个单元,另外有 2 个复习单元。每个单元由 4 个部分组成,第一部分"新词新观点"(New Words and Ideas),第二部分"练习中的意义"(Meaning through Practice),第三部分"语法有意义"(Grammar Makes Sense),第四部分"阅读信息"(Reading for Information)、"阅读学习"(Reading to Learn)或"阅读选择"(Reading for Choice)。教材配有《教师用书》《互动教案》和录音磁带,以及电脑家教版和教学论坛的网站。

"英语选修Ⅱ"属"任意选修"系列,共 5 册,分别为《英语歌曲欣赏(选修Ⅱ欣赏类)》(1 册)(2004 年审定)、《广告英语(选修Ⅱ语言应用类)》(1 册)、《实用英语写作(选修Ⅱ语言知识与技能类)》(1 册)、《英语文学欣赏(选修Ⅱ欣赏类)》(1 册)、《英语应用文写作(选修Ⅱ语言知识与技能类)》(1 册)(2006 年审定)。

(七) 湖南教育出版社教材

湖南教育出版社出版了一套初中学段的英语教材《义务教育课程标准实验教科书 英语(七年级起始)》,由 Jim Greenlaw、王德春任主编。该教材因北京市仁爱教育研究院参与编写,亦称《仁爱版英语》,2003 年通过全国中小学教材审定委员会审定,并被纳入了教育部教学用书目录。全套教材共 6 册,供初中七年级至九年级使用。

该教材依据 2001 年《全日制义务教育普通高级中学英语课程标准(实验稿)》和中国大陆七至九年级学生的英语学习现状而编写,是一套以七年级为零起点的初中英语教材。教材起点低,其目标是初中 3 年学完之后,达到课程标准要求的五级水平。

教材英文名为 *Project English*,其中 Project 是这套教材的核心,蕴含四层含意: 1) 任务、活动、课题(a planned task);2) 生动地与他人交流(communicative vividly);3) 推动(put forward);4) 预知未来,未雨绸缪(predict、plan ahead)。[①]

全套教材共 6 册,每册由 4 个模块组成,每个模块由"单元—话题—功能—任务"构成。单元按语言功能意念项目编排,话题按相关教学任务编排。该教材从字母学起,每册有 4 个教学单元和 2 个复习单元,每个教学单元安排 3 个话题的教学内容,每个话题又分为 4 个小节,前 3 小节是听、说、读的活动,第 4 小节是写作、语法、习惯表达和项目等内容。

---

① 北京市仁爱教育研究所. 义务教育课程标准实验教科书 英语 教师教学用书. 长沙: 湖南教育出版社, 2004.

全套教材包括：教科书(黑白)、教科书(彩色)、教师教学用书、教科书录音带、教科书领读与听力录音带、活动手册、评价手册、同步练习册、基础训练、同步整合方案、开心寒暑假、同步听力训练、同步听力训练录音带、同步阅读训练、新课标教材讲解、英汉互动讲解、同步辅导 VCD、教学挂图、教学卡片、同步活页 AB 卷、同步活页 AB 卷录音带、仁爱版英语专用词典、仁爱版英语专用词典录音带、《仁爱英语报》(周报)、《仁爱英语报》录音带。

图 14‑61 《义务教育课程标准实验教科书 英语(七年级起始)》(共 6 册)

(八) 山东教育出版社教材

山东教育出版社出版了一套"五·四"学制的初中学段教材《义务教育课程标准实验教科书 英语》(共 7 册)，由龚亚夫任主编。该教材 2005 年通过全国中小学教材审定委员会审定，并被纳入教育部教学用书。为了满足不同地区的教学需求，山东教育出版社等单位受山东省教育厅委托，以教育部审查通过的人民教育出版社《义务教育课程标准实验教科书 英语(新目标)》为基础，改编出版了这一套适合"五·四"学制使用的义务教育课程标准实验教科书。

全套教材共 7 册，供初中六年级至九年级使用。该套教材在编写理念和编写体系方面，与《义务教育课程标准实验教科书 英语(新目标)》基本一致，例如每个单元都分为 3 个部分：A 部分(Section A)、B 部分(Section B)、自我检测部分(Self-Check)，每个部分的内部结构及页数亦保持一致。教材配有《教师教学用书》。

图 14-62 《义务教育课程标准实验教科书　英语(六年级起始)》(共 7 册)

(九) 教育科学出版社教材

教育科学出版社出版了两套教材,含一套初中学段教材和一套高中学段教材。初中学段教材由黑龙江教育学院 EEC 学院编写,高中学段教材由胡壮麟担任主编,孔宪倬、程朝翔、刘世生任副主编。两套教材均被纳入教育部教学用书。

1.《义务教育课程标准实验教科书　英语》(共 8 册)(2006)

《义务教育课程标准实验教科书　英语》经全国中小学教材审定委员会 2006 年初审通过,教育科学出版社出版。该教材为"五·四"学制教材。

黑龙江 EEC 学院是黑龙江省教育学院与总部设在美国洛杉矶的 EEC KOREA 合作创办的英语教育开发机构,该学院负责英语教材开发,英语教师培训以及其他英语教育项目的工作。哈尔滨市中小学均采用 EEC 英语教材。

图 14-63 《义务教育课程标准实验教科书　英语》(共 8 册)

2.《普通高中课程标准实验教科书 英语》系列（共18册）（2004）

该高中系列教材同样分为英语必修、英语选修Ⅰ、英语选修Ⅱ3个部分，2004年通过全国中小学教材审定委员会审定。

"英语必修"教材每册8个单元,从形式和内容两个方面来反映课程标准的要求。每个模块围绕一个中心主题,选材涵盖学校生活、社会文化、自然地理、科学技术和文学艺术等多方面的内容,提高人文素养。"英语选修Ⅰ"教材的栏目设置基本与"英语必修"教材相同,但增加了"修辞"（Rhetoric）、"概要"（Summary of Reading）等,个别栏目略有调整,例如"补充阅读"（Bonus Reading）、"轻松一刻"（Relax and Enjoy）。教材均配有《教师教学用书》、录音磁带等。

"英语选修Ⅱ"属"任意选修"系列教材,共有7册:《文秘英语》《信息技术英语》《初级旅游英语》《科技英语》《初级经贸英语》《英语歌曲欣赏》《英语报刊阅读》。

图14-64 教育科学出版社出版的高中英语教材

（十）北京师范大学出版社教材

北京师范大学出版社出版了两套教材,含一套初中学段教材和一套高中学段教材。其中,初中学段教材为北京市义务教育实验教材,高中学段教材被纳入教育部教学用书。

1.《北京市义务教育课程改革实验教材 英语》（共6册）（2001）

《北京市义务教育课程改革实验教材 英语》（第11—16册）由王蔷、Ivor Williams、Jaime Antonio Solis 任主编,俞唐、曹瑞珍任副主编,供小学学过英语的学生使用。

本套教材按照教育部2001年颁布的《全日制义务教育普通高级中学英语课程标准(实验稿)》编写,采用话题—功能—结构—任务的设计思路,倡导语言教学的交互性和以学生为中心的教学模式。教材设计了多种教学活动,例如全班集体活动、小组活动、两人一组活动、个人活动等。

该套教材共有6册(再版时改为5册),每学期一册,每册6个单元,按每单元10—12课时设计。每个单元围绕话题设计多个活动模块:"文化胶囊"(Culture Capsule)、"语言对比"(Language Contrast)、"纠正活动"(Work it out)、"小组活动"/"信息沟"(Pair Work/Information Gap)、"语言归纳"(Language Summary/Language Review)、"复习巩固"(Round up)、"自我评价"(Reflection)。

2.《普通高中课程标准实验教科书　英语》系列(共12册)(2004)

该教材由北京师范大学出版社与培生教育出版集团联合编写,王蔷、

图14-65　北京师范大学出版社出版的义务教育英语教材

Michael Harris 任主编,曹瑞珍任副主编。高中部分教材分为英语必修(1—5册)、英语选修Ⅰ(1—5册)、英语选修Ⅱ(1册)3个部分,"英语必修"教材第1—4册2004年通过全国中小学教材审定委员会审定,"英语必修"教材第5册与"英语选修Ⅰ"教材6—11册2005年通过全国中小学教材审定委员会审定。

"英语选修Ⅱ"教材《初级英汉笔译》属"任意选修"课程,共1册,由项龙任主编,2004年通过全国中小学教材审定委员会审定。该教材自2004年进入实验区以来,深受好评,被称为是"一套最有后劲的教材"①。

(十一)重庆大学出版社教材

重庆大学出版社出版了一套高中学段教材。该教材由杨晓钰任主编,黄学军、郑中和任副主编,2004年通过全国中小学教材审定委员会审定,并被纳入教育部教学用书。

《普通高中课程标准实验教科书 英语》共11册,分为"英语必修"课程(1—5册)、"英语顺序选修"课程(6—8册)以及"英语任意选修"课程(3册)。

"英语必修"课程每册由3个不同的主题组成,每个主题下包括3个相关话题,即3个单元,每个模块由3个主题共9个单元组成。每一册供10个教学周使用。"英语顺序选修"课程每册同样由3个主题组成,但主题构成略有不同,每个主题下包括2个单元(Unit)和1个"挑战自我"(Challenging Yourself)或"补充阅读"(Further Reading)的欣赏单元。

这两个部分的教材均配有:《教师教学用书》《同步评价手册》《词汇学习手

图14-66 重庆大学出版社出版的高中英语教材

① 石鸥.新中国中小学教科书图文史 外语.广州:广东教育出版社,2015.

册》《同步单元检测》《同步阅读》及配套磁带。

"英语任意选修"课程共有 3 册,其中《英语歌曲欣赏》(1 册)2004 年通过全国中小学教材审定委员会审定。《英语修辞与写作》(1 册)与《英语应用文写作》(1 册)2005 年通过全国中小学教材审定委员会审定。教材均配有《教师教学用书》。

三、新世纪繁荣发展时期教材的整体特点

在基础教育领域,国家实施基础教育课程改革,弃用教学大纲,编制课程标准,并强调"国家课程标准是教材编写、教学、评估和考试命题的依据,是国家管理和评价课程的基础"[①]。因此,各家出版社依据新课程标准进行教材编写。与上一时期的教材相比,新课程教材在编写理念和编排体系方面均有很大的改进。由于各出版社的教材都是依据新课程标准编写的,因此这些教材具有如下共同特点:

1)将任务型语言教学模式纳入教材,采用"话题—功能—结构—任务"的总体编写思路,以话题为主线,围绕话题设计语言功能、结构和任务。教学内容提供了多种类型的任务性活动,例如讨论、调查、演讲、问卷等;任务活动采取多种形式,例如结对活动、小组活动、班级活动等。活动设计的特点是:基于意义的活动增加了,基于形式的活动减少了;互动的活动增加了,简单的练习减少了;活动方式更加丰富多彩;语境设置更贴近生活[②]。

2)教材的系列性更加丰富和完善。高中教材系列改变了传统教材的结构形式,不仅有必修课程,还有顺序选修和任意选修课程。每一套教材均由多本主体教材组成,即"一套多本",从语言学习的多个方面进行教材设计,增强了教材的选择性、拓展性,增加了语言学习的深度和广度,使学生能根据自己的学习情况有了较为广泛的选择,丰富并完善了课程系列,突出了个性化发展。

3)中小衔接,教材成龙。多个出版社出版了小学、初中、高中相互衔接的"一条龙"英语教材,保证各个学段教材的衔接性、连贯性和系统性,例如人民教育出版社的"新目标版"、外语教学与研究出版社的"新标准版"、上海外语教育出版社的"新世纪版"、上海教育出版社的"牛津版"、河北教育出版社的"冀教版"等。部分教材在初中第一册最前面还设置了多个预备单元,帮助学生从小学顺利过渡到中学阶段的英语学习,如人民教育出版社的"新目标版"、外语教

---

① 教育部. 基础教育课程改革纲要(试行). (2001 - 06). http://old. moe. gov. cn/publicfiles/business/htmlfiles/moe/s8001/201404/xxgk_167343. html.

② 陈琳,王蔷,程晓堂. 义务教育英语课程标准(2011 版)解读. 北京: 北京师范大学出版社,2001.

学与研究出版社的"新标准版"。

4）教材媒体多元化。随着教育信息化的推动和数字出版业的发展，教材媒体除了录音磁带、光盘外，还提供了网络平台，出现了网络助教系统、教育资源网站、网络教材，甚至数字教材，如外语教学与研究出版社的新标准英语数字教材、人民教育出版社的新目标英语数字教材等。自此，信息技术开始与课程教材整合起来。

5）多途径培养学生自主学习能力。教材明确单元学习目标，包括话题、功能、结构等方面，有利于学生确定自主学习的目标。多数教材设置学习策略专栏，加强学习策略指导，例如人民教育出版社的"Language Tip"或"Learning Strategies"、北京师范大学出版社的"Strategies Box"等。单元结尾提供了"Self-Check""Self-Assessment"等自评模块，或者"Summing Up"模块，书末提供大量的附录，包括课文注释、语法、词汇等，配合教材出版大量的教辅资料，通过网络教材和教育资源网站等多种途径，培养学生自主学习能力。

6）中外合作编写教材，确保在编写上语言地道及理念先进。大多数出版社均采用了与英语国家权威出版机构或专家合作编写的方式，推出各自的英语教材，例如，人民教育出版社与美国汤姆森学习出版集团、外语教学与研究出版社与英国麦克米伦公司、北京师范大学出版社与美国培生教育出版集团、译林出版社与英国牛津大学出版社、河北教育出版社与 DC 加拿大国际交流中心等。

7）添加新元素，使教材内容更丰富。根据新课程标准的要求，教材增加了文化意识、情感态度、学习策略等内容，以及学生为主体的多种评价活动。

综上所述，21 世纪教材迎来了繁荣发展的时期，无论是教材版本的数量，还是教材编写理念、教材体系均取得了巨大的突破。但随着时间的推移，教材缺点也开始显现出来。张献臣（2010）[①]对新课改后 3 个版本中学英语教材特点进行比较发现：

1）在预定目标与起始程度的匹配方面，教材阅读篇幅长、词汇量大导致农村学生无法达成预定目标。2）在选材贴近生活方面，在认为教材难度适当的教师中，57%的教师认为教材中的写作活动能吸引学生的注意力、激起他们的兴趣；认为阅读文章较难的教师中，56%的人认为大部分写作能引起学生的兴趣。3）在教材单元编写模式方面，6%的教师认为非常有利于教学，70%认为比较有利于教学，23%认为不太有利于教学，1%认为根本不利于教学。4）在中小学衔接方面，超过 40%的教师认为教材衔接跨度大，不利于基础差的学生从头学起。

---

① 张献臣等. 新课改后各类中学英语教材特点的比较研究（结题报告）. 2010.

5）在知识容量方面,约44%的教师认为教材容量并不合适,69%的教师认为教材难度大,"单词量过大""语法体系不系统""任务型教学""多样的口语活动""阅读篇幅过长、阅读量大""单元之间或者单册之间跨度太大"等都是导致教材整体偏难的原因。6）在插图和版面设计方面,87%的教师持肯定态度,但仍有很多教师认为目前教材图片太多,不宜太花哨。[①]

另外,李俏、张华(2012：50)[②]认为,新课改后不同版本教材是"同质"的多本化,离教材多样化的要求仍有一定的差距。

教材编写是一个动态发展的过程。每个时期的教材,针对当时社会需求进行设计,但随着时代的发展和对教材认识的加深,新的问题又将出现,因此新一轮的课程教材改革又将启动。在周而复始的教材修订、重编、改革过程中,教材编写质量不断提高。

---

① 魏运华,李俏.基于动态研究的新课改后各类教材特点的比较.教育研究,2012,33(03)：75-81.
② 李俏,张华.中小学教材修订中的若干思考.课程·教材·教法,2012,32(08)：46-51.

第十五章
小学英语教材（1949—2020）

　　如前所述，新中国基础教育阶段中一开始并没有小学英语教育，英语教育主要在中学开展，随着国家的发展和对外开放，才逐渐有了小学英语教育和小学英语教材的发展①。因此，第十三和第十四章节主要围绕中学阶段的英语教材进行整理和描述，本章节将重点整理并描述新中国小学英语教材的发展历程。

　　中国的基础教育英语教材受到各种因素的影响较大，在不断的变化中逐渐发展起来，小学英语教材也不例外。由于"大跃进"和"文革"时期受"左"倾思潮的影响，英语学科教学一度中断，直到国家实行改革开放，才逐步走上正轨。纵观小学英语教材发展轨迹，大致也可分为 4 个阶段：匆忙起步阶段（1949—1966）、无序停顿阶段（1966—1978）、初步发展阶段（1978—2000）和发展繁荣阶段（2000 至今）。

第一节　匆忙起步阶段（1949—1966）

　　1959 年 4 月 28 日，时任教育部部长的杨秀峰在第二届全国人民代表大会第二次会议上做了《积极进行教学改革，多快好省地发展教育事业》②的报告。他指出，中小学教育存在"少慢差费"的情况"主要在于学习年限过长（12 年），而要求的程度又低"，"中小学年限应该缩短，而且可以缩短"，建议将小学六年缩短为五年，中小学由之前的十二年一贯制改为十年一贯制。同时，要求学好语文

---

① 第一套小学英语教材于 1960 年由人民教育出版社出版。
② 杨秀峰. 积极进行教学改革，多快好省地发展教育事业. 载何东昌主编. 中华人民共和国重要教学文献. 海口：海南出版社，1998：897.

(包括中文和外语)和数学,大力进行教学改革,进行教材革新和教学方法改进。1960 年,时任教育部副部长的刘皑风在全国民兵代表会议上提出,"适当缩短年限,适当提高程度,适当控制学时,适当增加劳动"①的原则,促使教育事业能够更加多快好省地发展。

根据"教育大革命"的精神,教育部开始组织人员编写全国通用的两种学制所用的教材。教育部编审教材遵循的原则是"肃清资产阶级和修正主义思想的影响",删除陈旧和烦琐的内容,适当地增加反映中国革命、建设的经验和世界先进的科学文化成果的内容。教育部要求人民教育出版社改编自 1954 年以来的各科十二年制教材,委托北京师范大学外语系编写九年一贯制试用课本(全日制),而且还组织部分省市的大中小学教师和外文出版社对课文进行了审查讨论。这样,小学英语教材开始仓促起步,随之出现了人民教育出版社编写的《九年一贯制试用课本 英语》。

这套教材编写于 1960 年。秉承当时中宣部和教育部的指示,以政治挂帅的思想为指导,人民教育出版社仓促上马,整个编写过程十分独特②:

1)九年制课本共 18 册,审查人员不看英文只看译成中文的课文。因此,编写人员编课文并把它译成中文,再由外文出版社组织人力讨论英语课文。2)采取"大兵团"作战的编写模式。北京师范大学外语系师生齐上阵,展开一场通宵达旦的夜战。由于时间紧急、资料有限,大家枯坐冥想,只能使用手头仅有的资料,如领导人的讲话、报刊文章摘要、流行标语、口号等。3)教材编写时间仓促,被要求速战速决。教材完成时间只有一周,即从 1960 年 2 月底到 1960 年 3 月 8 日完成编写、插图、版面设计、印刷等工序。编者只能因陋就简,东拼西凑,来了一个"选—译—注"三位一体的编法。

同时,这套教材的编写原则是:

1)学习起点提早。为了使英语教学适应社会主义建设事业的迫切需要,在全日制九年一贯制学校中,从小学一年级起就开设英语课。2)分学段区别要求。根据教学要求和儿童智力发展的情况,大致九年时间分为 3 个阶段。第一阶段(1—3 年级)为学话阶段。在这一阶段内不讲授语音、语法规则,主要训练听说能力。第二阶段(4—7 年级),听、说、读、写全面培养,并教给学生基本的语音、语法知识。第三阶段(8—9 年级)为提高阶段。由于学生已经掌握了语言 3 方面的基本知识,因此在此阶段应通过大量的语言实践,特

---

① 何东昌主编. 中华人民共和国重要教学文献. 海口:海南出版社,1998:978.
② 课程教材研究所. 吴履平、魏国栋、徐岩. 新中国中小学教材建设史(1949—2000)研究丛书:英语卷. 北京:人民教育出版社,2010:49-55.

别是阅读,进一步培养学生运用英语的技能与技巧。3）课本要本着加强无产阶级政治思想教育,按照儿童学习外语的特点来编写。课本前言写道:"在课文内容上,要打破过去旧课本多在家庭、教室中打转的小圈子。从出现简单的句子开始,即利用这样简单的语言材料对儿童进行适当的共产主义思想教育。"

该教材全套共 18 册,每两册一个学年。课本第一、二册供一年级全年使用。两册共 33 课,每周按一课进行教学。一年级第一学期不教读写,只训练听说能力,第二学期开始认识字母及单词。第一册从单词开始逐步过渡到一些简单句,全书每课都配有插图,图片占很大的版面,并且还有个别彩色插图,以适应儿童认知的需求。书后设有简单的课堂用语,供教师参考。

图 15-1 第 13 课彩色插图

第二册是从 26 个字母入手,然后教学简单的句子。插图特点与第一册相同,书后有字母书写规范和简单的课堂用语,但本册课本主要教学生认识印刷体字母并用以拼写单词。

第三、四册课本供第二学年使用。第三册以单个句子为主,课文还不是成段的语篇,每课课文下面都配有四线格的书写范例,例子或为字母或为单词和简单的句子,教学生练习书写体,使学生熟悉手写形式,能拼写单词和抄写短句。第四册的课文篇幅比第三册略有加长,不再有四线格的书写范例。书后附有没有注音标的词汇表。两册课本均不再设有"课堂用语"部分。其他特点同第一、二册。这两册课本注重全面培养学生听、说、读、写的能力,但仍以听说为主。前 4 册课本均没有设置目录。

第五、六册课本供第三学年使用,仍以听说为主,全面培养听、说、读、写能力。在学生熟悉手写体字母的基础上,开始训练学生的听写能力,从听写单词到听写句子。从第五册开始各册设有目录,课文都有标题,每册书最后附有词汇表。课文中成段的语篇大幅增加。插图数量虽然比第一、二册略有减少,但每课仍然配有一两幅插图。

第一至六册教科书属于第一阶段(1—3 年级),课本特点是从单词过渡到简单句子的学习,再发展到成段的语篇,逐步呈现语言材料,重视听说能力,逐步培养读写能力。课本注重训练学生养成规范书写的习惯。插图数量较多,符合儿童学习语言的特点。课文体裁包括短句、韵诗、诗歌、短小的记叙文等,题材丰富,包括学生的学校生活、对未来的设想和计划、科普、各种学工和学农等社会实践活动,涵盖工农兵各行业,但几乎没有反映家庭生活的文章,也不讲授任何语音与语法知识,不设任何练习。

第七至十二册属于第二阶段(4—7年级)。全面培养学生的4项基本技能,第四学年开始讲解课文中一些最常见或最简单的语法。学生开始做简单的笔头练习或课外作业。练习的形式主要是复习性的背诵、问答、翻译,也有少许造句。第五学年继续讲解课文中的一些较常见且容易掌握的语法,并教学生运用国际音标、查阅词典和纠正发音;口笔头练习注意从模仿性到创造性地运用语言,如从造句到简短的写作,口笔头复述、翻译及少量的课外阅读等。第六学年开始讲授语法基本规则知识,要在集中讲授、分散巩固的原则下,结合课文教学。第六学年的口笔头练习着重创造性地运用语言,如写短信或日记片断,进行汉译英的短文翻译等。

第七至十二册的单课结构为:课文正文、生词、练习。第七、八册每课有两项练习,其余4册有3项练习。从第九册开始词汇表加注国际音标,书后附有带例词的音标符号表,其后还再附有语音练习。随着语音知识的增加,每册课本后的语音名单在加长。第十册开始加设了"英语简易语法"(English Grammar Simplified),用简单的例词、表格、讲解及例句,对本书中出现过的语法现象进行总结与归纳。第十册还附有不规则动词表。到第十一和十二册,以上两项又被取消,而且词表不再注国际音标,反映了体例不统一的现象。

第七至十二册的课文比第一阶段的课文明显加长,采用了多篇已出版教科书中的经典课文,例如"Lo Sheng-chiao"("罗盛教")、"Planting Trees","The Cock Crows at Midnight"("半夜鸡叫")、"A Man and a Snake""Our Weather Forecasting Centre""Our Country""At the Library""Education in New China""The Chemical Fertilizer Factory of Our School""The Green Great Wall""Waterfalls""The Wolf in Sheep's Clothing""At an Exhibition""Hsiang Hsiu-li"("向秀丽")、"The Red Army Man's Cap""Parachute Jumping""A Trip to the Moon""The Story of Ting Yu-chun"("丁佑君")、"'Schools' for Negro Children""Chairman Mao and the Wounded Soldier"。同一课文在不同课本中虽然有时标题不同,文章内容也不完全一样,但这些课文在不同课本中入选率较高,一定程度上反映了当时课本选材的标准。该套教材课本插图也比较多,可以算作一个突出的特点。

第十三至十八册属于中学阶段课本,在此不做赘述。

尽管这套教材有其突出的特点,但是由于编写过于仓促,并没有得到广泛使用。第一阶段的课本曾在北京师范大学实验小学使用过,随后又在指定的几个地方使用过,其他第二、三阶段(第四至十八册)的教材基本未被使用过。这套教材在和平门外北师大旧址图书馆展览了一番,以此告终。

在所谓"大跃进"的年代,到处刮着浮夸风,农业生产违背科学规律,提倡"力耕三尺深,亩产万斤粮"[1]。那时受浮夸风影响的人遍及全国,教材编写也不例外,很多选材也来自于当时的口号。如第三册第6课写道:

This is a big pumpkin.

It is from our farm.

It is as big as a house.

We shall grow more big pumpkins for the dining room.

同时,教材也留下了50年代国家铁路和桥梁建设的时代痕迹。图15-2为审查过的第三册第12课内容:

图 15-2　第三册第 12 课内容

第二节　无序停顿阶段(1966—1978)

正当中小学外语教育出现新的生机之时,1966年"文革"开始。在这期间,中小学外语教育几乎陷于无序停顿状态。"文革"后期(1972—1975),周恩来和邓小平主持中央日常工作,外语教育一度重新受到重视,各个省、市、自治区相继

---

[1] 潘昌基. 浅议专家论证. 文史天地,2002(08):1.

编写了中小学教材。1971年,第26届联合国大会以压倒性多数通过决议,恢复中华人民共和国的合法地位;1972年,美国尼克松总统访华,不久我国恢复了和美国的外交关系。迅速变化的政治形势迫切需要培养各类英语人才。这一时期,各省、市、自治区自编外语教材,较为典型的是上海市小学英语试用课本。

一、《上海市中小学试用课本　英语》

《上海市中小学试用课本　英语》于1969年由上海市教材编写组编写,详见下图:

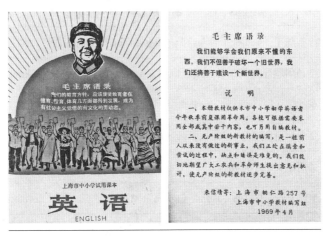

图15-3　《上海市中小学试用课本　英语》的封面和说明页

教材的封面写着毛主席语录:"我们的教育方针,应该使受教育者在德育、智育、体育几方面都得到发展,成为有社会主义觉悟的有文化的劳动者。"这套书主要围绕政治领导人、工人阶级和阶级斗争等主题设计课文内容。前六课学完之后,开始学习英语字母。课文目录如表15-1:

表15-1　课文目录

课文	标　　题
1	毛主席万岁!（Long Live Chairman Mao!）
2	敬祝毛主席万寿无疆!（Wish Chairman Mao a Long, Long Life!）
3	毛主席,我们心中的红太阳（Chairman Mao, the Red Sun in Our Hearts）

续　表

课文	标　题
4	我们是毛主席的红卫兵（We Are Chairman Mao's Red Guards）
5	战无不胜的毛泽东思想万岁！（Long Live the Invincible Thought of Mao Tse-tung!）
6	东方红（The East Is Red）
7	为人民服务（Serve the People）
8	伟大的中国共产党（The Great Communist Party of China）
9	大海航行靠舵手（Sailing the Seas Depends on the Helmsman）
10	工人阶级必须领导一切（The Working Class Must Exercise Leadership in Everything）
11	向解放军学习（Learn From the P. L. A.）
12	千万不要忘记阶级斗争（Never Forget Class Struggle）
13	打倒美帝国主义！（Down with U. S. Imperialism!）
14	紧跟毛主席,永远干革命（Follow Chairman Mao, Always Make Revolution）

　　课文篇幅一般较短,内容基本是语录、政治口号和爱国歌曲的英文翻译,图15－4是第6课的内容,翻译自歌曲《东方红》:

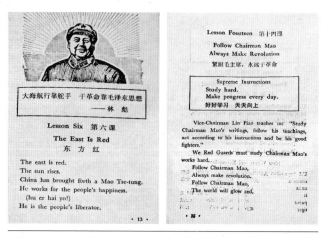

图 15－4　《上海市中小学试用课本　英语》第6课课文内容

《上海市中小学试用课本　英语》具有一定的流传度,也被其他地区采用,例如天津市的中小学英语教科书就是在其基础上改编而成,并在说明页中保留了"上海市中小学教材编写组"的字样。

图 15-5　《天津市中小学课本　英语》封面和说明页

"文革"期间的小学英语教材总体上以地方自编为主,但教科书的选材具有高度的相似性,内容以伟人和政治性话题为主,图 15-6 源自株洲市小学英语课本:

图 15-6　《株洲市小学英语试用课本》第一册封面和第一课内容

二、教材特色

"文革"时期,因教育处于无序混乱的状态,小学英语教材编写数量非常有限,但都具有非常鲜明的特色,概括起来是:政治挂帅,斗争为纲。"政治挂帅"

主要体现在教材中语录和口号较多,突出无产阶级的革命光辉形象;"斗争为纲"主要是课文内容充满着战斗式的词语,如"打倒""战斗""敌人"等,课文通常是两三句话,但充满"斗争"的火药味。然而,从教材内容来看,"文革"前期与"文革"后期的小学英语教材略有不同:前者充满了政治口号和阶级斗争的内容,片面强调政治;而后者减少了这些政治口号内容,编写人员顶着极"左"思潮的压力,增加了符合语言规律的材料,如音标、句型等符合语言应用实践的教学内容。在当时的政治氛围中能做到这些,实属难能可贵!

1976 年 10 月,党中央一举粉碎了"四人帮"。1977 年,邓小平恢复了工作。同年 5 月,邓小平发表讲话时指出,"我们要实现现代化,关键是科学技术要上去。发展科学技术,不抓教育不行。靠空讲不能实现现代化,必须有知识,有人才",而且"抓科技必须抓教育。从小学抓起,一直到中学、大学"①。自此,"文革"结束,小学英语教材进入了整顿发展阶段。

第三节　整顿发展阶段(1978—2000)

1977 年 8 月,邓小平主持召开了科学和教育工作座谈会。他在会上谈到,要重视中小学教育,"关键是教材。教材要反映出现代科学文化的先进水平,同时要符合我国的实际情况"②。7—9 月,他多次同教育部负责人谈话时指出,"教材非从中小学抓起不可"③,要求编印通用教材,同时引进外国教材作为参考,并要求 1978 年秋季开学时用上新教材,以稳定教学秩序。

一、教材整顿与集中编写

1977 年 8—12 月,时任教育部副部长的浦通修会同肖敬若、董纯才、戴伯韬、叶立群、张玺恩等组成了教育部全国教材会议教材编审指导小组④,根据中央领导人的一系列讲话精神,展开教材的整顿与编写工作,目的是肃清"四人帮"的余毒,解放思想,统一认识。英语教材编写组的第一项任务就是代教育部制订教学大纲和编写教材。当时,国家"四个现代化"建设急需外语人才,如何

① 邓小平.尊重知识,尊重人才.职业教育研究,1983(4):1-2.
② 袁世英.中小学教材建设问题的思考.甘肃教育,1998(3):13-14.
③ 邓小平.邓小平文选(一九七五——一九八二).北京:人民教育出版社,1983:66.
④ 课程教材研究所.吴履平,魏国栋,徐岩.新中国中小学教材建设史(1949—2000)研究丛书:英语卷.北京:人民教育出版社,2010:143-146.

从小培养外语人才成为工作重点，因此小学英语教育受到关注。在小学英语课程规划中，小学三年级起开设英语课，一直延续到高中二年级，一共 8 年，以培养学生较为扎实的英语能力。

1977 年 9 月，教育部调集了部分人民教育出版社的编辑，又从各地抽调了一些大中小学优秀教师，一共 200 多人，组成教材编写组，按照"中小学通用教材编写工作会议"精神编写中小学各科教材，并聘请了北京外国语学院吴景荣和南京大学陈嘉为顾问。教育部成立了以浦通修为组长的教材编审指导小组，指导教材编写工作。参加英语教材编写的人员主要来自北京和上海，分为中学和小学两个组，负责人是唐钧。中学组有唐钧、岳汝梅、周谟智、夏祖煃等；小学组有刘道义、张承谟等。后两年因大部分借调人员返回原单位，人民教育出版社陆续调入编辑人员，于 1979 年底成立了人民教育出版社中小学外语编辑室，下设英语组和俄语组。英语组除了唐钧、胡文静、刘道义、李泽鹏外，还有刘锦芳、董蔚君、陈国芳、刘岩、司延亭、万大林、王美芳等。

编写人员到位后，教育部要求在 1977 年底前完成教学大纲编写，并设计出小学和初中的第一册课本供 1978 年秋季使用。虽然任务重、时间紧，但来自上海、北京等地的大中小学英语教师干劲十足。编写人员首先开展调研工作，熟悉国内外英语教材和英语教学情况，收集 1949 年前后以及"文革"期间使用过的北京、上海、广州等发达地区编写的英语课本，然后了解当时的广播英语教材，还研究了很多进口教材，如 *Active English*、*Welcome to English*、*Dolphin*、*New Prince*、*English 900*、*Essential English* 以及 *Look, Listen and Learn*，并重点研究了 1963 年的中学英语教学大纲与课本。

编写中，每一册课本先由专人设计方案，再集体讨论，分工合作，编写过程中不断征求意见，优化方案。各册课本和教参的编写、编辑、设计、配图、送审到发排同步推进。

二、规划制订与教材统编

1978 年 1 月，教育部制订了新的中小学教学规划《全日制十年制中小学教学计划试行草案》，对"文革"期间的中小学英语教育年限进行了调整，规定小学五年、中学五年（初中三年、高中两年）。有条件的学校，外语课从小学三年级起开设，8 年内外语课每周学时小学为 4 课时，初一为 5 课时，其他年级为 4 课时；尚不具备条件的学校，外语课从初中一年级开始，5 年每周学时也是初一 5 课时，其他年级为 4 课时。

中小学通用教材英语编写组根据上述教学计划，代教育部制订了《全日制十年制中小学英语教学大纲（试行草案）》（于 1978 年颁布），并根据该教学大纲，从 1978 年开始组织编写了《全日制十年制小学课本（试用本）　英语》（共 6 册）与《全日制十年制初中课本（试用本）　英语》（共 6 册）。

图 15 - 7　第四册第 1 课内容

小学三年共 6 个学期，一学期一册课本，共 6 册。6 册课本和教参于 1980 年编完。1978 年秋开始使用的这套课本要求学生培养正确的学习态度、方法和良好的习惯；通过模仿、朗读、背诵和口头练习掌握基本语音，掌握 670 多个单词和一定数量的惯用词组，以及简易的英语语法，在能听、能说、能读的基础上练习写，养成良好的书写习惯。图 15 - 7 为该套教材第四册第 1 课的课文。

课文通过对话锻炼学生英语的表达能力，并通过复述、模仿的方式进行强化，以提高学生的口语能力。

1978 年的教学大纲实施两年后，教育部发现，中小学外语教学存在众多问题。这些问题一部分来自于历史影响。"文革"期间，外语学科没有得到重视，师资力量不足、质量不高，因而很难在中小学全面开展英语教学，当务之急是先保证开展中学的英语教学工作。1979 年 3 月，教育部印发了《加强外语教育的几点意见的通知》，要求总结 28 年来发展外语教育质量，强调加强中小学外语教育，同时指出，中小学外语课在国民教育体系中"和语文、数学等课程一样，是一门重要的基础课，应当受到充分重视"①。

但此后教育部发现，由于各地的发展不平衡，要保证统一的小学外语课质量显得十分困难，因此规定在重点小学和有条件的大中城市小学逐步开设。于是，全国各地很快取消了小学外语课。全国仅剩下了上海、广州、无锡等城市保留了小学英语课，但凡是开设英语课的小学都遇到了小学升初中没有衔接的英语教材的难题。

1984 年，教育部颁发了《全日制六年制小学教学计划草案》，于是形成了十年制和十二年制两种学制。根据小学教学计划的变动，人民教育出版社根据教学计划，修订了 1978 年《全日制十年制小学课本（试用本）　英语》第一至第六册，在此基础上编写了《小学课本　英语》（共 4 册），于 1984 年出版，供小学五

---

① 教育部. 加强外语教育的几点意见. 人民教育, 1978(11): 28 - 30.

年制或六年制学校最后两个年级使用。此后小学英语课本一直没有变动。图
15-8为1984年小学英语封面和课文内容：

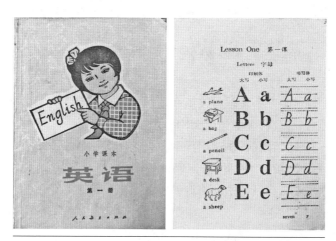

图 15-8　人教版《小学课本　英语》封面和第 1 课内容

随着国家经济建设的发展以及对外开放的需要,外语的重要性日益凸显,从
小学开始学外语再次被提上日程。1992年《九年义务教育全日制小学、初级中
学课程计划(试行)》中提出"有条件的小学可增设外语"①,随之开设外语的小
学数量迅速增加。

三、加强管理与教材"一纲多本"

为了加强教材建设工作的领导和管理,国家教育委员会②(以下简称"国家
教委")于1985年决定成立中小学教材办公室。1985年公布的《中共中央关于
教育体制改革的决定》明确规定,要改革与现代化建设不相适应的教育思想、教
育内容和教育方法。我国幅员辽阔,各地区经济与文化发展水平很不平衡,教育
水平也有很大的差距。因此,一套统编教材很难完全适应全国各地的需要。不
少地方为了解决这个矛盾,自编了一些学科的实验教材。

为了在已有教材的基础上编出适应不同地区需要的不同风格的教材,实行
教材的多样化发展,国家教委决定改革现行的编审制度,把教材的编和审分开。

---

① 教育部.九年义务教育全日制小学、初级中学课程计划(试行).课程·教材·教法,1992(10):
2-9.

② 1985年6月18日,六届人大常委会第十一次会议决定设立国家教育委员会,国家教委成立后,教
育部即撤销。1998年3月10日,新一届国务院机构改革方案经九届人大一次会议通过,国家教育委员会
更名为教育部,属国务院政府组织部门,受国务院领导。

1986 年 9 月,国家教育委员会正式成立全国中小学教材审定委员会,负责中小学教材的审查审定工作。这也是新中国成立后第一次成立的审定中小学教材的权威机构,鼓励高等院校、科研单位、专家、学者和教师参与教材编写。国家教委要求,教材的编写不能脱离我国经济、文化建设的现实水平和教育现状,要把教育的实际效果放到第一位,使大多数学生经过努力能够学得好,大多数教师经过努力能够教得了。

国家教委确定了中小学教材改革和建设的基本步骤①。根据我国教育发展的现状和师资水平,教材改革建设大体分两步走:

第一步是 1990 年以前,在对现行课程设置和教学计划及多数课程的主要内容和体系不做大变动的前提下,修订现行教学大纲;大纲审定通过后,作为这一阶段教学、考试、教学质量评估和修订教材的依据。第二步是制订新的九年义务教育的教学计划和教学大纲,以及按照新大纲组织各方面力量编写各科教材和教师教学用书,经过试用、修改,供 1990 年后使用②。

教材编审分离的制度促使小学英语教材进入了"一纲多本"的发展阶段,有些地区和城市使用自编教材,如上海、广州、厦门和北京等;有些城市和地区直接使用国外教材,如《看、听、学》(*Look, Listen & Learn*)。这些教材都具有各自的特点,满足了各个地区和学校的需要。

20 世纪 90 年代初,我国开始中外联合编制小学英语教材。人民教育出版社原通用小学英语教材已不能适应形势的需要,有必要重新编写小学英语教材,因此启动了 1949 年以来第一套中外联合编写的小学英语教材(*Primary English for China*)项目。小学英语不是必修课,国家教委没有组织编订教学大纲,因此人民教育出版社经过前期调研,于 1991 年制订了《小学英语教学与教材编写纲要》,并据此与新加坡泛太平洋出版有限公司合作编写。这种中外合作模式在我国小学英语教材建设史上起到了承上启下的重要作用,积累了新的教材编写经验,为我国 21 世纪新一轮课程改革的小学英语教材开发与编写奠定了基础。

1988 年在山东泰安召开的全国教材工作会议上,国家教委提出"在统一基本要求下的教材多样化"政策,有计划、有组织地编写中小学教材,推进课程改革。根据上述精神,上海着手制订课程标准,编写适应我国沿海开放城市及经济发达地区学校使用的教材。为了满足各地不同的需要,国家教委鼓励根据教学大纲编写不同的教材,1993 年全国试用的小学英语教材有"人教版"(在全国大

---

① 何东昌. 在全国中小学教材审定委员会成立大会上的讲话. 课程·教材·教法,1986(11):8-11.
② 我国中小学教材改革的重要步骤——全国中小学教材审定委员会成立大会侧记. 生物学通报,1987(1):3-5.

部分地区使用)、"上海版"(主要在上海市使用)、"沿海版"(主要在广东和福建部分地区使用)、"北师大版"("五·四"学制,在山东等少数地区使用)和"内地版"(在四川等少数地区使用)。这标志着"一纲多本"的开始,详见表 15-2:

表 15-2　各种版本教材

序号	书　　名	册数	编　者	出 版 机 构	出版年代
1	全日制十年制学校小学课本(试用本)　英语	6 册	中小学通用教材英语编写组	人民教育出版社	1978 年
2	小学课本　英语	4 册	人民教育出版社外语室英语组	人民教育出版社	1984 年
3	九年义务教育实验教材(沿海版)　英语	6 册	方淑珍	广东教育出版社	1990 年
4	九年制义务教育课本英语(试用本)	6 册	戴炜栋	上海教育出版社	1991 年
5	九年义务教育小学教科书(实验本)　英语	8 册	刘岩	人民教育出版社	1992 年
6	新课程探究学习教学实例丛书　小学英语	6 册	蔡淑萍	北京师范大学出版社	1995 年

改革开放到 20 世纪末,由于地区教育水平的差异,我国小学英语教材经历了从"一纲一本"到"一纲多本"的变化。"人教版"在全国大部分地区使用,"上海版"主要在上海和部分地区使用,"沿海版"主要在广东和福建地区使用,"北师大版""五·四"学制教材主要在山东少数地区使用,"内地版"主要在四川等少数地区使用。从使用的范围来说,"人教版""上海版"和"沿海版"具有一定的代表性,下面将对其进行分析。

(一)《全日制十年制学校小学课本(试用本)　英语》

《全日制十年制学校小学课本(试用本)　英语》自 1978 年开始编写,1980年完成,由人民教育出版社出版。从小学三年级起始,一共 6 册,每学年使用两册,见图 15-9。

该套教材的编写理念为[①]:第一,正确处理语言教学和思想教育的关系,肃清外语教学中的极"左"思潮,教科书选材内容健康向上,有助于培养学生的优

---

① 课程教材研究所.吴履平,魏国栋,徐岩.新中国中小学教材建设史(1949—2000)研究丛书:英语卷.北京:人民教育出版社,2010:147-153.

图 15‑9   《全日制十年制学校小学课本(试用本)   英语》封面和课文内容

良品质;第二,利用外语教学理论和实践的成果,按照外语教学规律编写教材,注重基础知识和基本技能的训练。

在这些理念的指导下,小学低年级课本首先安排"看图说话"("Look and Say")和"我们来讲英语"("Let's Speak English"),然后开始 26 个英语字母的学习。从第一册第 7 课开始,每篇课文都包括 6 个部分:句型练习、对话或课文、词汇、练习、语音、童谣和歌曲。每册书后均编有复习练习、补充的"短诗和歌曲"("Rhymes and Songs")等。第一册附有大小写字母表,学生可以按格剪下,在拼音组合单词时使用。在最后一册即第六册书后附有小学英语课本所有的单词和习惯用语,按照字母顺序排列,供学生复习用。图 15‑10 为第四册课文:

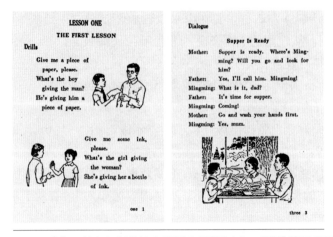

图 15‑10   《全日制十年制学校小学课本(试用本)   英语》第四册课文

从教材的编排、内容和使用情况来看,这套统编的《全日制十年制学校小学课本(试用本) 英语》独具特色:

1)重视语法句型,句型练习是课本的核心部分。课本遵循中小学英语教学大纲的原则编写,在逐项进行基本语法教学的阶段,以句型练习和其他练习为主,以课文为辅。句型的呈现由浅入深、由易到难,安排极为细致。先在第一册中给出"This (That) is a . . .""What's this (that)?""It is a . . .""Is this (that) a/your . . .?""Yes, it is. No, it isn't. This (That) isn't . . .",然后给出"He (She) is . . .""Who is he (she)?""I'm (You're) a . . .""Where is the (he/she . . .?)""It (He/She) is in/at/on/under . . .",到第二册再出现"What colour is the . . .?""I (You) have . . .""He (She) has . . ."、名词复数形式、各种人称代词以及动词 be 的数和人称变化、不可数名词、动词 have 的数和人称变化、"there be"结构及行为动词的祈使句。行为动词出现后才开始介绍动词的各种时态。各课句型练习以旧带新,即用旧单词套新句型、用旧句型介绍新单词的方法,新旧搭配,使句型和词汇得到重复,旨在通过反复操练,使学生熟练运用所学句型。如第二册第 3 课就是用已学过的 book、bag、map 带出新句型"Where is . . .?",又用旧句型"It is . . ."带出 on the desk/wall/chair 新词组。图 15-11 为第一册课文:

图 15-11 《全日制十年制学校小学课本(试用本) 英语》第一册课文内容

2)重视语音和拼法训练。教学大纲提出:"小学阶段,侧重听说,使学生通过模仿和口头练习掌握基本语音。"小学英语课本从第一册开始就强调学习语音主要依靠模仿,通过听录音或教师带读来学习单词、句子和课文,练习音素、单词重音、句子重音、连读、不完全爆破、节奏和语调等。强调拼读规则的目的是让学生摆脱按字母顺序死记硬背拼法的坏习惯。否则,数百个英语单词的拼法会成为学生的沉重负担,使他们对英语望而生畏,失去学习兴趣。

3) 对话或课文反映学生生活。对话或课文主要以学生日常生活中常见的事物为题材,如学习、课外活动、借东西、买东西、找东西等,到了第三册以后逐渐增加小故事、寓言、短剧等小学生喜爱的内容,如"The Cock and the Fox""The Cat and the Owl"。对话或课文给学生提供了实际运用语言的情景、巩固已学的词汇和句型,同时包含少量将在后面新课中出现的语言要点。教师可围绕对话或课文在课上进行各种单项技能训练,如朗读、复述、背诵、表演、问答、练习语法句型、拼写单词、抄写、默写和听写、句型转换、填空和少量的汉译英练习、看图说话、回答问题和造句等。

4) 练习形式多样,力求激发学生的兴趣。每课练习部分包括语音、拼法、语法和书法等内容。每册中有复习练习,书末有总复习练习。练习方式力求激发学生的兴趣。例如,拼法练习有听音填字母、字谜、看图填词、拼词游戏等;语法练习有句型替换、填空和少量的汉译英练习、看图说话、回答问题和造句等。每个复习练习中有一段短文或对话,要求学生读懂。第一、二册每课有抄写练习,附有手写印刷体的书法示范。手写体不要求连笔,在书写较长的句子时,提醒学生注意字母和单词的间距。为保证能经常做听写练习,教学参考书为大多数课后练习提供了听写的材料。

每册课本里都附有若干首童谣和歌曲,用以配合课内教学或课外活动用。教学参考书对如何使用这些材料做了说明,并在附录部分补充了一些诗歌,供教师参考。

从1978年秋季起,该教材在全国各地小学三年级开始使用,到1986年六年级为止,共用了6轮。据1979年秋统计,在29个省(市、区)第一、三册的用书量逾1,353万册。教材生动有趣,较为适合小学生的特点。教材编排体系较为科学,系统性强,符合循序渐进、由浅入深的原则,便于教学,学生学习的效果较好。教材较为重视口语训练,体现听说领先的原则,侧重听说,又不忽视读写,二者兼顾。教材中句型教学比较机械。不过,在当时的时代背景下,强调情景教学也是难以做到。教材的信息量大,教师水平难以适应,加上课时不够,有些对话和课文教不完。缺少教学辅助材料,如电化教学材料(幻灯片、唱片、电影、电视等),因此广大师生希望有字母卡片、挂图、抄写本等。

中小学通用教材英语编写组在听取一线教师们的意见后,请上海电教馆制作了幻灯片、唱片。后又遵照《全日制六年制小学教学计划草案》,减少课时,利用1978年版的前3册加上第四册前2课,改编成4册,1984年提供给全国坚持开设英语课的小学使用。

(二)《九年义务教育实验教材(沿海版) 英语》

我国沿海经济发达地区英语课程的开设有较悠久的历史①。自 20 世纪 60 年代末以来,这些地区的部分城市从小学到初中英语课的开设一直没有中断。沿海地区在外语教材的编写、师资队伍的建设、教学资源的开发、教学质量的管理等方面,积累了较丰富的经验,并形成了良好的英语学习氛围。鉴于此,这些地区的部分教育管理部门明确提出,要加快发展中小学的英语教育和信息技术教育,使之成为该地区的教育强项,为我国未来的发展以及培养公民的科学文化素质奠定基础。因此,沿海地区需要在新的形势下,编写一套具有该地区特点的英语教材,以适应该地区社会和经济发展的需要。《九年义务教育实验教材(沿海版) 英语》教材(以下简称"沿海版英语教材")应运而生。

该套教材遵照"教育必须面向现代化、面向世界、面向未来"的要求,力求反映先进的教育理念,注重人才素质的培养,以适应沿海地区经济发展对外语人才的需求。

1. 教材的设计与编写

"沿海版"英语教材根据沿海地区开设英语课程的状况,把教材分为甲乙两个版本,甲种本从小学五年级开设(后改为三年级),每周 3 节课,衔接到初中,每周 4 节课;乙种本从初中一年级开设,共 6 册,每周 4 节课。甲种本经广东省教育厅教材审查委员会审查通过,乙种本经国家教委中小学教材审定委员会审查通过。该教材全部由广东教育出版社出版。初级中学英语教材(甲种本)于 1991 年编写,1992 年 7 月正式出版。

两种版本的编写思路是根据沿海地区的英语教学基础和开设的情况而决定的。因为沿海地区的不少城市早在 20 世纪 60 年代已经在小学开设了英语课,且从未间断,但也有相当多的地区只能在初中开设英语,因此仅一个初中版本不符合沿海地区的实际需求。

"沿海版"教材编写委员会由教育专家王屏山任编写委员会主任。"沿海版"英语教材编写采用主编负责制。参加编写的人员有沿海地区的英语教授、专家、教研员和教师骨干。教材主编由方淑珍担任,副主编为鲁宗干、关庆宁、唐锡玲。方淑珍去世后由鲁宗干主持完成全套教材的编写。英语编写小组有大学教授、专家 3 人,教研员 3 人,教师 3 人。教材编写后由沿海版教材编写委员会进行审查。审查分两个阶段:第一阶段是出版前的审查,第二阶段是使用后的

① 课程教材研究所.吴履平,魏国栋,徐岩.新中国中小学教材建设史(1949—2000)研究丛书:英语卷.北京:人民教育出版社,2010:213-218.

审查。编写小组在听取了审查小组的意见后做出修改。审查小组有沿海地区的专家和教师代表,还吸纳了我国香港地区的专业人士参与。

2. 教材内容与特色

该套教材衔接"沿海版"九年义务教育试验教材小学英语教材(甲种本),共6册。第一册至第五册中每册都有6个单元(除第一册为8个单元),每个单元有4课,前两课为课文,课文后有课文理解练习、课文知识、语音的练习;第3课为体现语言结构的小对话,以替换练习形式出现,帮助学生巩固和拓展词汇,还有课内活动的材料;第4课是综合学习材料,增加学生的阅读量。每单元后附有语法总结和课外活动材料,含词汇学习和歌曲等。

第六册有5个单元,每个单元有3课,第1课为课文、课文理解练习、课文知识、语音的练习材料;第2课设计了体现语言结构的小对话,以替换练习形式出现,帮助学生巩固和拓展词汇,另有课内活动的材料;第3课是综合学习材料,增加学生的阅读量。每单元后附有语法总结和课外活动材料,含词汇学习和歌曲等。各册教材后附有练习册(Workbook)。

"沿海版"英语教材针对20世纪50至70年代的一些英语教学问题,开辟了新的编写思路。在综合考虑了语法翻译法、结构主义教学方法所带来的教学弊端后,教材采用了功能意念法和情景法,并吸收了其他的一些方法,走出我国沿海地区英语教学方法的独特路子。

以往的教材多重视读写,忽视听说,"沿海版"小学英语教材提出听、说、读、写全面发展,阶段侧重,即低段侧重听说,逐渐发展提高读写的要求。这也是对教师传统教学理念的一大挑战。教师一般都习惯于采用语法翻译法和结构法,教学上过分注重语言知识的讲授,忽视学生能力的培养,教学方法比较呆板,学生对学习英语兴趣不高,教学质量低下。若这种问题不解决,英语教学不可能得到良好的发展。"沿海版"英语教材希望通过对听说能力的强化来改变教师的教学观念。

沿海地区对外交流比较频繁,不同于其他地区,教科书编写委员会希望能够通过教材编写,提高沿海地区学生的英语水平,满足当地社会经济发展的需要。根据以上的思路进行编写的"沿海版"英语教材具有如下特色:

首先,重视学生的综合语言实践能力的培养。教材编写委员会认为:中小学的英语课不是理论课,也不是单纯的知识课,而是一门语言课,其目的是培养学生的综合语言实践能力(包括英语的理解能力和表达能力)。因此,我国的中小学外语教育应更加重视学生的语言实践,让学生在语言实践中感受语言、应用语言。其次,融合功能意念法和情景法,形成适合沿海地区的英语教学法。教材编写组认为:教材是与一定的教学方法密切联系的;反过来,教学方法也在一定程度上决定教材的内容与形式。"沿海版"中学英语编写组分析了当时国内外流行的各种外语教学流派和教学方法,认为应该取各派所长,把功能意念法和情景法融合起来,并吸收结构法等教学法的优点,建立一种适合我国沿海开放地区中小学教学方法的体系。再者,三条线索平行发展的教材编写模式。"沿海版"中小学英语教材在内容与形式方面都对当时传统的英语教材有较大的突破。它打破了"语法为纲"的编排形式和"结构主义"的编写方法,按照循序渐进并由浅入深的编写原则①进行教材编写。要求教师在使用"沿海版"教材的过程中,先让学生在情景中学习和体验语言;当学生有了一定的语言实践后,教师利用这个基础,让学生归纳语言的一些规律,然后引导学生进行英语的运用。在"语言习得"与"语言学得"理论的争议中,教材编写者更主张体现"语言习得"理论和"语言学得"理论合理结合的编写路子。

除以上特色外,教材内容还具有一定的灵活性,让不同类型的地区和各种层次的学生都能学好英语。甲种本中小学词汇量为1,200,乙种本为800。本教材除教科书外,还配有学生活动手册、教师教学用书、录音磁带、教学挂图、学生学习卡片等,教材力求为教师的"教"和学生的"学"提供方便。

"沿海版"英语教材通过审定后在广东、福建、海南等部分地区使用。在2002年教育部颁布了新的国家英语课程标准后,这一教材又进行了修改,并通过全国中小学教材审定委员会的审查,继续在广东省部分地区使用,直到2005年才停止使用。

(三)《九年制义务教育课本　英语》

上海市从1988年开始启动了中小学课程改革,成立了上海市中小学课程改革委员会,开始了中小学课程教材的跨世纪工程。"上海版"《九年制义务教育课本　英语》小学教材是根据上海中小学课程改革委员会制订的《九年制义务教育英语学科课程标准(草案)》编写的,供我国沿海开放城市及发达地区九年义务教育阶段使用的教材②。该教材由上海外国语大学、上海市教育委员会教学研究室组织编写,并分别经上海中小学教材编审委员会及国家教委学科审查委员会审定。由时任上海外国语大学校长的戴炜栋担任主编,参加编写的人员有:董维德、丁国良、周铁梅、钱虹。全套教材共6册。其中,第一、二册供五年制三年级学生(即英语起始班)使用,每周2课时,全学年72课时;第三至六册供四、五年级使用,每周3课时,全学年108课时。图15-12为该套教材四年级第二学期课本封面和目录。

---

① 关于由浅入深的原则,详见第三章第五节中"广东沿海版教材"。
② 课程教材研究所.吴履平,魏国栋,徐岩.新中国中小学教材建设史(1949—2000)研究丛书:英语卷.北京:人民教育出版社,2010:197-202.

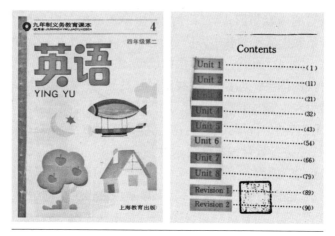

图 15－12 《九年制义务教育课本　英语》封面与目录

1. 教材的编写理念

该套教材根据上海市中小学英语课程标准编写。课程标准提出，"小学三至五年级阶段是英语学习的准备阶段。通过生动活泼的课堂教学活动，激发学生学习英语的兴趣，培养良好的学习习惯。学生通过有声课本进行听说训练，以后过渡到'听、说、看'英语，然后再进行最基本的字母、单词认读和拼写等训练，打好语音、语调和书写的基础"，并提出"部分教学内容不要求一步到位。句型和对话应通过以旧带新，通过听说等手段帮助学生理解掌握，不要让他们死记硬背语法项目"。

因此，起始年级的第一册课本不出现文字，甚至连字母都没有，学生主要通过看图、听录音，进行听说训练。配合第一册课本中的会话有语境彩图，另外有一盒录有会话和歌曲的录音带，并配有文字本。从第二册开始学字母，但仅要求认读小写字母，掌握小写字母读音，并能从单词中认出它们。第三册开始学习简单的"to be""to have"的句型，但仍以功能训练为主，从听说逐步过渡到读写。

教材的编写要求遵循语言教学规律的原则，寓思想教育于语言教学之中；遵循听说领先，读写跟上的原则，吸取结构法、功能法、结构—功能法和交际法等教学法体系的长处，努力创造语言环境，培养学生语言交际的能力；遵照循序渐进的原则，选择难易适度、短小精悍、内容生动、有时代感、题材与体裁多样的素材。

2. 教材的内容与特色

教材采用了二级结构，即每册教材分为若干单元（unit），而每个单元又分为a、b、c、d、e 5 个小节。第一册教材按照语言功能选取了 Greetings（问候）、

Introductions(介绍)等话题(topic),先是通过一段完整的对话(4—5个回合)或叙述引出单元的主题,然后在 a、b、c、d、e 每小节中又有几组意思完整的小对话。这些小对话很简单,一般学生都能在一节课内学会。通过 a、b、c、d、e 5个小节的学习,最后把这些小对话连起来,学生就能基本掌握这一单元的全部内容,这样也就学会了一段较长的对话。第二至五册课本的编排形式如下:

a. Look and Say(看图说话):主要是单词和字母的教学。在 6 册教材中要求学生能认读 300 个左右的单词,了解词义,并能拼读其中的 100 个单词。b. Listen and Speak(听和说):为学生提供了一些基本句型的学习材料,在小学阶段要求能模仿运用"to be""to have""to do"和"there be"等最常用句型;了解动词一般现在时和现在进行时。c. Dialogue(情景对话):在这一部分中,教材只提供情景图片而文字是在录音中出现的。要求学生掌握日常会话 200 句,听懂课堂用语 200 句。d. Activity(活动):包括听、说、读、写的各种活动内容。e. Song 或 Rhyme(歌曲或诗歌)。

在第六册教材中 c 部分的内容是 Quick Response(快速应答),按语言功能为学生提供了应答的话语,要求学生通过反复操练,能根据实际情况,不假思索地脱口而出,养成快速应答的习惯。

《九年制义务教育课本　英语》因编写理念先进、内容贴近生活,在教学实践中取得较好的效果,其主要特色体现在以下几个方面:

1)强调听说领先。这套教材把口语教学视为小学启蒙阶段的重要任务,在起始年级设立了一个不出现文字的口语训练阶段。由于没有记忆文字的负担,学生在学英语时可以把全部的注意力都集中在语音语调的模仿上。教材的录音是由英语国家的同龄学生和教师录制的,纯正的发音、自然的语调为学生模仿地道的英语创造了条件,为养成良好的听说习惯打下基础。同时,教材还突出语言的交际功能,以培养听说实际应用的能力为教学的主要目的。教材以中外学生同校学习、生活为主线,设计了大量贴近学生生活的听、说、读、写的语言情景。情景会话贯穿全书,语境自然、真实,语言简练。语言材料取自儿童生活中看得见、听得到、摸得着、理解得了的事物和用得上的、最简单的常用表达方式,如问候、介绍等,使学生有更多的机会用外语互相交流,开展语言交际活动,获得初步运用英语交际的能力。

2)采用独特的编排结构,增加语言的信息量。改变传统的以课(lesson)为基本单位的做法,本套教材采用了以单元(unit)为单位的编排形式。尤其是第一册,采用长短对话相结合,先出现单元的总图,让学生听录音感受本单元的教学内容,此时教师并不教授总图的内容,而是通过 a、b、c、d 各小节的学习,学生就自然而然地学会了本单元的全部内容。这样的课文结构突出了教学重点,分散了教学难

图 15－13　《九年制义务教育课本　英语》部分课文内容

点,使每节课都有一个侧重点。在教学重点的基础上由浅入深、点面结合、以低引高、逐步扩展,把难点化解于各课的会话教学之中,使教师的"教"和学生的"学"都能"顺理成章",这样更能激发学生的学习兴趣,从而取得良好的学习效果。

3)以活动代替传统的练习,让学生在学中用、用中学。在传统教材中,每篇课文结束后总有一些书面或口头练习,目的是巩固和复习已学的知识。在本教材中,每个单元后面出现的并不是传统的练习题,而是耳目一新的教学活动。本教材的一个重要编写原则就是要求师生在活动中教英语、学英语、用英语,让学生参与活动。教材为学生提供了语言素材和极好的实践机会,活动内容涵盖听、说、读、写4种技能,有为图上色、猜物、单词拼读、填字、看图、听录音、回答问题等,在设计上突出了趣味性,形式多样、内容丰富,鼓励学生在活动的过程中开口说话、表达思想,详见图 15－14:

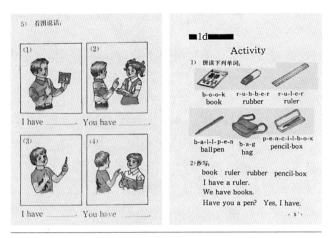

图 15－14　教材第四册第一单元的课后活动内容

4）提倡 2L2S 的教学手段，激发学生的学习兴趣。本套教材改变了以往教材"一言堂"和"满堂灌"的教学模式，强调以学生为中心，采用启发式的教学方式，激发学生兴趣，调动其学习积极性。教学内容贴近学生的生活实际，易于接受，便于学以致用。内容安排由浅入深、由易到难、由已知到未知，循序渐进。整套教材提倡采用 2L2S 的教学手段，即看（Look）、听（Listen）、说（Speak）和唱（Sing）。教学步骤一般建议先通过看图、听录音来了解图意，让学生知道对话的语境，然后通过模仿录音或跟教师学，教师纠正发音。在学生掌握了新学的语言后，再通过表演、游戏、竞赛等形式在情境中说、唱、玩，达到初步运用语言的目的。

5）改变传统的评价模式，提倡以考查为主的评价方式。为减轻学生的负担，改变过于重视书面语的传统的教学倾向，本套教材在评价方式上进行了重大改革。上海市《九年制义务教育英语学科课程标准（草案）》规定："考查有日常性、阶段性和总结性 3 种，以日常考查为主，重点放在听说和书写上，成绩评定分优、良、及格、不及格 4 个等级，每学年评定一次。五年级末进行一次总结性的考查。"小学三至五年级英语课不实行考试，只有考查。考查形式也不再是单一的笔试，还包括口试和听力测试。教师通过考查，进一步激励学生奋发向上的学习热情，并在五年级末对学生的学习态度、学习方法等情感因素采用定性方法做一次定性评价。

3. 教材的使用与修订

《九年制义务教育课本　英语》于 1991 年秋季开始在上海市虹口区各小学逐册进行试点，1993 年开始在上海市区小学推广使用，之后又推广至上海市郊区，直至 2002 年牛津英语上海版教材的出版。该套教材重视语言功能，突出交际，强调语音训练，适合中国儿童学习语言的特点。另外，该套教材具有结构新颖,语言规范,内容生动活泼,练习形式多样,贯彻听说为主等特点,使教学能将思想性、实践性和趣味性融为一体。

随着课程标准的修订,教材编写组也不断对教材进行修改或微调。该套教材此后又逐步推广至山西、河南、江西等省的部分市(县)使用。在教材的编写和修订中,从教学内容到教学方法、从编写形式到编排体例各方面,编写组努力贯彻德、智、体全面发展的方针,既重视教材的科学性、系统性、趣味性、语言的交际性和地道性,又兼顾思想性,培养学生爱祖国、爱集体、爱劳动、懂礼貌、讲团结和乐于助人等良好品德。在语言教学中恰当地处理了智育与德育、教与学、知识与能力的关系。教材尽量利用多媒体的教学手段,进行系列配套,以适应不同地区的需要,体现了改革精神和面向现代化、面向世界、面向未来的战略思想。

为了便于教学,该教材还推出一系列的配套资料:教学参考书、英语习字本、录音材料、教学投影片、教学挂图、教学录像(立体教材)等。

(四)《九年义务教育小学教科书(实验本)　英语》

随着我国改革开放形势的迅速发展,外语在课程设置中的功能和作用发生了较大的变化①。当时,全国已有 23 个省、市、自治区在小学开设英语,小学学习英语的人数已逾百万。由于各地对小学英语教学的要求不尽一致,考试也各异,原来的小学英语教材已不能适应形势的需要,因此人民教育出版社决定重新编写一套小学英语教材。教材编写工作于 1991 年 8 月开始,至 1995 年完成了全套教材的主体工程和大部分辅助配套系列,见图 15 – 15:

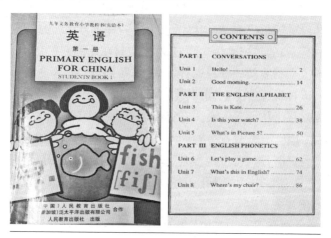

图 15 – 15　《九年义务教育小学教科书(实验本)　英语》(第一册)封面与目录

① 课程教材研究所. 吴履平,魏国栋,徐岩. 新中国中小学教材建设史(1949—2000)研究丛书:英语卷.北京:人民教育出版社,2010:270 – 281.

1. 对外合作教材编写的规划与策划

1990 年年初,人民教育出版社正式启动了与新加坡泛太平洋出版有限公司合作编写供中国九年制义务教育使用的小学英语教材的工程。双方合作编写的教材名称为《九年义务教育小学教科书(实验本)　英语》,其英文名为 *Primary English for China*(以下简称 PEFC)。为了高效率地开展此项工程,时任副总编辑的刘道义直接负责并参与了前期的策划和后期的教材终审工作。教材的主编由刘岩担任,主要编者有刘岩、郝建平、吴悦心、张献臣等。中外双方合作的机制是:中方根据教育部有关文件的基本精神和指导原则,进行小学开设英语课程基本情况的调研,在此基础上制订教材的编写纲要,并由主编组织中方编者实施教材的编写工作;外方提供参考资料,并聘请 Heather Jones 和 Stephanie Heald 参加审稿工作。另外,外方还邀请中方编者到新加坡的小学参观考察,并且与外方顾问和高级编辑共同工作。这为中方编者学习国外教材编写经验、提高自身编写能力提供了很好的机会。

为了编写一流教材,主编刘岩精心选聘和借调了具有丰富教学经验的中小学英语教师和教研员组成由外聘专业人员和人民教育出版社英语室编写人员相结合的教材编写组。这支队伍具备了"大中小学教师结合""老、中、青结合""专家、教师、教研员、编辑结合"的特点。学生用书聘请了中外教材专家作为顾问,包括 Heather Jones、张志公、王碧霖和王维庸。主编为刘岩,编写人员包括刘岩、吴悦心、郝建平、张献臣、王涛、孙毅兵、高莲茹、徐晔、丁晓伦、霍红斌和余德和。此外,Mary Goriley、Stephanie Heald 和方晶等参加了本套教材学生用书的审阅。

该套教材编写前进行了大量的前期调查工作,以满足改革开放时期的新要求,编写一套基于新教学理念的小学英语教材。1990 年夏,刘岩拟写了调查提纲,就小学英语的开设年限、课时以及对新教材编写的"希望"与"建议"等 20 个调查题目在全国范围内进行了问卷调查。这项调查涉及全国 23 个省、市、自治区的中小学英语教研员和教师以及基础教育领域的专家。同年 10 月,全国各地的教研员、教师和有关专家齐聚天津,参加中国教育学会外语教学研究会首届小学英语教学、教研工作研讨会。其间,100 多名代表就小学英语课程设置和课时、小学英语教材编写基本思路以及教学方法进行了探讨。此后,教材编者又相继在上海、无锡、广州、天津、北京和香港等地的小学听课、座谈、征求意见。

小学英语教材编写的另一项重要前期工作是制订《小学英语教学与教材编

写纲要》(以下简称《纲要》)。教材编者在全国调查研究的基础上,参照1978年教育部制订的《全日制十年制中小学英语教学大纲(试行草案)》、1988年国家教委颁发的《九年义务教育全日制初级中学英语教学大纲(初审稿)》的主要内容,同时参考了各地小学英语的教学大纲,编写了《小学英语教学与教材编写纲要(征求意见稿)》,之后再次向各地征求意见,并在京、津两地召开了两次专题座谈会,邀请小学英语教研员、教师及有关专家共40人对纲要逐段逐条进行研讨,重点论证在小学阶段是否需要开展语音教学等问题。经过充分研究与讨论后形成的《纲要》初稿由全国著名语言学专家、PEFC顾问张志公审阅,《纲要》于1991年5月定稿。

《纲要》明确了小学英语教学的目的是"激发学生学习英语的兴趣和培养能力,使学生敢于大胆开口,并获得一些英语的感性知识,打下较好的语音基础,养成良好的学习习惯,为进一步学习英语奠定初步的基础"。《纲要》规定了小学英语课程的基本目标是通过听听、说说、唱唱、读读、写写和游戏等手段,学会26个字母,认读48个音标符号,学会200个左右常用词,听懂教师用学过的简单英语讲述的浅易片段或短小故事,能用学过的日常生活内容进行简单的问答与表述。

2. 合作教材的编写思路与理念

经过前期的调研和研讨,PEFC教材编写组逐渐确定了教材编写的基本思路和指导理念,概括为以下几点:

1) 遵循英语教学规律,寓思想教育于语言教学之中。该套教材明确提出,英语教学的任务是通过基本训练的途径培养学生运用语言的能力,提倡按照英语教学规律进行教学,要求教学内容渗透思想道德因素,寓思想教育于语言教学之中。

2) 贯彻"结构—功能"的整体教学思路。PEFC教材吸收当时国外语言教学的研究成果,结合国内的实际教学情况,采用"结构—功能"的教学思路。这一教学思路的基本要点是:以日常生活的交际功能为主线,以基本语句结构为基础,运用多样化的课堂活动,使学生掌握最基本的语言技能。

3) 突出学习兴趣的培养,保护和发展求知欲。PEFC教材十分重视学习兴趣的培养,教材编者认为,激发学生对英语学习的兴趣是小学阶段英语教学的一项重要任务。教师应当根据儿童好动、善模仿、爱说、爱唱、爱表演的特点进行教学。教学内容应生动、有趣,形式活泼多样,方法灵活、简便,尽量利用实物、直观教具和电化教学手段创造情景和语境。

4) 加强基本训练,主要打好语音、语调和书写的基础。教材编者认为,小学阶段的英语教学重点是打好语音、语调和书写的基础,要加强基本训练,并培养学生良好的学习习惯。训练过程中,要多做语言形式与学生的生活实际相联系的练习,使语言技能发展成运用语言的能力。

5)创造温馨和谐的课堂教学气氛,充分调动学生的积极性。教材编者认为,教材的内容选择与活动设计应当有利于创造温馨、和谐的课堂教学气氛,促进师生互动。教材所提供的课堂活动应当充分考虑小学生活泼好动等生理和心理特点,以激发他们的学习兴趣。

3. 教材的内容与特色

PEFC 教材共分 4 册,每学期一册,供五年制小学的四、五年级,以及六年制小学的五、六年级使用。每册教材均由学生用书、课堂练习(包括抄写练习)和教师教学用书 3 部分组成,另配有辅助的系列材料,如录音带、字母与音标卡片(教师用和学生用各一套)、字母教学图片、"四会"单词图片、教学挂图、投影片、录像带,20 世纪 90 年代后期又引入了 VCD 光盘。

PEFC 的学生用书以单元为基础,一个单元由 6 课构成,2 个合页构成一课。每册课本包括 6—8 个单元。4 册书共有 28 个单元 168 课,供 4 个学期教学。为了便于教学,节省教师的备课时间,学生用书采用了一课书一节课的"教案式"(Lesson Plan)编排方式。每课书基本由 3 部分组成:1)学说(Learn to say);2)一起操练(Let's practise),或是听听、说说、写写(Listen, say and write),或听听、模仿和读读(Listen, imitate and read);3)娱乐活动(Let's play)或娱乐时间(Fun time)。图 15－16 为第三册课文:

图 15－16　《九年义务教育小学教科书(实验本)　英语》第三册课文

PEFC 的课堂练习(Workbook)与各册学生用书同步设计编排。练习形式多样,设计编排图文并茂,生动活泼,符合儿童特点。每册每课基本两页,其中一页练习、一页抄写。练习部分一般有"听听说说""听听读读"和"听听做做"等形式。抄写部分有抄写字母,四会掌握的单词、短语和句子等。练习范围不超出学生用书内容的要求。

综观 1949 年以来我国小学英语教材建设的历程,PEFC 教材起到了承上启下、创新、发展的重要作用,突出表现在以下方面:

1)采用"交际语言教学"思路。"交际语言教学"(Communicative Language Teaching)在 20 世纪 80 年代中期开始影响我国的英语教学,PEFC 主要采用了这一教学思路。这是新中国成立以来第一套以"交际功能"为教学思路的小学英语教材,在我国小学英语教材建设史上是一项重大的改革。

2)突出儿童生活中最常用的内容。以往的小学教材通常以基本的语言知识学习为主线。PEFC 教材则把日常生活的最基本内容和语言的最基本知识结合起来,使小学英语教材贴近实际生活,为语言在实际生活中的应用奠定了基础。

3)突出强调语音基础,把语音教学作为小学启蒙阶段的重要任务。全套教材 1—4 册,将认读音标、拼音训练、开闭音节练习、主要拼读规则归纳及单词、句子重音与语调等练习做了系统的编排,通过多种形式帮助学生练好发音,并训练拼读单词。强调让学生仔细静听、辨清发音、注意观察、认真模仿、积极练习、实际运用,并让学生学会查字典,培养自学能力。

4)体现多样化活动的"快乐体验"模式。PEFC 教材在活动设计上依照《纲要》的教学原则进行了整体定位。教材的每项活动都十分重视激发儿童的行动欲望、表演欲望,力图让他们在快乐的活动体验中学习英语,在歌曲、歌谣、小诗、绕口令、游戏、猜谜等多样化的活动中保持浓厚的学习兴趣。

5)创建知识系统编排与新旧知识有序滚动的教材体系。PEFC 的编写工作从一开始就面临着"双主线"编排的挑战。以往的小学英语教材采用的是语言知识"单主线"的编排体例,语言知识安排上新旧内容联动,学起来比较容易;PEFC 则同步处理知识主线和功能主线,并出色地完成了这一编排体系。时至今日,很多教师仍然称赞 PEFC 的这一特点。事实上,这一成功的编排体系在 21 世纪新一轮课改教材中得到了有效的传承。

6)创新教材的版式与装帧设计。PEFC 在我国小学英语教材建设史上第一次尝试了版式与装帧设计的重要变革,其在教材版式与装帧设计上的创新表现在:彩色教科书;双色课堂练习册;教案式编排;简单明确的导语;图文的合理配

合;卡通绘画技术的引人入胜;主体形象的塑造;教学符号的使用;故事与生活情
景的生动展示;等等。这些创新对 21 世纪新一轮课程改革的小学英语教材建设
也产生了积极的影响。

4. PEFC 教材试验情况及研究成果

PEFC 教材从 1991 年开始编写,到 1995 年完成。当时,小学英语在学校
课程体系中不是必修课,国家教委也没有规定课时,教材处于各地区和学校自
由选用的状况。PEFC 教材在试用过程中逐步成为全国各地的主流教材,截至
2000 年,全国近 30 个省中 100 多个市和地区选用 PEFC,使用人数超过 400
万人。为教材配套的录像带曾获国家音像制品二等奖,在教学中深受师生
好评。

该套教材的外国专家、PEFC 顾问 Heather Jones 说,以往的教材、教法"培养
的只是少数的尖子生",而这套教材"调动了所有学生的积极性,能激发所有学
生的兴趣"。英国教师 Mary Goriley 在审阅教材稿本后,把她的看法录在磁带上
寄来。她说:"我认为这套教材会非常成功,因为这是我看到的所有小学英语教
材中最有趣的①。"

PEFC 教材编写组在研制、编写、试验和使用的十年历程中,对我国小学英
语教材改革一些重大问题进行了探讨。相关的研究与探讨可以概括为以下几个
方面:

1) 关于在小学是否有必要开设外语的问题。PEFC 教材在一线实际使用的
调查研究表明:只要有适宜的师资,在小学开设外语是适宜的。小学的外语学
习可以促进儿童的智能发展,发掘儿童语言实际运用的潜能,为儿童在一生中学
习外语奠定良好基础。

2) 关于在小学开设外语的启动时间问题。使用 PEFC 教材的学校通常是
在小学四年级开始使用第一册。但是,全国各地均有试验学校在一、二、三年级
使用 PEFC 的第一、二册。试验表明,在更早的阶段启动英语课程的实际效果很
好,尤其在教学条件好的试验学校中,效果更好。

3) 关于小学英语教学的基本路径。PEFC 教材把培育和保持学生学习兴趣
放在重要的位置上,编写组的调查研究信息表明:快乐学习、轻松活动是小学英
语教学的基本途径。PEFC 教材以其"重交际情景,重活动体验,重说唱表演"的
基本教学策略对我国小学英语教学做了新的定位,而这种新的定位在 2000 年以

---

① 课程教材研究所. 新中国中小学教材建设史 1949—2000 研究丛书(英语卷). 北京:人民教育出版
社,2010:280.

后的小学英语教材改革中起到了先导的作用。

4）关于"四项语言技能"（听、说、读、写）的协调发展问题。PEFC教材在听、说、读、写4项基本技能的协调发展方面做了比较合理的安排。这套教材在起始阶段把重点放在听说上，在后续的内容安排中，逐步展开读写活动，不仅有效地控制了语言难度，而且较好地把握了听说与读写的均衡发展。

5）关于语音和音标问题。PEFC教材在编写和试验的各个阶段中论证了小学阶段打好语音基础的重要性，提出了早学语音的4个理由：符合语言的形成与语言的发展规律；符合儿童的心理、生理与年龄特点；有利于儿童机械记忆能力的培养；符合中国儿童学习语言的特点。同时论证了小学英语引入了先学音标的实际意义。这套教材的成功之处还在于教会学生发音和拼读。

6）关于语言知识在小学英语教学中的位置问题。PEFC教材比较合理地解决了语言知识和语言能力的关系，该教材将掌握词汇的总量限制在200个以内，将掌握的句式控制在100个以内，这种编排为发展儿童的英语运用能力提供了比较充裕的时间和空间。从当今课程改革小学英语教材建设的情况看，这样的编排布局对于继续调整和发展我国小学英语教材建设仍然具有重要的参考价值。

改革开放至20世纪末的小学英语教材，反映了教学大纲的要求。在1978年至1990年的中小学英语教学大纲中，1978年和1980年的大纲强调语言知识的教学；1986年和1990年教学的大纲强调听、说、读、写4项技能，同时增加了测试方法。教学大纲体现了英语教学理念的转变，从重视知识转而重视能力，将英语教学看作语音、词汇和语法等基础知识和听、说、读、写等基本技能综合发展的综合整体。

有研究者以统编教材为例，认为这一时期的小学英语教材受20世纪中期的结构主义语言教学理论的影响较大，这一时期的教材具有以下一些特点：1）重视英语基础知识的传授和学生运用英语基本技能的训练；2）重视语音和口语训练；3）采取句型操练和语法知识归纳相结合的方法；4）强调模仿、记忆；5）注意我国学生学习英语的特点，并注意英汉语之间的比较；6）图文并重，利于进行直观教学。①

从以上特点可以看出，小学英语教材从指导思想到编排体系方面均突破了传统的语法翻译法的限制，接受了结构主义的新观点，带有结构法的特点。

---

① 李祖祥，王守林，徐巧娣.新中国小学英语教科书的发展.上海教育科研，2014(12)：38-41+9.

　　总的来说,从 1993 年到 2000 年,小学英语教科书色彩鲜艳,版面大方,图文精美,文字生动,并且配有与课文内容相关的精美插图,有利于吸引小学生的注意力,激发他们的学习兴趣。虽然这些教材的难度、体系等有所不同,但都采取了结构与功能相结合的编写理念,课本内容结合实际,在教学内容中注重思想情感教育,有益于提高民族的道德和文化素质;按语言教学规律循序渐进安排教学内容,加强听、说、读、写的全面训练,培养学生的英语交际能力,打破了过去"哑巴"英语的局面;内容的安排契合青少年的生活实际,适合他们的心理和生理发展的规律,由浅入深,由易到难。

　　经过国家改革与整顿,我国的小学英语教材回到了正确发展的轨道,为新世纪外语学科的繁荣发展奠定了坚实的基础。

第四节　繁荣发展阶段(2000—2020)

　　进入 21 世纪,我国的外语教学和外语教材迎来了繁荣发展阶段。其主要历史背景是:随着科学技术的快速发展,社会进入知识经济时代,国家之间合作日益加强,竞争日趋激烈。全球化进程不断深入,我国对外开放与国际交往也在不断扩大,以英语为主的外语教学凸显出重要性。为了迎接 21 世纪的挑战,教育部于 1999 年 1 月启动了新一轮基础教育课程改革,并在同年 6 月发布《中共中央国务院关于深化教育改革,全面推进素质教育的决定》,提出要改变我国相对滞后的教育观念、教育体制、教育结构、人才培养模式、教育内容和教学方法,调整和改革课程体系、结构、内容,建立新的基础教育课程体系,加强教材多样化建设,进一步完善国家对基础教育阶段的教材评审制度,为英语教材的繁荣发展奠定基础。

一、教学规划

　　要使英语教材有大的发展,须有一个全面的国家规划。新世纪伊始,教育部即组织人员编制新的义务教育阶段英语等课程大纲,于 2001 年 1 月颁布《关于积极推进小学开设英语课程的指导意见》[①],并随文件附发了《小学英语课程教学基本要求(试行)》。该文件指出:从 2001 年秋季开始在全国城市和县城小学逐步开设英语课程;从 2002 年秋季开始,在乡镇小学逐步开设英语课程;小学开

---

① 中华人民共和国国务院公报,2001(35):34-36.

设英语课程的起始年级一般为三年级。该文件提出,要加强小学英语教材的管理,根据《小学英语课程教学基本要求(试行)》对已有各种小学英语教材进行审查,通过审查的教材才可以进入小学教学用书目录。从 2002 年秋季开始,未列入中小学教学用书目录的小学英语教材将停止使用。

《小学英语课程教学基本要求(试行)》对小学英语教材提出了指导性要求:教材符合儿童的认知特点,有利于培养他们的学习兴趣与语感;有利于学生了解英语国家的文化、习俗,培养他们对待异国文化的正确态度;有利于培养学生用英语进行交流和做事情的能力,提高他们的思维能力和认识世界的能力。

2001 年,教育部印发了《中小学教材编写审定管理暂行办法》①等一系列文件,对中小学教材管理体制进行改革,规定教材编写必须实行立项标准制度,由原来的审批制改为立项核准制,从强调教育部门的行政意志转向强调基于行政管理的专家论证制度。中小学教材实行审定制,国际课程教材由全国中小学教材审定委员会进行审定,地方课程教材由省级中小学教材审定委员会进行审定。2001 年 7 月教育部印发了《英语课程标准(实验稿)》,在此指导下,全国有几十家出版社和单位编写了英语教材,并经由全国中小学教材审定委员会审查。到2008 年,经教育部中小学教材审定委员会审查通过的课程标准试验教科书中,小学英语有 30 套,大致可分为 3 类:第一类为在国外引进教科书的基础上经过适合我国国情的改编形成,这类教科书大约占了一半;第二类为中外专家合作,共同编写;第三类主要由中国语言学家和教材编写专家编写,邀请外籍专家审定。

2011 年,教育部颁布了《义务教育英语课程标准(2011 年版)》,提出英语课程的总目标包括语言技能、语言知识、情感态度、学习策略和文化意识 5 个方面,要求教材编写以新的课程标准规定的课程目标和教学要求为依据,融入先进的英语学习和教学理念与方法,体现思想性、科学性、趣味性和灵活性等原则。思想性原则主要体现在对学生开展思想品德教育,尤其是中国优秀的传统文化、爱国主义教育和社会主义核心价值观教育等;科学性原则体现在教材内容、目标和要求能够全面体现新课程标准的要求,有利于融合语言技能、语言知识、情感态度、学习策略和文化意识;趣味性原则体现在充分考虑不同年龄段的学生兴趣、爱好和愿望等;灵活性原则体现在考虑城乡和地区差异,内容编排和教学方法可

---

① 中华人民共和国教育部. 中小学教材编写审定管理暂行办法. http://www.moe.gov.cn/srcsite/A02/s5911/moe_621/200106/t20010607_180472.html.

根据实际情况灵活处理。

　　根据新的课程标准,各大出版社对原有的英语教科书进行了大幅修订,在教科书内容、模块和呈现方式等方面进行了调整,也对教科书的名称进行了修改。例如,译林出版社将 2004 版《牛津小学英语》更名为《义务教育教科书　英语》,并对框架结构和内容进行了调整,即:在框架结构上调整了单元数量,增加了综合语言实践项目,改变了版块名称;在课本内容上调整了语音、词汇、话题、功能、语法、文化、歌曲等方面,如话题方面增加了培养爱国主义、热爱民族优秀文化传统、富有社会责任感等内容。

二、教材发展

　　进入 21 世纪,我国小学英语教学规模迅速发展。根据我国教育部《2019 年全国教育事业发展统计公报》①,2000 年以来,我国小学在校人数虽有起伏,总体上保持着稳定的态势,基本稳定在 10,561 万人左右,详见图 15‑17:

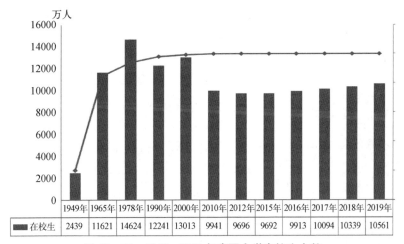

	1949年	1965年	1978年	1990年	2000年	2010年	2012年	2015年	2016年	2017年	2018年	2019年
在校生	2439	11621	14624	12241	13013	9941	9696	9692	9913	10094	10339	10561

图 15‑17　1949—2019 年我国小学在校生人数

　　为此,小学英语教材也迎来了新的发展局面。20 世纪末,虽然各地已经出版了多种小学英语教材,但总的来说,除上海和广东等地使用自己编写的教材外,全国大多数地区仍然使用人民教育出版社的教材。进入 21 世纪之后,小学英语教材的出版百花齐放,经教育部中小学教材审定委员会审定的课程标准实验教材有近 30 种,由 20 多家出版社出版,详见表 15‑3。

──────────
① 教育部.2019 年教育发展统计公报. http://www. moe. gov. cn/jyb_sjzl/sjzl_fztjgb/202005/t20200520_456751. html.

表 15－3　**2001 课标小学英语教科书**

序号	书　　名	主编	年　级	册数	出 版 机 构	出版年份
1	义务教育课程标准实验教科书　英语（PEP）	龚亚夫	3—6年级	8册	人民教育出版社	2003年
2	义务教育课程标准实验教科书　英语（灵通）	编写组	3—6年级	4册	人民教育出版社	2003年
3	义务教育课程标准实验教科书　英语（NPEFC）	郝建平	3—6年级	8册	人民教育出版社	2003年
4	义务教育课程标准实验教科书　英语	李静纯	1—6年级	12册	人民教育出版社	2003年
5	开心学英语	黄秀萍	3—6年级	8册	广东人民出版社	2002年
6	义务教育课程标准实验教科书　英语	余国惠　秦秀白	3—6年级	8册	山东教育出版社　湖南教育出版社	2002年
7	义务教育课程标准实验教科书　牛津英语	张民伦	3—6年级	8册	上海世界出版股份有限公司　上海教育出版社	2001年
8	义务教育课程标准实验教科书　英语	刘文渊	3—6年级	8册	接力出版社	2002年
9	义务教育课程标准实验教科书　英语	石坚	3—6年级	8册	四川人民出版社	2002年
10	义务教育课程标准实验教科书　新路径英语	杨晓钰	3—6年级	8册	四川教育出版社	2002年
11	义务教育课程标准实验教科书　快乐英语	吴悦心　周朝华	1—6年级	12册	辽宁师范大学出版社	2003年
12	义务教育课程标准实验教科书　英语	王蔷	3—6年级	8册	北京师范大学出版社	2003年
13	义务教育课程标准实验教科书　英语	程晓棠	1—6年级	12册	北京师范大学出版社	2005年
14	义务教育课程标准实验教科书　英语	鲁宗干	1—6年级	12册	生活·读书·新知三联书店（广州市教育研究出版社）	2003年

序号	书　　名	主编	年　级	册数	出 版 机 构	出版年份
15	义务教育课程标准实验教科书　英语	丁往道	3—6年级	8册	外语教学与研究出版社	2003年
16	义务教育课程标准实验教科书　英语	桂诗春	3—6年级	8册	外语教学与研究出版社	2001年
17	义务教育课程标准实验教科书　英语	陈琳	1—6年级	12册	外语教学与研究出版社	2004年
18	义务教育课程标准实验教科书　英语	陈琳	3—6年级	8册	外语教学与研究出版社	2001年
19	义务教育课程标准实验教科书　牛津小学英语	齐迅何锋	3—6年级	8册	译林出版社	2001年
20	义务教育课程标准实验教科书　小学英语	田贵森	1—3年级	6册	河北教育出版社	2002年
21	义务教育课程标准实验教科书　小学英语	田贵森	五年制3—5年级	6册	河北教育出版社	2002年
22	义务教育课程标准实验教科书　小学英语	田贵森	六年制3—6年级	8册	河北教育出版社	2002年
23	义务教育课程标准实验教科书　小学英语（新版）	余宝珠谢立新	3—6年级	8册	陕西旅游出版社	2002年
24	义务教育课程标准实验教科书　小学英语	刘莉丽	3—6年级	8册	重庆出版社重庆大学出版社	2002年
25	义务教育课程标准实验教科书　小学英语	马承	3—6年级	8册	科学普及出版社（现代教育研究所编）	2002年
26	九年义务教育小学教科书　小学英语（新课程标准）	马承	1—6年级	12册	科学普及出版社	2002年
27	义务教育课程标准实验教科书　英语	EEC学院编写	3—6年级	8册	教育科学出版社	2002年

续 表

序号	书 名	主编	年 级	册数	出 版 机 构	出版年份
28	义务教育课程标准实验教科书 小学英语	范文芳	1—6 年级	12 册	清华大学出版社	2002 年
29	义务教育课程标准实验教科书 英语	严文清	3—6 年级	8 册	湖北少年儿童出版社	2002 年
30	义务教育课程标准实验教科书 英语	王玉霓	3—6 年级	8 册	湖南少年儿童出版社	2004 年
31	义务教育课程标准实验教科书 英语	陈维振	3—6 年级	8 册	福建教育出版社	2002 年

随着时代发展和经济全球化进程的不断推进,2011 年,我国对义务教育课程标准进行了修订,以更好地适应社会发展和人才培养的需要。下表为根据《义务教育英语课程标准(2011 年版)》编写的小学英语教材:

表 15－4 2011 年课标小学英语教科书

序号	书 名	主编	年 级	册数	出 版 机 构	出版年份
1	义务教育教科书 英语	胡壮麟	1—6 年级	12 册	北京出版社	2011 年
2	义务教育教科书 英语	王蔷	3—6 年级	8 册	北京师范大学出版社	2012 年
3	义务教育教科书 英语	陈维振	3—6 年级	8 册	福建教育出版社	2012 年
4	义务教育教科书 英语	强海燕	3—6 年级	8 册	广东人民出版社	2012 年
5	义务教育教科书 英语	田贵森	3—6 年级	8 册	河北教育出版社 DC 加拿大国际交流中心	2011 年
6	义务教育教科书 英语	田贵森	1—6 年级	12 册	河北教育出版社 DC 加拿大国际交流中心	2011 年
7	义务教育教科书 英语	张祖春	3—6 年级	8 册	湖北第二师范学院、湖北教育出版社	2013 年

续　表

序号	书　名	主编	年　级	册数	出 版 机 构	出版年份
8	义务教育教科书　英语	白解红	3—6年级	8册	湖南少年儿童出版社	2012年
9	义务教育教科书　英语	EEC学院	3—6年级	8册	教育科学出版社	2012年
10	义务教育教科书　英语	龚亚夫 鲁宗干	3—6年级	8册	教育科学出版社	2012年
11	义务教育教科书　英语	刘文渊	3—6年级	8册	接力出版社	2015年
12	义务教育教科书　英语	马承 李世虬	3—6年级	8册	科学普及出版社	2013年
13	义务教育教科书　英语	吴悦心	3—6年级	8册	辽宁师范大学出版社	2012年
14	义务教育教科书　英语	范文芳	1—6年级	12册	清华大学出版社	2012年
15	义务教育教科书　英语	吴欣	1—6年级	12册	人民教育出版社	2012年
16	义务教育教科书　英语	吴欣	3—6年级	8册	人民教育出版社	2012年
17	义务教育教科书　英语	郝建平	3—6年级	8册	人民教育出版社	2012年
18	义务教育教科书　英语	秦秀白	3—6年级	8册	山东教育出版社 湖南教育出版社	2012年
19	义务教育教科书　英语	田贵森 高洪德	3—5年级	6册	山东科学技术出版社	2012年
20	义务教育教科书　英语	杨达复	3—6年级	8册	陕西旅游出版社	2012年
21	义务教育教科书　英语	张春柏 施嘉平	3—6年级	8册	上海教育出版社	2012年
22	义务教育教科书　英语	杨晓钰	3—6年级	8册	四川教育出版社	2012年
23	义务教育教科书　英语	陈琳	1—6年级	12册	外语教学与研究出版社	2012年

续　表

序号	书　　名	主编	年　级	册数	出 版 机 构	出版年份
24	义务教育教科书　英语	陈琳	3—6 年级	8 册	外语教学与研究出版社	2012 年
25	义务教育教科书　英语	刘兆义	3—6 年级	8 册	外语教学与研究出版社	2012 年
26	义务教育教科书　英语	桂诗春	3—6 年级	8 册	外语教学与研究出版社	2016 年
27	义务教育教科书　英语	齐迅何锋	3—6 年级	8 册	译林出版社	2011 年
28	义务教育教科书　英语	刘莉丽	3—6 年级	8 册	重庆大学出版社	2012 年

以下是这一阶段小学英语教科书的概览：

1) 上海教育出版社于 2014 年出版发行的《义务教育教科书　英语》，以三年级为起点，是以 Ron Holt 和 Sam Meekings 编写的教科书改编而成，主编为张春柏和施嘉平，编者为上海世纪出版股份有限公司外语教育图书分公司英语教材编写委员会和牛津大学出版社(中国)有限公司英语教材编写委员会。

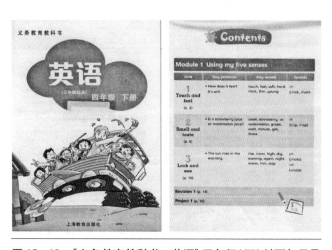

图 15 - 18　《义务教育教科书　英语》四年级(下)封面与目录

2) 图 15-19 为四川教育出版社于 2019 年出版发行的小学英语教科书,主编杨晓钰,副主编付春敏,以三年级为起点。

图 15-19 《义务教育教科书 英语》三年级(下)封面与目录

3) 湖南少年儿童出版社发行的《义务教育教科书 英语》,由湖南少年儿童出版社和香港思达出版社有限公司联合推出,主编白解红,中方编写人员有白解红、何高大和夏春娥等,外方编写人员有 Pauline Ong、Minnelli Seow 及 Christopher S. Ward。

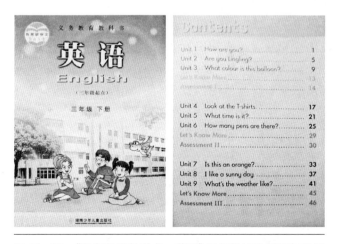

图 15-20 《义务教育教科书 英语》三年级(下)封面与目录

三、代表性教材分析

进入 21 世纪后,我国小学英语教材发展十分迅速,出现了百花齐放的局面,以下介绍部分具有代表性的教材:

(一)《义务教育课程标准实验教科书　英语》

这套"一条龙"系列教材由国内外知名专家会同中小学英语特级教师和教研员依据教育部制订的国家英语课程标准共同编写,外语教学与研究出版社和麦克米伦出版有限公司于 2006 年联合出版①。2002 年,全国中小学教材审定委员会审查通过。该教材中方主编是陈琳,副主编是鲁子问;英方主编是 Printa Ellis 和 Naomi Simmons。其间,著名英语教材编写专家 Judy West 对编写工作提出了很多宝贵建议。本套教材于 2004 年进行了新一轮的修订。

1. 教材的编写理念

该教材的编写遵循了"题材—功能—结构—任务"的原则为学习者营造语境,精心设计内容,学练结合,符合语言教学规律,可操作性强。主要体现在:以题材为纲安排教材的大框架,每册教材所涉及的题材有明确的安排;同一题材可多次重复、螺旋上升并扩大;将实际生活中所需要运用的功能由浅入深、由低到高、由小到大、由近及远、由具体到抽象地做出阶段安排;同一功能螺旋上升并扩大;结构(主要指语法)上打破了传统的以词法、句法为序的安排,为题材和功能服务;起始阶段主要通过听,后通过读来灌输语言并积累感性知识,再做一般结构的归纳;学习英语的最终目标是完成一定的任务;最后运用听、说、读、写的技能来完成任务。

2. 教材的内容与特色

该套教材适用于小学一年级起点,每学期一册,6 年一共 12 册。每一册有 11 个模块,前 10 个模块是语言知识的学习和操练,最后 1 个是复习模块。每册书后都附有两个词表:一个是"Words and Expressions in Each Module",以模块为单位收录要求学生掌握的单词;另一个是"Word List",收录全书中的所有生词,供教师和学生学习、参考。

每个语言学习模块包括两个单元,每个单元有两页。其中,第一个单元主要是语言知识和听说技能的学习,第二单元在语言知识和技能训练之外,增加了歌谣和游戏等活动。复习模块不再包括新的语言知识,而是巩固已经学过的单元知识。图 15-21 为《义务教育课程标准实验教科书　英语》一年级起点第二册目录和第二单元内容。

---

① 杨红梅.外研社版小学英语教材的分析与评价[D].广西师范大学,2007.

图 15‑21　《义务教育课程标准实验教科书　英语》一年级起点
第二册目录和 Module 3 部分内容

从第三册课本开始,在单词表后针对该册书中重点学习的语言点安排了
1—3 个补充故事或短剧,供完成全书学习后选择使用。该教材的结构设计以社
会语言学、心理语言学等理论为基础,吸收了结构主义语言学的研究成果,借鉴
了听说法和功能法的实践经验,采用结构功能体系编写,既注意结构循序渐进安
排,又按功能体系,密切结合社会交际活动,着重培养学生在交际过程中运用英
语的能力。

该套教材具有以下特色:

1) 注重语言知识培养。教材对语言知识的要求涉及语音、词汇、语法、功能
和话题五方面。小学英语教学的起始阶段不涉及语音和语法内容的系统性讲
解,教学中主要以话题作为课文核心内容,辅以必要的词汇教学。该教材在选择
话题内容时,遵循小学生的认知规律,紧密结合学生的生活实际,所选内容多贴
近学生现实生活和学习,是学生熟悉或者感兴趣的生活场景,并且具有一定的实
用价值。比如,教材第三册设置了表达学校课程、时间以及日常活动等主题,教
材在学习时间这个模块,第一单元的第一部分呈现语言点,第二单元的第一部分
采用短文的形式再次呈现语言知识点,对话的内容是:询问时间与回答,以复习
第一单元语言知识点。接着学习新的单词(如 hungry、dinner、great),这些单词
都在小短文中出现,且短文精短易学,符合小学生的认知水平。该教材的课文内
容能够体现《新课程标准》对语言知识提出的要求,教材知识容量比较适中。

2) 注重语言技能培养。教材的内容包括"听与说"(Listen and say)、"唱一
唱"(Let's sing)、"说一说"(Let's talk/Talk together)、"演一演"(Let's act)、"说歌

谣"（Let's chant）、"写一写"（Let's write）、"玩游戏"（Game）等，进行基本的语言训练。此外，为了培养学生听、说、读、写等技能，教科书还设计了多种丰富多彩的活动，例如做游戏、听录音、画图画、听指令做动作、手工制作等，学生在语言学习的过程中动脑、动耳、动眼、动嘴、动手，多种感官及肢体并用，静态和动态相结合，既有利于语言技能的培养，也有利于综合能力的发展。这套教材强调与现实生活的联系、与学生身心体验的联系。教材以学生为中心，它既体现素质教育的要求，又遵循语言教学的规律，具有科学性。由于教学对象是学龄儿童，故课本语言材料紧密结合儿童学习英语的兴趣，培养学生日常英语交际能力。

3）注重情感态度培养。《新课程标准》中提到，情感态度是影响学生学习和发展的重要因素。小学阶段英语教学目的是激发学生学习英语的兴趣和积极性，培养学习英语的自信心。教材对学生情感态度培养主要体现在教学活动的安排和课文插图的设计上。该套教材设计了让学生做游戏、说歌谣、唱歌、表演、绘画、手工制作等多种游戏活动。同时，每一篇课文都配有内容丰富、色彩艳丽的插图，符合小学生年龄特点。总体来说，该套教材注重对学生情感的培养，采用了儿童喜闻乐见的形式，运用歌曲、诗歌、韵句等丰富的活动，以激发学生的学习兴趣。在教材设计上也全面体现了儿童的兴趣特征，设计精美、图文并茂，特别设计了"玲玲""大明""Amy""Sam"等儿童形象贯穿教材始终，亲切活泼，具有新颖性，令儿童爱不释手。

4）注重学习策略培养。学习策略的培养可提升学生的学习意识，改善其学习策略，进而促进学习能力的发展。学习策略培养旨在帮助学生形成自主学习的能力，为其终身学习奠定基础。在内容编排上，该教材充分考虑学生的年龄特点，激发其好奇心和想象力，让学生通过观察、模仿和聆听来进行学习，比如教材中的字母、数字、颜色、职业等单词游戏等。教材也通过任务活动培养学生合作学习、自主学习的能力。作为学习者，学生在活动中能提出问题和解决问题，获取学习技巧，发展自主学习能力，逐步形成自己的学习风格。教材在教学活动中，坚持以任务型教学为主的同时，兼采用自然法、情景法、句型法等其他有效方法。

5）文化意识培养。《新课程标准》中提出，在小学英语起始阶段"应使学生对英语国家文化及中外文化的异同有粗略的了解，教学中涉及的英语国家文化知识应与学生身边的日常生活密切相关"。因此，该教材适度介绍中外重大节假日等文化知识以及世界著名风景名胜等地理知识。国外方面，第九册书中有英国的公园、商店、学校和节日等内容，第十册介绍了英国的饮食、如何在英国图书馆借书和商场购物等，第十一册课本介绍美国人的生活；国内方面，第七册书讲述了《神笔马良》的故事，第八册介绍庆祝母亲节的知识，讲述《狼来了》《孔融让梨》的故事,另外还介绍了几种中国乐器。

教材中涵盖了本国和国外的文化知识,既使学生感觉亲切,增强学习欲望,又激发了他们的学习兴趣,从而达到获取语言知识的最终目的。教材在介绍外国文化时,努力让学生放眼世界,扩大视野,从介绍英语国家的日常生活开始,逐渐更多地涉及他们的文化背景、历史传统、人文地理等,并适时安排表达不同观点的篇章,培养学生批判性思维能力。教材在介绍英语国家文化的同时,也注意到介绍中华文化,培养学生运用英语向外国人介绍中华文化的能力。

3. 教材的配套资源

该套教材以《学生用书》为核心,配套教学资源丰富,包括《教师用书》《课堂活动用书》、录音磁带、教学辅助卡片、挂图、贴纸、头饰、多媒体教学课件等教学辅助资源,并且录制了配套教学片。《学生用书》以及《活动用书》上要求"听"(listen)的课文和练习项目的全部朗读材料均按课次录制在磁带上。录音磁带由以英语为母语的人士分角色录制而成,语音、语调纯正,语速正常,人物特征明显,可模仿性强。此外,该套教科书还推出了点读笔,方便学生使用。

该套教材以"题材—功能—结构—任务"为编写原则,从小学一年级到六年级共 12 册,以学生为中心,按学生身心发展规律与特点设计大量语言活动,具有科学性、新颖性和可操作性。教材图文并茂,装帧设计质量较以前的教科书有明显的提高。教材的插图比较贴近小学生的心理,图文并茂,装帧精美,深受学生喜爱。教材配套资源丰富,配备的教学单词卡片设计精美,色彩丰富,能够吸引小学生的眼球,有助于记忆单词。

(二)《义务教育课程标准实验教科书　英语》EEC 版

《义务教育课程标准实验教科书　英语》EEC[①] 版(以下简称"EEC 版教材")是教育科学出版社于 2006 年出版发行的,教材由中、美、韩 3 国合作编写。原版来自美国 EECI 教材,由时任美国对外英语教师协会会长、美国洛杉矶大学研究生院院长、应用语言学教授 Russel Campbell 担任顾问,执行主编是美国斯坦福大学儿童培养专业博士 David Ramirez 和美国犹他州大学基础教育博士 Loyd Eldredge。

本套教材共有 6 册,分别为三到五年级使用。

1. 教材的编写理念与内容结构

2001 年的中小学英语课程标准提出:"语言是人类最重要的思维和交流工

① EEC 的全称为 English Education Curriculum。

图 15－22 《义务教育课程标准实验教科书　英语》六年级(上)封面

具,也是人们参与社会活动的重要条件。"该套教科书根据这一理念,对于语言的功能、意念及情景等给予高度重视,关注如何帮助学生从不同层面培养和提高语言能力。教材中安排了大量听与说的活动,使学生得到全方位的操练,以培养学生的外语交际能力。图 15－22 为该套教科书六年级上册封面。

　　该教材采用以单元为主的结构框架,以话题或主题为编排对象,每一单元都围绕一个主题,随之安排一系列的学习内容,围绕话题展开听、说、读、写活动。三年级和四年级的教材每册书有 9 课,五年级每册书有 7 课。以第六册(即五年级下学期教科书)为例进行分析:

表 15－5　EEC 版教材第六册教科书内容

Lesson	Title	Functions	Language items
1	What would you like to eat?	餐厅就餐用语	What's wrong with you? — I'm tired/bored/hungry. What would you like to eat? — I'd like a hamburger.
2	What do you want to be?	谈论理想和日常生活	What do you usually do after school? — I usually clean my room. What do you want to be? — I want to be a pilot.
3	She's a vet.	谈论职业	Do you have good plans? — Yes. I'm going to visit Wonderland. What does your uncle do? — He's a farmer.
4	How long will you stay there?	谈论拥有的食物和逗留时间	Who has the camera? — I have the camera. How long will you stay there? — About 2 weeks.
5	Where's the gift shop?	询问位置;祈使句及其回答	Stand close to Peter and just smile. Where's the gift shop? — Go straight two blocks and turn left.

续　表

Lesson	Title	Functions	Language items
6	How's the weather in Ellia?	谈论天气和季节	How's the weather in Ellia? — It's warm and dry. Which season do you like best? — I like summer best.
7	How are you feeling now?	谈论身体感受; 写日记	How are you feeling? — I don't feel well. I'll tell my friends about my trip.

根据"功能—意念"大纲的特征,本级内容关注日常交际中的功能和意念,内容以现实生活中的场景为主,并在先后顺序上加以精心设计,以故事的形式加以呈现,让学习者在真实的环境中学会在什么情况下、对什么人、用什么方式说什么话。第六册教材中体现了餐厅点餐时怎么说(第 1 课),谈论长大后的理想和职业(第 2 课、第 3 课),如何表达去某地逗留时间和购物的礼品店(第 4 课、第 5 课)。教材设计了"Let's chant""Let's have fun""Join the beat"等不同活动内容,学生能够在说、唱、玩、演的过程中不断积累语言素材,并通过"Play with English""Let's practice""Tell the story"等实践环节,巩固所学的语言知识。

教材以生动活泼的故事形式将交际场景呈现出来,并通过朗朗上口的Chant、Beat 等练习让学生反复吟诵、模仿,让学生在快乐的过程中感受英语,并逐渐学会使用英语。同时,教材设计了大量师生互动、生生互动的游戏或活动,既有利于学生交际能力的提高,又能培养其积极的情感态度。由此可见,教材采用的是一种以学生为中心的语言教学观,以活动和游戏作为主要教学手段,以学生掌握真实的交际能力为最终目标,体现了先进的教学理念。

2. 教材配套资料

该套教科书配备了教师指导用书、学生活动手册、配套磁带、教具。教师指导用书包括 4 个部分,即前言、学习内容、学习计划和单元教学建议。"前言"部分分别介绍了小学英语课程的任务及目标、小学英语教育的基本方向、小学英语教学的指导原则,以及该教材的教法体系、编写原则、特点和体例等内容,对于教师在宏观上把握教学方向有积极的指导意义;"学习内容"部分则列出了各单元教学素材和学习目标等;重点句子、重点新单词以及每课所需课时,则在"学习计划"中有所体现;"单元教学建议"是教师指导用书的主体部分,其对单元设计意图、单元目标、标准课时、教学步骤乃至教学注意事项等逐一进行了阐释,为教师教学提供了参考。同时,书后附录的课堂教学用语、测试题答案和学生活动手册答案,这些为教师的教学工作提供了便利。

　　学生活动手册中有很多简单有趣的练习,通过笔答、活动等形式帮助学生巩固课堂知识,检验学习成果。但是该活动手册也存在一定缺陷,如:练习形式过于单一,巩固型试题占多数而缺少发散思维的练习;对于小学高年级的学生来说练习偏简单,没有满足学生"小升初"的能力要求;对于师生来说可选择性较小,难以满足不同层次学生对于练习的个性化需求。

　　EEC 版教材的配套磁带包括学生用磁带、教师专用带、测试专用带等,其中的英语部分由美国语音专家录制,汉语故事由我国著名的儿童艺术演员录制。磁带中的情景英语和卡通故事,在背景音乐的衬托下给学生创造了良好的英语语言环境,构建了一个完美的视听活动空间。缺点是只侧重视听作用,缺少对学生听力检测的内容。

　　该教材的配套教具有教学卡片、情景挂图、用于鼓励性评价的不干胶粘贴等,但实用性不大,在实际课堂中使用很少;而教师在讲解单词和语法时却需要自行准备图片和实物,为教师备课带来了很大压力。

　　此外,教材缺少系统的语音、词汇和语法知识,教材中单词及语法的呈现仅仅是为了配合当时语言功能的实现,缺少系统性,而语音知识则完全没有讲解。

(三)《义务教育教科书　英语》(新起点)

　　该教科书根据《义务教育英语课程标准(2011 年版)》编写。在原课本《义务教育课程标准实验教科书　英语新起点(供一年级起始用)》的基础上进行修订,由人民教育出版社课程教材研究所英语课程教材研究开发中心与加拿大灵通教育有限公司联合修订,由吴欣主编,2014 年出版。修订过程中,北京市海淀区教师进修学校给予了全面支持并积极参与。教材中小学相衔接,小学部分从一年级起点至六年级,每学期一册,每学年两册,共有 12 册。

　　1. 教材的编写理念与内容结构

　　《义务教育英语课程标准(2011 年版)》设定的"以语言技能、语言知识、情感态度、学习策略和文化意识 5 个方面共同构成的英语课程总目标"是该套教材的课程体系基础。教材的整体体系由 5 个维度构成,分别是:1)语言知识维度,包括语音、词汇、语法和功能和话题;2)语言技能维度,包括听、说、读、写;3)情感态度;4)学习策略;5)文化意识维度。教材的设计本着话题—功能—结构—任务相结合的原则,并紧紧围绕跨文化交际意识、学科整合以及发展学生学习策略等其他教学目标。

　　教材的体例基本相同,每册教科书设有 8 个单元,含 6 个学习单元和 2 个复习单元。每个单元内部共设有6课,其中第1—3课为第一层次学习内容;第4—6课为第二层次的学习内容。图15-23为该套教科书三年级上册封面和目录。

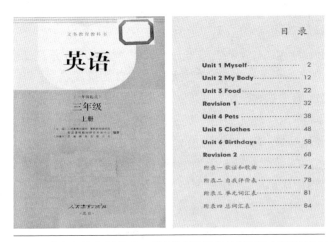

图15-23　《义务教育教科书　英语》(新起点)三年级上册封面和目录

每单元的第1—2课为新语言内容学习课,设置了"Get ready"项,为教师教授新课和学生学习新课做准备。为发展学生读和写的技能,每单元的第3—5课设置了阅读文段的输入,第3课和第6课设置了写的训练。

每册教科书附有本册词汇表和相关的补充内容,另含有多篇说唱韵文和歌曲,伴有音乐,便于学生跟唱、表演和识记。低年级的教科书还设计了大量生动有趣的课堂活动和游戏,激发学生的学习兴趣。

《义务教育英语课程标准(2011年版)》设定的分级目标是各册课本能力发展目标的重要依据,最终目标介于2—3级之间。在准备阶段、学习阶段和巩固提高阶段,对语言知识和语言技能的要求遵照了循序渐进的原则。本套教科书的整体体系可分为3个阶段:1—2年级为准备阶段;3—5年级为学习阶段;6年级为巩固和提高阶段。

准备阶段从听、说、唱和游戏入手,通过听培养学生去感知语言、积累语言,等学生会识别字母及其基本发音后,再去练习书写英语字母。学生有了一定的语言知识储备后,教师引导其开口说英语。在学习阶段,进一步地培养学生的听说能力,教授自然拼读,为学生的阅读和书写铺垫。阅读训练从词汇的识读开始,逐渐发展到阅读段落和文章。阅读方式经历"跟读—朗读—默读"的过程。书写从描红单词开始,经过抄写单词和句子,发展到仿写句子、独立写句子和篇幅短小的段落。在六年级的巩固和提高阶段,对学生的听说、自然拼读能力进行巩固,进一步提高学生的阅读和写作能力,促进学生的英语能力综合全面地发展,为初中英语学习打好基础。以听的技能为例,在准备阶段,学生只需要学习简短的指令并做出反应,能够根据听到的词句识别图片或物体,能够在图片和动作的提示下理解简单短小的故事。

学习阶段开始全面发展学生的听、说、读、写能力。学习阶段的读写能力,是借助"自然拼读法"(phonics)过渡和发展的。"自然拼读法"主要向学生讲解字母及其发音之间的关系,帮助学生高效认读已经会听、会说的词汇,进而帮助学生学习全新词汇,扩大词汇量,提高快速识别单词的能力(instant word recognition)。快速识别单词的能力有助于流利地朗读文章,使学生在阅读的过程中更多关注意义,从而有助于学生早日过渡到自主阅读。"自然拼读法"还能引导学生认读和记忆单词,逐步发展见词能读和听词能写的能力。

学习阶段的阅读内容,先从读词入手,经过读句阶段,最终发展到阅读段落和文章。阅读方式,先从跟读开始,经过指读和朗读阶段,逐渐过渡到默读。需要强调的是,上述发展过程,并不是泾渭分明、先此后彼的。相反,有些环节在某些阶段是可以并存的。学习阶段的写,从描红单词开始,经过抄写单词、抄写句子和仿写句子,最终达到独立写几句话或一个小段落的水平。

巩固和提高阶段为六年级,共包括两册教科书。在此阶段,教师引导学生:1)巩固并提高听说能力;2)巩固自然拼读学习成果,提高认读和记忆单词的能力;3)继续发展阅读能力;4)继续发展写作能力;5)全面提高综合运用语言的能力,为初中阶段的英语学习打下牢固的基础。

上述三个阶段——尤其是准备阶段和学习阶段——的安排,借鉴了以英语为母语的孩子习得英语的规律,引导把英语当作外语学习的中国学生循序渐进地学习英语,从而大大降低学习压力,提高学习兴趣和效率。

以六年级下册为例,该册教科书听、说、读、写方面的教学目标具体如下:

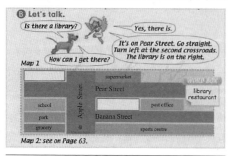

图 15-24 《义务教育教科书 英语》(新起点)课文中的对话和地图

在听的方面,学生能够能借助图片、图像等提示,听懂与整个小学阶段所学话题相关的简单语段,并初步识别语段中句子之间的联系,尝试区别不同句式的语调(如陈述句、疑问句和祈使句等),并尝试根据语调变化,体会句子意义的变化;能借助提示,听懂配图故事和教师讲述的故事;能听懂课堂活动中常用的提问和指令,并做出反应。

在说的方面,学生能够在口头表达中做到发音清楚、语调基本达意;能就整个小学阶段所学话题进行一般交流和简单陈述;尝试借助提示简单描述一件事情,复述所学故事,并尝试讲述简单的故事。例如,在第二单元"All Around Me"第1课中,通过对话和地图的帮助,培养学生问路的表达能力。

在读的方面,要求学生除了认读并尝试记住本册的话题词汇,还能认读并尝试记住以前学过的、跟本册话题相关的词汇;能读懂教科书中简短的要求和指令;能借助图片和其他阅读策略读懂每单元的小短文和小故事,养成按意群阅读的习惯;在理解大意的基础上模仿录音较为流利地朗读上述所学小短文或小故事。

在写的方面,能正确地使用大小写字母和常用的标点符号;能根据语境(如根据生活常识、个人的实际情况、图片创造的语境或阅读语篇创造的语境等)选词填空,把句子或小语段补充完整;能根据所读材料,写出完成的答句回答问题;能仿照范例或在问题的提示下,写出几句意义连贯的话。

同时,在做游戏和表演方面,学生能够按照要求用简单的英语做游戏,能在教师的帮助下表演小故事或小短剧。

六年级下册的教科书结构可从整体结构和单元结构来分析。整体结构上,六年级下册为全套教科书的总复习。本册以 Bill 去加拿大访学的经历为线索,几乎复习了全套教科书所涉及的所有话题。本册教科书共有 6 个复习单元,分别为"访问加拿大"(Visiting Canada)、"周围环境"(All Around Me)、"日常生活"(Daily Life)、"业余生活"(Free Time)、"自然与文化"(Nature and Culture)和"暑假生活"(Summer Vacation)。这 6 个单元的结构是完全一样的:每个复习单元均由 3 个复习课、1 个项目制作和 1 个故事板块构成。其中,3 个复习课的结构完全一样:均通过听、说、读、写来复习 3—6 个话题的内容。

单元结构:

Lesson 1: A 项通过听力活动来复习 3 个以上话题的语言知识;B 项引导学生首先谈论在 A 项所听到的内容,其次引导学生运用 A 项的语调谈论自己的相关情况;C 项呈现一篇阅读文章,引导学生通过阅读来复习 2 个以上话题的内容;D 项是与 C 项相关的写作活动,引导学生写一段与 C 项篇章相关的段落。Lesson 2 和 Lesson 3 的结构同 Lesson 1。

项目制作:

该板块属于第二层次学习内容,只建议在课时充足、学生接受能力强的前提下使用。其中,A 项呈现一个项目制作的成品,引导学生首先阅读该成品,其次展开讨论,理解成品的内容和意义,为自己另行制作打下基础;B 项详细说明了项目制作的流程,引导学生完成自己的制作;C 项是学生交流自己作品的示范图,引导学生与同学分享、交流项目制作成果。

故事板块:

学生通过与话题相关的趣味性故事,一方面复习词汇和功能句;另一方面培养阅读能力,提高其学习英语的兴趣。

2. 教材特色

该套教材是由人民教育出版社课程教材研究所英语课程教材研究开发中心与加拿大灵通教育有限公司联合修订而成,具有鲜明的实用特色。

首先,教材注重素质教育,关注情感发展。教材编写体现义务教育的性质、目标和要求,体现了英语课程的工具性和人文性的双重属性。面向全体学生,注意帮助学生建立学习的成就感和自信心,使他们在学习的过程中发展语言运用能力,提高人文素养,增强实践能力,培养创新精神。力求做到有利于儿童身心的可持续发展和终身学习能力的形成,培养学生良好的道德品质和正确的价值观。

其次,教材注重双向式交流、跨文化交际。学习外语的目的不仅在于了解外国,也在于让国外了解中国。本套教科书让学生不仅了解到英语国家的文化背景知识,而且学会用英语向外国人介绍自己国家的情况和中国的文化。学生在与外国人交流时,不仅仅是听者,也是双向文化交流的参与者。

再次,教材以语言为媒介,融合各学科知识。教育部在新课程设计中,强调学科之间的整合,强调信息技术的应用。学习英语不仅是为了满足人际交往的需要,也是为了用英语获取各方面的信息,学习其他学科的知识。本套教科书引入了学科融合的理念,在各年级的英语教科书中有机地渗透道德教育、学科教育、多元智能发展、审美教育等方面的内容,如:适当穿插一些数学、自然、历史、生物、美术、音乐等学科内容;在安排其他学科内容的过程中,既考虑到各学科内容之间的相互贯通促进,又考虑到各年龄段孩子的生理和心理特点。学科内容的横向交叉对学生的整体发展具有积极的促进作用。

最后,教材注重发展学习策略,培养自主学习能力。从学习者的角度来看,基础教育最重要的任务是学会学习。发展学习策略,培养自主学习能力是素质教育的一个重要组成部分。本套教科书在设计、实施和评价上都贯穿"学会学习"的思想。在学生用书的设计上,特别安排了学习策略的内容。课程教科书设计者力求用生动活泼、通俗易懂的方式把学习策略介绍给各年龄段的孩子,逐步培养和开发他们的自主学习能力,养成良好的学习习惯。

该套教材包含了配套资料,如教师教学用书、活动手册、学生卡片、教学卡

片、教学挂图、录音磁带、CD－ROM 和投影片等,用
以辅助教师教学和学生学习。

(四)《义务教育教科书　英语》

《义务教育教科书　英语》由译林出版社于
2014 年出版,供小学三年级至六年级使用,每学期
一册,一共 8 册。每册教科书设置 8 个单元和 2 个
实践项目,按照每周课时 3 节课进行编写。教科书
主编为何锋、齐迅和沈峰。

1. 教材的编写理念与内容结构

本套教科书以《义务教育英语课程标准(2011
年版)》的教学理念、课程目标和二级内容为标准
编写。

图 15－25　《义务教育教科书
英语》(译林)封面

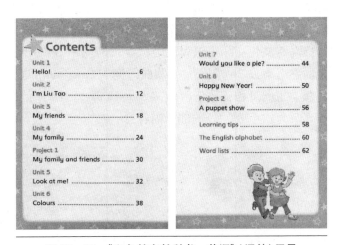

图 15－26　《义务教育教科书　英语》(译林)目录

　　该教材每个单元由 7—8 个板块构成,板块数量和内容根据年级和教材难度
而异,但每册教科书设计了固定不变的 5 个板块,分别是"故事时间"(Story
time)、"娱乐时间"(Fun time)、"卡通时间"(Cartoon time)、"检查时间"
(Checkout time)、"打钩时间"(Ticking time)。其余 2—3 个板块根据学生的年龄
和学习特点机动安排,板块内容在每册课本中多有不同,在每个单元中也可能存
在差异。"故事时间"通过对话、短文、短剧等帮助学生掌握基本的英语语言知
识,培养基本的语言技能,具备用简单英语进行交流的能力;在此基础上促进思
维能力的发展,提高综合人文素养。五至六年级课文增加了阅读理解活动,以检

测学生对课文的掌握情况,培养学生的阅读理解能力。"娱乐时间"通过趣味性、互动性较强的语言实践活动(如游戏、制作、表演、调查等)帮助学生操练并掌握本单元所学主要词语、句型和日常用语。"卡通时间"通过趣味卡通故事,帮助学生强化语言知识、训练语言技能,培养学生的阅读理解能力以及剧本表演能力等。"检查时间"分布在三年级上册至六年级下册,是语言实践活动板块,以多样的形式考查学生对本单元所学语言知识的掌握情况,同时帮助学生巩固所学内容,提高语言技能。"打钩时间"分布在三年级上册至六年级下册,是自我评价板块,引导学生评价与反思自己对本单元所学内容的掌握情况,调控学习进程。

　　该教材另有 6 个板块设置在不同年级的课本中。"歌谣时间"(Rhyme time)分布在三年级上册至四年级下册,通过歌谣丰富学习形式,帮助学生巩固所学内容;"语法时间"(Grammar time)分布在五年级上册至六年级下册,归纳本单元新授词语和句型,帮助学生理解并掌握相关语法知识;"文化时间"(Culture time)分布在五年级上册至六年级下册,以图文并茂的形式呈现中外文化的异同,帮助学生拓宽视野,提高跨文化交际意识和能力;"字母时间"(Letter time)帮助学生从音、形两个方面熟练掌握 26 个字母;"歌曲时间"(Song time)通过歌曲,激发学生的兴趣,活跃学生的身心;"语音时间"(Sound time)帮助学生进行正确的语音训练。图 15 - 27 为六年级(下)的部分内容:

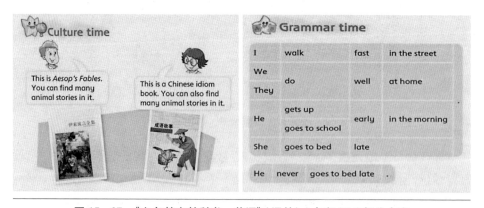

图 15 - 27 《义务教育教科书　英语》(译林)六年级(下)部分内容

　　教材每册设置了两个"课题"(Project),书后附有"学习提示"(Learning tips)和"词汇表"(Word lists)。"Learning tips"通过简要的提示,引导学生逐步掌握有效的学习方法,养成良好的学习习惯,提高学习效率;同时介绍一些英语基础知识。Project 综合语言实践活动板块,引导学生通过体验、实践、参与、探究和合作等方式,综合运用前几个单元所学的语言技能和语言知识,完成学习任务,培养学生用英语做事情的能力、开放性思维和创新意识。每册书后的"Learning tips"对各单元的"Learning tip"板块内容做出具体说明,"Word lists（Ⅰ）"按照词汇在单元中出现的次序排列,"Word lists（Ⅱ）"按照字母顺序排列词语,并注明词汇在教科书中的出处。

2. 教材特色

教科书在各单元后设置了"自我评估"板块。评估的内容涉及单元话题、语法结构和功能,以及语音的掌握情况。结合小学生的年龄特点,自评框内设置了"3 颗星""2 颗星"和"1 颗星"的评价标准。译林教科书自我评估的设计,体现了学生在评价中的主体地位,引导学生发现和分析各单元学习中的具体问题,主动反思和调控自己的学习策略,不断明确努力的方向。

自我评估设计能激发学生的学习主动性和学习意识,帮助学生了解自己的强项和弱项,更好地自我管理学习。评价也是英语课程的重要组成部分,科学的评价体系是实现课程目标的重要保障,故设计自我评估、优化评价机制是译林教科书的优点。

教科书有较为丰富的配套资料,包括《教师教学用书》《补充习题》《课课练》《词汇手册》、教学光盘、教学录音带、挂图、卡片等。这些材料各具特色、各有侧重、优势互补,构成一个有机的整体。

（五）《九年义务教育课本　英语（新世纪版）试用本》

《九年义务教育课本　英语（新世纪版）试用本》由上海外语教育出版社 2008 年 1 月发行第 1 版,2013 年 11 月第 7 次印刷。小学阶段包括一年级至五年级,每学期一册课本,五学年共 10 册课本。课时安排方面,1—2 年级分别 102 课时,每周 3 课时;三年级一共 136 课时,每周 4 课时,4—5 年级分别 170 课时,每周 5 课时。

1. 教材的编写理念与内容结构

该套教材根据上海市中小学（幼儿园）课程改革委员会制订的《上海市普通中小学课程方案》(以下简称"课程方案")和《上海市中小学英语课程标准（征求意见稿）》(以下简称"课程标准")的指导思想和教学理念编写而成。《课程方案》指出,中小学课程体系应以"教育要面向现代化,面向世界,面向未来"和"教育必须为社会主义现代化建设服务,必须与生产劳动相结合,培养德智体全面发展的社会主义事业的建设者和接班人"为指导思想[1]。

---

[1] 上海市中小学课程改革委员会. 上海市中小学英语课程标准(征求意见稿). 上海: 上海教育出版社,2004.

　　上海市普通中小学课程的基本理念是"以学生发展为本,坚持全体学生的全面发展,关注学生个性的健康发展和可持续发展"。课程要为学生提供多种学习经历,丰富学习经验;以德育为核心,注重培养学生的创新精神、实践能力和积极的情感;拓展基础内涵,加强课程整合;完善学习方式,拓展学习时空;赋予学校合理的课程自主权,形成有效的课程运行机制。①

　　小学英语《课程标准》的课程理念主要包括 6 个方面:1)为提高学生多元文化背景下的交际能力奠定良好基础;2)为不同学生的发展需要设计有选择性的英语课程;3)为学生提供具有生活性、时代性和文化性的课程内容;4)为学生营造良好的英语课程实施环境;5)为促进学生学好英语建立多元而有层次的激励性评价制度;6)为教师适应英语课程改革创设新的专业发展机制。这一课程理念内涵丰富,包括跨文化交际能力、个性化学习、课程内容的时代性、课程评价和教师发展等不同层面,和英语课程"知识与技能、过程与方法、情感态度与价值观"等 3 个方面的目标系统相辅相成。

　　教材设置了 8 位主要人物(5 个男生、3 个女生),很多故事场景围绕这些人物展开。一至三年级的教科书体例基本相同,设置了 12—14 个单元,最后附上每个单元的《词汇表》(Word Bank)。从四年级开始,在单元内容之后,增加了"阅读"(Reading)和"项目"(Project)板块。图 15 - 28 为该套教科书三年级第一学期的封面、目录和人物插图:

图15 - 28　《九年义务教育课本　英语(新世纪版)试用本》封面、人物、目录

---

　　① 上海市中小学课程改革委员会.上海市中小学英语课程标准(征求意见稿).上海:上海教育出版社,2004.

教材包括"大剧场"(Grand Theatre)、"农场"(Farmland)、"奇境"(Wonderland)、"音乐盒"(Music Box)、"游乐场"(Playland)、"儿童宫殿"(Kid's Palace)等版块。

"大剧场"版块贯穿于一至五年级各册各个单元,一、二年级的课本每个单元另有"农场"或"奇境",从三年级开始则逐步增加"音乐盒""游乐场""儿童宫殿"等内容。大剧场侧重激发儿童的兴趣,挖掘儿童表演的能力,由"听和演"(Listen and Perform)、"读和演"(Read and Perform)等组成,三年级开始增加了"问与答"(Questions and Answers)等提高语言技能和促进情感态度和思维能力的内容。通过这个主要版块,帮助学生掌握了代词、数词、名词、冠词和时态等语言知识,同时学会用英语打招呼和介绍等。"农场"版块则以句子学习为主,内容同样贴近学生的生活,包括动物、周末休闲、家庭生活和社会实践等话题,通过这些话题将语言学习和现实生活有机联系起来,增强学生的英语应用能力。"奇境"版块以词汇学习为主,内容贴近学生的学习和日常生活(例如体育运动、图书馆和水果等);到小学高年级,为每个词汇附上一个例句,帮助学生从词汇的掌握过渡到造句的能力。"音乐盒"与"游乐场"版块以歌曲和诗歌类内容为主,注重提升小学生的英语学习兴趣。在小学高年级增加了国际音标的学习内容,将语音学习和说唱表达能力相结合,起到"润物细无声"的教学效果。"儿童宫殿"版块旨在培养学生的篇章阅读能力。在每篇文章之后,设计单词填空或者正误判断题,考察学生理解和分析句子和语篇的能力。

图 15-29 为五年级第一册课本"儿童宫殿"和"奇境"的部分内容:

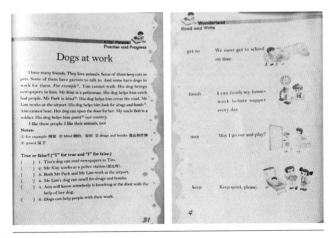

图 15-29　《九年义务教育课本　英语(新世纪版)试用本》
五年级第一册部分内容

在四、五年级的课本后面,附有"项目"(Project)环节,以做手工的方式拓展英语学习活动。为了制作树叶、雪人、闹钟、圣诞节铃铛等事物,学生需要阅读操作说明,巩固词汇学习,增强解读句子的能力,在实践中操练英语知识。

2. 教材特色

《九年义务教育课本 英语(新世纪版)试用本》是 21 世纪以来众多小学英语教材中具有十分鲜明特色的一套教材。

1)知识与技能分版块设计。在语言知识学习方面,该套教材一年级没有安排语音和字母学习环节,从二年级上册开始进行字母的识读和拼写。二年级下册在巩固字母拼写的基础上增加了单词拼写,这些内容主要安排在"奇境"版块。语音知识的接触安排在三年级课文的"音乐盒"版块,在三年级第一学期课本中设置了单个字母的读音识别,在第二学期课本中设置了字母及其组合的读音训练,而国际音标内容则安排在四年级学习。图 15-30 中,左为三年级第七单元,右为四年级第五单元:

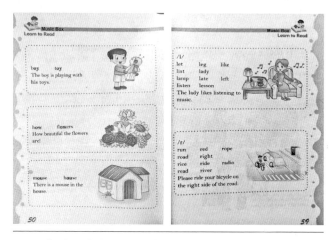

图 15-30 《九年义务教育课本 英语(新世纪版)试用本》部分单元内容

该套教科书侧重听、说、读、写技能的培养,每个版块各有特点,其中:"大剧场"设计了多种英语活动,训练英语表达和阅读;"农场"版块安排了不同话题的对话;"音乐盒"和"游乐场"以歌曲和小诗为主;"儿童宫殿"侧重篇章阅读能力的培养。当然,各个版块的功能并非完全分离,也存在一定的重叠。

2)先听说、后读写的方法。本套教科书在小学入门阶段采取"听说领先"的方法,鼓励学生开口,通过"大剧场"锻炼学生朗读和表演的能力,让学生通过模仿和口头练习掌握语音和词汇的表达,增强了学生说英语的自信心。

在朗读和表演的基础上,逐步过渡到单词的识别和拼读阶段,并从单个词汇的学习拓展到词汇后附上的例句,让学生能熟练造句。学生具备了这种能力后,才能继续进一步的篇章阅读,并正确回答篇章后的问题。

在能听、能说、能读的基础上练习写。教科书首先安排了字母的书写练习,之后是词汇的书写。这样从易到难的过程能够帮助学生适应英语的书写习惯,为单词、句子和短文的书写打下牢固的基础。教科书引导学生在"听说先行,读写续上"的学习方式中,掌握英语学习的策略,形成自主学习、探究式学习和合作学习的能力。

3) 情感态度与德育。该套教科书贯彻《上海市中小学英语课程标准》要求,注重培养小学生学习英语的情感和态度,让他们喜欢英语听说等活动,愿意了解外国社会生活的基本情况,并且在课堂上积极参加教师组织的活动,与同学协作互助。因此,课本精心设计了单元版块,每个单元由多种场景构成,在每个场景中安排相应的学习内容,这样的版块设计充分考虑到小学生的各类特点,通过表演和歌谣等形式增强语言学习的趣味性。另外,教科书插图设计简洁明快、生动活泼、图文并茂,能够从视觉效果上吸引小学生的注意力。

同时,教科书也注重将德育和价值观教育融入语言学习之中。《上海市中小学英语课程标准》在注重语言知识传授之外,强调培养学生积极主动的学习态度,在教授基础知识与基本技能的同时,让学生学会形成正确的价值观。课本在选材方面融入亲情、友情、理想、互助、合作等题材。图 15 - 31 为五年级第二册第一单元和第四单元,倡导的是乐于助人的精神:

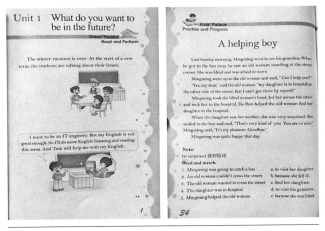

图 15 - 31　《九年义务教育课本　英语(新世纪版)试用本》部分单元内容

4）融合跨学科的知识，内容体裁多样。本套教科书融合了多学科的知识，将数学、美术、音乐、生物和体育等知识贯穿在各册课文中。教科书以符合小学生年龄、心理和认知的方式，教材在不同的单元穿插这些跨学科知识，有利于学生通过英语学习促进全面发展。另外，对话、短文、短诗、歌曲、故事等各种体裁有利于丰富学生的英语学习活动。

该套教材的不足在于有关双向文化交流的内容偏少。其中：饮食文化的词汇主要是三明治、面包和汉堡等西方食物，介绍中国本土特色的美食内容偏少；代表性建筑和科技文明介绍以上海本地为主，如东方明珠电视塔、上海磁悬浮列车等，中国其他地区涉及不多，且介绍世界其他国家和地区的内容也偏少；以城市生活为主，对农村学生及其日常生活的关注不多。

第五节　总结与展望

21世纪以来，我国中小学英语教材经历了两次课程改革。根据2001年7月《英语课程标准（实验稿）》编订的小学英语教材，与新世纪以前的外语教材相比，在教学体系、编排方式、教学内容、活动设计、教学评价以及版面设计等方面都发生了很大的变化，较好地体现了新的课程理念，具有以下特点：

1）排版设计符合现代印刷发展潮流。2）突出交际法。3）教科书的编排形式多样，包括纵向、横向、直线式、循环式、单元式、矩阵式、故事线索式等，以"话题—功能—结构—任务"相结合的方式编排，符合小学生的学习规律。4）充分注重学生的发展，突出学生的主体地位。5）内容取材广，贴近学生生活和现代社会生活；使用的语言材料富有时代气息，话题范围广泛，信息量大；注重知识的融合，渗透其他学科知识。6）教科书辅助资源丰富，均配有教师用书、练习册、活动手册、配套读本、录音带、挂图、卡片、多媒体光盘等，许多出版单位甚至还提供了相关的网上资源。

2011年课程标准提出，"义务教育阶段的英语课程具有工具性和人文性双重性质"，英语学习不仅是国际交往和科技、文化交流的重要工具，也能帮助学生形成"开放、包容的性格，发展跨文化交流的意识与能力，促进思维发展，形成正确的人生观、价值观和良好的人文素养"。这一时期教材的编撰注重学生的综合素质的发展，以此为出发点和归宿。教材在内容、结构体系、程度与分量、理论与实践、活动与任务的设计上，都力求符合学生生理和心理发展的特点，以充分激发其学习兴趣。教材内容贴近学生的生活和现代社会生活，如交友、旅游、语言、音乐、卫生、体育、文化、戏剧、幽默、娱乐、节日以及对未来的憧憬等,都易于引起学生的思想共鸣,具有较强的感染力。教材中的语言材料富有时代气息,话题范围广泛,信息量大,有助于开阔视野、提高学生的人文素养,帮助他们树立正确的人生观、世界观和价值观,培养他们高度的社会责任感,提高独立思考和判断的能力,培养创新精神和实践能力,发展与人沟通和与人合作的能力,增进跨文化理解和跨文化交际的能力。

教材采用"功能—意念"的编排结构,利用"话题"和"任务型"活动相结合的教学方法,教学单元以话题为中心开展听、说、读、写的活动,设置了真实而生动的情景,以调动学生的积极性,促使他们提高获取、处理和使用信息,用英语交流,用英语做事和解决实际问题的能力,同时使学生获得并积累经验,逐步形成综合运用英语的能力。

多数小学教材不拘泥于一种教学方法,而是采取了综合的教学方法,帮助学生发展多元智能。通过审定的教材中几乎都包含结构法、视听法、交际法、认知法、全身反应法、暗示法等方法,可谓兼收并蓄、集各家所长。设计的活动形式多样,活泼有趣,有视、听、说、读、写、唱、游、玩、演、做、画等。教材中的这些活动彻底改变了课堂上以教师为中心的模式,利用静和动结合、基本功操练和自由练习结合、单项和综合练习结合的活动,让师生之间和学生之间能充分交流。学生多种感官并用,积极思考,通过感知和体验的方式在实践中学习和掌握语言。

教材充分考虑学生已有的知识和经验,引导他们自主学习。教材的目录向学生展示教学内容、教学目标,帮助学生制订学习计划、设定评价指标。每单元的最后部分要求学生总结学习的内容,并进行自我评价,引导学生主动学习、自我激励和自我监控。

教材利用学生已有的生活经验、学习经验,甚至英语语言基础,使用探究式的方法来呈现新的语言材料,主要做法有:热身运动(warming up)、引入(introduction)、读前提问(pre-reading questions)、发现有用的结构(discovering useful structures)、调查(survey)、动脑思考(brainstorming)、采访(interview)、实验(experiment)、智力小测验(quiz)、探索(exploration)、讨论(discussion)和辩论(debate)等,使学生通过学习过程获得情感体验,构建知识,掌握解决问题的方法,这是传统的接受式学习所难以做到的。部分中学英语教材在创设探究式学习的情境方面已有突破,为学生主动参与教学活动、自主学习提供空间,如让学生看图编故事、根据情景编对话、解决难题和猜谜等。学生不仅可以从中感悟和体验英语,而且能够激活思维,开启心智,大胆想象,敢于批判,培养创新精神。

教材普遍运用结对活动(pair work)和小组活动(group work)的形式来解决

因班级大而导致学生言语实践量不够的问题。这种合作学习方式不仅提高了课堂教学效率、增加了学生的活动频率,而且对提高学生的素质也有重要的意义。外语教材中有形式多样的小组活动,如角色表演(role play)、游戏(game)、做手工(making things)、任务(task)、项目(project)、演剧(drama),以及讨论、辩论等。这些活动要求学生在独立思考的基础上,分工负责,相互沟通与配合,培养团队意识和集体观念。这样,就可以改变学生由于长期处于个体竞争的学习状态所容易形成的自私、狭隘和孤僻的性格。在合作学习的过程中,加强不同程度学生的互相帮助,不仅可以帮助教师解决班级差异的难题,促进学生的情感和责任感体验,而且可以培养学生的领导意识、社交技能和集体价值观。这些难以用笔头测试、测量出的素质在合作学习的过程中可以悄然形成。这种素质终身受用,是一种持续发展的能力。

教材注重学科之间的融合。语言既是文化的载体,也是交流的工具。学生学习外语最终是为了用语言吸取和处理信息。因此,外语教材应具有较强的跨学科的性质。小学英语教材也已突破日常交际活动的范畴并渗透了其他学科的教育,如思想品德、社会、自然、体育、音乐、美术、医学、历史、地理、人口教育、环境保护、法制教育、信息技术、航天技术、天文气象等。具有学科融合特点的教材可以开阔学生的视野,满足他们求知的欲望,而且能够引导学生面向社会、了解世界、增强国际意识。学科融合也体现了外语课程的拓展性和开放性。

系列配套资料增强了教材的可选择性、拓展性、灵活性和开放性。作为英语课程资源重要组成部分的教材,已不再仅仅是一本教科书了,还包括学生用书、教师用书、练习册、活动手册、配套读物、录音带、录像带、挂图、卡片、多媒体光盘等,以提供丰富的教学资源。许多教材的出版单位还建立了网站。学生可以网上自学,消除了课堂上紧张、焦虑的情绪,使学习个性化;教师也可以利用网站帮助自己备课和开展教研活动。有些中小学英语教材特制了教学示范光盘,并通过电视台播放"空中教室",为师生展示优秀的课堂教学,实现优质资源共享。

教材增强了学习评价过程。评价是英语课程的重要组成部分,科学的评价体系是实现课程目标的重要保证。但是长期以来,教学与评价是脱节的。评价往往重视结果,而不重视过程。实验教材已开始注意扭转这个倾向。为了体现学生在评价中的主体作用,帮助学生反思和调控自己的学习过程,教材配有评价手册并附有评价的样本和行为评价的方法,帮助学生学会自我评价,分析自己的成绩和不足,以激励学生有效管理自己的学习过程。同时,也能使教师获取教学的反馈信息,不断改进教学。

教材的版式设计质量有了明显的提高。21世纪以前,多数中小学教材印刷质量低劣,纸张粗糙,版面不规范,插图不够精美,严重影响了学生的视力和审美观。新的英语教材普遍采用四色胶印,版面设计新颖,插图精美,足以激发中小学生的学习热情。

当然,小学英语教科书也存在一些问题,主要表现为:

1)教科书的编写上过于追求版面时髦花样,忽视教科书的规范。2)教科书的编写思路倾向于淡化语言基础知识,对语言知识和语法不够重视。3)教科书中语言不够真实。一是语言情景的真实性问题,二是语言本身的真实性问题。4)对国外引进教科书的改编存在一些问题,如语言输入量大、难度高、文化内容具有局限性、反映的往往是某个区域的文化等。5)教科书的词汇量偏低。①

---

① 包天仁.探究小学英语发展之路——陈力老师访谈录.基础教育外语教学研究,2017(09):6-9.

第十六章
高校英语专业和大学英语教材
（1949—2000）

第一节　新中国成立至改革开放前的英语
专业教材（1949—1977）

新中国成立之初,由于中苏关系密切,俄语教学受到重视,英语专业教学快速萎缩。1958 年开始"教育大革命",学校大搞政治运动和生产劳动,英语专业教学进一步遭到破坏。整个 50 年代英语教材中,最值得一提的就是 1949 年后首套国内自编的英语专业教材——《大学英语课本》。60 年代初,我国的英语专业教学获得了短暂的发展,出现了一套影响深远的经典教材——许国璋《英语》。1966 年至 1976 年"文革"期间社会政治形势起伏不定,教育政策也随着接二连三的政治运动朝令夕改,对我国的英语教育造成了重创,这一期间的教材大多呈现明显的政治化倾向,科学性不足。

一、英语专业教材发展 30 年概述

新中国成立之初,我国开始全面学习苏联,外语教学以俄语为主。据统计,"1951 年 52 所文科高校正在编写或编译的外语类新教材共有 98 种,但俄语占多数"①。1952 年开始的院系调整中,全国大多高校的英语系科被撤销或合并,英语专业教学和教材进一步萎缩,教材寥寥可数。由于政治上向苏联靠拢,教育教学上也开始照搬苏联模式,在英语教学上也会使用一些从苏联直接引进或编译过来的教科书,如 *Advanced English*（1954,详情参见表 16‑1）、《英语法》（格

---

① 李良佑,张日昇,刘犁. 中国英语教学史. 上海：上海外语教育出版社,1988：481.

鲁金司卡娅等著、洪宝林编译,人民教育出版社,1954)、《英语语法》(M. 甘希娜等著、朱基俊等译,中华书局,1954/时代出版社,1956)、《英语词汇学》(伏尔诺等著、彭京译,商务印书馆,1959)等。除这些来自苏联的课本和语法书外,还有极少数作为课外读物的英文经典小说改编本,如时代出版社的《简易英语读物》系列(参见表 16-1"其他")。

图 16-1 新中国成立初期部分国外编译和引进教材

整个 50 年代公开出版的国内自编英语专业主干教材,目前有据可查的仅有陈琳、杨树勋、王光宗等人合编的《大学英语课本》(1—2,时代出版社,1956—1957)。1958 年推出修订版①前,初版教材经过了 5 次印刷,可见该教材在当时使用较为广泛。虽然主干教材仅此一套,这一时期使用的语法教材较多。除编译苏联的语法书外,新中国成立之初还对民国时期的语法书进行再版发行,如龙门联合书局于新中国成立前出版的《高级英语法》(*A Senior English Grammar and Idiom*,缪延辅,1947)于 1950 年 9 月推出了第 4 版;也有新中国成立后新编的语法书,如缪延辅编写的《高级适用活的英语法》由中华书局于 1950 年 8 月首次出版发行。

50 年代末期出现了一部影响深远的语法书:张道真的《实用英语语法》。该书由时代出版社于 1958 年首次出版;60 至 80 年代由商务印书馆多次修订再版,90 年代后由外语教学与研究出版社继续修订再版,2002 年推出的《实用英语语法》(最新版)截至 2018 年已印刷 38 次,流行至今。该书是我国英语语法研究最具权威性的著作之一,因内容丰富实用而广受读者欢迎。

① 修订版更名为《大学一年级英语课本》(上、下)。

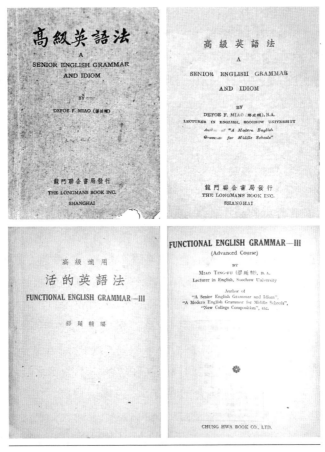

图 16-2 新中国成立初期沿用民国时期的语法书

1957 年 11 月 13 日,《人民日报》发表社论,提出"大跃进"的口号。1958 年 5 月党的八大二次会议正式通过了社会主义建设总路线,号召全党和全国人民争取在 15 年或者更短时间内,在主要工业产品的产量方面赶上并超过英国。会后全国各条战线迅速掀起了"大跃进"的高潮。在此大背景下,1958 年"教育大革命"开始,原本就为数不多的教材被指照搬西方文学体系和教条主义,学校大搞政治运动和生产劳动,提倡师生共编教材,强调教材要适应当前的国家形势,提高思想性和政治性。因此,编写的教材政治意味较浓,教材语料多来源于由汉语译成英语的政论文,语言不够地道,也不成体系,科学性不足。1958 年 10 月出版的《大学一年级英语课本》(原《大学英语课本》修订版)前言中写道:"大部分课文都是新写的,使它们更能反映我国社会主义建设日新月异的面貌;语法进度适当加快……很多高等院校的英语专业提出了英语教学'大跃进'方案。现在看来,本书进度虽然比初版有所加快,但跃进的速度还是很不够的,希望使用本书的教师和学生同志们多多提出改进意见,使我们能在下次再版时把它修改得更符合'大跃进'后新形势的要求。"在"大跃进"的背景下,英语教材在语言知识的循序渐进、合理复现等方面缺乏科学的设计,不符合语言学习的规律,因此这些教材的生命力都不强。

1961 年 4 月召开的全国高等文科和艺术院校教材编选计划会议(简称"文科教材会议")总结了新中国成立以来高校文科教育的经验教训,系统部署了文科专业的培养方案,包括教材编写计划。会后教育部成立了高等学校文科教材编审工作办公室,主持教材编写工作。该工作办公室下设外国语言文学专业组,负责新的英语专业教材编写工作,英语专业教材获得了短暂的初步发展,许国璋主编的《英语》(1—4)①教材应运而生。该套教材首次出版于 1963 年,后在 20 世纪 90 年代初进行了修订,经久不衰,是英语初学者最受欢迎的教材之一。

经过 60 年代初的短暂发展,"文革"前夕英语专业教学再次受到干扰。李良佑等在《中国英语教学史》一书中回顾我国不同历史阶段的中学和大学英语教学历程时曾写到②:"1964 年起,'左'的路线再次干扰教育路线。由于强调阶级斗争,强调'为无产阶级政治服务',外语教材中一些西方文学作品又被赶出课堂,配合当前政治形势的政论文和译文又在教学中不断增多。"在"左"倾政治思想的影响下,阶级斗争成为社会的主论调,仿佛又回到了几年前"教育大革命"的时代,西方文学作品在外语教材中销声匿迹,取而代之的是越来越多的政论文。1965 年 3 月,高教部发出《关于准许外语教材选用毛主席著作的通知》,并在召开的专门会议上提出"正式教材应该增加革命性的内容,也可以选一些资产阶级上升时期和揭露资本主义社会黑暗的作品"③。自此,英语专业教材中毛主席著作以及我国对外发表的各种政论文章的译文开始占据很大的比例。

1966 年开始的"文化大革命"使我国高等教育遭受重创,其发展规模、招生数量、教学质量等均受到很大影响④,外语教材建设停滞不前。外报外刊、外台广播、外文原版电影等被视为禁区,原版教材被认为含有大量"封、资、修"毒素,因此教材中采用的主要是译文,且充斥着大量的政治口号⑤。

---

① 该套教材后续又增加了第 5—8 册,其中第 5、第 6 册由北大俞大綱主编,第 7 册由复旦徐燕谋主编,第 8 册由上外杨小石主编。
② 李良佑,张日昇,刘犁. 中国英语教学史. 上海:上海外语教育出版社,1988:484.
③ 付克. 中国外语教育史. 上海:上海外语教育出版社,1986:84.
④ 戴炜栋,胡文仲主编. 中国外语教育发展研究(1949—2009). 上海:上海外语教育出版社,2009:16.
⑤ 同③86-88.

"文革"期间的英语专业教材发展几乎无踪可循。李良佑等在谈及该时期的英语专业教材情况时仅一笔带过:"'文革'期间,'左'的路线愈演愈烈,外语教材中'左'的成分有增无已,这里恕不赘述了。"①搜索这一时期出版的英语专业教材,仅发现一套北京大学西语系编写的《大学基础英语》(1—3),由商务印书馆出版。从编写体例上看,该教材较为科学全面,兼顾字词、语法、阅读、翻译练习及日常口语,然而在语言内容上仍较多选用政论文。

表 16‐1　中华人民共和国成立至"文革"结束期间的英语专业教材

书　名	册数	主　编	出版机构	年代
精　读　课　本				
高级英语 (Advanced English)	1—2	Л. ТОДД, Е. ДРАГУНОВА, З. ЦВЕТКОВА, Е. КОФ(第1册);Э. Каар, Г. Уайзер, Л. Тодд(第2册)	外文文学出版社(苏联)/时代出版社	1947—1948/1954
大学英语课本	1—2	陈琳、杨树勋、王光宗	时代出版社	1956
大学一年级英语课本	上、下	北京外国语学院大一英语课本编写小组	时代出版社	1958
英语精读课本	1—3	北京外国语学院英语系三年级教学小组	商务印书馆	1963—1964
英语	1—4	许国璋	商务印书馆	1963
英语	5—6	俞大纲	商务印书馆	1964
大学基础英语	1—3	北京大学西语系英语教研室	商务印书馆	1973、1974、1978
语　法				
高级适用活的英语法 (Functional English Grammar—Ⅲ)	1	缪延辅	中华书局	1950

① 李良佑,张日昇,刘犁.中国英语教学史.上海:上海外语教育出版社,1988:484‐485.

续　表

书　　名	册数	主　编	出版机构	年代
初等英语法 （*Elements of English Grammar*）	1	刘崇	中华书局	1951
英语法	1	格鲁金司卡娅等著，洪宝林编译	人民教育出版社	1954
英语语法	1	M.甘希娜、N.瓦西列夫斯卡娅著，朱基俊等译	中华书局/时代出版社	1954/1956
实用英语语法	上、下	张道真	时代出版社	1958
英语语法手册	1	薄冰	商务印书馆	1964
词　　典				
英华大词典	1	郑易里、曹成修	商务印书馆	1950
英语惯用法词典	1	葛传椝	时代出版社	1958
其　　他				
英语简易读物： *Mary Barton*（*Adapted*）	1	E. Gaskell	时代出版社	1957
英语语音简明教程	1	葆青	商务印书馆	1959
英语词汇学	1	伏尔诺等著	商务印书馆	1959
英语简易读物： *Silas Marner*（*Adapted*）	1	George Eliot	时代出版社	1962
英语简易读物： *Gulliver's Travels*（*Adapted*）	1	Jonathan Swift	时代出版社	1962

　　表16-1汇总了中华人民共和国成立至"文革"结束期间出版的主要英语专业教材。由此可见，该时期的英语专业教学主要是围绕精读课本展开，辅以语法书、词典等资料。北京大学西语系张祥保（1983）在谈到专业教学中的精读教学时指出："三十年来我们基础教学中最突出的一环是精读课。"她对当时出现的

精读教学属于"老式"的方法,"有碍于英语学习"等论断进行了驳斥,论述了精读教学的目标,亦即教材编写的指导思想:

> 我们的目标是:1)使学生掌握英语的基本形式;2)为进一步提高而打好基础、指导学习方法。我们说的语言形式是指……句子的结构,和结构词及其他常用语的搭配,构词法等。掌握了这些,学生能说、能写正确的句子。如果有错误,能自己意识到错误何在。在读、听过程中遇见问题时,他能按上下文的意思、凭自己学到的语法、语音、构词等方面的知识,通过推测或借助词典,对这些问题加以解决,达到精确理解。我们说的打好基础和指导学习的意思是:学生在学习、掌握基本知识的过程中培养一些好的学习习惯、学会一些有效的学习方法。通过做各种练习,他必然会认识到哪些该是学习的重点,必须记住,哪些可以一掠而过。一篇文章中哪些是关键字、关键句,哪些是陪衬。这样他就有条件从大量的听、读材料中吸取新的语言材料,有条件学会运用所学到的语言材料。①

这段论述既说明了精读教学的两大目标,也说明了精读教学和学习的方法,即通过"精耕细作"的逐句细读、教师讲解、查字典、做练习、背记等过程,掌握语音、词汇、搭配、句法等英语语言知识,达到精确理解,辨识篇章重点,掌握学习方法,并为自主学习其他语言材料奠定知识和方法基础。与这样的教学和学习过程相对应,同时期的教材也主要分为精读课本、语法语音教程和词典(参见表16-1)。

二、陈琳等《大学英语课本》(1956)

陈琳(1922年出生于江苏),北京外国语大学教授,我国著名外语教育家,曾获全国科教兴国贡献奖、全国老有所为奉献奖等,2018年被授予"全国优秀教师"荣誉称号,享受国务院一级特殊津贴。自1950年进入北京外国语学校(现北京外国语大学)任教至今,陈琳从事外语教育工作70余载,兼任国家语委咨询委员会会员、国家语

陈琳

---

① 张祥保.对英语基础阶段精读课的一点想法.教学研究,1983(1):11-14,32.

委外语中文译写规范专家委员会顾问、全国基础教育课程教材专家委员会委员、北京市国际语言环境建设工程专家顾问团荣誉团长等职,曾参与《毛泽东选集》英译本翻译、中央广播电视大学筹建等工作。

在70多年的外语教育生涯中,陈琳一直致力于英语教材的编写和普及,为新中国的英语教材建设和外语教育发展做出了卓越贡献。1955年,他受命主编新中国第一套高校英语专业通用教材《大学英语课本》。1961年,参加教育部外语教育改革会议,随后担任"一条龙外语教学"工作的负责人,主持英、俄、德、法、西、阿拉伯6语种的全国通用"一条龙"式外语教材的编撰工作。1978年,经教育部指定,担任新中国第一档向全国播放的电视广播英语课程节目的主讲人,持续授课五年,并撰写了《广播电视英语课程》(1—4)、《广播电视英语课程课外读物》(1—4)等相关教材。该节目顺应了改革开放后全国人民学习外语的需求,掀起了全民学英语的热潮,《广播电视英语课程》教材仅在北京地区就发行了1,500万套,社会影响广泛。1999年,他受教育部委托,主持国家基础教育阶段《英语课程标准》的研制,我国第一套依据国家课程标准编写的小初高"一条龙"英语教材由此诞生。2013年,陈琳将数十载的英语教学实践经验和心得进行了总结梳理,出版了专著《辩证实践外语教育途径》。

《大学英语课本》由教育部委托北京外国语学院(今北京外国语大学)和北京大学编撰,陈琳、杨树勋、王光宗共同编写。"五五年八月,稿成以后,曾以'试用本'名义在各院校试用一年"(参见第1册教材前言),后参照各院校的意见修改定稿以后,由时代出版社于1956年至1957年间先后出版发行。这是新中国成立后由国内学者编写的第一套英语专业教材,结束了此前依赖苏联引进教材

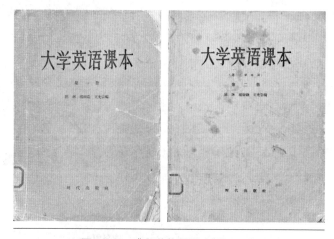

图16-3 《大学英语课本》(1—2)

的局面。教材共两册,分别供大一、大二两学年使用。第 1 册 42 课,第 2 册 19 课,两册书中的课次连续标号,总计 61 课。第 2 册书末附有全套书的总词汇表,词汇总量约 1,200。每课主要包含课文、语音和语法 3 大部分正文内容,并分别配套相应练习。

《大学英语课本》为零起点教材。编者在出版前言中写道:"鉴于目前中学毕业生学过的英语不多,或虽学过而基础甚为薄弱,本书采取'从头教起'的办法。"虽说是大学英语教学,实则相当于零基础教学了。掌握语音是学习一门外语的基础,因此"从头教起"的教材自然应从教语音开始:教材第 1 册共 42 课,其中前 30 课为专门的语音教程。

从编写理念看,《大学英语课本》以苏联自觉对比法为指导思想,采用以课文为中心、以语法为纲的教材编写体例。自觉对比法主张在读写的基础上开展多种语言活动,以求从自觉的知识理解达到不自觉的语言运用。要"自觉",就要对母语和外语进行对比,以克服母语的负迁移,把握外语的特点,从而为"不自觉"打

課	課文	語音	語法	頁
43	The New Term Begins	語音提要: 关於 -alf -alm, -ass, alt 等中的 a 的發音規則	過去進行時	1
44	Chairman Mao and the Wounded Soldier (I)		定语从句	14
45	Chairman Mao and the Wounded Soldier (II)		主语从句, 关系从句, 带关系副词一名的从句	24
46	Alexander Matrosov		数与语态: 规则与不规则动词	34
47	My Aunt Lena (I)	語音提要: 关於双音節词的重音规则		46
48	My Aunt Lena (II)	多音節詞的重音规则	社合句/句法小结	56
49	Ehrenburg's Farewell Speech to China		现在完成时	67
50	Shopping	多音節詞和的句子的語調		81
51	Showing a Friend round Peking		过去将来时	96
52	Back in my Home Town		过去完成时	107
53	A Sports Meet	插入語的語調	动词不定式用於小结	116
54	May Day in Peking		双宾语用法小结	130
55	Sook Cha, the Dancer (I)		直接语气与間接语气	142
56	Sook Cha, the Dancer (II)	无句子重音的词的强式与弱式		154
57	Hunting for a Job		时态的搭配	166
58	The Game (I)			179
59	The Game (II)		构词法小结	191
60	"Ours is a Free Country"	語調复習 (2)	动词的人称形式	206
61	Lu Haun	关於"完普学习组合"的語調, 无句子重音的词的强式与弱式 (II)		220
总词汇表				255

图 16-4　《大学英语课本》
(第 2 册)目录

下基础。"对比"的手段是翻译,内容是以语法为核心的语言知识。章兼中等[①]总结了 20 世纪 50 年代苏联出版的按照自觉对比法思想编写的 5 套代表性外语教材的共同点:

　　1)每课都有详细的语言理论知识解释;2)以语法为纲来排列和组织教材;3)语言理论解释常分语法、词汇、语音、修辞几个方面进行,有时还做相应的专门训练;4)理论知识均用母语解释,并做体系性或个别语言现象的两种语言(外语同母语)的对比,并充分利用翻译作为讲解手段;5)在练习部分,语言练习、翻译练习都占相当大的比例。以上特点在《大学英语课本》中均有充分的体现。[①]

---

①　章兼中,王武军,俞约法.国外外语教学法主要流派.上海:华东师范大学出版社,1983:81-82.

表 16-2 陈琳等《大学英语》内部版块设置

课次	模 块 名 称			
1—4	语 音		练 习	
5—30	课 文	语音和/或语法	练 习	
	课 文	语 音	语法	练 习
31—61	生词列表 补充词和词组 课文注释	/	/	语音练习(朗读音标、词句、听写段落音标、标注语音、语调等) 语法练习(补全句子、改写句子、段落填空、分析句子成分、口头问答、句子翻译、段落翻译等) 课文练习(课文回译、开放问答、句子翻译、造句、口头/书面作文等)

首先,"课文是按照语法进度来编写的,一般地讲,一篇课文所包含的语法现象,不超过该课文及其以前所讲的语法范围,偶有逾越,则在课文注释中阐明"(参见课本第1册前言)。整套教材按照由易到难的顺序由词法渐及句法,每课集中讲解一个语法点,对语法内容的安排控制十分严格,课文只允许出现当课目标语法点和此前学过的语法点。例如:第49课讲解"现在完成时",课文"Ehrenburg's Farewell Speech to China"有半数句子为现在完成时,其余为此前学过的一般时态,现摘录课文第三段如下:

I have seen soldiers reading books of poetry. I have seen smiles on the faces of textile workers in Shanghai. I have seen smiles on the faces of hard-working peasants. I have seen the great National Day parade in Peking, at which men and women, old and young, cheered Comrade Mao Tse-tung. I have seen so much that is great, so much that is fine. I cannot express it all in a few words. One can write books and books about it.

其次,每课都有详细的语言理论知识解释,且解释用语为中文,知识讲解浅显易懂,反复强调将目标语和母语进行比较的学习方法。例如:第1课"导论"中系统讲述了"语言是什么""语言的发音形式和书写形式""正确发音的意义""音素、字母、音标及读音规则""发音器官的构造及作用""元音和辅音""学习英语语音应注意之点"等内容。关于语音学习,教材中指出:"在开始学习英语语音时，首先必须通过比较法来区别英语与汉语中近似而不相同的因素。与本族语比较是学习外国语的有效方法，这一方法也适用于语音的学习。”(参见课本第 1 册第 6 页)语法讲解方面，“自觉对比”的痕迹也十分明显。例如第 1 册第 31 课是这样讲解“时态”概念的：“汉语的动词，例如‘我每天去学校’‘我现在就去学校’或‘我昨天去学校’中的‘去’字，都是一样的，本身并无形态变化来表示动作发生时间的不同。但是，英语的动词却要有不同的形态来表示不同的时间。这种为表示时间而产生的动词形态，叫做‘时态’。”(参见课本第 1 册第 153 页)更多语音和语法“自觉对比”式讲解的例子参见图 16-5 和图 16-6。

語　音

輔音音素　[f], [v]

阻碍的形势　上齒放在下唇上.
阻碍的程度　部分阻碍，气由隙縫中流出.
清　音　[f].
濁　音　[v].

英語的 [f] 音和漢語“飛”[ㄈㄟ] 里的 [ㄈ] 音相似. 不过發漢語的 [ㄈ] 音时，下唇的稍靠里面的部分貼近上齒緣；而發英語的 [f] 音时，則是下唇的中間部分貼近上齒緣. 不可以漢語的 [ㄈ] 音代替英語的 [f] 音.

中國方言中有用双唇摩擦的 [ɸ] 代替 [ㄈ] 音的，發英語 [f] 音时切要避免.

漢語“唯”[ㄨㄟ] 里的 [ㄨ]，应为双唇音，但近來有一种把它讀成相当于 [ㄈ] 的濁音的趨势❸，不可与 [v] 相混.

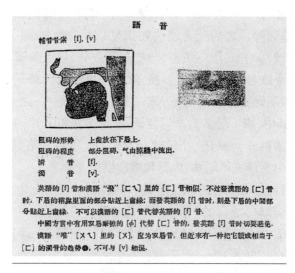

图 16-5　《大学英语课本》中“自觉对比”式的知识讲解：语音[f]和[v](第 2 册第 51 页)

L 46

Professor Liu will give a lecture on Russian literature this afternoon.

在这一句里，說話者說明了“將有一次关於俄國文学的講演”，同时也說明了“誰將作这个講演”；但是，如果我們只要說明“將有一次关於俄國文学的講演”，而不要說明“誰將作这个講演”，我們就可以用被动式：

A lecture on Russian literature will be given this afternoon.

正因为这个緣故，我們不必在 given 后面加上 by Professor Liu. 后面練習中很多句子自主动变成被动語气，都是不必加 by-phrase 的，因为句子的中心意思已經轉移了.

注意：2) 在進行漢譯英或英譯漢时，要看兩种文字的習慣而灵活运用語态，不可机械地直譯. 例如：

The plan will be discussed (by us) at the coming League meeting.

可譯为：这个計划將在下次团会上討論. 或：我們要在下次团会上討論这个計划.

又　如：The difficult sentences in the text are usually explained by the teacher.

可譯为：課文中的难句一般由教員解釋. 或：一般地由教員解釋課文中的难句.

此外，英語被动語态比漢語用得多些，这也是要注意的.

图 16-6　《大学英语课本》中“自觉对比”式的知识讲解：被动语态(第 2 册)

再次,练习活动在全书中的篇幅较重,尤其注重语法知识练习和句子翻译练习,两者均是自觉对比法的重要手段。和每个单元的"课文""语音""语法"内容相对应,练习也分为语音练习(Phonetic Exercises)、语法练习(Grammar Exercises)和课文练习(Exercises to the Text)3个部分。由于该教材自字母和音标学起,教材难度跨度较大,越往后练习的量越大,练习形式也更复杂。具体而言,前30课为语音教程,主要讲解语音知识,搭配少量语法知识,练习的篇幅大约为1—2页,占单元内容的1/3—2/3;第31课开始练习达到7—8页,篇幅与正文对等或超过正文。开始的练习比较简单,其中不少借鉴了我国传统语文教学的经验,如朗读/抄写/听写音标和字母、熟读/抄写课文、背诵、单词注音、连词成句、用所给字词造句等。之后随着语法知识复杂性的增加,设置了更多样的练习,如补全句子、改写句子、段落填空、分析句子成分、句子翻译、段落翻译、口头问答等。其中翻译练习在书中很受重视,除了常规的课文翻译——将课文译成中文,然后在不对照课文原文的前提下把它回译成英语——之外,每课还有3—8组翻译练习。其中,第1册多为单句翻译,题量多在30句以上,第2册在此基础上还增加了段落翻译。图16-7和图16-8以第35课和第58课为例,分别展示了第1、2册书中翻译练习题量、内容和难度供读者参考。

除以上几个特点外,教材的课文形式和内容也呈现出一定的时代特色。首先,因为是零起点教材,所谓的"课文"形式多样,包括冠词+单字系列(如第5课)、短语或句子片段(如第10课)、片段和句群(如第12课)、句群(如第19课)、系列问答(如第29课)等。语音教程结束之后(第31课起),课文形式开始固定为一篇短文加4—6句针对短文内容的问答对话,直到第1册结束。第2册全部是篇章课文,篇幅逐步增加。

关于课文题材,第1册教材的前言中做了明确的说明:"1. 文具及日常用品。2. 家庭、家庭的成员。3. 课堂。4. 学校生活:星期日的活动、图书馆、开学的日子、文体活动等。5. 一年的节日、五一国际劳动节。6. 我们伟大的祖国、新中国的建设成就。7. 城市:北京、莫斯科等。8. 英雄故事。9. 资本主义国家工人的生活。"从中可见,课文选材主要有两大类:一是日常生活话题,二是政治类话题。从具体课文内容来看,教材选文时代特色浓郁,有一定的政治色彩。以第2册为例,如"My Aunt Lena""The Game""Hunting for a Job"主要揭露资本主义国家劳苦大众受资本家剥削、沦为工作机器甚至被迫偷窃的悲惨生活,而"Back in My Home Town"赞美了新中国建立后家乡的巨大变化等。

综上可见,新中国成立后首套自编英语专业教材与此前常用的文选读本有

6. 將下列句子譯成英語:
Translate the following into English:
1) 我們在上英文課. 我們常常上午上英文課.
2) 李同志不在這裏. 他在飯廳吃午飯.
3) 他現在在開會. 他下午常常開會.
4) 他們不在做家庭作業. 他們通常在下午做家庭作業.
5) 他們晚飯後常去散步. 他們現在正去散步.

7. 將下列句子譯成英語:
Translate the following into English:
1) 飯堂裏有很多學生. 他們在吃晚飯.
2) 瓶子裏有許多墨水.
3) 書架上有許多書.
4) 這課裏有很多的生詞 (new words).
5) 瓶子裏只有很少的墨水.

212

6) 你杯子裏有水嗎?
7) 桌上有鉛筆嗎?
8) 我有一些問題.
9) 請給我一些紅墨水.
10) 我沒有紅墨水.

8. 將下列句子譯成英語:
Translate the following into English:
1) 請唸唸第 11 行 (line).
2) 我住在第 305 號房間裏.
3) 這是第 35 課.
4) 我不懂第 2 句的意思. 請講一下.
5) 請把第一段翻譯一下.

10. 將下列句子譯成英語:
Translate the following into English:
1) 他們不學習英語.
2) 新中國的學生努力學習.
3) 我們星期天常到那兒去.
4) 我晚上在圖書館作家庭作業.
5) 教室裏有一个教員和十一个學生.
6) 你們在復習功課嗎?
7) 他在彈鋼琴嗎?
8) 牆上有一幅中國地圖嗎?
9) 这是一个教室的圖畫嗎?
10) 你有一支紅鉛筆嗎?

12. 將下列句子譯成英語:
Translate the following into English:
1) 張同志, 是吃晚飯的时候了.
2) 我的小弟弟喜欢彈鋼琴.
3) 你要看这本雜志嗎?
4) "孩子們, 是睡覺的时候了".
5) 这个學生正在想法回答問题.

13. 將下列句子譯成英語:
Translate the following into English:
1) 你有英文雜志嗎?
2) 他沒有英文报纸.
3) 王同志上午有課嗎?
4) 請給我几本筆記本 (note-book).
5) 你要鉛筆嗎?

EXERCISES TO THE TEXT

1. 將課文譯為中文, 然后把它回譯成英語 (不参考課文原文).
Do back-translation of the text.

5. 將下列句子譯成英語:
Translate the following into English:
1) 时間是早上八点. 我們在上英語課. 教員在給我們解釋難句. 我們在仔細地听.
2) 教員坐在書桌前. 他右手拿着教本 (textbook). 左手拿着一支粉筆.
3) 教員在問一个學生問题. 學生想法回答問題.
4) 他們是新中國的學生. 他們在學習將來为偉大的祖國服務.

215

5) ——王同志在圖書館做家庭作業嗎?
——不, 他不在做家庭作業. 他在復習功課.
——你在复習第 20 課嗎?
——不, 我不在复習第 20 課. 我在看报.

6. 將下列句子譯成英語:
Translate the following into English:
时間是晚上八点. 我們坐在一張大桌旁. 父親在讀报. 媽媽在做針線 (to do her needle work ['niːdl]). 哥哥在寫信 (to write a letter). 妹妹在彈鋼琴. 我在复習功課.

图 16-7　《大学英语课本》中的翻译练习示例(第 1 册第 35 课)

5. Translate the following into English, paying special attention to the attributive clause.

1) 他已答应把他上遗游的那本非借给我。
2) 他们在计划着去参观我们昨天去参观的那个学校。
3) 在回家的途中，他碰见一个多年来不见的朋友。
4) 我们在散步前我们在展览会上看到的东西。
5) 在我散步昨天你借给他的那本画册都还。
6) 他们决定去袭击估领着他们村子的敌人。
7) 别忘了将我借你刚才读到的那本书。
8) 他们对他们在博物馆陈列的每一件东西都发生兴趣。

6. Translate the following into English, paying special attention to the use of subordinate clauses:

学校里有好些阅览室。其中之一是专放杂志的。虽然我过去天天在那儿做家庭作业或者复习功课，但是我从来没有看过一本英文杂志。

起先我只看些苏联报纸的中文版。像"苏联画报"，"苏联妇女"。三个星期以前，我开始看些杂志的英文版了。有一天我就写完了一个关于苏联英雄的短篇故事，其中有许多生字，但是我读完后，也能懂得故事的大意了。当时我是多么高兴啊！

8. Translate the following into English, using words and expressions from the text.

1) 我很在忙，我们明天谈你的计划吧。
2) 同志们，我跟先跟谈我在北京的生活情形。(I'd like to)
3) 在拼法测验的时候，他非常想，但它怎能把那个字拼出来。
4) 我想了又想，就是记不起来是在什么地方见过他的。
5) 售票员一跳上来，公共汽车就开了。
6) 下一次别忘了把词典带到教室里来。
7) 我从来没有看见像这样的公园，太美了。
8) 我从来没有看过这样的影片，太精彩了。
9) 注意我左手的动作，我来教你怎样弹琴。
10) 你可以信赖他，他是一个诚实人。
11) 别着急，医生来了再说。
12) 我昨天才知道他来了。
13) 你知道王敏教授住在那个屋子里？──他住在那边那个黄房子里。
14) 火车站在那里？──就在那里。
15) 你说下星期寫好这篇作文，什么不迟──週寫好呢？
16) 你说你暑假喜欢来在秦皇岛处？什么不到青岛去呢？
17) 同志们，上次会上我曾经讲过我们的计划。我想不需要把它从头至尾再唸一遍了。
18) 你现在不必再说一遍。我们已经聽到你的报告了。
19) 这本书非常有用，我一直留到深夜。
20) 他在作文里只不断地纠正那些错误。
21) 他答应下一次决不犯怎么多的粗心错误了。
22) 他答应上课再也不迟到了。

11. Translate the following into English:

在資本主義國家里，千百万工人找不到职業，吃不飽。
有的太飢餓了，只好進行偷窃。
一天大清早，天正下大雪。一个男人和一个小兒在那兒低声談話。他們在談論一个計划，这个計划就是要偷窃一瓶牛奶。
他們將怎样去偷呢？
他們首先得等送奶人來到，送奶人來了以后，还得等他繞到一幢房子的背后去。这个时候，小孩可以跑出去，拿一瓶牛奶，把瓶子放在袋子里，向另一方向走。小孩一定不要跑 (must not)；即使 (even if) 送奶人跑來追他，他也不能跑。万一小孩子被抓住了，他可以哭起来。他可以說他只是一个窮孩子，母親病了，牛奶只是为了她才拿的。
这就是他們的計划。
在那寒冷的早晨，父子兩人在談着这个計划。
他們是被迫進行偷窃的。他們是資本主義社会里被压迫的人。

图 16-8　《大学英语课本》中的翻译练习示例（第 2 册第 58 课）

了明显不同，呈现出几个新特点：1）注重发音，系统讲解语音知识并在生词列表中加注单词音标；2）课文不再以国外作者的英文原文（小说、散文、论说文等）为主，而是自编一些较为浅易的对话（或问答句组合）、短文（或单句组合）等；3）每课除主课文外，花较大的篇幅讲解课文中出现的语法知识；4）练习数量加大，用以帮助学生理解课文、巩固相关语音和语法知识；5）课文内容体现出鲜明的时代特色，教材的政治化倾向明显。

三、许国璋《英语》（1962）

许国璋（1915—1994），浙江省海宁人，我国著名英语教育家、语言学家、语言哲学家。1927 年，许国璋考入嘉兴秀州中学初中，1934 年 6 月毕业于苏州东吴中学，同年 9 月入交通大学学习。1936 年 9 月转入北平清华大学外文系。1939 年 9 月毕业于西南联大外文系，先后任教于上海交通大学、复旦大学等校。1947 年 12 月赴英国留学，相继在伦敦大学、牛津大学攻读 17、18 世纪英国文学。

1949 年 10 月回国,在北京外国语大学任教,直至
逝世。

　　许国璋在数十年的教育生涯中孜孜不倦,为我
国的外语教育和语言研究事业奉献了毕生的心血,
历任北京外国语大学英语系主任、外国语言研究所
所长、中国英语教学研究会会长、中国语言学会常
务理事、北京市语言学会副会长、全国高等教育自
学考试英语专业指导委员会主任、《外语教学与研
究》主编、《中国大百科全书·语言文字》卷副主编
等职,曾获国家教委和北京市高教哲学、社会科学
优秀成果奖。

许国璋

　　1962 年,许国璋主编的高校英语专业教材《英
语》由商务印书馆出版,这是新中国历史上第一套
成熟的英语专业教材,成为一代经典。教材一经出版即被确定为全国统编教材,
"文革"结束后经过修订多次再版,被许多高校用作英语专业教材。1992—1993
年,《许国璋英语》和《新编许国璋英语》由外语教学与研究出版社出版。1994
年,《许国璋电视英语》教材问世,并同期推出英语教学视频在中央电视台播出,
进一步满足了广大英语自学者的需要。除英语教学和教材编写工作之外,许国
璋在语言学研究中造诣也相当深厚。他是国内最早研究结构主义语言学的学者,
1958 年发表的《结构主义语言学述评》在国内产生巨大的影响,后著有多篇论文及
专著《欧洲文化史导论》,主编《中国大百科全书·语言文字》卷语言学部分,另有
《许国璋论语言》(1991)、《许国璋文集》(1997)等文集存世。王克非所著《许国璋
先生纪念文集》一书中详细附录了许国璋的一生著述共计 115 个条目[①]。

　　许国璋《英语》是新中国成立后头 30 年间出版的影响力最为持久、广泛的
英语专业教材。徐式谷在《王佐良、许国璋等 7 位大学者的商务印书馆故事》中
提到了该书流行的盛况:

　　　　1979 年改革开放伊始,我国出现了全民学英语的热潮。我馆那时出版
　　的由许国璋先生主编的《英语》1—4 册就成了当时我馆最畅销的出版物之
　　一。这套教科书由全国多所高校的知名教师分头编写,而由许国璋先生总
　　其成,他以先进的英语教学观和丰富的教学经验,并结合中国人学英语的特

---

① 王克非.许国璋先生纪念文集.北京:外语教学与研究出版社,1996:401-408.

点规划大纲,指导课文与习题配置,因而选材精当、复习题设计科学、课文深浅循序渐进,受到广大读者的热烈欢迎。每重印一次,全国各地新华书店都抢着来订货,我馆王府井门市部(一排小平房,位于今涵芬楼书店北侧马路边上)每次开售此书更是热闹非凡,门市部小小的空间里挤满了人,挤不进来的购书者于是在门市部外面向南北两侧排起长队。那时,我们中午到食堂买饭时经常会见到这样的排队"长龙"。①

教材的风靡程度可见一斑。该套教材共有 8 册,许国璋担任主编,并负责编写一至四册,俞大纲编写五、六册,徐燕谋编写七、八册。关于该套教材的编写特点,教学界评述诸多。

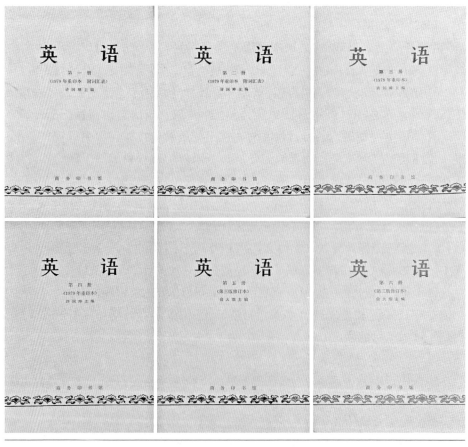

图 16－9　许国璋《英语》(1—6,1979 年重印本)

---

① 徐式谷.王佐良、许国璋等 7 位大学者的商务印书馆故事.中华读书报,2016－05－11(06).

　　李良佑等介绍了该套教材的6大特点:"1.课文题材多样,文字讲究;2.语音、语法、词汇都有全面系统的安排;3.语法和练习部分循序渐进,坡度较小,科学性较强;4.练习形式多样,大部分形式是我国教师所熟悉的;5.课本配有许多成语、小诗,内容富有趣味,学来不乏味;6.每篇课文自成一体,可作为读物选本,借助词典就可自学。"①该套教材既受到20世纪五六十年代结构主义学派的影响,也体现了北外英语专业教学的经验和做法。

　　2019年《中华读书报》刊文讲述"《许国璋英语》背后的故事",分析了教材的特点:

　　　　许国璋主编的《英语》依据结构主义语言学的相关理论,为当时较为封闭的中国提供了一套最为合适的教学法。针对没有接触过英语的学习者,《英语》的学习计划行之有效,课文、例句、词语、语法的出现及搭配都非常系统科学。《英语》课文所占比重并不大,各种讲解、练习占了较大篇幅。那时我国高校的外籍教员有限,因此,通过翻译与练习的途径让学生消化吸收课文中学到的词汇和表达方式,是必要且有效的。这种编写方式很有创造性,在日后也被多种教材遵循模仿,从这个角度来看,《英语》是开风气之先的。

　　随后又分析了教材得以风靡的原因,描绘了教材受到广大学习者追捧的盛况:

　　　　"文革"结束后的1978年,全国外语教育座谈会召开,提出要加强高校外语教育。当时,英语专业面临"三无"的局面——一无大纲、二无计划、三无教材,用教师们的说法就是"无米下锅"或是"等米下锅"。幸好,在过渡期,我们还有许国璋《英语》。在80年代乃至90年代初,尽管许国璋《英语》有一些60年代的政治印迹,但由于其强大的实用性和科学性依然在全国各地院校中被广泛使用。而且,社会上普通工作者在新的时代环境中也需要提升自身英语水平。虽然新的英语教材也不断出版,但经典仍然是经典,对于起点较低的英语学习者而言,没有一本教材能比许国璋《英语》编排更成熟,更适合自学了。如语言学家、编辑出版家陈原的分析,许国璋《英语》是按照中国人的语言习惯或是学习外语的思维方式编写,对90年

① 李良佑,张日昇,刘犁.中国英语教学史.上海:上海外语教育出版社,1988:484.

代的读者比较有效。从社会语言学的角度出发，东西方人的思维方式不同，语言习惯不同，西方某些直接或间接的外语教学法，在中国学生尤其是以自修为主的学生身上并不百分百的有效。渐渐地，这套教材流行到人手一本的程度，英语学习者进入书店就问"有许国璋吗？"，更有人戏称"谁人不识许国璋"。①

由此可见许国璋《英语》开启先风、适合中国学习者的鲜明特点和受欢迎程度。现以 1979 年重印本教材第 1、2 册为例，介绍教材的单元结构以及课文、语法、练习设置等具体情况。

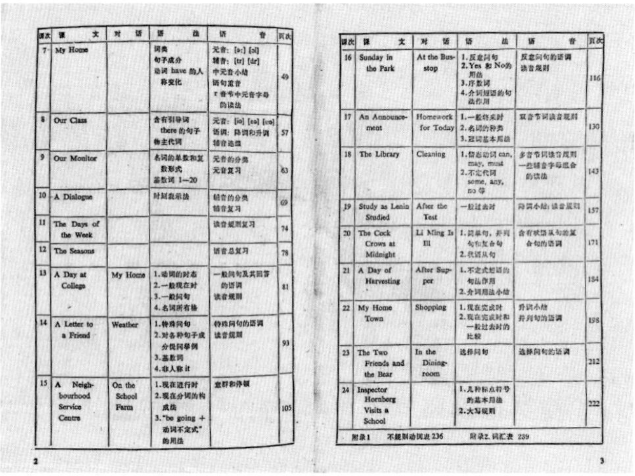

课次	课文	对话	语法	语音	页次
7	My Home		词类 句子成分 动词 have 的人称变化	元音: [ɔ:] [ɔi] 辅音: [tr] [dr] 中元音小结 语句重音 r 音节中元音字母的读法	49
8	Our Class		含有引导词 there 的句子 物主代词	元音: [iə] [eə] [uə] 语调: 降调和升调 辅音连缀	57
9	Our Monitor		名词的单数和复数形式 基数词 1—20	元音的分类 元音复习	63
10	A Dialogue		时刻表示法	辅音的分类 辅音复习	69
11	The Days of the Week			读音规则复习	74
12	The Seasons			语音总复习	78
13	A Day at College	My Home	1.动词的时态 2.一般现在时 3.一般问句 4.名词所有格	一般问句及其回答的语调 读音规则	81
14	A Letter to a Friend	Weather	1.特殊问句 2.对各种句子成分提问举例 3.基数词 4.非人称 it	特殊问句的语调 读音规则	93
15	A Neighbourhood Service Centre	On the School Farm	1.现在进行时 2.现在分词的构成法 3."be going + 动词不定式"的用法	意群和停顿	105
16	Sunday in the Park	At the Bus-stop	1.反意问句 2.Yes 和 No的用法 3.序数词 4.介词短语的句法作用	反意问句的语调 读音规则	116
17	An Announcement	Homework for Today	1.一般将来时 2.名词的种类 3.冠词基本用法	双音节词读音规则	130
18	The Library	Cleaning	1.情态动词 can, may, must 2.不定代词 some, any, no 等	多音节词读音规则 一些辅音字母组合的读法	143
19	Study as Lenin Studied	After the Test	一般过去时	降调小结；读音规则	157
20	The Cock Crows at Midnight	Li Ming Is Ill	1.简单句，并列句和复合句 2.状语从句	含有状语从句的复合句的语调	171
21	A Day of Harvesting	After Supper	1.不定式短语的句法作用 2.介词用法小结		184
22	My Home Town	Shopping	1.现在完成时 2.现在完成时和一般过去时的比较	升调小结 并列句的语调	198
23	The Two Friends and the Bear	In the Dining-room	选择问句	选择问句的语调	212
24	Inspector Hornberg Visits a School		1.几种标点符号的基本用法 2.大写规则		222

附录1 不规则动词表 236 附录2. 词汇表 239

2 3

图 16－10 许国璋《英语》第 1 册目录

该套教材初版于 1962 年，为零起点教材，全套八册书供英语专业四年学习使用，其中第 1、2 册供大学一年级上、下学期使用。编者说明中指出："基础阶段英语教学的主要目标在于使学生掌握英语的基础知识，通过反复实践，获得英语运用的基本技巧。一年级英语教学的中心任务是：在音素、语调、拼法、书法和句子的基本结构等方面给以严格的训练，特别注意口语技能的培养。"

围绕上述教学宗旨，教材第 1 册前 12 课以语音入门为主，在完整学习英语的全部音素的同时，介绍一些基本句型，如：This is a . . . /Is that

① 玉树.《许国璋英语》背后的故事. https://epaper.gmw.cn/zhdsb/html/2019-06/26/nw.D110000zhdsb_20190626_2-14.htm,2019－06－26.

a ...?；What's this?；Let's（do sth.）；There is/are ...等,以及大约250个基础词汇,为学习英语发音、朗读、口语等技巧打下基础。从第13课开始到第1册结束,采用固定的内容版块,包括课文、对话、词汇表、课文注释、语法、语音和练习;第2册在保留这些内容版块的基础上新增了"词汇学习"一项,每课讲解4—5个重点动词的用法。现以第2册为例,介绍教材各版块的内容详情。

表16－3　许国璋《英语》内部版块设置(以第2册为例)

版　块	英文名称	详　情
内容提要	无	Text、Dialogue、Grammar、Word Study、Phonetics 等版块的内容提要
课文	Text	一篇短文(约400—500词)
对话	Dialogue	2—3语轮的短对话
词汇表	Words to the Text Words to the Dialogue	课文和对话中出现的生词列表,含词形、音标、词性、中文意思
课文注释	Notes to the Text	与课文有关的文化、名人、历史、地理等百科知识,作者介绍、重点语句的解释和翻译等
语法	Grammar	词法、时态、语态、从句等语法知识
词汇学习	Word Study	介绍4—5个重点动词的意思、搭配和用法,每个用法给出1—3个例句
语音	Phonetics	结合单词、短语和句子实例复习各因素,练习语音、语调和节奏
练习	Exercises	课文理解问题、查字典、语法练习、翻译等

　　具体来说,教材的每课内容语言和知识输入并重,开篇是书面和口语内容输入(即课文篇章和对话),辅以词汇表和课文注释后,以3个独立版块系统编排语法、词汇、语音等内容。其中语法内容多与课文和对话内容有关,但也不完全受制于此。重点动词和语音知识则更加独立,自成体系。练习部分涵盖课文、语法、词汇、语音等各个部分的内容,通过大量的练习巩固当

课的新知识。

课文的选材方面具有这样几个特点：

1）循序渐进。从第 1 册最开始"What is this? It is a book. / What are these? They are books. / I am a student. We are students."等不成文的短句，到 100 字以内的小短文，到第 2 册 500 字左右的长文，内容上也从容易理解、贴近学生生活的日常话题逐渐过渡到知识性和思想性强的话题。

2）体裁、题材丰富。除了占比较多的日常故事类的记叙文，还有书信（如B1L14，即第 1 册第 14 课，"A Letter to a Friend"）、通知（B1L17，"An Announcement"）、人物传记（B2L3，"Robert Bruce, King of Scotland"；B2L15，"Christopher Columbus"）、寓言故事（B1L23，"The Friends and the Bear"，选自《伊索寓言》）、神话故事（B2L2，"The Golden Touch"，选自希腊神话）、小说节选（B2L6，"Life at Gateshead Hall"，选自夏洛蒂·勃朗特的《简·爱》）、百科知识（B2L1，"The Largest and Most Populous"，介绍亚洲）、短剧（B2L16 & 17，"The Art Scholarship"，选自美国作家兰斯顿·休斯的短篇小说《一个星期五的早晨》）等。

3）中外文学兼收并蓄，中外生活题材兼顾。例如：第 1 册第 12 课"The Cock Crows at Midnight"译自短篇小说《半夜鸡叫》，该故事曾入选小学语文课本，讲述了封建地主"周扒皮"为了让长工早起干活，半夜钻进鸡笼学鸡叫，最后被长工们教训的故事。第 2 册第 7 课"Ministers with Pick and Shovel"叙述了在十三陵水库建设工地上，部长领导们拿起铁锹、镐头，推起手推车，和工人们一道热火朝天地劳动的场景。第 2 册第 9 和第 10 课"The Devoted Friend"是英国 19世纪著名的剧作家、散文家奥斯卡·王尔德的著名童话，对富人的自私和争夺进行了讽刺。第 2 册第 11 课"A Red Army Man's Cap"以一个小战士口述的形式反映了红军万里长征的艰苦过程，该课"词汇学习"部分之后还补充了一首 19 世纪英国宪章运动有关的诗歌，号召世界各国的劳动者团结起来，以人民宪章为行动纲领，为工人阶级的政治和经济权利而斗争，推翻统治阶级。

对话部分的特点则是短小精悍，贴近生活。仅从篇幅上来看，梯度不甚明显，一般都是两三个语轮的短对话。从内容上看，则体现了循序渐进的原则，最初从介绍家人（B1L13①）、谈论天气（B1L14）等最高频的、信息量有限的、语言较为程式化的话题，逐渐过渡到谈论作业和考试（B1L17 & 19）、购物和用餐（B1L22 & 23）、春游（B2L4）等内容更加灵活的话题，再到谈论英语晚

---

① 说明：第 1 册自这一课开始才有 Dialogue 这一版块。

会的节目(B2L12)、邀请朋友去听音乐会(B2L13)、参观工业展览归来(B2L15)等不太日常的话题,甚至出现了同学之间用英文讨论课文句法的对话(B2L14),用到了 a complex sentence(主从复合句)、subject(主语)、predicate(谓语)、a clause modifying . . .(修饰……的分句)、an adverbial phrase(状语)等语法术语。可见,尽管篇幅没有增加,但对学生的语言能力要求逐渐提高。

此外,值得一提的是,尽管对话基本都是贴近生活的日常话题,但有不少内容仍体现出了鲜明的时代特色。首先,有不少和农场及劳动有关的内容,如第 1 册第 15 课("On the School Farm")讲到俄语系的学生在农场种卷心菜,大家都非常热爱劳动,反映了当时城市知识青年下放到农村边学习边劳动的场景,以及当时重视俄语教学的时代背景;第 2 册第 7 课("On the College Farm")又是农场劳动,同学们正在给菜浇水,互相讨教种菜经验,俨然已经成为种菜专家;第 1 册第 18 课("Cleaning")和第 2 册第 5 课("General Cleaning")则都是学生们打扫卫生时的对话。最后,还有反映新中国发展成就的对话,例如,一位参观完工业展览回来的同学介绍,展会上有许多新的机器设备、汽车、飞机等,都是国产的,说明近年来我国工业发展成绩不菲。

综上可见,许国璋《英语》教材内容上中外兼顾,兼收并蓄;难度上循序渐进,符合外语学习者的语言学习规律;话题选择上贴近生活,聚焦劳动人民和劳动生活。下面再分析一下这套教材的练习设置情况。

如前所述,该教材的练习涵盖了课文、对话、语法、语音等各个版块的知识点,所占篇幅较多,可见教材对知识输入和练习巩固同等重视。现以第 2 册第 1 课为例,介绍教材练习部分的具体内容。

表 16 - 4 许国璋《英语》练习设置(以第 2 册第 1 课为例)

练习序号	练习指令(及备注)	对应版块	目标知识与技能
1	Answer the following questions. (八道有关课文的问答题)	课文	阅读理解
2	Find out from *The Advanced Learner's Dictionary* the adjective form of each of the following. (在字典中查阅 29 个国家名)	词汇表	查字典
3	Give the comparative degree(比较级) and the superlative degree(最高级) of the following adjective and adverbs. (写出 30 个词的比较级和最高级)	语法	语法知识识记

续　表

练习序号	练习指令（及备注）	对应版块	目标知识与技能
4	Make sentences after the given patterens. （仿照三个例句造三组 12 个句子）	语法	语法+句型练习
5	Try to talk about the following topics, using degrees of comparison and superlativeness. （用所给词的比较级和最高级谈论所给话题）	语法	语法+口语
6	Fill in the blanks with words from the given lists. （将所给词代入空格组成句子）	语法	语法+句型练习
7	Talk about different cities in China after the following model. （仿照问答示例谈论中国不同的城市）	拓展	口语
8	Translate the following sentences into English. （将两组共 18 个中文句子译为英文）	词汇学习+拓展	词的用法+翻译
9	Oral practice（认读练习 2 中的国家名，说出对应国民的说法）	词汇表	单词识记+口语
10	Reading material（阅读一篇文章）	拓展	阅读

　　由表 16-4 可见，该套教材的练习量很大，既注重词汇、语法、句型等知识的练习巩固，又兼顾英语阅读、口语和翻译技能的全面培养，在紧扣课本知识输入版块内容的同时，进行适当的内容拓展，增加学生的语言输入量。本课练习反映出的这些特点在其他课中也一以贯之，保留了大部分通用的内容（如课文理解、口语练习、翻译、补充篇章阅读等），但也会根据各课的具体内容进行微调，例如第 2 课增加了英文句子汉译和词组英译，口语练习部分为"看图说话"；第 4 课针对语法中的时态知识设计了用所给词的正确形式填空练习，针对关于野餐的对话设计了写作任务，要求学生写一篇关于出游的作文；第 5 课除了惯常的句子翻译外，还增加了段落翻译，而且在当课练习后又增加了针对前 5 课的综合练习。可见，教材的练习设计全面涵盖目标知识并适当拓展，尤其重视语法知识的巩固，兼顾说、读、写、译等各种语言技能，单元练习和阶段综合练习相结合，引导学生加大学习投入，温故而知新。

四、张祥保《大学基础英语》（1973—1978）

如前所述，"文革"期间的英语专业教学受到重创，教材发展几无踪迹可循。目前尚有教材原本存世且流传较多的仅有一套由张祥保担任主编的《大学基础英语》，1—3 册分别由商务印书馆分别于 1973 年、1974 年、1978 年出版发行。

张祥保（1917—2020），出生于上海，籍贯浙江海盐。1933 年至 1938 年在上海圣玛利亚女校学习，1938 年至 1942 年在上海圣约翰大学经济系学习，大学毕业后在上海中西女中任教。1946 年 8 月，经时任北京大学校长胡适介绍，张祥保开始在北京大学西语系任讲员，后历任高级讲师、教授，1986 年退休。

张祥保曾主编《大学基础英语》第 1、2、3 册及《答案》，并参与编写俞大絪主编的《英语》第 5、6 册。以上两套教材均由商务印书馆出版，被全国多所高校采用作为教材。改革开放以后，张祥保和周珊凤联袂主编了《大学英语》（1—4），于 1981 年开始试用，1985 年由商务印书馆出版。

张祥保

图 16-11　《大学基础英语》（1—3）

《大学基础英语》教材兼顾字词、语法、阅读、翻译及日常口语。每课的内部版块设置参见表 16－5。

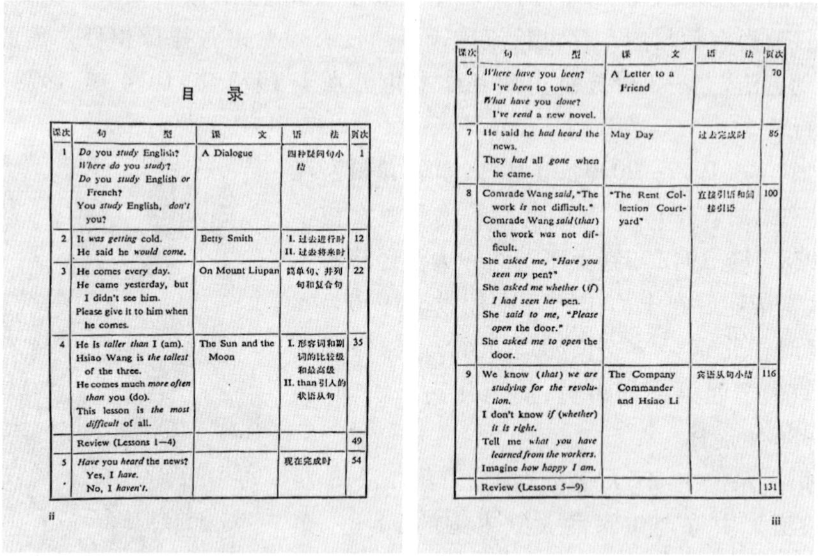

目 录

课次	句型	课文	语法	页次
1	*Do* you *study* English? *Where do* you *study*? *Do* you *study* English *or* French? You *study* English, *don't* you?	A Dialogue	四种疑问句小结	1
2	It *was getting* cold. He said he *would come*.	Betty Smith	I. 过去进行时 II. 过去将来时	12
3	He comes every day. He came yesterday, but I didn't see him. Please give it to him when he comes.	On Mount Liupan	简单句、并列句和复合句	22
4	He is *taller than* I (am). Hsiao Wang is *the tallest* of the three. He comes much *more often than* you (do). This lesson is *the most difficult* of all.	The Sun and the Moon	I. 形容词和副词的比较级和最高级 II. than 引入的状语从句	35
	Review (Lessons 1—4)			49
5	*Have* you *heard* the news? Yes, I *have*. No, I *haven't*.		现在完成时	54

ii

课次	句型	课文	语法	页次
6	*Where have* you *been*? I've *been* to town. *What have* you *done*? I've *read* a new novel.	A Letter to a Friend		70
7	He said he *had heard* the news. They *had* all *gone* when he came.	May Day	过去完成时	86
8	Comrade Wang *said*, "The work *is* not difficult." Comrade Wang *said* (*that*) the work *was* not difficult. She *asked me*, "*Have you seen my* pen?" She *asked me whether* (*if*) *I had seen her* pen. She *said to me*, "*Please open* the door." She *asked me to open* the door.	"The Rent Collection Courtyard"	直接引语和间接引语	100
9	We know (*that*) *we are studying for the revolution*. I don't know *if* (*whether*) *it is right*. Tell me *what you have learned from the workers*. Imagine *how happy I am*.	The Company Commander and Hsiao Li	宾语从句小结	116
	Review (Lessons 5—9)			131

iii

图 16－12 《大学基础英语》教材目录(第 2 册,部分)

表 16－5 北京大学西语系编《大学基础英语》内部版块设置

<table>
<tr><th>版 块</th><th>次 版 块</th><th>说 明</th></tr>
<tr><td>Patterns</td><td>/</td><td>当课的目标句型</td></tr>
<tr><td rowspan="2">Text</td><td>Words and Expressions</td><td rowspan="2">课文、来自课文的生词和表达以及对课文内容的注释
课文形式灵活,篇章为主,有的是句型或对话,还有一篇课文+一篇对话</td></tr>
<tr><td>Notes</td></tr>
<tr><td>Grammar</td><td>/</td><td>语法知识讲解</td></tr>
<tr><td>Phonetics Exercises</td><td>/</td><td>语音练习</td></tr>
<tr><td>Exercises</td><td>/</td><td>综合练习</td></tr>
<tr><td>Reading Material</td><td>Words and Expressions</td><td>阅读材料及来自阅读材料的生词和表达
材料多为短小故事,如《农夫与蛇》《愚公移山》等</td></tr>
</table>

续　表

版　块	次　版　块	说　　明
Everyday English	Words and Expressions	日常英语对话及来自对话的生词和表达 对话篇幅短小,不超过三轮问答

与前期教材一样,《大学基础英语》走的仍是以课文为中心、以语法为纲的路子,通过大量语音、语法、翻译等练习巩固语言知识。在继承传统的基础上,该教材呈现出以下几个方面的变化:

1) 突出句型学习。每课开始的第一个部分就是 Patterns,以单句或对话的形式列出本课的目标句型。句型与当课语法知识相呼应,如第 2 册第 1 课的语法知识是"4 种疑问句小结",则当课的句型列表即为 4 种不同句型(参见教材目录):Do you study English?(一般疑问句);Where do you study English?(特殊疑问句);Do you study English or French?(选择疑问句);You study English, don't you?(反义疑问句)。此外,在课文注释、课后练习中也常常以表格形式归纳英语句型,设置句型操练任务。以第 2 册第 9 课为例,课后注释 8、10 和 17 介绍了 3 种句型,课后练习中则设计了句型替换对话练习(参见图 16 - 13)。

8. This showed the commander didn't believe him to be really ill.
这(句话)表明连长不相信他真是病了.
属于这种类型的结构,举例如下:

主语 + 谓语	名(代)词	to	原形动词 be
He didn't believe	it	to	be true.
I couldn't imagine	myself, the son of a poor peasant,	to	be a university student.
I didn't expect	it	to	be so good.
They soon found	the man	to	be an enemy.
Do you think	this	to	be the only way out?

10. Commander Wang *didn't know what to do*.
王连长不知怎么办.
属于这种类型的结构,举例如下:

主语 + 谓语	宾语	连接词	to	原形动词
Wang didn't know		what	to	say.
Did she say		when	to	meet again?
I've forgotten		how	to	say it in English.
Do you remember		where	to	wait for him?
Did you ask		when	to	start?
We haven't yet discussed		where	to	go.
He didn't tell	me	what	to	do.
Did he show	you	how	to	use this?

120

17. *It was wrong of me to* turn my back on you.
我不理你, 那是不对的.
属于这种类型的结构,举例如下:

It+系动词	形容词	of	名(代)词	原形动词
It was	wrong	of	me	to turn my back on you.
It was	kind	of	you	to help me.
It was	good	of	him	to carry the books for us.
It is	modest	of	you	to say this.

II. 用所给词组编小对话:
例: A: Have the comrades gone?
B: I don't know if they have. You'd better (= had better 最好) go to their rooms and see.

1. gone to bed	go to their dormitory and see
2. done the exercises	go to the classroom and find out
3. listened to the report	go and ask
4. come back	go to their rooms and see
5. got everything ready	go and find out

图 16 - 13　《大学基础英语》中的句型学习示例(以第 2 册第 9 课为例)

2）增加阅读量。每课除了主课文之外,还在练习部分之后又增加了一篇篇幅略小于课文的阅读材料。补充阅读材料以短文为主,部分为对话,补充材料的内容多与主课文相呼应。

3）注重口语操练。每课的最后一部分是"日常英语",一般为不超过3轮问答的短小对话,提供开展日常口语的词汇与表达。练习中的口头任务比例较前期教材也明显增加,出现了一些首创的口头练习题型,如口头翻译字词和句子、同成分替换句型操练、仿照例子口头改写句子、仿照示例用所给字词编口头对话等。

4）注重温故知新。除每课包含大量的练习题外,还专门编写了阶段复习,每隔四五课设置一个复习课（如 Review：Lessons 1—4；Review：Lessons 5—9 等）。

特别要指出的是,改革开放前后的教材,不论是英语专业教材还是大学英语教材均出现了重视口头表达和句型操练的新变化。这体现了结构主义语言观,与五六十年代美国听说教学法的一些教学原则不谋而合。基于结构主义语言学和行为主义心理学的研究发现,出于二战以来对语言口头交际的实用需求,20世纪 50 年代中期在美国出现了听说法（Audiolingual Method）。该教学法以发展口语能力作为外语教学的根本目的,主张严格按照听、说、读、写的次序学习外语,在学习之初先发展口语技能,到一定阶段之后再教学生读写已经会说的东西。听说教学法指导下的课堂活动主要是对话和句型练习,包括背诵、对话跟读、角色扮演、句子跟读、句子变换跟读、转述、句子补全/扩展/缩减、句子连接转换、按要求应答等。① 这种对句型结构和口头操练的重视在 70 年代末、80 年代初的大学英语教材中也有充分的体现（参见后文对吴银庚主编《英语》中"结构学习"部分的介绍）。

除上述编写体例和教材理念方面的特点之外,该教材在内容选材上也体现出鲜明的时代特色。由于"文革"时期的政治氛围,这一时期的外语教材政治化色彩明显,《大学基础英语》也不例外。以第 2 册为例,共计 15 课的课文和补充阅读材料几乎全是关于"文化大革命"、忆苦思甜、政治学习、揭露封建社会和资本主义社会黑暗现实等政治话题,如第 1 课是学生和外国朋友的对话,内容涉及政治学习和革命大批判活动,现择几例如下。

---

① Richards, J. C. & T. S. Rodgers. *Approaches and Methods in Language Teaching*. Beijing：Foreign Language Teaching and Research Press, 2008：58 – 64.

Ⅷ. 说出和写出数词 1 — 20.

Ⅸ. 说出下列短语:

马列主义、毛泽东思想	忍受	当然
政治学习	充满的	每星期五晚上
革命大批判	参加	几分钟之后
资本主义制度	穿上	一张纸
剥削和压迫	脱下	一条裤子
长征	站起来	一双鞋

Ⅶ. 说出下列句子:

1. We will 讨论 the questions at the meeting.
2. I'm going to 买 some tickets for the film "The White-haired Girl".
3. The foreign friends 问 many questions about the revolution in education.
4. It's very cold today. You should 穿上 your padded jacket.
5. Betty Smith 发抖 with cold.
6. I 等了 for a long time. But no one 出现.
7. He 寄给 me some books by Lenin.
8. I 交给 him the letter yesterday.
9. Do you 懂吗?
10. When shall we 开始?
11. Please 放 the book back on the shelf.
12. Do you 要 it now?
13. He 正在洗 clothes for the comrades.
14. 起立!
15. 坐下, please.
16. Will you please 打开 the window?
17. He 在看 them play volleyball.
18. 带 your stool with you.
19. Don't 忘记 to 关上 the light when you go out.
20. 吃 lunch with us.
21. When do you 起床 every day?
22. It 变得 warm.
23. Shall I 打 some hot water for you?
24. Please 告诉 me all about the revolutionary mass criticism in your place.
25. Who will 讲话 to us tonight?
26. 听着, comrades. I've something important to tell you.
27. 说 it In English, please.
28. Shall I 打开 the radio?
29. We 热爱 Chairman Mao. We are all 忠于 Chairman Mao's revolutionary line.
30. Where did you 找到 it?
31. Do you 认识 this word?

44

Ⅴ. 用英语说出下列意思:

1. 老李比老王长得高, 老张比老李高, 老张是三人中长得最高的.
2. 第三课比第二课难, 这课书比第三课还要 (even) 难, 这课书是所有课文中最难的一课.
3. 这篇文章比那篇有意思, 今天报上的那篇文章比这篇更有意思, 今天报上那篇文章是三篇中最有意思的一篇.
4. Sam 干活挣钱很少 (get little money for his work). 他的妻子 Mary 挣钱比他还 (even) 少, 但是他们的黑人朋友 Joe 干活挣钱是最少的.

32. We 走了 eighty *li* that day.
33. Don't 发愁.
34. She 仇恨 the foreign invaders ([in'veidə] 侵略者).
35. We 种了 many trees in April.
36. The trees 长得 very well.
37. The children 拍 their hands when they 看到 the foreign friends. Then they 唱 some songs for them.
38. Let's 高呼: Long live Chairman Mao!
39. We all 去 to the commune. Only Comrade Li 留下 at school. He was ill.
40. 继续说, please.
41. What did you 学到 from the poor and lower-middle peasants?
42. Our job today is to 运 bricks ([brik] 砖)?
43. We don't 要 you to go. We 需要 you here.
44. We 留下 at the peasant's house for the night!
45. Will you please 给 me a glass of water?
46. Are we all here? 让我们开始 then.
47. Liu Hu-lan 死 for the Party and the people.
48. 叫 me when you go.
49. Do you 打扫 your room every day?
50. I 遇到 an old friend in town yesterday.
51. We came a long way. We 翻越 mountains and crossed rivers (['rivə] 河)!
52. Shall we 搬动 the chairs out of the way?
53. He 瞪着眼睛看 at me as if (似乎) he didn't know me.
54. When did you 回来 to the university?
55. He 脱下 his coat and gave it to the shivering boy.
56. 喝 some hot water and you'll 感到 better.
57. The old worker 笑 at me and 拍拍 me on the shoulder. "I like this kind of university student," he said.
58. The Red Army 行军 25,000 *li* from Kiangsi to Yenan.
59. Let's go and help the old man 推 the cart ([kɑ:t] 大车).

45

Ⅵ. 说出下列句子:

What is this? It is a 飞机. (大炮、机器、军舰)
What is that? It is a 汽车. (自行车、卡车、公共汽车)
What is this? This is a 外衣. (短上衣、衬衫、裙子)
What is that? That is a 桌子. (书桌、椅子、凳子、板凳)
What are these? They are 鞋子. (袜子、帽子)
What are those? They are 书. (课本、画册)
What are these? These are 卧室. (教室、会议室)
What are those? Those are 扫帚. (铁锨)

Ⅱ. 仿照例句, 加 too 或 either 说出下列句子.

例: I want to see it.
I want to see it *too*.
I don't want to see it.
I don't want to see it *either*.

1. I'm a student.
2. I'm not a worker.
3. I like to play volleyball.
4. I don't need any help.
5. I went to the meeting.
6. I didn't go to the movie.
7. I got a letter from Chang Ming.
8. I wasn't there.
9. I can do it.
10. I don't understand.
11. I'll be busy tomorrow.
12. I won't be free tomorrow.

图 16‑14 《大学基础英语》中的口头操练示例

表 16 - 6　《大学基础英语》(2)部分课文和阅读材料列表

课次	课文标题	内　容	详　情
2	Betty Smith	美国女孩贝蒂·史密斯走在街头的所见所想	● 女孩失业中,工作很难找,她穿着破旧衣服看到一位富太太在商店里给自己的爱犬买衣服;文章揭露了资本主义社会贫富差距大、底层人民仇恨剥削阶级的社会现状。 ● 补充阅读:《长工与地主》
4	The Sun and the Moon	太阳和月亮	● 用比较级和最高级介绍太阳和月亮 ● 补充阅读:两个学生的对话,其中一位谈到父亲受资本家剥削、三个伯伯死于饥饿、寒冷和过劳的悲惨生活,妈妈教导他珍惜现在的好生活。
6	A Letter to a Friend	一位北大西语系学生写给同学的信	● 向同学介绍自己的大学生活,呼应了第1课中关于政治学习的内容,提到了更多反映当时社会现实的内容,如学习党史、思想改造和教育革命、听取国际形势讲座(第三世界崛起、美苏争霸)、学生参加生产劳动等。 ● 补充阅读:《披着羊皮的狼》
8	The Rent Collection Courtyard	"收租院"①展览观后感	● 展览反映了旧社会封建地主对农民的残酷剥削和压迫,联想到妈妈讲述的悲惨往事。

　　本节讲述了新中国成立后头 30 年间英语专业教材的发展历程。新中国建立后,民国时期照搬西方的文选型教材被全面抛弃,转而依赖苏联引进和编译的教材,到 50 年代中后期,国内高校学者开始探索自主编写教材。这一时期的教材主要以苏联的"自觉对比"外语教学法为指导,初步形成了以课文为中心、以语法为纲的教材编写套路,由语音、语法知识及字词句、对话和篇章,循序渐进,辅以大量的语法、词句和翻译练习帮助学生巩固目标知识。其中练习设计方面,继承了朗读、背诵、抄写等语文学习传统以及民国时期文选型教材中的开放问答

---

　　① 收租院(The Rent Collection Courtyard):中国现代大型泥塑群像,创作于 1965 年 6—10 月,陈列于四川省大邑县刘文彩庄园,作者是当时四川美术学院雕塑系师生。收租院根据当年地主收租情况,在现场构思创作,共塑造 114 个真人大小的人物,组合成七组群像:交租、验租、风谷、过斗、算账、逼租、反抗。它们以情节连续形式展示出地主剥削农民的主要手段——收租的全过程,集中再现了封建地主阶级的残酷剥削和压迫迫使农民们走向反抗道路的历史事实。参见:http://www. baiven.com/baike/224/288404. html。

练习,同时针对目标语言知识和课文设计了多样化的习题。到 70 年代末期,教材在前期"课文+语法+书面练习"的基础上开始出现了重视句型学习和口头操练的新变化。此外,教材体现国家意志,服务于国家战略,在内容选材上自然会呈现一定的时代特色,且这一时期的一些教材课文中出现了较多的政治化内容。

第二节　新中国成立至改革开放前的
大学英语教材(1949—1977)

大学英语教材是指非英语专业大学生学习英语课程(也称"公共英语""公共外语")所用的教材。我国的公共外语课程作为一门公共必修基础课起步于 20 世纪 70 年代末,是指"专业外语系科之外的高校各系科、专业学生所学之外语课程。……由于大学的共同外语课主要是英语,其他语种仅在个别学校开设,所以一提到大学(公共)外语,通常指英语"①。自新中国成立至"文革"结束的近 30 年间,大学公共英语教学时断时续,有一定影响力的公开出版教材寥寥可数。

一、50 年代的教材空白期

新中国成立后的头 7 年是俄语教育的飞速发展期,初高等教育中的英语教学均受到重创。1954 年我国教育部发出《关于从 1954 年秋季起中学外国语科设置的通知》,规定从当年秋季学期开始,初中不再开设外语课,从高中一年级起开始教授俄语;同年开始高考暂停外语考试(直到 1957 年②);与之相应,"我国大陆各高等学校普遍开设俄语课,大学英语(英语专业除外)几乎绝迹"③。

到 1956 年,迅猛发展的俄语教育已经造成俄语人才过剩的局面,于是英语教育又重新得到重视。同年教育部发出"自 1956 年秋季起,凡英语师资条件较好的地区,从高中一年级起增设英语课"的通知④,高等学校俄文课被改称为外国语课,各高校逐渐开始重新开设公共英语课。但一直到 50 年代末,公共外语

---

① 付克. 中国外语教育史. 上海:上海外语教育出版社,1986:197.
② 1958 年开始,虽然加入外语考试,但成绩并不计入高考总分,仅供录取时参考;1966 年至 1976 年暂停高考;1977 年恢复高考,但不考外语;1979 年至 1982 年英语成绩按一定比例(10%—70%)计入高考总分;1983 年起按 100%计入总分。
③ 李良佑,张日昇,刘犁. 中国英语教学史. 上海:上海外语教育出版社,1988:542. 引文末作者加脚注补充道:"复旦大学新闻系 1952 年有五名学生修读英语,每周六学时。"
④ 关于中学外国语科的通知:1956 年 7 月 10 日。

仍基本以俄语为主。1958 年,中央提出"教育为无产阶级政治服务、教育与生产劳动相结合"的教育方针,随之而来的"教育大革命"无视教学发展规律,对我国的英语教育造成了破坏。可以说,整个 50 年代,我国大学公共英语教学时断时续地零星进行,不具规模和持续性,"没有全国范围使用的大学英语教材。一般是由各校英语教师为本校非英语专业学生编写的非公开出版的讲义"①。

图 16-15 《人民时代大学英文选》

中华人民共和国成立后头 10 年的大学英语教材寥寥可数,基本延续了 1949 年前的文选读本风格,每本教材由若干篇独立的阅读文本构成(多为名家名篇、文学故事)。例如:国立交通大学教授合编的《新时代英文选》(*New Era English Readings for College Students*,苏新书社,1949)、熊正瑜与郑旺华编《大学英文课本》(*Selected English Readings for Chinese University Students*,工读印制厂,1949)、孙大雨等编《人民时代大学英文选》(*The People's Era English Readings*,龙门联合书局,1951)等。这些教材虽然出版于 1949 年之后,并冠以"新时代""人民时代"等名号,但实际上只是在民国时期教材的基础上稍做调整,教材体例和内容上变化不大。

表 16-7 中华人民共和国成立初期的大学英语教材

书　　名	册数	主　编	出版机构	年代
新时代英文选	1	国立交通大学	苏新书社	1949
大学英文课本	1	熊正瑜、郑旺华	工读印制厂	1949
人民时代大学英文选	1	孙大雨等	龙门联合书局	1951

二、60 年代的大学英语教材

50 年代末,中苏关系开始走向恶化。1960 年,党中央从正反两方面总结了"教育大革命"中的经验教训,采取一系列措施使教学秩序迅速恢复正常,高校的公共外语也随之逐步转入以英语为主的局面。1961 年 4 月召开的全国高等

---

① 李良佑,张日昇,刘犁. 中国英语教学史. 上海:上海外语教育出版社,1988:562.

学校文科和艺术院校教材编选会议(一般称为"文科教材会议")上部署了大学英语教材的编写工作。1962 年 6 月教育部公布了中华人民共和国成立后第一个高等工业学校本科五年制适用的《英语教学大纲(试行草案)》①,提出公共英语的教学目标是"为学生今后阅读本专业英语书刊打下较扎实的语言基础"。自此,我国有了大学英语教材发展的初步规划,同期诞生了我国外语界所称的"第一代大学英语教材",其中影响较大的有 1962—1965 年上海交通大学凌渭民主编的《(高等工业学校)英语》、1961 年复旦大学董亚芬主编的《文科英语(非英语专业用)》、1961—1964 年陈建耕主编的《(高等学校理科)英语》等。

表 16-8　20 世纪 60 年代的大学英语教材

书　名	册数	主　编	出版机构	年　代
(机械制造和冶金专业)英语教科书	1	M. A. 巴拉本编,游经世译	商务印书馆	1960
文科英语(非英语专业用)	1—2②	董亚芬	上海教育出版社	1961
(高等学校理科)英语	1—3	陈建耕	上海教育出版社	1961—1964
现代流行英语	1	邓树勋	经纬图书社	1962
(高等工业学校)英语	1—4	凌渭民	商务印书馆	1962—1965
医学英语选	1—4	谢大任	商务印书馆	1960—1963
科技英语(Technical English)	1	A. J. Herbert 著,蔡瑞吉注释	科技图书股份有限公司	1963
医学基础英语	上、下	谢大任	人民卫生出版社	1963—1964

　　1964 年 10 月教育部制订了《外语教育七年规划纲要》,提出"专业外语教育和共同外语教育并重""确定英语为第一外语"等方针,下达了一系列发展指标(如: 到 1970 年,学习大学英语的学生应占到 50%),并提出了具体的落实措施。可以说,这段时间是中华人民共和国成立后头 30 年间我国英语教育发展的短暂

① 大纲起草工作始于 1959 年,由上海交大外语教研室提出初稿,高等工业学校外语课程教材编审委员会审定。
② 教材原计划编写四册,但因"文革"的临近而中途停止,最后仅出版了前两册。

"春天"。由于"文革"在即,上述《纲要》的精神未能得到持续贯彻;加之之前十几年对中学英语的忽视,大学英语教学很难在短短几年里取得实质性的进展。

第一代大学英语教材采取的是"以课文为中心,以语法为纲的教学法路子"①,每课主要由课文、语法和练习构成。这类教材的产生有其特殊的历史背景,一方面继承了我国语文教学重视课文阅读的传统,另一方面借鉴了苏联自觉对比教学法的一些原则。这种借鉴,既受到当时一切学习苏联的氛围影响,也是适应学习者水平的需要。

民国中期,大学里普遍采用文选性教材,进行全英文授课。经过 1949 年前多年的社会动荡和 1949 年后对俄语教育的一边倒,英语教育遭到偏废。在这种情况下,程度较深的文选型教材不再适用,大学英语教材必须从头做起。1922年至新中国成立前夕,我国的中学英语教学,特别是教会学校、一些知名学校以及条件较好地区的学校,多采用从西欧引进的直接法,张正东将其称为中国外语教学史上的"欧法中心期"②。1949 年 12 月,教育部提出"借助苏联教育建设先进经验"的总方针,开始学习苏联正在盛行的自觉对比法,并以此为名批判否定了直接法,给它扣上了"帝国主义教学法""买办洋奴教学法"之类的大帽子。此后,自觉对比法的影响日益扩大,几乎成了当时唯一的教学法,"从外语教学大纲和教材,基本理论和原则……甚至各种教学法的论著和文章几乎无不以自觉对比法为依据"③。

在否定欧美教法、借鉴苏联教法的同时,这时期的教材还体现了我国语言教学历来重视"读"的传统,包括阅读和朗读。古人将自学和学校教育用"读书"二字概括,可见"读"是一切学习活动的中心;又云"书读百遍,其义自现",可见"读"是学习的有效方法。读的对象须是文章,因此我国的语文教学向来是以课文为中心的。在我们否定欧美教法,探索编写新中国的公共英语教材时,继承了这种以课文为中心的路子,语音和语法知识均由课文引出(或者说,围绕计划教授的语言知识编写课文,放在每一课的开头)。除课文中心外,朗读、抄写、背记等语言教学传统在教材练习编写和课堂教学中也有所体现。

凌渭民主编的《(高等工业学校)英语》是我国第一代大学英语教材的代表,当时在理工科学校的公共英语教学中广为采用。凌渭民(1907—1995),江苏吴江人,1928 年毕业于国立中央大学(今东南大学)外国语文系。曾先后任教于上

① 董亚芬.《大学英语(文理科本科用)》试用教材的编写原则与指导思想. 外语界,1986(4): 20-24.

② 张正东. 中国外语教学法理论与流派. 北京:科学出版社,2000: 19-20.

③ 章兼中,王武军,俞约法. 国外外语教学法主要流派. 上海:华东师范大学出版社,1983: 240.

海南洋中学、东吴大学、上海中法工学院、上海法政学院、上海交通大学。凌渭民一生精研英语教育，著述颇丰，撰有《英语语法研究》《科技英语文选注释》等专著，《学友英汉词典》《俄汉两用字典》等工具书，以及《实用英语会话》《科技英语翻译教程》《(高等工业学校)英语》等课程教材。凌渭民术业专攻，在科技英语翻译和公共外语教学中钻研终身。其编写的《(高等工业学校)英语》教材便以科技、科普类文章为主，相比其他以人文内容为主的教材更契合理工科学生的学习需要，因而当时在理工科高校中使用广泛，影响深远。

图 16‑16 《(高等工业学校)英语》(第 1 册)

《(高等工业学校)英语》教材出版于 1962 年至 1965 年间，是当时最具影响的公共英语教材之一，教学对象是高中已学过 3 年英语的高校理工科学生。该套教材共分 4 册，分别供大学第 1 至第 4 学期使用，除第 1 册前两课系统讲解语音知识(参见图 16‑17)外，其余每课均由课文和语法知识两大部分组成，部分课次在"分析读课文"(Text)之外还配有"补充阅读"(Supplementary Reading)。此外，各册每三至五课设一个复习课(General Review)。各册附本册词汇总表，4 册生词合计约 1,379。

相对于以前的教材，这一时期的教材开始首次按学期教学的需要编写，各册也明确以"课"(Lesson)来分割教材内容，且在前言中给予教学时数的参考。本套教材就是根据高等工

CONTENTS

Lesson 1 *Text*: How to Study English 1
   Phonetics: Phonemes, Syllables and Accents
    (Primary, Secondary) 3
Lesson 2 *Text*: Try, Try Again 8
   Phonetics: Intonation 11
Lesson 3 *Text*: Counting and Measuring in Old Times .. 17
   Grammar: Present, Past, Future Indefinite
    Tenses.. 20
   General Review 1.............................. 27
Lesson 4 *Text*: Scientists' Language 33
   Supplementary Reading: A Dialogue 37
   Grammar: Number of Nouns, Possessive Case 38
Lesson 5 *Text*: Something about the Sun 44
   Grammar: Degrees of Comparison of Adjectives... 48

图 16‑17 《(高等工业学校)英语》(第 1 册) 目录(部分)

业学校《英语教学大纲(参考草案)》编写的，4 册书的总篇幅相近，参考学时分别为 72、72、50 和 46，总学时为 240。

教材的内部版块设置方面，尽管不同册、不同课间有所差异，但总体上采用比较统一的内部版块设置。除第 1 册前两课讲语音外，前 3 册各课的内部版块设置主要有 2 种："课文+补充课文+语法"以及"课文+语法"(如下表所示)。第 4 册不讲语法，内部版块仅包含前两列内容。

表 16 - 9　《(高等工业学校)英语》内部版块设置

1	2	3
课　文	补 充 课 文	语　法
生词列表	生词列表	练习
习语和词组	习语和词组	/
(人名地名等)	(课文注释)	/
练习	练习	/

(注:括号内表示不固定项目)

该套教材的核心内容是课文和语法。

由于教材是专门针对工科院校学生,且编写规划详尽,课文形式和选材相对来说比较整齐划一,基本上是科普性的短文,如:"Motion of Sound""Dust""One of the Laws of Electricity""Chemical Families"等。

语法方面,由于是针对高中已学过 3 年英语的学生,教材不再讲解浅易词法,仅涉及名词的数、形容词和副词的级、情态动词等少量词法,主要以时态、语态、复合句、虚拟语气、省略句等句法为主。语法讲解比较精练,概括性高,类似复习总结的性质,每课可能涉及一系列语法点,如第 1 册第 3 课讲一般现在时、一般过去时和一般将来时,第 12 课讲现在分词和过去分词。

练习设置方面,除了第 1 册有部分背诵、朗读等传统语文学习类的练习外,其他练习形式还有: 1) 根据课文回答问题;2) 短语英译汉、短语汉译英、句子翻译(汉译英为主)、短文英译汉等各种翻译练习;3) 语法练习,如指出句子的主谓宾语或说明斜体字在句中充当的成分、选词填空或用所给词的正确形式填空、词形变换、辨别词的用法并翻译句子、还原句中的省略成分等。其中,根据课文回答问题从形式上看与民国时期文选型教材的练习相似,但问题的类型有所不同。前者问题较为深入,引导学生理解文章思想和作者意图,学习写作手法并联系实际等,对学生的语言和思维能力要求较高;而后者由于文章多为科普说明文,问题主要是关于文中所述的事实细节,可在原文直接找到答案,学生无需进行推理、判断、分析、综合等。翻译与语法练习在教材中占了很大篇幅,与章兼中所述苏联自觉对比法教材的特点相吻合。其中语法练习中的许多练习题型和题目指令表述与民国时期使用极为广泛的《纳氏文法》内容相似。该教材的主编凌渭民学习外语的时期正是《纳氏文法》在我国的鼎盛时期。由此大致可以推定,《(高等工业学校)英语》的练习设置在一定程度上借鉴了早期的语法型教材。

三、70 年代的大学英语教材

1966 年"文革"爆发,高校停招新生,教学也一度停滞直至 1972 年陆续恢复招生后,才重新开设公共英语课。此后,虽然英语几乎成了唯一的公共外语语种,但"文革"期间"高校的公共外语形同虚设"①,这期间几乎没有出现什么有影响力的、使用广泛的大学英语教材。董亚芬曾将 20 世纪 60 年代以来的大学英语教材分为三代(第一代:"文革"前;第二代:"文革"后—1985;第三代:1986—90 年代中期)②,其中并未提到"文革"期间的教材。

表 16 - 10　20 世纪 70 年代的大英教材

书　　名	册数	主　　编	出 版 机 构	年　代
英语(理科适用)	1—2	北京大学西语系公共英语教研室	商务印书馆	1974—1975
英语课外读物(理科适用)	上、下	北京大学西语系公共英语教研室	不详	1975
化工基础英语	1	天津大学化工系外语组	石油化学工业出版社	1976
基础英语	1—2	大连海运学院英语教研室	人民教育出版社	1977
(高等学校试用教材)英语	1(上、下)、2、3	上海交通大学外语教研组	高等教育出版社	1978

由于"文革"的影响,70 年代出版的大学英语教材不多,其中较有影响力的一套是 1977 年出版的《基础英语》(1—2)。该套教材是大连海运学院英语教研室牵头,协同辽宁省各工科院校外语教研室共同编写,是"文革"后我国第二代大学英语教材的代表作之一。教材几经修订和增编,受到了许多工科院校师生以及科研、生产单位科技人员的欢迎。

---

① 李传松,许宝发.中国近现代外语教育史.上海:上海外语教育出版社,2006:294.
② 董亚芬.《大学英语(文理科本科用)》试用教材的编写原则与指导思想.外语界,1986(4):20 - 24.

图 16-18 《基础英语》

　　《基础英语》是在原辽宁省各工科院校外语教研室协作编写的工科《基础英语》的基础上修订、增编的,由人民教育出版社于 1977 年正式出版。全书共分 2 册:第 1 册内容包括语音、基本语法和大约 600 个工科通用词汇,旨在帮助学生为阅读专业的英文书刊资料打下初步的语言基础,授课时数为 130 学时左右;第 2 册的内容是为深入学习阅读专业英语书刊资料所必须掌握的一些疑难语法现象和大约 400 个工科通用词汇,以进一步提高学生的阅读能力,授课时数为 50 学时左右。贾明对教材进行了分析和介绍,指出"虽然两册的分量相近,但从 2

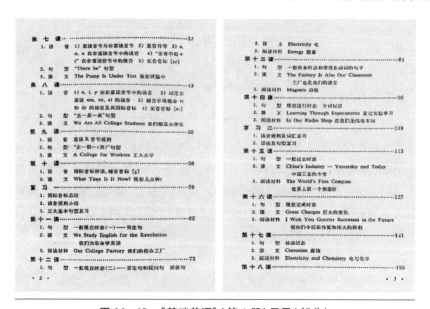

图 16-19 《基础英语》(第 1 册)目录(部分)

册的内容和授课时数上看,重点显然在第 1 册。"①因此,现以第 1 册为例对教材的内容进行介绍,并分析其编写特点。

《基础英语》第 1 册全书共 460 页,包含 25 节正课、5 个复习课和 100 多页的"参考语法"(第 334—444 页),相当于一本精读教程和一部简明语法的合集。从每课内部的版块设置可见,教材的难度跨度较大,版块数量逐步增加,参见表16‑11 和部分目录的图片。

表 16‑11　大连海运学院英语教研室主编《基础英语》内部版块设置

课次	版块	次　版　块	说　　　明
1	英语字母	英语字母的书写笔顺+元音字母和辅音字母+学着说+练习	"学着说"部分为两句日常口语,如:"Good morning, comrades.""Good morning, teacher."
2—6 &10	语音	因课而异,如国际音标总表、读音规则、某些字母和字母组合的语音复习等	这部分系统介绍不同的语音知识。尽管目录中没有提及专门的"语法"版块,但"语音"和"课文"之间会偶尔穿插语法知识或内容索引(即某个语法点参见本书第几页)。
	课文	生词+课文	课文停留在单句层面,如:It is not a .../Is it a ...? /What is it? /This is a .../These are .../What time is it now?
7—9	语音	同前	"语音"和"句型"之间有生词表。
	句型	句型介绍+例句+练习+参考语法	句型以表格形式呈现,与同期的英语专业教材类似,参见本章第一节中关于《大学基础英语》(1974)句型学习部分的介绍。语法部分提供书内索引。
	课文	课文+学着说+练习	50—80 词的小短文。
11—25	句型	同前	目录中仅有本表中列出的三个版块,但正文中"句型"开始之前还有"读音规则""生词""词组和表达""词汇学习"四项内容。句型学习与此前模式相近,但除了单个句型的练习之外,在介绍多个句型之后还有一个综合练习。
	课文	同前	课文长度逐步增加:11—14 课 100—150 词;15—20 课 200—250 词;21—25 课 300—400 词。

① 贾明.高等学校试用教材《基础英语》浅议.现代传播.1979(1):91‑93.

续　表

课次	版块	次 版 块	说　　明
11—25	阅读材料	无	11—17 课：每课一篇阅读材料，多为非专业性或专业性较低的话题，如《我们的校办工厂》《在我们的无线电车间》《世界上第一个指南针》《祝你们今后取得更加伟大的胜利》等。 18—25 课：每课三篇阅读材料，几乎都是专业性较高的话题，如《泵》《晶体管》《齿轮》《酸、盐、碱》《内燃机》《辐射、传导和对流》《回声探伤仪》等。

从表 16‑11 可见，《基础英语》的内容编排遵循循序渐进的原则，从最基础的字母和语音知识开始，逐步介绍主要句型结构和语法知识；课文篇幅从 50 词左右逐渐增加至 400 词，文章选材也由一般话题逐步过渡到专业话题。作为"文革"结束后最早出版的教材之一，该教材中也有一些政治性内容，如教材第 1 册英汉双语的政治口号（"我们热爱华主席""马克思主义、列宁主义、毛泽东思想万岁！"等），以及具有政治特色的课文内容（如第 11 课《我们为革命学英语》、第 12 课《工厂也是我们的课堂》，部分补充阅读材料参见上表）。尽管如此，相比"文革"期间的教材，政治口号式内容已经大大减少（试比较北大西语系《大学基础英语》）。除了社会政治的重大变化之外，或许也和教材针对的目标群体有关：针对工科学生，旨在培养学生阅读科技英语书刊资料的能力，自然要选择大量工科专业相关的语言材料。

除内容选材方面的特点外，《基础英语》教材还有以下几个特色：

1）该书开创性地对单词注音采用"部分下标法"，旨在培养学生独立拼词的能力。由于当时通用的英语单词标音方法是将整个单词的国际音标放在括号中标在单词后面，因而"部分下标法"单词注音在当时可谓一个创举。编者在教材的"使用说明"中专门论述了传统标音方法的优劣，解释了为何要采用部分下标这一新方法（参见图 16‑20）。在使用部分下标法的同时，编者们又专门编写了与教材配套的《词汇本》，并在其中为每个单词标注了完整的国际音标，补足部分下标法可能带来的不便和不足之处。

2）书后附有系统的语法参考材料，篇幅达百余页，构成完整的语法句型教学体系，正文内容如涉及具体的语法点，则给出其所在页码索引，供学习者查阅，这一做法也是同期以及前期教材中未曾出现过的。参考材料共分 20 章，分别为概论、名词、冠词、代词、介词、动词（概说/时态/语态）3 章、形容词和副词、数词、

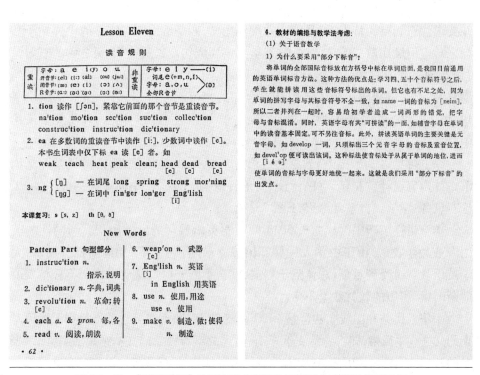

图 16‒20　《基础英语》的国际音标"部分下标法"示例及使用动因

连词、非限定动词(不定式/动名词/分词)3 章、句子成分的表示方法、简单句、复合句、主/表/宾语从句、定语从句、状语从句,涵盖了科技英语所需要的基本语法现象,比正文里的语法内容更为详细,可以作为课堂语法学习的补充。

3) 重视阅读和翻译能力培养。如内部版块表格中所述,11—17 课除主课文外还有 1 篇阅读材料,自第 18 课开始改为主课文加 3 篇阅读材料。加上课后练习中的篇章翻译,按照教材"使用说明"中的要求,所有文章都要求能够理解并翻译成中文,每课的阅读和翻译材料大约在 1,500 词乃至 2,000 词以上。除这些篇章内容外,配套练习中的翻译任务数量也大幅增加,除书中前半部分偶有词形变换、填空练习之外,绝大多数习题都涉及翻译,练习中出现的每个英文句子几乎都被要求译为中文。全书的练习均集中在正课的句型、课文和复习课中,我们分别选择一个正课和一个复习课加以说明。正课第 25 课的"句型"部分讲解状语从句,共介绍了 3 个句型,针对每个句型提供若干中英对照的例句,三个句型的"practice"部分分别是 12 个英文句子,没有练习指令,或可用于分析句子构造和口头翻译;所有句型讲解和练习结束之后是 42 句英文句子;课文后面共有 4 部分练习,一是 16 个词组翻译,英译汉、汉译英各半,二是 6 个英文短语汉译,并要求注意其结构特点,三是朗读并翻译短文,四是给出四句完整的中文句子和与之对应但顺序散乱的英文词语,请学生连词成句。紧随第 25 课之后的复习课"语音规则及词汇复习"部分分 8 个项目总结了相关知识,没有练习;"语法及句型复习"部分除提出 7 个关于主从复合句的复习问题外,另分 3 组分别给出了 19、16 和 14 句英文句子,要求学生判断句子类型,注意从句用法,并将句子译为中文。

综上可见,《基础英语》教材通过语音、句型、课文、语法、阅读材料及配套词汇本等内容设计,"把精读课、泛读课、语音规则、语法书、小词典等结成一体,无论对教师、学生或自学者都很方便。"①

本章讲述了新中国成立头 30 年间大学英语教材的发展历程。与同期的英语专业教学类似,由于中华人民共和国成立前期及"文革"期间的社会动荡,大学英语教学也受到重创,总体陷于停滞,甚至不断衰退。这期间的大英教材发展时断时续,出版的教材数量不多。

中华人民共和国成立初至整个 20 世纪 50 年代,大学英语基本沿用了民国时期的文选读本风格,即将一些文学短篇、名人故事等独立的文本结集成书,配以少量的开放性问题供读者思考,没有明确的编写线索、目标语言知识和配套练习等。

60 年代初,英语教育出现了"短暂的春天",产生了一批针对文科、理科、工科、医科等的英语教材,被学界称作我国第一代大学英语教材,以凌渭民主编的《(高等工业学校)英语》为代表。这一代教材主要采用"课文+语法+练习"的编写体例,看似是民国文选型教材和早期文法教材的综合,但并非两者的简单叠加。一方面,第一代大学英语教材的课文主要是针对当课语法点而选编的短文,内容性、思想性不强,而民国时期文选教材的课文则多是西方的英文经典,不仅作为语言范本,而且内容的可读性更强;另一方面,第一代大学英语教材对语法教学等的定位也和以《纳氏文法》为代表的语法教材不同,前者择其要义按适当的顺序排列,配合课文和大量练习以发展语言阅读能力,后者则源于哲学逻辑,按照语法体系自身的逻辑顺序编排,力求规则罗列的完整性,用以训练学习者的智力,把语法学习本身当成了学习目的。

"文革"期间,我国高校的公共外语课程形同虚设,没有出现影响广泛的大学英语教材。到 70 年代末,大连海运学院编写的针对工科院校的《基础英语》出版并影响广泛。该教材基于前期以课文为中心、以语法为纲的编写方法,在内容上针对目标学习者的需要选择工科专业相关的科学、科技类材料,增加了句型

---

① 贾明. 高等学校试用教材《基础英语》浅议. 现代传播. 1979(1)：91－93.

学习,并大比重增加了阅读和翻译的量,为后来的科技翻译教材奠定了基础。教材基于"语法句型"教学理念,即"以句子为中心进行教学,它以基础语法结构为骨干,较大量地套用所学词汇和短语,为培养学生具有综合运用语言知识阅读文章的能力而进行分项单句'实战'训练。按照语法系统进行单句套用训练,能为学生掌握某一语言现象提供较大量的有组织有规律的语言材料,这既便于培养语法分析能力和技巧,又便于从句子出发巩固所学的词汇和短语。"(参见《基础英语》第 1 册第 459 页)这种句型操练的理念反映了结构主义的语言观,一定程度上受到了美国听说教学法及随之而来的国内英语专业教学"听说领先、四会并举、最后突出阅读的路子"[1]的影响。这种重视句型操练和口头表达的做法在70 年代末初现端倪,在 80 年代之后的教材中更加明显,后文将加以详述。

第三节　改革开放至 20 世纪末的英语专业教材(1978—1999)

新中国成立后的头 30 年,特别是受到新中国成立初期国际政治的影响以及"文革"期间"左"的路线干扰,我国的英语专业教育受到重创。改革开放开启了我国社会发展的新篇章,英语教育也随之进入快速发展的新时代,从整齐划一的教学计划逐步走向多层次、多样化的专业教学,从以精读、语音、语法等语言实践课程为主走向基础实践课程与丰富多样的校本专业选修课程及其他专业方向课程相结合。顺应日益完善和多样化的课程教学需要,英语专业教材也在该阶段获得了繁荣发展。

一、蓬勃发展的英语专业教材

1978 年 8 月 28 日至 9 月 10 日,教育部在北京召开了全国外语教育座谈会,会上总结了 1949 年以来我国外语教育的经验和教训,肯定了外语教育在新时代的重要地位。1979 年 3 月,教育部依据外语教育座谈会上的讨论向各省、市、自治区的教育部门和院校发布了《加强外语教育的几点意见》[2](以下称《意见》)。该《意见》开篇提出,"为了实现四个现代化,加强我国与世界各国人民的友好往来,建立国际反霸统一战线,迫切需要加强外语教育,培养大批又红又专的外语

---

① 贾明. 高等学校试用教材《基础英语》浅议. 现代传播. 1979(1): 91-93.
② 教育部. 教育部关于印发《加强外语教育的几点意见》的通知[(79)教高一字 027 号]. http://www.51wf.com/law/1195021. html-1979-03-39.

人才。高水平的外语教育同时也是提高整个中华民族科学文化水平的重要组成部分，是一个先进国家、先进民族所必须具备的条件之一。"《意见》还提出了加强中小学外语教育、办好高校公共外语教育和业余外语教育、办好一批重点外语院系、语种布局要有战略眼光和长远规划、抓好外语师资队伍培养、编写出版外语教材、加强外语教学法和语言科学研究、搞好外语电化教学等8点建议。其中第六点是关于外语教材建设，提出要编选出版一批相对稳定的大中小学外语教材。各类通用语种的外语教材均应组织统编或委托有关院校主编，由教育部组织的外语教材编审小组审查通过。有条件的语种尚可根据不同要求和不同编写体系，编写几套教材，便于选择。每套教材力争配以唱片、录音、幻灯、电影等各种视听教材，以提高教学效果。一些过去出版的较好的外语教材，可以重印发行，以应急需。此外，可以在教学中同时选用国外教材。教育部还拟委托有关院校选定一批原版外文课外读物和教学参考书，请有关出版部门影印或经删改后排印出版，内部发行。要采取积极措施，解决外语教材印刷出版方面的困难和问题。简而言之，要采取一切可能的办法，包括重印已有教材、组织编写新教材、引进外文原版教材等，解决对外语教材的急需，同时要为教材配备视听资料，以满足电化教学的需要，提升教学效果。

1979年4月，教育部针对外语学院、综合大学和师范院校3类不同高校的英语专业教学分别颁布了教学计划，即《外语学院英语专业四年制教学计划（试行草案）》《综合大学英国语言文学专业四年制教学计划（试行草案）》《高等师范院校英语专业四年制教学计划（试行草案）》），成为"新中国成立以来第一份比较完整、比较切合实际的统一的英语专业教学计划。它们对各类高校英语专业的培养目标、培养规格、课程设置、生产劳动、科学研究、见习实习、考核、时间分配等方面都做了详细说明和规定"①。课程设置方面，除了公共课和传统的英语实践课外，还增加了翻译、英美历史与概况、英美文学史与文学选读、英语教学法等专业必修课，以及各类专业选修课，如英语语音学、词汇学、修辞学、文体学、英语语言史、中国文学史、欧洲文学史、英美文学史、当代英美文学、英语散文及小说选读、英语诗歌及戏剧选读、世界文学名著选读等。

统一的教学计划在规范英语专业教学的同时也带来了办学同质化的问题。为顺应改革开放对英语人才的多样化需求，全国高校的英语专业从20世纪80年代开始探索教学改革，如在四年全日制教学的基础上，增加不同学制的多层次办学以及函授、广播电视教学等多形式办学。为鼓励个性化办学，摆脱统一学制

---

① 李良佑，张日昇，刘犁. 中国英语教学史. 上海：上海外语教育出版社，1988：427－428.

和课程方案的牵制,各高校结合自身传统和师资增加选修课比重,试行学分制,在高年级增设外贸、旅游、法律等专业倾向较强的课程。李良佑等①以该时期北京大学、南京大学、北京外国语大学、上海外国语大学等院校英语专业课程的开设情况为例阐述了这些改革方向。1987年12月国家教育委员会②发布的《普通高等学校社会科学本科专业目录》(文号:[87]教高一字022号)中,和英语相关的本科专业除英语(英语语言文化)和英语语言文学之外,还有科技、旅游、国际贸易、外事管理四个专业方向的专门用途外语,体现了英语专业办学的多样化发展。

同时,高等学校外语专业教材编审委员会(高等学校外语专业教学指导委员会的前身)成立专门的工作组,从80年代初开始,着手制订高校英语专业英语教学大纲,分别于1986年和1987年完成了基础阶段和高年级教学大纲的起草,上报国家教委高教司审定。1989年和1990年,《高等学校英语专业基础阶段英语教学大纲》和《高等学校英语专业高年级英语教学大纲(试行本)》先后出版。"两个教学大纲的出版是中国外语教学发展史上的一个里程碑,因为这标志着具有中国特色的英语专业教学体系的逐步形成与完善。"③根据这两份大纲,基础阶段的英语专业课程包括综合英语、听说、写作、语音、语法及其他(视听、英美概况、欧美文化等);高年级必修课有阅读、写作、翻译和学士论文指导,选修课有英语语言学概况、英美文学史/选读、外国报刊选读、英语国家历史与概况、欧洲文化入门、中国文化、英语语音学、英语词汇学、英语语法学、英语文体学、计算机基础知识与运用。此外,基础阶段大纲还提出在四级教学结束后由国家教委统一命题进行考试,以检查教学大纲的质量情况,评估教学质量。高年级大纲则针对测试的评估项目、要求、手段和评分标准等做出了详细规定,并以六级和八级水平为例给出了听、说、读、写、译的试题样例。为了贯彻教学大纲关于英语专业统测的精神,90年代初,教材编委会委托上海外国语学院和广州外国语学院分别负责专业四、八级的测试工作。1993年,高校外语专业教学指导委员会英语组全体会议上通过了英语专业四、八级考试大纲(试行本),次年1月正式出版,标志着英语专业统测的正式实施。

上述专业教学计划、教学改革、教学大纲、教学统测等工作的推进,都与英语专业教材的发展息息相关。此外,教材的出版离不开出版社。为了满足蓬勃发

---

① 李良佑,张日昇,刘犁.中国英语教学史.上海:上海外语教育出版社,1988:427-428.

② 1985年6月18日,全国人大六届十一次常委会决定撤销教育部,设立国家教育委员会。1998年3月10日,经九届全国人大一次会议决定,国家教育委员会更名为教育部。

③ 邹申,陈炜.回顾与展望——写在英语专业四、八级考试开考20周年之际.外语界.2010(6):1-18,25.

展的英语专业教学需要,确保教材编写工作的顺利开展,教育部于 1979 年批准
成立了两家专门从事外语教材编辑出版的出版社,即北京外国语大学的外语教
学与研究出版社和上海外国语大学的上海外语教育出版社。1983 年 4 月,上海
外语音像出版社成立,这是由教育部主管、上海外国语大学主办的我国第一家专
业外语音像电子出版机构。同年 9 月,教育部又批准成立了北京外语音像教材
出版社。1984 年,隶属于广东外语外贸大学的广州外语音像出版社创立。这些
出版单位成为改革开放以后英语教材编写及配套音像制品开发的主力军。在教
育部的领导下,各大出版社和各院校教师积极开展教材编写工作,70 年代末至
整个 80 年代产生了一大批英语专业教材,早期还是以精读课本为代表的语言综
合教材为主,辅以语音、语法、听力、口语等专项教材以及文学史、文学作品选等
文学类教材,自 80 年代中期开始至 90 年代,文学、文化、翻译、语言学等方向性
专业教材和专著越来越多地涌现出来,也包括专业四、八级考试用书,以适应学
生专业必修、选修课学习及统测应试学习的需要。由于教材数量庞大,且在八九
十年代呈现一些变化,后文将所搜集到的改革开放至 20 世纪末出版的英语专业
教材分两个阶段汇总于两个列表中进行分类呈现。

表 16-12   改革开放至 80 年代末英语专业教材汇总

书　　名	册数	主　编	出 版 机 构	年代
精 读 课 本				
高级英语	1—2	张汉熙	商务印书馆	1980
英语	7—8	徐燕谋、杨小石	上海译文出版社	1981
大学英语教程	1—4	胡文仲	商务印书馆	1983
功能英语教程 (*Functional English*)	1—3	黑龙江大学英语系	外语教学与研究 出版社	1983
基础英语	1—2	吴富恒	商务印书馆	1985
大学英语	1—4	张祥保、周珊凤	商务印书馆	1985
新编英语教程	1—4	李观仪	上海外语教育出版社	1986
交际英语教程	1—4	李筱菊	上海外语教育出版社	1987
(师范学校英语专业教材)英语	1—4	黄次栋	上海外语教育出版社	1987

续　表

书　　名	册数	主　编	出 版 机 构	年代
语　　法				
英语语法手册	1	薄冰、赵德鑫	商务印书馆	1978
实用英语语法	1	张道真	商务印书馆	1979
新编英语语法①	上、下	章振邦	上海译文出版社	1981/1983
新编英语语法教程	1	章振邦	上海外语教育出版社	1983
英语语法纲要	1	吕天石	江苏教育出版社	1984
新编英语语法概要	1	章振邦、张月祥、强增吉	上海译文出版社	1985
听、说、读、写				
英语听力入门 (*Step by Step*)	1	张民伦、乐融融、黄震、金星男	华东师范大学出版社	1983
英语口语教材	上、下	北京对外贸易学院英语教材编写组	商务印书馆	1979
高等学校文科英语泛读教材	15②	/	外语教学与研究出版社	1981—1984
英语阅读丛书	10③	/	上海译文出版社	1983
英美报刊选读	1	黎秀石	湖南教育出版社	1986
英语阅读教程	1—4	韩志先等	高等教育出版社	1988
英语泛读教程	1—4	曾肯干	上海外语教育出版社	1989
科技英语写作	1	俞天民	高等教育出版社	1983

① 章振邦的《新编英语语法》系列涉及多种教材及同一教材的多次修订再版，后文有专门介绍，故在此不一一列出。

② 分别为《林肯传》《银象》《亚瑟王和他的骑士》《三十九级台阶》《自由之声》《幸运的吉姆》《海岛的神秘》《空中之岛》《四百万》《托马斯·阿尔瓦·爱迪生》《查尔斯·达尔文》《华盛顿·欧文短篇作品选》《爱国者》《中国(上古时期—1840年)》《英语学习背景知识》(上、下)(孟继有、何田编注)。

③ 分别为《女巫》《替罪羊》《独自和解》《红色英勇勋章》《印达拉佛像》《弗兰肯斯坦》《黑郁金香》《第七把钥匙》《布朗的求学时代》《弗洛斯河上的磨坊》等。

续　表

书　名	册数	主　编	出版机构	年代
英语写作手册	1	丁往道、吴冰、钟美荪、郭棲庆	外语教学与研究出版社	1984
英语应用文写作	1	陈恩炎	山西人民出版社	1984
英语应用文	1	钱纬藩	上海教育出版社	1984
英语应用文	1	廖世翘	湖南教育出版社	1984
英语写作	1	葛传槼	上海译文出版社	1985
英语应用文大全	1	廖世翘	机械工业出版社	1987
旅游英语应用文	1	戴新环	广东旅游出版社	1987
英语外事应用文手册	1	对外经济贸易大学一系	对外贸易教育出版社	1988
英语写作技巧	1	邹世城	广西民族出版社	1989
英语写作指导	1	乔治·波特温	上海外语教育出版社	1989
语　音				
英语语音问答	1	李嘉祜、惠宇	陕西人民出版社	1980
美国英语应用语音学	1	桂灿昆	上海外语教育出版社	1981
英语语音自修手册	上、中、下	常叙平	知识出版社	1982、1983、1985
英语语音学纲要	1	劳允栋	商务印书馆	1983
怎样学习英国语音的音	1	张冠林	上海外语教育出版社	1983
英语语音学引论	1	周考成	上海外语教育出版社	1984
国际音标英语语音速成教材	1	许天福、孙琳	外文出版社	1984
实用英语语音学	1	何善芬	北京师范大学出版社	1985
现代英语语音学	1	许天福、虞小梅、孙万彪	陕西人民出版社	1985

续　表

书　　名	册数	主　编	出　版　机　构	年代
实用英语语音	1	葆青	高等教育出版社	1988
词汇/词典				
英语常用词用法词典	1	北京大学西语系	商务印书馆	1983
现代英语词汇学	1	陆国强	上海外语教育出版社	1983
实用英语词汇学	1	汪榕培、李冬	辽宁人民出版社	1983
当代美国文学词典	1	郭继德	江苏人民出版社	1987
英汉大词典	1	陆谷孙	上海译文出版社	1989
文　　学				
英美当代散文选读	上、下	吴景荣	商务印书馆	1980
英国文学史	1—4	陈嘉	商务印书馆	1981
美国二十世纪小说选读	1	万培德	华东师范大学出版社	1981
英国文学简史	1	刘炳善	上海外语教育出版社	1981
欧洲文学简史	1	刘炳善	上海外语教育出版社	1981
英国文学作品选	1—3	陈嘉	商务印书馆	1982
英国短篇小说选读	上、下	上海外国语学院英语系	上海译文出版社	1981—1982
美国短篇小说选读	上、下	上海外国语学院英语系	上海译文出版社	1982
英国文学选读	1—3	刘宪之、杨岂深、孙珠、陈雄尚等	上海译文出版社	1981—1984
美国当代文学	上、下	丹尼尔·霍夫曼	中国文联出版公司	1984
现代英国小说史	1	侯维瑞	上海外语教育出版社	1985
美国文学选读	1—3	杨岂深、龙文佩	上海译文出版社	1985
英国文学选读	1	桂扬清、吴翔林	中国对外翻译公司	1985
美国文学选读	上、下	朱嘉禾	辽宁大学出版社	1986

续　表

书　　名	册数	主　编	出版机构	年代
澳大利亚文学作品选读	1	黄源深	湖南教育出版社	1986
当代美国文学	上、下	秦小盟	上海译文出版社	1986
美国文学选读	上、下	李宜燮、常耀信	南开大学出版社	1987
英国文学史及选读	1—2	吴伟仁	外语教学与研究出版社	1988
20部美国小说名著评析	1	虞建华	上海外语教育出版社	1989
语　言　学				
语言学概论	1	高名凯、石安石	中华书局	1979
应用语言学导论	1	S.皮特·科德	上海外语教育出版社	1983
语言学概论	1	L. R. 帕默尔	商务印书馆	1983
心理语言学	1	桂诗春	上海外语教育出版社	1985
语言学引论	1	戚雨村	上海外语教育出版社	1985
简明英语语言学教程	1	戴炜栋、何兆熊、华钧	上海外语教育出版社	1986
描写语言学引论	1	W. P. 莱曼	上海外语教育出版社	1986
应用语言学	1	桂诗春	湖南教育出版社	1988
语言学教程	1	胡壮麟	北京大学出版社	1988
语用学概论	1	何自然、冉永平	湖南教育出版社	1988
语义学导论	1	伍谦光	湖南教育出版社	1988
系统功能语法概论	1	胡壮麟、朱永生、张德禄	湖南教育出版社	1989
美国语言学简史	1	赵世开	上海外语教育出版社	1989
教　　学				
英语教学法	1	李庭芗	高等教育出版社	1983
英语教学用语	1	陈汉生	上海译文出版社	1985

续　表

书　　名	册数	主　编	出 版 机 构	年代
外语教学心理学	1	章兼中	安徽教育出版社	1986
应用语言学与中国英语教学	1	桂诗春	山东教育出版社	1988
论外语教学	1	付克	外语教学与研究出版社	1989
文　　化				
美国文化教育史话	1	卡尔金斯 (C. C. Calkins)	人民出版社	1984
语言与文化	1	邓炎昌、刘润清	外语教学与研究出版社	1989
翻　　译				
英汉翻译教程	1	张培基、喻云根	上海外语教育出版社	1980
中诗英译比录	1	吕叔湘	上海外语教育出版社	1981
汉英翻译教程	1	吕瑞昌	陕西人民出版社	1983
翻译学	1	黄龙	江苏教育出版社	1988
大学英语口译(汉英)教程		吴冰、李金达	外语教学与研究出版社	1988
其　　他				
英语简史	1	秦秀白	湖南教育出版社	1983
英语文体学入门	1	秦秀白	湖南教育出版社	1986
英语文体学引论	1	王佐良、丁往道	外语教学与研究出版社	1987

　　这一时期的英语专业教学虽仍以精读课本作为主干教材,重视语法学习,但不再是以精读课文为主,而是融入更多听说的内容,也有部分写译训练,成为一种综合型的教材。值得一提的是,这时期首次出现了打破传统的课文为中心,以交际任务或语言功能为线索编排的新型教材,将口语交际能力置于突出地位。

　　20 世纪 70 年代初,乒乓外交、基辛格访华等拉开了中美关系正常化的序幕。1978 年改革开放后,国际交往开始日益频繁,英语专业教学也相应开始逐步重视听说教学。自 60 年代听说法在西方走向衰落后,70 年代先后出现了一些昙花一现的外语教学法,如全身反应法(Total Physical Response)、沉默法(Silent Way)等,直到交际法产生并崛起为影响广泛的主流教学法。

　　交际法发轫于威尔金斯(D. A. Wilkins)等人的功能-意念大纲(也称"功能法"或"意念法"),并与哲学、语言学、社会语言学等相关学科理论的发展互补共生。威尔金斯结合语言交际的客观事实将语言描述为意念(如时间、地点、频度、数量等)和功能(如推测、劝说、争辩、询问、抱怨等)的组合,最终发表了《意念大纲》(Notional Syllabus,1976)一书。威氏认为,语言教学的内容不是如何表达(语法)、在何时何地表达(情景),而是表达什么(意念和功能),意念大纲应首先确定意思,然后为每种意思选择最恰当的语言形式。为了响应欧洲国家日益相互依赖所带来的交际需求,欧洲理事会开始关注语言教学,他们借鉴了威氏理论,从学习者的交际需求出发推出了交际教学大纲,对欧洲交际法教学和教材的发展产生了重要影响。

　　对交际法产生影响的其他理论主要有:1) 语言哲学中的言语行为理论认为人们通过言语行事,语言形式与语义不是一一对等的,同一句话在不同语境中可能指向不同的"言外行为"[1];2) 美国社会语言学家海姆斯(Dell Hymes)针对乔姆斯基的语言能力说提出了"交际能力"的概念[2],认为"儿童习得语言的过程中掌握的规则既有语法方面的,也有使用方面的,即在什么场合、对什么人应当以怎样的方式说什么话"[3];3) 韩礼德(M. A. K. Halliday)系统功能语言学从语言运用的角度出发提出了语言的 3 大功能——概念、人际和语篇,使我们了解超出句子范围的语言内部规则(如段落、篇章内部的衔接与连贯)及受环境制约的信息交流规则(如谈话者语轮交替、话题切换及插话等)[4]。尽管上述理论的侧重各不相同,但它们共同促使外语教学的重心由形式转向意义,由孤立的语言规则学习转向结合社会文化语境的使用规则学习,由句子层次的学习上升为语篇层面的学习。

---

　　① Searle, J. R. *Speech Acts: An Essay in the Philosophy of Language*. Cambridge: Cambridge University Press, 1969: 16.

　　② 除了辨别某一言语在形式上是否可能(formally possible,即合乎语法规则)之外,还须能够根据上下文是否恰当(appropriate),以及实际上是否完成(performed)辨别其实际履行是否可行(feasible)。

　　③ Hymes, D. H. On Communicative Competence. In J. Pride, & J. Holmes (Eds.), *Sociolinguistics*. Harmondsworth: Penguin Books, 1972: 269 – 285.

　　④ Brumfit, C. J. *Problems and Principles in English Teaching*. Oxford: Pergamon Press, 1980: 114.

此外,从交际法实践可以看出,在真实、有意义的交际任务中使用语言可以促进语言学习,因此相关教材中十分重视语言材料和任务的真实性。1982 年,中央电视台播放亚历山大(L. G. Alexander)等人编写的交际型教材 *Follow Me*。至 80 年代中期,交际法已经风靡全国,当时的大学和中学英语教学大纲均以培养交际能力作为指导思想。李良佑等对 1980—1985 年间出版的教材进行了简单梳理,选择了 3 套主干教材加以介绍①,这些教材均体现了重视语言交际能力培养的新理念。

第一套为上外李观仪和薛蕃康主编的《英语》(1—4),该教材据称是集结构法、情景法、交际法之长的综合法教材。它首先通过情景操练结构,接着根据实际交际的需要,尽量使教材中的语言具有交际价值,使学生在从以课文为基础(text-based)的语言转化到以实际生活为基础(life-based)的语言的过程中,学到运用真实语言(authentic language)的能力。

第二套为广外李筱菊主编的功能交际法英语教材——《交际英语教程》(1—4)。该套教程选择有交际价值的“真实”或“半真实”的语言材料,以“交际任务”为纲,由易到难地编排,分听力、口语、阅读 3 条线授课。每课的听、读分量的练习类型较多(每周发给的讲义约 50—80 页)。让学生接触大量的感性材料。上课时,教师起指导作用,坚持“以学生为中心”的教法,组织较多的对练、小组讨论、小组辩论、集体表演、做语言游戏等活动,力求使学生在轻松活泼的交际气氛中学习。

第三套是黑龙江大学英语系编写的《功能英语教程》(1—3)。该套教材吸收“功能法”的基本原则,按照语言的日常交际功能安排教学内容。教材特别突出交际训练,使学生在真实的交际情景中学会使用英语。与此同时,保留“句型教学”和“情景教学”的优点,较真实地反映我国大学生的生活习惯和日常交际活动。这一类教材对交际能力的注重既反映了改革开放以后对英语交际能力的现实需求,也受到了来自交际法的直接影响。

此外,为适应教学需要,这一时期出现了大量听、说、读、写、译分项技能的专用课本(参见上表“听、说、读、写”及“翻译”部分)。其中,听力教材《英语听力入门》(*Step by Step*)作为全国各大高校英语专业低年级学生英语听力学习的入门教材使用广泛。该系列之后还出版了《Step by Step 英语听力入门2000》和《Step by Step 英语听力入门 3000》,对听力教学影响深远。写作方面代表性教材有《英语写作手册》(1984)。该书由丁往道、吴冰等组成的英语教

---

① 李良佑,张日昇,刘犁. 中国英语教学史. 上海:上海外语教育出版社,1988:487.

学专家组根据英语写作课实际教学中积累的材料编写而成,出版后颇受读者
欢迎,曾多次重印,被很多大学用作英语专业教材。翻译方面代表性教材有
《英汉翻译教程》(张培基等,1980),该书简明扼要地阐述了翻译的基本理论
知识,通过英汉两种语言的对比和大量译例,介绍了英语汉译的一系列常用方
法和技巧,是高等院校英语专业广泛采用的翻译教科书。

　　阅读教学方面,在传统的精读教学基础上,开始增加泛读课,旨在通过大
量的阅读帮助学生扩大词汇量、熟练应用阅读技巧、提高阅读速度、积累文化
知识、提升文学素养等。泛读课的教学材料主要有 3 类:一是系列的文学读
本,如外语教学与研究出版社于 1981—1984 年间出版的高等学校文科英语泛
读教材,包含 14 本文学名著注解本和《英语学习背景知识》(上、下);二是报
刊选读,如黎秀石编写的《英美报刊选读》(1986);三是专门编写的泛读教程,
教程内容包含阅读材料、阅读技巧讲解、阅读练习题等。最后一类也是后来教
材系列化后最普遍的泛读教材形式。例如,高等教育出版社出版的《英语阅读
教程》(1—4)(1988)是一套供高等学校英语专业一、二年级学生泛读课使用
的课程教材。该套教程旨在使学生通过较大量的阅读实践、系统的阅读技能
培养和词汇知识扩展,逐步提高理解能力和阅读速度。书中所选文章题材广
泛,内容生动有趣、练习设计精巧,利于激发学习者的兴趣,增加对西方文化的了
解。教材的每个单元有 4 篇阅读文章,文后附有阅读指导及检查学生理解水平、帮
助扩大词汇量的练习;每单元设有专门版块讲解阅读技能和扩展构词知识,并辅以
练习加以巩固;最后还有检查阅读理解和速度的单元测试。

　　语音教学方面,传统的做法一般是在精读课本的前几个单元介绍英文的发
音规则和规律。改革开放后的英语学习对口语能力的需求明显提升,因此这一
时期英语专业教学也开始更加重视语音教学,出现了一些专门的语音教学用书,
如《实用英语语音》(葆青,1988),以及语音理论专著,如《英语语音学引论》(周
考成,1984)等。

　　除听、说、读、写和语法、语音等针对低年级学生语言知识和技能的教学用书
外,这一时期针对高年级理论学习的英语文学、语言学、教学、翻译、文化等专业
方向性教材也发展迅猛,出现了一大批专业教材和研究专著,其中以文学和语言
学为最多(参见表 16-12)。

　　除了上述教学用书和理论专著外,这一时期还出现了一部使用广泛、影响力
深远的英语专业工具书,那就是复旦大学陆谷孙编纂的《英汉大词典》。该词典
分上、下卷,分别于 1989 年、1991 年由上海译文出版社出版,是第一部由中国英
语工作者自主编纂的大型英汉双语工具书,全书 4,203 页,1,500 万字,收词 20

万条。为反映现代英语发展中的新变化,1999 年出版了《英汉大词典补编》。2001 年,出版社启动了《英汉大词典》修订工作,勘误增新,历时五年(于 2007 年)推出第 2 版,增补新词新义约 2 万条。该词典收词全面,例证丰富,译文通达,通过提供典型示范引导学习者举一反三。此外,它不是字词的简单收录和释义,而是力求选择承载丰富语法、语用和百科知识的例句,帮助学习者习得新词的同时掌握新知。出版 30 多年来,《英汉大词典》作为学术标杆在英汉词典编纂领域享有极高声誉,在英语教学和应用中发挥了重要的作用,曾获首届国家图书奖以及"五个一工程"中的"一本好书"奖①,销量超过 40 万。2014 年 8 月,《英汉大词典》第 3 版工作启动,由陆谷孙的弟子、复旦大学朱绩崧主持,将继续延续大词典的生命力。

表 16-13　20 世纪 90 年代英语专业教材汇总

书　　名	册数	主　　编	出 版 机 构	年代
精读课本/综合教程				
英语(第 3 版修订本)	1—6	许国璋、俞大纲	商务印书馆	1991
大学英语教程	1—4	胡文仲、祝珏、杨立民、徐克容等	外语教学与研究出版社	1992
新编英语教程	5—6	李观仪	上海外语教育出版社	1994—1995
高级英语	1—2	张汉熙	商务印书馆	1995
英语	1—8	黄源深、朱钟毅	上海外语教育出版社	1996
综合英语教程	1—4②	邹为诚	高等教育出版社	1999
语　　法				
新编英语语法教程	1	章振邦	上海外语教育出版社	1995
薄冰英语语法	1	薄冰、何政安	开明出版社	1998

①"五个一工程"一般指"五个一工程奖"。由中共中央宣传部组织的精神文明建设"五个一工程"评选活动,自 1992 年起每年进行一次,评选上一年度各省、自治区、直辖市和中央部分部委,以及解放军总政治部等单位组织生产、推荐申报的精神产品中五个方面的精品佳作。这五个方面是:一部好的戏剧作品,一部好的电视剧(片)作品,一部好的电影作品,一部好的图书(限社会科学方面),一部好的理论文章(限社会科学方面)。

②后于 2002 年出版了第 5、6 册。

续 表

书　　名	册数	主　编	出版机构	年代
英语语法大全	上、下	张道真	外语教学与研究出版社	1999
听、说、读、写				
英语听力教程	初、中、高	何其莘等	外语教学与研究出版社	1992
英语口语教程	初、中、高	吴祯福等	外语教学与研究出版社	1993
新编英语口语教程	1—4	王守仁	上海外语教育出版社	1998
新编英语泛读教程	1—4	王守仁	上海外语教育出版社	1997
英语修辞与写作	1	黄任	上海外语教育出版社	1996
语　音				
英语语音学	1	刘正仪	江苏教育出版社	1990
实用英语语音学	1	何善芬	北京师范大学出版社	1990
中级英语语音和词汇训练	1	程中锐	上海外语教育出版社	1991
语音学教程	1	林焘、王理嘉	北京大学出版社	1992
英语语音语调教程	1	王桂珍	高等教育出版社	1996
英国英语语音学和音系学	1	张凤桐	四川大学出版社	1996
英语语音学	1	夏克志	河南人民出版社	1996
英语语音	1	汪文珍	上海外语教育出版社	1999
词汇/词典				
英国文化习俗词典	1	黎汉材等	广东教育出版社	1991
牛津美国文学词典	1	詹姆斯·D.哈特	外语教学与研究出版社	1993
简明英语口语辞典	1	陈鑫源	上海外语教育出版社	1993

续　表

书　名	册数	主　编	出 版 机 构	年代
英美文化辞典	1	胡文仲	外语教学与研究 出版社	1995
英语口语辞典	1	陈鑫源	上海外语教育出版社	1997
牛津高阶英汉双解词典 （第4版）	1	霍恩比 （A. S. Hornby）	商务印书馆	1997
汉英词典	1	北京外国语大学英语 系词典组	外语教学与研究 出版社	1997
高校英语专业4—8级 应试词汇	1	郭正行	南开大学出版社	1997
文　学				
美国文学简史	1	常耀信	南开大学出版社	1990
英美现代文论选	1	朱通伯	上海译文出版社	1991
世界文学名著选读	5	陶德臻、马家骏	高等教育出版社	1991
现代美国小说史	1	王长荣	上海外语教育出版社	1992
英国文学史	5卷	王佐良、周珏良	外语教学与研究 出版社	1994
英美文学史及选读	1	耿建新	山东友谊出版社	1994
英美文学工具书指南	1	钱青	上海译文出版社	1994
二十世纪欧美文学史	1—3	张玉书、李明滨	北京大学出版社	1995
美国文学教程	1	胡荫桐、刘树森	南开大学出版社	1995
新编英国文学选读	上、下	罗经国	北京大学出版社	1996
英国文学教程	1—3	张伯香	武汉大学出版社	1997
英美文学选读	1	张伯香	外语教学与研究 出版社	1998
美国文学大纲	1	吴定伯	上海外语教育出版社	1998

书　　名	册数	主　编	出　版　机　构	年代
美国文学源流 （American Literature Root and Flower）	2 卷	A．T．鲁宾斯坦	外语教学与研究 出版社	1998
欧洲文学史	3 卷 4 册	李赋宁	商务印书馆	1999
语　言　学				
实验心理语言学纲要	1	桂诗春	湖南教育出版社	1991
社会语言学概论	1	祝蜿瑾	湖南教育出版社	1992
普通语言学概要	1	伍铁平	高等教育出版社	1993
语言学基础理论	1	岑运强	北京师范大学出版社	1994
语言学方法论	1	桂诗春	陕西人民出版社	1997
神经语言学	1	王德春	上海外语教育出版社	1997
语言学纲要	1	叶蜚声、除通锵	北京大学出版社	1997
英语词汇学	1	张维友	外语教学与研究 出版社	1997
模糊语言学	1	伍铁平	上海外语教育出版社	1999
现代语言学	1	梅德明	外语教学与研究 出版社	1999
语言学导论	1	陈林华	吉林大学出版社	1999
现代英语词汇学	1	陆国强	上海外语教育出版社	1999
教　　学				
英语教学法	1	胡春洞	高等教育出版社	1990
具有中国特色的英语教学法	1	李观仪	上海外语教育出版社	1995
中国英语教学（论文集）	1	许国璋	外语教学与研究 出版社	1996
英语教学交际论	1	胡春洞、王才仁	广西教育出版社	1996

续　表

书　名	册数	主　编	出版机构	年代
英语教学法双语教程	1	张正东	科学出版社	1998
英语教学法	上、下	顾曰国	外语教学与研究出版社	1999
刘润清论大学英语教学	1	刘润清	外语教学与研究出版社	1999
文　化				
英美文化基础教程	1	朱永涛	外语教学与研究出版社	1991
欧洲文化入门	1	王佐良	外语教学与研究出版社	1992
《英美文化基础教程》学习手册	1	朱永涛	外语教学与研究出版社	1994
英美文化艺术简史	1	王宪生	河南大学出版社	1994
英美文化博览	1	李常磊	世界图书出版公司	1996
英国文化选本	上、下	杨自伍	华东师范大学出版社	1996
英语与英国文化	1	王宗炎、裘克安	湖南教育出版社	1998
美国文化背景	1	玛丽安娜等	世界图书出版公司	1999
英美文化概况	1	李英梅	北京航空航天大学出版社	1999
翻　译				
汉英口译教程	1	王逢鑫	北京大学出版社	1992
实用翻译教程	1	范仲英	外语教学与研究出版社	1994
汉译英口译教程	1	吴冰	外语教学与研究出版社	1995
英语口译技巧	1	杨恩堂、姚秀清	青岛出版社	1995
翻译教程	1	孙万彪	上海外语教育出版社	1996
实用英语口译教程	1	冯建忠	解放军出版社	1997

续　表

书　　名	册数	主　编	出　版　机　构	年代
英汉翻译基础	1	古今明	上海外语教育出版社	1997
英汉翻译手册	1	钟述孔	世界知识出版社	1997
口译教程	中、高级	梅德明	上海外语教育出版社	1998/1996
汉英翻译基础	1	陈宏薇	上海外语教育出版社	1998
英汉口译实践	1	梅德明	人民教育出版社	1999
汉英口译实践	1	梅德明	人民教育出版社	1999
英汉翻译教程	1	庄绎传	外语教学与研究出版社	1999
英汉文体翻译教程	1	陈新	北京大学出版社	1999
大学汉英翻译教程	1	王治奎	山东大学出版社	1999

比较表 16 - 12 和表 16 - 13 可以看出,20 世纪 90 年代英语专业教材出现了几个新变化:

1)教材开始呈现初步的系列化趋势,并首次以"综合英语"命名主干教材。尽管 80 年代已经出现一些成套的听力、口语和泛读教材,但是这些教材由不同作者或出版社各自独立出版,教材之间并不互相配套。90 年代开始出现系统规划编写的系列化教材。例如外语教学与研究出版社 1992—1993 年间出版的《大学英语教程》《英语听力教程》和《英语口语教程》就构成了一个完整的系列教材。另外,尽管 80 年代的部分主干教程已经呈现出综合多种语言能力的趋势,但还是冠以"英语"或"精读"课本这样的名称,进入 90 年代才出现"综合"教程这样的说法。例如,《综合英语教程》(1—4,邹为诚主编,1999)是为我国高等学校英语专业学生编写的一套面向 21 世纪的英语专业基础教材,突破了传统精读课本围绕主课文精讲精练的模式,通过设计各种交际性任务引导学生运用掌握的英语基础知识。教材还提供了丰富的英语国家文化知识,将语言学习与文化学习有机融合。

2)随着口语教学和专业方向教学与研究的深入开展,出现了多种英语学习工具书,如《简明英语口语辞典》(陈鑫源,1993)、《牛津美国文学词典》(詹姆斯・D.哈特,1993)、《英国文化习俗词典》(黎汉材等,1991)、《英美文化辞典》

(胡文仲,1995)、《汉英词典》(北京外国语大学英语系词典组,1997)等。此外,随着专业四、八级考试的推出,也出现了《高校英语专业4—8级应试词汇》(郭正行,1997)这样的备考用书。

3)相比文学和语言学方向性教材在80年代的率先发展,当时比较落后的英语教学和英美文化类教材在90年代有了较快的发展,出现了一大批有关教材,如《英语教学法》(胡春洞,1990)、《英国文化读本》(上、下)(杨自伍,1996)等。文学教材方面影响力较大的有《美国文学简史》(常耀信,1990)、《英国文学史》五卷本(王佐良、周钰良,1994)。翻译教材方面,80年代还集中在笔译,进入90年代开始陆续涌现出一批口译教材,其中上海外国语大学梅德明等编写的考试用书《初级口译教程》《中级口译教程》和《高级口译教程》流行至今。

除以上各类专业教学用书外,该阶段还有一套影响深远的经典教材,那就是20世纪80年代引进的《新概念英语》。该教材在英语专业、非英语专业学生以及社会自学人士中都广为使用,成为影响数代英语学习者的经典之作。时至今日,该套教材仍是英语爱好者自学的必选教材之一。尽管随着中国英语教育水平的不断提高,教材开始逐渐被中小学生所用,但仍有不少大学生在使用(主要是第3、4册)。而在《新概念英语》教材引进初期,更是被相当一部分高校的英语专业作为课程教材。因此,很难将这套教材划定为某一特定历史阶段、针对某一特定学习者群体的教材,故根据其引进和再版的时段将其作为本章的一个独立小节加以介绍。

综上所述,改革开放到世纪之交这20年间,我国的英语专业教材发展迅速,不仅在教材种类和数量上超越了新中国成立头30年的教材,而且出现了许多使用范围广、规模大的重量级教材,以及不同于以往教材编写路子的新型教材。以下将选取3套代表性教材加以详细分析,旨在帮助读者深入了解这一时期教材的编写理念以及内容和体例特点。

二、李筱菊《交际英语教程》(1987—1988)

李筱菊主编的《交际英语教程》(*Communicative English for Chinese Learners*,简称CECL)是交际型教材的典型代表。该套教材于1979年开始编写试用,1985年经国家教育委员会高等学校外语专业教材编审委员会审查定为推荐教材,1987年正式出版发行,1992年获国家教委全国优秀教材奖。2000—2001年,上海外语教育出版社推出了《交际英语教程》(修订版),保持了初版的编写体系,结合十多年的课堂实践经验对教材内容进行了修订补充,增添了反映新世纪、新时代的材料和语言学习中的文化内容。2015—2016年,外语教学与研究出版社出版的《新交际英语》系列教材(总主编:李筱菊、仲伟合)也是继承了《交际英语教程》的教学理念。《交际英语教程》作为贯彻交际法理念的教材奠基之作，对我国的英语专业教学产生了深远的影响，其英文简称 CECL 已成为交际英语教学法的代名词。

李筱菊（1929—2018），博士生导师、教授，享受国务院特殊津贴。李筱菊于1929 年出生于广西苍梧，1953 年毕业于北京大学西方语言文学系英语专业，同

年开始从教，任职于中山大学外国语言文学系，1970 年调入广州外国语学院（今广东外语外贸大学）英语系，历任英语系讲师、副教授、系副主任、教授、外国语言学与应用语言学专业博士生导师，2003 年退休，2018 年在广州病逝。

李筱菊

李筱菊从事英语教育与研究 50 载，为我国的英语教育事业做出了极大的贡献。她是中国最早研究并引进交际语言教学理论体系（Communicative Language Teaching，简称 CLT）的学者，1978 年发表中国第一篇介绍 CLT 的文章，1980 年，其《为交际教学道路辩护》一文在国内学术会议上引起强烈反响，后登于英国牛津大学出版社刊物，一度成为英国文化委员会培训海外英语教师的必读材料。她将 CLT 理论创造性地应用于中国教学大纲设计及教材建设，主编的《交际英语教程》成为全国高校教材编审委员会推荐教材，并获国家教委全国优秀教材奖。

李筱菊也是我国外语测试理论研究的最早研究者之一，1979 年参与中国第一种有科学依据的语言测试"英语水平测试"（EPT）工作，1984 年参与全国高校英语专业教学大纲设计，负责英语教学大纲中的交际能力部分，开始了引进交际语言测试方法的探索；1985—1989 年作为全国高考英语考试标准化改革 3 人领导小组成员之一，参与完成"全国高校招生英语科考试标准化试验"项目，并获全国教育科学优秀成果一等奖。李筱菊所设计的高考入学考试、高校外语专业学生水平考试及出国人员考试被广泛采用。在广外的工作中，除了语言测试课程教学外，李筱菊领衔建立了语言测试研究和发展中心，长期从事语言测试研究。1997 年，撰写出版了 55 万字的专著《语言测试科学与艺术》，被多所高校用作专业课程教材。

在其众多的学术成就中，最具影响力的还是《交际英语教程》。该套教材首次打破了传统的以教师为中心教材模式，完全采用交际法的理念，将课堂变为交际场所，而非知识讲堂。国际知名语言学家、美国尤金·奈达（Eugene A. Nida）称其

"创造了教育革命",是他所见过的最有效的语言教程。2000 年出版的修订版教材封底中援引了奈达的高度评价:"你无可置疑地采用了最佳的心理语言学的理论,以一种独创的方式,编写出显然能非常有效地把握学生的注意力并激发他们出自内心的动力的教材。我在看这套书的过程中,使我印象特别深的是你处理英语许多实际问题所采用的创新的办法,你这种处理把学习变成了'乐趣'……我还对你能在教材中融入可观分量的科学知识感到惊讶。我能得到这套教材感到很高兴,因为我正把它给周围的人看,以说明有效的语言教材应该是怎样的。"

该套教材除了主干教材《交际英语教程:核心课程》外,还根据教学需要辅以语音、语法、词汇、听、说、读、写各科的辅助教材。核心课程教材共分 4 册,供英语专业一、二年级学生使用。教材的主要内容有:衣食住行、社交礼节、文娱体育、医疗卫生、风俗习惯、经济贸易、政治、历史、少数民族、社会问题等。除学生用书外,还配有教师手册和录音磁带。

教材编者在"致 CECL 学员"的开篇提出了学英语是"学什么"的问题,由此探讨了本书旨在培养的英语交际能力的具体内涵。教材编者认为,学生要具备真正的英语交际能力,既要掌握传统的英语语言知识,还需要具备语用知识、语篇知识和交际策略,以及文化和其他内容知识,详见表 16-14:

表 16-14　《交际英语教程》中对"英语交际能力"的界定

英语交际能力的构成	英语的语言能力	有关英语形式(语音、语法、词汇)的知识以及这种知识见诸耳、口、眼、笔的听说读写技巧。也就是传统英语教科书所教和所要求的全部内容。
	英语的实用能力	对英语在一定情况下实际使用的规矩的认识。换言之,就是知道在什么场合、什么关系的人之间用什么语言形式去体现什么交际功能。
		有关英语语篇结构的知识。比如用什么手段保持前后连贯、如何标志各部分之间的关系等。
		对英语的交际策略的掌握。如:在交谈中如何发出恰当的信号表示自己要或想要对方继续、停止、插话、换题等,听演讲要知道如何跳过障碍从上下文抓意思,自己说话遇到想不起的单词要知道怎样绕过难点把要表达的意思表达出来,等等。
	认知和感受能力	交际须有内容,内容则来自思想感情,来自人的认知和感受能力。学习语言的最佳途径是将其用作学习内容的工具。教材有责任帮助学生增进学识,提升素养,增进对英语国家文化的了解和兴趣,提高对中外文化交流的认识和热情。

在谈到"怎么学"这一问题时,编者讨论了3个关系,提出了3个颠覆传统的观点。1)"量与质"的问题:传统的每周"精读"一篇课文的学习方法量不足,无法达到培养交际能力的目标。语言学习有赖于大量的语言接触和交际实践,CECL教材的分量虽然比传统教材多了至少十倍,还是不够,还必须在教材之外寻找更多接触真实英语的机会。2)学生与教师:学生必须通过交际学英语,这个过程必须由学生自己去经历,不能由教师代替。必须打破旧的上课的概念:教师给学生上课,学生接受上课。在新的课堂里,不是教师给学生上课,而是学生自己进行活动,教师是配角,是观察者、平等参与者、组织者。3)流利与准确:传统的教学法从一开头就全力以赴地抓准确,认为一旦容许错误,就会养成习惯难以纠正,但这种做法扼杀了交际,也扼杀了学生真正学英语的机会。学语言,犯错误是正常的。战战兢兢、畏畏缩缩的心理是绝对妨碍学语言的,应该加以克服。有人说用交际法学习的学生比用老方法的学生犯错犯得多。学生一周用100多页的语言材料做50次交际活动,自然是比只用1页的语言材料做10次机械练习犯的错要多些。教师要在不同阶段提出不同的具体的准确性要求,通过流利去取得准确,而不是牺牲准确。

以上交际能力概念目标和关于学习方法的说明构成了全书的编写理念基础。以下以《交际英语教程:核心课程》第1册为例,介绍上述理念在教材中的具体体现。第1册又分上、下册,上册为1—5单元,下册为6—10单元。以上册为例,1—4单元为正课,第5单元为复习课,每单元的学习材料都在50页左右。单元核心内容突破了传统的课文中心模式,也不再以语法为纲,而是围绕单元话题设计内容丰富、层层深入、形式多样的交际任务,将知识输入融入任务中。由于单元的内容繁多,因此每个单元开始都有一个大约200页篇幅的单元目录,分3级标题详细列出所有的学习活动,每单元40—50个活动。由于模块设置都根据单元话题而定,因此不像传统的教材一样有固定的模式,现列出4个单元内部的一级标题,说明教材的总体结构特点。

表 16-15　《交际英语教程》的教材结构和内容示例

	第 1 单元	第 2 单元	第 3 单元	第 4 单元
单元标题	Meeting People	Discussing Daily Life	Describing Things	Talking about People
第一部分	英语中的名字	时间	颜色和形状	外表

续　表

	第 1 单元	第 2 单元	第 3 单元	第 4 单元
第二部分	遇见人和介绍	日期	地点和尺寸	性格特点
第三部分	填表格	日常和习惯	材料和用途	背景和经历
第四部分	个人细节	/	数量和质量	/
第五部分	家庭	/	/	/
附录	听力文本	听力文本	听力文本	听力文本

　　以下是第 3 单元内容的目录(附录"听力文本"除外)。从表中可见,全文的学习活动围绕"描述物品"这一单元主题目标展开,语言内容输入上涵盖了颜色、色调、几何形状、地点、测量单位、数量、材料、用途等可用来描述物体的方方面面,将内容设置在诸多真实的交际场景中(如失物招领、逛商店、买礼物、参观贸易展览会等),语言技能上涵盖了听、说、读、写以及两种技能综合的活动,活动任务多为互动交际性的,须与同学结对或多人组成小组来完成。教材的主体部分有一小部分语言知识点,有大量的空白表格、带空格的段落文字或图示,供学生完成任务所用,看起来就像是一组用于课堂活动的任务清单,与传统的教材样式形成很大的反差。但同时,语言的输入量也是很大的。从表 16-16 可见,仅用于听说的对话就有 16 个,除此之外还有听指令、听写和听信息、听语言等各种听力活动,这些材料的录音文本有整整 10 页,而且都是鲜活的口语语言。有这样大量的语言输入和输出活动,与传统的精读型教材相比,确实能更加高效地提高学生的英语交际能力。

表 16-16　《交际英语教程》中的学习活动(以第 1 册第 3 单元为例)

一级目录	二级目录	具 体 活 动 任 务
颜色和形状	1 颜色	1.1 常见颜色[热身]
		1.2 色卡游戏[热身]
	2 色调[互动]	
	3 几何形状[查字典]	

续　表

一级目录	二级目录	具 体 活 动 任 务
颜色和形状	4 物体形状	4.1 形容词［词汇］　4.2 名词［词汇］　4.3 描述物体形状［读写］
	5 物体形状	5.1 常见东西的形状［小组活动］　5.2 这是什么［游戏］
	6 产品目录［读写］	
	7 对话 1—5：他们说的是哪一个？［听］	
	8 机器人［描述和画］	
地点和尺寸	1 地点介词	1.1 纸上的位置［听指令］　1.2 形状和位置［听指令］　1.3 三角游戏　1.4 我说你画［互动］
	2 地点介词	2.1 Griffin 先生把东西放哪儿了［听］　2.2 介词游戏
	3 测量体系	3.1 公制［听写］　3.2 英美制［互动］
	4 测量	4.1 测量东西　4.2 在教室里测量［小组活动］
	5 测量	5.1 面积［互动］　5.2 运动有关的测量［听写］
	6 哪一个盒子？［解决问题］	
材料和用途	1 东西的成分和用处	1.1 常见材料［听］　1.2 这是什么做成的？［游戏］　1.3 物品的定义［读写］　1.4 神秘物品［猜谜游戏］
	2 失物招领	2.1 对话 6—10［听读］　2.2 写作
	3 所有格	3.1 不是我的［热身］　3.2 这是谁的？［游戏］　3.3 丢失的物品［角色扮演］
	4 字谜游戏：常用工具［结对活动］	
	5 我在想什么：谈论一个词	
	6 借与还［互动］	
	7 查字典［阅读］	
	8 诗［读背］	

续　表

一级目录	二级目录	具 体 活 动 任 务
数量和质量	1 数字	1.1 Bingo 游戏　1.2 Fizz – Buzz –(Wham)游戏　1.3 1,000 以内数字
	2 对话 1—6：在友谊商店	2.1 听对话获取具体信息　2.2 听对话学语言
	3 数量：可数与不可数[语言点]	
	4 买礼物	4.1 买丝绸[提示对话]　4.2 买茶壶[提示对话]　4.3 对话练习[说]
	5 逛纪念品商店[阅读和角色扮演]	
	6 给 China Daily 的信[读]	
	7 买鞋子	7.1 对话 11：Jimmy 的鞋子[听]　7.2 从产品目录中选鞋子[角色扮演]
	8 描述物体	8.1 贸易展览上对话[填空]　8.2 贸易展览会上对话[说写]

三、李观仪《新编英语教程》(1986/1992)

李观仪主编的《新编英语教程》是我国改革开放后最早出版、影响最广的英语专业教材之一,自 1986 年出版试用本、1992 年推出正式本以来一直深受广大高校师生的喜爱,1999、2008 和 2013 年分别推出了修订版、第 2 版和第 3 版,至今仍被普遍使用,在中国英语教育界影响深远。

与前面介绍的完全走交际法路子的《交际英语教程》不同,《新编英语教程》的原则是博采众长,将把当代教学法和传统教学法相结合,以适应中国成年学生的需要。高校英语专业基础阶段的教学任务主要是帮助学生打好坚实的语言基础。教材编者认为,坚实的基础包括"语言能力"和"交际能力"两个方面。"在基础阶段,所谓语言能力就是指能够正确、自然而灵活地掌握本阶段所学的语言本身,而交际能力则是指能在某些场合恰当地并随机应变地使用语言的能力"(参见教材"初版前言")。这里的语言能力培养有赖于"课文+语法"的传统路子,而交际能力的培养则需要在教材中增加口头交际任务。以下将在简单介绍教材编者的基础上对教材进行详细介绍。

李观仪(1924—2017),江苏常州人,我国著名英语教育家、教授,《新编英语教程》主编,上海市第八届、第九届人民代表大会代表。1946 年毕业于上海圣约翰大学英文系;1951 年毕业于美国斯坦福大学英文系,获英国文学硕士学位;1953 年从美国密歇根大学研究院图书馆学系肄业回国;1956 年,进入上海外国语学院(今上海外国语大学)工作,1994 退休,2017 年 2 月在上海病逝。

李观仪

李观仪是上外英语专业初创时期的"元老"之一,从事英语教学与研究工作 40 年。她几十年如一日,教书育人,成就卓越,曾在《外国语》《外语界》等刊物上发表研究论文多篇,主编论文集《具有中国特色的英语教学法》,主编高等院校英语专业教材《英语》《新编英语教程》等系列教材,后者在全国高校英语专业教学中使用广泛,具有很大的影响力。

因其在外语教育领域的卓越贡献,李观仪屡获嘉奖:1979 年获上海市"劳动模范"称号,1982 年两次获上海市"三八红旗手"称号,1989 年被评为"全国优秀教师",2009 年获"上海市新中国 60 年百位杰出女教师"称号。

《新编英语教程》是一套综合英语教材,初版时共分 1A、1B、2、3、4 等五册,每册包含学生用书、练习册、教师用书、录音资料等,供各高校英语专业基础阶段教学使用,其中,1A、1B 册都是大一第一学期的教材,以适应不同英语水平学生的需要。教师可根据新生的实际需要而选择采用其中一册作为起点。整套教材可在两年或两年半内学完。这是根据高校英语专业基础英语课教学大纲的要求而编写的。1999 年推出修订版时将 1A 册改称为预备级,并增加了第 5—8 册。

基于培养语言能力和交际能力的根本任务,教材遵循了几个编写原则:

图 16-21　《新编英语教程》

图 16-22　《新编英语教程》(修订版)

　　1）全面考虑、合理评价当前我国英语教学的情况,充分考虑了教师和学生的素质、以汉语为母语的学习环境、传统英语教学法的影响等和教材设计密切相关的因素,以设计出能够满足多数教师和学生要求的、真正能为使用者接受的教材。2）兼顾传统英语教学法和当代英语教学法中某些观点,在保留我国传统英语教学法中有用和有效部分的同时,对于交际法中值得采用而确能为我所用的内容也兼收并蓄,予以采纳。3）辩证看待准确与流利的关系、语言能力与交际能力的关系。我国学习者在汉语环境中学习英语,对其语言准确性和语言能力的培养十分重要,但同时也不能忽视语言流利度和交际能力培养,而是要四者并重,在训练准确性和语言能力的同时也尽可能地给他们提供大量的交际训练,提升交际能力。4）综合训练听、说、读、写 4 项语言能力,发展学生的语言综合能

图 16－23 《新编英语教程》(第 3 版)

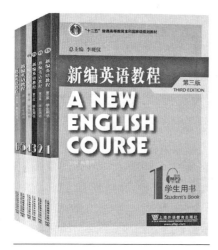

力,同时加入翻译练习,以引起学生对两种语言对比的注意。5) 要把一种语言学到手,学生必须在基础阶段进行大量实践,为此在教材中设计了大量有一定难度的、可供学生进行自主学习的练习。同时,教师也应起到学习指导者和促进者的作用,根据学生需要给予适时指导和帮助。

教材的内容安排上,编者在初版前言中也进行了介绍:“第 1A 册、1B 册和第 2 册以语法结构为基础。主要的语法结构有规律地循环加深,并在有一定情景的上下文中出现。每一单元有 1—2 篇有知识性和趣味性的阅读材料,还有不少启发式口、笔语练习。在第 1B 册和第 2 册中每个单元都有两篇对话,一篇以语言结构、情节和题材为重点,另一篇以语言功能为重点。”“第 3、4 册以课文为中心,侧重阅读和写作技能训练,但也不偏废听说训练。在这两册教材中,对语言的控制逐步减少,而对学生创造力的发挥则不断加强。要求学生逐步从有控制的练习过渡到自然的交际。”

与初版相比,修订版保留了原有的框架结构,对部分语言材料进行了更新,整体难度有所提高,如重写了对话 I 的全部会话,适当增加了长度和难度;更新阅读篇章,确保每单元的两篇课文题材接近;写作部分也做了较大修改,适当加深了难度。下面以 1999 年修订版教材学生用书第 2 册第 1 单元为例(全书不同单元的模式一致),介绍教材的内部版块、核心内容、练习设置等具体情况。

CONTENTS

Unit	Language Structures	Dialogue I	Dialogue II	Reading I	Reading II	Guided Writing	Interaction Activities	Page
1	1. I have been doing ... (finished action) 2. I was queuing ... when I saw ... 3. When I got to ..., the film had been showing ... 4. I was wondering if I might	A Time of Change Role-play Learning to Do *Taijiquan* (Shadow-boxing)	Requests and Offers	Two Kinds of Football	The Olympics	1. Fill in the blanks with linking words or phrases. 2. Fill in the blanks with linking words or phrases. 3. Put an invitation in good order.	The Spring Festival Holiday	1
2	1. The fact was that ... 2. ... are not what I need. 3. Have you heard the news that ...? 4. What I told him was that ...	Friday Evening or Not Role-play What Will You Be Doing Tomorrow?	Invitations	Stunts in the Cinema	Soap Opera	1. Fill in the blanks with linking words or phrases. 2. Fill in the blanks with linking words or phrases. 3. Write an invitation, using the given cues.	A Friend in Need Is a Friend Indeed.	13
3	1. ... should be told ... has to be checked ... 2. She isn't paid anything ... 3. ... should be made fun of ... 4. They say/It is said that ...	Farewell to Rude Manners Role-play A Retired Teacher's Impressions	Uncertainty	A Shopper's Nightmare	A Letter of Complaint	1. Fill in the blanks with attitude words or phrases. 2. Fill in the blanks with attitude words or phrases. 3. Put a note accepting an invitation in good order.	Could Past Mistakes Have Been Averted?	25
4	1. I would have liked to ... 2. She should/ought to have had ... She needn't have learned ... 3. He may/might have gone ... 4. She can't/couldn't have gone ... She must have gone ... 5. You may/might as well ...	Pollution Control Role-play More about Pollution Control	Talking about the Past: Remembering, and Describing Experiences, Missed Opportunities and Unfulfilled Obligations	Environmental Pollution	Preserving the Environment in the U.K.	1. Fill in the blanks with attitude words or phrases. 2. Fill in the blanks with attitude words or phrases. 3. Write a note accepting an invitation, using the given cues.	Why Longer Life Expectancy?	37

x　　xi

图 16－24 《新编英语教程》(修订版)学生用书第 2 册目录(部分)

表 16-17　《新编英语教程》内部版块设置(以修订版第 2 册第 1 单元为例)

内容版块	英文名称	详　情
语言结构	Language Structures	四个目标句型：1. I have been doing … (finished action)　2. I was queueing … when I saw … 3. When I got to …, the film had been showing … 4. I was wondering if I might …
语言操练	Practice	针对 4 个句型的情景操练(共 20 个交际情景)
对话(一)	Dialogue Ⅰ	一个对话+给定情景的角色扮演
对话(二)	Dialogue Ⅱ	以 6 个表格呈现 6 种交际功能中的常用英文表达+一个对话+3 组结对练习(pair work)
课文(一)	Reading Ⅰ	Two Kinds of Football
课文(二)	Reading Ⅱ	The Olympics
有指导的写作	Guided Writing	习题：1. 篇章选词填空；2. 用前一练习中的表达补全句子；3. 将打乱顺序的一封英文书信内容重新排序
互动活动	Interaction Activities	根据提示列出内容要点,询问同伴并记录对方的回答
注释	Notes	24 条注释,关于整个单元所有版块内容中出现的重点、难点(语言、语法、文化知识等)

从表 16-17 可见,该套教材的结构非常清晰简洁,有语言形式和内容两条编排主线。语言形式方面,明确给出目标语言,创造大量交际情景引导学生进行操练;内容方面则以同一话题为主线,如本课内容多围绕体育运动这一话题,包括对话(一)及其后面的角色扮演活动、课文(一)、课文(二)等。

教材将语言能力和交际能力培养并重的理念落到了实处,语言输入与输出并重,既明确展示每个单元的语言知识目标,又提供大量的语言输入和语言操练机会。语言输入体现在较长篇幅的 2 个对话和 2 个阅读篇章,也包括重点句型和按照交际功能汇编的常用表达等。例如：语言操练(Practice)版块,针对前面语言结构(Language Structures)版块所列出的 4 个目标句型,以表格形式给出交际场景提示(cues)以及待补全的对话示例,请学生进行口头对话。每个句型提供 5 组场景,4 个句型共 20 组场景。以句型 1 场景 1 为例,场景提示为"My eyes are red because I have been peeling and cutting onions for about ten minutes."。对话示例为:

A:

B:Oh, I have been peeling and cutting onions.

A:

B:Not very long. Only for about ten minutes.

从示例可见,交际任务就是 A、B 两人根据教材所提供的各个交际情景完成问答练习,将包含两个事件的一个复合句切分为两组问答。

又如,对话(一)"A Time of Change"是一个 12 个语轮的对话,内容是爷孙俩谈论中国参加奥运会今昔对比,篇幅较长,占了 16K 版面的一整个页面。后面紧跟着一个角色扮演活动,仍是谈论运动话题"Learning to Do *Taijiquan*(shadow-boxing)",书中给出了交际情景(Situation)、人物角色(Roles)和学生可能用到的语句(Some sentences and sentence frames you might use),引导学生在完成交际任务的过程中强化目标语的表达。

对话(二)分 6 个表格呈现了表达请求、接受请求、拒绝请求、提供帮助、接受帮助、拒绝帮助等 6 种交际功能中的常用英文表达,之后通过一个长对话示范这些表达在实际交际中的运用,然后给出了 3 组不同类型的结对活动练习,涉及 12 个交际情景。

连续两篇课文同一主题,可以增加学生的语言输入量,帮助他们积累关于同一题材的词汇量,同时也可以拓宽知识面。值得注意的是,课文版块中仅有两篇文章,未加入任何阅读理解问题、生词列表或相关练习等其他内容。从这个单元来看,书面的练习量也不大。这一方面是因为当时交际法的影响较大,习题式的书面强化练习不像 60 年代那样受重视;另一方面,当时也是教材走向系列化的开端,习题被从核心课本中分离出来,以专门的练习册形式出现。这样,课堂讲解和学生活动主要依托学生用书,练习册则可用于学生课后的自主学习、巩固提高。

四、章振邦《新编英语语法教程》(1983/2017)

除了前述几种主干教材之外,这一时期还出现了一套影响深远的语法书,即以《新编英语语法教程》为代表的"章振邦语法"系列教材。

章振邦(1918—2019),生于北京,祖籍安徽合肥,我国著名英语教育家、教授、英语语法学家，上海外国语大学英语学科奠基人之一，国家级规划教材《新编英语语法》（系列）主编。尽管大学期间主修英诗、戏剧等文学课程，章先生一直对语言规律抱有浓厚的兴趣和钻研精神，致力于将英语语法研究透彻，数十年的教学和研究生涯主要集中在英语语法领域。章振邦一生著作等身，成就斐然，因其创立的新编英语语法体系对我国英语教育的深远影响，于 2018 年获得上海市第十四届哲学社会科学优秀成果奖之"学术贡献奖"。

章振邦

　　章振邦自幼接触英文，据章振邦回忆①，清末民初父亲在京奉铁路上工作时常常和英国人打交道，总是要花钱请人代笔协助沟通，因语言不通而深受其苦，于是十分重视孩子的英语学习，很早就为其请家教，帮助他打下了一定的英语基础。

　　1939 年秋，章振邦进入西北大学先修班，跟随来自北京师范大学的老师们学习英文；1940 年考入大师云集的国立武汉大学外文系，师从著名翻译家、比较文学学者方重，以及著名美学家、翻译家朱光潜，学习英语语言及英国文学；同期，因文学学习需要又跟随武汉大学历史系教授杨人楩学习欧洲史。1944 年大学毕业后留校任教两年，1946 年至 1956 年间先后在安徽大学、华东人民革命大学江淮分校、安徽师范大学任教。1956 年调入上海外国语学院英语系筹备组（现上海外国语大学英语学院），与方重、杨小石等一同创建英语学科。当时的英语系有 100 多人，后随人员的调出，只剩下不到 30 人。经过了 50 年代末的招生"大跃进"，上海外国语大学英语系自 1961 年开始整顿教学秩序，章振邦和其他前辈一同致力于加强英语基本功训练的"听说领先法"教学改革，取得了良好的成效。然而，随着"文革"的到来，教学秩序再次被打乱，直至"文革"结束之后才重新走上正轨。

　　1978 年 8 月 28 日至 9 月 10 日，教育部在北京召开了全国外语教育座谈会，会上总结了新中国成立以来外语教育的经验和教训，探讨了加强外语教育、提高外语教育水平，为实现"四个现代化"而培养外语人才的具体措施。随后，上海市组建了由上海外国语学院、复旦大学、华东师范大学等高校老师共同组成的高

---

　　① 2018 年 10 月于瑞金医院接受澎湃新闻记者采访，详见 https://www. sohu. com/a/275229874_260616。

校英语教材编写组,并形成了一系列的外语教材出版计划。应上海译文出版社邀请,章振邦和张月祥等上海外国语大学英语系前辈一同开始探索编写具有上海特色的、适合中国人的英语语法书。在此之前的几十年,中国人学语法用的主要是《纳氏文法》(*English Grammar Series*, J. C. Nesfield,共 4 册,详见本书第九章)和《英文典大全》(*A Complete English Grammar for Chinese Students*, David Lattimore,商务印书馆,1923)。这两本都是 18 世纪英国人根据拉丁语法的体系编写的英语语法教材。英语经过两三百年的发展,这些语法书已经过时,一些不再使用的语言仍在其中,而新产生的语言现象则有所缺失,语法教材亟待更新。章振邦在另一访谈中曾提道:"为了改革传统的语法教材,我们曾分别到天津、北京、广州、厦门等地的兄弟院校外文系征求意见,所得印象是一片要求改革的呼声。我们派到英国进修英语的青年教师归来后,也都认为旧的语法系统必须改革,说他们在英国所用的语法术语都已改变,而国内却仍沿用旧的术语……""传统的语法教材,问题在于语法内容的广度和深度仍然停留在上世纪五六十年代的水平上,对许多基本的语法概念都没有理清。"①

在此背景下,章振邦带领其语法小组开始探索语法体系革新,编写新的语法教材。在此过程中,对其影响较大的一本书是 Randolph Quirk 等人编写的《当代英语语法》(*A Contemporary English Grammar*,朗文出版集团,1972),该书的"两时两体"的动词系统以及限定词等概念成为语法体系改革工作的两大突破口。本着兼收并蓄、洋为中用的精神,章振邦领衔的语法小组广泛吸收不同语法流派的新成果,结合我国的英语教学实际加以改造,由规定语法转向描写语法,将抽象的理论语法转化为实用的教学语法,采用层次性理念,建立了新的英语语法体系。由于学界长期的英语教学实践中习惯了传统的语法体系,改革之路上阻力不小,比如一直采用张道真语法中的 16 种英语时态,突然说英语只有现在和过去两个"时",反差太大,令人难以接受。为了推进改革,章振邦组织学术研讨、发表文章、编写小册子进行多方论述。如在 1978 年和 1979 年先后以上海市大学英语教材编写组语法小组的名义通过上海译文出版社推出《英语动词的时和体》和《英语限定词》两本七八万字的小册子,分别发行了 20 万册,在学界引起了很大反响。1979 年,他又将第一本小册子的"导论"部分以《关于英语动词的时、体问题》为题发表在《外国语》期刊的创刊号上,得到了学界权威的积极

① 章振邦(口述),卢维芳,曾沅芷,潘佳慧(采访整理). 英语语法教学改革之路,载曹德明主编. 文脉守望:听前辈讲上外故事(第一辑).上海:上海外语教育出版社,2014.

反馈。

　　经过几年的探索,由章振邦担任主编的《新编英语语法》上、下两册分别于 1981 年 6 月和 1983 年 9 月由上海译文出版社出版。该教材于 1986 年获"上海市哲学社会科学(1979—1985)著作奖",于 1988 年获国家教委"高等学校优秀教材一等奖",后于 1989 年和 1995 年先后推出了修订本和第 3 版,2012 年第 4 版时改为《新编高级英语语法》,2019 年推出了第 5 版。

图 16-25　《新编英语语法》和《新编高级英语语法》

　　《新编英语语法》是一部语法工具书,不是课堂教学用书。虽然这是章振邦"新编英语语法"系列的第一本书,但使用更广泛的是基于同一语法体系编写但面向课堂教学的《新编英语语法教程》,初版于 1983 年 8 月由上海外语教育出版社推出,现已更新至第 6 版。

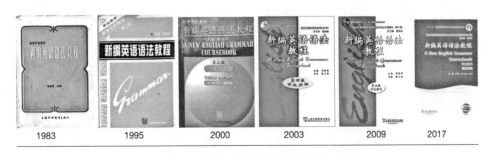

图 16-26　《新编英语语法教程》第 1—6 版

　　除这两种教材外,"章振邦语法"系列教材还包括《新编英语语法概要》(共两版)、《新编中学英语语法》《通用英语语法》(共两版)、《新编高中英语语法和词汇》《新编高级英语语法》等(详见表 16-18)。截至 2019 年,"新编英语语法"系列教材累计印数已超过 330 万册,成为我国英语教育中极具影响力的工具书。

图 16－27　《新编英语语法概要》和《通用英语语法》

表 16－18　"新编英语语法"系列教材目录

序号	书　　名	出 版 机 构	出版时间
1	《新编英语语法》(上) 《新编英语语法》(下)	上海译文出版社	1981 年 6 月 1983 年 9 月
2	《新编英语语法》(修订本)(上、下)		1989 年 9 月
3	《新编英语语法》(第 3 版)	上海外语教育出版社	1997 年 1 月
4	《新编英语语法教程》		1983 年 8 月
5	《新编英语语法教程》(第 2 版)		1995 年 6 月
6	《新编英语语法教程》(第 3 版)	上海外语教育出版社	2000 年 2 月
7	《新编英语语法教程》(第 4 版)		2003 年 12 月
8	《新编英语语法教程》(第 5 版)		2009 年 9 月
9	《新编英语语法教程》(第 6 版)		2017 年 9 月
10	《新编英语语法概要》	上海译文出版社	1985 年 7 月
11	《新编英语语法概要》(第 2 版)	上海外语教育出版社	1997 年 2 月
12	《新编中学英语语法》	上海译文出版社	1990 年
13	《通用英语语法》	上海外语教育出版社	1996 年 12 月
14	《通用英语语法》(第 2 版)		2001 年 4 月

序号	书　名	出版机构	出版时间
15	《新编高中英语语法和词汇》	外语教学与研究出版社	2007 年 10 月
16	《新编高级英语语法》	上海外语教育出版社	2012 年 12 月
17	《新编高级英语语法》(上、下)	商务印书馆	2019 年 12 月

在以上系列教材中,使用最为广泛的当属用于英语专业教学的《新编英语语法教程》,通常大家说的"新编英语语法"多指这本教程。该教程于 1983 年由上海外语教育出版社出版,经由复旦大学、四川大学、北京外国语大学等 15 所高校学者组成的审稿会审查通过,并经我国高校外语教材编审委员会审批,推荐为高等学校教材。自 1983 年初版问世以来,该教程先后经过五次修订,经久不衰。教程初版于 1990 年获"华东区高校出版社优秀图书一等奖",第 2 版于 1998 年获上海市教委"高等学校优秀教材一等奖",第 4 版于 2003 年列入"普通高等教育'十五'规划教材",2004 年获"第 6 届全国高校出版社优秀畅销书一等奖",第 5 版于 2008 年列入"普通高等教育'十一五'规划教材",第 6 版于 2021 年获"全国优秀外语教材(高等教育类)二等奖"。截至 2009 年第 5 版出版时,印刷数十次,累计印数达 100 余万册。

如前所述,该教程与先于其出版的《新编英语语法》是基于同一语法体系编写而成。两种教材都经过了多次修订再版,但继承了一系列共同的理念特色。现结合 1989 年版的《新编英语语法》(修订本)(以下简称《语法》),对最新版(即第 6 版)《新编英语语法教程》(以下简称《教程》)的教材内容和理念特色加以介绍。

首先,《语法》作为工具书,内容详尽全面,因此体量更大——上册 62.6 万字,下册 78.6 万字,两册合计 141.2 万字(32 开本,2,410 页)。《教程》作为教学用书,根据教学需要进行内容编选,突出教学重点,因而更凝练,篇幅小一些——全一册,109.5 万字(16 开本,497 页)。

其次,从篇章结构来看,《语法》全书共分为 8 篇、50 章(详见表 16-19),每章里面又分为若干节,节内再分为若干小节,如第二章"语法层次"分为"2.1 概说""2.2 词素""2.3 词""2.4 词组""2.5 分句""2.6 句子"6 节,"2.2 词素"下面又设"2.2A 自由词素"和"2.2B 粘附词素"。为简略起见,表 16-19 中仅列出 50 个章的标题,章内各级节标题予以省略。《教程》除开篇的"导论"外,主体内容共分为 40 讲,每讲内分为若干节,如"1.1 词素""1.2

词""1.3　词组";节内又分为若干小节,如"1)自由词素""2)粘附词素"等,简
略起见,根据教材目录将40讲内各节主要内容进行了汇总(详见表16-20,内
容表述适当简略)。对比两表可见,教材的章节内容总体相近,《语法》的部分内
容在《教程》中予以省略,如第十一章"数词"、第二十章"基本助动词"、第二十二
章"半助动词"等;部分内容进行简略与合并,如第十三到十六章关于"两时两
体"的四章内容合并为第13、14两讲;部分内容进行了拆分,如第二十三章"非
限定动词和非限定动词词组"拆分为第20、21、22、23共4讲。

　　最后,从章节内部的内容体例来看,《语法》作为工具书,全书均为条分缕析
的语法规则、解释和例句,《教程》作为教学用书,在语法知识讲解的基础上还增
加了相关练习。根据教学需要,有的是一讲结束附有练习,如第1、2、3讲后分别
跟有两个练习(Exercise 1A/1B、2A/2B、3A/3B),有的再在某一节后附有练习
(如第4讲第2、3节分别跟有一个练习 Exercise 4A、Exercise 4B)。练习的形式
多样,如单项选择、造句、将多个句子连成一句、句式转换、句子填空、选词完成句
子、句子翻译、改写/改进句子、句子改错、篇章填空、句子同义改写等。

表 16-19　《新编英语语法》(修订本)篇章内容

篇	章	篇	章
一、导论	(一)关于本书体系的几点说明	三、动词词组	(十二)动词词组和动词分类
	(二)语法层次		(十三)一般现在时
	(三)句子结构		(十四)一般过去时
二、名词词组	(四)名词词组和名词分类		(十五)进行体
	(五)名词的数		(十六)完成体
	(六)名词的格		(十七)将来时间表示法
	(七)名词的性		(十八)被动态
	(八)限定词(一)		(十九)虚拟式
	(九)限定词(二)——冠词用法		(二十)基本助动词
	(十)代词		(二十一)情态助动词
	(十一)数词		(二十二)半助动词

篇	章	篇	章
三、动词词组	(二十三)非限定动词和非限定动词词组	六、并列句、复杂句	(三十七)名词性分句
			(三十八)状语分句
四、形容词词组、副词词组、介词词组	(二十四)形容词和形容词词组		(三十九)直接引语和间接引语
		七、修饰、替代、省略、强调	(四十)名词修饰语
	(二十五)副词和副词词组		(四十一)同位语
			(四十二)关系分句
	(二十六)介词和介词词组		(四十三)动词、形容词、副词等的修饰语
五、简单句	(二十七)陈述句、疑问句、祈使句、感叹句		(四十四)比较分句
	(二十八)存在句和 IT-句型		(四十五)替代
	(二十九)句子成分		(四十六)省略
	(三十)一致		(四十七)强调
六、并列句、复杂句	(三十一)并列结构	八、从句到篇	(四十八)语篇结构
	(三十二)从属结构		(四十九)语篇纽带
	(三十三)不定式分句		(五十)语篇模式
	(三十四)-ING 分词分句	/	结束语
	(三十五)-ED 分词分句	/	主要参考书目、语法术语英汉对照表、索引
	(三十六)无助动词分句		

表 16-20　《新编英语语法教程》(第 6 版)内容概要

第 X 讲/主题	主　要　内　容
1　语法层次	词素、词、词组、分句、句子
2　分句结构和基本句型	主语、谓语、基本句型

续　表

第 X 讲/主题	主 要 内 容
3　分句成分	分句的中心成分(主-谓-宾-补-状)和外围成分(评注性及连接性状语)
4　主谓一致(一)	指导原则、不同名词作主语时的主谓一致问题
5　主谓一致(二)	并列结构作主语、数量概念名词词组作主语及其他情况中的主谓一致
6　名词和名词词组	名词的分类;名词词组剖析(中心词、限定词、修饰语等)
7　名词的数和名词属格	名词的数;名词属格
8　限定词(一)	与名词的搭配关系、限定词间的搭配关系、限定词表意功能
9　限定词(二)	冠词的类指和特指;各类名词前的冠词用法
10　代词(一)	人称代词(人称、数、性等)的一致和格的选择
11　代词(二)	物主/反身/指示/相互/不定代词;代词照应
12　动词和动词词组	助动词、主动词、限定动词(词组)和非限定动词(词组)
13　动词的时和体(一)	一般现在/过去时、现在/过去进行体、进行体句式在语篇中的应用
14　动词的时和体(二)	现在/过去完成(进行)体的用法;几点补充说明
15　将来时间表示法	从现在角度表示将来时间;过去将来时间表示法
16　被动意义表示法	主动句与被动句;被动结构和被动意义
17　假设意义表示法	陈述/祈使/虚拟式概说;假设意义语法手段综述;BE-及WERE-型虚拟式
18　情态意义表示法(一)	表示能力和可能/许可和不许/义务和必然/预见和推测/意愿、意图、决心
19　情态意义表示法(二)	表示命令、禁止、拒绝/胆敢、需要及其他;情态动词的推测性及非推测性用法
20　不定式(一)	不定式的结构形式;几个问题;分裂不定式
21　不定式(二)	与形容词/名词/动词的搭配关系;不定式分句

第 X 讲/主题	主 要 内 容
22　-ING 分词	与动词的搭配;可带不定式和-ing 分词的动词;-ing 分词分句
23　-ED 分词	-ed 分词作前置修饰语和补语;悬垂分词;-ed 分词分句
24　形容词和形容词词组	分类;形容词与分词;形容词(词组)作名词修饰语和补语及其他用法
25　副词和副词词组	主要用法;兼有两种形式的副词;若干副词之词义辨析
26　比较等级和比较结构	形容词/副词的比较等级;比较结构及关于其用法的补充说明
27　介词和介词词组	与形容词/动词/名词的搭配;复杂介词;介词词组与某些限定分句的转换;若干介词用法比较
28　四种句式	陈述句、疑问句、祈使句、感叹句
29　存在句	存在句的结构特征、非限定形式及其句法功能、在语篇中的应用
30　IT-句型和否定结构	IT-句型和否定结构
31　并列结构	并列结构和并列句;并列连词;并列与排比
32　从属结构	从属结构和复杂句;从属连词;带名词性分句、状语分句、非限定分句、无动词分句、"独立结构"的复杂句
33　条件句	4 种类型条件句
34　关系分句	限制性/非限制性关系分句;关系词的选择;双重关系/嵌入式关系分句及其他用法
35　直接引语和间接引语	陈述/疑问/祈使/感叹/混合句式的间接引语;自由间接引语和自由直接引语
36　修饰	动词、形容词、副词、介词的修饰语;名词修饰语;同位语
37　替代	名词性/动词性/分句性替代
38　省略	并列结构/主从结构中的省略;错误省略问题;英汉语言省略问题比较

第 X 讲/主题	主　要　内　容
39　强调	关键词语的重读和重复;后置和尾重句;前置和倒装句;强调句式——分裂句
40　从句到篇	语篇层次;语篇纽带;语篇修饰

最后,从教材的体系特征来看,《语法》第一篇"导论"(第 1—74 页)分 3 章详细阐释了整套书的编写体系,包括该书的语法体系特征、英语语法的层次性、分句结构的"双轨分析法"等。《教程》则在"导论"中只保留了对理论体系的介绍,把语法层次和句子结构与成分等作为教材主体内容融入前 3 讲。这部分内容是对全书框架体系提纲挈领式的说明,旨在帮助教材使用者理解整本教材的编排逻辑。《教程》"导论"中从 11 个方面阐明其理论体系,现结合教材内容择其要义总结如下。

(一) 贯彻语言结构带有层次性的理念

传统语法书主要包括词法和句法两部分,《教程》采用层次分析法,首先将"从词到句"扩展为词素(morpheme)、词(word)、词组(phrase)、分句(clause)、句子(sentence)5 个层次(参见《教程》第 1 讲),并在此基础上兼顾"章法"的问题,在关注句子结构意义的同时,从句子、语段或句群(sentence group)、语篇(text)3 个层次阐释如何将句子适切地用到语篇中,在具体的交际场合和上下文中实现句子的交际功能(参见《教程》第 40 讲)。

以上层次关系中尤其值得关注的是"词组"的概念。传统语法中由"词"直接充当句子成分的分析法往往不能准确描写词语之间的语义关系,如代词的功能被认为是指代前文提到过的名词,而在"The baseball players lost their game. They had played poorly."中,代词 they 实际上指代 the baseball players 这一名词词组。因此,《教程》在讲述名词、动词、形容词、副词、介词等各类词性时,都同步强调了相应的词组结构(参见第 6、12、24、25 及 27 讲)。对名词词组的描写又引出限定词(第 8、9 讲)、修饰语(第 36 讲)以及代词与其先行词间的照应关系(共指和替代,参见第 10、11 及 37 讲)等问题。

从词到句的另一个中间层次概念是"分句",即建立在一个或一个以上词组基础上的主谓结构。分句之上就是句子,即建立在一个或一个以上分句基础上的最高层次的语法单位。句子之上没有更高的语法单位,而是语篇结构的问题了。

（二）凸显了语法和词汇的关系

语法是语言的结构系统,词汇是语言的意义系统,特定的语法结构要求特定意义的词汇与之匹配,而一词多义词汇的具体含义须在特定的语法结构中才能确定。因此《教程》十分重视词汇的语义分类,如第 12 讲中将动词分为助动词、主动词、限定动词和非限定动词,助动词又细分为基本助动词、情态助动词和半助动词(12.1),主动词又分为及物动词、不及物动词、连系动词以及动态动词与静态动词等(12.2)。除了传统语法中的代词指代(第 10、11 讲人称代词、物主代词、反身代词、指示代词、相互代词、不定代词等)之外,还从语篇角度出发描写了英语中各类“替代”现象(第 37 讲),包括名词性替代、动词性替代及分句性替代。第 24 讲除了第 1 节中从四种不同角度对形容词进行分类(单词/复合形容词、中心/外围形容词、动态/静态形容词、等级/非等级形容词)之外,还从其转化生成(-ing;-ed)、语法意义(主动/被动)、语法功能(做修饰语或补语)等不同视角进行了分类阐述。这些都是“新编”语法之新意的具体表现。

（三）重视语法和语篇的关系

语法讲的是由词到词组到句子的规则,而一个句子的正确性除了受语法规则的制约外,还要看它在上下文(即语篇)中的适切性。因此,语法与语篇具有内在联系,二者密不可分。考虑到这一点,《教程》在传统语法书的词法和句法基础上,增加了“章法”相关内容,探讨语法结构或规则在语篇中的使用问题(grammar in use),如“进行体句式在语篇中的应用”(13.6)、“完成体句式在语篇中的应用”(14.3.4)、“被动句在语篇中的应用”(16.3.4)、“存在句在语篇中的应用”(29.3)、“排比在语篇中的应用”(31.3.4)、“自由间接/直接引语在语篇中的应用”(35.4.3)等。全书最后一讲在界定句子、语段和段落、语篇等各层次概念的基础上,详细介绍了连句成段、连段成篇的语篇连贯与衔接手段,包括逻辑纽带(logical connector)、语法纽带(grammatical connector)及词汇纽带(lexical connector);最后用“六对四字”概括了语篇修辞规律:紧扣主题,首尾一致;珠联璧合,连贯有序;突出重点,分清主次;关系明确,避免歧义;言语简练,用词经济;句式多样,灵活交替。

（四）把限定词定为一个词类

《教程》借鉴结构主义、转换生成语法及 20 世纪七八十年代较有影响力的最新语法著作中的做法,将对名词起特指、泛指、定量或不定量等限定(而非描绘)作用的所有词项集中起来作为一类功能词,称为“限定词”(determiner),具体包括冠词、物主限定词、指示限定词、关系限定词、疑问限定词、不定限定词以及数词、量词等(参见《教程》第 8、9 讲)。

（五）采用两个"时"和两个"体"的动词系统

传统语法认为过去、现在、将来、过去将来4个时间和一般、进行、完成、完成进行4种动作发生方式两两组合即构成16种英语时态，作者给出4大理由，对这种烦琐的时态划分进行了质疑，认为表示时间区别的"时"（tense）和表示动作处于何种状态的"体"（aspect）是两个独立的、可以分开的语法范畴，并提出了英语中"两时两体"的新体系，即过去时和现在时、进行体和完成体（参见《教程》第13、14讲）。

（六）全面介绍将来时间表示法——取消"将来时"

《纳氏文法》等传统语法将"will/shall do"视为英语将来时的助动词，但这并不符合它们在语言中的实际用法。该表达在现代英语中所表示的主要是情态意义，尽管有时也蕴含着将来意义，但与情态意义难以截然分开。作者在梳理国内外语法界对will/shall性质的三派不同意见之后，认为它们不是将来时助动词，而是情态助动词；同样，英语中也不存在表示将来时间的专门动词形式，即所谓的"将来时"（future tense）。没有"将来时"，并不意味着没有表达将来时间的手段；恰恰相反，英语中表示将来的手段十分多样，除will/shall do之外，还有be going to do、will/shall be doing、be doing、be to do以及用一般现在时表示将来等，不应简单将will/shall do这一种形式等同于将来时态而忽视其他，而是应全面介绍这些不同表达手段的用法，使学生能在不同情境中选用正确的表达形式。

（七）分散介绍"假设意义"表示法——简化"虚拟式"

现代英语中表示假设意义（hypothetical meaning）及其他非事实意义（non-factual meaning）的语法手段有很多，统称为"虚拟语气"，如：

一般过去时：	*He behaves as if he owned the place.*
过去完成体：	*If only I had listened to my teacher!*
情态动词+不定式：	*If I could drive a car, I would teach you.*
情态动词+不定式完成体：	*But for your help, I couldn't have achieved anything.*
动词时体的综合使用：	*If your father had caught us, he would have been furious.*
	If it snowed tomorrow, the match would have to be cancelled.
专门的虚拟式：	*I wish I were young again.*
	He ordered that all the books be sent at once.

传统语法书将所有这些表达手段都归入虚拟语气，混淆了语法形式和意义，

使得虚拟语气成为一个特别烦琐的学习难点。于是《教程》中将通过动词时体变化来实现的假设及非事实意义表达手段抽离出来,分散在介绍动词的时、体形式和情态助动词用法的章节中进行讲解,仅将两种特殊的动词形式认定为虚拟语气,为与传统语法的概念相区别而称之为"虚拟式",即 were-型虚拟式和 be-型虚拟式(参见上文最后两个例句及《教程》第 17 讲 17.3 和 17.4)。

(八) 采用"-ING 分词""-ED 分词"取代"现在分词""过去分词"和"动名词"

这几个术语的改变主要出于 3 方面的考虑:一是全书语法基本都是根据结构特征(而非语言功能)命名;二是"现在分词"和"过去分词"两个概念不够准确,因为 -ing 和 -ed 两种分词为动词的非限定形式,并不总是表示现在和过去时间;三是对 -ing 结构两个句法功能(现在分词和动名词)的辨析对于语言技能培养无关紧要,如 a sleeping child 和 a sleeping car 分别是指 a child who is sleeping 和 a car for sleeping,两个 sleeping 的区别从意义上很容易分辨,不必依赖现在分词或动名词这样的语法名称。

(九) 采用"非限定动词"这一术语,取代"非谓语动词"

传统语法将不定式、-ing 分词和 -ed 分词统称为"非谓语动词",表示 3 者不能充当谓语,这样的说法并不准确,因为当这几个形式构成的词组出现在从属结构中做动作成分时,就连同省略的逻辑主语及后面的补足成分构成"主语+谓语"的分句结构。例如,"Driving home after work, I accidentally went through a red light."一句中,前半部分的分句结构相当于 When I was driving home after work 的省略,driving 即为分句中的谓语动词,将其称之为"非谓语动词"则无法很好地解释各类分句中使用不定式、-ing 分词和 -ed 分词做谓语的现象,于是《教程》中称之为"非限定动词",由非限定动词词组充当谓语的分句则称作"非限定分句"(non-finite clause)。

(十) 采用"情态助动词"这一术语,取代"情态动词"

取消"情态动词"术语是因为它不够准确,因为它所代表的词类本质上并非动词,无法独立充当句子的谓语,而是助动词,须和主动词搭配构成动词词组。传统语法如此称呼,是因为对助动词的内涵有所误解,将其理解为在句中协助动词构成时态、语态、语气、否定、疑问等的没有词汇意义的词,实际上,是否有词义不是助动词的核心内涵,关键在于看它能否独立担当谓语。《教程》中将助动词划分为基本助动词(be、do、have 等,无词义)、情态助动词(can、may、must 等,有情态意义)和半助动词(have to、be likely to 等,有词义)。

(十一) 采用"关系分句"这一术语,取代"定语从句"

如前所述,本书的语法术语基本都是根据结构特征命名,因此有关系分词引导的分句依据其结构特征命名为"关系分句"（relative clause），不能从句法功能角度称其为"定语从句"（attributive clause），因为关系分句并不总是名词的修饰语（即定语），也可以承担其他功能，如插入语、状语等（参见《教程》第34讲）。

　　综上可见，《新编英语语法教程》舍弃了传统语法中过时的、不合理的部分，吸纳了当代不同语法流派中的新成果，结合我国英语教学实际，建立了一套新的语法体系，体现了一系列新理念、新特色。章振邦在《也谈我国外语教改问题》①一文中提到，语法新体系的产生是结合我国英语教学实际进行删繁就简的过程，"把传统语法书中某些过时的、不利于我国英语教学的东西大胆地加以扬弃……新体系之所以'新'，还因为它吸纳了国内外语言学研究的一些新成果，比如本书注意了语言的层次性，全面贯彻了层次分析法，对现代英语的结构和运作做了层次分明、线条清晰的描述，既提高了语法的广度和深度，又便于学习和掌握。新语法之所以有生命力，根本原因还在于它是改革开放大潮中的新生事物。"《新编英语语法教程》研编自1977年起步，先是以油印本的形式内部使用，1983年初版问世后先后五次修订再版，历经40年仍保有旺盛的生命力，为我国英语专业教育事业的发展做出了突出贡献。

五、亚历山大《新概念英语》（1985/1997）

　　《新概念英语》（*New Concept English*）（1—4）是一套经典英语教程，由世界著名的语言学专家亚历山大（L. G. Alexander）主编，英文原版最初于1967年由艾迪生-韦斯利-朗文公司（Addison Wesley Longman）出版。教材于20世纪80

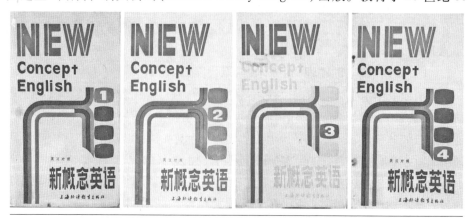

图16-28　《新概念英语》1985年版

① 章振邦. 也谈我国外语教改问题. 载束定芳, 张逸岗编. 外语教育往事谈第二辑——外语名家与外语学习. 上海外语教育出版社, 2004: 8-18.

年代引入中国后风靡至今,影响了不计其数的学习者。

《新概念英语》是一部以结构主义语言学理论为指导,同时融入功能语言学派和情景教学法思想的创新教材。作者反对传统的语法-翻译教学法,认为其费时低效。教材出版后受到广大学英语学习者的欢迎,很快超过了此前已经广泛使用的《基础英语》(*Essential English*①)以及《灵格风》(*Linguaphone Course*)。

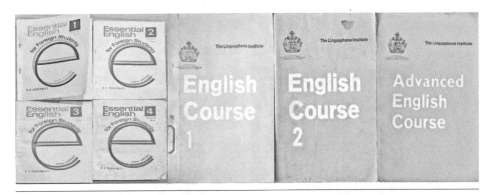

图 16‑29　与新概念同期流行的教材《基础英语》和《灵格风》

(一)《新概念英语》教材简介

1985 年,为响应教育部"采用一切可能的办法"解决国内对英语教材需要的精神,世界图书出版公司与朗文公司合作将《新概念英语》教材原版引进中国,由上海外语音像出版社出版。1997 年,世界图书出版公司与朗文合作结束,外语教学与研究出版社获得了教材版权,由 L. G. 亚历山大亲自修订,国内英语教育专家何其莘作为中方主编,共同推出了《新概念英语》(新版),这也是原版教材出版 30 多年来作者亲自修订的唯一一版本。教材通过完整的英语学习体系帮助学生掌握英语听、说、读、写 4 项基本技能,除保留原版精华外,为适应中国英语学习者的特点和学习习惯,又增加了几大特色(参见教材封底):"专为中国的英语学习人士而改编,根据中国读者的需要增添了词汇表、课文注释、练习讲解和课文的参考译文;剔除了所有过时内容,其中过时的课文由新课文取代,并配以全新的练习和插图;对原有教学法进行调整,更利于学生加强交际能力;内容更简洁精炼,取消过去单独出版的烦琐补充材料,将其精华纳入主要教材;版面加大,方便阅读;每课书相对独立,以利课堂教学。"

新版教材扉页显示,1997 年 10 月推出第 1 版,2019 年 1 月第 233 次印刷,

① 该套教材的作者 C. E. Eckersley 是新概念英语作者 L. G. Alexander 的老师。

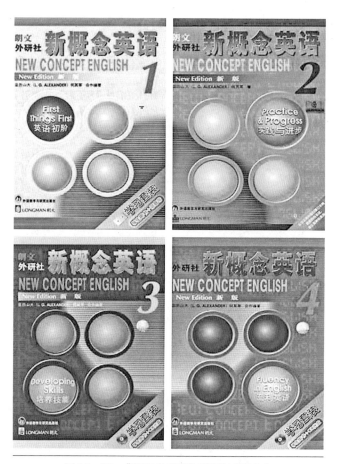

图 16 - 30　《新概念英语》新版(1997 年)

可见教材的生命力和受欢迎程度。除了主干教材 1 至 4 册之外,为了适应教师教学和学生学习的需要,出版社还推出了一系列辅导用书;除了配录音带的版本,还推出了配 CD 版本;为了满足低龄英语学习者的需要,又推出了《新概念英语青少版》。从教材末页所附的"新概念英语系列全套产品目录"(图 16 - 31)可见,整个系列包含 15 种(课本、教师用书、练习册、自学导读、练习详解、词汇随身听速记手册、词汇练习、语法练习、口语练习、词汇大全、语法手册、同步讲解辅导 VCD 等)55 册之多。这还仅仅是外语教学与研究出版社一家所出版的新概念衍生品图书,若算上其他出版机构正式出版以及各社会培训机构编制的相关教辅资料,则更是不计其数,可见这套教材的影响之广。

(二)《新概念英语》教材内容分析

《新概念英语》系列教材品种繁多,在此对衍生品种不一一做介绍,仅就主

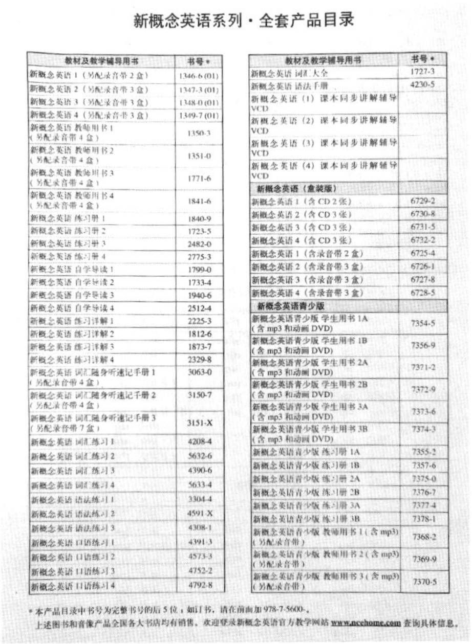

新概念英语系列·全套产品目录

教材及教学辅导用书	书号*	教材及教学辅导用书	书号*
新概念英语1（另配录音磁带2盒）	1346-6 (01)	新概念英语 词汇大全	1727-3
新概念英语2（另配录音磁带3盒）	1347-3 (01)	新概念英语 语法手册	4230-5
新概念英语3（另配录音磁带3盒）	1348-0 (01)	新概念英语（1）课本同步讲解辅导VCD	
新概念英语4（另配录音磁带3盒）	1349-7 (01)	新概念英语（2）课本同步讲解辅导VCD	
新概念英语 教师用书1（另配录音磁带4盒）	1350-3	新概念英语（3）课本同步讲解辅导VCD	
新概念英语 教师用书2（另配录音磁带4盒）	1351-0	新概念英语（4）课本同步讲解辅导VCD	
新概念英语 教师用书3（另配录音磁带4盒）	1771-6	**新概念英语（盒装版）**	
新概念英语 教师用书4（另配录音磁带4盒）	1841-6	新概念英语1（含CD 2张）	6729-2
新概念英语 练习册1	1840-9	新概念英语2（含CD 3张）	6730-8
新概念英语 练习册2	1723-5	新概念英语3（含CD 3张）	6731-5
新概念英语 练习册3	2482-0	新概念英语4（含CD 3张）	6732-2
新概念英语 练习册4	2775-3	新概念英语1（含录音磁带2盒）	6725-4
新概念英语 自学导读1	1799-0	新概念英语2（含录音磁带3盒）	6726-1
新概念英语 自学导读2	1733-4	新概念英语3（含录音磁带3盒）	6727-8
新概念英语 自学导读3	1940-6	新概念英语4（含录音磁带3盒）	6728-5
新概念英语 自学导读4	2512-4	**新概念英语青少版**	
新概念英语 练习详解1	2225-3	新概念英语青少版 学生用书1A（含mp3和动画DVD）	7354-5
新概念英语 练习详解2	1812-6	新概念英语青少版 学生用书1B（含mp3和动画DVD）	7356-9
新概念英语 练习详解3	1873-7	新概念英语青少版 学生用书2A（含mp3和动画DVD）	7321-2
新概念英语 练习详解4	2329-8	新概念英语青少版 学生用书2B（含mp3和动画DVD）	7372-9
新概念英语 词汇随身记手册1（另配录音磁带4盒）	3063-0	新概念英语青少版 学生用书3A（含mp3和动画DVD）	7323-6
新概念英语 词汇随身记手册2（另配录音磁带4盒）	3150-7	新概念英语青少版 学生用书3B（含mp3和动画DVD）	7374-3
新概念英语 词汇随身记手册3（另配录音磁带7盒）	3151-X	新概念英语青少版 练习册1A	7355-2
新概念英语 词汇练习1	4208-4	新概念英语青少版 练习册1B	7357-6
新概念英语 词汇练习2	5632-6	新概念英语青少版 练习册2A	7375-0
新概念英语 词汇练习3	4390-6	新概念英语青少版 练习册2B	7376-7
新概念英语 词汇练习4	5633-4	新概念英语青少版 练习册3A	7377-4
新概念英语 语法练习1	3304-4	新概念英语青少版 练习册3B	7378-1
新概念英语 语法练习2	4591-X	新概念英语青少版 教师用书1（含mp3）（另配录音磁带）	7368-2
新概念英语 语法练习3	4308-1	新概念英语青少版 教师用书2（含mp3）（另配录音磁带）	7369-9
新概念英语 口语练习1	4391-3	新概念英语青少版 教师用书3（含mp3）（另配录音磁带）	7370-5
新概念英语 口语练习2	4573-3		
新概念英语 口语练习3	4752-2		
新概念英语 口语练习4	4792-8		

* 本产品目录中书号为完整书号的后5位；如订书，请在面前加978-7-5600。
上述图书和音像产品全国各大书店均有销售，欢迎登录新概念英语官方教学网络 www.ncehome.com 查询具体信息。

图 16-31　新概念英语系列全套产品目录

干教材进行分析。教材共分 4 册，在系列名称《新概念英语》（*New Concept English*）之下，还有副标题反映从 1 至 4 各册书的循序渐进的教学目标：第 1 册为"英语初阶"（*First Things First*），第 2 册为"实践与进步"（*Pratice and Progress*），第 3 册为"培养技能"（*Developing Skills*），第 4 册为"流利英语"（*Fluency in English*）。教材每一课的内部结构方面，除第 1 册有奇数单元和偶数单元两种架构外，其余每册书内部的结构一致，且各册之间有同有异。为直观起见，现以表格形式介绍教材的内容结构和规模详情。

表 16-21　《新概念英语》(1—4) 单课内容结构和规模详情

册数	一（奇数课）	一（偶数课）	二	三	四
内容版块	课文	口语练习	课文	课文	课文
	生词和短语	生词和短语	生词和短语	生词和短语	生词和短语
	课文注释（参考译文）	书面练习	课文注释（参考译文）	课文注释（参考译文）	课文注释（参考译文）

续　表

册数	一 （奇数课）	一 （偶数课）	二	三	四
内容版块			摘要写作	摘要写作	理解
			关键句型	词汇	词汇
			难点	作文	句子结构 （1—8 课）
				书信写作	段落（9—24 课）
			选择题	关键句型	摘要（25—48 课）
			句子结构	难点	作文（25—48 课）
				选择题	关键句型
					难点
					选择题
单课页数	2	2	4	4	5—6
单元数	无	4	3	6	
课文词数 （约）	20—140		单元一 100 单元二 140 单元三 160 单元四 180	单元一 250 单元二 350 单元三 530	单元一、二 200—300 单元三 250—350 单元四、五 350—450 单元六 550—650
总课数	144		96	60	48
总页数	294		439	273	285

　　从上表的内容版块、单课页数、课文词数等可见,教材的难度梯度非常明显。各册书均以课文为主体,辅以练习。第 1 册每两课为一个单位,奇数课为主,课文主要是对话(72 课中仅最后两课是短文),偶数课则是对前一课重点句型的口

头操练和语言知识的练习巩固。第 2、3、4 册的课文都是篇章,篇幅由短及长,从第 2 册开始的 100 字左右逐渐增加至第 3 册末的 500 多字。尽管与第 3 册最后一个单元的课文相比,第 4 册前半部分课文的篇幅不升反降,但因为主题从日常生活转向百科知识,因而篇章的难度有所增加:第 3 册最后一个单元尽管篇幅多在 500 字左右,但话题多是贴近人们日常生活的话题,如第 50 课关于新年决心、第 51 课关于计算机发展、第 52 课我堂兄哈里的故事、第 57 课旅居他国 18 年后重归故里的故事、第 58 课一个独居的老太太遭遇入室盗窃、第 59 课关于人们的收藏爱好、第 60 课(即最后一课)关于准时的习惯等。比较来说,第 4 册则从一开始就进入了百科知识的选题,如前 3 课的题目分别是"Finding Fossil Man""Spare That Spider"和"Matterhorn Man"。全书 48 课涵盖了文化、经济、哲学、艺术、体育、政治、美学、心理学、社会学、教育学、伦理学、天文学等 30 多个学科门类,如第 8 课"Trading standards"(摘自英国《经济学人》杂志)、第 13 课"The Search of Oil"、第 19 课"The Stuff of Dreams"、第 25 课"Non-auditory Effects of Noise"等。一些人文、文化类的篇章尽管话题也算贴近生活,但都是来自名人名篇,语言难度明显高于前面两册生活故事类的篇章,如第 11 课"How to Grow Old"(来自英国哲学家罗素),第 24 课"Beauty"(来自英国哲学家 C. E. M. Joad),第 46 课"Hobbies"(来自英国首相温斯顿·丘吉尔)等。

　　与课文密切相关的版块有:"生词和短语"(New Words and Expressions)、"课文注释"(Notes on the Text)。其中课文注释又分为两个部分:一是对课文中的重点语句和表达的解释,二是课文的参考译文。以上内容是所有 4 册书中都有的版块。在这些主体内容的基础上,各册再逐渐增加新的版块。

　　第 2、3、4 册的共有版块有 4 个:"摘要写作"(Summary Writing)、"关键句型"(Key Structures)、"难点"(Special Difficulties)和"选择题"(Multiple Choice Questions)。其中,"概要写作"最开始(第 2 册全书及第 3 册前 20 课)是有辅助的写作,即:先回答关于课文的几道开放问答题,这些问题可以帮助学习者抓住文章的要点,将问题的答案组成一个段落即可完成课文的摘要写作,摘要的篇幅上限为 55 词、60 词、65 词、70 词、75 词、80 词等,因课文本身的长度而异。第 3 册最后 40 课不提供问题提示,要求学习者自己用不超过 80 词完成课文梗概。第 4 册从第 4 单元(第 25 课)开始有摘要版块,要求学生就课文中的部分内容进行概述,字数上限 80、90 到 120 词不等。"关键句型"结合课文内容进行常用语言知识和语法知识的讲解,并定期进行复习,如第 2 册第 11 课复习 2—10 课的关键句型(Now, Often and Always; What happened?; What has happened?; What were you doing when I telephoned?; It was made in Germany.),第 23 课复习第

12—21 课关键句型等。"难点"部分针对课文中出现的语言难点进行深入讲解和拓展,内容不多,但针对性很强(如第 2 册第 4 课讲解 receive 和 take 两个词的区别)。除知识讲解外,关键句型和难点部分还分别编有专门的练习题,用以检验和巩固目标知识。最后,"选择题"部分包含理解、结构、词汇 3 项内容,分别对应课文内容理解、关键句型和课文中的生词和短语等部分,帮助学生复习、巩固各版块内容。

除以上后 3 册共有版块外,还有一些各册特有或两册共有的版块。如第 3、4 册在概要写作外又增加了"作文"(Composition)版块,第 3 册还独有一个"书信写作"(Letter Writing)版块。

其中"书信写作"的模式相对单一(即根据提示的情景完成书信写作),但内容上仍是循序渐进的。如:最开始是让学生填写信封、熟悉书信格式、写出书信开头的 6 种表达、写出书信结尾的 6 种表达等书信的局部写作,然后才开始 80 词左右的完整书信写作,并给出可以表达来信目的的语言提示;从第 2 单元开始只给情景提示,不给语言提示,字数提高到 100 词左右。

"作文"部分有多种模式(参见图 16-29 至 16-32),引导学生从有辅助的写作逐渐过渡到独立写作。第 3 册最开始是将一组不完整的句子扩写为一个段落,如第 1 课:"描述那位妇女摘蓝莓时看到美洲狮的情景。将下列内容扩展成150 字左右的段落"(所给文字提示总共 86 词,内容与本课课文密切相关)。

Composition

Composition exercises are based on ideas suggested by each passage. You will be given two types of composition exercise:

1　You will be asked to expand a number of uncompleted sentences so that you write a paragraph of about 150 words. You are free to expand each sentence *in any way you please* providing that what you write fits in logically with the rest of the passage.

2　You will be given a full plan which contains notes for an essay in three paragraphs: an Introduction, Development, and Conclusion. You should write a composition of about 200 words based on these notes. You are quite free to add ideas of your own or ignore ideas that are to be found in the plan.

图 16-32　《新概念英语》第 3 册第 1 单元作文要求

后过渡到根据所给的 3 段式提示:引入(Introduction)—发展(Development)—结局(Conclusion),完成 200 字左右的作文,如第 20 课:"想象一下你就是布莱里奥①。用第一人称叙述一下飞跃英吉利海峡的经过,不超过 200 词。使用下列内容提示。不要写超过 3 段。"

提示内容:

---

①　本课课文中成功飞越英吉利海峡的人。

"**Title**：My flight across the Channel.

Introduction：Early morning — no sign of Latham — test flight — all well.

Development：Started off — could no longer see ship following below — . . .（部分内容略）rain cooled engine — land ahead.

Conclusion：Flew in a circle — looked for a place to land — two minutes later：policeman：bonjour！"

Composition

As in the previous Unit, Composition exercises are based on ideas suggested by each passage. You will be given two types of exercise：

1　You will be provided with notes which you will be asked to expand into a plan. Your plan must contain：a title；an introduction；a development；and a conclusion. When you have made out your plan, write a composition of three or four paragraphs in about 250 words.

2　You will be provided with a plan which contains：a title；an introduction；a development；and a conclusion. You will write a composition of three or four paragraphs in about 250 words based on each plan. You are quite free to add ideas of your own or to ignore ideas that are to be found in the plan.

图 16－33　《新概念英语》第 3 册第 2 单元作文要求

再后来是引导学生自己先完成写作计划，再完成写作，如第 31 课："描写一个真实的或想象出来的怪人，不超过 250 词。将下列内容扩展成一个写作计划，加上一个合适的标题。作文应为 3—4 段。"

提示内容：

"**Ideas**：Appearance — dress — behavior — home — way he or she lives — strange actions（e. g. puts up strange notices to passers-by in his garden；stands for parliament — gives speeches saying what he would do if he were Prime Minister — gets a few votes, etc. ）The way other people behave toward him. "

Composition

Make out a full plan which contains an Introduction, a Development and a Conclusion. Write essays of about 300 words in three or four paragraphs.

图 16－34　《新概念英语》第 3 册第 3 单元作文要求

最后是只给出题目(二选一)，让学生独立完成写作，如第 41 课："选择下面的一个题目，写一篇 300 词左右的作文"，题目："a. Write an answer to the above passage pointing out the advantages of living in the country and the disadvantages of living in the city. b. Which part of your country would you prefer to live in and why？"

第 4 册从第 4 单元开始有作文(之前是句子结构和段落，参见表 16－21)，形式为根据内容提示写作文,如第 25 课:"写一篇关于现代生活中的噪音(Noise in modern life)的 300 词左右的文章。如果你愿意,可以使用以下全部或部分内容。"随后课本中给出了 5 点内容提示①。尽管看起来又回到了 3 册最初的有提示的写作,但第 4 册的写作不是像之前那样紧扣课文内容,而是与课文无关的自由话题。到第 5、6 单元就是完全独立写作了,字数要求也提高至 400 左右。作文题目和单元课文有一定联系,写作任务分两步完成:第一步,列出写作内容要点;第二步,根据所列要点完成写作。

Composition

In Part 1 you learnt how to write a paragraph from notes which were provided. When writing a composition, you will be required to do precisely the same thing. This time, however, the notes given have not been derived from the passage. They are of a general nature and meant to be suggestions only. You may ignore them altogether if you wish. Follow the instructions very carefully.

Composition

You will be required to write a composition of about 400 words on a subject connected in some way with the passage. Your work should fall into two distinct parts:

1 Write a list of ideas in note form which might be used to discuss the subject.
2 Write a composition based on these ideas.

图 16 - 35 《新概念英语》第四册第 4、5、6 单元作文要求

除了作文,第 3、4 册共有的另一版块是"词汇",具体的任务类型也有变化。第 3 册第 1 单元:解释一组词或词组的意思,找到合适的词来替换课文中的词;第 2、3 单元:解释一组词语在课文中的意思;第 4 册:除个别课沿用上册的找同义词替换,多数练习是请学生注意一组生词在课文中的用法,并用这些词造句。

第 1 册全书和第 4 册前 8 课(即第 1 单元)共有一个版块:"句子结构",要求学生完成各种和句子结构有关的练习。第 2 册中,"句子结构"是每一课的最后一个版块,内容很少,就是来自课文的一句话的练习,形式多样:连词成句、同义改写、时态转换、间接引语改为直接引语、连接两个单句等。相关句子均来自课文原文,要求学生做完之后到课文中指定的行核对答案。第 4 册第 1 单元沿

---

① 1. We have grown accustomed to living and working against a background of noise: traffic in the streets; machines in the factory; office equipment; labor-saving devices in the home; aeroplanes overhead.

2. In a modern industrial society, hardly any place is free from noise; in cities, the problem is acute.

3. Many people learn to live against this background and do not seem to be affected.

4. Some people even seem to require noise as a necessary condition in which to work: e. g. music as a constant background.

5. We seem to be helpless to do anything about noise and have come to accept it as one of the more unpleasant features of modern civilization.

用了类似模式,只是练习的量有所加大。单元学习指导中介绍该版块时称:该部分的所有练习均来自课文,你做完练习以后可以直接对照课文检查自己的答案是否正确。练习包括下面几种类型:1) 将简单句合并为复合句;2) 增添连接词,构成复合句;3) 按照自己喜欢的方式完成选自课文中的句子;4) 写出与课文素材有关的句子。以第 1 课为例,"句子结构"部分共有 3 个练习:A. 将每一对句子分别用连词或关系代词连接成一句话(共 5 组);B. 写一句话描述考古学家的工作;C. 用所给的 3 个词造 3 句话,反映早期人类的历史。

　　除以上介绍的版块外,第 4 册还有两个独有的版块:"理解"(Comprehension)和"段落"(The Paragraph)。其中,"理解"版块贯穿全书,紧跟每课的参考译文,形式为问答题,题目数量因文章内容和篇幅而异,最开始 2—3道,多的在 5—7 道。"段落"版块仅出现在第 2、3 单元(9—24 课),前承"句子结构",后启"作文",体现写作学习中的循序渐进。两个单元的学习指导中均对此版块分别进行了介绍:该部分所有的练习都基于课文,完成练习之后可以对照课文来检查自己答案的正误。练习题型包括:给文章选择合适的标题;选择最符合段落大意的表述;一句话概括段落大意;将从课文中摘出的一组句子重新排序,组成段落;回答关于课文局部大意的问题,写出要点(非完整句)即可;根据要点提示用自己的话复述课文中的某个段落;写一个和课文内容有关的段落。

　　以上是《新概念英语》教材 1—4 册每课内部的版块设置和内容详情。除此之外,第 2 册开始全书被分为若干个单元。第 2 册共 4 个单元,每个单元开始前有一个测试(Pre-unit Test)。如第 1 单元开始前有一个关于第 1 册重点知识和句型的测试,共 6 页,开头提示:"如果你能完成以下测验,请开始第 1 单元的学习"。第 3 册共分 3 个单元,第 1、2 单元前都有学前测试。第 4 册共分 6 个单元,前 3 单元为 Part Ⅰ,后 3 单元为 Part Ⅱ,两个部分开始前各有一个测试。除了这些测试外,第 3、4 册每个单元开始前还有针对该单元各个版块的学习指导。因对各版块内容已做了介绍,重点内容已借鉴了单元学习指导,在此就不再对学习指导进行逐一详细介绍了。

(三)《新概念英语》教材理念

　　以上对教材的版块设置和各版块内容详情进行了介绍。除了这些主体内容之外,教材中还有详尽的教材使用说明、学习指导等教学指导材料。如各册书中均有英汉双语版的"致教师和学生:外语的课堂教学"(To the teacher and student: Learning a foreign language in the classroom)、"关于本教材的说明"(About this course)、"本教材使用说明"(How to use this course)等内容,篇幅长达二三十页。现以第 1 册为例,介绍教材的几点编写理念。

1. 外语学习的基本原理

教材编者在"致教师和学生"开篇对外语教师固守传统落后的外语教学方法提出了批评,并阐述了自己的主张。早在 1921 年,哈罗德·帕尔默博士就指出,"理解一种语言是如何运作的"与"学会如何使用这种语言"之间存在着重大的差别。从那时以来,人们已经找到了许多卓有成效的方法教授学生外语。尽管如此,世界上许多地方的教师依然眷恋着过时的教学方法,在一定程度上,他们是用当年自己学外语的方法使旧的教学体系永久化。因此,有必要讨论一下外语学习的基本原理。

学习一门语言,不仅仅是掌握一套规则,积累大量词汇。教师工作的重点不应是告诉学生关于一门语言的知识,而应是使学生能够使用这门语言。衡量学生是否掌握一门语言,最终是要看他运用如何,而不是懂了多少。学生要想成为熟练的语言运用者,就必须能够熟练地使用语言单位,而语言单位并不是人们曾经普遍认为的单词,而是句子。学习单词而不考虑它们的作用可能会白白浪费时间,因为单词并不都是同样重要的。我们必须把结构词和词项加以区别。像 I、you、he 等词便是结构词,它们的作用可以准确地加以界定,它们是语法体系的一部分;而像 tree、plant、flower 等词则是单纯的词项,与语法体系毫无关系。就学生而言,运用结构词的技巧是掌握一门语言的关键,因为由句型表达的含义主要依靠把句子联结起来的结构词所起的作用。

外语教学的目标应该是用最有效的方法使学生在其能力范围内尽量多学到一点东西。过时的翻译-语法教学法费时低效,因为这种方法实际上是鼓励学生犯错误:让学生在没有充分准备的情况下运用语言技能。使用这种方法的教师无意中制造了他们本想避免的问题。他们的学生在学到一定程度后无法继续往下学,而是不得不回过头来重新开始。他们成了需要补课的学生,教师面临的问题是为学生补课,纠正他们所学到的错误内容。同别的教学方法相比,这是一种最无益、最浪费时间和效率最低的方法。

2. 先听说,后读写

基于对上述基本原理的认识,作者主张在语言技能方面,听说领先,读写跟上。学生必须在语言的理解、口语、阅读和写作等基本技能方面得到充分的训练。在课堂教学中,许多教师把重点完全放在书面文字上。学生接受的训练是如何用眼而不是如何用耳来学习,学生不能掌握正确的发音、重音和语调,不得不主要归罪于书面文字的束缚。教师若想培养学生全面的语言技能,就必须有效地使用自己的时间,采用能在最短时间内产生最佳效果的课堂教学法。建议教师在课堂教学中按照以下顺序安排教学活动,引导学生:听到的再说,说过的再读，读过的再写。

3. 结构与语境、情景的有机融合

外语教材编写总是以某种具体的教学理念为指导。该套教材的编写理念就是按结构分级，将目标知识融入语境和日常情景中，将结构、语境和情景有机融合。

按结构分级，即按照句型的难度和复杂程度来分级，要求教材循序渐进、没有明显的断层或突然的跳跃。在一个仔细分级的教程中，每次介绍几个相互关联的句型，按照精心排列的顺序逐一介绍给学生。在传统教材中，语法项目常常被人为地集合到一起。例如，所有人称代词都被列在一个表中，让学生去学习。这个表是孤立的，不与任何上下文有关系。按照这种方法来学习语言对学生并没有真正的帮助，因为他不可能运用所学到的知识。在一个按结构分级的教材中，学生每次得到一点信息，然后学会在有意义的表述中运用这些知识。这样，他就能在很长一段时间里一点一点地学会运用诸如人称代词这类相对简单的结构词，而不是在某一时刻一下子得到一大堆无法消化的信息。

在有意义的表述中运用目标知识，离不开语境化教学，即在有意义的上下文中解释语法项目。通过教材编写者的精心设计，新知识可以被融入上下文中，在一个自然的语境中介绍给学生。在精心编写的有语境的课文和对话中，不断重复出现的句型必须是自然的、不十分注目的：要让学习者觉得在这样的场景中使用这些句型是自然的、不可避免的，而不是为了学习什么而人为堆砌在一起的。

还有一种教学主张是情景教学，即：通过介绍一系列日常情景来讲授语言，句型自然而然地从情景中产生，众多句型尽管结构不同，但用于同一主题。这种方法中，情景领先于结构，几乎不可能按结构分级，因此有着严重的缺陷：尽管学生听到的对话非常自然，但却完全无法控制句型教学。

因此，教师可以采用限定结构的情景教学这一折中办法：通过日常情景讲授语言，同时对目标句型按结构分级。这种方法综合了按结构分级、语境化教学、情景教学的理念。在开始阶段确实可以仅仅使用少数几个句型，这就意味着"情景"常常令人难以置信，几乎不可能实现。尽管有不利的一面，这种方法仍被认为是学习语言的最好方法之一，因为它可以从语言学角度来控制，并能用一种有趣的方法来介绍新的信息。

4. 通过大量的语言操练掌握新句型

语言教学的首要目标是训练学生使用新句型。传统教材中的句型教学多是向学生介绍语法规则，然后训练他们将这些规则用于一些毫无关联的句子填空练习中。这种方法鼓励教师谈论语言，而不是训练学生去使用语言，侧重点在书面练习上。事实证明,这种方法收效甚微,学生不能将抽象练习中所学到的知识转化成理解、说写等语言技能。

语言中的句型可分成两种截然不同的类型:渐进型和静态型。例如,学习提出问题和回答问题就涉及渐进型的句型,因为运用这些复杂形式的技能要在很长的时间里才能培养起来。从一开始的简单回答"Yes, it is."发展到这本教材结尾部分的复杂回答方式"Yes, I should, shouldn't I?"。静态型的句型,如形容词的比较级,可在有限的几课中讲授,不必占用很长时间。传统教材对渐进型和静态型的句型几乎未做任何区分,其结果是,即使是学习好的学生也常常不能熟练地运用渐进型句型。

渐进型句型必须在检查学生理解能力的练习中进行训练。这种练习要求学生回答问题并提出问题,而问题的难度则随着教程的进展而不断加深。必须训练学生用简略形式回答一般疑问句;为以 Who、Which、What 开头的疑问句提供答案;用肯定形式和否定形式来回答用 or 联结的选择疑问句;回答用 When、Where、How 等疑问词开头的问句。在每一个阶段,必须训练学生自己提问题。很明显,这些技能不可能在一两课书中学会:在每课书中都必须有这种练习。

5. 使用真实英语,避免"教科书英语"

编者主张,在教材编写的过程中,应该避免为了学习某种结构而生硬造出一些荒唐无用的句子,如:"我有一个鼻子""你有鼻子吗?""这是我的脚吗?"等。这种对语言的歪曲是没有道理的,因为讲授一种语言的全部目的就是训练学生去说那些在真实的生活环境中通常使用的、有意义的话。因此,在语言学习的初级阶段必须遵循这个标准,不惜任何代价避免使用那种在传统教科书中可以找到的特殊的"教科书英语"。

本章回顾了改革开放至 20 世纪末这段时间我国英语专业教材的发展情况。可以说随着国家的改革开放对外交往与人员国际流动的日益频繁,英语教育获得了飞速的发展,远远超越了前 30 年的发展成果。

80 年代英语专业教学的重点有了明显的改变:一方面传统的、单一的精读课本加语法书模式已经无法满足人们语言学习中大量输入和综合技能发展的需要,开始出现了听、说、读(即泛读)、写专项教材;随着英语学科的发展,也出现了大批文学、语言学、翻译等专业方向性教材;另一方面,随着国外新教法的引进以及对听说能力的需求日益迫切,以课文为中心、以语法为纲的传统精读教材模式也被打破,出现了一些将培养口语交际能力为主要目标的新型教材,如广外李筱菊主编的《交际英语教程》、黑龙江大学英语系编写的《功能英语教程》等。

20 世纪 90 年代,为了全面提高学生的听、说、读、写综合技能,英语专业教材开始走向系列化,与前期零星出版分项技能教材不同,此时的教材开发在策划开始便考虑整体的系列设置(涵盖几种教材、每种几册等),与综合教程(即传统的精读课本)配套,同步推出相应的听力、口语、泛读等教程。学科专业教材方面,在前期文学、语言学、翻译的基础上,出现了更多的英语教学、英美文化和口译教材。

第四节　改革开放至 20 世纪末的大学英语教材(1978—1999)

从改革开放到 20 世纪 80 年代中期,我国的大学英语教材经历了从无到有的恢复阶段。董亚芬(1986)①撰文在介绍其教材理念之前,对我国公共英语教材编写的历史进行了简要回顾。60 年代出版的第一代大英教材在"文革"期间被全盘否定。70 年代末和 80 年代初期出现了第二代大学英语教材,依据 1979 年修订的文、理科英语教学大纲编写而成。80 年代后期大学英语教材发展迅猛,出版了使用广泛且使用期较长的第三代大学英语教材,以董亚芬主编的《大学英语(文理科通用)》为代表。进入 90 年代后,对 80 年代出版的教材进行了修订再版。90 年代末,为适应新世纪教学的需要,又推出了几套新教材,如《新编大学英语》(应惠兰,1998)、《21 世纪大学英语》(翟象俊,1999—2000)等,成为第四代大学英语教材的开端②。

一、20 年间涌现 3 代大学英语教材

1976 年"文革"结束后,教育部立即着手安排大学英语教材的编写工作。1977 年冬召开的高校工科基础教材座谈会上通过了《英语教材编写大纲》,规定工科学校的公共英语教学分为"基础"和"专业阅读"两个阶段,其中基础阶段(一)180 学时,基础阶段(二)60 学时。供基础(一)使用的各专业通用教材通常由两册组成,基础(二)开始使用按专业大类编写的《英语》第 3 册,包括电力、冶

---

① 董亚芬.《大学英语(文理科本科通用)》试用教材的编写原则与指导思想. 外语界,1986(4):20–24.

② 陈坚林.大学英语教材的现状与改革——第五代教材研发构想外语教学与研究,2007(5):374–378.

金、化工、机械动力、土建水利、地质、生物、化学、数学、地理、物理诸类,多由一校主编,联合多校合编。

1978 年 8 月召开的全国外语教育座谈会上提出,"编辑出版一批相对稳定的大中小学外语教材。……每套教材力争配以唱片、录音、幻灯、电影等各种视听教材,以提高教学效果"。同年 12 月,十一届三中全会召开,中央做出了改革经济体制和对外开放的重大决策。与此相适应,教育体制也进行了改革,下放教育管理权,在保证基本统一要求的前提下实行课程教材多样化,教材编、审分开,各地区在国家宏观指导下编写和使用教材。

1980 年颁布的《英语教学大纲(草案)》基本沿袭了 1962 年大纲,仍以培养阅读能力为主要目标,但将大学公共英语教学分为两个阶段:基础英语教学阶段要"为学生阅读英语科技书刊打下较扎实的语言基础",专业阅读教学阶段则要使其具备"比较顺利地阅读有关专业的英语书刊的能力"。在该大纲颁布前后编写的教材,连同"文革"后首批推出的公共英语教材一起,被称作"第二代大学英语教材"(参见表 16-22 和表 16-23),其中最有代表性的有上海交通大学吴银庚主编的《英语》、清华大学陆慈主编的《英语教程》等。

表 16-22 "文革"后第一批大学英语教材列表

书 名	册数	主 编	出版机构	年 代	适用
(高等学校试用教材)英语	3	天津大学等	人民教育出版社	1978—1979	工科
(高等学校试用教材)英语	3	上海交通大学外语教研组	人民教育出版社	1978—1979	工科
(北京大学试用教材)英语	4	北京大学杜秉正等	人民教育出版社	1978—1983	理科
(高等学校试用教材)英语	3	南开大学外文系蒋增光、钱建业	人民教育出版社	1978—1979	理科
(高等学校试用教材)英语(理科用)	4	复旦大学	上海译文出版社	1978—1980	理科
(高等学校试用教材)英语	4	上海交通大学科技外语系吴银庚等	人民教育出版社	1979—1981	理工科

表 16‐23　80 年代初第二代大学英语教材列表

书　　名	册数	主　编	出　版　机　构	年　代
英语教程(理工科用)	4	清华大学陆慈等	人民教育出版社	1981—1982
"高等学校文科教材"英语(非英语专业用)	4	复旦大学外文系王慧玲、李萌华等	商务印书馆	1981—1983
英语(理工科用)	4	复旦大学外文系丰华瞻等	上海译文出版社	1982
"北京大学试用教材"《英语(文科)》	4	北京大学公共英语教研室陈瑞兰、沈一鸣等	北京大学出版社	1984

随着改革开放后社会对英语需求的日益增大,到 80 年代出现了一股学习英语的热潮。特别是 1979 年英语成绩开始计入高考总分以来,大学新生的英语水平开始逐步提高。1982 年 4 月在武汉召开的"高等学校公共英语课教学经验交流会"上提出修订教学大纲的建议,至 80 年代中期掀起了大纲设计、教材编写和教学改革的热潮。同期,"公共英语"这一名称开始逐步被"大学英语"所取代。1985—1986 年颁布了理工科、文理科通用《大学英语教学大纲》,根据该大纲编写的一批教材被称作"第三代大学英语教材"(参见表 16‐24)。

90 年代初期,编写大学英语新教材的步调开始放缓,20 世纪 80 年代中后期出现的一大批教材经重印或修订再版基本可以满足大学英语教学的需要。以使用广泛的《大学英语》系列教材(董亚芬主编)为例,1986 年试用版问世,1992 年推出正式版。更多教材再版情况参见表 16‐25。

表 16‐24　80 年代中后期的第三代大学英语教材列表

书　　名	内部系列	册数	主　编	出版机构	年代	备　注
大学英语（文理科本科用）（College English）	精读	6	董亚芬	上海外语教育出版社	1986	复旦大学、北京大学、华东师范大学、中国人民大学、武汉大学等合编;另配预备级精读、泛读各 2 册,共32册
	泛读	6				
	听力	6				
	快速阅读	6				
	语法与练习	4				

续　表

书　名	内部系列	册数	主　编	出版机构	年代	备　注
大学核心英语（*College Core English*）	读写教程	6	杨惠中 张彦彬	高等教育 出版社	1987— 1989	上海交通大学编，共 18 册，另配《大学核心英语预备级教程》2 册
	听说教程	6				
	词汇练习册	6				
新英语教程（*New English Course*）	英语阅读	6	清华大学科技外语系	清华大学 出版社	1986— 1988	共 12 册
	综合英语	6				
现代英语（*Modern English*）	读与写	6	S. Lake， G. R. Evans， D. Watson	高等教育出版社 & 麦克米伦	1986	共 18 册，另附测试题，由 Andrew Harrison 编写
	泛读	6				
	听说	6				
大学英语（*College English*）	精读	6	杨美楣	辽宁大学 出版社	1986— 1988	共 14 册；《听力训练与功能会话》上、下册配合《精读》(1—4)使用
	泛读	6				
	听力训练与功能会话	2				

表 16－25　第三代大学英语教材 90 年代初再版情况

书　名	内部系列	册数	主　编	出版机构	年　代
现代英语（第 2 版）	同初版		《现代英语》修订组	高等教育 出版社	1990—1991
大学英语（第 2 版）	同初版		杨美楣	辽宁大学	1991
大学英语（正式版）	同试用版		董亚芬	上海外语教育 出版社	1992
大学核心英语（修订版）	同初版		杨惠中、 张彦彬	高等教育 出版社	1991—1992

1994 年 7 月召开的全国大学英语教学研讨会上，代表们肯定了 1985 年大纲指导下我国大学英语教学在"教材开发、教学管理、师资培训、语言测试"等方面

的成绩,提出"争取到 2000 年使大学英语教学上一个新的台阶"的目标①。会上总结了十年来的经验教训,提出要处理好两对关系:一是语言能力与交际能力的关系(防止忽略语言训练的倾向);二是考试与教学的关系(防止应试教学的倾向)。自此,高教司采取了一系列大学英语教学改革措施,其中包括对 1985—1986 大纲进行修订。随着我国高等教育体制改革的深入,高校普遍向多学科、综合型发展,前述两份大纲的共性部分越来越多。80 年代末至 90 年代,随着 CET 考试社会影响力的加大,大学英语应试教学的倾向日益加剧,教材编写也开始迎合测试需要。由于文理工科生参加考试时使用相同的试卷,前述文理、理工大纲分设逐渐变得形同虚设。因此,两份大纲最终合二为一,形成了高等学校本科文理工科通用的《大学英语教学大纲》(修订本)(1999)。该大纲首次提出了各科统一的大学英语教学目标,"培养学生具有较强的阅读能力和一定的听、说、写、译能力,使他们能用英语交流信息"。据 1999 年大纲编写的一批教材被称为"第四代大学英语教材"。对于这 20 年间出现的 3 代大学英语教材,以下将按时间先后顺序加以概述。

由于"文革"前后英语成绩长期不计入高考总分,高中毕业生的英语水平很低,因此,"文革"后第一批公共英语教材多是零起点的,编写思想与 60 年代教材相近,仍然是以语法为纲,根据语法学习的需要对课文进行挑选和修改。这些教材"编写起点比较低,……编写的指导思想相对也要陈旧些,所以使用时间不长,带有一定的过渡性质"②。

第二代大学英语教材基本沿袭了 60 年代初第一代大学英语教材以课文为中心、以语法为纲的模式,但是"允许新的语法现象超前出现,也不要求课文紧密结合当课语法,这样课文的语言就显得地道、自然多了"③。语言技能方面,在侧重阅读的同时增加少量听、说、写的内容。这些教材中"有的吸收了结构主义的成分,强调句型操练"④。

这一代教材相对于此前教材的革新主要体现了结构主义的语言观,在五六十年代"课文+语法+练习"教材的基础上增加了听说内容,注重句型学习和操练,其产生直接受到美国听说教学法的影响。20 世纪 60 年代初,随着中苏关系的恶化,我国外语教学和教材一律照搬苏联模式的局面出现转变,同时苏联国内

---

① 全国大学英语教学研讨会会议纪要(1994 年 7 月 30 日).江苏外语教学研究,1994(2).

② 蒋妙瑞.应运发展的中国大学英语教学——纪念改革开放 30 周年.外语界,2008(5):5-17.

③ 董亚芬.《大学英语(文理本科用)》试用教材的编写原则与指导思想.外语界,1986(4):20-24.

④ 李萌华.继承、借鉴与创新——关于《大学英语》系列教材(全新版)的编写.外语界,2001(5):2-8.

也开始对自觉对比法进行反思和批评。这时候，外语教学界开始接触到听说法，尽管当时听说法在西方已经走过了全盛期，但对我们来说还是全新的。为了避免涉嫌"学习西方"，国内学者将其称为"听说领先、读写跟上"①。许国璋先生在为李筱菊主编的《交际英语教程》(1987)所作的序言中描述了60年代中期采用听说教学法的英语课堂情景："由于口语被认为是语言的根本，往往只在充分的听说训练后才让学生使用书面材料(有时甚至杜绝使用)；上课开始，老师自如地讲起事先演练好的故事，学生们认真听着，知道故事讲完后要回答问题，这些问题结构整齐，都是陈述后加反问，因为答案已包含在问题或原文中，学生答得又快又好，整堂课就像一场精心安排的句型表演；第二小时的课和前面差不多，对固定位置上的词或词组进行替换练习……"尽管这一新潮流当时仅在部分地区和学校产生影响，但对1978年以后大学英语教材的发展起到了先导作用。

　　1985—1986颁布的理工科、文理科通用《大学英语教学大纲》规定，大学英语教学的目标为培养学生"具有较强的阅读能力，一定的听和译的能力以及初步的写和说的能力，使学生能以英语为工具，获取专业所需要的信息，为进一步提高英语水平打下较好的基础"，并提出要"重视培养运用语言进行交际的能力"。据此大纲编写的教材有董亚芬主编的《大学英语》、S. Lake和G. R. Evans等编写的《现代英语》、李相崇主编的《新英语教程》、杨惠中等主编的《大学核心英语》等。这一批教材被称作第三代大学英语教材，它们在编写思想和内容设计上进行了大胆革新，具体表现在：1)提倡文理打通，重视语言共核的学习；2)听、说、读、写细化分工，并根据分级教学的需要，每种教程编写6—8册，开始向系列化成套教材发展；3)受到60年代社会语言学发展的影响，开始注重交际能力的培养，从语法、词句层次的训练转向语篇层次。这一代教材在学科内容、语言技能和教法选择上都体现了折中融合的理念，在学科内容上体现了文理综合，在语言技能上体现了听、说、读、写的综合，在编写理念上体现了语法翻译、听说法、交际法等多种教法的综合。

　　大学英语教学应该走文理打通的"通用英语"之路还是结合学生专业内容的"专业英语"之路，长期以来学界专家们对此争论不休。80年代以前，我们走的是结合专业的道路，认为以专业材料作为学习内容可使学生省时高效地学到本专业词汇，进而阅读英文的专业书籍。实践证明，结合专业表面看来立竿见影，实际上不利于学生打下扎实的语言基础。但由于"文革"的影响，外语教育

① 张正东.中国外语教学法理论与流派.北京：科学出版社，2000：35.

停滞，当时高中毕业生的英语水平普遍较低，进入大学之后还需要继续打基础。此外，在各综合性大学，随着各类知识的跨界组合产生了许多新的交叉学科，按照旧的专业设置建立起来的院系之间的界限日益模糊，"文理渗透、文理打通"已是大势所趋，在这种情况下，大学英语教学也抛弃文理科分家的传统，开始"文理打通，把教学重点放在语言共核上"①。

同时，1985—1986 年的《大学英语教学大纲》提出了分级教学的理念，并要求第四、第六级教学结束时安排全国统一考试，即大学英语四级考试（CET4）、大学英语六级考试（CET6）。分级教学的理念源自 1983 年复旦大学的大学英语教学改革。当时，该校让新生入学后统一参加水平考试，并按水平高低选择不同的级别开始学习大学英语课程。本科阶段共设 6 级，另为起点较低的学生开设两个预备级，每级学习一个学期，学习期间允许跳级，但须经老师推荐并考核；每读完一级，须考核通过，不及格的须重修；每学期的成绩单上除记录分数外还要标明所选级数。本科阶段学生至少修完第四级才算完成大学英语课程的学习。这一分级教学的理念具有一定的先进性，首次改变了以往不论学生水平而"一刀切"的做法，体现了"以学生为中心"的教育理念，最终通过写进教学大纲而普及开来，并直接决定了当时大学英语教材的册数设定。

除了分级教学外，此次大纲还首次提出了"重视培养运用语言进行交际的能力"的要求，并在正文后附加了功能意念表。这一变化既源自国际交往中对英语交际能力的现实需求，又受到 80 年代初传入国内的交际法的影响。前一代结构主义的教材尽管融入了部分听力和会话的内容，但主要仍以布龙菲尔德"刺激-反应"的语言学习观为基础，进行听说教学法式的机械操练，学生掌握了大量句型，却无法用于真实的交际情景，因而未能有效培养学生的交际能力。到80 年代中期，交际法风靡全国，大学英语教学大纲开始强调以培养交际能力作为指导思想，精读教材的理念随之发生了转变，从语法、词句层次的知识输入转向语篇层次的交际能力培养。随着对听力、口语等英语单项技能的突出强调，逐渐产生了分项教学的理念，传统的单本综合教材开始向听、说、读、写系列化成套教材发展（参见表 16－24）。

1999 年，高等学校本科文理工科通用的《大学英语教学大纲》（修订本）发布。新一代大学英语教材应运而生，如《新编大学英语》和《21 世纪大学英语》。

浙江大学应惠兰主编的《新编大学英语》（1998）共 11 册，主干教材从基础

---

① 董亚芬.《大学英语（文理科本科用）》试用教材的编写原则与指导思想. 外语界，1986（4）：20－24.

教程到 1—6 级共 7 册,另配学生课外使用的自主听力教材 1—4 级。后于 2006—2008 年间推出第 2 版,除原学生用书外,又推出视听说教程 1—4 册以及《新编大学英语》网络课件(NCE Online)。2012 年推出第 3 版,综合教程、视听说和快速阅读各 4 册,配套光盘、网络平台、测试题库等资源。

上海交大和复旦合编、翟象俊主编的《21 世纪大学英语》从 1997 年初开始编写,由复旦大学出版社和高等教育出版社于 1999—2000 年间陆续出版。初版含读写教程、练习册、听说教程各 4 册,另配读写指南、阅读精选、学习辅导、词汇详解、同步训练、测试等若干。后于 2005—2009 年间先后推出修订版和第 3 版,增加快速阅读和视听说系列。2011—2012 年推出与教材配套的自主学习"一课一练"测试题 4 册,其间还推出《21 世纪大学英语测试课教程》4 册——语法、词汇、分类讲解、模拟与真题,以满足学生参加 CET 考试的需要。

除这两套新教材外,一些原有教材推出了修订本,如《大学英语》(修订本)(1998—1999)、《大学核心英语》(第 3 版)(1997—2000)。这些教材的出版标志着第四代大学英语教材的开端(参见表 16‑26)。

表 16‑26　20 世纪 90 年代的第四代大学英语教材列表

书　　名	内部系列	册数	主　编	出版机构	年　代
大学英语(修订本)	同初版		董亚芬	上海外语教育出版社	1998—1999
大学核心英语(第 3 版)	同初版		杨惠中、张彦彬	上海外语教育出版社	1999
新编大学英语	学生用书	7	应惠兰	外语教学与研究出版社	1998
	自主听力	4			
21 世纪大学英语	读写教程	4	翟象俊	复旦大学出版社	1999—2000
	练习册	4			
	听说教程	4			
	其他	若干			

除以上适用范围较广的系列化教材外,90 年代末还出现了一些针对不同学

科专业的单本教程,举例如下:

《国际经贸英语教程》(王士钧,1997):该教程是国际经贸英语精读教材,共 15 课,内容涉及国际经贸组织、国际经贸、国际投资、国际金融、国际市场营销、国外企业管理、跨国公司发展等。每课除课文外,还附有习语短语、专有名词、注释、练习和补充阅读材料,对课文中出现的重要语法、语言现象均做了注释和介绍。

《法律英语教程》(沙丽金、林萍,1999):该教程吸收国内外法学教育的新成果,坚持理论联系实际的原则,力求系统、准确地阐述各学科的基本原理、基础知识,努力做到科学性、系统性和实用性的统一。教材围绕法律内容和语法知识点双重线索编排,每一课有一个"法律议题"和一个"重点语法",如收养、财产法、合同、商标等单元对应的重点语法分别为时态、动词 ing 形式、主谓一致和虚拟语气。

《现代科技英语教程》(张亚非,1999):该教程是根据教育部《大学英语教学大纲》对专业英语教学的要求,为具有英语四级水平的大学三至四年级学生编写的科技英语课程教材。教材课文分为科技史话、科苑巨匠、科海泛舟、高新技术、走向未来 5 个方面,在课文内容基础上,每一课附有练习。该教程可作为大学三至四年级科技英语教材,亦可供科技人员和英语爱好者自学英语使用。

随着对交际能力培养的日益重视,还出现了专门的交际口语教材,如范谊等主编的《大学英语交际口语》(上、下)(1999—2000)。该套教材以语言功能为导向,以培养和发展学生的英语交际能力为宗旨,出版发行后被全国 40 多所高校采用,并被列入国家"十五"重点规划教材。

从改革开放到 20 世纪末的 30 年间,是我国大学英语教学从恢复到快速发展的时期,期间出现了第二、三、四代大学英语教材。这三代大学英语教材中的代表性教材分别有:

第二代大学英语教材代表《英语》(吴银庚,1979—1981):粉碎"四人帮"后编写的第一批大学英语教材之一,是当时影响较大、使用比较多的理工科英语教材。

第三代大学英语教材代表《大学英语》(董亚芬,1986):复旦大学董亚芬教授总主编的《大学英语》系列教材含精读、泛读、听力、语法和练习以及快速阅读五部分。经过九所高校为期六年的试用,初版于 1986 年问世,1992 年出版正式本,并于同年 9 月获全国高等学校优秀教材特等奖。1998 年进行了第一次修订,推出修订版;2004 年开始再次修订,自 2006 起陆续推出了第 3 版,并多次修订使用至今。

　　第四代大学英语教材代表《21世纪大学英语》(翟象俊、郑树棠、张增健,1999):该套教材是国家"九五"重点教材,其特点在于将精读、泛读和快速阅读融于一体,改变了以往大学英语教材数量多、互不衔接的缺点。该书课文全部选自于20世纪80年代和90年代的英美书刊、杂志,实用性、趣味性强,而且更加注重培养学生的听说能力。该套教材被国内多所高校选用,成为大学公共英语教学界知名度较高的教材之一。

　　除上述大学英语主干教材外,还出现了一些使用广泛的工具书,如1978年清华大学外语系编写、国防工业出版社出版的《英汉科学技术词典》,"文革"结束不久,全国掀起了学习科学的热潮。作为当时国内为数不多的一本编纂权威、内容丰富的科技英语辞书,各大高校、研究所、设计院的科技人员几乎人手一册。1989年,《英汉科学技术词典》(增订版)出版,收录专业术语8.5万条,固定词组1.4万条。2013年,基于该词典的《精编新英汉科学技术词典》获"十二五"国家重点出版规划项目支持。又如,1986年上海交通大学出版社出版的《大学英语词汇手册》(黄人杰,蒋玫玲,陈庆昌,王锦豪编,1986)。该书根据大学英语教学大纲词汇表编写。自从1986年第1版问世以来,根据《大学英语教学大纲》的变动及来自读者的反馈信息多次修订,已先后重印20余次,累计印数超过100万册。

　　如前所述,改革开放至世纪之交,我国大学英语教育发展迅速,先后涌现出3代大学英语教材,20世纪70年代末80年代初的第二代教材基本沿袭了60年代第一代教材以课文为中心、以语法为纲的模式;80年代中后期的第三代教材顺应新大纲、新教法和分级教学等需要,呈现出一系列新变化,如重视交际能力、折中融合多种教法,教材走向系列化等;90年代在前期教材的基础上推出修订版、网络版,揭开了新一代教材的序幕。以下选择两套代表性教材加以分析,展现这一时期大学英语教材的编写理念和内容体例特点。

二、吴银庚《英语》(1979—1981)

　　吴银庚(1930—　),教授,1953年至1994年任职于上海交通大学外国语学院,其主编的高等学校试用教材《英语》(1—4)使用广泛。该套教材是"文革"结束至80年代初第二代大学英语教材的代表。教材最初由人民教育出版社于1979—1981年

吴银庚

间出版,1983 年以后改由高等教育出版社继续印行。

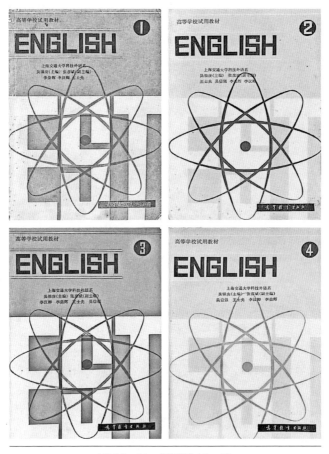

图 16－36　《英语》(1—4)

这套教材共分 4 册,供高等学校理工科学生第一至四学期使用,每册参考学时为 80。除学生用书外,还配有教师用书和磁带。每册 12 单元,书后附不规则动词表、词组表、词汇表等。教材的起点词汇量约为 700 个,4 册生词总量为 3,424 个。

该套教材采取单元(Unit)式编排,不同于以前以单篇课文为核心的课目(Lesson)式编排,每单元内部除了核心的课文和语法外,还有听、说、读、写等内容,单元内部的模块设置每册书之间有细微变化。第 1 册书的单元内部版块有:课文(Text)、词汇学习(Word Study)、结构学习(Structure Study)、有指导的会话(Guided Conversation)、听力训练(Listening Comprehension)和阅读材料(Reading Material)(参见图 16－37)。第 2、3 两册在第 1 册的基础上增加了"有指导的写作”(Guided Writing)模块,第 4 册则在第 2、3 册的基础上略去了结构学习和会话,在所有单元内容结束后,增设了英译汉指导(A Guide to Translation from English to Chinese)专题。

UNIT	PAGE	TEXT	WORD STUDY	STRUCTURE STUDY	GUIDED CONVERSATION	LISTENING COMPREHENSION	READING MATERIAL
1	1	The Computer Classroom	Do Like	In With	Basic Sentence Patterns (1)	Review of Intonation (1)	Mary Is Wrong	(A) The Teaching Machine (B) For Almost Everything
2	17	Rockets in the Sky	Want Ask	To About	Basic Sentence Patterns(2)	Review of Intonation (2)	Stars in the Sky	(A) What Do We Know about the Moon? (B) Apollo
3	32	Dr Robot	Need Help	At For	Object: 1. "to V"as Object 2. Clause as Object	Review of Intonation (3)	I'm a Robot	(A) Patients Like Robot Doctors (B) Mobot
4	48	Edison's Thinking Cap	Change Light	On	1. The Simple Present and Past Tenses 2. The Passive	Before the Lecture	Abraham Lincoln	(A) Albert Einstein (B) 98 Percent Perspiration
		REVISION EXERCISES			(Unit 1—Unit 4)		
5	76	Future Transport	Run Go	Of	Adverbial: 1. "to V" as Adverbial 2. Clause as Adverbial	An English Class	Moving Roads	(A) Cars for Tomorrow (B) Modern Roads
6	95	Exploring the Sea	Use	Under Since	1. The Present and Past Perfect Tenses 2. The Passive	On the Badminton Court	Fresh Water from the Sea	(A) Beautiful, but Dangerous (B) Skin-diving
7	114	Overcoming the Problem of Waste	Get Put	Out of Into	Attribute: 1. "to V" (phrase) as Attribute 2. Clause as Attribute	Doing an Experiment	Garbage Disposal	(A) Oil on the Sea (B) Recycling

图 16-37 《英语》第 1 册目录(部分)

表 16-27 《英语》内部版块设置

课 文	词汇学习	结构学习	有指导的会话	听力训练	阅读材料	有指导的写作
生词词组注释练习	词汇用法练习	句型结构练习	对话和生词句型练习	生词练习	生词和注释练习	讲解和示例练习

以下按照教材原本中的顺序,对上述 7 大模块的核心内容和练习加以介绍:

1)“课文”的选择延续了 20 世纪 60 年代凌渭民《(高等工业学校)英语》的风格。前两册以科普文体为主,如“Future Transport”“UFOs”“Energy from within the Earth”,使学生较多地接触常用的普通词汇和科技词汇,熟悉基本的语言结构,并利于开展听、说、读、写训练;后两册以科技文体为主,如“Miniaturization of Equipment”“Opitical Communications”,以适应学生阅读科技文献的需要。整套教材选文(包括阅读材料和听力文章)主要选自当时出版的英美科技读物、教科书、杂志等,材料真实性较好,且具有理工科通用性,不偏重某一门学科专业。

课文后的练习主要有两类:一类考查学生对课文的理解程度,如选择、判断正误、回答问题等;另一类帮助学生巩固文中出现的语言点,如用所给词组替代句中的斜体部分、选词填空、仿照示例改写句子、根据提示翻译句子或段落等。

2）"词汇学习"从课文中选取一些常用词，主要是动词，如 do、like、fit、set、break、supply 等，以类似字典词条编写的方式加以讲解。列出常用词义、注明词性并配以例句和例句翻译，根据不同词汇的学习需要，有的进行近义词对比，有的讲解构词知识，最后通过选词填空、单选、句子翻译等方式加以训练。

3）"结构学习"相当于传统教材中的语法部分，以中学已学的语法知识为起点，分两个循环进行：第一循环以句法为主线，介绍谓语结构和主语、宾语、定语、状语等；第二循环加深非谓语动词、逻辑主语、时态、从句、虚拟语气等内容的学习。相关内容多配以表格说明，体现了结构主义语言学分布分析、形式化、演绎运用、转换生成等理念，如第 1 册第 2 单元基本句型的讲解和相关练习如下：

Pattern 5

S	V	O	C
1）We 2）We 3）They	find call helped	this machine such material us	very useful plastics to learn computer science

（＊讲解略）

Exercise 1　*Make as many sensible sentences as possible with the words given in the tables.*

Pattern 6

S	V	Oi	Od
The computer The teaching machine	gives	the students us	English lessons the correct answers information

（＊讲解略）

Exercise 3　*State the sentence patterns（SVOiOd or SOVC）. Sentence One has been done for you.*

1）*He sent me a radio.*［SVOiOd］

2）*We want him to fly the airplane.*［　　］

…………

4)"有指导的会话"内容涉及学校生活、科技主题等,部分对话题材上力求与课文内容结合,因而显得不太自然。每个对话后重点提示几个口语惯用句并在随后的练习中加以操练,练习形式主要有(以第1册为例):

句型转换,如第108—109页:

Practice Sentences

1. Shall we stop for a while?

2.

…………

Exercise 1 *Change to questions. Follow the example.*

Example:Have a look at the sea lab.

　　　　→Shall we have a look at the sea lab?

朗读对话,如第129页:"***Exercise 3*** Read the dialogue in pairs."

单句应答,如第150页:

Exercise 2 *Respond to the following. The words in brackets will help you.*

1) Has he finished designing the sea lab?(No, ____ ____ afraid not.)

单句填空,如第177页:

Practice Sentences

What time is it?/Excuse me, could you tell me the correct time?

…………

Exercise 2 *Put in the missing words.*

1) Can you ____ me the time, please?

2) Excuse me, ____ ____ tell me the time, please?

朗读句型,如第196页:

Practice Sentences

1. What(book) would you like to borrow?

…………

Exercise 1 *Read these tables aloud.*

1)

What	science fictions city film lecture	would you like	to read? to visit? to see? to attend?

5)"听力训练"主要培养耳听会意的能力,通过判断正误、回答问题等练习检查学生对文章的领悟程度,培养其从听力材料中汲取信息的能力。其中,听力原文收在教师用书里,学生用书中只列出生词和习题。

6)"阅读材料"在题材、词汇和语法上力求配合单元主课文,旨在增加学生的阅读量和词汇量,培养阅读能力。每单元设2—3篇,其中必读篇目设有选择、问答等习题,选读篇目只对难点加以注释,未设练习。

7)"有指导的写作"版块自第2册开始出现,由单句写作渐及段落篇章写作。其中,第2、3册主要围绕科技英语的一些常用概念(如可能、条件、原因、假设、手段、度量、位置等)列出几个常用表达句型,并进行造句、翻译等练习(见下例:第2册第174—175页),第4册则介绍一些说明文体的段落写作,如使用说明书、图表描述、实验报告、文章摘要等。

Cause	
"原因"可用下列方式表示:	
As they were attacked by the British aircraft, *Since* they were attacked by the British aircraft,	the U-boats were in trouble.
The U-boats were in trouble,	*because* they were attacked by the British aircraft. *because of* the British aircraft attacks.
(＊讲解略) Exercise Translate the Chinese in brackets into English. 　　1) All wheels stopped(因为电源被切断). (because) 　　2) (由于流水具有能量), it can be used to generate electricity. (as) ……………	

除这些共同模块之外,第4册还专门设置了一个汉译英专题,内容共有55页,占了全书正文篇幅的1/7。该专题分十个部分对翻译技能进行了系统介绍,内容包括翻译的作用、翻译标准、科技作品翻译、词义选择和引申、词量增减、术语翻译、词类转换和成分转换、被动句翻译、否定句翻译、从句和长句翻译等(参见图16-38)。

综上所述,以吴银庚《英语》为代表的第二代大学英语教材,继承了以课文为中心和侧重阅读的传统,但不再按照传统的由词法及句法的顺序和"规则+例句"方式讲解语法,而是以公式化的方式介绍和操练重点句型,课文也不再紧扣

A Guide to Translation from
English into Chinese

目 录

图 16-38 《英语》第 4 册汉译英指导
目录

当课语法点编写,而是尽量选用国外书刊读物上的原文,允许未讲解的语法现象提前出现。从结构学习、听力及会话模块中的句型操练来看,它们吸收了 20 世纪五六十年代美国的听说教学法的一些教学原则,体现了结构主义语言观和行为主义学习观的相关理念。

三、董亚芬《大学英语》(1986/1992)

董亚芬(1924—2011),浙江慈溪人,上海复旦大学外文系教授,1979、1981、1983 年度"上海市劳动模范",享受国务院特殊津贴。董亚芬长期从事英语语言的教学和研究工作,曾任复旦大学外文系副主任、第一届全国大学外语教学指导委员会副主任委员、后任全国大学英语四、六级考试委员会副主任委员。

20 世纪 80 年代中期,受国家教委委托,董亚芬领衔起草《大学英语教学大纲(文理科本科用)》,随后出任根据这一大纲编写的《大学英语》系列教材总主编。《大学英语》系列教材于 1986 年出版试用本,1992 年正式本问世,同年获得全国高等学校第二届优秀教材特等奖和国家教委高等学校第二届优秀教材一等奖,1997 年出版第 2 版(即修订本),2006 年出版第 3 版,前后历时超过 20 多年,使用学生以千万计,总发行量逾亿册,至今销售总量仍保持在百万册以上。20 世纪 80 年代中期至 90 年代的十多年间,全国近千所院校采用了这套教材,它在我国大学英语教学中发挥了重

董亚芬

大作用。为了表彰董亚芬为我国高等教育事业所做出的突出贡献,国家于 1992 年 10 月起为她颁发国务院特殊津贴。董亚芬于 2011 年 5 月 28 日去世,享年 87 岁。她所做出的无私奉献给她孜孜追求外语教育事业的一生画上了

圆满的句号。[1]

由董亚芬担任总主编、上海外语教育出版社出版的《大学英语》是根据国家教育委员会审定批准的《大学英语教学大纲(文理科本科用)》编写的一套系列教材。该系列教材于1986年出版试用本,经反复修订,于1992年出版正式本,作为我国第三代大学英语教材的代表,是使用时间最长、影响最广泛的大学英语系列教材之一。1998年,在广泛征求意见的基础上,推出了《大学英语》(修订本),修订本更加注意文、理、工、农、医等各科的通用性,力求给学生打好"宽、厚、牢"的语言基础。2004年,教育部颁布了《大学英语课程教学要求(试行)》,遵照该《课程要求》对大学英语提出的教学目标,编者对教材进行了第二次修订,于2006年推出第3版。

系列教材由"精读""泛读""听说""快速阅读""语法与练习"5种教程组成,其中前4种按分级教学的要求分别编写了6册,每级一册,"语法与练习"共分4册,供1—4级使用。这些教程相互配合,共同贯彻教学大纲所提出的"培养学生具有较强的阅读能力、一定的听的能力、初步的写和说的能力"之目标。

5种教程中有3种为阅读教程,以重点培养学生的阅读能力,其中,"精读"教程除通过主课文和大量练习扩大学生的语言储备外,还系统介绍各项阅读技巧,并兼顾说和写的训练。"泛读"与"快速阅读"则向学生提供适量的阅读材料,增加学生的阅读实践,练习阅读技巧,提高阅读速度。泛读教程的另一任务是向学生介绍有关英美国家的社会、历史、文化等背景知识,即社会语言学家所强调的阅读对恰当运用语言必不可少的文化语境。这在传统专注语言形式的大学英语教材中没有得到重视。

"听力"教程着重培养学生的听的能力,不仅由浅入深地介绍各种听力技巧,并提供听力训练加以练习,而且有计划地介绍了教学大纲中所规定的各项意念功能,旨在训练听的同时培养学生"初步的说的能力"。以第二册为例,所设计的意念功能包括描述(descriptions)、打电话(telephoning)、时间(time)、提建议(giving advice)、办公室工作(office work)、预定(reservations)、投诉(complaints)、谈论天气(talking about the weather)、出去吃饭(going out for dinner)、去度假(going on holiday)等。

"语法与练习"教程的编写宗旨是总结和加深中学已学的语法知识,通过多样化的练习使学生学会活用之前已学的语法规则。传统大学英语教材要么以语法为

---

[1] 吕佩英等编. 德艺常在,风范永存：纪念董亚芬先生. 上海：上海外语教育出版社,2012.

图16-39　《大学英语》系列教材封面

核心内容,要么以语法为编写线索,而将语法教程单列的做法首次使教材主体(精读)摆脱了语法的束缚,解决了课文真实性与语法学习顺序之间难以协调的矛盾。

　　下面着重以精读教程为例说明第三代大学英语教材的编写体例和特点。董亚芬《大学英语·精读》共有8册(含预备级教程两册),供本科一、二年级的文理科学生分级学习使用。每册分为10个单元,外加2个接近CET考试题型的自我测试(Test Yourself),书后附总词汇表及自我测试答案。教材整体的内部版块设置比较稳定,但各册之间也有微调。其中第1、2册的内部版块如表16-28所示,第3、4册将写作练习并入"学习与练习"部分,第5、6册在课文前增加了猜词练习。

　　从模块设置来看,该教材与此前教材最大的变化在于对语法的淡化:仅针对课文中出现的一些语言点(词法、句型等)编写了相关练习,而未单独列出语法模块加以详解。即便是专门编写的"语法与练习"教程也是以练习为主、讲解为辅,主要供学生课外练习之用。

表 16 - 28　《大学英语:精读》(1—2)内部版块设置

版　块　名　称	版　块　内　容
1. 课文(Text)	生词、词组、人名地名、注释
2. 学习与练习(Study & Practice)	朗读、课文理解、词汇、构词、结构、完形填空、句子翻译
3. 阅读练习(Reading Practice)	技巧讲解、技巧练习、篇章阅读
4. 写作练习(Writing Practice)	技巧讲解、写作练习

　　教材的核心内容为主课文、阅读练习以及写作技巧的系统讲解。课文主要选自 20 世纪 60 至 80 年代英美书刊的原文,选材思路与传统教材相比主要有以下几点变化: 1) 不再配合语法知识讲授的需要,摆脱了语言形式的束缚而重点关注内容,尽管根据教学需要对部分文章做了少量删改,但材料的真实性大大提高;2) 既不像早期文选型教材那样强调经久不衰的文学经典,也不像六七十年代科技英语那样强调结合专业内容,而是文理打通,"避免内容过专过偏的文章",注意材料的"趣味性、知识性和可思性"①;3) "尽可能选当代作品","注意文章语言规范化的同时,不排斥通俗用语",使学生能够接触当代美国人在不同场合使用的语言,以培养其运用英语进行交际的能力②。

　　各单元的"阅读练习"模块有计划地讲解各种篇章阅读技巧,如根据上下文或构词法猜测词义、以意群为单位进行阅读、确定文章中心思想、如何正确推理、合理判断和得出结论等。每单元的技巧讲解后附上一篇与主课文内容相关的文章,让学生练习运用刚刚学过的阅读技巧。

　　"写作练习"模块系统介绍了衔接与连贯、段落主题句、逻辑等语篇知识,按照由句到段、由段到篇的顺序逐步引导学生发展写作技能,如第 1 册重点培养学生连词成句的能力,第 2 册则培养连句成段的能力,第 3、4 册根据少量提示或不给提示,完成结合课文内容的写作(如内容梗概),或写一篇与课文题材相关的短文等。

---

　　① 董亚芬.《大学英语(文理科本科用)》试用教材的编写原则与指导思想. 外语界,1986(4): 20 - 24.
　　② 李荫华主编. 复旦大学大学英语教学研究论文集.上海:上海外语教育出版社,1991: 30 - 31.

练习设置方面,除了上述阅读、写作技巧训练之外,教材的主要练习紧随主课文,集中在"学习与练习"模块。这部分练习继承了传统教材的常见练习形式,如词形变换、选词填空、改写句子、翻译句子等词句水平的练习。不同之处在于,在词句层面练习的基础上,为培养学生的交际能力而增加了语篇层次的练习(如篇章完形填空),以及口头表达练习(如回答问题、复述课文、话题讨论等)。

至此,本章介绍了改革开放至 20 世纪末我国大学英语教材的发展情况,并以两套影响深远的代表性教材为例分析了这一时期两代不同的大学英语教材在编写理念和内容体例上的特点。

总的来说,改革开放为我国大英教学和教材的迅猛发展提供了契机。为了顺应国际交流的需要,传统的以阅读和语法为核心的教学和教材模式被打破。70 年代末、80 年代初的第二代教材首先打破了语法现象不能超前出现的限制,在重视阅读的基础上开始有意识地增加少量听、说、写等技能相关内容。

到了 80 年代中后期,随着我国改革开放的日益深化发展,加之受到国际上社会语言学理论发展的影响,大学英语教学开始逐渐重视交际能力的培养,教材编写理念日益融合多种教学法,由传统的精耕细作式的"精读"课本蜕变为融合多种语言技能的综合教程,直至配套专门的听力、口语、泛读、快速阅读等分项技能教程,走向系列化教材道路,形成了一批新的教材,被称作"第三代"大学英语教材。

进入 90 年代,随着网络信息技术的发展,部分教材开始配套多媒体光盘、教师课件,或推出网络版教材、教材突破了传统纸质媒介的限制,开始走向立体化,显现了为封闭、静态的课本内容配备开放动态内容的潜在可能。尽管这部分教材的出版被认为是第四代大学英语教材的开端,但所谓的电子或网络版教材多是传统纸质教材内容的"搬家",未能对内容进行深度拓展。后续章节将继续介绍进入 21 世纪后我国大学英语教材的变化。

第十七章
高等教育中的 21 世纪英语教材
（2000—2020）

第一节　高校英语教材开创发展新局面

　　进入 21 世纪,全球经济一体化进程加快,教育国际化趋势增强,各种国际交往日益频繁,科学技术发展日新月异,人才国际化程度日益提升,我国的英语教育面临着新的机遇和挑战。英语在中国教育中的意义愈加重要,人们普遍认识到掌握英语是对 21 世纪公民的基本要求,是经济发展、科技进步和文化交流的必备条件。与此同时,我国的英语教育地位得到了很大的提高,教育部相继研制了针对大学英语教学的《大学英语课程教学要求(试行)》(2004)和《大学英语课程教学要求》(2007)以及高等教育阶段英语专业教学的《普通高等学校本科专业类教学质量国家标准(外国语言文学类)》(2018)[①]和《普通高等学校本科外国语言文学类专业教学指南》(2020)[②]。2018 年 4 月,面向我国英语学习者的首个英语能力测评标准《中国英语能力等级量表》由教育部、国家语言文字工作委员会正式发布,这成为更加凸显英语教育重要性的事件,有助于解决我国各项英语考试标准各异,英语教学与测试目标分离、学习目标不连贯等问题。2000年以后我国在高等教育英语教学领域制订的一系列政策文件为高校英语教材的研发和推广指明了方向,相关政策的制订和执行也保障了高校英语教材的可持续性发展和教材研发的健康有序推进。

　　上述文件是教育部根据"研制高等学校本科人才培养质量国家标准来规范

---

① 教育部. 普通高等学校本科专业类教学质量国家标准(外国语言文学类). 北京: 高等教育出版社, 2018.

② 教育部. 普通高等学校本科外国语言文学类专业教学指南. 北京: 高等教育出版社,2020.

学校教学和人才培养"的要求精心编制而成的、具有显著时代特征的纲领性文件,它们的制订为提高我国高校英语教学质量提供了正确方向和有力保障,为英语教育的健康发展起到了积极的推进作用;同时也为 21 世纪高校英语教材的改革创新提出了"面向现代化、面向世界、面向未来"的新要求。具体而言,"面向现代化"是指高校英语教材要符合现代化的教学规律和人的认识规律,"面向世界"是要求高校英语教材的编写要有世界眼光、国际视野,把英语作为媒介联结中国与世界,"面向未来"是指高校英语教材需要及时、不断地进行思想更新和知识更新。

　　教材、教师、学生是课堂教学活动的 3 个基本要求,也是教学质量生成的 3 个基本要素。课堂教学的核心任务就是在教材与教师和学生之间架起互动沟通和意义联结的桥梁,教材对课程和教学革新起着至关重要的作用。我国英语教育开展百余年来,国人所使用的英语教材发展经总结可分为 5 个阶段[①](见表 17 - 1):

表 17 - 1　英语教材发展的 5 个阶段

阶　　段	特　　征
第一阶段: 清末时期	依赖引进、编译国外教材
第二阶段: 民国时期	国内自编教材迅速发展
第三阶段: 中华人民共和国成立—20 世纪 70 年代	教材青黄不接和过度政治化
第四阶段: 改革开放—20 世纪 90 年代	教材多样化和系列化
第五阶段: 21 世纪	教材的繁荣时代和立体化

　　我国英语教材的发展史是社会发展和教育发展的集中体现,折射出历史上各个阶段的社会变革和教育发展走过的路线全貌以及行进的方向特征。以史鉴今,系统梳理我国高等教育自 21 世纪开始以来在英语课程、教学以及教材方面的发展沿革、经验教训是很有必要的,通过归纳、整理、反思与提炼英语教学的特点与教学材料的编写、使用、评价等之间的关系,解读教材在完善学生知识结构、提升语言能力、开阔人文视野、增强跨文化能力等方面的功能,考察高校英语教材在科学性、知识性、灵活性、可思性、可读性、趣味性及超前性等特质上的具体

---

① 柳华妮. 国内英语教材发展 150 年: 回顾与启示. 山东外语教学,2011,32(6): 61 - 66.

体现,思考如何依托教材革新达到教学大纲的要求并实现人才培养的目标。

21 世纪是教育大变革的时代。随着互联网行业的兴起,很多传统行业在发展过程中遭遇了前所未有的挑战。比如,出版产业数字化进程中,各种类型多媒体形态的出版物源源不断地出现,日益成为人们获取信息的新方式和新选择。在此背景下,教材出版也不断求新求变,以顺应人们数字化的生活方式和消费习惯。互联网进一步推动教材的数字化、电子化、网络化和个性化,促进教材存在形态的革新发展。同时,各类依托互联网存储教材内容及学生学习过程数据平台的开发,基于电子教材平台的综合数据分析的教材评价,个性化定制的学生学习支持系统的开发等广泛兴起①,从根本上改变了学界对教材的认识和重视程度。21 世纪的高校英语教材也要完成 3 个"主动适应"的转变,即:主动适应高等教育发展的新形势,主动适应高校英语课程体系的新要求,主动适应信息化环境下大学生英语学习发展的新需求。鉴于高校教学诸要素均随高等教育在新的历史时期的发展形成新的应对方略,这是时代的呼唤和形势的要求,教材亦不可避免地要主动适应高等教育发展的新形势,则以下着重从后 2 个"主动适应"的角度来反思 21 世纪高校英语教材的变革及其给英语教学带来的启示,二者更能说明推动教材发展的新动力、新因素。

首先,教材要主动适应高校英语课程体系的新要求。进入 21 世纪,高校英语专业课程设置应处理好通识教育与专业教育、语言技能训练与专业知识教学、必修课程与选修课程、外语专业课程与相关专业课程、课程教学与实践教学的关系,突出能力培养和专业知识构建,特别突出跨文化能力、思辨能力和创新能力培养,并根据经济社会发展需要建立动态课程调整机制。与此一致的是,大学英语教学的主要内容可分为通用英语、专门用途英语和跨文化交际 3 个部分,由此形成相应的 3 大类课程。其中,通用英语课程的目的是培养学生英语听、说、读、写、译的语言技能;专门用途英语课程具体包括学术英语(通用学术英语、专门学术英语)和职业英语 2 大课程群;跨文化交际课程旨在提高学生社会语言能力和跨文化能力。这就意味着 21 世纪高校英语教材必须实现"多模块、多方向、多层次"发展。高校英语教材的编写要坚持"多系、多本、多册"原则,对内容的划分、资源的归类要体现"精细化、个性化、个别化",教材研发要制订具体的规范,选用与课程相关的优质教材资源,强化教材内容的及时更新与动态管理,发挥教师和学生在教材开发中的主体作用,提高教师和学生在教材内容设计、教材资源使用与评价中的参与度。教材资源的选用应注重其思想性、权威性和相

---

① 王攀峰.大数据时代教科书研究范式的变革.课程·教材·教法,2018(1):35-41.

关性,兼顾拓展性和多样性,实现教材对高校英语课程体系支持效益的最大化。

其次,教材要主动适应信息化环境下大学生英语学习发展的新需求。21世纪高校英语教学要求教师充分利用现代计算机技术、网络技术和多媒体教学手段,全面提高学生的英语视、听、说、读、写、译的实用技能、专门用途英语、学术英语、职业英语的应用能力和区域国别文化、跨文化交际的人文素养。落实到教材上,就是要以"立体化"的方式体现教学活动的实用性以及语言的交际功能。因此,要积极推进高校英语立体化教材建设,通过立体化教材配套的丰富资源改造和拓展教学内容,创建多元的教学与学习环境,实施基于课堂和在线学习平台的翻转课堂等混合式教学模式,使学生朝着主动学习、自主学习和个性化学习方向发展①,尤其是在线学习平台,为师生提供涵盖教学设计、课堂互动、教师辅导、学生练习、作业反馈、学习评估等环节的完整教学体系,是教材内容的有益补充;也在功能上弥补英语教材在人机交互、人人交互等特性方面的不足,为满足学生随时随地选择适合自己水平和需求的材料进行学习的需要创造条件,还应能记录和监测学生的学习过程,及时提供反馈信息。这样的转变意味着高校英语教材正走在由"传统、封闭"向"现代、开放"转变的道路上,不仅教师可以摆脱教材的束缚,学生也被赋予自主选择、使用教材的权利。没有教材设置的条条框框,学生在英语学习过程中可以在最大限度上基于自己的学习诉求参与教学决策过程,以更加高效地完成各项英语学习任务。

第二节　高校英语教材进入繁荣发展新时期

一、英语专业教材种类增多

20世纪90年代末教育部颁布的《关于外语专业面向21世纪本科教育改革的若干意见》(以下简称《若干意见》)②为21世纪高校外语专业的发展指明了方向,十余年来它所论述的高校外语专业的办学理念、人才规格、培养模式等对外语专业教学改革有着重大的指导意义,尤其在"新世纪外语专业人才的培养规格""我国外语专业本科教育中存在的主要问题"和"复合型外语人才的培养"3

---

① 张晶,彭宇. 后MOOC时代高校立体化教材的建设与反思. 教育评论,2018(7):142-145.
② 高等学校外语专业教学指导委员会. 关于外语专业面向21世纪本科教育改革的若干意见. 外语界,1998(4):1-6.

个方面,《若干意见》既是重要的指导纲要,又是改革的基本依据。首先,《若干意见》提出"新世纪外语专业人才的培养规格",即应该具备 5 个方面的特征:扎实的基本功、宽广的知识面、一定的专业知识、较强的能力和较好的素质。其次,针对"我国外语专业本科教育存在的主要问题",《若干意见》指出,面对 21 世纪的挑战,我国目前的外语专业本科教育中存在 5 个"不适应",即思想观念的不适应,人才培养模式的不适应,课程设置和教学内容的不适应,学生知识结构、能力和素质的不适应以及教学管理的不适应。再次,《若干意见》第一次明确提出高校外语专业应培养"复合型外语人才",引发各高校就外语专业人才培养模式、复合型人才培养手段与方法等展开热烈讨论,并纷纷开展外语人才培养模式的改革。

《若干意见》发布后,教育部启动了对原高等学校外语专业教学大纲的修订工作。2000 年 4 月,《高等学校英语专业教学大纲》(以下简称"新《大纲》")经教育部批准在全国实施。新《大纲》明确了 21 世纪英语专业的培养目标,即"高等学校英语专业培养具有扎实的英语语言基础和广博的文化知识并能熟练地运用在外事、教育、经贸、文化、科技、军事等部门从事翻译、教学、管理、研究等工作的复合型英语人才"[①]。"培养复合型英语人才"是第一次在英语专业教学大纲中提出的明确任务。新《大纲》将英语专业本科阶段所开设的课程分为英语专业技能、英语专业知识和相关专业知识 3 大板块。新《大纲》特别强调学生能力,尤其是创新能力的培养,并明确提出应注重培养学生获取知识的能力、运用知识的能力、分析问题的能力、独立提出见解的能力和创新的能力,又把创新能力的培养作为重中之重来强调。这一思想在新《大纲》的教学要求、教学原则、教学方法等部分都有明确的体现。

新《大纲》对 21 世纪的外语专业教材建设提出了要求,指出教材应该具备以下 5 个基本特征:1) 教学内容和语言能够反映快速变化的时代;2) 处理好专业知识、语言训练和相关学科知识之间的关系;3) 不仅着眼于知识的传授,而且有助于学生的鉴赏批评能力、思维能力和创新能力的培养;4) 教学内容有较强的实用性和针对性;5) 充分利用计算机、多媒体、网络等现代化的技术手段。

随着新《大纲》的颁布,英语专业教材建设进入了飞速的发展期,呈现以下 3 个显著特征:

---

① 高等学校外语专业教学指导委员会.高等学校英语专业教学大纲.北京:外语教学与研究出版社,2000:1.

（一）教材种类多样化、内容校本化程度高

教材多样化体现出教材的多样性和共时性特征,具体表现为不同层次、不同类型的教材,是追求教材本质属性实现的过程,而不是追求教材表面形式差异的过程。教材多样化不等于教材多本化,不是教材的种类和数量越多越好。21世纪是教育者和学习者的特点愈加多元的时代,这是教材多样化的对象性基础,学校、教师、学生的差异性是永远存在的,教材多样化就是必要的。

根据新《大纲》要求的3大版块课程(专业技能课程、专业知识课程、相关专业知识课程),英语专业教材的种类进一步多样化,主要涵盖3个方面:1)英语专业技能类教材,即用于综合训练课程和各种英语技能单项训练课程的教材,如基础英语、听力、口语、阅读、写作、口译、笔译教材;2)英语专业知识类教材,即用于英语语言、文学、文化方面课程的教材,如英语语言学、英语词汇学、英语语法学、英语文体学、英美文学、英美社会与文化、西方文化教材;3)相关专业知识类教材,即用于与英语专业有关联的其他专业知识课程的教材,如有关外交、经贸、法律、管理、新闻、教育、科技、文化、军事等方面专业知识课程的教材。

教材多样化除了在种类上得以体现,还反映在教材内容的校本化上。校本教材是以学校的校长和教师为主体,为了有效地实现校本课程目标,达到教育学生的目的,对教学内容进行研究,并共同开发和制订一些基本的教与学素材,作为校本课程实施的媒介,策划、选择、改编、整合和创编出来的教学素材构成了校本教材。它不单指实施校本课程中师生使用的课本,也包括与之配套的辅助材料,如配套练习、图片、音频、视频、相关网站等多媒体素材。校本教材是学生学习和教师教学的重要内容和手段,是校本课程实施的必要途径。校本教材由学校自己开发,能更好体现学校自身的办学目标和办学特色,也能更好地体现新课程改革“一切为了学生的发展”的主旨。例如:阅读教材包[①]以建构主义学习观为基础,借助网络信息技术,根据学生的认知特点,整合现有的纸质教材,建立一个校本化的资源系统:教师阅读教学指南+学生阅读学习指南+自主学习平台+学生用书。其中,自主学习平台不仅包括形式多样的电子资源,如大量的文本、非文本信息(图形、图像、视频、声音等),还包括学生自学练习版块、师生互动版块、生生协作训练版块等;学生用书可以是已出版的纸质教材,与自主学习平台里的电子素材形成互补。对英语专业阅读课程的校本教材[②]可以从校本阅读教

---

①　应春艳.网络环境下的英语专业校本阅读教材建设.赤峰学院学报,2014,30(18):238-239.
②　孙瑞霞,刘红江.英语专业校本阅读教材编写探究.英语教师,2017,17(17):95-98.

材的选材原则、练习编写原则和构建立体模式 3 个方面进行探究,特别是英语专业校本阅读教材编写应注意的细节:首先,选取与课本单元主题相同但风格不一的篇章作为课外阅读材料;其次,辅助阅读材料一方面可以扩大阅读量、拓展学生的思维,另一方面能够锻炼学生的分析综合能力,培养他们的创造性思维;再次,教师还可以布置任务,鼓励学生利用网络资源寻找并阅读相关主题的材料,培养他们分析、归纳、评价语料的能力。

(二) 教材满足学生需求、学习需求的程度高

从这个角度来看,教材必须与教学对象的特点相适应,充分考虑学生自主选择学习方式和灵活地运用教材配合自己学习的能力,更好地服务于教学。例如,比较目前我国高校英语专业普遍使用的 3 种英语阅读课教材——上海外语教育出版社出版的《新世纪高等院校英语专业本科生系列教材:泛读教程》(以下简称"《泛读教程》")、高等教育出版社出版的《英语泛读教程》和外语教学与研究出版社出版的《现代大学英语:阅读》,我们可以发现诸多异同:

1) 3 套教材的阅读材料都是教材编写者在充分考虑学习者学习程度、阅读兴趣等因素的基础上编写的。2) 3 套教材都体现了阅读材料"泛"的特点。从 3 套教材第 1 册的总阅读量来看,《泛读教程》总阅读量最少,但也达到了 5 万词;《英语泛读教程》达到 6 万词;《现代大学英语:阅读》中的每篇文章没有标注篇幅长度,但文章总数和教材页数最多,很明显阅读量最大。3) 从阅读技能内容安排来看,《现代大学英语:阅读》(1—4)和《英语泛读教程》(1—3)都安排了阅读技能教学内容,而《泛读教程》(1—4)都没有阅读技能内容安

图 17‑1　3 套英语专业阅读课教材示例

排,但教材内容的趣味性要强于前两者,这样做的目的是通过学生大量阅读培养语感与阅读兴趣,弥补了技能部分的不足。

表 17-2 3 套英语专业阅读课教材比较

比较内容　　教材	泛读教程	英语泛读教程	现代大学英语：阅读
编写理念	体现课程性质	体现课程性质	体现课程性质
单元内容	18 个单元,36 篇文章	15 个单元,30 篇文章	50 篇文章左右
生词表	有读前词汇测试	无	无
读后任务	判断对错、选择题	选择题	选择题
词汇练习	内容多,形式多样	词汇选择题	无
课文注释	无注释	英文尾注;数量少,以解释个别生词为主	汉语边注;数量比较多,侧重难句解释
阅读技能	有(第1—4册)	第1—3册有,第4册无	无
总阅读量	约 5 万词(第 1 册)	6 万词以上(第 1 册)	约 8 万词(第 1 册)

3 套教材的异同之处总结于上表之中,并可以从中窥探如何有效使用教材和提升阅读课课堂教学效果。一方面,3 套教材的阅读材料都是教材编写者在充分考虑学习者学习程度、阅读兴趣等因素的基础上编写的,因此对教师来说,阅读材料的难度应与教学对象的水平相适应。教材难度控制直接关系到教学效果的好坏,甚至会决定教学成败。另一方面,3 套教材阅读技能的教学设计有差异,但显性设计和隐性设计都服务于提高学习者阅读技能的课程性质。阅读技能教学以隐性教学为主,注重强调学习者在大量阅读过程中内化与提升阅读技能,而使得课堂教学中教师的作用比较关键。

同时,新《大纲》强调课堂教学应以学生为主体而以教师为主导,改变以教师为中心的教学模式。教师要在教学中充分发挥学生的能动性、创造性,培养学生的自主性、独立性和合作精神,教师要采用灵活多样的教学方式(启发式、讨论式、发现式、研究式等),引导学生在主动积极的思维活动中获取知识、掌握学习方法。

(三)教材与教学设计的契合度高

教学设计是把教学原理通过教学材料和教学活动转换为具体的教学内容,

进而提升学习者的知识与技能、过程与方法、情感态度与价值观,最终满足学生的学习需要和实现教学目标。教学材料和教学活动是教学设计中的重要抓手,决定着教学过程中选择并实施怎样的教学方法和手段。如何正确处理好教材的使用与教学方法和手段的选择之间的关系是提高教学质量的关键问题之一,教学方法和手段的选择、运用就是以教材为中心,协调教师、学生、教学媒介、教学资源、教学环境等要素互动,共同完成教学活动和任务。教师必须打破"以本为本,教材至上"的传统教材观,打破"教师教教材,学生学教材"的传统教学方式,形成"教师用教材教,学生用教材学,教与学一体化,教材为中介"的新方式,教材本身也是教学方式和手段的必要组成部分,是知识但也是与学生学习能力的培养、价值观的形成紧密相关的方式和手段。

教学设计的起点是设定教学目标,根据教学目标选择教学材料并加以调整、整合,从而合成教学内容。对英语专业学生而言,教材是英语学习的重要输入来源。高品质的综合英语教材及其任务设计能为英语专业学生提供优质的语言输入,例如我国高校英语专业使用较为广泛、具有一定代表性的两套教材《现代大学英语:精读》和《新世纪高等院校英语专业本科生系列教材:综合教程》。对两套教材中学习任务的设置进行分析和比较[1],可以归纳出教材编写的主要理念,包括:1)教学任务的设计突出多样性和趣味性,能激发学生的学习兴趣和学习动机;2)教材内容选题关注社会热点,贴近学生的生活经历,活动设置有现实意义;3)教材的整体设计鼓励学生独立思考、自主学习和合作学习;4)教材设计目标注重语言运用和学生交际能力的培养;5)教材编写中围绕课文进行听、说、读、写等语言技能的综合训练,做到重点突出,并控制教学材料的难易度和衔接性。

优化教学设计是服务于人才培养的重要一环,时代的发展、课程的升级都要求教师对教学的设计呈现鲜明的特色,其中,教材的有效利用在更新教学内容、改变学习方式、培养学习自觉性、提高教学效率等方面发挥重要作用。21 世纪英语专业人才培养的重点应放在培养具有自主学习能力、发散性思维能力和创新能力的高素质人才上,树立以学生为教学主体、以教师为主导的科学教育理念。如何做到对当前高校学生上述能力的培养呢? 例如,上海外国语大学英语专业综合英语课的人文化教学改革把"语言技能"与"人文教育"双璧合一,形成英语专业教学特色[2],具体来说,包括实施将传统精读的语篇分析和泛读的内涵

---

① 华维芬.我国高校英语专业综合英语教材任务研究——两套英语专业综合英语教材任务的分析与对比.上海外国语大学博士学位论文,2010.

② 孙璐."语言技能"与"人文教育"双璧合一的英语专业教学——基于上海外国语大学英语专业综合英语课的人文化教学改革.外语教学理论与实践,2018(2):65－70,56.

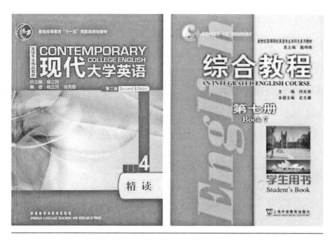

图 17-2 两套英语专业精读课教材示例

鉴赏融为一体的教学理念及具体方法,明确英语专业的人文学科定位,并将提升思辨能力和人文素养确立为教学改革方向,也强调英语专业"人文化"并非"去语言化",人文培养应与语言学习有机融合。这样,精读教材和泛读教材的有机结合既可以通过阅读培养学生的英语综合运用能力,也可以拓展学生的视野,提升他们的跨文化素养和能力,二者相互补充、互为延展,对提高学生综合素质、培养创新意识和能力有着重要的意义。

二、大学英语教材持续更新

20世纪90年代后期,我国高等教育规模的迅速扩大,带来大学英语教学诸多压力的上升,如课时骤增、师资短缺等;同时,陈旧的教学理念和教学模式跟不上大学英语教学目标的变化,高校外语教学水平普遍存在"费时较多,收效较低"的问题,大学英语教学一时饱受批评①。2001年8月,教育部出台《关于加强高等学校本科教学工作提高教学质量的若干意见》(以下简称《意见》),提出我国高等教育要"运用现代教育技术,把各种相互作用、相互联系的媒体和资源有机地整合,形成'立体化教材',为高校教学提供一整套解决方案"。2002年4月,时任教育部高等教育司司长张尧学撰写《加强实用性英语教学,提高大学生英语综合能力》②一文拉开了大学英语改革的序幕。为落实该《意见》的要求,并配合新一轮大学英语改革,2003年3月,教育部启动了"高等学校教学质量和教学改革工程",将大学英语教学改革列为首批启动的项目,并着手研发新的大学

---

① 井升华. 我国大学英语教学费时低效的原因. 外语教学与研究,1999(1):22-24.

② 张尧学. 加强实用性英语教学,提高大学生英语综合能力. 中国高等教育,2002,23(8):3-5,8.

英语教材。同年 12 月,4 套立体化新教材和配套教学软件通过了验收评审,第 4 代大学英语教材正式形成。这 4 套教材包括: 1)《大学体验英语》(高等教育出版社);2)《新视野大学英语》(外语教学与研究出版社);3)《全新版大学英语》(上海外语教育出版社);4)《新时代交互英语》(全新版)(清华大学出版社)。

表 17‑3　4 套大学英语立体化教材简介

书　名	内部系列	总计	主　编	出版机构	首版出版时间	配套资源
大学体验英语	综合教程	19 册	孔庆炎 李霄翔 贾国栋	高等教育出版社	2002	网络课程、多媒体学习课件、电子教案和学习系统(体验英语自主学习系统)
	扩展教程					
	听说教程					
新时代交互英语(全新版)	预备级综合教程	12 册	余渭深	清华大学出版社	2003	计算机学习系统、测试系统、网络辅助教学管理平台和学习资源库
	读、写、译					
	视听说					
	新闻英语视听说(用于选修课)					
	商务英语(用于选修课)					
新视野大学英语	读写教程	16 册	郑树棠	外语教学与研究出版社	2001—2003	学习光盘、助教课件、网络教学管理平台、试题库、语料库、新视野大学英语网站
	听说教程					
	快速阅读					
	综合训练					
全新版大学英语	综合教程	27 册	李荫华	上海外语教育出版社	2001—2003	多媒体学习课件、电子教案和学习系统(新理念大学英语网络教学系统)
	听说教程					
	阅读教程					
	快速阅读教程					
	语法手册					

图 17 - 3　第 4 代大学英语教材

　　新教材的投入使用加速了大学英语教学理念和教学模式的改革。2004 年 1 月教育部公布的《大学英语课程教学要求（试行）》（以下简称《课程要求（试行）》）确立了"培养学生英语综合应用能力，特别是听说能力，使他们在今后工作和社会交往中能用英语有效地进行口头和书面的信息交流，同时增强其自主学习能力、提高综合文化素养，以适应我国经济发展和国际交流的需要"的教学目标，提出了新的"基于计算机和课堂的英语多媒体教学模式"，该模式"以现代信息技术为支撑，特别是网络技术，使英语教学朝着个性化学习、不受时间和地点限制的学习、主动式学习方向发展"[①]。

　　现代化教育技术的充分利用促使 21 世纪大学英语教材由纸质平面教材向

---

① 教育部高等教育司.大学英语课程教学要求（试行）.北京：高等教育出版社,2004：4.

以多媒体网络为依托的立体化教材方向发展。纸质教材配合电子教案、自主学习课件、音视频光盘以及学习软件系统等使用使大学英语教学趋向立体化、网络化和个性化。21 世纪大学英语教材完成了从纸质教材到立体化教材的过渡,但也存在一些问题。这些"文字+电子版或音频"的教材多是纸质教材的翻版,这种"教材搬家"的做法是一个不争的事实①,学生在网络平台上进行重复学习,兴趣索然;全体学生学习同样的内容,毫无个性化可言。由此可见,21 世纪大学英语教材作为立体化教材仅局限于教材载体的变化,纸质教材与其他载体内容脱节从而未能使教材获得延伸和提升,计算机多媒体及网络技术的强大功能也没有得到充分发挥,因而立体化教材的真正内涵未体现出来。

尽管如此,《课程要求(试行)》促使大学英语教学理念逐步由以教师为中心向以学生为中心转移,借助多媒体网络技术的教学模式为开拓个性化自主式学习、合作式学习以及教与学的互动等提供了多种可能和渠道。大学英语教材的研发和使用也与新的教学理念和模式相适应。经过 3 年的试行检验,发现在新模式的实施、自主学习与课堂教学安排、计算机网络在教学中的作用、教材开发等方面都出现一些新问题②。针对这些问题,教育部着手对《课程要求(试行)》进行修订,并于 2007 年 7 月颁布正式定稿的《大学英语课程教学要求》(以下简称《课程要求》)。《课程要求》指出:"为实施新教学模式而研制的网上教学系统应涵盖教学、学习、反馈、管理的完整过程,包括学生学习和自评、教师授课、教师在线辅导、对学生学习和教师辅导的监控管理等模块,能随时记录、了解、检测学生的学习情况以及教师的教学与辅导情况,体现交互性和多媒体性,易于操作。"《课程要求》同时指出:"教学模式改革的目的之一是促进学生个性化学习方法的形成和学生自主学习能力的发展。新教学模式应能使学生选择适合自己需要的材料和方法进行学习,获得学习策略的指导,逐步提高其自主学习的能力。"③因此,各高校应选用优秀的教学软件,鼓励教师有效地使用网络、多媒体及其他教学资源。

2007 年教育部高等教育司制订并实施《大学英语课程教学要求》以来,大学英语教学改革进入崭新时期,教学理念、教学模式、教学手段、教学评估等方面取得了很大的进步和发展。与此同时,大学英语教材建设受到前所未有的关注。对 21 世纪大学英语教材的特征可从教材与目标、教材与学生需求、教材与使用、

---

① 陈坚林.计算机网络与外语课程的整合:一项基于大学英语教学改革的研究.上海:上海外语教育出版社,2010:183-184.

② 蔡基刚.试论影响我国大学英语教材健康发展的外部因素.中国大学教学,2006(6):59-61.

③ 教育部高等教育司.大学英语课程教学要求.北京:高等教育出版社,2007:4.

教材与能力培养以及教材与技术等 5 个方面进行分析。

（一）教材与目标

教材是开展教学和实现教学目标的重要依据[1]，是用来实现根据学习者需求而制订的教学目标的资源。教材作为学生发展的中介，服务于教学目标，因此是否符合学习者的需求是考量教材成熟与否的重要指标。这可以从教材评估的4 个重要原则[2]看出：1）教材应与学习者的需求吻合，与语言教学课程的目的和目标相吻合；2）教材应反映当前和将来对语言的使用，选择可以帮助学生有效地为自我目的使用语言的教材；3）教材应考虑到学习者的需求，对其学习的过程起到促进的作用，而不应教条地套用某一教学法；4）教材应起到对学习过程提供支持的作用，且与教师一样，成为目标语和学习者之间的桥梁。

《大学英语课程教学要求》确定了大学英语教学目标为："培养学生的英语综合应用能力，特别是听说能力，使他们在今后学习、工作和社会交往中能用英语有效地进行交际，同时增强其自主学习能力，提高综合文化素养，以适应我国社会发展和国际交流的需要"[3]。这一教学目标要求大学英语教学将获取知识、掌握技能技巧和提高应用能力融为一体。若以此为标准，一套高质量的大学英语教材应该以落实语言应用能力为目的，以激发学生语言学习兴趣并建立个人学习能力为最终目标。然而，以在国内一千余名大学生中开展的调查结果为例，超过 50% 的学生认为，要实现大学英语教学目标，就要对目前所用的教材进行颠覆性的改革，以彻底改变以灌输知识为主的课堂教学模式[4]，可见当前的大学英语教材不能完全实现《课程要求》的教学目标。我国大学英语教学发展史上至关重要的两个教学大纲，即 1985—1986 年和 1999 年的《大纲》均把"培养学生以阅读能力为主的语言基本功"作为教学目标，直到 2004 年试行和 2007 年正式颁布的《课程要求》才把"培养学生的英语综合应用能力，特别是听说能力"确定为当前大学英语课程的教学目标。第 4 代教材还留有前 3 代教材"重阅读、轻听说"的痕迹，与新的教学目标不相匹配。

（二）教材与学生需求

不同学生对教材和教学内容的需求不尽相同，其满足程度也存在诸多不一致之处。这在通过问卷和访谈的方式对 2,283 名大学本科生英语学习需求的基

---

① 程晓堂. 英语教材分析与设计. 北京：外语教学与研究出版社,2002.

② Cunningsworth, A. *Choosing your coursebook*. Shanghai：Shanghai Foreign Language Education Press, (Original work published 1995), 2002.

③ 教育部高等教育司. 大学英语课程教学要求. 北京：高等教育出版社,2007：1.

④ 崔敏,田平. 大学英语教学新型评价体系的研究与实践. 中国外语,2010(2)：8-12.

本情况及其满足状况进行调查的结果中得到体现①。这项调查的结果显示,大学生对大学英语教材和教学内容的不满是广泛且较为强烈的。学生渴望形式多样的语言输入,渴望真实、实用、有时代感的学习内容。他们期望提高英语学习能力和用英语交流的实际能力,希望英语学习能满足自己提高文化素养和专业水平的需要。实际教学中,教师为了完成教学任务,教学常常拘泥于教材内容,而更多的教师以教材、教学课件代替教学内容,在课堂上"照本宣科",导致教学就是讲教材。因此,大学英语教材和教学内容难以激发和维持学生的学习兴趣,不利于学生语言习得。

总体上看,大学英语的学习需求表现出多样性和个性化的倾向,呈分散态势,反映了大学生由于英语水平、学习能力、认知风格、个性心理、专业需求、学习经历等方面的不同而存在个体差异性。因此,教材必须要有个性,不能是全国所有高校统一一种教材。没有个性的教材就是没有针对性②。在我国长期以"一纲一本"或"一纲几本"模式设计和编写教材的背景下,一时很难有既符合大纲要求又迎合学生不断变化的学习需求的大学英语教材出现。第 4 代教材依然是共性大于个性,教材在编写和使用时对不同地域和层次的高校以及不同水平和需求的学生之间的差异考虑不足。教材建设只有在结合学生、教师和教学环境、手段和条件等方面的实际情况时才能最大限度地服务于教学。但目前的大学英语教材与学生的需求和大学英语教学的实际有不少出入,这是造成教材建设滞后的原因之一。

(三) 教材与使用

在大学英语教学中,教材的作用与其他课程的教材是大不相同的。这是由语言教学的特殊性所决定的。如何有效地利用教材,创造良好的语言学习环境,为学习者提供语言实践的机会,对于大学英语教学的效果是很关键的。对大学英语教材的使用存在两种不同的倾向。一是课堂教学过分依赖教材,对教材照搬照用,以致教学缺乏灵活性。第 4 代教材强调的"以学习者为中心"的教学理念还没有完全贯彻于教学实践,教师利用教材作为培养学生语言能力的手段开展教学活动,课堂教学中知识的传播多于能力的实践。而语言教学,特别是大学英语教学,与其他课程的显著区别在于它是技能的培养而不是知识的传授。二是课堂教学对教材利用不充分,忽视了教材的作用。这是对于"以学习者为中心"教学思想的误解所导致的。许多教师在课堂教学中过分强调学习者的自主

① 赵庆红,雷蕾,张梅.学生英语学习需求视角下的大学英语教学.外语界,2009(4):17-20.
② 张业菊.大学英语教材呼唤改革与创新.外语与外语教学,2001(10):45-46,49.

性,尤其在口语教学过程中,往往对学生不加限制,允许其随意发挥。这样对于提高语言运用能力其实并无好处。教材一般会对口语活动的主题和步骤进行限制,因此教师应该发挥组织者的作用。只有充分利用教材的课堂,才是有组织的、有效率的。

此外,当前的大学英语教材皆呈系列化,册数众多,内容繁杂。以《新视野大学英语》系列教材为例,该教材由《读写》《听说》《快速阅读》《泛读》《综合训练》5 种教程组成,每种 4 册。与教材配套的还有磁带、学习光盘、网络课程、试题库等资源。其中,"读写"教程共有 4 册,每册 10 个单元,共计 40 单元。

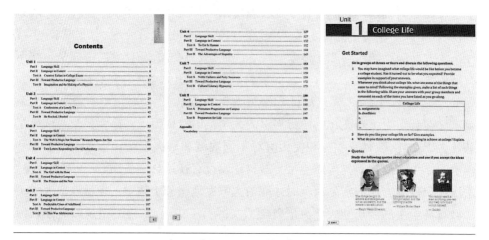

图 17‑4　《新视野大学英语》教材体例

通过实际调研,我们发现大学英语课程设置和课时安排不足以完成全部教学任务。教育部大学英语教学指导委员会对全国 530 所高校的大学英语教学现状进行了较为全面的调查①,发现平均每校开设 4.6 门大学英语课程,每周面授 3.8 课时。结合上述对多数大学英语教材编写体系的概括分析,不难发现:大学英语常规教学的任务很重,一方面是教学安排的客观条件和现实所致,另一方面是由于大学英语教材内容包罗万象,既融合听、说、读、写、译各项技能的训练,又兼顾语言知识输入、文化信息传播等多重功能,给教师和学生带来不小的负担。这是大学英语教材使用面临的现实问题。大学英语教材的使用不是一个仅限于教材层面的问题,而是对教学理念、教学手段、教学资源、教学环境等的理解和整合。教师和学习者都要对教材有整体的认识,在课堂教学中充分利用教材并及

---

① 王守仁,王海啸.我国高校大学英语教学现状调查及大学英语教学改革与发展.中国外语,2011(5):4‑11,17.

时对教材进行评估和改进。在大学英语课程设计中,通过教材的调节作用保持教学内容静态与动态的统一。所谓"静"态,是指具有一定稳定性的教材内容;所谓动态,是指教师根据学生的语言能力及需求状况,及时选用、补充一些较新的教学材料,使教学内容基于教材又不拘泥于教材,满足学生对教学内容的多种需求。做到了这些,大学英语教学效果才能得到提高。

(四) 教材与能力培养

学生外语能力培养与课堂教学和教材有密切关系。狭义的外语能力仅指学习者的语言能力,即掌握和运用听、说、读、写、译等语言技能的能力;鉴于语言学习中实践性大于理论性的特点,广义的外语能力还包括学习者的学习能力,即以快捷、有效的方式获取准确知识、信息,并将新知识融入已有的知识体系,转化为自身经验的能力。《大学英语课程教学要求》(2007)强调大学英语教学必须兼顾学生英语综合应用能力和自主学习能力的培养。但通过对第4代教材的分析发现[1],第4代教材与21世纪学生外语能力培养的要求有差距,主要体现为只注重语言技能而忽略能力的培养。由此提出,教材与能力培养的关系不仅体现在课堂教学中教师所利用的教材内容,还体现在教师和学生所使用的教学方式和学习方式。对于教材内容,要把语言技能学习与能力培养结合起来,就必须把基于任务的教学内容设计和编写进未来的教材之中;对于教学方式和学习方式,要强调教师自主和学习者自主的结合,二者相互作用、密不可分,学习者自主性的发展有赖于教师自主性的提高。

现有教材仍然过度强调在语言知识、语言技能、学习策略等方面培养学生的语言综合应用能力,这从教材的内容上可以发现。第4代教材还是较为注重语言的本体内容和技能操练,课堂上语言操练与能力培养相结合的教学内容几乎没有。尽管教材开发已经趋于立体化,但仍较注重语言技能的综合教学,缺乏有效的任务型练习,忽略了从语言教学过程中培养学生独立认识问题和解决问题的能力。此外,教材配有大量的自主学习资源,不少高校还为此建立了大学英语自主学习中心,引进基于计算机和网络环境的学习软件,以计算机为核心,连接教师、学生、教学内容和学习方法以及其他可获取的网络信息等,从而创造了一个较为理想的个性化自主学习环境;同时充分发挥网络教育资源优势,向教师和学生传递数字化信息,开展交互式的同步或异步的教学活动。学生被置于一种动态、开放、生动、多元的学习环境中,在自主学习的过程中,具有更多的自主性

---

① 隋晓冰,周天豪. 外语教材的研发与学生外语能力的培养——基于我国高校主要外语教材的分析与探讨. 外语电化教学,2012(6): 52-59.

和选择权。但传统的教学评估模式并未打破,这就决定了学生的自主学习流于形式,无法深化为自身能力。

(五) 教材与信息技术

计算机和网络环境下,面对式样繁多的学习资源和海量的信息,学生一时难以适从,无法甄别这些资源和信息的有用性,找不到有效提高其语言能力的路径。教师对学生基于自主学习中心的学习没有给予足够的指导和管理,有些资源也比较单调贫乏,使用不便,且网络版教材的内容又与课本内容重复,自然很难激发学生再学习的兴趣,这些都导致现代信息技术的超强功能没能充分地发挥,学生的自主学习能力也自然得不到锻炼和提高。改变传统的单一教学模式,鼓励多模式探索和充分利用信息技术是新一轮大学英语改革更加强调的,因而与之相适应的第4代教材也都遵循此要求,开发了基于网络和计算机的大学英语教学系统。然而,教材电子化和网络化其实就是将纸面上的内容简单搬到光盘和网络上,第4代教材的网络版在一定意义上说就是"文字版+电子版+网络版"。这样的教材只是物理载体发生了变化,可称之为"教材搬家",对于提高外语教学效果无任何实际意义①。更为突出的是,电子版或网络版教材没有跳出纸质教材的框框,学生在电子教材或网络教材进行的所谓的"二次学习"是对课堂教学的重复。长此以往,学生的学习兴趣荡然无存,也完全不能体现学习的个性化,这是对现代信息技术超强功能的极大浪费。也就是说,教材与技术的融合并未完全到位。

教材是学生获取语言体验的唯一渠道吗?学生希望完全通过教材学习外语吗?一项对外语教材的调查发现:

> 学生更希望通过比较自然、轻松、有趣的方法来学习外语,愿意仅通过教材来学习外语的人数只占到6%左右。这一方面说明现有的教材还无法全面反映丰富多彩的语言活动,教师的课堂教学也常常是枯燥乏味,远离真实的语言交际活动;另一方面则反映出学生渴望在真实的语言活动中学习语言,渴望形式多样的语言输入,渴望在真实的交际环境中展示和锻炼自己的语言交际能力。②

因此,信息技术的作用应该更多地体现在构建真实语言交际和学习环境上,

---

① 陈坚林. 大学英语教材的现状与改革——第五代教材研发构想. 外语教学与研究, 2007, 39(5): 374-378.

② 束定芳, 张逸岗. 从一项调查看教材在外语教学过程中的地位与作用. 外语界, 2004(2): 56-64.

而不仅仅是教材内容呈现的载体和工具。既然技术不只是一个简单的载体,那么它对大学英语教学的改变应该是深层次的。当前,采用多媒体、多模态技术的计算机学习软件日益增多,其学习系统、测试系统、教学管理系统与学习资源库为学习者创造一个真实的语言学习环境,并且通过有效的网络管理将教师教学和学生在计算机上的自主学习有机地结合起来。这些学习软件大多与教材配套使用,是教材培养学生学习能力的有力支撑。

信息技术被运用于大学英语教材的设计与编写体系中,并逐渐成为生态化外语教学环境中的一个有机组成部分,但这并不意味着要舍弃纸质教材而一味地使用电子化和网络化的学习资源进行学习。例如,大学英语读写教程的纸质教材应该为学生的学习提供充分的背景知识、语言重难点释例和简要的课文分析等;而在技术支持的电子版和网络版教材中,以音画效果加深学生对所学内容的多感官感知认识,利用电子版面设计灵活的优势提供一些音像、图画、文字等形式的练习,使学生在有声、有图、有像的输出应用中学习语言,同时检查验证、巩固强化学习成果。纸质教材与电子网络教材相结合、课堂学习与课外练习相结合,这样能更加有效地增强学生的学习兴趣和自信心,发展其个性化学习能力,使教材满足因个体差异而带来的多层需求。

第 4 代教材是在大学英语教学改革进入全面实施阶段之后推广开来的,它具有这样几个共同特征: 1) 遵循传统教学模式,注重阅读技能的培养;2) 教材系列化,分工越来越细,听、说、读、写基本各成一体;3) 教材的编写一般都由国家重点院校的专家、教授承担,这从一个侧面说明教材更适用于重点院校的学生。与前 3 代教材相比,第 4 代教材有了显著的变化和进步: 一是编写理念较为先进,能综合体现各种教学理论;二是教材立体化,不仅有纸质课本,而且还有音视频光盘和网络版教材。然而,这些变化能否满足当前大学英语教学改革的要求呢? 通过教材与目标、学生需求、使用、能力培养以及技术等 5 个方面对第 4 代教材应用现状的分析,我们不难发现,当前我国高校普遍使用的大学英语教材仍然有需要改进的地方,如编写理念与教材、教材与教学和学习方式等都有程度不一的脱节现象。

第三节　新世纪高校英语教材一览

一、英语专业教材:多样路径培养学生多元能力

传统意义上的英语专业课程旨在全面提高学生的听、说、读、写、译 5 项基本

的英语语言技能。立体化教材融入英语专业课程教学的同时,把多形态、多样式的教学资源带入课程的设计和实施中,使学生综合分析问题、思考问题和有效解决问题的能力在资源使用过程中得以发展,培养了学生文化鉴赏能力、批判性思维能力、实践能力和创新能力。这是单一的纸质教材无法从根本上解决的问题。这不仅能激发学生英语学习的热情和兴趣,也有利于学生综合技能的培养和总体素质的提高,符合新的历史时期对英语专业学生培养提出的新要求,有助于优化和完善学生已有的知识结构与认知结构,有利于获得更加理想的学习效果。

（一）思辨能力培养式教材

思辨能力可以定义为"依据标准,对事物或看法做出有目的、有理据的判断能力"[①],外语界普遍认为培养英语专业学生的思辨能力已是不可或缺的目标之一。外语课程应该成为培养思辨力的重要载体。外语教师必须成为培养思辨力的有心人,精心策划语言教学活动,让学生在完成听、说、读、写、译任务的过程中,同时获得思辨技能和思辨倾向的发展。教材作为课堂教学的重要辅助手段,其内容与学习者思辨能力的培养之间存在重要的关系。英语教材中诸如词汇、语法概念的语际或语内比较、对事实与观点的区分,以及对说话人立场的判断等都是助推思辨能力培养的素材和内容。

英语专业教材《大学英语思辨教程》(外语教学与研究出版社,孙有中主编,2015)力图在夯实语言基本功的同时带领学生在人文学科核心领域进行系统和深入思考,在语言学习中提高人文素养,培养思辨能力、跨文化能力和自主学习能力。教材主要特点如下:

1) 体现人文学科价值取向。选材涵盖语言、文学、文化、社会、哲学、文明等人文社科核心知识领域的经典主题,注重知识性、思想性、趣味性、时代感和文化内涵,培养学生的人文素养。2) 注重夯实语言基本功。选篇经典,语言规范,语言练习形式多样,秉承语言精细训练的理念,针对中国学生的薄弱环节,全面提高综合英语运用能力。3) 突出思辨能力和跨文化能力培养。每单元精选同一话题下两篇观点不同或观点相互补充的文章,引导学生多视角、跨文化理解和评价课文,逐项训练思辨子技能和跨文化子技能,全面提高思辨能力和跨文化能力。

把分析、评价、推理、阐述和自我反思5个技能作为新思辨能力框架[②]对《大

---

① 文秋芳,王建卿,赵彩然,刘艳萍,王海妹.构建我国外语类大学生思辨能力量具的理论框架.外语界,2009(1):37-43.
② 孙梦阳.从思辨视角评估大学英语专业精读教材《语言与文化》.北京外国语大学硕士学位论文,2017.

学英语思辨教程：精读 1　语言与文化》在培养学
生思辨能力方面的效果进行分析,结果显示：该教
材的任务设计可很好体现其培养思辨能力的目标,
分析技能在教材任务中体现最多,自我反思技能体
现最少。教材使用者对该教材整体持积极的态度,
不同学生群体对教材培养思辨能力的态度没有显
著差异,这表明教材在思辨能力的培养方面无需因
学生群体不同而做出区分,思辨能力的培养对教材
以及教学设计的优化正在提出新要求。

图 17 - 5　《大学英语
思辨教程》

(二) 内容依托式教材

内容依托教学要求教材围绕与内容相关的主
题组织素材,摆脱传统的机械性词汇以及语法教
学,给学习者提供能让他们沉浸其中的外语学习材
料,打破了传统教材单调的训练程式,从学生的要求和实际情况出发,培养他们
的自主学习能力。

内容依托式教材颠覆了以往英语专业"为学语言而学语言"的教学模式,规
避了语言学习与知识学习脱节造成学生知识面狭窄、综合素质发展不充分的问
题,通过在英语专业教学上大力实施内容依托教学,把内容教学与技能教学相结
合,达到丰富学生相关知识、提高学生语言技能和综合能力的目的。例如：

《英国国情：英国社会与文化》(北京大学出版社,常俊跃、李莉莉、赵永青
编,2016)以英国社会文化为编写主线,关注大学生
感兴趣的话题,涉及英国人性格、价值观、学校教
育、政治整体、社会福利、生活方式、风俗节日、大众
传媒、文学艺术、体育竞技、音乐影视等主题,营造
良好的人文教育氛围和学习环境。教材使用了大
量真实、地道的语言材料,为学生提供了高质量的
语言输入;精心设计了生动有趣、丰富多样的学习
任务,引发学生思考和辩论,帮助教师在真实语言
情境中开展有意义联结的教学活动,从而促进学生
批判性思维能力的发展和语言综合运用能力的
提高。

图 17 - 6　《英国国情：英国
社会与文化》

《美国国情：美国自然人文地理》(北京大学出
版社,常俊跃、赵秀艳、赵永青编,2016)以内容依托

教学理念为指导,以学生的兴趣和需求为基础,构建了"内容+语言"融合的教材内容体系,系统地关注美国自然和人文地理,涉及自然地理知识、风土人情、名人

图 17-7 《美国国情:美国自然人文地理》

轶事、环境保护等不同主题,以及科普、故事、诗歌等不同体裁,内容丰富、形式多样。该教材语言真实,材料直观,具有较强的思想性、发展拓展性、科学性、趣味性、灵活开放性,具有英语专业基础阶段传统的技能本位教材难以比拟的优势。以内容为依托的语言教材为学生的英语学习创造了更为逼真的环境,使学生有大量接触目标语的机会,能增加语言的输入,又能使他们了解人文知识,扩大知识面,提高素养,拓宽视野,同时也为英语学习带来更多的乐趣。同时,该教材的使用推动了英语专业教学模式由以语言技能为中心转变为以内容为中心,从语言为本到内容依托已经成为英语专业课程改革的新方向。

(三)体验式教材

体验式教学是重视学生参与以及实践体验的新型教学模式。体验式教学是多元文化背景下的教学模式,从增强大学生心理调适能力、促进大学生自我成长以及提高大学生自我发展水平3个方面进行大学生心理健康教育课程的构建,从而使大学生通过体验与实践实现自我的认知与升华,进而达到知情合一与知行合一。体验式教学为英语专业学生提供了全新的学习方式,即在体验中学习英语,进而提高运用英语进行跨文化交际的能力。

《体验商务英语:综合教程》(高等教育出版社,D. Cotton、D. Falvey、S. Kent 编,2012)是在培生教育出版集团出版的 *Market Leader* 和 *Powerhouse* 系列教材的基础上改编的。该教材将国际商务活动引入课堂,体验真实的商务世界,角色扮演和案例学习将体验式学习引向深入,教学设计严谨,为体验式学习打好基础;教学资源丰富,为体验式教学提供有力支持。该教材的一大特色在于:丰富多彩的国际商务内容为商务英语教学提供了大量真实、生动的素材,使学生在掌握语言技能的

图 17-8 《体验商务英语:综合教程》

同时,了解现代国际商务的现状,以达到在体验商务中学习语言、提高商务交际能力的目的。使用相关的评估理论对该教材进行系统全面的分析评估,结果显示①:《体验商务英语:综合教程》是一套以学习者为中心的教材,它将商务学习和语言学习很好地融合在一起,能激发学生的学习兴趣,也方便教师教学,课堂教学氛围轻松。该套教材内容丰富、结构清晰、难易适中、技能练习综合性强,练习种类丰富多样,课外资料充足,能充分调动学生学习的积极性,有助于学生综合技能,特别是听说技能的提升,也有助于教师灵活组织教学。

二、大学英语教材:多重形态构建立体教学体系

2000 年初,随着信息技术的迅速发展,教育部在其出台的《关于加强高等学校本科教学工作 提高教学质量的若干意见》中明确提出了建设立体化教材的目标。立体化教材的建设就是要构建以教科书为中心的多元资源体系,通过提供多种教学资源,最大限度地满足教师教学需要和学生学习需要,满足教育市场需求,提高教学、学习质量,促进教学改革。通过在纸质教材之外配套多元教学资源,特别是在计算机和互联网平台上对各种教学数字资源进行整合,新一轮大学英语教学改革随即展开,其标志就是 2003 年 3 月教育部启动的"高等学校教学质量和教学改革工程"。伴随而来的是新的大学英语教材的研发和出版,即第 4 代大学英语教材正式形成并应用于教学。

自 21 世纪初开始,大学英语立体化教材进入快速发展阶段。高等教育出版社等四家出版社研发的 4 套大学英语立体化教材(见表 17−3)相继推出第 2 版,甚至第 3 版的同时,又有一批立体化教材面世。其中,影响较大的几部教材包括:

1)《大学英语教程》,黄必康主编,北京大学出版社 2004 年出版,共 10 册,配有网络版教材等立体化资源。该教材的指导性原则包括:围绕全国大学英语教学改革思路,注重英语语言知识、应用技能、学习策略和跨文化交际等方面内容,分段训练学生读、写、译英语综合应用能力和专业英语技能。教材贯彻分类指导、因材施教的原则,同时在级别难度上将各种语言技能综合为一体,每个单元围绕

图 17−9 《大学英语教程》

---

① 潘敏.《体验商务英语》教材评价分析研究. 华中师范大学硕士学位论文,2014.

同一主题,各种技能训练在语言内容上有一定的重叠,使读、写、译相互渗透,有机组合,推动学生综合应用英语技能的形成和巩固。

2)《大学英语》(第3版),董亚芬主编,上海外语教育出版社2006年出版,共29册,配有电子教案、网络课件和训练光盘等立体化资源。遵照《大学英语课程教学要求》对大学英语提出的教学目标,即"培养学生的英语综合应用能力",编者于2006年对教材进行第3次修订,以满足新时期国家和社会对人才培养的需要。全套教材由复旦大学董亚芬担任总主编。每册共有10个单元。每一单元由课文、生词、注释、练习、阅读练习和有引导的写作等9个部分组成。该教材选材力求题材、体裁多样,内容丰富有趣,并有一定的启发性。讲解课文时就从全篇内容着眼,并对一些常用词和词组的用法进行分析,既要防止只讲语言点而忽略通篇内容,又要避免只注意文章内容而忽视语言基础训练。生词释义采用英汉结合的方式。释义尽量用浅近的英语。

图17-10 《大学英语》
(第3版)

3)《新世纪大学英语》,秦秀白主编,上海外语教育出版社2007—2012年出版,共44册,配有助学光盘、电子教案和网络教学平台等立体化资源。该教材按照《大学英语课程教学要求》,组织国内十余所著名高校英语教学专家,邀请国际知名视听教学专家,为我国大学生度身打造而成。该教材具有以下特点:

① 力求体现科学性、系统性和时代性,以国内外先进外语教学理论为指导,融多种教学模式和手段为一体,对标一般要求、较高要求和更高要求的分层次教学需要。选材贴近时代、贴近生活;强化听说,注重听、说、读、写、译等技能协调发展;练习编写充分考虑实用性、新颖性和可操作性。② 注重语言能力和文化素质的同步提升,注重培养学习者的英语思维习惯,开拓跨文化交际视野,实现语言综合应用能力和人文素养的全面提高。③ 遵循分类指导和因材施教的教学原则,包括综合、视听说、阅读、写作、快速阅读等主干教程和经贸、文化类选修课教程,涵盖语言知识、应用技能、学习策略和跨

图17-11 《新世纪大学英语》

文化交际,满足个性化教学的需要,有助于学生提高语言综合应用能力。④ 提倡基于计算机和课堂的教学模式,提供立体化的英语教学平台、个性化的学习光盘、方便实用的电子教案、丰富多样的网络资源,使课堂内外教与学充分体现交互性、自主式和合作型的新型教学模式,实现培养学生终身学习能力的教学目标。

4)《新标准大学英语》,Simon Greenall 和文秋芳主编,外语教学与研究出版社和英国麦克米伦出版公司 2009—2010 年共同出版,共 20 册,配有学习光盘、教学光盘、网络自主学习平台和试题库等立体化资源。《新标准大学英语》针对《大学英语课程教学要求》中的"一般要求"设计,包含 1—4 级,共两个学年使用。每一级设有《综合教程》《视听说教程》与《综合训练》。不同分册、不同媒体间紧密联系,互相支持。《综合教程》每级 10 个单元,每单元围绕同一主题展开,包含两篇主要阅读文章与一个专题文化短篇,读、写、译、说各项技能有机结合。《视听说教程》与《综合训练》各单元主题呼应,提供真实、生动的视频与音频教材,并通过各类活动与练习提高学生的听说综合能力。《综合训练》主要配合《综合教程》各单元内容,提供词汇、语法、阅读、翻译等形式多样的语言综合练习,帮助学生加强语言训练,学会活用语言。该教材具有以下特点:

图 17-12　《新标准大学英语》

① 内容丰富,展现时代特色。主题丰富多样,选材兼具经典性与时代感,体现人与人、人与自然、人与社会的关系。② 注重语言技能和综合能力的培养。练习设计将听、说、读、写、译各项语言技能有机结合,通过鲜活生动的语言和真实的交际场景激发学生兴趣,鼓励学生参与,培养其交际能力和语言综合应用能力。③ 兼顾语言学习和思维发展。每单元围绕同一主题提供多种视角的阅读和视听材料,培养学生的创新思维和独立思考能力。④ 提升文化意识和人文素养。选材展示了各国不同的文化传统、风俗习惯和价值观念,使学生在学习语言的同时体会到多彩的异域文化,并且通过有针对性的练习引导学生比较和探讨中西方文化差异,提升其文化意识和人文素养。

5)《全新版 21 世纪大学英语》,翟象俊、张增健和余建中主编,复旦大学出版社 2010—2012 年出版,共 21 册,配有光盘、多媒体课件和网络课程等立体化资源。该教材是根据国家教育部颁发的《大学英语课程教学要求》并参照《大学

图 17-13 《全新版 21 世纪大学英语》

英语四、六级考试大纲》编写的系列教材,包括《综合教程》《综合练习》《教师参考书》(各四册)及相关配套网络平台。教材具有以下特点:

① 课文的选择力求实用、有趣、有品位,注重"跨文化"背景介绍。在练习例句和其他材料的选择上,则力求简洁、生动、有效。重视语言的规范性和文体的多样性,重视英语语言基础知识和基本技能训练,还注意将文化内容与语言材料相融合,介绍西方文化背景。② 编排合理,循序渐进。教材各单元的顺序参考弗莱什-金卡伊德分级法(Flesch-Kincaid Grade Level)并根据编者们反复讨论的结果而排定。因此,各单元的文字基本上由浅入深,同时也根据教学需要略有调整,契合学生的需求。

③ 注重培养听说能力。教材根据《大学英语课程教学要求》中有关教学内容和课程体系改革的精神,加大听说训练的力度,将视听说题材与课文主题保持一致,把听、说、读、写的技能训练有机地结合起来,使学生的听说训练贯穿于整个课程教学的始终。④ 强调主题教学的整体性。教材将听、说、读、写内容相结合,把听、说、读、写、译 5 种技能的训练和培养围绕着同一主题展开,形成一个有机的整体。⑤ 拓展教学时空,实现教材的立体化。除上述教学用书外,教材还包括配套的光盘、多媒体课件和网络课程等,以期充分利用多媒体和网络化现代教学手段,立体、互动地引导学生开发各种学习潜能。

6)《新核心大学英语》,蔡基刚主编,上海交通大学出版社 2011 年出版,共 16 册,配有学生光盘、教学课件和网络教学平台等立体化资源。《新核心大学英语》提出了以内容为依托,提倡科学素质培养,发展学生学术交流能力的编写理念。教材在培养学生自主学习能力、突出任务教学法、扩大学生词汇量和注重词块学习等方面都有独特的做法。《新核心大学英语》在编写理念方面继承了我国大学英语教材的优秀传统,吸取了大学英语教师在课堂教学中长期积累起来的经验和方法,尤其是基于计算机和网络多媒体教学中积累起来的经验和做法,同时借鉴国外外语教学的各种理论,经过消化

图 17-14 《新核心大学英语》

和改造,采用融合中外多种教学法之长的折中主义教学法,采取了集基于主题、内容依托、突出技能、基于研究和强调自主等多种教学和教材理念为一体的编写原则。《新核心大学英语》对学生自主学习能力的培养体现在下面几个方面:

① 在《读写教程》《泛读教程》和《听说教程》中,每单元都增设听说策略、阅读策略、写作策略的讲解与练习,旨在帮助学生掌握终身享用的英语学习技能。② 改变在课文注释部分提供背景知识和术语的传统做法,而是通过提供网站地址,精心挑选若干背景知识和术语,让学生在课前上网查找,然后在课上由学生自己来介绍,旨在培养学生通过不同资源搜索信息和组织信息的能力。③ 改变在主干教材每篇课文后提供生词注释的传统做法。只列生词不给词义解释,旨在培养学生借助已掌握的构词法和课文上下文猜测词义的能力。④ 新设了单元自我评估表,旨在培养学生对所学单元的词汇、句型、搭配和学习技能进行自我评估与反思的习惯。

《新核心大学英语》充分利用现代化技术,推出多模态理念,即通过课本、光盘、课件、教学平台把教材分成纸质教材、电子教材和演示课件 3 种教材。电子教材不仅包括纸质教材中的内容,而且还包括与其配套的练习材料、任务项目、参考网站、语料库和练习答案等。电子教材主要放在学校的教学平台上,可以储存到阅读器上。演示课件即电子教案,具有开放性特点,主要供教师上课使用。

结合以上教材及其介绍可见,这些改版或新推出的大学英语立体化教材主要呈现以下特点:

1) 编写理念有了突破。尽管国内已经出现了分类比较细致的系列教材,特别是(视)听说教材被置于重要的地位,21 世纪初的 4 套立体化教材仍然注重培养学生的综合英语能力,即听、说、读、写、译综合技能,教材以为学生打好语言基本功为出发点和落脚点。因此,大学英语教学也可以称作"综合英语教学",语言本身就是教学和学习的核心内容。首批立体化教材都不约而同地将"综合教程"作为主干教材,将"听说教程""阅读教程"或"快速阅读教程"等作为扩展教材。随着我国英语教育事业的快速发展,"以技能为导向"的课程建设理念及教学理念已经难以满足社会需要,急需发展为"以内容为依托"的教学理念。"内容依托教学"(Content-Based Instruction)是教学中将特定的内容与语言教学目标融合。它将语言教学建立于某个学科或某种主题内容教学之上,把语言学习与学科知识学习结合起来,在提高学生学科知识水平和认知能力的同时,促进其语言能力的发展①。面临社会和世界大环境的变化,大学英语教材必须与时俱进,在编写理念上有一个新的突破。蔡基刚提出新一代的大学英语教材应该是以内容为依托的分科英语教材,而不是综合英语教材;培养学生应对专业学习的学术英语能力,而不是应对考试的综合英语能力;教材不应仅仅是人文题材的,而应有科学素质教育的题材,不是帮助学生自学,而是帮助他们发展自主学习的能力②。如《新核心大学英语》就首次提出了大学生科学素质教育,鲜明地打出以内容为依托的外语教学原则,提出在课文选材上偏向学术训练文章,通过和专业相关的大学科内容来学习英语。

2) 编写体系更加细化。与 21 世纪初的 4 套立体化教材相比,近年来问世的大学英语教材在编写体系上更加细化。由于《课程要求》(2004,2007)反复强调对学生听说能力的培养,其后出版的大学英语教材纷纷设有"(视)听说教程",《新世纪大学英语》还将与听说能力培养有关的教材分为《视听说教程》和《听力训练》。各套教材的分册数也呈现一定程度的上升。十年来,大学英语教材的分册数从 10—20 册(如 2003 年出版的《新时代交互英语》共 12 册)增至 40册左右(如 2007—2012 年出版的《新世纪大学英语》共 44 册)。册数的增多一方面是教材体系进一步系列化的结果,另一方面也体现了教材编写者遵循《课程要求》(2007),尊重个体差异,充分满足个性化教学的需要。仍以《新世纪大学英语》为例,其主干教材一共有 8 册(多数同类教材为 4 册),就是贯彻了《课程要求》(2007)中"一般要求""较高要求"和"更高要求"3 个层次的教学目标和"分类指导"的原则。通过细化分层,该教材在教学模式、课堂活动和课后练习上提供了广阔空间,让不同地区、不同群体、不同层次乃至不同时期的学习者各取所需地选用学习资源。

总之,吸收各种学习理论和教学思想的长处,以多元大纲为指导是大学英语立体化教材的发展思路。大学英语教材的编写者逐渐意识到,一套教材能为大多数教师和学生接受的前提是教材的设计与编写充分考虑学习者需求和层次的不同。当前的大学英语教材在此方面做出了努力。随着教材分工的愈加明确和多媒体资源的日益增多,教师可以根据本校情况,选择不同的教材及多媒体资源组合方式,建立适合本校学生的集多种教学模式和教学手段为一体的教学体系。

---

① 袁平华,俞理明. 以内容为依托的大学外语教学模式研究. 外语教学与研究,2008,40(1): 59 -64,81.

② 蔡基刚. 传统大学英语教材编写理念的一次新突破. 外语电化教学,2011(5): 3 - 9.

第四节　高校英语教材的未来：新时代、新形态

信息化时代为高校英语教学提供了前所未有的丰富资源，全新的教材形式和功能带来了教师教学方法和学生学习方式的深刻变化，不仅使教学手段实现了现代化、多样化和便捷化，也促使学习理念、学习内容、学习方式发生了改变。当代大学生是在互联网环境下成长起来的，属于网络世界的"原住民"，互联网已成为他们获取知识和信息的重要方式。借助互联网，学生获取知识的便利性空前提高，学习的灵活性充分显现。这就从客观上要求移动互联时代的英语教材设计和应用模式要更加多样化、开放化和专业化。新一代的高校英语立体化教材是探索线上与线下融合、校内与校外结合、开放与特色并重的多样化教学模式的重要载体和媒介，教材把内容的立体化、形式的立体化和服务的立体化等融为一体，引导学生将自主、探究、合作的学习方式结合，探索在信息知识冗余时代提高学生的注意力和专注度，在知识传授中更加注重思维的训练，从而建立起切实适合学生学习实际的信息化教学模式。

从信息技术与教材的融合发展进程来看，这一时期的教材大致经历了纸质教材、数字教材、大数据教材和人工智能教材几个阶段。每个阶段教材均会在信息技术的驱动下出现较大变革，这种变革通常会涉及教材内容、媒介技术及资源载体等多个方面。信息技术驱动下教材的不同演变阶段彼此并不是独立割裂的，而是相互依存、相互影响的[1]。未来的教材形式将更加丰富多样：

1）教材是一个提供课程资源、教学平台、学习社群一站式解决方案的体系，不再是独立的一本书或几本书。大数据、人工智能技术将原本形式单一的传统纸质教材转化成了新型"可看、可听、可视、可互动"的数字化学习资料，并能通过智能终端设备进行随时、随地、随意的学习。通过引入人工智能技术，一方面高校英语教材变得更加"智能化"，实现了"编写、学习、反馈一体化"，改变了传统教材编写不同环节间脱节的现象；另一方面收集学生的数据后，运用语音相关能力、图像识别能力、认知计算能力，向纸质教材提供成套的数据化解决方案，实现了英语教学设计真正的个性化和精准化。

2）教材是动态发展的，不是预设生成的。通过新型教材在匹配资源、强化交互等方面的优势，解决传统教学模式中对教学目标、教学内容、教学过程、教学

---

① 周憬，张小强. 人工智能赋能教育出版的机制特征与创新应用. 科技与出版，2019(8)：65－70.

方法的过度预先设计。这样,因学情的变化,对目标、内容、过程、方法的适当调整以及在教学中由于教师的教学策略和合理调控,获得更有效的教学效果,这是21世纪的教材可以带动教学产生的新变化、新趋向。当然,教材的动态发展与预设生成也并非绝对的矛盾体。充分的教材预设,是课堂教学成功的保障;只有教材设计过程中进行精准预设,才能在教材使用过程中动态生成更好的教学效果。二者有机结合有望使课堂呈现别样的精彩。

3) 教材是"有形资源"与"无形资源"的结合,有形的是纸质材料,无形的是云端资源。传统模式下,教材更多是基于专业权威人士的专业知识编写而来,教材编写和使用是完全独立的两个环节,因此教材编写者难以及时准确地了解到教材的使用效果,但在教育大数据和人工智能等新技术赋能教材的编写和使用后,教师和学生对纸质材料的倚重程度大幅度减弱,云端资源的迅猛增长使得纸质材料充当了教师、学生、教材3者之间的"数据连接器"的角色,通过系统融合、数据汇聚、服务个性化实现教材在教学过程中应该体现出来的真正价值,甚至实现教材的增值赋能。

纵观我国高校英语教材发展的历程,可以预见:在我国高校正在开展的新一轮英语课程改革中,教材问题日益成为教学管理者、教师和学生普遍关注的现实问题。21世纪高校英语教材的编写观和使用观的转变不是一朝一夕的事情,考虑到我国高等教育的传统和地区间的差异,高校英语教材的变革是一个长期的过程,不可一蹴而就。信息技术正在以全方位的渗透性和不可抗拒的蔓延性改变着人类获取知识、提高技能的学习方式,这一趋势不可逆转。在教育变革的关键时节,教材是"杠杆",可以"撬动"高校英语教学理念、教学内容和教学方法的全方位更新。顺应趋势,用信息化带动高校英语教学现代化;打破壁垒,用立体化教材跟上与时俱进的高校英语教学导向——这便是21世纪高校英语教学和教材变革的必经之路。技术驱动教材的发展,目前已成为国内外出版业界的共识。在经历了21世纪前20年的辉煌之后,21世纪高校英语教材必将华丽转身,迎来新的机遇,创造新的成就。

第十八章
高职高专英语专业教材

改革开放为新中国的职业教育带来新的发展机遇和挑战。1983年,为了采取有力措施尽快扭转教育同国民经济和社会发展不相适应的局面,国家提出"多种层次、多种规格、多种形式加快高等教育发展"的目标,并通过"逐步调整内部结构和比例关系"增加专科和短线专业的比重,将高等专科教育纳入高等职业教育的范畴。① 1985年,我国的短期职业大学已达55所,形成了"积极发展高等职业技术院校,逐步建立起一个从初级到高级,行业配套,结构合理,能与不同教育相互沟通的职业教育体系"②。1994年,国家教委首次提出"积极发展多样化的高中后职业教育和培训。通过改革现有高等专科学校、职业大学和成人高校以及举办灵活多样的高等职业班等途径,积极发展高等职业教育"③的"三教统筹"发展高职高专教育方针。自此以后,高等职业教育、普通高等专科教育、成人高等教育统称为高职高专教育,确立了高等职业教育的高等教育属性④。

高等职业教育既是职业教育,也是高等教育的重要组成部分,担负着培养适应技术进步、生产方式变革和社会公共服务需要的高素质技能型人才的重任。职业教育纳入高等教育范畴标志着与之特点相适应的教材建设起步。高职高专英语教材的开发、建设和发展则与高职高专教育和外语教育,特别是英语教育的改革相随相进。

我国的职业教育发展完备,由初等、中等职业技校和中等专科学校构成,多

---

① 国务院批转教育部、国家计委关于加速发展高等教育的报告的通知. 国发〔1983〕76号.
② 关于印发《面向二十一世纪深化职业教育教学改革的原则意见》的通知. 教职〔1998〕1号.
③ 国务院关于《中国教育改革和发展纲要》的实施意见. 国发〔1994〕39号.
④ 龚森. 高职教育发展进程中的"三教统筹"和"三改一补". 海峡教育研究,2013(2):62-65.

年来形成了一批有特色的职业学校和专科学校,为各行各业培养了大批技能型一线人才。改革开放前,受行业、岗位以及教育层次和年龄限制,职业教育多属于初等和中等职业范畴。20 世纪 90 年代初,中国的高等职业教育和高等专科教育初现雏形并很快形成规模。由于高职高专教育的高等教育属性,英语不仅是高职高专各专业的公共必修课程,而且也作为职业特色鲜明的独立专业招生。至此,体现高职高专教育特色的英语专业和公共英语教材建设随之列入日程。本章将聚焦高职高专英语专业教材的建设和发展。

不断发展的高等职业教育对高职高专英语专业建设提出新要求,全国范围内的英语学科的教学改革为编写"以实用为主,应用为目的"的高职高专英语专业教材提出了目标和要求①。经过外语教学专家、一线英语教师和出版机构的努力,高职高专英语专业教材编写从无到有、从有到优,逐步涌现出一批"以服务为宗旨,以就业为导向"②,符合社会需要,体现职业教育特点的英语专业教材。

第一节　高职高专英语专业教材发展背景

教材体系建设是培养适应社会发展所需要人才的重要保障,教材更是落实教育思想和理念、人才培养方案、实现教学目标的手段和资料,反映了社会发展和需求,同时也决定了专业人力资源的质量,其编写和使用体现了国家相关的方针和政策,是育人育才的重要依托。与此同时,课程建设和教材建设相辅相成,通过恰当的教学手段和方法实现人才培养的目标。高职高专英语专业教材建设既与高职高专的发展同步,也与改革开放后的英语教育改革相适应,再一次印证了英语专业作为适应社会发展服务的应用工具的独特发展历程。

一、国家对培养技能型英语专业人才的需求

高等职业教育是"高等教育"和"职业教育"的复合③。"培养同二十一世纪我国社会主义现代化建设要求相适应的,具备综合职业能力和全面素质的,直接在生产、服务、技术和管理第一线工作的应用型人才"④,摆脱普通高等教育的公

---

① 关于加强高职高专教育教材建设的若干意见. 教高司〔2000〕19 号.
② 国务院关于大力发展职业教育的决定. 国发〔2005〕35 号.
③ 戴炜栋,胡文仲. 中国外语教育发展研究(1949—2009). 上海:上海外语教育出版社,2009:691.
④ 同②.

共英语教育或英语专业教材的影响,编写突出高等职业教育特色、符合学生水平、适应行业特色、匹配岗位需要的英语教材,这是高职高专英语教材建设的重点任务。

根据杨金土回顾,中国的职业教育经历了 1950 年和 1958 年的中等专科教育发展的两次高潮,为新中国成立初期和“大跃进”时期的社会发展和经济建设做出突出贡献①。十一届三中全会以来,改革开放为中国各行各业带来发展机遇,中国高等教育也迎来前所未有的重大结构性变革。除了恢复传统的本科教育、发展硕士和博士教育,通过多种途径探索发展高等职业技术教育的时机逐步趋于成熟。1979—2000 年间,我国高职教育作为高等教育的新类型,从多路探索走向合力发展,步入专科教育和高职教育逐步融为一体的发展阶段。随着职业教育进入高等教育领域,公共英语成为各专业的必修课程,具有高职高专教育特色的英语专业也逐渐成形,从初期的师范专科英语发展成包括应用英语、商务英语、旅游英语和英语教育的英语类专业。

20 世纪 90 年代以来,国家针对高职高专教育颁布了一系列文件,标志着高等职业教育进入发展快车道。这些文件不断明确高等职业教育人才培养的规格和目标,为高职高专的专业建设、课程建设和教材建设设定了具体标准。根据 1991 年国家教委颁布的《关于加强普通高等专科教育工作的意见》要求,高职高专人才培养的具体目标是“培养能够坚持社会主义道路,适应基层部门和企事业单位生产工作等一线需要的,德、智、体诸方面都发展的高等应用型专门人才”,并确立其教学要突出理论知识的应用和实践动手能力的培养,基础理论教学要以“应用”为目的,以“必须、够用”为度,以“掌握概念、强化应用”为重点。专业课的教学内容要加强“针对性”和“实用性”的原则②。1999 年 1 月,教育部印发《按照新的管理模式和运行机制举办高等职业教育的实施意见》,提出改变传统的专科人才培养模式,加快专科教育向高等职业教育转变的步伐。2000 年 1 月 17 日,教育部印发教高〔2000〕2 号文件《教育部关于加强高职高专教育人才培养工作的意见》,再次重申高职高专的人才培养目标,同时还印发了《关于制订高职高专教育专业教学计划的原则意见》,从而将人才培养目标落实到具体的教学安排中。

普通高等专科和高职高专的人才培养目标,有诸多重合之处,但都突出了专门人才培养的职业性、行业性和应用性等特点。2001 年,教育部印发的《全国教

① 杨金土. 20 世纪我国高职发展历程回顾. 中国职业技术教育,2017(9): 5 - 17.
② 关于加强普通高等专科教育工作的意见. 教高〔1991〕3 号.

育事业第十个五年计划》成为我国高职高专人才培养工作的指导性文件,其中再次提出"在发展高等职业技术教育等方面实现重大突破"。随后颁布的《高等职业学校设置标准(暂行)》《关于国务院授权省、自治区、直辖市任命政府审批设立高等职业学校的有关通知》《关于加强高职高专教育人才培养工作的意见》《关于支持中央部委院校进行示范性职业技术学院建设有关问题的通知》《关于制订高职高专教学计划的原则意见》以及《高职高专教学管理要点》等文件进一步指导、规范高职高专教育改革和发展。2004 年 2 月,第三次全国高职高专教育产学研结合经验交流会上形成共识:高职教育要走"以服务为宗旨,以就业为导向,走产学研相结合的道路"。2006 年,教育部印发了《关于全面提高高等职业教育教学质量的若干意见》,又一次重申高等职业教育是高等教育发展中的一个类型,要"培养面向生产、建设、服务和管理一线需要的高技能人才"。

为了推动高职高专教育的改革和发展,提高高职高专教育质量,教育部推出并实施了一系列举措。2004 年颁布的《普通高等学校高职高专教育指导性专业目录(试行)》(本章以下简称"《目录》")规范了高职高专的专业建设;2005 年成立了 40 多个高职高专教学指导委员会,其中"高职高专英语类专业教学指导委员会"和"高职高专其他语言类教学指导委员会"(以下统称"教指委")名列其中。各教指委的主要职责是开展高职高专教学研究、咨询、指导、评估、服务等工作。为了引导高职院校与社会发展相结合、突出办学特色、全面提高教学质量,推动高职高专教育持续健康发展,2006 年开展了全国性的示范性高等职业院校建设计划,重点支持建设 100 所示范性院校,即高职的 211 工程[1],把全面提高高等职业教育教学质量列为首要任务,成为促进高等职业教育健康发展指导性文件。2008 年春,开启了用人单位、教师、学生共同参与的学校内部质量保障和评价的长效机制,同年还开始了高等职业院校国家级教学团队和高职高专院校教学名师评比工作[2]。

国家一系列的政策奠定了高职高专教育的基础,明确了与之相适应的培养目标和培养方式的实践性和应用性的特点和要求,并将教育质量提到前所未有的重要地位。但高职高专教育仍受制于传统的教学方式和手段以及与之配套的课程设置和教材,导致所使用教材的教学理念、教学内容和教学方法等难以匹配高级技能型人才培养的需要,意味着在具体专业的课程设置、教学理念、教材建设和教学方法等方面水土不服,急需建立满足应用型技能型人才培养目标的教

---

① 教育部关于全面提高高等职业教育教学质量的若干意见.教高〔2006〕16 号.
② 教育部关于印发《高等职业院校人才培养工作评估方案》的通知.教高〔2008〕5 号.

学模式和教材体系。

根据高职高专教育的特点,《目录》分设 19 个大类,下设 78 个二级类,共 532 种专业。《目录》"以职业岗位群或行业为主兼顾学科分类"的原则进行划分,体现了"职业性与学科性"的结合,并兼顾了与本科目录的衔接。专业名称采取了"宽窄并存"的做法,专业内涵体现了"多样性与普遍性"相结合的特点,允许"同一名称的专业,不同地区不同院校可以且提倡有不同的侧重与特点"①。

根据《目录》规定,英语类专业的英语教育归属教育类,仅限于师范高等专科学校中设置,应用英语、商务英语和旅游英语分属文化教育大类的语言文化类。英语教育、应用英语、商务英语和旅游英语的专业名称都具有鲜明的职业特征和应用型特点,并对应具体的岗位,显然不同于业已存在普通本科或以往专科的英语专业,其人才培养目标既体现了英语专业的学科属性,又符合高等职业教育"培养同二十一世纪我国社会主义现代化建设要求相适应的,具备综合职业能力和全面素质的,直接在生产、服务、技术和管理第一线工作的应用型人才"②的特点,其课程设置和内容要"以服务为宗旨,以就业为导向"③、落实"实用为主,够用为度"的原则,教学要"以学生为中心"、以互动为手段,教学方法要以"任务型""内容为主",实现"做中学"④等要求。为了实现高等职业教育目标,体现高职教育理念、实现高职高专英语人才培养的目标,其课程建设显然离不开教材建设的支撑和保障。

开发体现英语教育规律、突出高职高专教育特点、适应学习者水平的新型高职高专英语教材成为当务之急,而如何将就业岗位所需的知识、技能和素质融入其中则是最大的困难和挑战。与此同时,英语专业教材还面临不同地区、不同院校的应用英语、商务英语、旅游英语和英语教育专业的多样化教材需求。这些专业教材既要具备英语专业的基本内核,又要体现高等职业教育的特色,适应在校生的语言、认知水平和就业方向,符合社会需求和当地经济发展特色,满足其行业和岗位需要。简而言之,英语专业教材编写要体现实践性、突出应用性、落实适用性,从而解决好教什么、如何教、标准如何确定、谁编写等具体问题。

二、高职高专英语专业发展的不适应性

作为高等教育人才培养的重要素质之一,高职高专的外语教育分为公共外

---

① 教育部关于印发《普通高等学校高职高专教育专业设置管理办法(试行)》的通知. 教高〔2004〕4 号.
② 关于印发《面向二十一世纪深化职业教育教学改革的原则意见》的通知. 教职〔1998〕1 号.
③ 国务院关于大力发展职业教育的决定. 国发〔2005〕35 号.
④ 教育部关于全面提高高等职业教育教学质量的若干意见. 教高〔2006〕16 号.

语和外语专业两大类。高职高专的公共外语主要以英语为主,外语专业中除英语外,还兼有日语、俄语、德语、法语、韩语、西班牙语等其他语种①。英语专业在传统师范专科院校和新型短期职业大学中已开办多年,积累了一些教学经验,为改革开放培养了大批外语人才,部分满足了中小学师资和经济贸易行业的人才需求,但"三教统筹"后的英语专业发展也面临多种不适应。

(一)人才培养模式与社会需求的不适应

高职高专的英语教育、应用英语、商务英语和旅游英语专业主要源自原有的师范专科教育、短期职业大学和广播电视大学中的英语专业以及在改革开放中应运而生的经济英语、外贸英语等专业。师范教育作为特殊的职业教育类型,历来具备从初等到高等的完整体系,而英语师范教育是中国开始最早、最完整的职业教育,也是职业教育与学科教学结合最紧密的专业。普通高等英语师范专科教育的发展随着基础教育对外语的重视而不断发展,"三教统筹"后成为我国高等职业教育中的一部分②,并颁布了英语教育专业的教学大纲③。

基于师范专科发展起来的高职高专英语专业一方面满足了改革开放后各行各业对外语人才的大量需求以及对外贸易和交流的实际需要,另一方面也面临人才培养目标定位、课程体系建设、教材建设和教学方法等方面存在的与社会发展不相适应的矛盾。比如课程设置仍以语言文学为主,教材以本科教育的基础阶段教材为主等。商务部的调查显示,根据社会发展和需要的变化,各行业,特别是涉外经济、对外贸易、涉外旅游等行业迫切需要高素质、复合型且具有国际竞争力的高级商务英语人才,说明单一型的外语人才培养模式要向区域性、地方性、应用性和多元化的技能型模式转变④。

(二)教学指导文件缺失与技能型人才培养的不适应

在短期职业大学、广播电视大学、高等专科学校基础上发展起来的外语专业(主要是英语),如商务英语、外贸英语、涉外旅游专业因其开放性、涉外性、实用性等特点满足了社会发展的需求。1993年,针对公共英语的《普通高等专科英语课程教学基本要求》⑤明确了"以实用为主,以应用为目的"的教学基本要求,

---

① 刘黛琳.高职高专外语教育发展报告(1978—2008).上海:上海外语教育出版社,2008:12.
② 国务院关于《中国教育改革和发展纲要》的实施意见.国发〔1994〕39号.
③ 国家教委办公厅关于批准执行《师范高等专科学校英语教育专业英语教学大纲》的通知.教高厅〔1993〕14号;1998年3月30日,教育部成人教育司《关于贯彻执行〈全国成人高等教育英语课程教学基本要求(非英语专业专科用)〉和推荐使用〈英语〉教材的通知》,教成司〔1998〕39号.
④ 同①11.
⑤ 国家教育委员会、专科英语课程教学基本要求编写组.普通高等专科英语课程教学基本要求.北京:高等教育出版社,1994.

2000 年颁布的《高职高专教育英语课程教学基本要求》，再次强调高职高专教育的培养的是"技术、生产、管理、服务等领域的高等应用型专门人才"，但以上两个教学文件均是针对公共英语，对英语专业缺乏明确具体的指导性。

由于没有相应的教学指导性文件，各校英语专业的人才培养目标宽泛，课程设置、教学目标等大多在《高等学校英语专业基础阶段英语教学大纲》基础上，增加相关的专业课程，但教学内容和教学材料难以适应社会需求的实际，与"以服务为宗旨、以就业为导向"的原则存在偏差，致使专业特色不明显，毕业生不能完全适应改革开放后市场化对以交际为目的高级技能型外语人才的需求①。

2012 年以前，高等职业教育的英语专业除了 2004 年颁布的《目录》外，没有其他相应的教学指导性文件，致使相关英语专业类专业课程建设受制于教材建设不足带来的尴尬境地，具体表现为：

1）现有教材与社会需求不符。高职高专的英语类专业教学缺乏科学、规范的指导性文件和与之相适应的教学大纲，相关教材建设一时难以得到应有的落实，致使日常教学没有与之相对应的英语教材可用，不得不照搬英语本科的教学大纲的基础阶段标准，使用英语本科专业的基础阶段教材或中专教材，即"压缩型"的本科教学模式②。商务英语和旅游专业的前身多为外贸英语专业或经济英语专业，相关专业的师资存在"能教英语的不懂经贸、能教经贸的英语不强"的尴尬局面，可供选择的教材只有外贸中专或英语本科的教材，而英语本科教材则以语言文学为主，不符合课程设置及其教学要求，难以满足职业性英语专业的需要③。

2）现有教材脱离学生实际水平和人才培养目标。教材是针对特定教学对象实施教学的基础，同时也决定了教学方法和质量。经高考选拔后，各地区高职高专学生的入学水平参差不齐，现有教材与学生的实际英语知识、基本技能水平差距较大，给实施教学带来很大的困难，而且教材内容较多关注语言基本功训练，与相关行业、职业以及生产实践关联不足，距离高职高专教育的人才培养目标尚有差距，难以保证"学以致用"，影响了教学的目的性和有效性。

3）教材建设力量不足。尽管高职高专教育的人才培养目标越来越明确，培养模式和手段越来越清晰，但教学体系尚未完善。英语师资以语言文学专业的青年教师为主，他们大多缺少企业工作经历，缺乏编写职业教育教材的理论知识和实践经验，面对对口教材短缺的困境，有心自编教材却举步艰难。

---

① 刘黛琳.高职高专外语教育发展报告(1978—2008).上海：上海外语教育出版社,2008：11.
② 戴炜栋,胡文仲.中国外语教育发展研究(1949—2009).上海：上海外语教育出版社,2009：692.
③ 同①.

（三）高职高专英语专业的教材使用状况

由于以上种种原因,高职高专院校的英语专业的教材使用中存在着本科段教材和专科段教材并存、英语专业教材和非英语专业教材并存、传统纸质教材和运用现代化多媒体技术的网络课程教材并存的局面。有学者做过相应分析,归纳出高职高专英语专业选用教材的几种类型①:

1)·选用获奖本科教材。生源较好的高职高专院校首选上海外语教育出版社的《大学英语》系列教材,该套教材获得"全国高等学校第二届优秀教材特等奖""国家教委高等学校第二届优秀教材一等奖"。另一些院校选用复旦大学出版社出版的普通高等教育"九五"国家级重点教材《21世纪大学英语》系列教材及文科《英语》。此外,还有获得"2002年全国普通高等学校优秀教材一等奖"的高等教育出版社的《综合英语教程》以及北京大学编写、商务印书馆出版的普通高等学校英语专业基础阶段的《大学英语》等。以上教材前三者属于公共英语教材,后两者属于英语专业教材,但都是普通本科的教材。

2)选用大学英语网络课程教材。外语教学与研究出版社的《新视野大学英语》系列教材是国务院批准的教育部"面向21世纪振兴行动计划"的重点工程"新世纪网络课程建设工程"项目之一,是教育部大学外语类推荐教材。整套教材包括课本、音带、光盘、网络、语料库、试题库等立体化教学资源。在线课程《当代大学英语》系列教材是根据我国1999年颁布的《大学英语教学大纲》(修订本),由北京外国语大学、外语教学与研究出版社与培生教育出版集团联合推出的大学英语系列教材。这两种教材在教学方法、教学模式、教学内容和教学体系等方面都较好地体现了大学英语教学改革的精神,因此拥有多媒体的教学设备、重视教学改革的部分高职高专院校也将此类教材作为英语专业的常用教材。

3)选用高职高专的非英语专业教材。有些院校选用了非英语专业教材《新编实用英语》,它是依据教育部《高职高专教育英语课程教学基本要求(试行)》编写的,是高等教育出版社面向21世纪课程教材、21世纪高职高专规划教材、普通高等教育"九五"教育部重点教材。此外,高职高专精品教材《新视野英语教程》和《希望英语》也被部分院校选做英语专业精读教材。

4)选用其他教材。有些高职院校是普通高等本科院校的二级学院,选用的是本校自编教材;有些中专院校在合并升格为高职院校之后仍选用中专教材,只是由教师在原有内容的基础上做增添和补充。

综上所述,高职高专英语类专业使用的教材与本身的专业定位和应有特色

---

① 孙航.高职高专院校英语专业基础课教材选用现状及分析,职业技术教育,2007(2):29-30,37.

存在较大差异，"错位"使用教材显然难以保证实现人才培养目标和教学质量。探索符合应用英语、英语教育、商务英语和旅游英语专业定位特色的教材建设任务迫在眉睫。

第二节　高职高专英语专业教材建设

高职外语教育从教学改革入手，通过明确定位、找准目标，在课程建设和教材建设中逐渐摸索出适合自身发展特点的外语教学理念、教学模式和教学方法，经过30多年的改革与实践，制定了高职高专英语专业类教学标准，逐渐摆脱了对本科教学的依附地位，经历了"从依附到屹立"的发展过程①，形成中国特色的高等职业外语教育体系。

一、英语教材建设基础

21世纪初是高职高专英语教材编写的转折点。随着20世纪90年代中后期"外语热"的继续升温，各行各业对外语人才的需求呈现多样化、行业化和实用性的特点。为了适应改革开放对高等职业教育英语技能型人才培养的需求，教育部和高职高专院校进行了一系列的改革和建设。

（一）高职高专英语类专业教学指导委员会

根据《教育部关于成立2006—2010年教育部高等学校有关科类教学指导委员会的通知》（教高函〔2005〕25号）要求，2008年5月27日，教育部发布了《教育部关于调整2006—2010年教育部高等学校高职高专部分专业类教学指导委员会及其组成成员的通知》（教高函〔2008〕12号），其中第76号为"高职高专英语类专业教学指导委员会"（以下简称"英语类教指委"），第77号为"高职高专其他语言类专业教学指导委员会"，这是首次针对高职高专的外语教学成立的全国性的指导与规范机构，实现了对高职高专英语教学的分类指导，标志着高职高专英语专业教学改革进入新时期，其专业建设、课程建设和教材建设进入新的特色发展时期。

英语类教指委成立后，以"研究、咨询、指导、评估、服务"为宗旨，开展师资培训工作，提高专科院校英语骨干教师的科研能力、教学设计与教育技术应用能力及教学实践能力，开设"全国高职高专英语类专业教学改革科研课题"立项，

---

① 刘黛琳等.高职外语教育改革与发展的路向：从依附到屹立.中国职业技术教育，2015（14）：18－22.

以提高教师的科研意识和能力,并通过教学改革,陆续组织了"全国高职高专英语课堂教学大赛"和"首届全国高职高专英语课堂教学课件大赛",鼓励英语教师积极参与。

2008年,英语类教指委成立了公共英语、应用英语、商务英语、旅游英语和英语教育5个分委员会,以适应高职高专英语教学改革发展的需要,充分发挥英语类教指委分委员会的作用,围绕高职高专英语教学的改革重点开展专题研究和专项工作,全面而有效地指导高职高专英语教学工作。2009年开始,英语类教指委在提高教学质量的内涵式发展方面主要做了以下工作:1) 继续做好师资培训工作,逐步提高英语教师的"双师"素质;2) 通过精品课程评选,引领优质课程建设,推进高职高专公共英语教学改革,为培养高技能人才服务;3) 在广泛调研和充分论证的基础上,继续研讨和修订《高职高专院校英语类专业实训基地建设指导意见》和《高职高专英语类专业设置规范》[1]。

就教材建设而言,必须尊重外语教学的基本规律,同时适应高职高专学生的学习能力和水平,在教材编写模式、对象定位和教学方法等方面做出相应的调整。英语类教指委还组织了精品课程推荐工作,截至2008年共有5门课程入选国家精品课程[2]。以上工作都直接推动了相应的教材建设。

2014年,由国家开放大学、深圳职业技术学院、河北外国语职业学院、太原电力高等专科学校(刘黛琳、徐小贞、丁国声、郑仰成、杨文明、牛健)完成的"高职外语教育改革与发展实践探索"获得2014年国家级教学成果奖二等奖[3]。其重要成果《高职高专外语教育发展报告(1978—2008)》是我国第一部全景式反映该领域研究内容的学术专著,在国内属首次,该项目的其他重要成果包括制定了高职高专英语类专业的教学文件和标准等。

(二) 高职高专教学规范与规划

为了进一步规范高职高专英语教学,使其健康发展,英语类教指委受教育部的委托,起草了一些基础性文件,包括制定《高职高专教育英语类专业设置规范》《高职高专院校英语类专业实训基地建设指导方案》和《高等职业教育英语课程教学要求》以及修订《目录》。

2007年,英语类教指委通过科研立项对我国高职高专公共英语教学的现状做了深入的调研,为教指委的工作提供科学的依据[4],形成《高职英语教学基本

---

① 刘黛琳. 教指委要成为高职高专英语教学改革的引领力量. 外语界,2009(1): 9 – 13.
② 同①.
③ 教育部关于批准2014年国家级教学成果奖获奖项目的决定. 教师〔2014〕8 号.
④ 同①.

要求》方案报教育部审批,用于指导高职高专公共英语的教学改革和研究。"确立的公共外语教学改革思路,即培养学生职场环境下的外语交流能力,明确了高职公共外语的发展定位与教学目标,符合现阶段我国经济发展对外语人才的需求,也符合职业教育的人才培养目标,解决了高职外语教学多年来思路不够清晰、特点不够鲜明的问题,为全国高职院校深化公共外语教学改革指明了方向"[①]。

就英语类专业而言,专业标准是反映和实现专业培养目标的具体实施方案,是课程体系整合优化和安排教学内容、教学进程的规范性文件。2009 年 2 月贺雪娟主编的《高职高专英语专业标准与课程标准设计》由高等教育出版社出版,其中包括商务英语、旅游英语和应用英语 3 个专业标准、3 个专业实习(训)标准和 9 门课程的课程标准。其中"专业标准"包括 6 个部分:总论、目标、内容标准、资源配置、实施建议、评价与建议;"实习(训)标准"包括 5 个部分,即专业标准的前 5 部分[②]。"课程标准"依据专业标准中人才培养目标的要求,对课程定位、改革理念和设计思想进行了总论,还说明了内容标准和实施建议,并对任课教师、课程教学环境和条件要求及课程建设等级进行了相关说明。除此之外,课程标准还根据合作企业的需求,结合学院学分制教学管理改革,创新制定了符合企业需求的"订单模块",力求建设基于工作过程,定位于"工学结合"的课程体系[③]。

基于上述标准,2012 年教育部职成司首批颁布了《高等职业学校英语教育专业教学标准》(含 4 个英语专业),这是教育部指导全国高职外语专业教学改革的重要教学文件,"解决了全国高职院校英语类专业教学要求不统一、缺少统一标准的问题,并为制订其他语种专业教学标准提供了示范,为规范全国高职院校外语专业建设、教学管理和提高教学质量发挥了重要作用"[④],也为编写相关教材提供了依据。

为适应国家经济社会发展,特别是经济发展方式转变和产业结构调整对高等职业教育人才培养提出的新要求,引导高等职业学校科学合理地设置和调整专业,提高教育教学质量,2013 年,按照《教育部关于开展〈高等职业学校专业目录〉修订工作的通知》要求,以 2004 年印发的《目录》所列专业及经教育部备案

① 刘黛琳. 高职外语教育改革与发展的路向:从依附到屹立. 中国职业技术教育,2015(14): 18－22.

② 贺雪娟. 高职高专英语专业标准与课程标准设计. 北京:高等教育出版社,2009.

③ 同②i.

④ 刘黛琳,周雪峰. 加强英语类专业基本建设,推进教育教学改革——高等职业学校英语类专业教学标准解读. 外语界,2015(3): 9－15.

的目录外专业为基础,根据国家经济社会发展对高技术人才的需求实际,通过深入调研论证,对《目录》的基本框架、专业体系、专业简介等方面进行全面修订。

2015年教育部颁布了重新修订的《普通高等学校高等职业教育(专科)专业目录(2015年)》(本章以下简称"新《目录》")。新《目录》依照高等职业教育人才培养目标和规格,按照"专业大类对应产业、专业类对应行业、专业对应职业岗位群或技术领域"的原则①,突出职业性和高等教育属性,为相应的教材编写提供了清晰的范围和标准,"通过推动专业设置与产业需求对接,课程内容与职业标准对接,教学过程与生产过程对接,毕业证书与职业资格证书对接,职业教育与终身学习对接,促进高等职业教育更好地服务经济社会发展和人的全面发展。"新《目录》还添加了"职业资格证书举例""衔接中职专业举例"和"接续本科专业举例"等,对于培养学生的可持续发展能力提供了依据,便于教材编写的延续性和前瞻性。

上述各教学文件对于高职高专英语类专业的英语教育、应用英语、商务英语和旅游英语的培养目标、就业面向、主要职业技能、核心课程和实习实训等都做出了详尽描述,为教材编写提供了清晰、明确、具体的要求和标准,使教材建设有章可循,有标可依。表18-1展示的是新《目录》中的"应用英语"的具体描述。

表18-1　应用英语

专业代码　670203
专业名称　应用英语
基本修业年限　3年
培养目标
本专业培养德、智、体、美全面发展,具有良好职业道德和人文素养,掌握并熟练应用英语语言知识与技能,具备较强的跨文化交际能力和相关的业务能力,从事服务和管理工作的高素质技术技能人才。
就业面向
主要面向服务行业,在涉外文秘、外事、会展岗位群,从事秘书、行政助理、外事管理与服务、会展陈列设计和国际会展专员等工作。
主要职业能力
1. 具备良好的政治思想素质和诚实守信的职业操守;
2. 具备较强的观察、分析判断及信息处理能力;

---

① 教育部职业教育与成人教育司负责人就新修订的《普通高等学校高等职业教育(专科)专业目录(2015年)》和《普通高等学校高等职业教育(专科)专业设置管理办法》答记者问。详见 http://www.moe.gov.cn/jyb_xwfb/s271/201511/t20151109_218248.html,2020-08-11。

续　表

3. 具备较强的创新意识、就业创业能力及终身学习能力。
4. 具备较强的英语听、说、读、写、译能力；
5. 具备较强的跨文化交际能力；
6. 具备良好的管理和组织协调能力；
7. 掌握中西方文化背景知识；
8. 了解并掌握外事、会展基础知识和业务操作常识。

核心课程与实习实训
1. 核心课程
综合英语、英语写作、英语听说、外事英语、文秘英语、会展实务、秘书实务等。
2. 实习实训
在校内进行语言实训、专业实训和综合实训。
在外事部门、会展中心、酒店、外贸等企事业单位进行实习。

职业资格证书举例
外事联络陪同　口译助理　涉外事务管理师　会展策划师（三级）
职业英语水平等级证书（托业英语）

衔接中职专业举例
商务英语

接续本科专业举例
英语　商务英语　行政管理　公共事业管理

（三）多渠道开发英语教材

21 世纪初，高职高专英语教材编写迎来了挑战和契机。高职高专教育在中国高教历史上属于新生事物，其英语专业教学更无前车之鉴。高职高专英语教学指导委员会及其分委员会的成立对于处于改革发展中的英语类专业起到重要的保障作用，相关教学文件的制定和颁布对于"以服务为宗旨，以就业为导向"[①]的教材建设具有积极的指导作用。

在教材编写过程中，各家出版社积极协调，高等院校、高职院校、行业协会和专家主动参与，经过多年探索和实践，逐渐形成 3 种高职高专英语类专业教材的建设模式：1) 以国内著名高校专家教师为主导，以高职院校教师为主体的教材编写队伍，如上海交通大学陈永捷和上海外国大学梅德明领衔主编、高等教育出版社出版的"高职高专英语专业立体化系列教材"，2007 年 6 月出版后多次印刷，2016 年 5 月修订后再版；2) 以出版社为依托，以高职高专院校教师为主体的教材编写联盟，如大连理工大学出版社的《世纪商务英语》由具有企业经历和高职高专教学经验的刘杰英领衔主编，每种教材分别由来自全国的高职高专英语

---

① 国务院关于大力发展职业教育的决定. 国发〔2005〕35 号.

教师任主编、参编,自 2004 年出版后,每 3 年修订 1 次,到 2018 年已修订出版第 6 版;3)高职院校教师、行业机构专家和企业以及地方政府机构共同参与合作的编写组,如高等教育出版社的《旅游职业英语》系列教材由来自高职高专的教师、行业企业的专家、旅行社、行政管理部门等多方参与编写,将旅游行业职业知识和技能、英语语言表达能力和跨文化能力相融合,体现了高职高专教育的人才培养目标。

这些编写模式在高职高专英语专业教材建设过程中发挥了独特的作用,形成高职高专英语专业教材三种形式,即针对具体的课程设置编写的单本教材、针对专业课程体系编写的系列教材以及针对实践教学体系编写的系列教材等。三种模式下编写的教材针对不同群体和专业,各有侧重,独具特色。

进入 21 世纪后,在政策支持、出版社组织、专家指导和高职教师参与下,高职高专英语专业教材从无到有、从单一到系列、从平面到立体,进入了快速发展的新阶段。不仅教材质量迅速提高,而且配套资源日渐丰富,有磁带、光盘、课件、微课、慕课等多种网络拓展资源,并开始涌现出一批符合高职高专实际情况、深受师生欢迎的英语专业和公共英语教材。由于编写主体不同,适用群体各异,这些教材的编写各具特色(详见后文的代表性教材展示),清晰地印证了高职高专英语教材的发展历程。

二、英语专业教材发展历程

高职高专英语教育与全国高等职业教育的发展同步,在 21 世纪迎来发展的大好时机。在英语类教指委的指导下,各出版机构积极与高职高专院校合作,从需求调查到编写人员配备,从教材内容审定到教学手段探索,从传统教材到立体教材建设诸多方面,探索英语专业类基础教材和体现职业特点的行业教材的编写模式、路径和经验。

高职高专英语教育的迅速发展促进了相应的英语专业教材的研发与编写,并逐渐进入国家规划教材立项。按照国家规划教材的立项进程,英语专业教材的发展可分为 4 个阶段:“十五”起步阶段、“十一五”探索发展阶段、“十二五”稳步发展阶段、“十三五”规范发展阶段。

(一)“十五”起步阶段(2001—2005)

高等职业教育在 21 世纪进入持续发展时期,英语专业教材建设也开始起步。“三教统筹”后的初期(1998—2004),高职高专英语专业仍依赖普通本科教学模式,大多借用本科公共英语或英语本科的基础阶段教材进行高等职业英语教学。与此同时,高职高专英语开始探索符合高职教育理念的高技能人才培养模式以及与之相适应的课程建设和教材建设,逐渐脱离本科"压缩型"的影响①。

　　高职高专英语类专业针对"培养面向生产、建设、服务和管理一线需要的高技能人才"的目标,遵循"以服务为宗旨,以就业为导向"的办学方针,结合英语专业特色,突出高等职业教育特点,从目标到手段,从课程到教材,从内容到方法进行了系统的教学改革,在以下几方面逐渐做出调整和转变:1)人才培养目标更注重学生的学习能力、实践能力、就业能力和可持续发展能力;2)在保证高等教育属性前提下,课程设置体现职业教育特色,主动适应区域经济、行业和社会发展需要;3)探索与行业企业合作开发课程,改革教学方法和手段,融"教、学、做"为一体,提高学生的职业能力;4)人才培养模式上推动工学结合,突出实践能力培养,建立多元化评价机制,建立"双师型"师资队伍等②。

　　2000年,教育部高教司发布了《关于加强高职高专教育教材建设的若干意见》(本章以下简称"《意见》"),对高职高专教材的编写提出了明确而具体的任务,并成立了教育部高职高专规划教材编写委员会,具体负责制订各类基础课程教学基本要求和专业大类培养规划,组织教材编写和出版。教育部要求高职高专国家规划教材建设工作分两步实施,即先用2—3年的时间解决好高职高专教育教材从无到有的问题,摆脱借用本科或中职教材的局限;然后再用2—3年时间,通过人才培养模式和教学体系改革,推出一批特色鲜明的高质量的高职高专教育教材,形成一纲多本、优化配套的高职高专教育教材体系,并"力争经过5年的努力,编写、出版500本左右高职高专教育规划教材"③,并要求编写适用于不同地区、不同学校、各具特色的系列教材,同时还要求"高校、专家和出版社参与教材建设,鼓励支持一线教师参编教材"等。为了落实《关于制订高职高专教育专业教学计划的原则意见》④对高等职业教育教材编写的要求,破解高职高专院校普遍缺乏"与办学定位相符合、与学生水平相适应、与社会需求相对应"、突出行业和职业特点的教材的困境,高职高专英语教材首次被列入国家"十五规划"教材,在编写人员、出版机构、教材审核、教材内容和要求等方面有了详尽的目标和任务,为调动各方面的积极性,探索和发展高职高专的教材编写经验和道路做

① 戴炜栋,胡文仲.中国外语教育发展研究(1949—2009).上海:上海外语教育出版社,2009:691.
② 刘黛琳.高职高专外语教育发展报告(1978—2008).上海:上海外语教育出版社,2008:15.
③ 关于加强高职高专教育教材建设的若干意见.教司〔2000〕19号.
④ 教育部关于加强高职高专教育人才培养工作的意见.教高〔2000〕2号.

好了现实准备。

《意见》对于指导高等职业教育的教材建设具有很强的政策性指导意义。同高职高专的其他专业一样,英语专业也面临确立英语教学地位和教学目标以及如何将职业教育属性与英语教育相结合的困惑和挑战。2004 年教育部颁布的《目录》提出了高职高专英语专业人才的培养要从课程改革入手的要求。根据《意见》精神,高等教育出版社、上海外语教育出版社、外语教学与研究出版社等积极组织普通高等院校的英语教学专家和教师、高职高专英语教师和相关行业,根据《目录》的要求共同探索编写针对高职高专的专业教材,开始了不断探索符合高职高专教育人才培养模式的英语教材的道路。

在英语类教指委的领导下,各出版机构积极与高职高专院校合作,从需求调查到编写人员配备,从教材内容审定到教学手段探索,从传统教材到立体教材建设诸多方面,逐步形成了英语专业类基础教材和体现职业特点的行业教材的编写模式和路径。2014 年国家级教学成果奖二等奖"高职外语教育改革与发展实践探索"中总结的高职英语专业教材的编写原则,即"用工作引领专业知识、用核心技能引领工作任务"两大原则对教材编写具有明确的指导作用。首先,用工作任务引领专业知识。工作任务是核心,但并不否定专业知识的地位。专业知识是围绕工作任务完成的需要合理地延伸出来的。其次,用核心技能引领工作任务。通过工作任务分析所获得的工作任务是形式化的,在教学过程中还需要进一步选择体现核心技能的职业活动来具体实施工作任务的教学,通过掌握核心技能让学生体验整个工作过程[①]。

以上教材编写原则在高职高专英语教材建设中贯穿始终,并通过课程建设逐一落实。就教材的适用范围而言,这些教材分别对应具体的课程设置、课堂教学体系或实践教学体系编写,经历了从单一课程到系列课程、从理论为主的课堂教学到工学结合的过程。刘黛琳认为,高职高专英语教学在先进的教学理论指导下不断实践,从"教师为中心"转为"以学生为中心"、从注重"理论教学"转为注重"实践教学"、从"理论到实践"转为从"实践到理论"的学习过程、从"被动学习"转为"主动学习"、从"单一评价"转为"多元评价"、从"以学科为中心"转为"以就业为目标"[②]。不同阶段的高职高专英语专业教材印证了这些变化,并被纳入国家规划教材。

2005 年 10 月教育部《关于公布已出版的普通高等教育"十五"国家级规划

① 刘黛琳等.高职外语教育改革与发展的路向:从依附到屹立.中国职业技术教育,2015(14):18-22.
② 同①.

教材目录的通知》中公布了已出版的规划教材目录,其中以课程为依托的高职高专英语专业教材见表 18 – 2。

表 18 – 2　"十五"普通高等教育规划教材目录①(高职高专英语专业)

序号	书　名	主　编	出 版 机 构	公布批次(出版年)
1	新世纪高职高专英语(综合教程、听说教程)	徐小贞	上海外语教育出版社	第 1 批(2005)
2	英语(高职高专)(1—4)(第 2 版)(英语、综合练习、教师参考书)	孔庆炎	高等教育出版社	第 3 批(2006)
3	世纪商务英语:综合教程	刘卉、王冼薇	大连理工大学出版社	2007
4	世纪商务英语:口语教程 专业篇 I	王瑛、朱巍娟	大连理工大学出版社	2007
5	世纪商务英语:翻译教程	谢金领	大连理工大学出版社	2005

　　由表可见,2000 年的《意见》对促进高职高专英语专业教材的编写有极大的推动作用,高职高专教材开始进入"十五"普通高等学校国家规划教材目录,但英语教材所占比例较小,明确标出"高职高专"的更少,而且已有的教材以公共英语为主,英语专业教材中只有大连理工大学出版社的《世纪商务英语:综合英语》和《世纪商务英语:翻译教程》两种与商务英语发展相适应,但面向应用英语、英语教育和旅游英语专业等独特定位的教材尚未出现。至此,以高职高专教师为主的编写队伍开始形成,相关教材的编写尚处于起步阶段。

　　如前所述,这一阶段的教材大都针对某一课程而编写,恰好对应了高职高专英语专业发展初期,从课程设置入手调整人才培养目标的教学改革趋势,比如《世纪商务英语》系列的《综合教程》和《翻译教程》分别是商务英语专业的基础课和应用性较强的实践类课程,其高等职业教育特色明显。该教材的出版得益于大连理工大学出版社在教材的开发和推广中的有效组织和协调。大连理工大

――――――――――

　　① 关于公布已出版的普通高等教育"十五"国家级规划教材目录的通知. 教高司函〔2005〕207 号;关于公布已出版的普通高等教育"十五"国家级规划教材目录的通知. 教高司函〔2006〕165 号.

学出版社从 1999 年起坚持"教材建设就是建立在教学实践基础上的教材的不断深化、不断完善的过程"的理念,不断探究高职教育与高等教育的关系与区别,与广西财政高等专科学校组建校际合作的编委会,推动高职教材品牌化、系列化建设。2001 年,由大连理工大学出版社和广西财政高等专科学校共同发起的"新世纪高职教材编委会"正式成立,参与的高职高专院校达到近百所。编委会运用这一理念完成商务英语专业等诸多系列高职教材,形成品牌特色,并获得了多数高职院校广大师生的普遍认同。"商务英语专业的《世纪商务英语》系列教材自 2004 年陆续推出以来,第 5 版修订后,累计发行量超过 400 万册。"①

进入 21 世纪后,我国各行各业的改革开放更加深入,高等职业教育教材开发同样如此。2003 年,外语教学与研究出版社引进出版了全球著名的培生教育出版集团出品的《新视野商务英语》(*New Insights into Business*)。这套教材只有上、下两册,上册由 Sue Robbins 编写,下册由 Graham Tullis 和 Susan Power 编写。该教材充分体现先进的语言教学理论和方法,比如在建构主义学习理论指导下,运用交际法,将系统的语言规则与充足真实的情境相结合,鼓励学生自主学习;通过真实的案例增强学生的跨文化意识,启迪学生的思考,同时帮助他们在语言方面做好充分的准备,提高其交际能力。虽然这套引进版教材不是国家规划教材,也没有被明确指定为高职高专英语专业教材,但由于其针对普通商务领域,并结合商务英语证书考试(Business English Certificate, BEC)特点,且篇幅适中,满足了人们在短期内掌握商务英语和参加 BEC 考试的需求,教材不断重印发行,在国内深受欢迎,也曾被用作高职高专英语专业教材。

以上高等职业教育英语专业教材的开发实践证明,高职英语专业教材编写要以提高语言应用能力、特定行业或岗位的专业知识、较强的跨文化能力等为目标。

(二)"十一五"探索发展阶段(2006—2010)

2005 年 10 月,教育部发布《关于申报"普通高等教育'十一五'国家级教材规划"选题的通知》(以下简称"《选题通知》"),启动了新一轮的教学改革和教材建设,标志着高职高专英语专业教材进入发展方向明确的探索发展阶段。

与以往不同,此次教材建设中提出坚持"分类指导、多样性、新编与修订相结合和突出重点"的三原则,即"编写适应不同层次、不同类型院校的教材,鼓励

---

① 回望大连理工大学出版社开发高职教材建设历程. http://www.dutpbook.com/history.asp. 2022 - 01 - 11.

编写具有不同风格和特色的教材;坚持新编与修订相结合的原则"。《选题通知》明确要求"针对 2004 年颁布的高职高专教育指导性专业目录中的 19 个专业大类",组织编写"供普通高等教育本科和专科使用的各种形式(纸质、电子等)的教材",并将高职高专教材列入重点建设内容①,同时再次强调了电子信息化教材的建设力度。

《选题通知》对于新世纪的高职高专英语专业建设起到进一步的推动作用。在认真学习领会高职高专教育的培养面向、人才规格和课程特点的基础上,大批高职高专英语教师投入教材编写中。2006 年 12 月,教育部办公厅发布了《关于加强普通高等教育"十一五"国家级规划教材管理的通知》(以下简称"《管理通知》"),对承担编写任务的作者、作者所在学校和出版社提出明确具体的责任和质量要求,并要求"严格审查"教材,确保质量。根据《选题通知》要求,各出版社积极组织高校教师、行业专家和高职高专英语教师参与专业教材编写,出版了一批适应于高职高专英语专业的优秀教材。如《世纪商务英语》系列在大连理工大学出版社支持下,依托教材编写联盟,更新或新编教材,不仅增加了教材编写的种类,出版了 9 种基础阶段和专业阶段的教材,而且还加强了教材的立体化信息化建设,不断完善纸质教材的配套音像资料、学生用书和教师参考书等。高职高专英语专业《致用英语》系列教材由具有丰富职业教育经验的高职英语教学专家刘黛琳和英语教育专家程晓堂领衔主编,各分册的主编和参编者大多是来自高职高专院校的一线教师。该系列教材主要面向应用英语和英语教育专业,也可用于商务英语和旅游英语专业的基础阶段教学,教材种类完全对应高职高专英语专业的核心课程设置和主要职业能力,通过较为完善的教材编写体系培养学生的综合职业素质、自主学习能力和跨文化能力,提高学生的英语应用能力。

从"十一五"开始,国家规划教材中特列了"职业教育国家级规划教材系列",促进了高职高专英语类专业的深层次教学改革。就英语专业教材而言,从注重"语言知识"培养到注重"语言应用能力"培养,从"单一培养模式"到"复合培养模式",从"语言教学为主"到"语言与职业相结合"的转变成为英语专业首要任务②,相应的教材建设也紧随其后。附录五是根据已有教材整理的部分高职高专英语专业教材。

附录五显示,经过"十一五"期间的教材建设,高职高专英语专业的编写种

---

① 关于申报"普通高等教育'十一五'国家级教材规划"选题的通知. 教高司函〔2005〕195 号.
② 刘黛琳. 高职高专外语教育发展报告(1978—2008). 上海:上海外语教育出版社,2008:10.

类和数量都有提高,这一阶段的教材总体呈现以下特点:

1) 教材编写以面向专业的系列化教材为主,内容丰富,与多种课程配套,教学资源多样化。以上海交通大学和上海外国语大学教师为主编、高等教育出版社出版的"高职高专英语专业立体化系列教材"专供高职高专的应用英语专业和英语教育专业的学生使用,其种类既涵盖了综合教程、听力、口语、阅读、写作等基础阶段的英语课程,也包括与职业相关的商务和旅游的内容,可以接续本科的相关专业,有利于学生的可持续发展。除了纸质教材,还有磁带、电子教案、网络资源等。由于其编写人员的权威性以及教材的系统性,这套教材在"十二五"期间修订再版,并被列为"十二五"职业教育国家规划教材,成为众多高职高专英语专业的首选教材。

2) "十一五"期间的职业教育国家规划教材以商务英语专业的教材居多。这与当时的社会发展形势密不可分,反映了社会需求和学生发展要求,符合高职高专教育的特点。大连理工大学出版社的《世纪商务英语》系列顺应了高职高专教育发展趋势和社会经济发展的需要,在延续"十五"规划教材的基础上,2001年成立"新世纪高职教材编委会",联合全国百余所高职高专院校教师,继续修订已有的教材、拓展商务英语教材编写范围,形成商务英语品牌优势。高等教育出版社的《职通商务英语》系列教材按照企业人才培养标准编排教学内容,将语言能力培养与就业岗位联系,所学即所用,其教材的编写理念与《欧洲语言共同参考框架:学习、教学、评估》中"完成特定领域的交际任务"[①]的目标不谋而合,既顺应了交际法,也为高等职业教育的语言教学提供了新经验。

3) 首次出现实践教学系列教材。除了按照课堂教学设置的系列立体化教材,"十一五"规划教材中,由深圳职业技术学院教师根据多年的课程建设实践主编、外语教学与研究出版社出版的"高职高专商务英语实践系列教材"独树一帜。这套教材针对高等职业教育实践性的特点,将语言教学与岗位职责和工作程序相结合,根据应用英语专业的核心课程设置,运用任务型教学法,重视语言交际能力培养,落实"以服务为宗旨,以就业为导向"的人才培养目标,将课堂教学延续到行业和岗位,提高了高等职业教育毕业生的质量。

4) 教材编写和出版主体显现多样化趋势。随着对高等职业教育的地位、作

---

① 欧洲理事会文化合作教育委员会编.欧洲语言共同参考框架:学习、教学、评估.刘俊,傅荣译.北京:外语教学与研究出版社,2008:132.

用和特点的认识不断深入,出版社、高职院校教师和英语教育专家对高职高专英语专业的人才培养目标日渐明确并达成共识,对高职高专英语的教材需求和特点日渐清晰,改变传统的教材编写模式、路径和内容,着力满足高职高专英语的教学改革和就业需求,促使多方面力量积极参与到教材编写之中。这一阶段的教材多由国内著名高校的英语教学专家担任总主编,指导高职高专英语教师进行教材编写。如:上海交通大学陈永捷和上海外国语大学梅德明领衔主编的"高职高专英语专业立体化系列教材"在力争处理好语言能力培养与语言应用能力方面做出了有益的尝试。《致用英语》系列教材由高职高专英语教学专家刘黛琳担任总主编,整套教材的编写理念先进,内容和编排符合高等职业教育的特色,其中的《综合教程》则由英语教育专家、北京师范大学程晓堂任主编,出版后多次重印,颇受欢迎。在出版方面,除了最初涉足高职高专教材出版的高等教育出版社、上海外语教育出版社、外语教学与研究出版社外,其他高校出版社凭借人才优势,组织专家和教师尝试高职高专英语教材的开发和编写,高职高专英语专业教材建设进入多方合作且出版主体多样化的稳步发展时期。

5)教材的编写理念反映了外语教学研究的最新成果。教学理念开始向"以学生为中心"转变,更加关注学生的学习需求和可持续发展能力的培养,任务型教学与交际法教学相融合,培养学生的自主学习能力、团队合作能力和使用英语的沟通能力。教学目标顺应了全球化带来的多元文化生活和跨文化职场需求,很多教材都将跨文化能力培养作为语言应用能力的重要方面,设置了相应的内容和任务。

(三)"十二五"稳步发展阶段(2011—2015)

高等职业教育纳入普通高等学校国家规划教材后,高职英语专业教材建设开始了独具特色的稳步发展道路。2012 年《高等职业学校英语类专业教学标准》(含 4 个英语专业)和 2015 年新颁布的新《目录》确定了具有高职特色的外语专业教学标准。高职外语专业教学标准首次明确了高职外语专业人才培养目标及培养方式,即"以外语能力为核心,以职业背景为依托,以实践实训为途径,培养高素质技能型外语人才"[①]。

2012 年,为贯彻落实全国教育工作会议精神和《国家中长期教育改革和发展规划纲要(2010—2020 年)》,教育部印发了《关于"十二五"职业教育教材建

---

① 刘黛琳等.高职外语教育改革与发展的路向:从依附到屹立.中国职业技术教育,2015(14):18-22.

设的若干意见》,要求充分发挥教材建设在提高人才培养质量中的基础性作用,促进现代职业教育体系建设,全面提高职业教育教学质量。针对教材建设提出"完善教材开发机制,发挥行业指导作用。坚持行业指导、企业参与、校企合作的教材开发机制",要求"教材开发要切实反映职业岗位能力标准,对接企业用人需求"。这一轮教材建设的重点是"鼓励和支持行业协会等组织利用行业资源和人才优势,开发体现行业要求、突出行业特色的专业课程教材和高质量的实习实训教材"。这一要求在"十二五"规划教材中得到充分的贯彻和体现,例如《旅游职业英语》系列教材由高职院校英语教学专家领衔主编,联合相关行业和企业、政府主导部门、旅游实体单位、对外宣传部门等参与编写,教材内容涵盖旅游行业的相关方面,针对导游、旅行社和酒店等各个环节具体工作内容和要求,突出了行业特色、实践性和跨文化特性。

"十二五"职业教育国家规划教材进一步落实了2000年《意见》的精神:"鼓励各类高等学校的教师、专家以及有关出版社参与高职高专教育教材建设工作,编写、出版更多的有特色的教材。"在继续修订"十一五"规划教材的基础上,发挥专家学者的指导作用和高职高专教师的积极性,与企业行业合作,开发出版了一批有特色的高职高专英语专业教材。

附录四所列为"十一五"和"十二五"职业教育国家规划教材中的部分高职英语专业教材,其中有些"十二五"教材是"十一五"职业教育国家规划教材的修订版。"十二五"职业教育国家规划教材有以下主要特点:

1)系列化教材建设更加完备,且教材编写者中高职高专院校的教师比例和数量明显增加。陈永捷、梅德明领衔主编的"高职高专英语专业立体化系列教材(第2版)"继续发挥英语教育专家的指导作用,将英语专业教学经验与高职高专的人才培养目标相结合,由高职高专教师编写符合学生水平、教学实际的教材。依托著名出版社和著名本科院校英语教学专家主编,参编教师来自高职高专院校,有效保证了教材的专业质量,也提高了高职高专院校教师的专业水平和实践能力,可谓一举多得。

2)普通英语、特殊用途英语和行业英语相结合的特色更加明显。在普通英语教学的基础上,注重行业特色和岗位需求。除了商务英语教材外,旅游英语、家电英语等行业英语教材相继出版,教材更加符合"实用为主,够用为度"的原则。附录四列出的教材中,有多种教材的教学对象更具体明确,教学内容职业场景化程度高,教材册数和内容量更符合高职高专院校的课程设置和教学安排实际,体现了高职高专教育的特色,符合一纲多本的要求;

3)企业参与教材建设更加积极。《旅游职业英语》系列教材(《旅游职业英语》编写组主编,高等教育出版社,2016 年第 1 版)的参编者中包括了行业主管部门、行业主体、行业研究机构和高职高专院校的英语教师,教材将语言学习与职业场景、专业知识和技能相结合,实现"以服务为宗旨,以就业为导向",学以致用的目的。又如《职通商务英语系列》(贺雪娟主编,2010 年第 1 版)根据国家《GB/T28158—2011 国际贸易业务的职业分类与资质管理》(2012 年实施)相关质量标准,从商贸职业岗位群的人才培养目标出发,立足于实际教学,教材册数与教学时数相符合,有利于实现教学目标。

4)教材编写更加突出工学结合原则。在行业专家和企业团体参与下,教材将语言教学与职业基本知识和技能、岗位能力和要求相结合,将功能意念编写理念融入生产、管理、服务环节,以主题(themes)为中心,主题下一层分为若干个话题(topics),话题下一层是由若干个活动(activities)组成,而每个活动又由若干个任务(tasks)组成,构建语言教学内容以学习者所需的行业知识能力及岗位沟通需求为主的教学体系。

5)商务英语专业教材更受青睐。商务英语教材众多,与全国商务英语专业的迅速发展相辅相成。这些商务英语教材中有一批符合高职高专教学目标的教材深受欢迎,再版修订周期短、使用量大。如《世纪商务英语》系列教材从"十五"国家规划教材、"十一五"职业教育国家规划教材到"十二五"职业教育国家规划教材,从教材内容到编排形式,每三年修订一次,2018 年已是第 6 版,成为受欢迎的高职高专商务英语教材之一。

除了纸质教材外,"十二五"规划期间,全国范围内开展了职业教育专业教学资源库的建设①。由广州工程技术职业学院和山东外贸职业学院共同主持的商务英语分别列入 2017、2018 年度职业教育专业教学资源库备选库名单(编号分别为 2017 - B38 和 2018 - B16),是英语专业唯一入选专业教学资源库的课程,实现了网络资源的共享。

(四)"十三五"规范发展阶段(2016—2020)

截至 2020 年,入选"十三五"规划的英语专业教材仍在编写阶段,尚未出版,但从以上教材发展的过程可以发现,高职高专英语专业的教材建设遵循的是基于问题的政策导向的发展路径。

"十三五"期间,政策引导和规范管理仍是高等职业教育教材编写的主要保障,主要表现在国家层面的教材管理更加规范。经过多年努力,高职高专教材建设呈现出百花齐放的景象,但职业院校教材的弊端依然存在,"教材内容与职业

---

① 教育部关于确定职业教育专业教学资源库 2013 年度立项建设项目的通知. 教职成司函〔2013〕9 号.

标准对接不紧密,职教特色不鲜明;教材呈现形式单一,配套资源开发不足;教材建设管理制度、服务体系不健全;中高职教材脱节、断层和重复等,不能很好地适应经济社会发展对技能型人才培养的要求"①。教材体系中某些方面仍未完全摆脱本科学科体系的影响,而且教材编写的质量也良莠不齐,其中职业教育教材管理比较"松",职业特色不明显是主要问题②,"教材建设的重点是解决陈旧老化的问题"③。其他诸如"古董教材"、本科教材的"复制粘贴"版或"压缩饼干"版、校企合作编写的"被挂名"、配套资源开发不足等都影响了职业教育的稳步发展④。

有鉴于此,2015 年教育部印发了新《目录》,依照高等职业教育人才培养目标和规格,原则上专业大类对应产业、专业类对应行业、专业对应职业岗位群或技术领域,更加突出职业性和高等教育属性。

2019 年 2 月教育部颁布了《国家职业教育改革实施方案》,又称"职教 20条",对职业教育提出新一轮的改革提出明确要求:坚持知行合一,工学结合。提出建设一大批校企"双元"合作开发的国家规划教材,配合信息化教学资源建设,倡导编写新型活页式教材和工作手册式教材。鼓励职业院校与企业实行"双主编制",明确要求教材每三年一修订,专业教材随信息化资源和企业产品升级及时更新内容,吸收行业发展新知识、新技术,新工艺,新方法,编写一批精品课程。2019 年 10 月,教育部启动了"十三五"职业教育国家规划教材建设工作,规划将分批遴选、建设 10,000 种职业教育国家规划教材,2019 年和 2020 年分别遴选 3,000 种和 7,000 种左右⑤。

"十三五"职业教育国家规划教材建设中,着重倡导使用新型活页式、工作手册式教材(loose-leaf textbooks 或 workbook/work manual/handbook textbooks)并配套开发信息化资源,以解决职业院校教材建设与企业生产实践脱节、内容陈旧老化、更新不及时、教材选用不规范等问题。就目前国内出版的高职高专教材来看,尚未开发活页式或工作手册式教材。随着全球化进展和"一带一路"倡议推进,中国企业走出去的市场日渐扩大,与国外企业的合作更加深入,对于既具有专业技能又能有效进行跨文化职业沟通的国际化人才需

---

① 教育部关于"十二五"职业教育教材建设的若干意见. 教职成〔2012〕9 号.
② 建立健全教材管理制度提升教材建设科学化规范化水平——教育部教材局负责人就教材管理办法答记者问. http://www.moe.gov.cn/jyb_xwfb/s271/202001/t20200107_414565.html,2020 - 01 - 07.
③ 教育部关于印发孙春兰副总理在全国深化职业教育改革电视电话会议上的讲话通知. 教职成〔2019〕9 号.
④ 张云河. 职业教育教材建设的三维图景阐释. 中国职业技术教育,2019(32):45 - 48,52.
⑤ 关于组织开展"十三五"职业教育国家规划教材建设工作的通知. 教职成司函〔2019〕94 号.

求更加紧迫,而沟通的层面除了日常交际,还更多涉及行业,既有口头交流,又有文字交流,既有普通商务沟通,又有专业化的讨论协商和合作。可以预见,今后在高等职业英语专业教材建设方面,针对行业需求和岗位特点,结合专业资源库建设和网络资源开发的活页式或工作手册式英语教材建设将大有可为。

在编写高职高专教材发展史的过程中,我们还访谈了部分教材的编者、高职高专院校的管理者和英语教师。针对高职高专英语教材建设的重要性,安徽国际商务职业学院教务处长凌双英认为,"作为高等教育的重要组成部分,教材的功能不仅是专业技能与语言能力的简单融合,还要融于'育人'的要素,否则无异于企业的岗前培训手册。"在高职高专英语教材建设中,部分高职高专的英语教师经历了使用专家编写的教材到自己编写教材的转变,从中也获得了职业成长。在谈到高职高专教师编写教材的初衷时,安徽工商职业学院李玉萍认为,"由著名专家学者编写的教材全面、严谨,融系统性和学术性为一体,有利于培养学生扎实的基本功和良好的语言技能,但由于高职高专学时有限,学生水平参差不齐,十几本系列教材的使用的确比较困难。"因此,李玉萍自己着手编写的《实用商务英语综合教程》(初级、中级、高级)2015 年由人民邮电出版社出版,被列为"十二五"职业教育国家级规划教材,2018 年还获批安徽省"十三五"规划教材。在谈及自己在教材编写中的收获时,她们都认为教材编写是提高自己教学能力、学科能力和职业能力的重要手段,在教材编写中她们获得了职业成长和专业发展。

针对职业教育英语教材编写的困难,凌双英和李玉萍均认为把英语语言教学与相关职业技能相结合意味着全面深入的校企合作,教师要了解企业乃至行业的岗位需求,要把"今天的学习"与"明天的工作"紧密结合起来,要转变教育教学观念,有时要忍痛舍弃"正确性"换取"沟通性",容忍"不规范"实现"实用性"等。对于目前和今后高职高专英语教材编写,她们也表达了担忧和困惑,比如功利性对教材编写的负面影响,还有教师对教材选择的偏好影响新教材的推广和使用等。

高职高专英语专业教材建设发展到今天,涌现出一批优秀适用的教材,也积累了一些经验和教训。教材建设中如何在满足"实用为本,够用为度"原则下,不断提高高职高专英语教师自编教材的质量,值得关注和研究。《国家中长期教育改革和发展规划纲要(2010—2020 年)》指出,要充分发挥教材建设在提高人才培养质量中的基础性作用,促进现代职业教育体系建设,全面提高职业教育教学质量,教育部印发的《关于"十二五"职业教育教材建设的若干意见》中也要求"完善教材开发机制,发挥行业指导作用。坚持行业指导、企业参与、校企合作的教材开发机制"①。

高职高专英语专业教材以自编为主,有少量引进教材,比如 2003 年外语教学与研究出版社引进出版的《新视野商务英语》(*New Insights into Business*)。国外的职业教育早已发展成熟,根据中国社会经济发展需要,适度引进、消化、开发相应的职业教育教材,以我为本,为我所用,将有利于提高我国高职高专英语教材的质量。处理好自编教材与引进教材的关系等将是今后高职高专英语类教材建设的新课题。

三、英语专业代表性教材展示

高职高专英语专业教育的教学改革,经历了从起步到探索,逐步进入稳步发展的历程。根据"十五""十一五"和"十二五"国家规划教材目录,可以大致梳理出高职高专英语专业教材建设经历的发展过程,其间出版了很多高职高专英语专业的教材,有的不断修订再版,有的则昙花一现。

2000 年以后的教材有以下特点:

> 在编写上大多借鉴了现代语言学理论和现代外语教学理论,体现了新的教学指导思想和编写原则,在教材的设计和编排上打破传统的先学课文后训练语言的模式,以听说导入,强调学生语言输入与语言输出能力的均衡发展。其次,教材的编写更趋立体化,教材多是由教科书、练习册、教师用书、光盘等组成的教学材料包,这不仅有利于学生通过不同媒介、不同渠道学习英语,充分发挥他们的学习潜力,也为教师备课及组织灵活多样的课堂教学活动提供了方便。第三,教材编写更侧重语言的实际运用,教材内容涉及社会生活的方方面面,努力体现"以应用为目的,实用为主,够用为度"的职教宗旨。第四,教材版面设计合理,插图精美,体现了当今英语教材编写的新理念。②

表 18-3 是"十五"以来国家规划教材中高职高专英语专业代表性教材的展示和介绍,按照其初版年份排列。

---

① 教育部关于"十二五"职业教育教材建设的若干意见.教职成〔2012〕9 号.
② 郭瑜佳.论高职高专大学英语教材增添语音学习内容的必要性.长春理工大学学报(高教版),2009,32(5):97-98.

表 18－3　教材案例汇总（按出版年排列）

序号	丛 书 名 称	总主编	第 1 版次/年代	规划教材类别	出版机构
1	世纪商务英语（系列教材）	新世纪高职高专教材编委会	2004 年 9 月开始出版，修订再版多次，2018 年 3 月修订出版第 6 版	"十五"普通高等教育规划教材、"十一五""十二五"职业教育国家级规划教材	大连理工大学出版社
2	新视野商务英语视听说(上、下)	马龙海	2006 年 10 月第 1 版，2010 年第 2 版	普通高等教育"十一五"规划教材	外语教学与研究出版社
3	高职高专商务英语实践系列教材	徐小贞	2007 年 5 月第 1 版，多次印刷	不详	外语教学与研究出版社
4	高职高专英语专业立体化系列教材	高职高专英语专业系列教材编写组	2007 年 6 月第 1 版；2016 年 5 月第 2 版	普通高等教育"十一五"国家级规划教材；"十二五"职业教育国家规划教材	高等教育出版社
5	致用英语（高职高专英语专业系列教材）	刘黛琳	2008 年 5 月第 1 版，2014 年 8 月第 11 次印刷；2013 年 9 月第 2 版	"十二五"职业教育国家级规划教材	外语教学与研究出版社
6	职通商务英语（系列教材）	贺雪娟	2010 年 7 月第 1 版；2016 年 2 月第 2 版	"十二五"职业教育国家规划教材	高等教育出版社
7	新视野商务英语综合教程	马龙海、李毅	2013 年 10 月第 1 版；2018 年 5 月第 9 次印刷	"十二五"职业教育国家级规划教材	外语教学与研究出版社
8	旅游职业英语（系列教材）	《旅游职业英语》编写组	2016 年 10 月第 1 版	"十二五"职业教育国家规划教材	高等教育出版社

（一）《世纪商务英语》(2004)

《世纪商务英语》是一套系列教材，包括 14 种，共 22 册。《世纪商务英语》

由新世纪高职高专教材编委会编写,2004 年由大连理工大学出版社陆续出版,供高职高专院校的商务英语专业使用。该教材 2004 年出版后先后入选国家"十五"普通高等教育规划教材、"十一五""十二五"职业教育国家级规划教材。该系列教材的不同种类已修订再版多次,2018 年开始出版第 6 版。

图 18－1　《世纪商务英语:综合教程基础篇 I 》(第 4、5 版)

1. 编写人员

《世纪商务英语》由新世纪高职高专教材编委会和大连理工大学出版社组织编写。新世纪高职高专教材编委会是高职高专教材建设者联盟,由全国 100 余所高职高专院校组成。针对早期高职高专英语教材的编写过多倚重普通高等院校英语教师的现实,在肯定其积极意义的同时,编委会认为,高职高专一线教师的编写主体有利于实施高职高专英语教材建设,可以从根本上实现适应高职高专教学需要的英语教材建设的目标。编委会秉承"教材建设就是建立在教学实践基础上的教材的不断深化、不断完善的过程"①这一理念,在专家指导下认真研究分析高职高专商务英语专业的需求,充分考虑学生的英语基础和程度,总结其他高职高专教材特色建设经验,立足一线英语教师的教学实践经验,认真研究若干专业英语类相关教材建设和公共英语相关项目的成功经验,最大限度地使教材与学生的英语基础和水平相适应,与实际需要相吻合,缩小教材与教学实际的差距。

该套系列教材中的各系列种类分别由具有丰富高职高专教学经验的教师担

---

① 新世纪高职高专教材编委会.世纪商务英语:综合教程　基础篇 I (第 4 版).大连:大连理工大学出版社,2012:1.

任总主编和主编,同时还须经国内外英语教育专家审校(如《综合教程　基础篇》第 1 版由加拿大外籍专家 Mark Gregory Hennenfent 全程参与编写)。教材修订多次,有些教材的主编因版次不同也会有变化,如《综合教程　基础篇 I》第 1 版由陈威(辽阳职业技术学院)和栗景妆(广西国际商务职业学院)担任总主编,第 5、6 版由刘杰英担任总主编。

2. 教材介绍

《世纪商务英语》2004 年出版了《综合教程》和《翻译教程》,是国家"十五"普通高等教育规划教材中为数不多的高职高专英语教材之一,也是唯一的商务英语专业教材。后又经全国职业教育教材审定委员会审定为"十一五"和"十二五"职业教育国家规划教材。该套教材平均每三年修订一次,及时更新理念、补充新语料、调整内容和难度,突出"能力为主,够用为度"的原则。该系列商务英语教材从 2004 年第 1 版出版,经多次再版修订,获得了很多使用院校的好评,开设过商务英语的院校基本都使用过该套教材。

从 2004 年 9 月初版至今,《世纪商务英语》已经形成高职高专商务英语专业的系列教材。该套教材出版后,其配套资源和立体化建设逐步完善,配有教师用书、音频、电子教案等,其《综合教程》第 6 版还开发了网络资源和手机 APP,提供微课视频等资源。该套系列教材配套概况详见表 18 - 4。

表 18 - 4 《世纪商务英语》系列教材配套情况

书　名	第 3 版	第 4 版	第 5 版	第 6 版
综合教程基础篇 I 、Ⅱ	教参、课件	音频、教师用书、电子课件、教学大纲、期中期末测试题(网站下载)	音频、教师用书、电子课件、教学大纲、期中期末测试题(网站下载)	每个单元设一个二维码,提供音频、课文译文及拓展资源等
阅读教程专业篇 I 、Ⅱ	磁带、电子课件和教参(网站下载)	教师用书、电子课件、教学大纲和题库	新增期中和期末测试题;教师用书、电子课件、教学大纲、题库和拓展阅读材料(网站下载)	手机 APP 提供微课视频等资源,配有教师用书、PPT 课件和电子教案(教材服务网下载);"碎片化阅读",扫二维码查阅阅读技巧,调整难度

续　表

书　名	第 3 版	第 4 版	第 5 版	第 6 版
听说教程基础篇Ⅰ、Ⅱ	不详	教师用书(纸质和电子)、电子课件和题库(网站下载)	教师用书、电子课件、教学大纲等(网站下载)	配有教师用书、PPT 课件和电子教案(教材服务网下载);视频音频扫二维码获取;"智慧外语云课堂"APP 多种口语练习
口语教程基础篇Ⅰ、Ⅱ	光盘、教参、磁带;教师用书(纸质和电子版)课件、教学大纲、电子教案及题库(网站下载)	教师用书、电子课件、教学大纲、题库和拓展材料(网站下载)	教师用书、PPT 课件、电子教案、教学大纲、题库和拓展材料(网站下载)	不详

由表 18 - 4 可见,这套教材在编写中落实了"注重运用现代信息技术创新教材呈现形式,使教材更加生活化、情景化、动态化、形象化"[①]。

3. 教材分析

《世纪商务英语》系列包括两大类教材,一类是单本的专项训练或专业教材,如《写作训练》《函电与单证》等;另一类是突出英语专业听、说、读、写等语言技能的成套基础教材,如《综合教程》《听说教程》《口语教程》和《阅读教程》等。语言基础类教材均为 4 册,包括基础篇 2 册和专业篇 2 册,其中基础篇侧重基础英语,选材以文化娱乐、休闲为话题,重点是语法和词汇学习;专业篇两册侧重商务知识的学习,选材涉及经济活动的各个方面,突出了"以职场英语为主线,让学生在训练商务英语语言技能的同时,能够了解职场活动的各个方面,增强职业意识、提高商务专业技能"的编写理念[②]。

以《综合教程》为例,第 1 版(2004)前言中指出,其编写理念是:以"实用为主,够用为度",融知识性、科学性、趣味性、可读性、实用性为一体,让学生"学一点,会一点,用一点","学用结合,为用而学",努力构造更为实用合理的英语教

---

① 教育部关于"十二五"职业教育教材建设的若干意见. 教职成〔2012〕9 号.
② 新世纪高职高专教材编委会. 世纪商务英语:综合教程Ⅱ(第 4 版). 大连:大连理工大学出版社,2012:1.

学模式,使学生学习时有兴趣,学习后有成就感,循序渐进地提高听、说、读、写、译等各种技能。第 1 版的《综合教程》包括 5 册,每册 12 单元;第 4、5、6 版改为 4 册,每册 10 单元,内容和篇幅更符合高职英语专业的教学安排和学生实际水平。第 1 版的内容按主题编排,每个单元由 4 个板块构成,即"听力理解""课堂阅读""课文学习"和"我能做到"。第 1 版的特点为基础与专业兼顾、实用与考试兼顾、拿来与创新兼顾、知识性与趣味性兼顾、科学性与可读性兼顾、文化教育与语言教学兼顾。

　　2012 年出版的《综合教程》第 4 版的内容稍有变化,增加了期中和期末试题,模块设置改为导入训练(Lead-in)、主课文(Text A)、辅助课文(Text B)、实用写作(Practical Writing)和轻松一刻(Time for Fun),主要内容涉及商务职场的基本情况,包括商务语言(Language for Business)、自我介绍(Making Introductions)、工作与职责(Jobs and Responsibilities)、时间管理(Time Management)、开始一桩生意(Starting a Business)、办公设备(Office Equipment)、工作环境(Work Environment)、工作满意度(Job Satisfaction)、职业发展(Career Development)等。例如第 1 单元的"导入训练"中以听说为手段,首先通过选择填空、连词和短文单词听写等导入本单元的主要词汇,然后通过讨论与角色扮演(Discussion & Role-play),引发学生学习兴趣。"主课文"除主题内容外,包括的练习有:阅读理解、词汇学习、归纳总结、语法结构、翻译和语法重点等,主要练习和任务有读前问题、判断题、英语连词、词汇填空、构词填空等。语法分两部分讲解,第一部分是主课文中出现的结构和词汇,如,If 从句的用法和 have a command of、capitalize on、due to、have a difficult time doing something 等词汇和短语的用法,通过先讲后练的方式,在连词成句、汉译英、完成句子以及英译汉中巩固。第二部分是系统的语法知识(Grammar Focus),注重体系的完整性和渐进性。"辅助课文"与单元主题相关①,进一步扩大词汇量和商务知识,相关练习有阅读理解、词汇填空,小组展示则体现任务型大纲的特点,注重语言作为交流工具的特性等。该册的"实用写作"内容落实"实用为主,够用为度"原则,涵盖了通知、名片、岗位描述、一周计划、投诉函、询价函、内部建议函、忠告、邀请函、辞职信等基本写作内容。本单元的"轻松一刻"搜集了非英语国家的 Bad Translations,与中国的各种"神翻译"有异曲同工之妙,此外还有其他笑话和幽默故事等,可以增强学生的学习兴趣,提高英语阅读能力,增强学习信心和动力。

---

① 新世纪高职高专教材编委会.世纪商务英语:综合教程Ⅱ(第 4 版).大连:大连理工大学出版社,2012: 1.

该教材内容编排以交际型大纲为基本原则,"先听说、后读写"的语言学习理念贯穿始终。课文内容按照主题排列,其中主课文、辅助课文和实用写作均围绕职场需要设计,实现"以职场英语为主线,在训练商务英语语言技能的同时,了解职场环境的各个方面,增强职业意识,提高商务专业技能"的教学目标。

2014年修订的《综合教程》第5版"将真实的国际商务活动与系统的英语语言知识和技能密切结合在一起"[①],要求学生用英语完成不同的真实工作任务,实现"行业工作过程为导向,注重培养学生的专业技能、职业技能和人文素养,提高学生的岗位适应能力及职业发展能力"的培养目标。与第4版相比,《综合教程》第5版编写结构增加了"翻译技巧"板块,调整了"实用写作"的内容和难度,更加符合高职高专院校学生的水平和需求。《综合教程》第5版分为基础篇2册,专业篇2册,共4册,每册10个单元,配有期中和期末测试题。每个单元包括导入训练(Lead-in)、主课文(Text A)、辅助课文(Text B)、翻译技巧(Translation Skills)、实用写作(Practical Writing)和轻松一刻(Time for Fun),主要内容涉及商务职场的基本情况,但与第4版相比,略有调整,包括商务语言(Language for Business)、自我介绍(Making Introductions)、工作职责(Job Responsibilities)、时间管理(Time Management)、企业文化(Corporate Culture)、办公设备(Office Equipment)、工作环境(Work Environment)、工作满意度(Job Satisfaction)、附加福利(Fringe Benefits)、职业规划(Career Planning)。仍以第5版第1单元为例,导入训练、主课文、辅助课文保留原来的主要内容,练习略做调整,但增加了翻译技巧,内容是"翻译的标准和方法",并配有练习,其他的翻译技巧还包括转换翻译法、增译法、减译法、重译法、词序调整翻译法、正说反译法和反说正译法、分译和合译、动词翻译(一)和动词翻译(二)等。翻译教学法在教学中的重点各异,主课文中的汉英转换练习是帮助学生掌握英语词汇和句型,而翻译技巧的内容则与本单元主题相关,涵盖商务场景中的翻译,使学生更好掌握英汉句子结构的差异和特点,熟悉英语的表达习惯。第4版中的实用写作以应用文篇章写作为主,但第5版降低了难度,调整为句子写作,例如第1单元是"英语句子的完整性",举例讲授了残缺句、接排句、简省句等中国学生的常见错误,有很强的针对性;改错练习附有括号提示要点,便于学生识别、避免类似的语言错误。写作内容还包括英语句子的规范性、常见错误分析、中式英语、英语句子分类基本段落布局、一致性原则、连贯性原则、充实性原则、紧凑性原则等。第

---

① 参见《综合教程》(第5版)说明。

5 版的轻松一刻保留不变。

《综合教程》第 5 版通过调整内容和难度,完善了教师用书和配套资源,使培养目标更明确。调整后的基础篇Ⅰ和基础篇Ⅱ侧重商务基本知识及相关语言表达,如企业介绍、办公环境、团队合作、商务接待及洽谈等职场各方面的知识;专业篇Ⅰ和专业篇Ⅱ侧重商务专业知识,如客户服务、市场营销、产品及金融服务等。这样的内容安排有利于在培养学生英语语言基本能力的同时,帮助学生了解商务专业知识、培养他们有效的商务沟通技能,全面提升学生的语言应用能力及商务贸易知识。第 5 版依据"紧扣主题"和"难度适中"原则选择教材的文本材料,以最新材料为主,传递最新知识,满足了"实用为主,够用为度"和"工学结合"的原则。

2018 年 3 月,《综合教程》第 6 次修订出版。这次修订是在中国经济快速发展步入新阶段、"一带一路"倡议推动商务转型和发展、新产业不断出现的背景下展开。结合教育部新颁布的专业建设标准,对照商务英语专业的人才培养定位,教材编者认为,商务英语专业学生的职业核心能力为英语交流能力和国际商务业务能力,即强调运用英语技能完成国际商务业务的能力和职业素养的养成。针对多数商务英语教材"忽视学生学习基础,内容陈旧,实用性差,教材资源有限,教材版式传统单一,实训内容不足"[①]等问题,第 6 版修订内容较多,主要是优化了全书的内容结构,更新了素材,在原有板块上增加了"实践练习"板块,取消了"轻松一刻"和期中、期末测试题,调整了部分练习、词汇和文章难度、修改了写作主题,明确了教学要求和教法建议。

《综合教程》第 6 版围绕交际技巧、语言知识、商务实践,设置 6 个板块,即热身活动(Warm-up)、听说训练(Listening and Speaking)、精读(In-depth Reading)、拓展阅读(Further Reading)、实用写作(Practical Writing)和实践练习(Real-Life Practice)。以基础篇Ⅰ为例,单元标题分别为语言学习(Language Learning)、介绍与问候(Introductions and Greetings)、日常工作(Day-to-day Work)、时间管理(Time Management)、适应公司文化(Fitting into with the Corporate Culture)、办公设备的优势(Advantages of Office Equipment)、理想的工作环境(An Ideal Working Environment)、工作满意度(Job Satisfaction)、生活福利(Welfare and Benefits)、新员工指南(New Employee Orientation)。与第 4、5 版相比,第 6 版尽管基本保持了原来的单元内容,但主题更明确、更具体。

---

① 王君华,王洗薇,杨馨. 世纪商务英语:综合教程Ⅱ(第 6 版). 大连:大连理工大学出版社,2018:1.

　　第 6 版的练习难度做了调整,每项练习的数量都控制在 5 个之内。精读的阅读理解判断题由原来的 10 个减为 5 个;实用写作仍然保留句子写作,延续第 5 版的内容和练习,即句子完整性原则、规范性原则、常见错误分析、避免中式化英语、英语句子分类、基本段落布局、一致性原则、连贯性原则、充实性原则、紧凑性原则等。基础篇两册均以英语句子、段落、短文结构及写作方法、常见应用文(如邮件、简历、邀请信、感谢信、祝贺信等)为主;专业篇两册包括实际工作中常用的商务文书写作,编排上包括写作方法、范文及基于商务场景的写作练习等。

　　实践练习是第 6 版新增加的板块。内容是多种与商务实践活动相关的微型任务,这些任务与单元主题密切相关。在详尽、明确、具体的操纵步骤指导下,学生利用所学语言和商务知识完成具体任务,提高其语言应用能力的成就感,详见以下实例:

第 6 单元：实践练习（Unit 6：Real-Life Practice）

Real-Life Practice

You have learned about the advantages that office automation has brought to our daily work. Now you are a pre-sale engineer who will make a presentation on user's manual to your client.

Step 1　Work in groups.

Discuss and decide the office equipment you plan to illustrate. You may log onto the internet for reference.

Step 2　Make a presentation.

You may review the necessary information mentioned in Listening part, and choose the user-friendly interface to make your own presentation.

Step 3　Deliver a presentation.

Deliver the presentation to your client.

　　通过内容选择、编排体例、练习形式和数量等的调整,第 6 版在培养高职高专学生的语言基础能力和商务沟通能力方面,实现"教起来生动,学起来有趣,便于模仿,学了能用"的效果。①

　　4. 教材特色

　　该系列教材自 2004 年出版至今,已修订至第 6 版,遗憾的是第 1、2、3 版教材已难觅实物,但其中的编写理念、内容调整和教材形式的发展从部分现有教材可见一斑。通过对比现有其他教材,该系列教材的主要特点如下:

　　1) 由来自全国百余所高职高专院校的教师编写。让用教材的人编教材,从

---

　　① 王君华,王洗薇,杨馨. 世纪商务英语：综合教程 Ⅱ（第 6 版）. 大连：大连理工大学出版社,2018：1.

而确保教材编写突出高职高专的教育特色,落实英语教学目标。以《口语教程　基础篇Ⅱ》为例,其第 3 版中的《第一版前言》中指出,该系列教材"完全由高职高专商务英语教学一线教师编写,旨在最大限度适应高职高专学生的实际英语基础与培养目标和要求,努力缩小高职高专商务英语教材与高职高专商务英语教学中存在的差距。"高职高专一线教师对高职高专英语课程倡导的"学一点,会一点;会一点,用一点"的教学指导思想有较为深刻的认识和体会,在教材的研讨和编写过程中,把握"突出学生主体,尊重个体差异","通过感知、体验、实践、参与及合作等方式实现'任务型'教学理念"的编写思想,按照"学用结合,为用而学"的编写思路,遵循"从现实生活语言表达入手,着重培养学生的使用语言交际能力和独立思维能力"的编写原则,实现"实用为主,够用为度"的教学目标,使学生通过训练,能够"说得出,说得对,有思想,有内容",从而达到调动学生学习兴趣,循序渐进地提高英语交际能力和解决问题能力的教学目的。

2) 落实了高职高专英语教学的"实用英语"大方向。"培养使用英语从事涉外商务活动的能力",将教学目标从学会一种语言的需要转变为"使用英语从事涉外交际的需要",教学目的不特别强调"厚实的语言基础",而是突出实际技能的培养。教学内容按照"市场需求和就业为导向"组织,即依据"以行业为基础、以流程为线索、以岗位为重点"编写教材。教学策略遵循适应初级交际以口头为主、高级交际以书面交际的原则,旨在分层次、针对性地体现"实用"目标,具体表现在"重视听说、加强表达、突出实用阅读";"精讲多练""讲为练""练为用",先听说后阅读等①。

3) 将高职高专教育与英语语言教学相结合,将真实的国际商务活动与系统的英语语言知识和技能密切结合在一起,实用性强。《综合教程》(第 5 版)主编王洗薇总结该套教材最突出的特点是"贴近商务实践,关注近期商务热点"。教材以国际化视野、行业工作过程为导向,培养专业技能、职场技能和人文素养,提高岗位适应力和职业发展能力,充分落实"实用为主,够用为度"的教学目标。《世纪商务英语》系列教材的听、说、写分为基础篇和专业篇。基础篇以英语语言教学为中心,包括《综合教程》《阅读教程》《口语教程》《听说教程》以及《语音训练教程》《语法教程》《翻译教程》和《口译教程》等,其内容从与商业相关的日常简单内容入手,逐步涉及商业环节中的常用英语;专业篇以商务活动中的基本环节为主,初步涉及商务活动,培养相关环境中的英语听说读能力;专业篇还包

① 孔庆炎.世纪商务英语:综合教程Ⅱ(第 4 版).大连:大连理工大学出版社,2012:1-2.

括商务行业的职业内容,如《外贸英语实务》《函电与单证》《谈判口语》等。

4)具有与时俱进的时代性和新鲜感。王洗薇介绍说,全系列教程:

> 每三年一修订,要求删除过时的文章,增加热点信息,内容做到与时俱进。难度方面会在进行大规模用户调研之后做出相应调整,使教材更适合学生水平。为了确保贯彻高职高专的教学目标,保证"实用为主,够用为度",要解决的最大困难,就是难度的控制以及内容要贴近商务实践。在教材的选材难度方面参考课程大纲目标的难度,同时考虑学生的实际水平,对文章中的难点进行注释,将生词释义排版在版面侧边栏或页面底部方便学生查找,让学生更容易接受。①

该系列教材经过多轮"调研—修改—使用—再修改"的循环往复,逐步趋于完善。

5)顺应现代教育技术的发展形势,教材逐步实现了信息技术与外语教育的有效融合。1978 年召开的"全国外语教学座谈会"上首次提出加强电化教学在外语教学中的建设任务的要求,随后的教材建设中信息化教学技术也成为衡量教材建设的一个重要指标因素。从 2009 年以后出版的《世纪商务英语》第 3 版开始,除了提供传统的纸质教材和磁带,开始了立体化教材建设。如《口语教程　基础篇Ⅰ》(第 3 版)提供了光盘、教参、磁带、教师用书、(纸质和电子版)课件、教学大纲、电子教案及题库(网站下载)等;2012 年出版的《综合教程》(第 4 版)和 2015 年出版的《综合教程》(第 5 版)都可在教材网站上下载音频、教师用书、电子课件、教学大纲、期中、期末测试题等;2018 年出版的第 6 版则结合了更多网络资源,拓展了课堂维度,如《综合教程》(第 6 版)除保持以往的电子资源外,每个单元增设了二维码,提供音频、课文译文及拓展资源等。

(二)《新视野商务英语　视听说》(上、下)

《新视野商务英语》系列教材由外语教学与研究出版社出版。2006 年出版的《新视野商务英语　视听说》(上、下)是普通高等教育"十一五"国家级规划教材;2013 年出版的《新视野商务英语　综合教程》(1—4)是"十二五"职业教育国家级规划教材。

---

① 2019 年 1 月 10 日,笔者通过电话与《世纪商务英语》主编之一王洗薇的半结构式访谈摘要。

《新视野商务英语　视听说》(上、下)由马龙海①任主编,分别于 2006 年和 2007 年由外语教学与研究出版社出版。该教材第 1 版入选普通高等教育"十一五"规划教材,2010 年出版第 2 版,是国内首套为高职高专商务英语专业学生编写的视听说教材。学生用书和教师用书均配有多媒体光盘:学生光盘主要提供教材中的录像和练习;教师光盘针对录像提供正常和慢速两种语速,并补充更多商务英语录像资料。

图 18-2 《新视野商务英语　视听说》(上、下)

《新视野商务英语　视听说》(上)(第 2 版)的内容简介指出:

> 语境理论和图式理论的研究表明,在真实的对话情景中,说话者的面部表情、姿态、眼神、身体的亲近程度、手势等都能提供非常丰富的背景信息。随着网络信息技术的进步和可视资源的不断丰富,多媒体在教学方面的应用得到迅猛的发展,只通过单一的声音训练学生的听说能力已远远不能满足教学双方的需求。商务英语视听说课程是培养商务英语专业学生听说交际能力的主要形式。《新视野商务英语视听说》教材编写组与相关院校的专家学者共同研讨,比较了大量的国内、国际同类教材,精心收集、梳理相关资料,认真设计、编撰教材体例和内容,在我国商务英语视听说课程的教材建设方面有所突破。

该教材以真实交流语境为依托,构建视听说有机结合的互动教学模式,实现

---

① 马龙海为广东金融学院教授、副院长,兼任广东省教育规划科学评审专家库成员。

在商务环境中学英语、在学英语中获得商务知识,掌握商务技能,培养职业素养的多重教学目标。教材中的素材真实生动,实景视频使教学内容更加直观生动,帮助学生掌握商务技巧,有利于提高商务英语课程的教学质量。该教材的练习形式多样,活动设计环环相扣,商务文化和社交礼仪并举,帮助学生提高语言应用能力和文化素养。每个模块基于真实的职业场景和活动,在岗位实践和商务实践中突出培养学生的语言技能和商务交际技能,增强学生未来的择业能力和竞争力。

该教材每册分 10 个单元,涵盖商务交际活动的不同方面。每单元由"交际技巧""语言知识""商务实践"3 部分构成。上册包括工作面试(Job Interviews)、工作职责(Jobs and Responsibilities)、接听电话(On the Phone)、出席会议(At a Meeting)、工作旅行(Business Travel)、演讲呈现(Company Presentations)、产品推荐(Product Presentations)、接待访客(Receiving Visitors)、工作餐饮(Business Dinner)和公司运转(Company Performance)等日常商务活动;下册包括工厂参观(A Factory Tour)、贸易展销会(Trade Fair)、进行询价(Making Enquiries)、价格谈判(Negotiating Prices)、提出订单(Placing an Order)、付款条件(Terms of Payment)、交付(Delivery)、投诉与索赔(Complaints and Claims)、营销(Marketing)和广告(Advertising)等具体商务案例。下册内容侧重具体的经贸知识和商务实务案例分析。每个单元内由交际技巧、语言知识和商务实践三部分组成。交际技巧的讲授主要以教学光盘中的教学录像为基础,学生通过对录像中展示的交际技巧进行总结、讨论和评价,以达到识别及应用这些交际技巧的目的;语言知识部分借助录音,重点介绍和扩展学习者语言能力;商务实践则通过模拟场景,为学习者提供一个把交际技巧及语言知识结合起来加以应用的平台。

我国商务英语教学起步较晚,特别是受到影视制作和设备的限制,与课程相适应的教材和配套音像材料比较缺乏,当时几乎所有开设商务英语课程的学校都只能利用录音教授听说课。而对听说学习者而言,可视的线索更有利于在背景知识与听力材料的互动中理解意义。商务英语视听说教学有利于摆脱传统的以文字为主的"重听力技能教学"这种脱离真实交流语境的僵化训练,逐步向"听力技能与听力理解能力并重"的真实语境下的互动教学模式转变。

(三)《新视野商务英语 综合教程》

《新视野商务英语 综合教程》(1—4)(以下简称《综合教程》)2013 年 10 月开始由外语教学与研究出版社陆续出版,2018 年 5 月第 9 次印刷,是"十二五"职业教育国家级规划教材。

图 18-3　《综合教程》(1—4)

1. 编者简介

《综合教程》由《学生用书》《教师用书》及配套的音频光盘和同步训练册组成,马龙海、李毅任主编,其他编写人员情况详见表 18-5。

表 18-5　教材编写人员

新视野商务英语　综合教程					
书　名	(副)主编	编　者	主审	审校	出 版 时 间
综合教程 1	马龙海、李毅	张欣韵、庄宇梅、甘荣辉、洪斌、于佳、于雪莹	关兴华、刘沛富	Sue Kay	2013 年 3 月第 1 版;2018 年 5 月第 9 次印刷

续　表

书　名	（副）主编	编　者	主审	审校	出版时间
综合教程 2	马龙海、李毅	李毅、张欣韵、庄宇梅、甘荣辉、洪斌、于雪莹、邓燕玲、杨贵章、钟泽楠、王君华	关兴华、刘沛富	Sue Kay	2013 年 10 月第 1 版；2018 年 5 月第 5 次印刷
综合教程 3	马龙海、李毅副主编：崔春萍	李毅、张欣韵、洪斌、于雪莹、李慕琪、杨贵章、钟泽楠、李镔、陈树坤、温荣芬	关兴华、刘沛富	Sue Kay	2014 年 8 月第 1 版；2017 年 12 月第 3 次印刷
综合教程 4	马龙海、李毅	李毅、陈树坤、庄宇海、甘荣辉、洪斌、李慕琪、温荣芬、杨贵章、王丹	关兴华、刘沛富	Sue Kay	2015 年 2 月第 1 版；2017 年 12 月第 2 次印刷

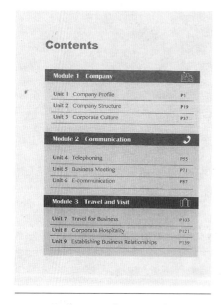

图 18-4 《综合教程》
第 1 册目录

2. 教材介绍

《综合教程》基于商务话语的视角，将商务英语视为英语的社会功能变体，认为商务英语教学应该以语言应用能力的培养为依托，以商务知识和技能学习为主线，以商务实践能力为落脚点，真正实现培养学生从事国际商务交际活动的能力和提高其国际商务职业素养的目标[1]。

《综合教程》采用"主题情节贯通、任务活动驱动"的思路，按照"初入职场""商务人士""中层主管""跨国商务管理者"的职业发展过程，通过构建真实的职场语境，将商务主题情节贯穿于各单元内部，以任务和活动激发学习动力，实现教与学的互动。为此，教材选用 12 个实用的商务主题，包

---

① 参见《新视野商务英语　综合教程》2013 年版前言。

括公司基本认知、商务沟通、商务旅行与接待、产品与销售、企业人才招聘与管理等普通商务知识,以情节牵引、以任务驱动力为主线,单元内部各板块用真实的商务活动情节线索连接贯通,将语言学习和商务实践相结合,以此实现培养语言技能、商务实务和跨文化技能的教学目标。第 1 册目录详见图 18－4。

《综合教程》采用"三三制"的模块结构,即每册有 3 个主题模块,每个主题板块分为 3 个既独立又相关的单元小主题,4 册教材的目录详见表 18－6、18－7。

表 18－6　《综合教程》第 1、2 册目录

Book 1			Book 2		
Module 1 Company	Unit 1	Company Profile	Module 1 Production	Unit 1	Surveying
	Unit 2	Company Structure		Unit 2	Sourcing
	Unit 3	Corporate Culture		Unit 3	Manufacturing
Module 2 Communication	Unit 4	Telephoning	Module 2 Sales	Unit 4	Promoting
	Unit 5	Business Meeting		Unit 5	Sales
	Unit 6	E-Communication		Unit 6	After-Sales Service
Module 3 Travel and Visit	Unit 7	Travel for Business	Module 3 Business Management	Unit 7	Recruitment
	Unit 8	Corporate Hospitality		Unit 8	Finance
	Unit 9	Establishing Business Relationships		Unit 9	Training
Glossary			Glossary		

表 18－7　《综合教程》第 3、4 册目录

Book 3			Book 4		
Module 1 Trading	Unit 1	Trade Fairs	Module 1 Business Environment	Unit 1	Fair Trade
	Unit 2	Negotiation		Unit 2	Competition
	Unit 3	Signing Contracts		Unit 3	Globalization
Module 2 Marketing	Unit 4	Market Analysis	Module 2 Business Development	Unit 4	Innovation
	Unit 5	Brand Building		Unit 5	Mergers and Acquisition
	Unit 6	Marketing Modes		Unit 6	Risk Management

续　表

	Book 3			Book 4	
Module 3 Financing	Unit 7	Payment	Module 3 Business Culture	Unit 7	Entrepreneurship
	Unit 8	Budgeting		Unit 8	Workplace Diversity
	Unit 9	Corporate Finance		Unit 9	Corporate Responsibility
Glossary			Glossary		

上述目录显示,商务知识、商务技能和管理沟通技能等主题贯穿学习过程。此外,每个单元包括:单元概览(Unit Overview)、主题导入(Lead-in)、精读课文(Reading A)、泛读课文(Reading B)、听力练习(Listening)、商务沟通(Communication Project)、商务写作(Writing)、商务须知(Business Know-how)和扩展活动(Activity)等。"单元概览"为本单元的学习目标,便于学生了解,并对照检查学习效果;"主题导入"用多种活动导入本单元主题。"精读课文"为介绍性文章,讲解与主题相关的商务知识;"泛读课文"是实用性文章,旨在训练学生的英语理解能力和专业应用能力;"听力练习"围绕公司介绍的主题,通过连词、填词完成 Note 和对话练习,熟悉公司介绍中的词汇和表达方式,值得一提的是,每段听力练习都给出场景提示,降低了听力难度。"商务沟通"是6—8人用英语讨论自主创业的产品、市场、竞争情况、公司构架、公司选址、员工数以及公司标志等具体问题,然后向全班汇报。"商务写作"是探索性学习任务,即以问题为导向,根据要求完成写作任务;"商务须知"用英语重申公司介绍的要点,与主题阅读相呼应;"扩展活动"穿插在单元中,主要涉及3方面的活动,如活动一是编写 Walmart 公司介绍的对话、活动二从3个给出的著名超市标志中选择1个做简要介绍、活动三要求在网上搜索一个公司简介、制成信息卡片后向全班汇报。3个活动都与该单元的主题密切相关,可以帮助学生熟悉公司简介的要点、词语和表达方式。

3. 教材特色

《综合教程》具有以下几个方面的特色:

1)教材的学科性与应用性相结合。该套教材以建构主义理论和外语教学研究成果为指导进行编写,体现了高职高专英语专业在经过多年探索后,实现了学科性与应用性的结合。教材的编写者来自高职高专院校,对高职高专人才培养模式改革和商务英语教学有较深刻的思考,在编写理念上整合学术与职业的关系以及学科科目与工作实践的关系,使课程体系与工作经验相结合、教学内容与工作技能训练相结合。

2）教材设计体现职业人的成长性,有利于培养学生的职业身份认同感。从第1册中的精通基础业务的商务助理,到第2册中业务娴熟的商务专业人士,再到第3册中的商务中层主管,成长为有全局观和国际视野的跨国商务管理者,教材以"任务教学理论"和"话语语言学理论"为指导,使每个单元形成有机整体,突出了能力本位,贴近职场岗位需求,体现职业人的成长过程。

3）注重听、说、读、写各项语言技能的综合训练,将英语语言教学与商务职业技能相结合,循序渐进,逐步提高学生的语言技能、商务知识水平及交际能力,体现全球化语境下的跨文化交际特性,有利于实现高职高专人才培养目标。

4）教材选材广泛,包括财经报道、广告、市场报告、经济人物访谈、商务演讲、对话等真实语料,课堂活动和口语练习灵活穿插在阅读、听力、写作模块中,激发学生积极参与的动机和兴趣。

（四）"高职高专商务英语实践系列教材"

"高职高专商务英语实践系列教材"是实践类的系列教材,包括《商务交际》《商务英语写作》《外事实务》《商务现场口译》和《会展英语》,共5册,于2007年开始由外语教学与研究出版社陆续出版,适合高职高专商务英语专业使用。各册封面详见图18-5。

图18-5　"高职高专商务英语实践系列教材"

　　该系列教材针对具体岗位,注重实践应用,特色鲜明、针对性强,由深圳职业技术学院应用外国语学院根据该校于 2002 年开设的相关课程编写而成,徐小贞任总主编。各分册主编以及版次情况详见表 18-8。

表 18-8　各分册主编及版次情况

书　名	主　编	版　次
商务交际	朱立立、吴芳	2007 年初版、2016 年 6 月第 2 版
商务英语写作	邹渝刚	2007 年 5 月初版、2016 年 12 月第 19 次印刷
外事实务	黄晓彤、袁凌燕	2007 年 5 月初版、2017 年 8 月第 10 次印刷
商务现场口译	赵敏懿、刘建珠	2007 年 5 月初版、2015 年 9 月第 5 次印刷
会展英语	黄晓彤、文前国	2012 年 8 月初版、2017 年 8 月第 12 次印刷

　　由表可见,各分册都经过多次重印(有的重印多达 19 次),说明该系列教材适合应用型人才的培养,深受各专科院校师生的青睐。各分册介绍如下:

　　1.《商务交际》

　　《商务交际》针对国际商务从业人员需要的文化素质、职业道德、专业知识、跨文化意识、英语工作语言水平和沟通技巧的要求,培养既具备辅助组织管理能力、商务文书处理能力、商务协调能力,又通晓英语的专业复合型人才。

图 18-6　《商务交际》

　　教材由 8 个单元构成,涵盖了普通商务交际中基本的 7 个常见情境,即接待(Reception)、电话(Telephone Calls)、会议(Meetings)、演讲(Oral Presentation)、谈判(Negotiations)、投诉(Complaints)和求职交际(Employment Communication)以及商务交际中的非言语交际(Nonverbal Communication),详见表 18-9。教材的 4 个附录提供自主学习支持。

表 18-9　《商务交际》目录及主要内容

单　元	主　题	内　容
Unit 1	Reception	预订酒店、介绍、闲谈、邀请及款待来访者
Unit 2	Telephone Calls	打电话的准备、结束通话、电话留言、记录及处理留言等
Unit 3	Meetings	会议准备、主持、控制及结束会议、参会者发言等
Unit 4	Oral Presentation	演讲前准备、开场白及结语、使用演示工具等
Unit 5	Negotiations	谈判准备、开场、控制谈判技巧、陈述观点、解决争端、说服对方等
Unit 6	Complaints	提出投诉、受理和处理投诉
Unit 7	Employment Communication	自我分析、岗位需求分析及面试技巧等
Unit 8	Nonverbal Communication	面部表情、手势、体姿、距离及声音等
Appendix Ⅰ	Language	常用交际词汇和句型
Appendix Ⅱ	Keys（to exercises）	参考答案
Appendix Ⅲ	Scripts	听力原文
Appendix Ⅳ	Assessment Criteria	各单元评估标准

每个单元紧扣主题按照商务流程展开，主要从学习目标（Learning Objectives）和内容片段（Snapshot）开始；单元内每个分主题由交际知识（Communication Knowledge）、听力理解（Listening）、实践表演（Acting out）和跨文化内容焦点（Cross-Cultural Focus）构成，最后是针对本单元的 1—2 个评价要点（Assessments）。该分册从商务交际的角度，通过商务交际活动中的各种情景全方位地训练学生，因此具有较为鲜明的应用型特色：

1）教材以具体涉外岗位为基础，按照岗位工作需求和工作流程编排英语语言训练内容，注重实践性、实用性和有效性。语言与环境结合，理论与实践结合，落实"实用为主"，如"接待"和"电话"均以职场日常工作为主，从听、说入手，落实到读、写、译，每项练习结合实际需要，具有很强的针对性；"交际常识"从细微处着手传授交际知识和技能，但又不限于具体场景，有利于开阔视野，培养跨文化能力,做到"够用为度"。

2)教材落实跨文化能力培养的三位一体的培养理念,通过每个单元的"交际知识"和"跨文化内容焦点"等板块介绍跨文化交际知识,通过单项和综合语言训练培养文化交际技能,将交际口语、商务沟通理论技巧及跨文化能力培养相结合,实现培养既通晓英语,又具有专业商务知识和行政事务处理能力的复合型人才的目标。

3)教材注重灵活实用的多元评估设计。每个单元的评估活动从语言表达、理论知识、技能运用、组织活动和团队合作等多方面针对学生的所学、所知和所能合理评价,并使之成为学习过程的环节之一,培养学生的反思和自我评价能力,有利于自主学习能力发展。

4)教材注重真实语料的使用和灵活多样的教学设计。该教材的商务情境和语料内容均选自最新的真实商务案例,体现语言和商务活动的时代性,可以"学以致用""工学结合"。教材的七个单元以常规商务活动为基础,但又相对独立,便于教师根据学生水平、专业特色和教学要求灵活安排。

2.《商务英语写作》

《商务英语写作》以商务背景下教师指导与学生自主学习相结合的教学方法,设计了从单项训练到综合写作的教学任务,打破学生被动接受写作讲解和模仿范文的写作教学模式,旨在培养学生以需求为动力的自主学习能力和商务背景下的书面沟通能力。教材封面、目录及教学建议详见图18-7。

教材有4个单元,即商务写作基础知识(Introduction)、商务写作常用文体(Four Common Types)、商务写作主要功能和理念(Functions and Notions)和其他商务写作应用文体(Other Practical Writings)4个部分(见目录)。

教材设计了高职英语专业大三学生刘艳丽和Doctor English为主体人物串联教材内容和单元活动。以刘艳丽在华强进出口公司(Huaqiang Import & Export Co., Ltd.)的实习经历和鹏程家具公司(Pengcheng Furniture Co., Ltd.)的工作场景为线索,用系列情境故事导入各单元学习内容。Doctor English是一个虚拟英语学习专家,替代教师角色,既回复点评刘艳丽博客,又提出问题的解决方案,构成文内人物以及读者和编者的互动。

每个单元包括6个环节,即小刘的博客(Blog It Out)、博士的点评(Listen to Doctor English)、自己动手(Try It Yourself)、参考阅读(Read for Reference)、自查进展(Check Your Progress)和打开工具箱(Open Your Toolkit)。"小刘的博客"是刘艳丽记录的工作经历,大多与工作中的商务写作有关,其作用相当于但超出单元背景导入;"博士的点评"中Doctor English首先强调了商务写作的重要性,

图 18-7　《商务英语写作》封面、目录和教学建议

然后提醒博主领受协作任务；"自己动手"要求学生在设置的类似场景中，依次按照 5 个步骤完成一个"通知"的写作，即准备素材（Preparing）、确定格式（Formatting）、组织材料（Organizing）、完成初稿（Drafting）、修改完善（Revising）；"参考阅读"提供本单元的阅读材料，包括文本定义、功能、结构、分类以及写作

技巧等,供学生参考自学。"自查进展"是传统的阅读理解练习、语言训练、商务文体套写等。练习形式包括选择题、判断题、中英文转换、改错、填空、情境写作等。"打开工具箱"是学生的自主学习"百宝箱",包括单元涉及的问题的范例以及常用表达方式、本单元的练习答案及讲解分析。

该分册全英文编写,内容编排独具匠心,既有利于提高学生的阅读能力,也有利于培养学生的跨文化学习能力,其主要特色是:

1)人物与情景相结合的编写设计避免了写作教材的枯燥感。通过主题人物刘艳丽的实习和就业场景,将商务英语写作的必要性、重要性、应用性和实践性融入学习过程;虚拟英语学习专家 Doctor English 与博主、读者的交流自然真实,令全英文版的教材平易近人,提高了英语输入量,有利于书面输出和沟通能力的提高。

2)适应高职高专英语专业学生的需求。在使用真实语料,确保语言纯正性、正确性和时代性的基础上,控制语言难度,适应高职高专英语专业学生的水平和今后职业的最基本需要。

3)终身学习理念下的自主学习能力培养贯穿始终。从阅读博客、博士点评、写作五步骤到参考阅读、自查进展和打开工具箱,每个环节的设计都以趣味性、探索性和实践性为手段,实现自主性、应用性和成长性。学生不仅分担着主人公的困惑,也跟她在虚拟英语学习专家指导下学会分享问题和解决问题,经历进步和成长。

3.《商务现场口译》

《商务现场口译》由广东省教育厅与英国文化委员会合作开发,是广东省高校实施的中英合作项目(新世纪广东省高等教育教学改革工作项目)的成果之一。教材吸收了英国国家职业资格证书体系(National Vocational Qualification System)中的先进理念,结合中国经贸发展和职业需求,借鉴厦门大学口译教学模式,针对高职高专英语专业课程编写而成。

图 18 - 8 《商务现场口译》

该教材以国际商务情境为基础,以培养口译人才为目标,结合口译工作程序,以全新编排方式,实行以学生为中心的教学方法,注重学习过程评估,强调核心技能的素质培养。教材以商务活动为主线,按照口译岗位和技能编排教学内容,主题涉及的口译技巧详见表 18 - 10。

表 18-10　《商务现场口译》主题目录及口译技巧

单　元	主　题	口　译　技　巧
Introduction	/	/
Unit 1	Protocol Routine （迎来送往）	Long-term Preparation （长期准备）
Unit 2	Ceremonial Address （礼仪致辞）	Short-term Preparation （短期准备）
Unit 3	Dinner Party （晚宴聚会）	Active Listening （积极听入）
Unit 4	Business Travel （商务旅行）	Discourse Analysis （语篇分析）
Unit 5	Business Interview （商务访谈）	Note-taking（Ⅰ） （口译笔记1）
Unit 6	Business Advertisements （商务广告）	Note-taking（Ⅱ） （口译笔记2）
Unit 7	Business Presentations （商务陈述）	Note-taking（Ⅲ） （口译笔记3）
Unit 8	Enterprise Introduction （企业介绍）	Retelling （复述）
Unit 9	Enterprise Culture （企业文化）	Public Speaking （公开演讲）
Unit 10	Marketing & Promotion （市场营销）	Paraphrasing （一句多译）
Unit 11	Business Negotiation （商务谈判）	Figures Interpreting （数字口译）
Unit 12	Business Meeting （商务会议）	Idioms Interpreting （成语口译）
Unit 13	Investment & Profits （投资利润）	Fuzzy Interpretation（Ⅰ） （模糊表达1）
Unit 14	Business Policy （商务政策）	Fuzzy Interpretation（Ⅱ） （模糊表达2）

续　表

单　元	主　题	口 译 技 巧
Unit 15	International Exhibition （国际会展）	Fuzzy Interpretation（Ⅲ） （模糊表达3）
Unit 16	Public Relations （公共关系）	Sight Interpretation （视译练习）
Unit 17	Business Strategy （商务策略）	Shadowing （影子跟读）
Unit 18	Transportation & Logistics （交通物流）	Quality Assessment （质量评估）

表 18 - 10 显示,教材的内容涵盖了普通商务活动的各个环节,采用"Preparing - Performing - Packaging"的口译教学模式,将主要的口译技能穿插其中。

全书共 18 个单元,每个单元分为:单元目标(Unit Objectives)、译前准备(Preparing)、现场口译(Performing)、译后评价(Packaging)、补充练习(Supplementary Exercises)、自我评价(Self-assessment)和单元要点(Points to Remember)等。

"单元目标"按照口译技巧、口译实践、专题知识和文化背景等 4 个方面提出要求。"译前准备"包括口译技巧、短语口译和句子口译 3 部分。"现场口译"包括笔记记录、课文复述、信息重组、现场口译 4 部分。"译后评价"听 Text C 同时做笔记,完成现场口译,根据附后的评价表(Assessment Form),针对译员的表达(delivery)、语言(language)、连贯性(coherence)和信息忠实度(loyalty)等方面进行组员互评和译员自评,教师给予总体评价并提出指导性意见。"补充练习"由模拟练习、词汇扩展、文化沙龙和口译实践构成。"模拟练习"根据具体商务场景进行角色扮演和实操模拟。"文化沙龙"提供与主题相关的文化背景知识,培养跨文化意识。"自我评价"用自我评价表检测本单元的口译技巧、语言知识和文化背景等掌握情况以及在短语口译、句子口译、课文口译和模拟练习中的表现。"单元要点"总结本单元的口译知识点和技能等。该分册的具体特色有:

1) 以口译员岗位和职业技能为目标编排教材。该教材结合中国外语教学语境特点,吸收英国国家职业资格证书制度的理念,全英文编写,突出口译员的职业特征和工作规范和程序,将口译技能、语言知识、文化背景和商务场景相结合,融实用性、商务性和技能性为一体,符合高职高专英语专业特点和今后的就业需求。

2）以商务场景为主体的实用性学习内容。口译训练的内容与学生今后的就业和岗位联系紧密,这些源自真实场景的语言技能、口译技能、商务常识和文化背景知识,符合社会发展和职场需要,做到所学即所用,从短语、短句到长句和篇章都与今后工作相关,具有很强的实用性。

3）以任务型和技能训练为中心的教学手段。将口译训练分为译前准备、现场口译和译后评估 3 个阶段,每个阶段配以相应的练习和任务,针对具体场景和语言要点,重点培养学生根据主题场景的口译技能,形成完整的口译培训模式,实现"实用为主,够用为度"的教学要求。

4）互评、自评和教师评价的多元化评价手段。通过提供详尽的评价标准和评价练习,形成不同形式的过程性评估和终结性评估体系,学生通过掌握评价标准和方法,培养其自学能力和反思习惯,提高学习效率和自主学习能力。

4.《外事实务》

《外事实务》在广东省外事办和深圳市外事办的支持下,引进英国国家职业资格证书体系中的先进理念,结合中国经济迅速发展的现实,根据中国语境下外事接待的特色,针对高职高专英语专业的"外事英语"课程编写而成。主要编写人员来自深圳职业技术学院应用外国语学院,外籍专家 Angel Yuan 审校全书。

图 18-9　《外事实务》

该教材共有 15 个单元,涵盖了接待、交通、观光、购物、祝词及新闻发布会、会议与谈判、投资环境和政府介绍等外事接待和商务活动的多个方面,有利于学生熟悉外事接待的基本程序、礼仪及禁忌,掌握晚会组织、日常安排及谈判的要点,培养酒店预订及网络票务等能力,熟悉会议及展览的组织安排,基本了解中国饮食、戏曲和武术等传统文化。教材内容详见表 18-11。

表 18-11　《外事实务》目录

单　元	内　　　容
Unit 1	Reception（接待）
Unit 2	Schedules and Appointments（日程与约见）

续　表

单　元	内　　容
Unit 3	Transportation（交通）
Unit 4	Emergencies（紧急情况）
Unit 5	Food and Cuisine（食物与烹饪）
Unit 6	Recreational Activities（娱乐活动）
Unit 7	Sightseeing（观光）
Unit 8	Festivals and Holidays（节假日）
Unit 9	Shopping（购物）
Unit 10	Ceremonies and Press Conferences（典礼与新闻发布会）
Unit 11	Meetings and Negotiations（会谈与谈判）
Unit 12	International Exhibitions（国际会展）
Unit 13	Investment Environment（投资环境）
Unit 14	Government（政府）
Unit 15	Farewell（告别会）
	Suggested Answers（建议的答案）
Appendix Ⅰ	Self-assessment Form（自我评估表）
Appendix Ⅱ	Peer Assessment Form（同伴评估表）
Appendix Ⅲ	Teacher Assessment Form（教师评估表）

　　教材以外事工作的实践性为主,按照普通外事工作所涉及的内容,从工作环节入手,注重每个活动的事件性和完整性,既考虑中国国情,又遵从国际礼仪和惯例,将中国文化和中国人民的好客之道融入岗位技能的认知和培养、英语语言能力发展和跨文化能力培养之中。

　　教材每个单元以单元目标开始,共包含 5 个部分,即导入练习(Lead-in)、情景对话(Situational Dialogs)、阅读(Reading)、实用写作(Practical Writing)和综合训练(Comprehensive Activities)等。"导入练习"包括词汇学习和阅读任务,帮助学生拓展与单元主题相关的词汇,了解相关知识。"情景对话"分为两部分,涉及两个不同的场景,以听说形式展开。第一个听力涉及外事活动场景,提供相关的表达方式和词汇,第二个活动是角色扮演,注重口语输出,强化类似情境中的口头表达能力。"阅读"除了训练常规阅读技巧,注重扩大相关主题的知识面,其中的"Taboos and Etiquette"和"Tips"主要针对阅读部分涉及的知识点、操作技能和礼仪禁忌,帮助学生巩固相关外事知识和注意事项。"实用写作"主要围绕外事应用文进行教学。每个单元都提供应用文写作要点和范文,通过创设情境,提出写作任务。"综合训练"根据单元的主题和内容,通过演示、模仿和写作等任务进行综合训练。教材注重外事实务,具有较为鲜明的实用特色:

1)借鉴先进的职业教育理念结合中国职业教育实际,注重职业核心技能和素质的培养。

2)模块化的教学过程设计。着眼于岗位流程和特点,教学内容涵盖外事岗位的主要范围,注重语言应用能力和文化教育相结合的交际能力培养,体现"实用为主,够用为度"的原则。

3)多元化的评估手段。从应用型人才培养实际出发,配备了明确的评估标准、操作性强的同伴评价、自我评价和教师评价量表,从岗位核心能力、语言表达能力、团队合作能力、沟通协调能力等多方面进行过程性评价,提高人才培养的针对性和有效性。

5.《会展英语》

《会展英语》由深圳职业技术学院应用外国语学院教师基于同名课程编写而成。"会展英语"课程由深圳职业技术学院于2003年开始开发,后经与企业和行业专家多年的合作改进,"会展英语"课程日益成熟完善,并于2008年获评"国家级精品课程"。

图 18－10　《会展英语》封面与会展流程

该教材适应国内外会展业发展的形势,体现具体行业的职业特点,培养既通晓会展专业知识,又能熟练运用英语进行展会操作和交流的复合型会展人才。该教材2012年出版,至2017年已重印12次,可见其受广泛使用的程度。

该教材从行业和职业特点出发,将英语语言知识和能力与行业实践相结合,将内容分为"主办方"和"参展商"两个部分,设计了Mr. Chris Davis作为主办方,Miss Stephanie Li作为参展商连接全过程的活动,培养会展行业所需的职业素养和技能以及英语应用能力。

教材由8个单元组成,涵盖了展览和会议两大部分。第1—6单元涉及展览内容和活动,按照工作流程可以分为:展会准备(Preparation for Exhibitions)、展会推销与询展(Exhibition Promotion and Enquiry)、展位销售与申请(Booth Sale and Application)、展位设计与搭建(Booth Design and Installation)、展会服务与展位接待(Exhibition Services and Booth Reception)和撤展与会后跟进(Dismantling and Follow-up Contacts)。第7—8单元涉及会议内容,即会议筹备与咨询(Convention Planning and Enquiry)和会议接待与参会(Convention Operation and Attendance)。

每个单元设置了导入练习(Lead-in Practice)、阅读(Reading)、读样本(Sample Study)和自己做(Do It Yourself)、情境对话(Situational Dialogs)以及单元项目(Projects)。所有单元的教学内容围绕会展"主办方"和"参展商"展开,每个单元由双方分别撰写工作日志(Organizer's Diary 和 Exhibitor's Diary),按照工作流程和双方的任务依次展开语言学习,单元结构详见表18-12。

表18-12　《会展英语》单元结构(2017版"编写说明")

Part Ⅰ　Organizer's Diary(主办方日志)	Part Ⅱ　Exhibitor's Diary(参展商日志)
Ⅰ. Lead-in Practice(导入练习)	Ⅰ. Lead-in Practice(导入练习)
Ⅱ. Reading(阅读)	Ⅱ. Reading(阅读)
Ⅲ. Sample Study(读样本)	Ⅲ. Do It Yourself(自己做)
Ⅳ. Situational Dialogs(情景对话)	Ⅳ. Situational Dialogs(情景对话)
Projects(单元项目)	

以第1单元为例,其主题是"展会准备",单元教学目标分别针对"主办方"和"参展商"设置。在"导入练习"中,主办方的任务是与同事讨论展会的时间、地点

并撰写针对参展商和参观者的邀请函；参展商的任务是确立参展的目的并做好参展准备。这些练习有连接词汇和定义、回答问题、讨论等。通过先听后说再表演的过程，培养学生熟练运用相关的英语词汇和表达方式参与工作的能力。本单元中主办方就办展的时间和地点进行讨论；参展商则就参展目的、选择展事和相关的准备进行讨论。"单元项目"是主办方和参展商双方的互动项目，如表 18－13 所示。

表 18－13　展会准备的单元项目

	Organizer（主办方）	Exhibitor（参展商）
Step 1	Work in groups of four. Log on to the following websites to search for the information of a trade fair show you are interested in.	
Step 2	Two students write an invitation letter either to exhibitors or visitors in paper form involving all the key elements as listed in the Sample Study.	
Step 3		The other two students write a reply letter (to accept or decline the invitation).
Step 4	Give an example of the invitation letters and reply letters to your group in class next time.	
Step 5	Give comments on the invitation and reply letters of other groups in terms of content and creativity.	

通过互动活动，从主办方和参展商两方面学习相关会展知识和技能，锻炼用语言做事的能力，提高跨文化能力。《会展英语》通过会展流程的各主要环节，实现课程设计目标，达到培养学生有关会展方面的英语应用能力和跨文化能力的要求，有其独特的课程特色：

1）该教材以角色、岗位和流程安排教材内容。以会展行业的工作流程为基础，分别从主办方和参展商两方面介绍各自的角色定位和岗位职责，便于学生从职业角色了解会展行业特点、工作流程和特点，落实"做中学"和"学中用"，培养在涉外会展中使用英语的能力。

2）教材内容与语言训练的难度适中。教材编写基于行业和具体岗位工作内容的语言学习，任务设置等有利于学生学以致用，符合高职高专学生实际水平。

3）语言应用能力与行业和岗位相结合。行业知识和技能训练符合高职高专英语专业的教学目标和实际，课外活动有利于学生拓展知识。

通过上述"高职高专商务英语实践系列教材"各分册的介绍和分析,可见该系列中的每一分册都是以各自的前期语言和专业课程为基础,更加注重具体行业或岗位的专门用途英语学习和使用,因此更符合高职高专教育的人才培养目标需求。

（五）"高职高专英语专业立体化系列教材"

"高职高专英语专业立体化系列教材"（以下简称《英语》）是 2007 年起由高等教育出版社陆续出版的立体化系列教材,包括《综合教程》(1—4)、《听力教程》(1—4)、《口语教程》(1—3)、《泛读教程》(1—4)、《写作教程》《英汉汉英翻译教程》和《拓展教程》,共 7 种 18 册,由陈永捷和梅德明领衔的高职高专英语专业系列教材编写组组织编写;教材适合应用英语、商务英语、旅游英语、英语教育等专业的学生使用。

图 18‑11　《英语综合教程》(第 1 版和第 2 版)

图 18‑12　《口语教程》(1—3)（第 2 版）

图 18－13　《综合教程》《写作教程》《扩展教程》《泛读教程》(第 2 版)

2007 年 6 月出版的第 1 版为普通高等教育"十一五"国家级规划教材,2008 年其主干教材《综合教程》获"普通高等教育'十一五'国家级规划教材精品教材"称号;2016 年 5 月的第 2 版被列入"十二五"职业教育国家规划教材。

该套教材除了纸质教材还有磁带、光盘、电子教案及网络教材,故称作立体化系列教材。

1. 编写人员

这套教材的编写组以上海交通大学陈永捷和上海外国语大学梅德明为首,每种教材分别由高校和/或高职高专院校教师主编,通过英语教学专家指导和高职高专教师参与的方式,实现了教材编写规范性、专业性与高职高专教育相结合的目标。各分册编者情况见表 18－14。

表 18－14　部分分册编者情况

书　　名	主　编	副主编	编　　者
综合教程 1(第 2 版)	常辉、周越美	杨建国、江萍	陈永捷、吴颉、周越美、余继英、李素枝、老青、刘圣明、蔡红
写作教程(第 2 版)	姜亚军、马素萍	不详	不详
泛读教程 1(第 2 版)	梅德明	不详	梅德明、戴建春、王磊、陆月华、刘淑艳
泛读教程 2(第 2 版)	梅德明	不详	梅德明、王磊、翁燕文、王丽、吴玲娟
口语教程 1—3(第 1 版)	陈素花、杨登新	不详	不详
口语教程 1(第 2 版)	王恩军	孔娟、李小敬、王春爱	胡金玲

续　表

书　　名	主　编	副主编	编　　者
口语教程 2(第 2 版)	孙德常	郑艳、华丽娜、李婧、	张学芳、申玲
口语教程 3(第 2 版)	陈素花	龚芳芳、高旭	陈素花、龚芳芳、孙国凤、汤静、强薇、林文韵

2. 教材介绍

《英语》适用于应用英语、商务英语、旅游英语和英语教育等专业的学生。整套教材分为基础阶段和专业阶段,内容编排与大学生的生活密切相关,多视角介绍英语国家的社会、文化、教育、体育和日常生活状况。每种教材的专业阶段除了在语言上体现高职高专英语专业水平,还编写了社会发展需要的商务、旅游等内容,体现了打好扎实的语言基本功,具备相关的文化知识和跨文化能力的要求。

据教材前言介绍,"本套教材由本科院校专家领衔主编,专门为高等职业教育英语专业编写。教材设计充分考虑高等职业教育英语专业的课程设置、课时、教学要求与高等职业教育英语专业人才培养目标的要求与目标,力图处理好英语语言基础与培养英语应用能力的关系,强调英语语言基本技能的训练与培养适应使用英语从事涉外交际活动的语言应用能力并重。"

作为立体化的系列教材,整套教材以"打好英语语言基础与培养英语应用能力"为主要目标,包含了听、说、读、写、译的基础阶段和专业阶段的内容。

1)主干教材《综合教程》包括基础阶段 3 册和专业阶段 1 册,其中还有《拓展教程》作为辅学材料,力求符合高职高专英语的特点和水平,以其第 1 册为例说明如下:《综合教程 1》2007 年初版,含有 10 个单元,每个单元由"课文 A ＆ B"(Text A 和 Text B)构成。"课文 A"前有"课前阅读"(Before Reading)部分,后有"快乐时光"(Time For Fun)部分。"课文 A"包含阅读理解、口语实践、词汇和结构、翻译、写作和听写,突出听、说、读、写、译等语言基本技能训练。"课文 B"包含了阅读理解、阅读技能、词汇和综合技能练习,强化语言应用能力实践。第 1 册书后特设了语音练习,可用于集中或分散练习,有利于解决高职高专英语专业学生的语音问题。每单元配有"小幽默"以培养学生学习兴趣和阅读英语的信心。

2)《泛读教程》共 4 册,每学期 1 册,其中第 1、2、3 册内容以教育文化类的话题为主,第 4 册以经济商务类的话题为主。每册包含 16 个单元,每单元由 2 篇现代时文和 1 篇与单元主题相关的补充读物组成。每册在 4、8、12 单元后附有"阅读技巧"的介绍和练习,第 16 单元后有 1 套模拟题。每单元的第 1 篇课文含有"阅读提问""注释""阅读理解""词汇解意"和"语境提示"等内容,第 3 篇课文的练习为任务型练习,培养使用英语从事涉外交际活动的语言应用能力。

3)《口语教程》共 4 册,包括《基础英语口语教程》(1—2)和《口语教程 3:商务英语》《口语教程 3:旅游英语》各 1 册。编写采用"基础+专业"模式,供商务英语和旅游英语第三学期使用。教材第 1、2 册均有 10 个单元,每个单元涉及一个主题。第 1 册的主题与学生生活密切相关,比如校园生活、交友、饭店、购物、聚会、观影、就医、运动会、网吧、度假等;第 2 册内容涉及语言学习、城市生活、娱乐、饮食文化、终身教育、环境、爱情与婚姻、未来、金钱和就业面试等。第 1、2 册均包括 4 个模块,即热身模块、体验模块、拓展模块和实战模块,从功能性的语用训练到培养学生"说出""表演出"的任务型设计,培养学生的实际语言应用能力和创新意识。第 3 册涉及与行业相关的职业英语,即商务英语和旅游英语,按照"话题导入—情景对话—强化训练"的顺序构建口语训练环节,通过任务型练习和语言技能训练体现"真实、实用"的原则。

4)《写作教程》一改从词到句,组句成篇的写作教学方式,而是"从汉英写作差异(第 1 章)和英文作文的宏观结构(第 2 章)开始,首先让学生对英语作文有一个整体的概念,在此基础上讲授英语作文的各个部分的结构和写作技巧(第 3—8 章),最后又回到整篇作文的写作结构(第 9 章)。"[①]

《英语》除了纸质课本外,还有音像、电子、光盘等配套出版物,既具备了指导性和示范性,也具有一定的适用性。教师参考书提供答案和注释,还提供与教材配套的大量参考资料,并采用了不同的编写方法,既有重复和强调,又有交叉和补充,相互配合,形成了一个教学资源的有机整体,构成了立体化教材的完整体系。

3. 教材特色

《英语》作为国内高职高专英语专业的首套立体化系列教材,在其编写理念、文章选择、内容安排、教学方法等方面均有其独特之处:

1)《英语》遵循高职高专教育"实用为主、够用为度"的总体教育方针,以"英语基础+专业知识"的模式编排教学内容,每种教材的前 3 册以英语语言知识和基本技能训练为主,内容以人文素质教育和外国文化为主,第 4 册以经济和商务内容为主,力图体现我国高职高专英语教学实践的特点,反映中国学生学习

① 高职高专英语专业系列教材编写组.英语:写作教程(第 2 版).北京:高等教育出版社,2016:1.

英语的规律和要求。

2)《英语》的编写采用多元教学大纲理念,综合考虑词汇、话题、情景和任务等与语言学习有关的要素,并将这些要素彼此建立联系。教材以话题为基础,以语言技能训练为主设计练习,注重词汇学习。"课文 A"把听、说、读、写与多种形式的词汇学习相结合,避免了枯燥无味,提高了学习效率。听力训练是听写短文填写单词;中英文转换练习作为教学和学习的手段,通过翻译学习词汇、语法等语言知识。英译中的功能主要是检查学生对英语的理解。写作练习包括词汇、句子和应用文写作,既有个人练习也有学伴学习,主要形式有词汇填空、连词造句、写主题句以及回复信件、写通知等应用文体写作,遵循的是"词汇到句子、句子到段落再到篇章"的编写思想。

3)《英语》尽量降低英语语言难度,并结合经济和商务实际,强调扎实的语言知识和熟练的基本功训练。教材附录丰富,不仅附有语音练习,还配有趣味阅读部分,供学生欣赏,体现了教学组织的趣味性和灵活性。

《英语》的设计以高职高专英语专业的课程设置、课时、教学要求为基础,以高职高专英语专业人才培养要求为目标,较好地处理了英语语言基础与英语语言应用能力之间的关系,成为在国内专科院校使用最为广泛的教材之一。

(六)《致用英语》(高职高专英语专业系列教材)

《致用英语》从 2008 年起由外语教学与研究出版社陆续出版,是一套立体化系列教材,包括《综合教程》(1—4)、《听力教程》(1—4)、《口语教程》(上、下)、《阅读教程》(上、下)、《写作教程》《语法教程》《英语国家概况》《英语报刊阅读》和《英美文学选读》等 9 种共 17 册。教材适用于高等职业教育的应用英语、商务英语、旅游英语和英语教育专业的学生,涵盖 4 个专业在基础教学阶段开设的主干课程,供 2 个学年 4 个学期使用。

《致用英语》2008 年 5 月初版,2014 年 8 月第 11 次印刷;2013 年 9 月第 2 版列入"十二五"职业教育国家级规划教材,其第 1 版和第 2 版封面见图 18 - 14。

1. 编写人员

根据高职高专英语专业教学现状和改革方向,该教材由国内英语教育专家和高职高专英语教学一线的教师联合编写。刘黛琳任总主编,丁国声和程晓堂任副总主编[①],其他编者来自北京外国语大学、北京师范大学、中央广播电视大

---

① 刘黛琳为中国高校英语口语协会常务理事;丁国声为河北外国语职业学院院长;程晓堂为北京师范大学外国语言文学学院教授、博士生导师。

图 18-14　《致用英语》(第 1 版和第 2 版)

学、山西大学工程学院、广东外语艺术职业学院、武汉职业技术学院、河北外国语职业学院、江西师范大学高职学院、山东商业职业技术学院、北京经济管理职业学院、郑州牧业高等专科学校、湖南第一师范专科学校等。各分册主编详见表 18-15。

表 18-15　《致用英语》各册主编

教　材	册　数	主　编
综合教程	4	程晓堂
听力教程	4	方健壮
口语教程	2	金利民
阅读教程	2	宁毅
写作教程	1	李莉文、李养龙
语法教程	1	史洁、郑仰成
英语国家概况	1	丁国声
英语报刊阅读	1	王静岩
英美文学选读	1	祁继香

2. 教材介绍

《致用英语》如书名所示,旨在全面提高学生应用英语的能力,促进学生"学以致用"的自我发展。因此,教材针对高职高专教学的特点、学生水平以及就业面向进行编写,教材内容系列化,配套资源立体化,详见表18-16。

表 18-16　教材的构成及配套资源①

教　材	教 学 配 套 资 源
综合教程	教师用书+MP3 光盘+教学课件
听力教程	教师用书+MP3 光盘
口语教程	MP3 光盘+教学课件
阅读教程	教学课件
写作教程	无
语法教程	无
英语国家概况	教学课件
英语报刊阅读	无
英美文学选读	网络教学资源(拓展阅读、诗歌音频、名著视频片段和参考答案等,高等英语教学网 https://heep. unipus. cn)②

教材按照高职高专的教学要求,起点词汇为 1,500 左右,"充分吸收和借鉴国内外优秀英语教材的特点,以外语教学理论为指导,语言知识与语言技能并举,不同课程各有侧重;内容上紧密结合高职高专学生的学习和生活,同时兼顾其职业发展的需求,实现激发学生学习兴趣,奠定其坚实的专业基础,同时为学生今后的求职、就业做了铺垫"③。该系列各分册教材介绍如下:

(1)《综合教程》(1—4)

《综合教程》是该系列的核心教材,每册 10 个单元,各单元有 7 个模块组成,即话题展开(Around the Topic)、阅读(Reading)、语言运用(Language in Use)、项目(Project)、拓展(Extension)、文化点滴(Culture Tips)和学习策略(Learning to Learn)。这 7 个模块的设计逻辑为:热身+激活→语言输入→语言聚焦→语言

① 祁继香. 致用英语:英美文学选读. 北京:外语教学与研究出版社,2016:I.
② 同①V.
③ 程晓堂. 致用英语:综合教程 1. 北京:外语教学与研究出版社,2013:I.

Map of the book

	Topic	Listening	Reading	Speaking	Writing	Grammar	Vocabulary	Project	Learning to learn
UNIT 1 P 001	How is language learned?	Advice on how to learn English	How to be a more successful language learner?	Difficulties in learning English	The importance of learning English	Countable and uncountable nouns	Ways of word formation	The best way to learn English	Attitudes towards learning English
UNIT 2 P 017	Knowing our body	Which body part is the most important?	The most important body part	Discussion on important body parts	Experience related to body parts	Comparatives and superlatives	Base adjectives and strong adjectives	A portrait of a person's body part	Study English with friends
UNIT 3 P 031	Food	Natural and healthy food	Food to put you in a party mood	Food problems	E-mail about planning a party	Tag questions	Suffixes "-en", "-ify", "-ize" or "-ise"	Preparing for a food fair	Extensive reading in English
UNIT 4 P 047	Help and responsibility	A real story about a brave and faithful dog	How to be somebody?	Discussion about responsibility	A situation where people are not responsible	Indirect questions	The suffix "-able" to form adjectives	Find someone who once helped in...	Techniques of recording new words
UNIT 5 P 061	What's playing tonight?	Getting together for a film	Steven Spielberg	Inviting friends to a film	Favourite films	Modal verbs	Prefixes "en-" and "em-"	Making a film poster	Ways to record the meaning of new words
UNIT 6 P 075	Where is your opportunity?	How to seize opportunities for success?	When the door of opportunity opens	A poem about life by Mother Teresa	Views on success and opportunity	Past tenses	English idioms	How do they live?	Ways of studying English
UNIT 7 P 091	Does money make you happy?	Two British men's lives	The more money, the happier?	Happy or unhappy life	Views on money	Negative form of as... as	Antonyms	The happiest job	English learning outside the classroom
UNIT 8 P 107	Do you stereotype people?	Stereotypes about different nationalities	You kids are all alike	Stereotypes about Chinese people	Writing about people in the south and north	Emphatic structures	Synonyms	Stereotypes in advertisements	Habits of learning English
UNIT 9 P 124	Person of the millennium	The choice of the person of the millennium	Who is the "Person of the Millennium"?	Most influential people in China	A great person's life and work	Defining and non-defining relative clauses	Word class	Choosing the greatest Chinese in the past 1,000 years	Evaluate your English knowledge and skills
UNIT 10 P 135	The creative brain	Brain power	Creativity and the brain	How to improve the brain power	How to become more creative?	Parallel structures	Phrasal verbs with take and put	Brainstorming: A way of thinking	Continuing English study after this course

Appendix: NEW WORDS AND EXPRESSIONS

Map of the book

	Topic	Listening and speaking	Reading	Writing	Grammar	Vocabulary	Project	Culture tips	Learning to learn
UNIT 1 P 001	How is language learned?	• Advice on how to learn English • Difficulties in learning English	A. General tips for language learning B. Why are bilinguals smarter?	The importance of learning English	Countable and uncountable nouns	Ways of word formation	The best way to learn English	Gestures	Attitudes towards learning English
UNIT 2 P 021	Knowing our body	• Which body part is the most important? • Discussion on important body parts	A. The most important body part B. Body language in business	Experience related to body parts	Comparatives and superlatives	Base adjectives and strong adjectives	A portrait of a person's body part	Human body and English idioms	Study English with friends
UNIT 3 P 041	Food	• Natural and healthy food • Food problems	A. A wine and cheese party B. Food not just for eating	E-mail about planning a party	Tag questions	Suffixes "-en", "-ify", "-ize" or "-ise"	Preparing for a food fair	Food proverbs	Extensive reading in English
UNIT 4 P 064	Help and responsibility	• A real story about a brave and faithful dog • Discussion about responsibility	A. How to be somebody? B. Heroes among us	A situation you need help badly	Indirect questions	The suffix "-able" to form adjectives	Find someone who once helped in...	Why don't we ask for help?	Techniques of recording new words
UNIT 5 P 085	What's playing tonight?	• Getting together for a film • Inviting friends to a film	A. Steven Spielberg B. Film reviews	Favourite films	Modal verbs	Prefixes "en-" and "em-"	Making film posters	American movie industry	Ways to record the meaning of new words
UNIT 6 P 103	Where is your opportunity?	• How to seize opportunities for success? • A poem about life by Mother Teresa	A. When the door of opportunity opens B. Is your opportunity really too good to be true?	Views on success and opportunity	Past tenses	English idioms	How do they live?	Every dog has his day	Ways of studying English
UNIT 7 P 122	Does money make you happy?	• Two British men's lives • Happy or unhappy life	A. The more money, the happier? B. The stone soup	Views on money	Negative form of as... as	Antonyms	The happiest job	Credit cards	English learning outside the classroom
UNIT 8 P 143	Do you stereotype people?	• Stereotypes about different nationalities • Discussion on stereotypes	A. You kids are all alike B. Tourism does not change national stereotypes	Writing about Chinese people in the south and north	Emphatic structures	Synonyms	Stereotypes in advertisements	Brazilians voted best tourists, Germans worst	Habits of learning English
UNIT 9 P 163	Person of the millennium	• The choice of the person of the millennium • Most influential people in China	A. Who is the "Person of the Millennium"? B. Steve Jobs' Stanford commencement speech	A great person's life and work	Defining and non-defining relative clauses	Word class	Choosing the greatest Chinese in the past 1,000 years	Psalm of Life	Evaluate your English knowledge and skills
UNIT 10 P 183	The creative brain	• Brain power • How to improve the brain power	A. Creativity and the brain B. Creativity takes practice	How to become more creative?	Parallel structures	Phrasal verbs with take and put	Brainstorming: A way of thinking	Intelligence across cultures	Continuing English study after this course

Appendix: Glossary

图 18–15　《致用英语：综合教程》(第 1 版和第 2 版)的目录内容

运用→拓展学习→文化与策略,其中每个单元的板块设置相同,但板块的内容与形式各异。

根据教材使用反馈,教材第 2 版在"选材内容有哲理、语言优美、难度适当"[①]的原则下,修改并替换了部分内容,使"篇幅增加、内容更充实、难度略有提高";将主课文和拓展阅读改为 Reading A 和 Reading B,以提高语言输入量;在练习方面,增加"对阅读材料的深层思想挖掘、语言、语篇结构、文风修辞手法的练习";在丰富 Reading B 的阅读理解的问题基础上,增加语法和词汇练习;各单元增加了练习和互动,特别增加了翻译练习。

如图 18 - 15 所示,第 2 版中将第 1 版的 Speaking 与 Listening 合并,把 Culture Tips 单列,突出文化教学的重要性。围绕本单元主题,阅读模块包括读前任务、阅读理解、词汇与结构和写作练习,通过回答问题、归纳大意、小组讨论等帮助学生理解课文的主要内容;词汇与结构模块通过释义、改写、填空等多种形式引导学生集中学习本单元的重点词汇和语法结构。此外,"语言运用""文化点滴""学习策略"等模块都有不同程度的变化和改进,以符合学生的学习需求。总体而言,《综合教程》围绕单元主题,从词汇和基本句法入手,强调基础知识和技能训练,注重跨文化能力培养和学习策略培养。

（2）《听力教程》（1—4）

《听力教程》以应用为目标,兼顾语言基础和语言应用,以"精"取胜,见图 18 - 16。

图 18 - 16　《听力教程》

---

① 程晓堂.致用英语:综合教程 1.北京:外语教学与研究出版社,2013:I.

　　根据高职高专学生的实际水平和就业需要,第1、2册为基础听力材料,以普通生活场景为主,第3、4册的主题与学生生活或商务和旅游等职场相关,详见表18-17。

表18-17 《听力教程》主题目录

	Book 1	Book 2	Book 3	Book 4
Unit 1	Greetings & Introductions	Asking the Way	Working Together	Business
Unit 2	Farewell	Weather Forecast	Communication	Marketing
Unit 3	Congratulations & Good Wishes	Shopping	Manners	International Trade
Unit 4	Apologies	Blame and Complaints	Letters, Faxes & Memos	Etiquette
Unit 5	Thanks	Disasters	Interview	Banking
Unit 6	Likes & Dislikes	Studies	In the Office	Stocks
Unit 7	Foods and Drinks	Jobs	Advertisements	Convention & Exhibitions
Unit 8	Health	Holidays	Sales	Insurance
Unit 9	Asking for Help	Travelling	Negotiations	Environment
Unit 10	Making Phone Calls	Transportation	Hotel Services	Library
Unit 11	Weather	Housing	Humor	Tourism
Unit 12	Sports	Arts	In the Supermarket	Guiding
Unit 13	Invitation	Entertainments	Price	Virtual Community
Unit 14	Advice & Suggestions	Education	Diet	Teachers & Students

续　表

	Book 1	Book 2	Book 3	Book 4
Unit 15	Compliments & Encouragements	The Internet	TV Programmers	Working Through College
Unit 16	Appointments	Business	News	The Last Lecture

《听力教程》每册有16个单元,每个单元由4个部分构成,即听力技能训练(Listening Skills)、听力练习(Listening Practice)、趣味听力(Fun Listening)和泛听(Extensive Listening)。"听力技能训练"以培养听力技巧为主,如第1单元的人名和地名以及辨别音素/iː/、/i/、/r/、/l/和/n/。"听力练习"由听前(Pre-listening)、核心听力(Core Listening)和实践听力(Practical Listening)组成,其中"核心听力"是重点,包括长、短对话,听写训练和语篇等综合训练。"趣味听力"由学生喜闻乐见的歌曲、诗歌、绕口令等组成。"泛听"主要作为学生课外听力练习和自主学习的材料。为了提高听力技巧,教材注重语音在听力理解中的作用,编写了辨音、连读、失去爆破等练习,可见其对基本技能训练的重视程度。教材的整个编排着眼于人们的生活场景,从听力基本功入手,落实到商务和旅游行业,以具体岗位需求为目标,突出语言的实用性特点。

(3)《口语教程》(上、下)

《口语教程》以学生的语言基本功、语言的交际能力以及语言的应用能力为培养目标,注重行业场景与职场实际应用。

图18-17　《口语教程》(上、下)

该教材每册 16 单元,每个单元有 4 个模块,上、下册的主题内容如表 18 - 18 所示。

表 18 - 18 《口语教程》(上、下)主题目录

	上 册	下 册
Unit 1	Stress and Rhythm	What Is It?
Unit 2	Intonation	How Is It Done?
Unit 3	Focus in Discourse	What Happened?
Unit 4	Pauses by Sense Group	What Does It Mean?
Unit 5	Meeting and Greeting People	How to Plan Your Budget?
Unit 6	Talking About Directions and Locations	How to Find out about People's Likes and Dislikes?
Unit 7	Making Telephone Calls	How to Plan Perfect Dinners?
Unit 8	Expressing and Responding to Complaints	How to Spend This Large Sum of Money?
Unit 9	Making and Responding to Invitations	What Should We Do for an Outing?
Unit 10	Making and Responding to Requests	Who Should Be Elected?
Unit 11	Making Complaints	How to Organize This Conference?
Unit 12	Agreeing and Disagreeing	How Should We Present Our City?
Unit 13	Seeing a Doctor	Which Job Should I Apply For?
Unit 14	Dining Out	What Should I Do for Fun?
Unit 15	Going Shopping	How Different Is the East from the West?
Unit 16	Going to the Bank	What Can We Do to Make the World Better?

上册的第 1 模块为语音,如重音与节奏(Stress and Rhythm)、语调(Intonation)、语篇重点(Focus in Discourse)、意群停顿(Pauses by Sense Group);第 2、3、4 模块内容均为与生活场景相关的词汇和表达方法。上册的语音模块针对中国英语学习者的弱点,重点为重音与节奏、句子重音、语调与停顿等,有助于

提高口语有效表达。下册的第 1 模块为如何用英语传递信息,如"What Is It?"和"What Happened?";第 2、3 模块是用英语讲述如何做事情,如"How to Plan Your Budget?"和"Who Should Be Elected?"。第 4 模块是用英语表达观点,如"How Different Is the East from the West?"和"What Can We Do to Make the World Better?"

《口语教程》的上、下册内容编排为多元式大纲,将主题、场景、功能和任务等融合在一起,形成从简单到复杂的循环上升模式。每个单元以学习目标(Learning Objectives)开始,以小贴士(Tips)结束,前者以"学生为中心"便于学生明确学习目的,后者介绍课文中相关的文化要点,体现文化与语言的密切关系。每个单元包括导入(Warming-up)、活动(Activities)和复习(Review:Useful Words and Expressions)3 部分。活动部分以任务为主线,遵循由易到难的渐进模式,《口语教程》以现实生活为场景,以交际任务为手段,以交际功能为目标,结合主题,突出实用和应用的实践性特点。

(4)《阅读教程》(上、下)

《阅读教程》(第 2 版)分为上、下册,在第 1 版使用反馈的基础上修编而成,使其内容编排更趋合理与实用。

图 18-18　《阅读教程》(上、下)

该教材的上册以与学生较熟悉的学习和生活为主,包括教育、家庭、友情、体育等,增加了社交网络和生活方式等时代感鲜明的素材;下册偏重与学生专业、就业相关的话题,包括旅游、经济、职业生涯等,增加了产品研发、商务礼仪等与职场结合密切的话题。上、下册主题各有侧重,主题相互呼应和补充。

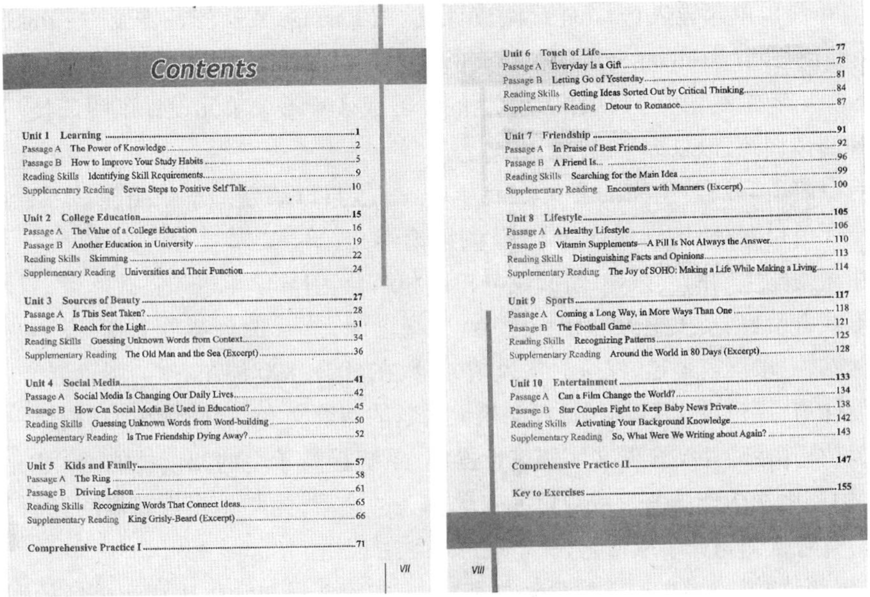

Contents

图 18-19　《阅读教程》(上)目录

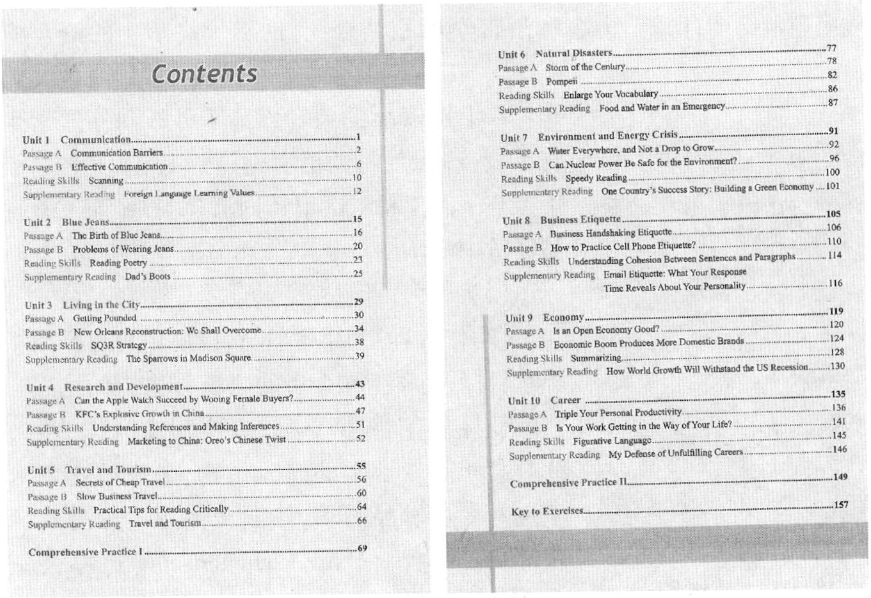

Contents

图 18-20　《阅读教程》(下)目录

《阅读教程》每册含有 10 个单元,每个单元包括单元学习目标(Learning Objectives)、单元导入(Starter)、阅读课文一(Passage A)、阅读课文二(Passage B)、阅读技巧(Reading Skills)和补充阅读(Supplementary Readings)等模块。每 5 个单元后有一个综合训练检验学生的学习成效。每个单元设计了阅读技巧讲解和阅读训练,以求即学即用。

以《阅读教程》上册的第 8 单元为例。"学习目标"帮助学生明确学习重点,本单元的目标是"区别观点和事实、阅读论辩文、学会健康生活"。"单元导入"旨在激发学生的阅读兴趣,将阅读与口语相结合,引导学生进入正式阅读。导入的形式有引言、小故事或问题讨论等。"阅读课文一"选自英美书籍、报刊及国外网站,力求语言地道,保持原文风貌,字数在 600—800 词左右。"阅读课文二"的设计与"阅读课文一"相似,提供相近话题的阅读文本。"阅读技巧"提供一项阅读技巧讲解,并结合课文实例进行操练,系统提高学生的阅读技能。"补充阅读"内容为文学作品节选或与单元主题相关的文章,为学生提供拓展阅读材料,并附有背景知识介绍或评论,供学生课外学习使用。

《阅读教程》遵循职业教育规律和特点,内容选择与学生生活和今后的职场相联系,选文语言简单,便于理解,具有很强的时代性和趣味性;教材设计以交际法为主,发挥学生的主动性,练习围绕学习目标,与导入问题相呼应,相辅相成,形成完整的结构;语篇、内容和语言学习相结合,有助于提高学生的语言应用能力。

图 18-21　《写作教程》

《阅读教程》的编者邀请了外教和外国学生参与审校,确保教材的语言地道。另有 24 名高职学生参与了阅读材料试用和词汇检测,保证了教材难易度适中。

(5)《写作教程》

《写作教程》为单本教材,以应用文写作为主要教学目标,使学生在今后的职场上学以致用。

教材共有 16 个单元,以应用文写作为主,并针对高职高专学生的知识结构、未来职业要求和学生的专业发展需求,按照文体用途分为 4 个模块,即日常交流(Daily Communication)、办公室商务沟通(Office Routine)、外贸函电(Business Correspondence)和短文写作(Essay Writing),详见表 18-19。

表 18－19　《写作教程》目录

单　元	教 学 配 套 资 源
Unit 1	Letter of Congratulations
Unit 2	Resume
Unit 3	Letter of Application
Unit 4	Registration Form
Unit 5	Letter of Complaint and Response
Unit 6	Invitation
Unit 7	E-mail
Unit 8	Note
Unit 9	Memo
Unit 10	Notice
Unit 11	Inquiry and Response
Unit 12	Offer and Counter-offer
Unit 13	Order Letter
Unit 14	Presenting Visual Information
Unit 15	Expository Writing
Unit 16	Argumentation Writing

　　《写作教程》内容编写针对商务职场实际需要,融入应用文写作知识和技能,用多种方式实现语言训练和职业技能培养的目标。每个单元由 5 部分构成,即准备开始(Get Started)、导入(Lead-in)、阅读与分析(Read and Analyse)、熟能生巧(Practice Makes Perfect)与进展评估(Evaluate Your Progress),详见表 18－20。

表 18‐20 《写作教程》单元结构与内容①

结　构	内　容
Get Started(准备开始)	Unit Objectives(单元学习目标)
Lead-in(导入)	Questions to Work Out(问题回答)
Read and Analyse(阅读与分析)	Sample Study(样本研读) Useful Expressions(有用词汇) Writing Tips(写作要点)
Practice Makes Perfect(熟能生巧)	Warm-up Activities(预热活动) Writing Practice(写作练习) Extra Practice(补充练习)
Evaluate Your Progress(进展评估)	Can-do List(能为清单)

《写作教程》的整个编写设计的原则是"以实例分析为基础,以分布引导式训练为方法,加强过程培养环节和关键写作要点化"。以第 7 单元为例,"阅读与分析"通过写主题句、辨别正式和非正式文体等练习展示电子邮件的格式、构成等,并提供相关"有用词汇"和"写作要点";"熟能生巧"以任务型练习为主,有同义词比较、填空等,写作练习分步引导。

《写作教程》结合学生学习及就业实际,以应用文写作为主,用真实语料,归纳写作要点,以完成现实任务为目标,评估用英语做事的能力。

（6）《语法教程》

《语法教程》为单本教材,2008 年初版,2016 年修订后再版。

《语法教程》共有 16 个单元,包括讲解与练习,2016 年修订时按照"先词后句,一般到特殊"的原则调整了单元顺序,遵循英语语法惯常顺序,分为词法、句法及常见语法现象,替换了部分例句,增加了更实用的练习。

教材的词法部分从宏观视角概括英语词类,然后逐一讲解名词、动词、形容词和副词、限定词、介

图 18‐22 《语法教程》

---

① 李莉文,李养龙.致用英语:写作教程.北京:外语教学与研究出版社,2015:V.

词和动词等,其中动词部分涉及时态和语态;句法从句子类型入手,讲解简单句、并列句和复合句,重点介绍复合句的常用从句;对于倒装、虚拟语气、强调、省略等常见语法现象也一一讲解。教材内容编排也颇具特色:语法讲解与相关练习对开排版,即左边页面是语法要点和例句,右边页面是练习;练习形式多样化,形式有常见的填空、改错等。随书配有单独的"参考答案"。

(7)《英语报刊阅读》

《英语报刊阅读》为单本教材,内容涉及贸易、教育、广告、就业、娱乐、体育、饮食、健康、艺术、经济、科技、环境、灾难、政治和生活方式等多方面。

《英语报刊阅读》共有 14 个单元,每个单元由"新闻知识介绍""典型选篇阅读"和"读报技巧分析"3 个模块构成。每个单元从新闻知识介绍开始,说明新闻语言的特点,介绍西方主要通讯社和中国主要英语报刊,通过典型选篇阅读,学会读报技巧,帮助学习者掌握英语报刊文章的框架,抓取相关信息,并归纳大意,提高理解英语报刊文章的能力,了解相关事件的社会文化和政治背景,提高对国际问题研究和英美文化研究的兴趣。

图 18－23　《英语报刊阅读》

"新闻知识介绍"描述英国、美国、中国和其他西方国家主要通讯社特点及其语言特色,如"中国主要英语报刊简介""社论""英语报刊中的图片说明"等。"典型选篇阅读"有两篇文章,文后附有单词表、注释、词汇识记和练习,练习形式有词汇填空、句子释义、翻译、回答问题和讨论等。"读报技巧分析"介绍英语报刊中常用的特殊写作技巧,比如首字母缩写、前置定语、网络新词等,而且这些写作技巧都能在本单元的阅读篇章找到相应例子。

《英语报刊阅读》选材有一定时间跨度但不刻意强调时效性;内容与学生相关,符合其接受能力和生活实际,难度适中。新闻知识介绍作为背景知识有利于拓宽知识面,重点词汇及表达方式和读报技巧帮助学生理解篇章,提高阅读和写作能力。

(8)《英语国家概况》

《英语国家概况》为单本教材,是描述主要英语国家概况的历史文化型教材。

《英语国家概况》突破按照国别编写的传统,采用主题编写方式,分别介绍

图 18-24 《英语国家概况》

英国、美国、加拿大、澳大利亚和新西兰等主要英语国家的历史、政治制度、社会热点、教育、经济和传统与习俗等社会文化背景知识,帮助学生了解这些英语国家的概貌,并通过词汇练习、词义搭配、填写表格、口述、报告和辩论等形式巩固语言知识,对比其文化差异,提高口语表达与交际沟通技巧,培养跨文化意识和能力,适应全球化形势下职业教育的目标。

　　教材共有 7 个单元 15 课,每个单元 2—3 课,每课包括学习目标(Learning Objectives)、预热准备(Starter)、课文(Texts)、课文复习(Lesson Review)、案例分析(Case Study)和补充阅读(Supplementary Reading)等 6 个模块,如表 18-21 所示。

表 18-21　《英语国家概况》单元编排结构

Items(名目)	Contents(内容)
Learning Objectives	Acquire . . . Learn about . . . Compare/find out/ . . .
Starter	Identify the following pictures and talk as much as you know about them.
Texts	Text A Text B
Lesson Review	Vocabulary Building Key Facts Discussion and Report Extensive Activities
Case Study	Cases Tips Questions for Discussion
Supplementary Reading	2—3 readings

　　以第 2 单元为例,内容包括英国简史(A Brief History of the UK)、美国简史(A Brief History of the USA)以及加拿大、澳大利亚和新西兰简史(A Brief History of Canada, Australia and New Zealand)。《英语国家概况》按主题编排有助于学

生就同一内容进行横向比较,可以培养学生的比较分析和归纳能力,避免将英语国家简单对待,有助于培养文化间性和跨文化能力。

(9)《英美文学选读》

《英美文学选读》为单本教材,其编写目标是在英语教学中适时适量介绍英美文学和文化,对于提升学生的英语水平、培养学生对文学的兴趣及其跨文化意识很有必要且十分有效。

《英美文学选读》针对高职高专院校的教学特点和培养目标,结合高职高专英语专业学生的学习要求,分别遴选了英美两国各个历史时期的知名作家及其主要作品,从宏观和微观两个层面介绍英美两国的文学历史和人文思潮,达到提高语言应用能力、陶冶情操、培养文学修养的教学目标。

图 18－25　《英美文学选读》

《英美文学选读》分为英国篇和美国篇,以主题形式编写,精选了两国文学史上不同时期和不同流派的重要作家及其经典作品,主要作家有威廉·莎士比亚、弗朗西斯·培根、罗伯特·彭斯、威廉·华兹华斯、约翰·济慈、简·奥斯汀、马克·吐温、欧·亨利等。全书共有 9 个章节,英国篇 5 个章节,美国篇 4 个章节,每个章节包括"时代背景"和"作家及作品选读"两大板块。"时代背景"为中文,"作家及作品选读"内分设"作者简介""作品介绍""作品选读"和"作品赏析"。除"作品选读"为英文外,"作者简介""作品介绍"和"作品赏析"均为中文,"作品赏析"后是讨论题和活动,如表演或背诵等。

《英美文学选读》针对高职高专学生水平选材,选材精粹且循序渐进,运用中文介绍和赏析,兼顾趣味性、人文性和教育性。教材行文流畅,语言简洁幽默,有助于学生掌握地道的英语,增强对西方文学及文化的了解,达到学以致用的目的。

3. 教材特色

通过对该系列中 9 种教材介绍和分析,可见《致用英语》在编写理念、整体设计、内容编排等方面都具有十分鲜明的特色:

1)《致用英语》落实以学生为中心、任务型教学和跨文化能力培养等教学理念。贯彻以学生为中心的教学理念,内容选择、模块设置、教学活动和练习的设计注重以培养学生的自主学习能力为目标,重视基本功的训练,强调运用英语解决实际问题的能力。从高职高专学生水平和教学实际出发,把语言应用能力落实到跨文化能力的培养中,每课均设计了拓展性内容,便于师生结合实际灵活调整内容。

2）全面培养英语语言能力。该系列教材包含了相应的听、说、读、写教程，满足了基本语言技能训练的需要，除了基础性常规性的听、说、读、写语言技能训练外，根据高职高专英语专业的学生特点配备了语言知识类和综合性的教程，如《语法教程》《英语国家概况》《英语报刊阅读》和《英美文学选读》等，以提高对英语国家文化知识的了解和跨文化能力。

3）立体化系列教材适应信息化发展和信息化教学形势。该系列教材除了纸质教材和教师参考书外，还配置了录音、视频、电子教案等现代化教学资源，开拓网络学习资源，利用任务型活动培养学生的自主学习能力。

4）统一的《前言》体现总体编写理念，每种教材独有的《编写说明》针对性强，重点突出。《前言》就该系列教材的编写目的、结构和特点以及编写队伍做了简要说明。根据课程特点，每种教材的个性化《编写说明》颇具特色，主要包括"教材总体介绍""教材主要特点""单元结构与教学建议"和"作者队伍"等部分。其中"教材总体介绍"再次明确教材的编写目的和目标，突出把握高职高专英语的定位和人才培养目标；"教材主要特点"特别突出了相关教材针对目标群体的编写特点，即语言材料的真实性、教学活动的任务性、知识与能力的并举性以及培养学生的学习自主性和发展性等。

5）该系列教材的"设计意图与教学建议"体现对教师的尊重和引导，尤其在教师用书的编写上从理念到语言都体现了对教师的理解和引导。针对高职高专的师资队伍年轻化和低职称的现状，潜移默化地引导教师改变教学理念和教学行为，客观上起到了促进教师教育和教师发展的作用。

综合上述特色，该系列教材在资源的立体化配套和跨文化能力培养方面，体现了高职高专外语人才培养的目标，适应了互联网时代外语教育和学习的需求，抓住了英语教育的核心，更提升了教师的教学理念，开拓了教师视野，因此这套教材受到普遍欢迎。

（七）《职通商务英语》系列教材

《职通商务英语》系列教材于2010年7月起由高等教育出版社陆续出版，于2016年2月起修订后再版，并被纳入"十二五"职业教育国家规划教材。

1. 编写人员

《职通商务英语》系列教材由贺雪娟[①]担任总主编。《职通商务英语》（第2

[①] 贺雪娟为长沙民政职业技术学院应用外语系系主任，兼任全国高职高专英语专业教学指导委员会委员，国家PETS考试湖南考委会委员，全国国际商务英语等级认证专家委员会委员，中国职教学会委员会高职英语教学研究会副主任委员。

图 18-26　《职通商务英语》

版）系列教材仍由贺雪娟担任总主编,大连理工大学孔庆炎担任总主审,外籍专家 Hal J. Mettes 和 Caroline J. Mettes 参与审稿。该系列教材的主要编者为长沙民政职业技术学院外语学院及其他高职高专院校的教师,详见图 18-27。

2. 教材介绍

该系列教材包括《综合教程》（1—4）、《听说教程》（1—3）、《拓展教程》（1—4）,共 11 册。该系列教材综合教程各册均配有 MP3 录音、音频资料。系列教材的相关录音和配套教学资源均可在高等教育出版社网站对应板块下载。

全套教材根据《GB/T28158—2011 国际贸易业务的职业分类与资质管理》（2012年实施）中分列的商贸职业岗位群的人才

图 18-27　《职通商务英语》（第 2版）编者名单

培养目标和《高职高专英语专业标准与课程标准设计》中"商务英语专业的课程标准"进行设计和规划①,基于"商务技能+英语知识=核心竞争力"的理念进行编写。现将该系列中的核心教材《综合教程》进行简单介绍:

①　参见《职通商务英语》2016 年版前言。

《综合教程》的第 1、2 册以词汇、语法、语用技能、跨文化能力和普通商务知识为主，第 3 册围绕国际商务及国际贸易流程设计单元主题，第 4 册为具体商务案例的学习和分析。以《综合教程》第 1 册为例，该册含有 10 个教学单元，每个单元由 5 个模块构成，即学习目标（Learning Objectives）、任务导入（Lead-in）、精读课文（Reading）、语言要点（Language Focus）和商务交际（Business Communication），分别对应听、说、读、写以及交际等语言基本技能和商务学习目标。该教材以上述内容为依托，通过听、说、读、写、译等练习将词汇和语法等语言知识和语用能力培养融入商务场景，做到言之有物。学生通过阅读英语既了解相关的商务基本概念、商务行业和主要特点，积累商务知识，又学习了相关的词汇和语法，锻炼了语言技能，"使语言学习过程变成语言知识和专业技能共同增长的过程，体现语言作为工具和媒介的作用"①。

每课的"语言要点"中以多种"填空"形式涵盖了词义辨析、词型转换、动词变形等词汇知识，用"改错"形式替代语法讲解，实现"以练代讲"，强调正确使用时态；而"中译英"则是综合性练习，包含了商务常识、英语时态和目标词汇等。"商务交际"以商务场景为语境，分别涉及商务听说、商务写作和商务礼仪，培养商务环境下的英语语言沟通能力。第 1 册的"写作"涉及商务信件、公司简介、议程、名片及公司贺卡、电话留言、产品简介、备忘录、通知、电子邮件、投诉及协调等实用写作，便于学生了解相关岗位的职责和工作用语，为毕业后尽快适应工作岗位要求和语言需求做好准备。以第 1 单元为例，"写作"部分用实例加图示介绍英语商务信函的格式和要求（见图 18-28），"听说"训练以商务场景中的语用功能为主，第 1 册的内容涉及表达观点、推介公司、主持会议、社交、商务电话、介绍产品、提供帮助、寻求及提供忠告、提建议和处理投诉等，体现商务英语专业的应用性和实践性。"商务交际"涉及美国的行为准则、礼貌行为、商务会议礼仪、商务问候与介绍、电话礼仪、销售礼仪、跨文化交际语言特点、银行礼仪、商务电

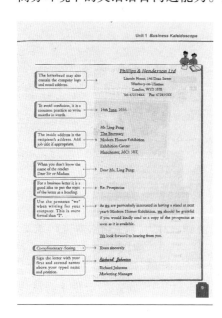

图 18-28　商务信函的格式示例

① 参见《综合教程 1》（第 2 版）前言。

子邮件礼仪、客服戒律等。

《综合教程》的教师参考书按照"以教为主"设计,每册的电子教案分为 10 个单元,每个单元包括 1 个主页面和 3 个教学模块,图文并茂。

3. 教材特色

1)编写人员以高职高专院校教师为主。这套教材落实了教育部印发的《关于"十二五"职业教育教材建设的若干意见》中关于"教材开发要切实反映职业岗位能力标准,对接企业用人需求,鼓励和支持行业协会等组织利用行业资源和人才优势,开发体现行业要求、突出行业特色的专业课程教材和高质量的实习实训教材"的要求,由具有丰富行业实践经验的"双师型"教授任总主编,各分册由职业院校的一线英语教师主编。

2)注重按照商务岗位所需人才的核心能力编制教材。该教材根据《GB/T28158—2011 国际贸易业务的职业分类与资质管理》(2012 年实施)对国际商务从业人员、涉外企业管理人员和涉外服务从业人员的主要岗位群及其人才培养的目标以及《高职高专英语专业标准与课程标准设计》,制定商务英语课程目标,将商务专业知识、跨文化能力与英语语言运用技能相结合,培养学生在商务场景中应用英语语言知识和商务知识的技能。

3)注重以内容为依托的语言教学。该教材内容以商务实践为基础,以主题式和案例式相结合的方式编排教材模块,注重选材的真实性、全面性和实用性。选材涵盖商务活动中的各个实践环节,商务场景贯穿始终,着重介绍商务专业基础理论知识和专业技能,通过具体明确的商务场景和任务将英语学习与商务知识相结合,既具理论性又易于操作。

4)注重采用具有商务特色的教学方法,即 ISAS(Information Search and Analysis Skills)教学方法[①]。这是以学生为主体、教师为主导的教学方法,培养学生独立思考、解决问题能力和语言表达能力。该方法遵循"输入—内化—输出"的规律,体现语言的交际功能和商务知识的运用,在操练中实现教与学的结合与统一。

5)注重语言的体验观和语用观。每个单元都有与语言要点相关的词汇训练,帮助学生理解、掌握和运用重点词汇以及相关的语法知识,紧扣专业技能与英语语言结合的"实用和够用"的原则,以满足高职高专学生的实际需求。

6)注重教材系列化、立体化配套。主干教材、拓展教材、教学参考、网络资源相辅相成。除教参外,教材中的"教程使用说明"介绍教材特点和使用建议,

---

① 参见《职通商务英语》2016 年版前言。

图 18‑29　《旅游职业英语》

凸显实用性;结合各类考试的新题型,以练代讲,讲究实操性。修订及时,更换过时素材,提供符合时代特征的新现象、新知识、新技能。

(八)《旅游职业英语》系列教材

《旅游职业英语》是一套系列教材,由《旅游职业英语》编写组组织编写,2016 年由高等教育出版社出版,是教育部"十二五"职业教育国家规划教材。

1. 编写人员

该套教材由英语教育专家、高职高专院校英语教师、旅游管理部门和旅游行业等相关部门的从业人员组成编写组,共同完成编写。编写组成员主要来自北京青年政治学院、北京联合大学旅游学院、北京工业职业技术学院、北京交通大学远程与继续教育学院、北京经济管理职业学院、北京电子科技职业学院、首钢工学院、北京农业职业学院、河北廊坊燕京职业技术学院、广东行政职业学院、北京市公园管理中心(北海公园、颐和园、天坛公园)、北京凯撒国际旅行社、北京九州风行国际旅行社、新视野国际旅行社、安捷之旅国际旅行社、北京凤凰假期国际旅行社、北京双雄对外服务公司、中国社会科学院研究生院国际文化教育中心、北京市教育委员会、北京人民广播电台外语广播等单位。

2. 教材介绍

《旅游职业英语》系列教材由 10 个分册构成,包括《读写实务》(1—3)、《听说实务》(1—3)、《口笔译实务》(1—2)、《英文报刊选读》和《中国旅游地理实务》。该系列教材针对高职高专旅游英语专业,也可供其他专业高职学生、旅游从业人员、旅游爱好者以及国际游客参考使用,配有相关录音及视频材料、实训手册和学习软件。

《旅游职业英语》根据旅游行业和岗位专业素质与能力的培养要求,从实际工作需要出发,将语言学习与工作实际相结合,是一套注重旅游职业应用实践的系列教材。

(1)《读写实务》和《听说实务》

《读写实务》和《听说实务》按照导游岗位、国际旅行社业务和涉外酒店服务

3个模块安排教学内容,每册8个单元,如介绍(Introduction)、精读(Intensive Reading)、泛读(Extensive Reading)、写作(Writing)、职业沙龙(Career Salon)和有用词汇与表达(Useful Words & Expressions)等。

图 18-30　《读写实务》

图 18-31　《听说实务》

《读写实务》第1册的内容涉及相关岗位描述、精读、泛读、基础写作、涉外旅游礼仪常识和重点词汇学习,分别对应"岗位及核心技能""知识性阅读和重点词句识读""略读技巧和速度技巧""词、句、段、篇""职业视野拓展"和"素质培养"等能力和素质培养目标。尤其"基础写作"的内容从词(填字谜、看图写词)到句(填词成句)直至根据中文信息填写英文的签证申请表,内容词汇和句型都以旅行社办理旅游证件的实务为基础,既突出了行业和岗位特征和要求,又与常用词汇、句型和表格文件相结合,突出了职业英语特色,实现"工学结合"。《读写实务》第2册和第3册的基本编写框架与第1册相同,相应模块体现了延续性和应用性特点。

《听说实务》(1—3)是《读写实务》(1—3)的平行教材,每册8个单元,按照导游岗位、国际旅行社业务和涉外酒店服务3个模块安排教学内容,其内容编排相互补充和拓展。

《听说实务》第1册根据听说课程特点,分置介绍(Introduction)、模仿与听写(Imitation & Dictation)、会话与陈述(Conversation & Presentation)、职业沙龙(Career Salon)、文化沙龙(Culture Salon)和有用词汇与表达(Useful Words & Expressions)等教学模块,结合相关岗位描述,通过"模仿与听写""对话与陈述"强化语音语调模仿,提高对话沟通技巧和陈述技巧。"职业沙龙"内容涉及节日礼仪、场馆礼仪、电话礼仪、谈判礼仪、办公礼仪、酒店礼仪、小费习俗、饮食风俗等。特有的"文化沙龙"以介绍中国文化为主,内容涵盖对联、石刻、相声、太极拳、文房四宝、剪纸、中国画和饺子等。

《听说实务》第2册承接第1册,为后续课程夯实基础,依然按照导游岗位、国际旅行社业务和涉外酒店服务3个模块安排教学内容。全书共8个单元,教学模块与第1册相同,结合"相关岗位描述",通过"听记与听释""演讲与讨论"培养学生英语笔记技巧和诠释技能,锻炼公众演讲能力和协作研讨能力,提高跨文化交流和行业技能交流能力。"职业沙龙"涉及涉外旅游安全常识,以涉外旅游为主,境内外兼顾,内容包括景区游览设施安全、海外旅行安全、旅游交通安全、意识形态安全、酒店各类安全等案例。"文化沙龙"介绍中国结、窗花、空竹、竹扇、插花、灯笼、糖葫芦、绣品服饰等中国传统手工技艺。《听说实务》第3册在第2册基础上,以旅游行业境外岗位为主,结合"相关岗位描述",通过"听写、听记、听释、听译"和"对话、陈述、演讲、研讨"等模块训练,培养学生英语记录技巧和英文释译技能、宣传展示能力和合作交流能力,提高跨文化交流和行业技能交流能力。"职业沙龙"涉及境外旅游应急常识,以中西文化差异环境下的境外旅游冲突事件为案例。

(2)《口笔译实务》(1—2)

《口笔译实务》(1—2)是《读写实务》(1—3)和《听说实务》(1—3)的后续课程教材,适合高职高专的旅游英语、酒店英语、商务英语等专业的学生在掌握了一定的应用英语与专业知识的基础上使用,提高从事旅游、酒店、出入境等行业的职业英语翻译能力。

《口笔译实务》(1—2)按照景点景区、国际旅行社和涉外酒店3部分编排,

图 18-32　《口笔译实务》(1—2)

均有 8 个单元。《口笔译实务》第 1 册和第 2 册分别以英译汉和汉译英为主,按照先口译再笔译的顺序,设置了句子口译(Sentence Interpretation)、会话口译(Conversation Interpretation)、语篇口译(Passage Interpretation)、句子笔译(Sentence Translation)、语篇笔译(Passage Translation)、文化与技巧沙龙(Cultures and Skills Salon)、练习(Practice)等教学模块,通过与岗位相关的句子、场景对话、语篇口笔译,分别培养英语词汇、句子结构、语篇的英译汉和汉译英技巧,提高翻译能力。

(3)《中国旅游地理实务》

《中国旅游地理实务》内容涉及中国地理概述和华北、华东、华中、华南、西南和西北等旅游区域介绍,聚焦各地旅游文化特色,辅以自然地理知识。教材利用阅读材料、练习题、图片等内容将旅游行业知识贯穿到语言训练当中。单元内容涉及各地区重点旅游景区的图片,使学习者对景点景区有直观的认识,将所学的知识融会贯通、学以致用。单元阅读文章之后的习题除涉及词汇(生词及专有名词)知识、阅读理解之外,还包括口语讨论等训练。在语言训练方面,每个单元内容均涉及词汇、口语表达、阅读理解等技能。

(4)《英文报刊选读》

《英文报刊选读》从旅游类专业学生学习英语的需求出发,重点突出语言知识的学习与语言技能的应用、景点知识和文化习俗的介绍以及旅游行业英文报刊和网络阅读技能的训练等。内容选择和编排结合旅游专业特点,拓展了学习者国际化视野,有利于其职业适应性和发展性。《英文报刊选读》共 8 个单元,每个单元内设 5 个模块,内容涉及西欧、南欧、澳大利亚、南美、北美、东南亚、南亚等对中国旅游者具吸引力的旅游目的地,语料来源于主流的英美报刊及网络近年刊登的各种类型短文。

3. 教材特色

1) 教材编写人员多元化。编写组人员体现了专家、任课教师和企业人员共同参与的特色;高职院校英语教学专家领衔主编,体现外语教学研究的新理念;相关行业、政府主导部门、旅游实体单位、对外宣传部门等参与编写,既体现了行业特色,又突出了教材的实践性和跨文化特质;外籍专家参与审稿,确保语言的规范性、地道性和有效性。

2) 教材内容适切性高。该系列中的主干教材体现旅游行业特点,均按照导游、旅行社到酒店各旅行环节的相关岗位所需工作要求为基础,将英语知识和技能训练的内容和练习融入各岗位的主要环节中,使学生在学习岗位技能的同时,掌握与相关场景适切的英语表达方式,做到学以致用,以用促学。《读写实务》《听说实务》和《口笔译实务》等教材的板块设置以及内容的关联性均以行业需要和岗位特点为基础,确保了语言学习内容的适切性和应用性;《读写实务》《听说实务》和《口笔译实务》各种教材的内容相互衔接,彼此呼应,起到"学习—巩固"的作用。

3) 内容难度适中,循序渐进。本系列教材内容境内外兼顾,做到英语语言技能学习与专业素质、能力培养、旅游专业知识技能相结合,为旅游英语专业后续课程打基础,注重旅游知识的拓展和英语语言能力的提升。教材还包括了参加职业技能大赛和考取职业资格证书的相关知识,满足了学生的考证和就业需要。

4) 语言训练突出职业性。该系列教材将"实用为主,够用为度"的原则落实到位。阅读和写作的选材都突出岗位核心技能应用,确保源语言输入的质量与时效。语料主题内容多样,既囊括文化、风俗、景观,也涉猎旅游常识、线路规划等。涉外旅游常识取材广泛,境内外情景兼顾,注重职业性、时效性、多样性、趣味性和实训设计的针对性和实用性,有效扩展和提高学习者在旅游岗位所需的英语知识和技能,同时为就业后能力发展奠定基础。

全套教材以听、说、读、写、译为基础,辅以《英文报刊选读》和《中国旅游地理实务》拓展国内外旅游专业知识,促使学生英语语言应用能力和旅游职业能力全面发展。

第三节　高职高专英语专业教材的发展趋势

我国的高职高专英语专业教材从 20 世纪 90 年代起步,已走过 30 多年的发展历程,尤其是经过国家的"十五""十一五""十二五"以及"十三五"有计划、有规模的发展,已形成较为完整的专业对口、又注重应用的高职高专英语专业教材体系。可以说,经过出版社的努力、专家学者的研究和高职高专英语教师的参与,目前可供选择的高职高专英语教材越来越多,教材的使用也呈现出多样化的局面,涌现出一批优秀适用的教材。然而,应该看到,教材的进一步发展也受到教材开发情况、教师素质和能力、学生需求和学校政策等因素的制约。在教材建设中如何在满足"实用为本、够用为度"原则下,大力开发综合各种信息化资源的立体化教材,满足技术技能型人才培养要求,尤显重要。这也将是未来高职高专英语专业教材发展的一个趋势。

今后的高职高专英语教材究竟如何发展？其发展趋势从国家近年来接连颁布的规划和政策中可见一斑。

2017 年 7 月,国家教材委员会成立,旨在规范并完善国家各个层面的教材规划、编写、审核、选用的过程。这是针对大中小学的教材规划和建设而首次成立的国家级机构。

2019 年 2 月,国务院印发了《国务院关于印发国家职业教育改革实施方案的通知》(以下简称《通知》),对职业教育提出了全方位的改革设想。《通知》强调,到 2022 年,职业院校教学条件基本达标,一大批普通本科高等学校向应用型转变,建设 50 所高水平高等职业学校和 150 个骨干专业(群)。职业教育的重要性被提高到了"没有职业教育现代化就没有教育现代化"的地位①。《国家职业教育改革实施方案》要求"从 2019 年开始,在职业院校、应用型本科高校启动'学历证书+若干职业技能等级证书'制度试点工作"。职业教学现代化的目标对新时期的高职高专英语专业教材编写提出了更高的要求。

2020 年 1 月,国家教材委员会经过两年多的广泛调研,颁布了《全国大中小学教材建设规划(2019—2022 年)》,同时还颁布了《中小学教材管理办法》《职业院校教材管理办法》《普通高等学校教材管理办法》和《学校选用境外教材管理办法》,提出了坚持问题导向,立足严格管理、以管促建,进一步健全制度机

① 国务院关于印发国家职业教育改革实施方案的通知. 国发〔2019〕4 号.

制,推进教材规范管理。

《职业院校教材管理办法》(以下简称《办法》)针对职业院校教材存在的"管理比较'松',职业特色不明显"的问题[1],提出"重在加强规划引领,鼓励行业、学校和企业等多方参与,强化全流程产教融合、校企合作"等要求,充分考虑职业院校教材"种类多、编写主体多元、实用性强、内容更新快等特点",强调"从规划、编写、审核、选用等环节注重体现职业教育特色,强化全流程产教融合、校企合作,为培养技术技能型人才提供支撑"。《办法》要求教材编写人员熟悉职业教育教学规律和学生身心发展特点,对本学科专业有比较深入的研究,熟悉行业企业发展与用人要求,有丰富的教学、科研或企业工作经验,规定教材编写团队应包含相关学科专业领域专家、教科研人员、一线教师、行业企业技术人员和能工巧匠等。同时,《办法》还要求,加强开展教材评价研究,鼓励教材编写者、同行和使用者通过自评和他评,结合毕业生回访和用人单位调查,对教材的内容、结构和使用效果做出客观科学的评价,以指导后续的教材编写和修订。

教材编写关乎人才培养的质量,与教师和学生密切相关。高职高专教育的教材建设从开始便将专家指导与高职高专教师参编相结合,鼓励企业参与教材编写,提高了高职高专教材与行业的契合度和岗位的相关度,极大提高了教材的适切性。

2020年是"十三五"规划教材的收官之年,标志着进入"十四五"规划时期。可以预见,在国家高等职业教育发展政策和教材建设政策指导下,经过一线教师、外语教育专家、行业专家和主管部门努力,高职高专英语专业类教材的立体化现代化建设必将迎来新的繁荣时期。

---

[1]　教育部.建立健全教材管理制度　提升教材建设科学化规范化水平——教育部教材局负责人就教材管理办法答记者问. http://www. moe. gov. cn/jyb_xwfb/s271/202001/t20200107_414565. html. 2020 - 01 - 07.

第十九章
高职高专公共英语教材

如前所述,高职高专英语教学是我国大学公共英语教学的一个重要组成部分,其教学是根据学生培养的目标和特点,进行设置和运作,旨在为国家建设培养各领域的应用型人才,以满足社会发展的需求。

第一节 高职高专公共英语教学初始及
教材起源(1990—2000)

一、高职高专公共英语教学

从中华人民共和国成立至国家改革开放之前,只有少量的高等专科学校,这些学校的管理体制、管理模式和教学制度都效仿本科高校。高职高专院校在 20世纪 90 年代初也开始有了针对非英语专业学生公共英语教学,但专科公共英语教学完全效仿本科的大学英语教学,只是课时比本科有所压缩①。因此在 1995年以前,高职高专院校非英语专业的公共英语课程长期借用本科阶段的大学英语教材,具有高职高专教育特色的公共英语课程或教材处于匮乏状态,可供选择的教材很少,内容和难度均不适用于高职高专学生,缺乏实用性,无法满足学生的未来职业需求②。

这一时期的高职高专公共英语教材建设存在的主要问题有:1) 教材建设

---

① 戴炜栋,胡文仲.中国外语教育发展研究(1949—2009).上海:上海外语教育出版社,2009:744.
② 杨金土.20 世纪我国高职发展历程回顾.中国职业技术教育,2017(9):5-17.

工作滞后于教学改革的实践,教材内容陈旧,可供选择的品种太少,教学辅助教材及教学参考书短缺;2)尚未颁布具有指导性意义的高职高专公共英语课程标准或教学要求,缺少纲领性文件的指导,教材编写水平不高;3)教材建设资金不足,教材编写的政策支持不足,教师编写教材的积极性受到影响。这些问题和矛盾都需要通过深化改革和加强管理加以解决①。

二、高职高专教材起源

要使高职高专的英语教材能够适切学生的教学需求,原国家教委的相关部门根据高职高专发展的实际情况进行了一系列的规划。

1993年,原国家教委高教司制订了中华人民共和国建立以来高等教育专科英语教学方面的第一个教学指导性文件《普通高等专科英语课程教学基本要求》,确立了"以实用为主、以应用为目的"的全新教学理念。伴随着培养英语实用能力的教学转变,教育部开始规划相关教材建设。同年,原国家教委高教司成立了普通高等专科英语课程教材编审组,协助高教司制订、修订和宣传贯彻《普通高等专科英语课程教学基本要求》。1995年,由高等教育出版社出版的《实用英语》系列教材成为最早的一套具有鲜明普通专科特色的公共英语教材,自此高职高专层次的教学内容和教学方法改革开始在各院校开展起来。教育部在宣传推广该教材的同时,鼓励各校根据《普通高等专科英语课程教学基本要求》编写体现专科特色的其他教材。随后各校纷纷编写结合办学特色,适应当地经济发展的"校本教材"。同一年,高教司以普通高等专科英语课程教材编审组的成员为主,成立了普通高等专科英语课程教学检测工作研究组,该研究组当年启动了高等学校英语应用能力考试国家级试题库的建设。高等学校英语应用能力考试(以下简称"英语应用能力考试")开始成为高职高专公共英语教学改革和教材编写的风向标。

1996年《中华人民共和国职业教育法》颁布,高等职业教育法律地位得以确立,高等职业教育的必要性和重要性得到认可,教育部高度重视职业教育领域的教学改革和课程建设,教材建设也随之进一步发展起来。但当时的教育思想依然强调知识型的培养模式,传统的以教师为中心的课堂讲授方式占据主流,高职高专的英语教学只注重语言知识的系统性,与本科教学并无明显差异。1997年,教育部成立普通高等专科英语课程教学指导委员会,同普通高等专科英语课

① 刘黛琳.高职高专外语教育发展报告(1978—2008).上海:上海外语教育出版社,2008:11;杨金土.20世纪我国高职发展历程回顾.中国职业技术教育,2017(9):5-17.

程教学检测工作研究组一起开展教学改革和教学评价工作。1998 年开始,教育
部实施高等专科教育、高等职业技术教育、成人高等专科教育"三教统筹",高职
高专教育中的外语教学同其他各专业一样,急需探索具有自身特色的教学体系
和评价体系。当年 2 月,教育部印发《面向二十一世纪深化职业教育教学改革的
原则意见》,培养适应 21 世纪我国社会主义现代化建设要求的高素质劳动者和
专门人才,是职业教育战线落实党的十五大精神的重要任务。文件要求"教材
内容要密切联系实际,反映新知识、新技术、新工艺和新方法","要采用各种先
进、有效的教学模式和教学手段,发挥学生的主观能动性,把增强学生的职业技
术能力和就业能力放在突出位置,使职业教育的教育教学更好地适应经济发展
和劳动就业需要。"文件专门就教材建设提出部署,要求必须按照职业教育的专
业建设要求建立新的课程体系,并下大力气开发与之相配套的教材。在此背景
下,1999 年,普通高等专科英语课程教学指导委员会完成了全国第一个与教材
配套的高专公共英语多媒体课件研制工作,即国家"九五"重点科技攻关项目
《实用英语多媒体学习课件》。

　　综上所述,在 20 世纪 90 年代,原国家教委或此后的教育部为中国的高职高
专的教学发展,尤其是开创适合高职高专学生的英语教材,进行了一系列的规
划,颁布了一系列的指导文件,为高职高专英语教材的起步和发展指明了方向,
奠定了基础。

第二节　高职高专公共英语教学规划与规划
教材的编写(2000—2020)

一、高职高专公共英语教学规划

　　随着高职高专教育体系的逐渐完善,原有的公共英语教材的一些不适切性
弱点开始显现[①],如教材建设工作滞后于教学改革的实践、公共英语教学缺乏统
一的课程标准、教材编写水平不高及政策支持不足等。为解决这些问题,教育部
于 2000—2009 年颁布了一系列关于高职高专发展的规划文件。

　　2000 年 3 月教育部高教司颁布了《关于加强高职高专教育教材建设的若干

---

① 刘黛琳.高职高专外语教育发展报告(1978—2008).上海:上海外语教育出版社,2008:11;杨金
土.20 世纪我国高职发展历程回顾.中国职业技术教育,2017(9):5-17.

意见》,成立高职高专规划教材编写委员会,强调教材的统一规划和管理,突出高职高专教育的培养目标必须"以应用为目的",教材建设必须突出够用、实用的原则,充分体现应用性。以高等教育出版社为骨干力量,教育部高职高专规划教材的编写出版工作步入正轨,在接下来的数年时间里,同其他各专业教材一道,高职高专公共英语教材的编写出版工作也蓬勃发展起来。这一文件要求"教材要体现以应用为目的,以必需、够用为度,以讲清概念、强化应用为教学重点","不仅要注重内容和体系的改革,还要注重方法和手段的改革"。高职高专院校学生借用本科教材既不能突出够用为度的原则,也无法满足高职高专学习的应用性需求。因此,各出版社量体裁衣,推出了一批为高职高专学生放低学习起点但主打语言应用性的公共英语教材。

同年10月,教育部高教司颁布了《高职高专教育英语课程教学基本要求》(以下简称"《基本要求》")对高职高专非英语专业公共英语课程的教学目的进行了界定,并提出在词汇、语法、听力、口语、阅读、写作、翻译的具体教学要求。这一年高等院校英语应用能力考试国家级试题库也建设完成,该考试开始正式在全国范围内的推行。《基本要求》规定语言测试在考核英语知识的同时,应着重考核学生实际运用语言的能力。完成《基本要求》规定的学习任务后,学生应参加英语应用能力考试进行检测,检测分A、B两级(含笔试和口试)。《基本要求》的颁布为高职高专公共英语教材的编写提供了指导纲领,此后出版的公共类高职高专英语教材大多按照《基本要求》提出的交际范围、语言技能和词汇表进行编写。这些教材绝大多数为成套的系列教材,力求做到多层次、多类型,按照英语应用能力考试的A、B两个级别的不同要求编写成适合不同语言水平层次的分册,供起点不同的学生群体使用。学校或教师可以根据学生的入学水平选择从预备级或第1册开始学习,也可以根据学生不同的学习需求选择综合类、听说类、读写类、拓展类、行业类、备考类等多种类型的教材。由于《基本要求》规定的交际范围既包括日常交际也包括业务交际,甚至业务交际重于日常交际,越来越多的高职高专公共英语教材内容依托公司涉外活动和业务的场景,除了日常生活需要用到的交际语言,培养学生在国际商务交流洽谈中必备的语言能力成为21世纪高职高专公共英语教材的新趋势。

2001年,教育部办公厅印发《关于成立高职高专教育英语课程教学指导委员会的通知》,决定在原普通高等专科英语课程教学指导委员会的基础上,成立高职高专教育英语课程教学指导委员会(以下简称"英语课程教指委")。英语课程教指委的工作任务除参与制订、修订《基本要求》和其他高职高专教育英语教学指导文件,还需参与拟定、实施高职高专教育英语教材建设规划,并开展国内外教材的评估工作。教指委下设高等学校英语应用能力考试委员会(专科层次),专门负责英语应用能力考试试题库建设和高职高专教育英语教学质量的检测和评估工作。

2002 年,教育部推广使用高等学校英语应用能力开设国家级试题库,确立英语应用能力考试为权威的高职高专公共英语考试。高职高专的公共英语课程教学需要帮助学生通过这一考试,教考结合从而提高英语教学质量,提高学生的英语应用能力。因此,此后的高职高专公共英语教材建设也十分重视教材内容与英语应用能力考试的紧密结合,这些教材基本都有说明通过适当课时或适当册数的学习,使学生能够达到英语应用能力考试 A 级或 B 级水平。许多教材都配套有为学生备考设计的练习册或模拟试卷。

2006 年,为进一步落实《国务院关于大力发展职业教育的决定》精神,教育部印发《关于全面提高高等职业教育教学质量的若干意见》,强调了高等职业教育全面提高教学质量的重要性和紧迫性,要求加大课程建设与改革的力度,突出实践能力培养,增强学生的职业能力。为了响应教学改革的号召,英语课程教指委于当年启动了《高等职业教育英语课程教学要求》的制订任务。2009 年,《高等职业教育英语课程教学基本要求(试行)》(以下简称"《教学要求》")颁布,将2000 年《基本要求》培养学生"实际应用英语能力"的教学目标进一步具体为"以培养学生实际应用英语的能力为目标,侧重职场环境语言交际能力的培养,使学生逐步提高用英语进行交流与沟通的能力",公共英语课程应当培养生产、建设、服务和管理第一线人才。《教学要求》建议将高职英语教学分为两个阶段,即基础英语阶段与行业英语阶段,通过开设行业英语提高课程的"职业性",帮助学生更好地适应未来职场里的英语应用场景。在这一文件的指导下,出现了新形式的公共英语系列教材,整套教材被分为基础英语模块和行业英语模块,前者侧重打语言基础,后者则按照不同的行业编写,突出行业场景下的应用,如会计英语、建筑英语、计算机英语、机械英语、汽车英语等。这种教材可以适应《教学要求》建议的英语教学两个不同阶段的需求。在行业英语课程不断发展的过程中,行业英语教材的数量也迅速增长,但是教材重复建设的现象严重,得到大范围认可的高质量行业英语教材还不多。

二、高职高专公共英语规划教材的编写

这一系列的指导性文件,尤其是 2000 年教育部颁布的《基本要求》,为大学英语教学和教材编写指明了方向。

《基本要求》基于国家对高职高专教育人才的培养要求,并在总结高等职业教育、普通高等专科教育和成人高等教育英语课程教学改革经验的基础上制订而成。《基本要求》以培养高职高专学生实际运用语言的能力为目标,突出教学内容的实用性和针对性,提出了统一要求、分级指导原则,是学生学习英语课程应达到的合格要求,是各类高等职业学校、高等专科学校、成人高等学校和本科院校职业技术学院制订英语课程教学大纲、编写教材的重要依据,也是教育部和教育行政部门英语教学质量检查评估的重要依据。

在高职高专院校公共英语的教学过程中,面对高职高专非英语专业的学生,在只有一年180学时的教学安排下需要将他们培养成具有英语实用能力的高级应用型人才;而且,《基本要求》还明确指出,"英语课上既要传授语言知识,也要培养语言技能,特别要培养学生的语言运用能力。"然而,实际情况是,高职院校在教材选择方面五花八门,极不稳定。多数高职高专类院校会选用相对应的教材,有些学校使用本科教材,还有的学校是根据学生的专业情况选用教材。生源较好的学校和专业考虑到有些学生有参加大学英语四级考试的愿望,认为选择本科教材可以更大幅度地提高学生的英语水平。此外,有些高职高专类教材由于种种原因,在编写上缺乏针对性,不能满足学校非英语专业的需求,从而影响着高职公共英语教学的推进。

面对这样的局面,要解决公共英语教学和教材使用的问题,高职高专院校需要一个整体统一的教材编写规划。

第三节 高职高专公共英语规划教材发展历程

一、"十五"规划时期的探索与嬗变

高等职业学校、高等专科学校不仅属于高等教育范畴,而且属于职业技术教育领域。国家教育部颁布的《教学要求》对高职高专英语课程及教学做了明确具体的规定,突出强调"高职英语以培养学生的实际应用英语能力为目标,侧重职场环境下语言交际能力的培养"。高职高专公共英语教材的改革,主要是指使教材符合高职高专教育的现状,突出实用性、职业性。英语知识与职业技能相结合,必定能为其职业规划的实现增添有利砝码。同时,高职公共英语教材的改革也能推动高职院校英语教育理念的革新和英语教学模式的转变。

（一）概述

2001年教育部启动"十五"普通高等教育国家级规划教材建设管理工作,但都没有专门针对职业教育教材建设工作进行部署,"十五"期间仅有高等教育出版社和上海外语教育出版社编写出版了高职高专公共英语教材,这是两部较为系统规范的高职高专公共英语教材,获得了老师们的肯定。"十五"期间高职高专公共英语教材的主要呈现如下特征:

首先,逐渐摈弃效仿本科英语教材的做法,不断增强教材的应用性和职业性。单元主题从原来的抽象人文性主题转变为以日常生活和职场业务为场景的主题。从练习设计上看,机械式的单词语法训练逐渐由任务型活动取代,学生在应用语言完成任务的过程中内化语言。很多教材都提供角色扮演和模拟职场的课堂活动,学生需要操练业务场景下的常用句式来完成交际任务。从课文选材上看,过去的教材主要选择文字优美的记叙文、议论文、散文等,现在则多选自国外科普类和经济商务类杂志,特别是会多采用生活和职场中实际出现的对话和应用文,让学生做到在涉外业务中能听会说,能读会写。

其次,教材编写的教学理念从以教师为中心转变为以学生为中心。教材不断注重培养学生的学习自主性,内容的编排循序渐进地让学生通过练习、比较、讨论、扮演等方式自己去完成,需要教师讲授的内容减少,取而代之的是更多实践性的课堂活动。这可以体现出教材编写人员的教学理念在发生转变,他们认为学生的语言应用能力需要通过学生自己参与构建。

表19-1　"十五"以来高职高专公共英语类主要国家级规划教材的出版情况

序号	书　　名	主编	出 版 机 构	出版时间
1	英语（高职高专版）	编写组	高等教育出版社	2000
2	新编实用英语	编写组	高等教育出版社	2002
3	新世纪高职高专英语系列教材（全新版）	戴炜栋	上海外语教育出版社	2003
4	实用英语（非英语专业使用）（第3版）	编写组	高等教育出版社	2004

（二）典型教材介绍

由高等教育出版社编写的《实用英语》系列教材是最早的一套专科层次的公共英语教材,也是最早的教育部规划高职高专英语教材。这是以培养英语应用能力为宗旨编写的第一套普通专科英语教材,结束了高职高专使用本科、中专教材的历史。"实"是"实用、实际和实在","用"是通过完成各种"交际任务"来实现的①。

本套教材1995年正式出版发行。1993年颁布的《普通高等专科英语课程教学基本要求》将专科英语课程教学划分为两个阶段,即基础语言技能培养阶段和结合专业实际应用阶段,因此这套教材也分为两个阶段,分别是第一阶段的《综合教程》和《泛读教程》各3册以及第二阶段的《实用业务英语》1册。教材的前言建议各高职院校根据自己院校的实际情况进行内容和课时分配,建议每个学期完成1册的《综合教程》和1册的《泛读教程》的教学任务,共3个学期,第4学期完成《实用业务英语》的教学任务,做好基础与实践相结合。

图 19-1　《实用英语》(第1版)

该系列教材于1999—2000年进行了第一次修订。其中对《综合教程》的大范围调整更加符合专科层次英语教学的需要,降低了难度,将应用场景更加具体化。修订后的教材更加注重实用性,最明显的变化就是听与说的话题相关性更强,话题情景更符合涉外交际场景,实用写作部分也增加了传真、求学信、成绩单、公证书等学生可能实际使用的涉外应用文。2004年修订组以教育部2000年颁发的《基本要求》为依据,对《实用英语》进行了第二次修订。这次修订按照《基本要求》中的词汇表重新对课文中的分课词汇进行了标记和增删。原有的《实用业务英语》纳入了《综合教程》体系,成为《综合教程》第

---

① 向前进,周龙.实用英语的研究与实践——《新编实用英语》评述.中国外语,2005(3):33-37.

4 册。这套教材出版第 2 版时,开始配套多媒体学习课件,教材的选材和练习编写都突出英语学习者实践能力的培养,满足未来工作的实际需求。特别在写作实践、翻译实践和听说部分的编写上强调生活场景和职业场景相结合,把英语基本技能训练与职场意识融为一体。在不断再版的过程中,编者始终注意结合学生毕业后实际工作的需要,将语言基础能力与实际涉外交际能力的培养有机结合。

《实用英语》的单元主题并没有体现出很强的实用性,在每单元的课文部分也采用比较传统的编写体例,即按"热身思考—课文—单词表—练习题"的顺序编写。教材的实用特色集中体现于每单元两篇课文之后的技能训练和操练(Skills Development and Practice),由阅读技能(Reading Skills)、翻译练习(Translation Practice)、有指导的写作(Guided Writing)和听说训练(Listening and Speaking)4 个部分组成。每单元会聚焦一种阅读技巧、一种翻译技巧、一种应用文写作体裁和一个主题的听说常用语。例如《综合教程》第 1 册第 3 单元,就聚焦了根据构词法判断词义的阅读技巧、转译词性的翻译技巧、表格填写的写作技巧、咨询信息时常用的口语表达这 4 种技能训练。每个环节都有精炼的中文技巧介绍,虽然几乎全部是习题,但是题目的设置由易到难,且大多是模仿输出,能够培养学生自主思考并总结规律的能力。不足之处在于,大量的传统习题还是令这本教材略显枯燥。

同时期的另一套使用较为广泛的系列教材是由上海外语教育出版社 2000 年出版的《新世纪高职高专英语》系列教材,这套教材在 2003 年按照《基本要求》推出全新版,全套分为《综合教程》《听说教程》。该教材的前 2 版沿袭本科大学英语综合教程的模式,以两篇主课文为中心,配以适当习题。第 3 版才开始注重实用性和趣味性,增加了实用阅读(Practical Reading)、实用写作(Practical Writing)和学习指南(Study Guide),选择了非常实用的语料,如图表、索引目录、时间表、电子商务网站、商务信函、通知、表格等,并通过学习指导帮助学生树立健康的学习心态、合理规划学习和利用学习资源。作为最早的高职教材之一,出版者想创新、跟上时代步伐并且满足教师和学生要求的用心可见一斑。详见以下该套教材的目录内容:

Book 1	Book 2
Unit 1 College Education	Unit 1 Environment
Unit 2 Student Organization	Unit 2 Capital Cities
Unit 3 Friendship	Unit 3 Life and Money
Unit 4 Man and Woman	Unit 4 Photograph and War

Unit 5 Sports and Drugs

Unit 5 Cosmetic Surgery

Unit 6 Entertainment

Unit 6 Sino-American Relationship

Unit 7 Success

Unit 7 Digital Future

Unit 8 Young People in Business

Unit 8 Historical Relics

Unit 9 Internet

Unit 9 Disasters

Unit 10 Critical Thinking

Unit 10 Beauty and Fashion

图 19-2　《新世纪高职英语》(第 3 版,2010)

二、立体化教材的兴起与"十一五"教材改革

(一)概述

2005 年,教育部启动"十一五"普通高等教育国家级规划教材建设管理工作,但并没有专门针对职业教育教材建设工作进行部署,"十一五"期间有 17 个出版社出版了 30 种高职高专公共英语教材,这一时期高职高专公共英语教材的发展演变主要呈现如下特征:教材多依据系统功能语言学理论,教学方法以交际型、任务型教学法为主流。"立体化"教材体现出语言的学习过程就是学习如何用语言来完成各种功能的过程,是语言在语境中得到应用的过程。学生学习在生活和职场的各种不同情景中实现语言的交际功能,而这种学习通常需要通过完成该情景下的学习任务来完成,学生需要进行大量的语言实际应用,而不是学习独立的单词语法。因此,教师可以允许学生在语言准确性上有不影响交流的失误,但必须保证学生学会使用特定情景下相应的语言结构和交际模式。

表 19-2　"十一五"以来高职高专公共英语类主要国家级规划教材的出版情况

序号	书　名	主　编	出版机构	出版时间
1	简明实用英语(第 2 版)	崔秀敏	机械工业出版社	2005
2	新时代大学英语	臧金兰、栾述文、柳青军、李静	中国石油大学出版社	2005
3	英语(第 2 版)立体化系列教材	孔庆炎	高等教育出版社	2005
4	新动力英语立体化系列教材	王秀珍	高等教育出版社	2007
5	应用文写作实训教程	李振辉	机械工业出版社	2007
6	应用英语写作	张燕如、徐益	外语教学与研究出版社	2007
7	大学实用英语(高职高专系列教材)	于洪颖	北京教育出版社、江西科学技术出版社	2007
8	全新英语写作	陈立平	西安交通大学出版社	2007
9	灵通高职高专英语：综合拓展教程	王晓明、Suzanne Robare	译林出版社	2007
10	新编大学英语	浙江大学	外语教学与研究出版社	2007
11	高职高专实用英语综合教程	刘寅齐	中国财政经济出版社	2008
12	新起点大学基础英语教程	杨治中	外语教学与研究出版社	2008
13	新标准高职公共英语系列教材(《实用综合教程》《实用听说教程》)	王守仁	上海外语教育出版社	2008
14	实用语法简明教程	张月祥	上海外语教育出版社	2008
15	实用写作教程	晨梅梅	上海外语教育出版社	2008
16	新编实用英语(第 2 版)立体化系列教材	安晓灿	高等教育出版社	2008
17	世纪英语拓展阅读教程	龚耀	大连理工大学出版社	2008

续 表

序号	书 名	主 编	出 版 机 构	出版时间
18	英语教程	刘凤玲	外语教学与研究出版社	2008
19	点击职业英语	刘黛琳	中央广播电视大学出版社	2009
20	新视野英语教程	郑树棠	外语教学与研究出版社	2009
21	实用英语(第4版)立体化系列教材	陈永捷	高等教育出版社	2009
22	新编实用英语语法(第2版)	王振芳	高等教育出版社	2009
23	21世纪大学实用英语系列教材	翟象俊、余建中、姜荷梅	复旦大学出版社	2010
24	当代高职高专英语教程	盛跃东	浙江大学出版社	2010
25	希望英语	徐小贞	外语教学与研究出版社	2010
26	21世纪实用英语	张道真、邱立志	中国人民大学出版社	2011
27	畅通英语(第2版)立体化系列教材	冯斗、石坚	高等教育出版社	2011
28	英语(高职高专)(第3版)立体化系列教材	余渭深	高等教育出版社	2011

(二) 典型教材介绍

"十五"期间的英语教材主要配套课文录音磁带,到了"十一五"期间,绝大多数教材都与时俱进,配套了光盘。此外,许多教材还会为教师提供电子课件或电子教案。下面主要重点介绍几种具有代表性的教材。

率先为系列教材的命名加上"立体化"字眼的是高等教育出版社。该社2000年出版的《英语》(高职高专版)系列教材,是第一批"教育部高职高专规划教材",紧跟《基本要求》而编写,其主干教材的每一册都配有《英语多媒体学习课件》光盘,使学生能够借助计算机辅助学习。每册课本由6部分组成:课文学习、语言技能、语法学习、词汇学习、考考测测和轻松一刻。2006年出版的《英语》(高职高专版,第2版),在第1版的基础上,增加了音像、电子、光盘出版物的内容,被称为立体化系列教材。该教材后期还不断更新课文素材,摈弃陈旧课文,陆续再版。这套教材适当降低了高职高专英语阅读能力的要求,但加强其听、说、写能力的培养,以适应改革开放对涉外业务交际能力的需求。教材中涉外应用文非常多,选用的语言材料和语言情景也是实际生活工作中会遇到的,如求职、求学、导游、导购、接待、信函传真处理等,基本没有选择专业书刊和学术文章。教材在应用文的教学上采用先阅读范文再模拟套写的方式,因此选择的应用文除重视其典型性外,还特别注意其可模拟性,便于在教学中培养学生模拟套写涉外业务应用文的能力。这样可以使"学"与"用"更紧密地结合起来,体现"培养实际应用英语能力"的方向和目标。也正因为此,语料多为口头交际和简短的书面交际,交际的情景能够反映生活实际,例如导购中的支付手段为现金、支票、信用卡,通信手段为电话、传真、电子邮件等。

以《英语》(高职高专版,第 3 版)目录为例,可以看出它与以往教材不同,编者并没有采用篇幅较长的阅读文章,而是从两个对话引入主题,摒弃学术味道浓郁的外刊文章,取而代之的是与单元主题无缝衔接而且篇幅非常短小的数篇短文。每一篇迷你短文都融合语言应用场景,有的是应用范例,有的是交际小窍门,有的是文化小贴士,配套的习题少又精且切中要领,使学习者没有过多的心理负担。针对高职高专学习者语言基础薄弱的现实问题,每个单元都设置了"Pick up Your Grammar"的小环节,详细讲解一种语法现象并配以练习加以巩固。不过,虽然内容设置上突出了实际应用,但是练习的形式还是偏传统的机械式训练,新意不足,给学生实际语言输出的机会很少。详见以下该套教材的目录内容:

Book 1

Unit 1 Greeting People You Meet for the First Time

Unit 2 Introducing People to Each Other

Unit 3 Getting and Giving Information about People

Unit 4 Making a Telephone Call

Unit 5 Can I See Your Manager?

Unit 6 Communications Facilities

Unit 7 At the Information Desk of a Travel Agency

Unit 8 Live Arrival/Departure Information

Unit 9 Itinerary and Schedule

Unit 10 Giving Shopping Advice

Unit 11 Can I Help You?

　　在教材逐步走向立体化的同时,英语应用能力考试也对教材编写产生了深入的影响。越来越多的教材以此项考试为指南针,特别是多册系列教材,在各分册的编写上大多力图帮助学生通过两个不同级别的英语应用能力考试。例如高等教育出版社的《英语》(高职高专版)从 2005 年第 2 版开始就说明了学生在修完第 3 册后即可参加英语应用能力考试的 B 级,修完第 4 册可参加 A 级考试。因此,此套教材第 1—2 册为初级教程,学习基础语法和交际词汇,累计词汇量达到 2,000 词,第 3—4 册为中级教程,学习更多交际应用,累计词汇量可达 3,300 词。随后基本上每一种教材都会说明教材对英语应用能力考试的适应性。英语应用能力考试的模拟试题集和专门的题型训练教材也应运而生,如中国科学技术大学出版社 2011 年出版的《最新实用英语应用能力考试模拟(实考)试题集》(2011)和《实用英语阅读》(2016)①。

　　此后,高等教育出版社还先后出版了另外几套立体化高职高专公共英语教材,包括 2002 年开始出版的《新编实用英语》立体化系列教材和 2004 年开始出版的《畅通英语》立体化系列教材。

　　1999 年,国家对高等专科教育、高等职业教育和成人高等教育实行"三教统筹"。2001 年 12 月,中国加入世界贸易组织(WTO)。中国经济与世界进一步接

---

① 石玉洁,鹏辉. 最新实用英语应用能力考试模拟(实考)试题集. 合肥:中国科学技术大学出版社,2011;李慧,谢道兵,赵燕宁. 实用英语阅读. 合肥:中国科学技术大学出版社,2016.

轨,对毕业生的涉外英语实用能力提出了更高的要求,因此,高职高专教育英语课程教学指导委员会决定重编《实用英语》,以适应新形势对高职高专英语教学改革的紧迫需要。《新编实用英语》保持和突出了《实用英语》的优点,同时进一步更新内容和体系。纵观教材的编写思路、教学目标、教学内容及结构体例,该教材具有五个特点:

1) 生活性。语言信息来源于生活、提炼于生活。《新编实用英语》题材广泛,涉及体育、文化、卫生、健康、环保、科技、生活常识等,与现代生活密切相关,所选的内容和话题都比较贴近学生的生活。同时,教材将生活中的语言去其糟粕,抛弃低俗的、错误的用法,取其精华,萃选恰当的、优美的语言。

2) 实践性。《新编实用英语》创建了一系列模拟真实的语境和场景,为学生提供了"有意义交际"和实践的机会,体现了高职外语教学"边学边用、学用结合"的教学思想。教材注重语言输入,设计了有意义的输出活动,主张借助"任务型""解决问题型"等教学手段开展合作性、自主式的实践性教学活动。

3) 交互性。多维交互式认知是培养兴趣、发展个性、提高学习效率的有效手段。《新编实用英语》充分发挥教师与学生、学生与学生、学生与课本和课件等人际或非人际的互动特征,用丰富新颖的教学活动和有意义的交际环境和任务来激发学生参与教学活动的热情,减轻学生的焦虑感,培养学生持久的学习兴趣。多维交互活动言语之间的交流,也是对认知和情感的交流,有利于学生综合素养的提升。

4) 逻辑性。教材从整体到局部都具有内在的逻辑性。教材在编排上,每单元之间、单元内部、每单元的相同部分之间相互照应、承上启下,具有较强的逻辑性。每单元知识的编排都遵循认知规律,存在一定的内在顺序和关联。从整体上看,各单元板块之间都自成体系,呈螺旋式上升,有助于学生展开模仿、认知、交流等实践活动。

5) 社会性。语言是文化的一部分,它包含社会历史和文化背景,蕴藏社会成员的人生观、价值观和世界观,反映一个民族的特征。语言具有传输文化的功能,《新编实用英语》注重语言文化的导入,选取很多反映社会文化的内容,旨在培养学生目的语和母语文化的敏感性,增强他们的文化理解和文化意识,使之成为具有开放意识和文化身份特征的社会人。

与《实用英语》基于《基本要求》词汇表的编写不同,《新编实用英语》选材的依据和出发点是《基本要求》的《交际范围表》,听、说、读、写、译各项技能的培养与训练都围绕同一交际话题展开。在内容的安排上贯彻"学一点,会一点,用一点"和"边学边用,学用结合"的原则。教材进一步加大了听说技能的训练,特别是实用口语交际能力。教材初版时只有《综合教程》和《学学·练练·考考》,到

2014 年第 4 版时则除此之外还囊括了《基础教程》《求职手册》《备考手册》《听力教程》和《视听说教程》，成为较为完备的体系。这样充分考虑了不同起点的学习者需求，也为他们参加英语应用能力考试以及就业提供了实用参考。学习者学完第 2 册可参加英语应用能力考试的 B 级考试，学完第 4 册可参加 A 级考试。该套教材第 1 版配套录音带，第 2 版开始配套了多媒体课件、电子教案和网络课程，走在立体化教材的前沿。到第 4 版时立体化程度提升，包含了形式多样可供教师和学生选择使用的网络和电子资源，包括学习光盘、电子教案、影视教学资源、电子备课笔记、微课资源库、背单词系统和听说达人手机应用。不仅实现了网络学习，更实现了移动泛在学习。

　　以往的综合教程往往先安排阅读材料，再拓展到听、说、写的内容，《新编实用英语》则反其道而行之，它的每个单元从说的训练开始，再到听的训练，之后是写作，最后才是两篇阅读。可见编者把听说交际能力放在教学首位，而阅读则是作为教学训练的总结，阅读的作用更多是开阔眼界和进一步提高语感，同时巩固交际能力。教材练习和活动的设置上既保留了仿说、仿写的主流形式，也吸纳了任务型教学的一些特点，每一项技能训练几乎都按照"范例+任务"的顺序展开，学习者先模仿范例进行练习，编者也会根据学习者可能遇到的语言障碍设计相关习题，辅助学习者掌握语言点，最后编者才会给出一个真实的交际场景，提供一些关键信息，让学习者完成真实交际的口语或写作任务。这本教材给出的对话、演说和应用文写作范例可以说非常丰富，有助于充分调动学习者的自主学习能力。教材每个单元最后还增加了一个文化小环节"Appreciating Culture Tips"，主要是外国公司的广告宣传语和名人名言，对这些英美文化语言的特点，编者非常贴心地用中文给了提示，让学习者能够得到启发并借鉴使用。与《实用英语》相比，《新编实用英语》更加具备实用性。详见以下教材目录内容：

Book 1		Book 2	
Unit One	Hello, Hi!	Unit One	Invitation Etiquette
Unit Two	Saying Thanks or Sorry	Unit Two	Communication by E-mail
Unit Three	Road Signs and Commuting	Unit Three	Communication by Phone
Unit Four	Concept of Time and Punctuality	Unit Four	Hotel Service
Unit Five	Our Weather and Climate	Unit Five	Food Culture
Unit Six	Faster, Higher, Stronger	Unit Six	Shopping and Sightseeing
Unit Seven	Holiday Celebrations	Unit Seven	Bidding Farewell
Unit Eight	From Fat to Fit	Unit Eight	Applying for a Job

为深入贯彻《国务院关于大力推进职业教育改革与发展的决定》，全面实施《2003—2007 年教育振兴行动计划》中提出的"职业教育与培训创新工程"，积极推进课程改革和教材建设，为职业教育教学和培训提供更加丰富、多样和实用的教材，更好地满足职业教育改革与发展的需要，2004 年 4—8月，教育部职业教育与成人教育司在总结吸收"面向 21 世纪职业教育课程改革和教材建设规划"经验成果的基础上，动员全国各地申报职业教育与培训教材选题 2,000 多种，经组织专家评审，择优制订了《2004—2007 年职业教育教材开发编写计划》。计划内的教材出版后将向全国职业学校推荐使用。高等教育出版社的《畅通英语》系列教材就是上述教材开发编写计划中的一种。

图 19 - 3　《畅通英语》(第 2 版)

《畅通英语》各单元的对话体现了许多常用的人际交往表达和意念功能，如介绍与陈述、赞同与反对、问题与解决方案、给予与获取、需求与允诺、推理与预测等。另外，以话题情景为中心归纳和积累词汇，按照话题给词汇建档也是这本教材的特色。全教材包括了异常丰富的话题内容，使学习者能够充分接触各种语言环境中的语料，覆盖各个领域，如科技、网络、文化、社会、人物、经济、文摘、广告、说明等。内容上也贴近日常生活，真实生动，丰富有趣，如学习工作、休闲娱乐、求职指导、服饰打扮、饮食喜好、旅游探险、真诚友谊等。教材中一些文章的题材与之前的教材相比显得较为新颖，如不同国家的节日介绍、中国属相介绍、心理测试、神秘的 UFO 等。文体的选择上，教材涵盖了多样化的阅读与写作文体，但突出应用文体的学习，如广告、个人简历、景点介绍、论文、信件等。全书配有大量图片,都与各项语言功能相配,为学习者提供了多彩生动的训练情景。编者认为学习者应当在生动的多元文化环境中学习语言,掌握技能,且"学好,用好,自然会考好",可见教材编写虽然不以考试为中心,但是依然力图帮助学习者通过英语应用能力考试。详见以下教材目录内容:

Book 1	Book 2
01 Nice to meet you	01 How's work?
02 Home and abroad	02 Have a good time!
03 My favourite things	03 Nearest and dearest
04 Work and leisure	04 In the city
05 Lifestyles	05 Nice and tasty
06 In town	06 Ready to wear
07 What would you like?	07 Do your best
08 How much is that?	08 Fiesta time!
09 You can do it!	09 Best mates
10 Looking back	10 Take a break
11 Techno world	11 Doctor, doctor
12 Pack your bags	12 Online

教材分为 5 册,其中基础教程 2 册和中级教程 2 册分别适合初学水平和中高水平起点的学习者,学完这 4 册可以参加英语应用能力考试的 B 级考试,还有一册高级教程,学完可参加英语应用能力考试的 A 级考试。因此,无论是五年制还是三年制的高职高专学生都可以使用这套教材,可以根据自己的实际水平从不同的分册开始学习。越来越多的教材在教师用书的编写上下功夫,《畅通英语》(第 2 版)立体化系列教材是一个典型,教师参考书提供了详细的"教法和教材说明",还增编各单元的"文化背景知识介绍""课文语言点注释""课文参考译文""听力文字材料"和"补充练习答案"。

这套教材最贴切之处在于,每一个任务都循序渐进,启发学习者思考,提示他们使用一定的策略并按照合理的步骤进行这项任务。虽然没有像大多数教材采用的模仿学习手段,但是因为每一步的支架都搭建恰当,学生一步一步就慢慢构建起完整的知识体了。例如中级教程第 2 册第 1 单元的写作部分,编者并没有像其他教材一样一开始就布置出写作的题目,而是将一个写电子邮件的任务拆解成了 5 个步骤:第一步,讨论与邮件内容相关的问题;第二步,浏览这封邮件收信人建立的网站内容;第三步,提供一些关键词组帮助学生计划他们希望邮件里包含的要点;第四步,写句子练习;第五步,写完整邮件。这样的教学设计能够很好地为学习者搭建支架,同时激发学习者自主探索的愿望,帮助他们步步推进从而最终完成任务。在每一个任务里,编者都温馨地提供了"tip"标签,用非常简短的语言给学习者以学习策略和方法的提示。

　　除了题材与众不同且贴近年轻人的喜好,编者还会基于这些主题设计跨文化交际的场景,让学习者学有所用,在用中学,不仅提高语言应用能力,也培养跨文化的意识和能力。这套教材也属于立体化教材,不过资源没有《新编实用英语》丰富,仅包含了 MP3 听力和视频 DVD 光盘以及电子教案。

　　较早实现网络课程的教材还有复旦大学出版社 2010 年出版的《21 世纪大学实用英语系列教材》,该教材配套丰富的信息化资源,包括 MP3 光盘、音带、多媒体课件、电子教案、网络课程等。教材选材比较广泛,将"教、学、练、考"融为一体,也体现出对"跨文化"的关注,会注意介绍西方文化背景。除了与课文内容相关的练习和期中、期末练习试卷以外,教材还配有专门针对英语应用能力考试的习题和题解,以期让学生在巩固所学内容的同时,能够适应各种英语能力考试。

　　教材有一些对于高职高专英语学习者来说非常人性化的设计。例如,每个单元的第 1 页用"Highlights"让学习者对本单元的学习内容和重点一目了然。每篇课文的后面都会有中文列出难句解释。但是,整体来看,教材编写比较传统,练习题数量很多但与生活实际联系不强,比较枯燥。课文的趣味性也不强,偏学术性,并不完全符合实用的特点。

　　相比之下,复旦大学出版社的另一套高职公共英语教材《前景实用英语》则书如其名,实用性明显增强。该教材 2012 年出版,2016 年再版,全书 4 册,每一册的主题都有侧重点,第 1 册"身在校园"、第 2 册"放眼世界"、第 3 册"初涉职场"、第 4 册为拓展读本。该教材为师生提供了数字化教学平台,其中包括"自主学习模块""教学辅助模块""教学评价模块""教学互动模块"和"校企互动模块",其中最具特色的是"校企互动模块",在这里师生和企业可以就高职教育的话题进行交流,拓展了英语学习的空间,是很好的校企合作范例,让人耳目一新。教材的主题非常贴近高职学生心理,图文并茂的页面上经常看到学生们熟悉又喜爱的名人,活动也围绕学生的兴趣点展开。

　　编者在注重教材趣味性的同时也没有忽视语言基础,每个单元都有"Phonics""Grammar""Functions and Notions",这 3 个部分详细讲解英语的语音、语法、功能知识点,中英文结合并配有针对性的练习题,能够很好地帮助学生夯实语言基础。不过,可能传统习题较多,这套教材在教学设计上还是显得比较保

图 19-4 《前景实用英语》

守,需要学生灵活运用语言的任务不多。详见以下第 1 册教材目录内容:

Book 1

Unit 1 College

Unit 2 Food

Unit 3 Learning

Unit 4 Sports

Unit 5 Digital Age

Unit 6 Environment

Unit 7 Fashion and Beauty

Unit 8 Career

不得不提的另一套应用广泛的教材就是外语教学与研究出版社的《新视野英语教程》,这套教材从 2009 年初版到 2015 年第 3 版,实现了从普通教材到立体化教材的转变。教材第 1 版仅有纸质课本和配套音频,但第 3 版则还配套了学习光盘、教学课件和网络课程。教材的编排比较偏传统和学术,每单元分为 3 个部分,Section A 和 Section B 分别是一篇主课文并配以习题提高学生的基本阅读和写作能力,Section C 为实用写作训练,旨在培养学生阅读、写作和翻译应用文的能力。编者对选篇和素材的长度进行了严格的控制,第 1 册的课文词数在 350—400 个,第 2 册 400—500 个,第 3、4 册达到 500—600 个,每篇课文出现的生词数量控制在课文总词量的 5%—7%。虽然是为高职高专学习者编写,但是可以看出,《新视野英语教程》和该出版社本科教材《新视野大学英语》在单元主题上有很多类似的地方,可以说是降低难度的本科教材,并没有明显的职业特点,只有每单元最后 Section C　Practical Writing 环节是关于应用文写作。但是这套教材的优点在于加强语言基础,且课文语言地道规范,选材也能折射社会的发展,引入了一些比较时新的话题,因此受到很多高职院校的青睐。

三、职业教育的发展与"十二五"规划教材体例的调整

(一) 概述

2012 年《教育部关于"十二五"职业教育教材建设的若干意见》中要求,"更新教材内容和结构,运用现代信息技术创新教材呈现形式,大力开发职业院校公共基础课程、大类专业基础课程、专业核心课程教材,着力加强实训教材和数字化教学资源建设","创新教材呈现形式,推进教材建设立体化。注重运用现代信息技术创新教材呈现形式,使教材更加生活化、情景化、动态化、形象化。积极开发补充性、更新性和延伸性教辅资料,开发网络课程、虚拟仿真实训平台、工作过程模拟软件、通用主题素材库以及名师名课音像制品等多种形式的数字化教学资源,建立动态、共享的课程教材资源库。"到了"十二五"时期,高职高专类国家级公共英语类规划教材数量有所回落,16 个出版社出版了 22 种教材。这些已有的规划里,有一些教材经不起教学实践的检验而昙花一现,而有一些则深受师生喜爱,不断再版,成为多年不衰的经典教材。

规划教材大多依据系统功能语言学理论,教学方法以交际型任务型教学法为主流。

首先,英语课程是职业学校各类专业必修的主要文化基础课。教材的目的是,在现有的英语教学的基础上,使学生巩固、扩大基础知识,发展听、说、读、写的基本技能;激发、培养学生的学习兴趣,帮助学生树立自信心,提高自主学习的能动性,形成有效的学习策略,为学生步入社会和进一步学习打下基础。教材着力体现素质教育和能力本位精神,注重交际运用,突出职教特色,充分体现了知识性、科学性、基础性、实用性、趣味性、操作性、选择性。

其次,采用现代信息化技术,立体化教材数量不断增多。教材从单一的纸质教材不断发展为配套有录音带、教学光盘、多媒体学习课件、电子教案、网络课程、教辅资源库、网络试题库、网络测试和管理平台等多种媒介的立体化教学系统。教材不断在个性化和交互式体验上做新的尝试,大大丰富了教师的教学手段和学生的学习渠道,让英语学习变得更加泛在化和智慧化。

表19-3 "十二五"以来高职高专公共英语类主要国家级规划教材的出版情况

序号	书 名	主 编	出 版 机 构	出版时间
1	新航标职业英语	周红、刘军、安维彧、杨爱莲	北京语言大学出版社	2011
2	英语	郑淑媛、杨亚军、蒋磊	北京出版社	2014
3	实用英语(第5版)	编写组	高等教育出版社	2014
4	新核心高职英语(引进改编)	丁国声	上海交通大学出版社	2014
5	新职业英语教程	宋专茂	中央广播电视大学出版社	2014
6	新理念职场英语	石坚	科学出版社	2014
7	点击职业英语系列教材：基础英语模块	刘黛琳	大连理工大学出版社	2014
8	高职国际英语	Ingrid Preedy	上海外语教育出版社	2014
9	新编实用英语写作	蒋磊	北京出版社	2014
10	英语	吴树敬	人民教育出版社	2014
11	畅通英语(第3版)	常红梅、王朝晖	高等教育出版社	2015
12	新视野英语教程(第3版)	郑树棠	外语教学与研究出版社	2015
13	知行英语	杨治中	外语教学与研究出版社	2015
14	新实用英语	张华志	中国人民大学出版社	2015
15	新技能英语	张连仲	外语教学与研究出版社	2016
16	职程英语	王天发	高等教育出版社	2016
17	新编大学实用英语教程	林立	教育科学出版社	2016
18	新标准高职公共英语系列教材(第2版)	王守仁	上海外语教育出版社	2017
19	21世纪实用英语(第2版)	翟象俊、余建中、罗道茂	复旦大学出版社	2018

（二）典型教材介绍

对比"十五"和"十一五"的国家级教材目录，"十二五"规划教材几乎只是再版那些经受住了时间和实践检验的"十一五"规划教材，其中就包括前文已经介绍过的许多教材。也由于不断再版重印，使得这些教材名称令人耳熟能详，例如高等教育出版社的《实用英语》（第5版）（编写组，2014）和《畅通英语》（第3版）（常红梅、王朝晖，2015）、外语教学与研究出版社的《新视野英语教程》（第3版）（郑树棠，2015）、上海外语教育出版社的《新标准高职公共英语系列教材》（第2版）（王守仁，2017）、复旦大学出版社的《21世纪实用英语》（第2版）（翟象俊、余建中、罗道茂，2018）等。

此外，适用性强、使用率高的教材通常都会不断再版，"十五"和"十一五"期间的教材得到认可之后几乎都在"十二五"期间再版，但是这些教材再版后内容并没有太多变化，部分教材再版后甚至几乎没有变化，只是将单元顺序重新调整，少数课文被替换掉而已。虽说为了紧跟时代步伐，不断更新知识，高职高专院校一般都要求使用的教材是近3—5年内出版的，但是教材再版小幅修订的做法没有彻底改变教材跟不上教学改革步调的现实。一方面，越来越多的高职高专院校关注校本教材的编写。他们认为国家级规划教材虽然由权威专家编写，但并不一定能够完全满足地方院校学生的需求。高职的特点决定了不同院校有不同的特色专业，就业方向也各不相同，因此需要教师组成团队并与企业合作编写更具实用性和针对性的教材。因此，许多地方院校会在使用规划教材的同时，配以自己编写的校本教材，以达到一种教学为学习者量身裁制的效果。另一方面，随着高水平引进教材的数量增多，这些语言更加地道、编排更加新颖的教材赢得了部分市场。许多地方上的高校出版社也开始倾向改编原版教材，而不是耗费巨大人力开发一整套新的教材。

下面介绍几种"十二五"期间出现的新生代高职公共英语教材。这些教材都主要以《高等职业教育英语课程教学要求》为依据进行编写，突出"实用性、职业性"，体现出职业教育"以服务为宗旨，以就业为导向"的原则。几乎都是彩色印刷，图文并茂，编排新颖，吸引眼球。"十一五"期间形成的以功能和任务为中心的编写理念依然盛行，但是任务和活动设计更加多样、灵活和贴近学生生活。以项目作为单元学习的主线成为新的主流，同时注重学生的自我评价环节设置，交际活动也更加重视培养跨文化意识。

"十二五"期间的新开发教材都呈现出不同以往的特色，每种教材都有自己独特的视角。

一是其最突出的变化在于对学生心理的关注，给学习者以人文关怀，因此教材的编写是建立在对学生需求充分了解的基础上,学生需要解决什么问题,教材就帮助学生,为学生提供所需的知识、策略和指导。翻开高等教育出版社的《职程英语》教材,首先映入眼帘的是编写组《写给同学们的一封信》,将前言命名成一封信,给人以亲切温暖的感觉。编者们告诉学生,他们思考了很久:你喜欢什么样的英语课?你在未来的工作中需要如何使用英语?他们带着这些问题访谈了一百多位在校生、毕业生以及企业人士,归纳出最能满足学习者的教材主题:1)建立和维护人际关系;2)在外企寻找工作机会;3)与外国人做生意;4)出国旅游;5)怎样学习。教材编写组特别聘请了享誉国际的教师培训专家 Angi Malderez 博士担任客座教授。在她的指导下,编者们按照学生的喜好设计出多种充满创意又有趣的学习活动。这些活动在 2,000 多名学生中试用了 2 个学年,不断修改,才成就了这套来之不易的教材。

图 19-5 《职程英语》

围绕着上述 5 个主题,教材分为 2 册学生用书(配以 2 册教师用书)、2 册拓展教程和 1 个电子资源包(包含原创微课视频)。2 册学生用书共 11 个单元,其中第 2 册的最后一个单元用于回顾学年初的学习目标并总结出这一年的学习经历(这也是 Angi 每次现场教师培训结束时必做的环节)。详见以下教材目录内容:

Book 1

Unit 1 Learning English: a new start

Unit 2 Starting relationships

Unit 3 Getting ready for a trip

Book 2

Unit 1 Learning English: an easier way

Unit 2 Building relationships

Unit 3 Traveling abroad

Unit 4 Shopping   Unit 4 Selling

Unit 5 Preparing for a job   Unit 5 Getting ready for a job interview

　　教材设计中有一些细节非常值得关注和学习借鉴。首先看教材中教学目标的设定和完成。每个单元都分为 4 课,每一课都有一个非常明确的教学目标,4个教学目标如果都达到了,那么整个单元的教学目标就能顺利完成。学生在进行每一课的学习活动过程中形成能够实际应用语言的能力,包括:能够运用一定的句式完成一种交际互动、能够应用一定的策略完成本课听说读的任务、能够掌握本课主题词汇、能够掌握本课主题需要的语法(句式)、能够运用一定的学习策略。每一课除作业以外的所有内容都是学习活动,学生需要与同桌或组员互动才能完成活动。例如第 1 册第 5 单元 Preparing for a job 的 4 课教学任务分别是:Lesson 1:To help you know what personal qualities are valued at work and how to develop such qualities;Lesson 2:To help you learn to find and build your strengths for a better job in the future;Lesson 3:To help you learn the techniques of writing a CV;Lesson 4:To help you learn to write your own CV。这 4 个教学目标层层铺垫,一环扣一环,循序渐进地完成单元教学,使学生真正做到为找工作做好准备。这个过程中,学生不仅学到了必备的语言知识,也完成了了解自我、提升素养、完成英文简历写作等实践。

　　二是教材对语言技能出现顺序的处理非常独特。教材并没有将听说读写严格划分成固定的环节,而是根据每一单元每一课的具体教学目标决定这一课的活动会涉及哪一种或几种语言技能的训练。材料中没有长篇阅读,也不会固定在某一课出现主课文学习,如果某一课的教学目标需要学习者阅读相关语料,就会在这一课安排以阅读为中心的学习活动,但是活动依然不会仅限于阅读这一项技能,可能还会融合听和说的技能。一般教材的阅读部分会按照“读前热身—文本阅读—读后练习”的顺序编写,其中读前的热身活动只是话题上与文本相关但不直接涉及文本内容,读后的练习题分为关注词汇语法等语言点的习题和检验对文本理解的习题。但是这套教材的阅读完全不同,是按照“读前预测—文本阅读—读后巩固”的顺序编写,据此,读前的活动与文本直接相关,并且能够很好地激发学习者的好奇心,而阅读本身就是在检验之前的判断是否合理或正确,这种检验本身就是阅读理解活动,读后的活动则只需巩固语言点(如词汇)即可。阅读之前的预测活动往往需要学习者进行同桌或小组讨论,因此这又不完全是单纯的阅读活动。

　　三是通过环环相扣的活动一步一步引导学生自主思考来逐步完成整体任

务,实现教学目标。以"撰写简历"为例,普通教材会给学生提供完整的简历范本,然后让学生模仿写出自己的简历,至于每个学生个体的不同则无法顾及。但是在这本教材中,写简历的过程是学生自我了解、自我挖掘的思考过程。撰写简历这一任务被编者分成了两课来完成。第 1 课的目标是帮助学生了解撰写简历的技巧,分 3 个活动完成这一目标。第 1 个活动让学生思考写简历之前需要做哪些准备、需要考虑哪些问题以及简历需要包括哪些必备信息。接着第 2 个活动给学生一个实际情景,他们会收到两份不同的简历,需要以招聘人员的身份来评价这两份简历并决定聘用谁和不聘用谁。第 3 个活动让学生反思刚才看到的两份简历并结合自己的思考一条一条总结出一份好的简历需要具备哪些条件,以及写简历的正确方式和格式应该是怎样的。接下来到下一课,目标推进为撰写自己的简历,并分两个活动完成目标。第 1 个活动给出了几个大学生可能申请的兼职工作及招聘要求,请学生选择一个作为申请目标。第 2 个活动要求学生合作撰写并修改自己的简历。最后编者提供了一个自我评价表格,学生可以根据表格内容一条一条检查自己的简历是否符合要求以及还有哪些地方需要改进。这种人性化的教学设计在当前是首创性的,可以帮助使用这套教材的教师学会在日常教学中将简单的教学活动细致化,设计出更好的教学步骤。

很多教材都越来越注重教材选题与学生生活实际和未来职场需求的紧密联系,但是观察这些教材的目录,大多数教材还是以校园主题和普通社会话题为主,真正做到"职业性"教材还是不多。而外语教学与研究出版社的《新职业英语》则在这方面做出了全新突破,整套教材全部是职场话题。教材分为基础篇(职业综合英语、视听说教程、职业英语交际手册)、行业篇(经贸英语、IT 英语、机电英语等)、专业篇(会计英语、软件工程英语等)和素质篇(职场素质教育、跨文化交际等)。从教材体系来看,《新职业英语》真正做到了"以服务为宗旨,以就业为导向"的高职教育的办学方针,以"工学结合、能力为本"的职业教育理念为指导,目的是培养学生在未来工作中需要的英语应用能力,特别是工作过程中的英语交际能力。以其中的《职业综合英语》(基础篇)为例,教材完全突破了以语言知识和语言技能来组织教学的传统方式,按照典型工作任务中需要使用的典型英语知识和技能为线索来组织学习内容。教学活动设计主要采用交际法、任务法、项目法等,以学生亲身实践为主,完全摆脱了日常生活和校园场景,让学生全面接触公司基本运作的方方面面。这套教材还配套了 MP3 光盘、助教课件、电子教案、评估试卷和示范课,包含丰富的视频辅助资源。

"十二五"期间还有一些其他有特色的新教材涌现,如华东师范大学出版社的《实用英语综合教程》(束定芳,2014);由 Peter Loveday、Melissa Koop、Sally

Trowbridge、Lisa Varandani 原著,牛健、张勇军、赵茹、许瑞松改编的北京师范大学出版集团安徽大学出版社引进改编的 *Takeaway English*(2014)、高等教育出版社的《职通英语》(编写组,2014)等。

改革开放后高职高专教材经历了从无到有、从模仿本科教材到具备高职特点、从学术到实用、从校园到职场、从机械式训练到交际式任务式项目式学习、从教师为中心到学生为中心、从千篇一律到各具特色、从纸质到数字化等巨大变化。这些转变是高职高专教材编写者们努力实现高职教育实用性、职业化的结果,给中国的高职高专英语教学带来了新的生机,给学生的未来职业发展提供了强劲助力,为中国的经济贸易发展培养出更有涉外能力、跨文化能力和国际视野的英语人才。

随着教育部鼓励引进国外先进教材,各出版社都相继引进国外英语教材。译林出版社于 2007 年引进改编了一套国外教材《灵通高职高专英语》。这套教材是与加拿大 Lingo Media 国际集团合作,引进吸收了北美应用型学院 CBE(Competency-Based Education,以能力为基础的教育)教育理念,将应用能力的培养与必要的语言基础训练有机结合起来,充分体现了"以应用为目的,以必须和够用为度"的原则。全部文本均由加拿大 Lingo Media 国际集团提供,使用纯正地道的语言素材。教材为不同基础的学生设置了两个起始点:英语基础较好的学生从第 1 册开始学习,入学水平较低者从预备级开始学习。学生学完第 2 册可达《基本要求》规定的英语应用能力考试 B 级水平;第 3 册学完,可达英语应用能力考试 A 级水平。

教材特立独行地"以老外的视角看中国"进行选材,注重用地道的英语表达当代中国现实,既能激发学习者关注身边事,也能帮助他们更好地用英语表达中国的事物和现象。教材中以功能、意念、情景和话题为框架,以任务方式为路径开展交互式教学。其中《读写译教程》根据《基本要求》对高职高专学生写作能力要求的定位(模写、套写),第一次提出"读写译"整合训练理念,将读写能力与翻译能力的培养有机结合,最终达到有效提高英语写作能力。教材充分考虑高职高专学生的实际水平,由简入繁,有梯度地安排教学内容。预备级课文长度为250 词左右,一级课文长度为 300 词左右,二级、三级分别为 350、400 词长度。文章长度适中,可操作性强。整套教材在高职高专公共英语教材中风格独树一帜。

在职业教育中,有一种五年制高等职业教育,它涵盖了普通高中阶段和高等职业技术教育两个学习阶段,具有一定的特殊性。五年制高职学生的英语学习起点较低,普通高职英语教材对处于高中到高职衔接阶段的学生来说可能难度较大,因此一些专门为五年制高职学生编写的公共英语教材应运而生。例如外语教学与研究出版社的《英语教程》（修订版）（刘凤玲，2009）、上海外语教育出版社的《新理念职业英语》（戴炜栋，2015）等。此外，还有非常少量的专为我国西部地区学生编写的教材，如高等教育出版社的《高职高专英语》（朱永生、郑立信，2014）就是专为甘肃、青海、宁夏地区的高职高专学生而编写。

　　到了"十二五"期间几乎不再有单独为高职高专学习者编写的写作或语法教程出现，主要原因是大学英语的教材后来都是以系列教材形式出现，写作和语法的教学会融合在综合教程中，这些综合教程会专门设置应用文写作和语法的活动。或者系列教材中会含有写作教程和语法教程的分册，供有需求的学习者选择使用。

　　由于高职高专公共英语课程的应用性不断加强，对教师的教学设计也就提出了更高的要求。因此教材的编写不但要考虑内容，还需要考虑教学活动的设计和实施。2010年由外语教学与研究出版社出版的《希望英语》（第2版）就力求在教学设计上有所突破，让教材的可操作性变得更强，让教师用得更加得心应手。该教材以其全新的教学设计、灵活的学习任务、突出的易用性、有效的课内外结合以及创新的教学指导等特色，较好地完成了"一切有利于教师教学、一切服务于学生学习"的目标。《希望英语》系列教材特别注重课堂活动的目的性和可操作性。课堂活动教学目标明确，并配有详尽的操作步骤建议，既增强了教学活动的可操作性，又为课堂教学组织提供了有益的选择。除了细致的活动设计，该教材在课内与课外活动结合方面也做足了功夫，每个单元都安排了课外调研的小组活动，这些活动非常有趣实用，例如教材《综合教程1》的第4单元主题为旅行（Travel），学完这个单元，学习者就需要完成一个旅行计划；又如第7单元幸福（Happiness），课外调研的任务是进行一项关于幸福的问卷调查。调研活动贯穿整个单元学习始终，为学习者提供了实际应用语言的训练，这些调研都需要学习者以小组为单位进行自主式、发现式和协作式学习，有助于学生树立合作与创新意识，养成良好的自主学习习惯，为终身学习打下坚实的基础。详见以下该套教材目录内容：

Book 1	Book 2
Unit 1 College	Unit 1 Lifestyle
Unit 2 Family	Unit 2 Environment
Unit 3 Sports	Unit 3 Money
Unit 4 Travel	Unit 4 Advertising
Unit 5 Food	Unit 5 Entertainment
Unit 6 Pets	Unit 6 Career Women

Unit 7 Happiness
Unit 8 Fashion

Unit 7 Health
Unit 8 Crime and Punishment

四、"文化自信"与"十三五"规划教材预备阶段

（一）概述

为贯彻全国教育大会精神以及《国家职业教育改革实施方案》（国务院，2019）、《教育部关于职业院校专业人才培养方案制订与实施工作的指导意见》（教育部，2019）、《关于实施中华优秀传统文化传承发展工程的意见》（中共中央办公厅、国务院办公厅，2017）等文件精神，顺应"立德树人""文化自信"和"讲好中国故事"等政策导向，教材编写组根据新时期高职高专英语教学领域的新趋势、新情况，以及高职高专院校师生的反馈意见，这个阶段教材编撰者齐心协力，勇于创新，以期更好地在新时代高等职业教育领域为英语教学和改革服务，推进高职高专英语教学高质量的发展。

2014 年是新教材涌现的一年，其背景是中国职业教育有了大发展的机遇。这一年国务院总理李克强在国务院常务会议上部署加快发展现代职业教育，"发展职业教育是促进转方式、调结构和民生改善的战略举措"这句话掷地有声，只有办好职业教育，中国的经济才有更好的发展前景。于是，职业教育的战略地位被提升到前所未有的高度。在这样的形势下，各大出版社都看到了契机，着手开发全新的适应新形势、新要求、新发展和新挑战的高职高专公共英语教材。

（二）典型教材介绍

《新编实用英语》系列教材于 2002 年作为教育部原英语课程教指委的推荐教材出版，与英语应用能力考试和全国职业院校技能大赛高职组英语口语赛项同源共生，始终贯彻"教、学、测、赛"一体化设计的编写理念。该系列教材以其对于高职高专英语教学"实用为主，够用为度"原则的深入贯彻以及对于我国多层次、多种类高职高专院校的普遍适用性，深受使用院校师生和专家好评，起到了引领教学、推进教改的重要作用，先后被评为普通高等教育"十五""十一五"国家级规划教材和"十二五"职业教育国家规划教材，在我国高职高专英语教学界享有很高的声誉。

多年来，《新编实用英语》已发展成为立体化英语教学资源体系，既针对学校的课堂教学和课外辅学的特点，又兼顾学生自主学习、个性化学习和利用网络手段学习的需求。

图 19-6　《新编实用英语》(第 2 版)

　　《新编实用英语》围绕职场英语交际的需要,进行实用听、说、读、写的语言训练。进入"十三五"主要体现在以下几方面。一是探索外语课程"思政化"建设,与社会主义核心价值观相融通,与中华传统文化相承接:立足"立德树人"的根本任务,助力培养德才兼备、德智体美劳全面发展的人;注重培养学生的英语学科核心素养,助力学生形成关键能力和必备品格以及形成正确的世界观、人生观和价值观。二是更新并完善了部分选文及相应练习,使之更符合"英语教学应满足中国全面走向国际化"的大目标,也更具时代性和实用性。三是将每单元第 5 部分的文化赏析内容聚焦于中华优秀文化的英文表达,融入中华传统文化内容,潜移默化引导学生坚定"四个自信",讲好中国故事,使学生"学一点、会一点、用一点",润物细无声中实现"育人育才",在交流中展现"文化自信"。四是将听力内容转移到外语智能平台上,方便学有余力的学习者自主学习并反复操练。教材整体内容更为精彩。

　　为进一步提升外语教学的有效性,创建线上+线下的外语混合式教学新生态,教材编者着力从学习者和教师两个层面对教材的数字课程以及资源配套进行了升级,构建了新形态教学资源体系。详见该套教材目录内容:

Book 1

Unit 1 Greeting and Introducing People

Unit 2 Giving Thanks and Expressing Regrets

Unit 3 Directions and Signs

Unit 4 Timetables and Schedules

Book 2

Unit 1 Invitations

Unit 2 E-mails

Unit 3 Communication by Phone

Unit 4 Making Reservations

Unit 5 Talking about the Weather

Unit 5 At the Restaurant

Unit 6 Sports Events and Outdoor Activities

Unit 6 Shopping and Sightseeing

Unit 7 Celebrating Holidays and Making Friends

Unit 7 Farewell

Unit 8 Keeping Healthy and Seeing a Doctor

Unit 8 Applying for a Job

　　《新编实用英语》(第5版)由大连理工大学孔庆炎和上海交通大学刘鸿章担任总主编。团队成员既有高职高专英语教改的见证人与推动者,又有活跃于外语教育领域的专家,还有深耕职业教学的中坚力量及奋战在一线的年轻骨干。同时,教材还注重吸纳优秀的行业企业专家,做到了专业研究、一线教学以及行业企业的有机结合。

　　实践证明,《新编实用英语》系列教材是严格按照国家职业教育目标和要求设计的立体化公共外语教材,历经多年教学实践,得到了广大高职高专院校师生的充分认可。相关辅导教材也顺应时代的发展体现了如下的特点:处理了有关时效性问题,使教材更富有时代性;弱化了圣诞节等西方节日,强化中华文化的表达;词表、答案等内容都以二维码扫码形式呈现;处理了少量错误;版式更为简洁、清晰。

　　上海外语教育出版社的“新标准”系列教材也被广泛应用,广受好评。《新标准高职公共英语》系列教材最早于2008年出版,2017年更新为第2版,包括主干教材《实用综合教程》《实用听说教程》和支撑教材《实用语法简明教程》《实用写作教程》。其中《实用综合教程》共4册,学完第1、2册能达到《教学要求》规定的“一般要求”从而通过英语应用能力考试B级。学完第3册可以达到《教学要求》的“较高要求”并通过英语应用能力考试A级。第4册为选修教材,适合学有余力的学生。“新标准”主打语言基础知识的掌握,教材非常注重语言知识体系的完整性,同时也突出语言应用能力的培养。因此教材会略显传统,练习的设置还是围绕主题课文学习展开,实践性质不强。但是教材中的题材贴近生活,练习形式比较丰富,语法的讲解细致易懂,对学习者参加英语应用能力考试有很大的帮助。为了突出教材的实用性和职业性,每个单元的最后还安排了“实用阅读和写作”环节,选择的题材能够较好地体现应用的特征。2016年上海外语教育出版社为“新标准”系列增添了新成员《实用综合教程》(精编版)(上、下)和《实用听说教程》(精编版)(上、下),这是将原4册的教程压缩为2册,以适应我国不同地区和学校之间的差异。学完上册即可通过英语应用能力考试B级,学完下册则可以通过A级。

　　“新标准”系列教材中的两本支撑教材是系列当中的点睛之笔,对于课堂教学和学生自学都同样非常适用。《实用语法简明教程》和《实用写作教程》分别由张月祥和晨梅梅主编,它们共同的特点是,既有完整的知识体系,又能够有的放矢地解决学生的问题。语言言简意赅,没有让学生感到吃力的冗长解说,直中要害的讲解之后就是大量实操练习。写作教程中有着丰富的范文和实例供学生参考学习,很好地弥补了综合教程中应用文写作题材有限、语料不足、练习量少的缺陷。而且2本教程都既可以按顺序使用,也可以挑选使用,按照知识点编排的特点让学习者看着目录就可以挑选自己想要针对解决的问题进行学习。每一个知识点都是讲一点练一点,给一点范例再来一点实操,书后都附有参考答案,使用起来非常方便。编者还非常贴心地在适当的地方给出汉语翻译或注释,为练习标注参考答案所在页码,为学习者考虑十分周到。笔者认为,这2本教材不仅适用于高职学生,也适用于所有希望夯实语法基础和系统掌握应用文写作的其他英语学习者。

第四节　教材的总结与展望

从20世纪90年代初开始,我国有了针对高职高专院校非英语专业学生的公共英语教学,后称大学英语教学。因没有专科教材,各院校只能借用本科英语教材,缺乏针对性和适用性,不能达到高职高专培养应用型人才的目标。此后,原国家教委(后改为教育部)为中国的高职高专的教学发展,尤其是开创适合高职高专学生的英语教材,进行了一系列的规划,颁布了一系列的指导文件,为英语教材的起步和发展指明了方向。从此,我国高职高专启动并持续开展了"十五""十一五"以及"十二五"规划英语教材的研发和编写。

经过十几年的努力和发展,多种高职高专公共英语教材陆续面世,出版了许多针对各种专业又适切应用型人才培养的教材系列,从平面纸质教材逐步过渡到了立体化教材,形成了较为完整的高职高专教材体系。但是展望未来,目前的教材体系还有需要进一步加以改进和完善之处:

1) 应树立正确的教材整合观。从整体上理解教材整合,不能把整合理解为对教材的简单增补或删减。在教材研发时,编写人员应综合考虑教材的实用性、针对性、真实性、统一性等原则,坚持市场导向和就业导向,围绕就业岗位群的需要,对相关的教材进行有机整合。

2) 注重教材内容的适切性。当然,要使教材完全适切各类学生,这是不现实的,但是教材研发需要考虑高职高专院校的教学时数和学生的有限水平,不能一味地追求语言内容的新、奇、特,而是应该注重英语教学必须在学以致用的前提下打好基础,使学生真正"学一点,会一点,用一点"。

　　3)建立全面的教材评估体系。尽管现在有国家规划教材,但在教材的使用层面缺乏必要的有效评估。教材的适切与否往往由单个学院或教师决定,难免有不全面的地方。尤其是在教材修改或调整的前后,需要有各方人员(研发者、教师、学生以及用人单位人员等)以多种形式提供对教材的建议和要求,以便教材的编写者对教材进行跟踪调查,分析其效度、信度、难度、实用度等,以使教材得到完善,更具针对性。随着高职高专教育的快速发展,社会对高职高专人才的英语素质有着越来越高的要求。高职高专院校应本着"实用为主、够用为度"的原则,开展大学英语教学改革,积极有效地整合教材,促进学生的健康发展,全面实现技术实用型人才的培养目标。

附　录

附录一
中国清末和民国外语教材大事记

1862 年,京师同文馆成立。为了满足外国语言课程和西学课程的需要,馆中中外教习和学生先后编译了英语、法语、国际公法、西方法律、外国历史、算学、格物、化学、地理、医学等方面的书籍。这些书籍此后供京师同文馆的学生作为教科书使用。

1863 年,上海广方言馆成立,它是近代培养翻译和承办洋务人员的新式学校之一。就其培养目标及设立课程、专业而言,已具有近代"高等教育"的雏形。开始时,仅设"英文"一馆,后加设"法文馆""算学馆"。1891 年增设"天文馆"。

1864 年,广州同文馆成立,其第一任馆长为谈广楠和汤森,第一任汉文教习为吴嘉善,第一任英文教习为美国人谭训,以后又陆续聘请了一些外籍教师。广州同文馆一开始就按正规的新式学校来办,以后日趋完善。学生学习的科目主要有英语、汉语和算学。随着中外关系日益密切,涉外工作增多,广州同文馆除英语外,还开设了法语、德语、俄语和日语课程。

1868 年,江南制造局翻译馆成立,这是近代中国第一个由政府创办的翻译西书机构。翻译馆先后聘请中外学者 59 人参加译书,其中外国学者 9 人,中国学者 50 人。中外学者共同合作,先后翻译出版了有关格致、化学、制造等方面的书籍共 178 种。这些书籍大都被洋务学堂和新式书院作为教科书使用。

1869 年,上海广方言馆并入江南制造局翻译馆。

1877 年,第一届在华基督教传教士大会在上海召开。为了推进教会学校的发展,大会决定成立学校教科书委员会,负责教会学校的教材编写。

1887 年,英国传教士威廉臣在上海成立广学会,并出版了不少程度较高的教科书,为当时新式学堂所采用。

1890 年,第二届在华基督教传教士大会在上海召开,决定将学校教科书委员会改名为中华教育会,编辑各科的通用教科书以应教会学校之需要。

1896 年,南洋公学成立。师范生陈懋治、杜嗣程等自编教科书 3 篇供教学之用,此外南洋公学还编辑了《笔算教科书》《物算教科书》《本国地理教科书》。

1897 年,夏瑞芳、鲍咸恩等人集资创办商务印书馆,并于 1902 年设立商务印书馆编译所,确定了编撰教科书等基本方针。

1903 年,京师大学堂公布了《暂定各学堂应用书目》。该书目按修身伦理、字课作文、经学、词章、中外史学、中外舆地、算学、名学、理财学、博物学、物理化学、地质矿产等 16 个门目指定应采用的教科书,其中以翻译的教科书居多。

1906 年,清朝学部设立编译图书局,颁布编译章程 9 条,并仿文明书局和商务印书馆的教科书体例制订编辑规范,规定在部编教科书未竣事之前,取各家著述,先行审定。同时公布了第一次审定之初高小暂用教科书凡例及书目。书目中所列审定教科书 102 种,其中商务印书馆出版的 54 种,文明书局出版的 30 种。

1909 年,清朝学部变更初等学堂课程,将部编各教科书书目注于各科目之下,出现国定教科书之议。民间出版团体及个人编写教科书十分踊跃。

1910 年,清朝学部将编译图书局所编教科书悉数出版,任人翻印,并招商承印,学部从中收取印花税。学部公布了第一次审定之中学堂初级师范学堂暂用书目及凡例(共 11 条)。这次公布的暂用书目共 84 种,遴选了 22 家民间和官方的出版机构的产品,其中商务印书馆 30 种,文明书局 7 种。

1912 年,民国临时政府教育部颁布普通教育暂行办法,令上海各书局将旧存教科书暂行修改应用,强调教科书务必符合共和精神,并令废止读经,禁用《大清会典》《大清律例》等书籍。同时,在总务厅下设有编纂与审查二处,颁布了《审定教科书暂行章程》和《各省图书审定会章程》,规定各级学校所用教科书须经教育部审定,审定有效期为 6 年。

1914 年,教育部修正教科书审查规程,并停止各省图书审查会。通令各书局将以前审定之教科书,限 3 个月内送部复审。另设教科书编纂处以及教科书编纂纲要审查会和教授纲目编纂会,规定"今除高等小学暨中学师范教科书,仍专采审定制外,初等小学校教科书拟由部编成课本,任民间翻印为用"。

1915 年,袁世凯政府公布《特定教育纲要》,强调"由部编辑小学中学教科书以确定全国教育之基础"的原则。改由教科书编纂处审订教科书编纂纲要。

1916 年,教育部呈报分别废止或修正 1915 年颁布的各种教育法规,并由国务会议议决撤销《特定教育纲要》。

1919 年,教育部公布第三、第四次重行审定之教科书,同时申明如无本国文适当之教科书,可采用外国文课本,但须用本国语讲授。

1920 年,教育部公布第五次重行审定之教科书。并公布自 1914 年 8 月至 1920 年 7 月有效期 6 年届满之教科书 67 种,继续有效者 34 种。又公布了第六次重行审定之教科书。

1922 年,教育部公布学制会议章程,确定"六三三制"的中小学系统。公布第九次重行审定之教科书。

1923 年,教育部设图书审查处,裁撤编审处。

1925 年,教育部改图书审查处为编审处,继而又改为编译馆,后又改为图书审定委员会。

1928 年,教育部在南京召开第一次全国教育会议,通过《整理中华民国学校系统案》(又称"戊辰学制")。

1929 年,教育部颁布《大学组织法》,大学分为国立、省立和私立三种;教会大学纷纷改为私立大学。教育部审定出版《新学制初中英文读本文法合编》(3 册,胡宪生等编,商务印书馆)、《新学制初中英文法教科书》(1 册,胡宪生编,商务印书馆)、《新中学教科书初级英语读本》(3 册,沈彬等编,中华书局)、《新中学教科书高级英语读本》(3 册,朱友渔编,中华书局)、《英文修辞学》(1 册,林天兰编,中华书局)。

1930 年,教育部审定出版《初中直接法英语教科书》(6 册,张士一编,商务印书馆)、《英语模范读本》(3 册,周越然编,商务印书馆)、《现代初中英语教科书》(3 册,周越然编,商务印书馆)、《开明英文读本》(3 册,林语堂编,开明书店)。

1932 年,教育部颁布《中学法》,取消编审处和编译处,设国立编译馆,行使审查教材图书之职。

1933 年,教育部公布《中学规程》和《中学课程标准》,取消学分制和选修课,初高中各学 3 年英语,每周 5 课时。同时成立了中小学教科书编审委员会。

1934 年,教育部编印《第一次中国教育年鉴》。教育部审定出版《国民英语读本》(2 册,陆步青编,世界书局)、《综合英语读本》(6 册,王云五等编,商务印书馆)、《直接法英语读本》(4 册,文幼章编,中华书局)。

1935 年,教育部审定出版《初中英语读本》(4 册,李唯建编,中华书局)、《新标准初中英语》(第 1 册和第 3 册,赵廷为等编,开明书店)、《初中英语》(第 1 册,薛俊才编,正中书局)、《高中英语读本》(3 册,林汉达编,世界书局)、《高中英语读本》(3 册,李儒勉编,中华书局)。

1937 年,教育部设教科书审查委员会。

1939 年,教育部召开第三次全国教育大会,实行全国统一招生,英文为必试科目。教育部成立大学用书编辑委员会。

1942 年,教育部将中小学教科书编审委员会划归国立编译馆,内设教科用书组。教育部成立英语教学改进委员会。

1947 年,教育部开始修订中学课程标准,1948 年公布初中一、二年级外语课每周 3 课时,初三 4 课时,高中三年各 5 课时。吕叔湘著《中国人学英语》一书由商务印书馆出版。

1948 年,教育部编印《第二次中国教育年鉴》,同年颁布了《初、高级中学英语课程标准》。3 月 5 日中国英语教学研究会在南京成立,范存忠、张士一、朱光潜、沈同洽、吕叔湘等 21 人当选为理事,6 月中国英语教学研究会会刊《英语教学》(季刊)创刊,主编为张士一。

附录二
民国时期部分外语教材参考目录

序号	书　名	作　者	出版时间	出版机构	册数
1	日用英语会话教本	不详	1912 年 1 月	不详	不详
2	最新简明英语会话	不详	1912 年 1 月	不详	不详
3	民国新世纪英文读本	不详	1912 年 1 月	不详	不详
4	新中学教科书混合英语	沈彬	1912 年 1 月	中华书局	3 册
5	现代初中英语教科书	周越然	1912 年 1 月	商务印书馆	2 册
6	英语作文教科书	邝富灼	1912 年 1 月	商务印书馆	不详
7	中华高等小学英文教科书	冯曦、吴元枚	1912 年 3 月	中华书局	3 册
8	英华会话合璧	张士一	1912 年 8 月	商务印书馆	不详
9	纳氏第一英文法讲义	（英）纳斯菲尔德（J. C. Nesfield）著,赵灼译述	1912 年 8 月	群益书社	不详
10	纳氏第三英文法讲义（上、下卷）	（英）纳斯菲尔德（J. C. Nesfield）著,赵灼译述	1912 年 9 月	群益书社	上、下卷
11	纳氏英文法讲义	（英）纳斯菲尔德（J. C. Nesfield）著,赵灼译述	1912 年 9 月	群益书社	不详
12	中华中学英文教科书	李登辉、杨锦森	1912 年 10 月	中华书局	4 册

续　表

序号	书　名	作　者	出版时间	出版机构	册数
13	英语会话教科书	邝富灼	1912 年 10 月	商务印书馆	不详
14	英语易通	商务印书馆	1912 年 12 月	商务印书馆	不详
15	初级英语读本	商务印书馆编译所	1913 年 1 月	商务印书馆	不详
16	共和国教科书中学英文读本	甘永龙	1913 年 2 月	商务印书馆	3 册
17	共和国民英文读本	苏本铫	1913 年 5 月	中华书局	6 册
18	共和国教科书中学英文法	邝富灼	1913 年 6 月	商务印书馆	4 册
19	英文法阶梯	邝富灼	1913 年 6 月	商务印书馆	4 册
20	高级英文范	（美）蒙哥马利（R. P. Montgomery）	1913 年 7 月	商务印书馆	不详
21	共和国教科书高等小学英文读本	甘永龙	1913 年 9 月	商务印书馆	不详
22	英文尺牍教科书	张士一	1914 年 1 月	商务印书馆	1 册
23	新世纪英文读本	邝富灼	1914 年 3 月	商务印书馆	6 册
24	英语第一新读本	吴继杲	1914 年 3 月	商务印书馆	不详
25	英语第二新读本	吴继杲	1914 年 3 月	商务印书馆	不详
26	中华英文会话教科书	章景华	1914 年 3 月	中华书局	4 册
27	新制英文读本	李登辉、杨锦森	1914 年 3 月	中华书局	2 册
28	新制英文法	杨锦森	1914 年 4 月	中华书局	2 册
29	近世英文选	（英）蔡博敏（T. W. Chapman）	1914 年 9 月	中华书局	不详
30	共和国民英文读本	苏本铫	1914 年 12 月	中华书局	3 册
31	实习英语教科书（语言练习）	（美）盖葆耐（B. Gage）	1915 年 1 月	商务印书馆	2 册
32	英语会话教科书（活页本）	邝富灼	1915 年 1 月	商务印书馆	不详

序号	书　　名	作　　者	出版时间	出版机构	册数
33	实习英语教科书：语言练习	（美）盖葆耐（B. Gage）	1915 年 2 月	商务印书馆	1 册
34	英文文学读本	王宠惠	1915 年 4 月	中华书局	1 册
35	初级英文教科书	李登辉	1915 年 6 月	中华书局	2 册
36	新编高等小学英文教科书	李登辉、杨锦森	1915 年 9 月	中华书局	不详
37	新制英文法	杨锦森	1915 年 10 月	中华书局	2 册
38	初级英文法英作文合编	吴献书	1915 年 11 月	商务印书馆	不详
39	华英进阶　肆集	甘永龙	1916 年 1 月	商务印书馆	不详
40	英语作文捷径	邝富灼	1916 年 1 月	商务印书馆	不详
41	纳氏第四英文法讲义（上卷）	（英）纳斯菲尔德（J. C. Nesfield）	1916 年 3 月	群益书社	上卷
42	初级英语读本	商务印书馆	1916 年 5 月	商务印书馆	4 集
43	实习英语教科书：英文程式	（美）盖葆耐（B. Gage）	1916 年 10 月	商务印书馆	1 册
44	英语撮要	商务印书馆编译所	1916 年 11 月	商务印书馆	不详
45	英语作文示范	（美）博司（W. C. Booth）	1916 年 12 月	商务印书馆	不详
46	实习英语教科书（英文程式）	（美）盖葆耐（B. Gage）	1917 年 1 月	商务印书馆	2 册
47	英文造句教科书	张秀源	1917 年 2 月	商务印书馆	不详
48	实习英语教科书：会话法规	（美）盖葆耐（B. Gage）	1917 年 7 月	商务印书馆	1 册
49	日用英语会话教本	（美）布赖恩（J. I. Bryan）	1917 年 9 月	商务印书馆	不详
50	简易初等英文法详解	商务印书馆编译所	1917 年 9 月	商务印书馆	不详

续　表

序号	书　　名	作　　者	出版时间	出版机构	册数
51	中学实用英语读本	吴献书	1918 年 1 月	商务印书馆	不详
52	英文格致读本	（美）祁天锡（N. G. Gee）	1918 年 2 月	商务印书馆	不详
53	新体英文法教科书	商务印书馆	1918 年 4 月	商务印书馆	上、下册
54	新体英文法教科书（上、下册）	杨锦森	1918 年 4 月	商务印书馆	上、下册
55	英语模范读本	周越然	1918 年 11 月	商务印书馆	4 册
56	实习英语教科书（会话法规）	（美）盖葆耐（B. Gage）、吴继杲	1919 年 1 月	商务印书馆	不详
57	柯提拿英语教科书	美国函授学校	1919 年 7 月	中华书局	不详
58	中等英文典	商务印书馆	1919 年 8 月	商务印书馆	不详
59	中等英语会话	周越然	1919 年 8 月	商务印书馆	不详
60	中等英文典	（日）神田乃武（Kanda Naibu）	1919 年 8 月	商务印书馆	不详
61	英文津逮	（美）葛理佩（H. B. Graybill）	1919 年 ? 月	伊文思公司	不详
62	新教育教科书英语读本	沈彬	1920 年 1 月	中华书局	2 册
63	初级英语读本	商务印书馆	1920 年 1 月	商务印书馆	4 集
64	英语会话教科书（新大陆采风谈）	（美）埃里斯（John Ellis）	1920 年 1 月	商务印书馆	不详
65	新教育教科书英语读本	沈彬	1920 年 8 月	中华书局	3 册
66	新制英文读本	李登辉	1921 年 1 月	中华书局	不详
67	英语读本	沈彬	1921 年 1 月	中华书局	不详
68	英语读本教案	马润卿	1921 年 1 月	中华书局	不详
69	实用英语阶梯	商务印书馆编译所	1921 年 1 月	商务印书馆	不详

序号	书　　　名	作　　者	出版时间	出版机构	册数
70	新教育教科书英文法	戴克谐	1921 年 2 月	中华书局	2 册
71	新教育教科书英语读本	西文编辑部	1921 年 2 月	中华书局	第 1 册
72	国民英语入门	周越然	1921 年 9 月	商务印书馆	不详
73	新教育教科书万国语音学大意	沈彬	1921 年 11 月	中华书局	不详
74	纳氏文法	陈徐堃（编译）	1921 年? 月	世界书局	4 册
75	英语语音学纲要	周由仅	1922 年 1 月	商务印书馆	不详
76	新法英语教科书	周越然	1922 年 3 月	商务印书馆	3 册
77	增广英文法教科书	（美）吉治理（G. L. Kittredge）	1922 年 4 月	商务印书馆	不详
78	英文模范读本	周越然	1922 年 5 月	商务印书馆	4 册
79	英语语音学纲要	周由仅	1922 年 5 月	商务印书馆	1 册
80	复式英语会话	商务印书馆	1923 年 1 月	商务印书馆	不详
81	新法英语教科书	周越然	1923 年 1 月	商务印书馆	3 册
82	初级中学英语文法读本合编	胡宪生	1923 年 2 月	商务印书馆	4 册
83	新学制初级中学英文读本文法合编	胡宪生、（英）哈格罗夫（H. L. Hargrove）	1923 年 2 月	商务印书馆	2 册
84	新中学教科书初级英语读本	沈彬、马润卿	1923 年 4 月	中华书局	3 册
85	新学制高级小学英语教科书	周越然	1923 年 7 月	商务印书馆	2 册
86	新学制英语教科书	周越然	1923 年 7 月	商务印书馆	2 册
87	新中学教科书高级英语读本	朱友渔	1923 年 7 月	中华书局	1 册

续　表

序号	书　　名	作　者	出版时间	出版机构	册数
88	现代初中英语教科书	周越然	1923 年 9 月	商务印书馆	3 册
89	英语语音学纲要（精装）	周由仅	1923 年 9 月	商务印书馆	1 册
90	新小学教科书英语读本	沈彬	1923 年 12 月	中华书局	3 册
91	英语基本练习口语	张士一	1924 年 1 月	中华书局	1 册
92	新学制高级小学英语教科书	周越然	1924 年 1 月	商务印书馆	2 册
93	高级英语读本教学法	芮听鱼	1924 年 4 月	世界书局	2 册
94	汉释初级实用英文法	平海澜	1924 年 5 月	商务印书馆	1 册
95	英文会通	林天兰	1924 年 5 月	商务印书馆	1 册
96	汉文译注：商业英语会话	张毓良	1924 年 9 月	商务印书馆	1 册
97	英语模范读本	周越然	1925 年 1 月	商务印书馆	4 册
98	新学制初级中学英文读本文法合编	胡宪生、（英）哈格罗夫（H. L. Hargrove）	1925 年 2 月	商务印书馆	2 册
99	新中学教科书英文作文法	谢颂羔	1925 年 3 月	中华书局	1 册
100	新学制小学教科书高级英语读本	芮听鱼	1925 年 4 月	世界书局	2 册
101	新中学混合英语	沈彬、马润卿	1925 年 4 月	中华书局	6 册
102	李氏英语文范	李登辉	1925 年 5 月	商务印书馆	1 册
103	新学制高级小学注音英语教科书	周越然	1925 年 10 月	商务印书馆	2 册
104	初级英语读本	世界书局	1926 年 1 月	世界书局	2 册
105	初级英语读本	盛谷人	1926 年 1 月	世界书局	1 册
106	英语会话公式	周越然	1926 年 1 月	商务印书馆	1 册
107	英语作文初步	商务印书馆编译所	1926 年 1 月	商务印书馆	1 册

续　表

序号	书　　名	作　者	出版时间	出版机构	册数
108	新学制初中英文法教科书	胡宪生	1926 年 2 月	商务印书馆	1 册
109	现代初中英文法教科书	林天兰	1926 年 4 月	商务印书馆	2 册
110	英文基础读本	谭安丽	1926 年 7 月	商务印书馆	4 册
111	中学英语会话读本	（美）布赖恩（J. I. Bryan）	1926 年 10 月	商务印书馆	不详
112	新学制初级中学注音英文读本文法合编	胡宪生	1926 年 11 月	商务印书馆	3 册
113	英语模范课本	周越然	1927 年 1 月	商务印书馆	不详
114	简要英文法教科书（小字本）	（美）纽生（Newson）	1927 年 8 月	商务印书馆	1 册
115	新中华英语课本	王祖廉、陆费执	1927 年 10 月	新国民图书社	3 册
116	英语文法讲义	赵灼	1928 年 1 月	不详	不详
117	文学的英语读本	王宠惠	1928 年 1 月	中华书局	不详
118	英语活用读本	（美）福司德（L. Faucett）	1928 年 1 月	商务印书馆	4 册
119	英语语法系列（语音部分）	（英）纳斯菲尔德（J. C. Nesfield）	1928 年 1 月	英国麦克米伦公司	不详
120	高级英语会话教科书	沈竹贤	1928 年 2 月	商务印书馆	不详
121	英语活用读本	（美）福司德（L. Faucett）	1928 年 4 月	商务印书馆	第 4 册
122	开明英文读本	林语堂	1928 年 7 月	开明书店	3 册
123	新中华教科书高等英文法	沈步洲	1928 年 8 月	新国民图书社	不详
124	南武英语会话第一册	不详	1929 年 1 月	不详	不详
125	高级中学英语读本	不详	1929 年 1 月	不详	1 册

续 表

序号	书 名	作 者	出版时间	出版机构	册数
126	英语基本练习	张士一	1929 年 1 月	中华书局	1 册
127	初级英语读本初集（有图）	商务印书馆编译所	1929 年 1 月	商务印书馆	1 集
128	文化英文读本	李登辉	1929 年 3 月	商务印书馆	3 册
129	文学的英语读本	王宠惠	1929 年 3 月	中华书局	2 册
130	新中华英语混合读本	沈彬	1929 年 10 月	新国民图书社	6 册
131	中学英文读本（戏剧式）	钱兆和	1929 年 12 月	中华书局	3 册
132	英文文法 ABC	林汉达	1930 年 1 月	世界书局	3 册
133	英语标准读本（初中）	林汉达	1930 年 2 月	世界书局	上、下册
134	实用英语作文法	戴骅文	1930 年 1 月	文化学社	1 册
135	英语发音	张沛霖	1930 年 1 月	开明书店	1 册
136	实验英文文法读本	吴献书	1930 年 2 月	世界书局	3 册
137	高中英文选	苏州中学教员	1930 年 5 月	中华书局	3 册
138	初中直接英语法教科书	张士一	1930 年 5 月	商务印书馆	5 册
139	开明英文文法（上、下册）	林语堂	1930 年 8 月	开明书店	上、下册
140	英语散文 ABC	余天韵	1931 年 1 月	世界书局	1 册
141	英语初学诗选	周越然	1931 年 1 月	商务印书馆	不详
142	进步英语读本	进步英文学社编译所	1931 年 1 月	进步英文学社	3 册
143	综合法英语读本初中用	戴骅文	1932 年 1 月	文化学社	不详
144	国民英语读本	陆步青	1932 年 1 月	世界书局	6 册
145	商业英语会话	张毓良	1932 年 1 月	商务印书馆	1 册

序号	书　名	作　者	出版时间	出版机构	册数
146	日用英语读本	（美）葛理佩（H. B. Graybill）	1932 年 1 月	商务印书馆	前、后编
147	初中英语读本	沈彬、蒋梦麟、徐志摩	1932 年 1 月	大东书局	不详
148	The Standard English Selections	百城书局	1932 年 1 月	百城书局	不详
149	标准高级英文选	李儒勉	1932 年 7 月	新国民图书社	2 册
150	新中华高中英语读本	李儒勉	1932 年 7 月	新国民图书社	3 册
151	直接法英语读本	（加）文幼章（J. G. Endicott）	1932 年 8 月	中华书局	3 册
152	进步英语读本	进步英文学社	1932 年 8 月	进步英文学社	3 册
153	初级中学北新英文法	石民	1932 年 8 月	北新书局	2 册
154	综合法英语读本	戴骅文	1932 年 9 月	文化学社	不详
155	初学英文规范	邝富灼、徐铣	1932 年 9 月	中华书局	2 册
156	模范高级英文选	沈彬	1932 年 9 月	大东书局	3 册
157	新中学英语读本	沈彬、马润卿	1932 年 11 月	中华书局	3 册
158	新中学英文法	王宠惠	1932 年 ? 月	中华书局	不详
159	基本英语入门	张梦麟	1933 年 1 月	中华书局	1 册
160	新标准初中英语读本	刘贞甫	1933 年 1 月	文化学社	1 册
161	新学制高级中学英文读本	胡宪生	1933 年 1 月	商务印书馆	1 册
162	新学制高级小学注音英语教科书	周越然	1933 年 1 月	商务印书馆	1 册
163	高中英文选	初大告	1933 年 2 月	立达书局	6 册
164	开明英文文法	林语堂	1933 年 2 月	开明书店	1 册

续　表

序号	书　　名	作　　者	出版时间	出版机构	册数
165	初中英语读本	李唯建、金兆梓	1933 年 5 月	中华书局	6 册
166	综合英语课本	王云五、李泽珍	1933 年 6 月	商务印书馆	不详
167	初中英文法	章长卿	1933 年 7 月	大东书局	1 册
168	高级中学英文选	力谢盐	1933 年 8 月	师大附中英文丛刊社	3 册
169	基本英语课本	张梦麟、钱歌川	1933 年 9 月	中华书局	3 册
170	高中英语标准读本	林汉达	1935 年 3 月	世界书局	6 册
171	高中英语读本	李儒勉	1933 年 9 月	中华书局	3 册
172	实验高级英文法	邓达澄	1933 年 9 月	商务印书馆	1 册
173	英文汉诂	严复	1933 年 9 月	商务印书馆	1 册
174	基本英语例解	（英）奥格登（C. K. Ogden）	1933 年 10 月	中华书局	1 册
175	开明英语正音片课文	林语堂	1933 年 10 月	开明书店	2 册
176	新中学教科书初级英文法	王宠惠	1933 年 12 月	中华书局	上、下册
177	英语进阶(高小用)	龚质彬	1934 年 1 月	北新书局	不详
178	国民英语读本（第 3 卷）初版	陆步青	1934 年 2 月	世界出版合作社	4 册
179	初级基本英语读本	钱歌川、张梦麟	1934 年 2 月	中华书局	不详
180	高中英文作文	方乐天	1934 年 11 月	商务印书馆	1 册
181	初中学生文库：学生英语会话	张谔	1935 年 1 月	中华书局	3 册
182	高中综合英语课本（高中用）	王学文、王学理	1935 年 1 月	商务印书馆	3 册
183	高中英语读本	林汉达	1935 年 3 月	世界书局	6 册

序号	书　　名	作　　者	出版时间	出版机构	册数
184	高中英语读本(修正本)	林汉达	1935 年 4 月	世界书局	3 册
185	初中简易英文文法	刘维向	1935 年 5 月	商务印书馆	1 册
186	英语文学入门	吴献书	1935 年 5 月	商务印书馆	1 册
187	中学英文法教科书	(美)威廉斯 (E. M. Williams)	1935 年 6 月	商务印书馆	1 册
188	基本英语会话	张梦麟	1935 年 7 月	中华书局	3 册
189	高中综合英文课本	王学文、王学理	1935 年 8 月	商务印书馆	6 册
190	初级中学英语	陆殿扬	1935 年 8 月	正中书局	6 册
191	循序英文读本	邝富灼	1935 年 9 月	商务印书馆	不详
192	空中英语会话	王铁成	1935 年 9 月	文明书局	1 册
193	开明青年英语丛书： 商业英语	马文元	1935 年 10 月	开明书店	6 册
194	初中活用英语读本	詹文浒	1936 年 1 月	世界书局	2 册
195	初级英语读本	盛谷人	1936 年 1 月	世界书局	2 册
196	英语会话	袁克行	1936 年 1 月	开明书店	3 册
197	初级中学英语	薛俊才	1936 年 1 月	正中书局	3 册
198	初学实用幼学琼林：增 附英语入门	程允升	1936 年 1 月	鸿文书局	不详
199	基本英语留声片课本	赵元任	1936 年 3 月	中华书局	1 册
200	高中活用英语读本	詹文浒	1937 年 1 月	世界书局	1 册
201	直接法英语补充读本	(加)文幼章 (J. G. Endicott)	1937 年 1 月	中华书局	不详
202	英语翻译基础	周庭桢	1937 年 1 月	开明书店	1 册
203	最新英文读本	陈鹤琴	1937 年 4 月	中华书局	4 册

续　表

序号	书　　名	作　者	出版时间	出版机构	册数
204	高中近代英文选	孟子厚	1937 年 5 月	开明书店	1 册
205	初中英语复习指导	丁光宇	1937 年 5 月	现代教育研究社	1 册
206	基本英语进阶	（英）奥格登（C. K. Ogden）	1937 年 6 月	中华书局	6 册
207	初中英语读本	李唯建、张慎柏	1937 年 7 月	中华书局	4 册
208	标准英语读本	李唯建	1937 年 8 月	中华书局	初集
209	最新英文读本	李卓民	1937 年 8 月	中华书局	不详
210	英文学生丛书：初学英语文法	陆贞明	1938 年 1 月	中华书局	1 册
211	现代英语读本高级中学适用	喻子贤	1938 年 1 月	国光印刷	2 册
212	初中英语	教育总署编审会	1938 年 8 月	教育总署编审会	3 册
213	高中英语	教育总署编审会	1938 年 8 月	教育总署编审会	不详
214	高中英文法	教育部编审会	1938 年 8 月	教育部编审会	不详
215	大学一年级英文教本	陈福田	1938 年? 月	商务印书馆	7 册
216	韦氏英文读本	（英）韦斯特（Michael West）	1939 年 1 月	中华书局	不详
217	学生英语会话	王元章	1939 年 1 月	商务印书馆	1 册
218	初级英文选读	桂绍盱	1939 年 3 月	中华书局	2 册
219	学生英语会话课本	（美）哈金斯（M. I. Huggin）	1939 年 5 月	中华书局	1 册
220	现代英文选注	葛传槼	1939 年 6 月	上海竞文书局	不详
221	实用中学英语语法	钱秉良	1939 年 8 月	上海竞文书局	5 册

续　表

序号	书　　名	作　　者	出版时间	出版机构	册数
222	韦氏英文读本练习书	（英）韦斯特（Michael West）	1939 年 10 月	中华书局	不详
223	竞文初级英语	谢大任	1940 年 1 月	上海竞文书局	6 册
224	直接法英语读本（改订本）	（加）文幼章（J. G. Endicott）	1940 年 1 月	中华书局	3 册
225	英语课本小学校高级用	王祖廉	1940 年 1 月	中华书局	4 册
226	英语会话学习法及实例	徐纪平	1940 年 1 月	启明书局	1 册
227	初级英语作文（英语文库）	英语周刊社	1940 年 1 月	商务印书馆	1 册
228	英语图解会话	王学谦	1940 年 1 月	商务印书馆	1 册
229	复式英语会话	商务印书馆编译所	1940 年 1 月	商务印书馆	1 册
230	短篇英语背诵文选	张云谷、姚志英	1940 年 1 月	建国书局	3 册
231	开明青年英语丛书：英语会话	袁克行	1940 年 1 月	开明书店	不详
232	开明青年英语丛书：英语图解法	谭湘凰	1940 年 2 月	开明书店	2 册
233	初中英语教本	王国华	1940 年 6 月	开明书店	不详
234	初中英文作文	葛传椝	1940 年 8 月	上海竞文书局	不详
235	简易英语作文	葛传椝	1940 年 8 月	上海竞文书局	上、下册
236	汉译开明英文文法	林语堂、张沛霖	1940 年 10 月	开明书店	不详
237	妇女英语会话	（美）哈金斯（M. I. Huggins）	1940 年 10 月	中华书局	1 册
238	新法高中英语读本	（加）文幼章（J. G. Endicott）	1940 年 12 月	中华书局	不详
239	标准英语读本	金维城	1941 年 1 月	上海书局	不详

续 表

序号	书　　　名	作　　者	出版时间	出版机构	册数
240	初中学生文库日用英语会话	史密斯（Clarinda Smith）	1941 年 1 月	中华书局	1 册
241	开明青年英语丛书：商业英语	马文元	1941 年 1 月	开明书店	6 册
242	英语学习法	杨承芳	1941 年 1 月	开明书店	3 册
243	高中英语第一册：英文本	教育总署编审会	1941 年 1 月	教育总署编审会	3 册
244	国定教科书初中英语	教育总署编审会	1941 年 2 月	华中印书局	不详
245	简易英语会话	谢大任	1941 年 8 月	上海竞文书局	1 册
246	初学英语文法	陆贞明	1941 年 8 月	中华书局	3 册
247	初中英语	教育部编审委员会	1942 年 1 月	华中印书局	不详
248	竞文初中英语语法	胡达人	1943 年 1 月	上海竞文书局	1 册
249	日用英语会话	詹文浒	1943 年 1 月	世界书局	2 卷
250	高中英文复习指导	黄永续	1943 年 1 月	现代教育研究社	3 册
251	高中英文萃选	石民	1943 年 6 月	北新书局	不详
252	基本英语读本	钱歌川、张梦麟	1944 年 1 月	中华书局	4 册
253	大学新英语	林汉达	1944 年 1 月	世界书局	6 册
254	新中国教科书高级中学英语	林天兰	1944 年 1 月	正中书局	6 册
255	英语教程	杨承芳	1944 年 3 月	桂林文化供应社	上、下册
256	英文文法 ABC（下册）	林汉达	1944 年 11 月	世界书局	不详
257	模范英语作文精华	奚识之	1944 年 12 月	进修书店	2 集
258	简易英语故事集	陆殿扬	1945 年 1 月	开明书店	不详

序号	书　名	作　者	出版时间	出版机构	册数
259	初中实用英语	欧阳源	1945 年 1 月	艺文书社	3 册
260	英语无师自通	陈平	1945 年 3 月	新生书局	2 册
261	英语模范会话读本	徐培仁	1946 年 1 月	三民图书公司	不详
262	初步背诵英语	黄稚澜	1946 年 1 月	世界书局	4 册
263	高级英语讲座	赵丽莲	1946 年 1 月	丽莲英文丛刊社	2 册
264	中级英文读本	胡毅	1946 年 1 月	开明书店	1 册
265	初学英语读本	江大湧	1946 年 1 月	老德和昶	不详
266	综合英语会话外文版	张其春	1946 年 1 月	路明书店	不详
267	初级英语会话	徐慰慈	1946 年 6 月	春明书店	4 册
268	万叶英语读本	高心海、张训芳	1946 年 8 月	万叶书店	不详
269	基本英文法	陈竹君	1946 年 10 月	商务印书馆	不详
270	开明英文讲义	林语堂、林幽	1946 年 10 月	开明函授学校	6 册
271	综合英语会话（沪初版）	张其春	1946 年 12 月	路明书局	不详
272	初中活用英语读本	詹文浒	1947 年 1 月	世界书局	6 册
273	新标准英语读本	詹文浒	1947 年 1 月	新华出版公司	6 册
274	高级英语文法读本合编	赵丽莲	1947 年 1 月	丽莲英文丛刊社	不详
275	英语翻译释例：汉文英译之部	郭崑	1947 年 1 月	商务印书馆	1 册
276	英语翻译基础：中英文对照	周庭桢	1947 年 1 月	开明书店	不详
277	高中英语语法实习教本	陈志云、谢大任	1947 年 1 月	文怡书局	不详

续　表

序号	书　名	作　者	出版时间	出版机构	册数
278	高级英语背诵读本	胡达人	1947 年 1 月	新中国联合出版社	2 册
279	大众英语（英汉对照）	陈澄之	1947 年 1 月	正中书局	不详
280	综合英语会话	张其春	1947 年 1 月	路明书局	2 册
281	日常英语阅读及会话	李儒勉	1947 年 2 月	中华书局	不详
282	日用英语会话	（美）布赖恩（J. I. Bryan）	1947 年 3 月	商务印书馆	6 册
283	现代英语	柳无忌	1947 年 3 月	开明书店	6 册
284	大东初中英语读本	沈彬	1947 年 5 月	大东书局	1 册
285	新标准英语读本	詹文浒	1947 年 7 月	新华出版公司	6 册
286	初中英语读本	张友松	1947 年 8 月	北新书局	不详
287	大学英语作文	缪廷辅	1947 年 8 月	龙门联合书局	4 册
288	简明高级英文法	闻天声	1947 年 9 月	世界书局	不详
289	中等英文法	刘崇裘	1947 年 9 月	中华书局	上、下册
290	开明新编中等英文法	吕叔湘	1947 年 9 月	开明书店	上、下册
291	中华文库：初学英语文法	陆贞明	1947 年 12 月	中华书局	2 册
292	直接法英语读本教授书（改订本）	（加）文幼章（J. G. Endicott）	1948 年 1 月	中华书局	不详
293	英语交际会话	徐伟慈	1948 年 1 月	上海春明书店	3 册
294	高中英语选	葛传椝、桂绍盱	1948 年 1 月	上海竞文书局	2 册
295	大学新英语（英文本）	林汉达	1948 年 1 月	世界书局	2 册
296	初级适用活的英语法	缪廷辅	1948 年 1 月	中华书局	1 册
297	大东初中英语读本	李唯建、张慎伯	1948 年 1 月	中华书局	不详

序号	书　　名	作　者	出版时间	出版机构	册数
298	初中英语教本修正课程标准适用	王国华	1948 年 1 月	开明书店	不详
299	新时代英语	郑融庚	1948 年 1 月	自力书局	不详
300	大学英语作文	缪廷辅	1948 年 1 月	龙门联合书局	4 册
301	启明英语读本	汪宏声	1948 年 2 月	启明书局	不详
302	短篇英语文范	闻天声	1948 年 4 月	世界书局	不详
303	大学英语作文	缪廷辅	1948 年 8 月	龙门联合书局	4 册
304	中级适用活的英语法	缪廷辅	1948 年 9 月	中华书局	不详
305	初级适用活的英语法	缪廷辅	1948 年 9 月	中华书局	不详
306	初中英语文法	邵松如、戴骅文	1948 年 9 月	文化学社	不详
307	活的英语法	缪廷辅	1948 年 10 月	中华书局	不详
308	建设英语背诵课本：初中适用	黄稚澜	1949 年 1 月	前进书局	不详
309	初中新英语	林汉达	1949 年 3 月	世界书局	3 册
310	高级英语语法	缪廷辅	1949 年 3 月	龙门联合书局	3 册
311	高中英语读本	缪廷辅	1949 年 4 月	龙门联合书局	不详
312	空中英专教本：中级英语会话	魏超田	不详	不详	6 册
313	小学活用英语读本	詹文浒	不详	世界书局	8 册

附录三
部分中小学外语教材参考目录

编号	出版机构	主编	书 名	册次	审查/出版时间	备 注
1	人民教育出版社	龚亚夫 李静纯	*《义务教育课程标准实验教科书 英语(新目标)》	1—5 册	2002 年初审	初中学段
		刘道义 龚亚夫 郑旺全	*《普通高中课程标准实验教科书 英语(必修)》	1—5 册	2004 年初审	高中必修模块
			*《普通高中课程标准实验教科书 英语(选修)》	6—11 册	2005 年初审	高中顺序选修模块
			*任意选修系列: 《普通高中课程标准实验教科书 英语 选修(语言知识与技能类)英语写作》	1 册	2005 年初审	高中任意选修模块
			《普通高中课程标准实验教科书 英语 选修(语言知识与技能类)高中英语语法与词汇》	1 册	2006 年初审	
			《普通高中课程标准实验教科书 英语 选修(语言应用类)初级财经英语》	1 册	2005 年初审	
			《普通高中课程标准实验教科书 英语 选修(语言应用类)计算机英语》	1 册	2006 年初审	
			《普通高中课程标准实验教科书 英语 选修(欣赏类)小说欣赏入门》	1 册	2006 年初审	

编号	出版机构	主编	书　名	册次	审查/出版时间	备　注
2	上海外语教育出版社	戴炜栋 吴友富 燕华兴	*《全国外国语学校英语系列教材　综合英语教程》	1—6册	2002年出版	全国外国语学校英语系列教材,初中学段
		戴炜栋 吴友富 董正璟	*《全国外国语学校英语系列教材　英语阅读与写作》	1—6册	2002年出版	全国外国语学校英语系列教材,初中学段
		戴炜栋 吴友富 汪忠民	*《全国外国语学校英语系列教材　英语听说》	1—6册	2002年出版	全国外国语学校英语系列教材,初中学段
		戴炜栋 吴友富 燕华兴	《普通高中课程标准实验教科书　全国外国语系列教材　英语　必修》	1—5册	2006年出版	全国外国语学校英语系列教材,高中必修模块
		戴炜栋 吴友富 燕华兴	《普通高中课程标准实验教科书　全国外国语系列教材　英语　顺序选修》	6—11册	2006年出版	全国外国语学校英语系列教材,高中顺序选修模块
		戴炜栋 吴友富 虞建华	任意选修课系列:《初级英语语法与修辞》《英汉初级笔译》《英语应用文写作》《英语报刊阅读》《英语演讲与辩论》《文秘英语》《科技英语》《初级旅游英语》《初级经贸英语》《英美文学欣赏入门》《英语影视欣赏入门》《英语戏剧与表演入门》《英语歌曲欣赏》《信息技术英语》	共14册,每种1册	2006年出版	全国外国语学校英语系列教材,高中任意选修模块
3	上海教育出版社（二期课改）	张民伦	*《九年义务教育课本　英语　牛津上海版(试验本)》	1—8册	2002年审查	初中学段,预备初中至初中3年使用
			*《九年义务教育课本　英语　牛津上海版(试用本)》	1—8册	2007年出版	初中学段,预备初中至初中3年使用,上一套的修订本

续　表

编号	出版机构	主编	书　名	册次	审查/出版时间	备　注
3	上海教育出版社（二期课改）	张民伦	《高级中学课本　英语　牛津上海版（试验本）》	1—6 册	2000 年出版	高中学段
			《高级中学课本　英语　牛津上海版（试用本）》	1—6 册	2006 年出版	高中学段，上一套的修订本
4	上海外语教育出版社（二期课改）	戴炜栋张慧芬盛建元	《九年义务教育课本　英语（新世纪版）（试验本）》	1—8 册	2001 年出版	初中学段，预备初中至初中 3 年使用
			《九年义务教育课本　英语（新世纪版）（试用本）》	1—8 册	2006 年出版	初中学段，预备初中至初中 3 年使用，上一套的修订本
		戴炜栋何松林陈立青	《高级中学课本　英语（新世纪版）（试验本）》	1—3 册	2000 年出版	高中学段
		戴炜栋何兆熊张沪平	《高级中学课本　英语（新世纪版）（试用本）》	1—3 册	2006 年出版	高中学段，上一套的修订本
5	外语教学与研究出版社	陈琳鲁子问	《九年义务教育初级中学英语教材（实验本）新标准英语（初中起点）》	1—6 册	2002 年出版	初中 3 年，初中起点教材
			*《义务教育课程标准实验教科书　英语（新标准）》（衔接小学英语）	1—6 册	2004 年审定	初中学段
			*《义务教育教科书　英语》	1—6 册	2012 年审定	初中学段修订本
		陈琳张连仲	*《普通高中课程标准实验教科书　英语（新标准）（必修）》	1—5 册	2004 年审查	高中必修模块
			*《普通高中课程标准实验教科书　英语（新标准）（顺序选修）》	6—11 册	2005 年审查	高中顺序选修模块

续　表

编号	出版机构	主编	书　名	册次	审查/出版时间	备　注
5	外语教学与研究出版社	陈琳张连仲	*任意选修系列：《普通高中课程标准实验教科书　写作教程（新标准）（供高中阶段选修）》	1 册	2005 年初审	高中任意选修模块
			《普通高中课程标准实验教科书　阅读教程（新标准）（供高中阶段选修）》	1 册	2006 年初审	
			《普通高中课程标准实验教科书　中国之旅（新标准）（供高中阶段选修）》	1 册	2005 年初审	
6	译林出版社、牛津大学出版社	王守仁何锋	*《义务教育课程标准实验教科书　牛津初中英语》	共 6 册	2002 年初审	初中学段衔接小学
			*《普通高中课程标准实验教科书（必修）牛津高中英语》	1—5 册	2004 年初审	高中必修模块
			*《普通高中课程标准实验教科书（选修）牛津高中英语》	6—11 册	2004 年初审	高中顺序选修模块
		王守仁何锋	*任意选修系列：《普通高中课程标准实验教科书（选修）初级英语语法与修辞》	1 册		高中任意选修模块
			《普通高中课程标准实验教科书（选修）牛津初级经贸英语》	1 册	2004 年初审	
			《普通高中课程标准实验教科书（选修）英语文学欣赏入门》	1 册		
7	河北教育出版社	田贵森	*《义务教育课程标准实验教科书　初中英语（初中起始版）》	1—6 册	2002 年初审	初中学段起始版
			*《义务教育教科书　英语（衔接三年级起点）》	共 5 册	2013 年审定	初中学段
			*《普通高中课程标准实验教科书　英语（必修）》	1—5 册	2004 年初审	高中学段必修模块

续　表

编号	出版机构	主编	书　名	册次	审查/出版时间	备　注
7	河北教育出版社	田贵森	*《普通高中课程标准实验教科书　英语(选修Ⅰ)》	6—11册	2004年初审	高中顺序选修模块
			*任意选修系列：《普通高中课程标准实验教科书　英语歌曲欣赏(选修Ⅱ　欣赏类)》	1册	2004年初审	高中任意选修模块
			《普通高中课程标准实验教科书　实用英语写作(选修Ⅱ　语言知识与技能类)》	1册	2006年初审	
			《普通高中课程标准实验教科书　广告英语(选修Ⅱ　语言知识与技能类)》	1册	2006年初审	
			《普通高中课程标准实验教科书　英语应用文写作(选修Ⅱ　语言知识与技能类)》	1册	2006年初审	
			《普通高中课程标准实验教科书　英语文学欣赏(选修Ⅱ　欣赏类)》	1册	2006年初审	
8	湖南教育出版社(北京仁爱教育研究所)	王德春	*《义务教育课程标准实验教科书　英语(七年级起始)》	共6册	2003年初审	初中学段零起点
9	山东教育出版社	龚亚夫	*《义务教育课程标准实验教科书　英语》	共7册	2005年初审	初中学段，"五·四"学制
10	教育科学出版社	黑龙江教育学院EEC学院编	*《义务教育课程标准实验教科书　英语》	共8册	2006年初审	初中学段，"五·四"学制
		胡壮麟	*《普通高中课程标准实验教科书　英语(必修)》	1—5册	2004年初审	高中必修模块
			*《普通高中课程标准实验教科书　英语(必修Ⅰ)》	6—11册	2004年初审	高中顺序选修模块

编号	出版机构	主编	书　　名	册次	审查/出版时间	备　注
10	教育科学出版社	胡壮麟	*任意选修系列：《普通高中课程标准实验教科书　文秘英语（选修Ⅱ）》	1 册	2004 年初审	高中任意选修模块
			《普通高中课程标准实验教科书　信息技术英语（选修Ⅱ）》	1 册		
			《普通高中课程标准实验教科书　初级旅游英语（选修Ⅱ）》	1 册		
			《普通高中课程标准实验教科书　科技英语（选修Ⅱ）》	1 册		
			《普通高中课程标准实验教科书　初级经贸英语（选修Ⅱ）》	1 册		
			《普通高中课程标准实验教科书　英语歌曲欣赏（选修Ⅱ）》	1 册		
			《普通高中课程标准实验教科书　英语报刊阅读（选修Ⅱ）》	1 册		
11	北京师范大学出版社	王蔷	《北京市义务教育课程改革实验教材　英语》	6 册/5 册		初中学段
		王蔷	*《普通高中课程标准实验教科书　英语（必修模块）》	1—5 册	2004 年初审	高中必修模块
			*《普通高中课程标准实验教科书　英语（选修模块）》	6—11 册	2005 年初审	高中顺序选修模块
			*《普通高中课程标准实验教科书　初级英汉笔译（选修课）》	1 册	2004 年初审	高中任意选修模块
12	重庆大学出版社	杨晓钰	*《普通高中课程标准实验教科书　英语（必修）》	1—5 册	2004 年初审	高中必修模块

续　表

编号	出版机构	主编	书　　名	册次	审查/出版时间	备　注
12	重庆大学出版社	杨晓钰	*《普通高中课程标准实验教科书　英语(顺序选修)》	6—11 册	2005 年初审	高中顺序选修模块
			*任意选修模块：《普通高中课程标准实验教科书　英语歌曲欣赏（选修)》	1 册	2004 年初审	高中任意选修模块
			《普通高中课程标准实验教科书　英语修辞与写作(选修)》	1 册	2005 年初审	
			《普通高中课程标准实验教科书　英语应用文写作(选修)》	1 册	2005 年初审	

注：标星号的教材被纳入教育部教学用书目录

附录四
"十一五"和"十二五"国家级规划教材(高职英语专业)

序号	丛书名称	总主编	出版机构	册数	规划教材	出版时间
1	世纪商务英语(系列教材)	新世纪高职高专教材编委会	大连理工大学出版社	22	十一五、十二五	2004年9月(第1版) 2018年3月(第6版)
2	新视野商务英语	马龙海	外语教学与研究出版社	6	十一五、十二五	2006年10月(视听说第1版) 2013年10月(综合教程第1版)
3	高职高专商务英语实践系列教材	徐小贞	外语教学与研究出版社	5	不详	2007年5月(第1版) 2012年(第2版)
4	高职高专英语专业立体化系列教材	高职高专英语专业系列教材编写组	高等教育出版社	18	十一五、十二五	2007年6月(第1版) 2016年5月(第2版)
5	致用英语(高职高专英语系列教材)	刘黛琳	外语教学与研究出版社	17	十二五	2008年5月(第1版) 2013年9月(第2版)
6	职通商务英语(系列教材)	贺雪娟	高等教育出版社	11	十二五	2010年7月(第1版) 2016年2月(第2版)
7	旅游职业英语(系列教材)	《旅游职业英语》编写组	高等教育出版社	10	十二五	2016年10月(第1版)

附录五
部分高职高专英语教材编者及出版信息

（一）世纪商务英语

序号	书　名	分册主编	第1版出版时间	第2版出版时间	第3版出版时间	第4版出版时间	第5版出版时间	第6版出版时间
世纪商务英语系列教材								
新世纪高职高专教材编委会								
大连理工大学出版社								
1	综合教程基础篇 I	王君华、王洗薇、杨馨	2004	2007	2008	2012	2014	2018
2	综合教程基础篇 II	戴莹、郑琳靖	2005	2007	2008	2012	2014	2018
3	综合教程专业篇 I	孙雪梅、王洗薇、王华	2005	2007	2008	2012	2014	2018
4	综合教程专业篇 II	刘杰英、陈玲敏	2005	2007	2008	2012	2014	2019
5	听说教程基础篇 I	施志渝、焦文渊	2005	2007	2007	2009	2014	2018
6	听说教程基础篇 II	曹淑萍、李艳慧、肖付良	2004	2007	2007	2009	2014	2018
7	听说教程专业篇 I	姜荷梅、彭春萍	2004	2007	2007	2009	2014	2018
8	听说教程专业篇 II	金阳、陈威、谢金领	2004	2007	2007	2010	2014	2019

续　表

世纪商务英语系列教材								
新世纪高职高专教材编委会								
大连理工大学出版社								
序号	书　名	分册主编	第1版出版时间	第2版出版时间	第3版出版时间	第4版出版时间	第5版出版时间	第6版出版时间
9	阅读教程基础篇 I	王洗薇、任奎艳	2004	2007	2007	2012	2014	2018
10	阅读教程基础篇 II	赵洪霞、余金好、王洗薇	2004	2007	2007	2012	2014	2018
11	阅读教程专业篇 I	吴思乐、郭亚卿、任奎艳	2004	2007	2007	2012	2014	2018
12	阅读教程专业篇 II	范新民、易勇	2005	2007	2007	2012	2014	2019
13	口语教程基础篇 I	周春花、王翠翠	2004	2007	2009	2014	2018	2021
14	口语教程基础篇 II	朱晓琴、董慧敏	2004	2007	2009	2014	2018	2021
15	口语教程专业篇 I	刘杰英	2004	2007	2009	2014	2018	2021
16	口语教程专业篇 II	刘杰英	2005	2007	2009	2014	2019	2021

（注：本表只列出语言技能类基础教材。）

（二）新视野商务英语

新视野商务英语系列教材			
总主编：马龙海			
外语教学与研究出版社			
序号	书　名	主　编	出版时间
1	综合教程1	马龙海、李毅	2013 年 10 月第 1 版
2	综合教程2	马龙海、李毅	2013 年 10 月第 1 版
3	综合教程3	马龙海、李毅	2014 年 8 月第 1 版

续　表

新视野商务英语系列教材			
总主编：马龙海			
外语教学与研究出版社			
序号	书　名	主　编	出版时间
4	综合教程 4	马龙海、李毅	2015 年 2 月第 1 版
5	视听说（上）	马龙海	2006 年 10 月第 1 版
6	视听说（下）	马龙海	2007 年 2 月第 1 版
7	视听说（上）	马龙海	2010 年 6 月第 2 版
8	视听说（下）	马龙海	2010 年 8 月第 2 版
9	视听说（上、下）	马龙海	2019 年 7 月第 3 版

（三）高职高专商务英语实践系列教材

高职高专商务英语实践系列教材					
总主编：徐小贞					
外语教学与研究出版社					
序号	书　名	主　编	副主编	编　者	出版时间
1	商务英语写作	邹渝刚	张伟	张莹、张丽莲	2007 年 5 月第 1 版
2	商务交际	朱立立、吴芳	杨倩、白莉	陈一龙、Angel Yuan	2007 年第 1 版 2016 年 6 月第 2 版
3	会展英语	黄晓彤、文前国	/	李琴美、陈璇	2012 年 8 月第 1 版
4	外事实务	黄晓彤、袁凌燕	/	陈璇	2007 年 5 月第 1 版
5	商务现场口译	赵敏懿、刘建珠	/	赵继政、刘洪山	2007 年 5 月第 1 版

（四）高职高专英语专业立体化系列教材

序号	第1版				第2版		
	高职高专英语专业立体化系列教材						

高职高专英语专业立体化系列教材

高职高专英语专业系列教材编写组

高等教育出版社

序号	书　名	总主编	主　编	出版时间	总主编	主　编	出版时间
			第1版			第2版	
1	综合教程1	陈永捷、周国强	周国强、周越美	2007年8月	陈永捷	常辉、周越美	2016年5月
2	综合教程2	编写组	/	2008年1月	编写组	/	2016年12月
3	综合教程3	编写组	/	2008年6月	编写组	/	2018年11月
4	综合教程4	编写组	/	2010年1月	编写组	/	2016年10月
5	泛读教程1	梅德明	梅德明	2007年8月	梅德明	梅德明	2016年7月
6	泛读教程2	陈永捷、梅德明	梅德明	2007年8月	陈永捷、梅德明	梅德明	2016年8月
7	泛读教程3	陈永捷、梅德明	梅德明	2008年6月	陈永捷、梅德明	梅德明	2016年9月
8	泛读教程4	陈永捷、梅德明	梅德明	2008年6月	陈永捷、梅德明	梅德明	2017年2月
9	口语教程1	陈素花、杨登新	杨登新	2008年6月	杨登新、陈素花	王恩军	2016年6月
10	口语教程2	陈素花、杨登新	郑艳	2008年6月	陈素花、杨登新	孙德常	2016年8月
11	口语教程3：商务英语 口语教程3：旅游英语	陈素花、杨登新	陈素花	2009年9月	杨登新、陈素花	陈素花	2016年6月
12	写作教程	陈永捷、梅德明	/	2008年1月	姜亚军、马素萍	/	2016年9月
13	拓展教程	陈永捷、周国强	陶向龙	2008年1月	陈永捷	陶向龙、江秀丽	2016年9月

（注：本表只列出该系列部分教材信息。）

（五）致用英语

				致用英语系列教材			
				总主编：刘黛琳　副总主编：丁国声、程晓堂			
				外语教学与研究出版社			
序号	第 1 版				第 2 版		
	书　名	主编	副主编	出版时间	主编	副主编	出版时间
1	综合英语 1	程晓堂	/	2008 年 5 月	程晓堂	/	2013 年 10 月
2	综合英语 2	程晓堂	/	2009 年 1 月	程晓堂	/	2013 年 11 月
3	综合英语 3	程晓堂	/	2009 年 7 月	程晓堂		/
4	综合英语 4	程晓堂	/	2009 年 12 月	程晓堂	/	2014 年 10 月
5	听力教程 1	方健壮	蒋清凤	2008 年 6 月	方健壮	蒋清凤	/
6	听力教程 2	方健壮	饶少群	2009 年 1 月	方健壮	饶少群	/
7	听力教程 3	方健壮	杨振兴	2009 年 7 月	/	/	/
8	听力教程 4	方健壮	杨振兴	2010 年 1 月	/	/	/
9	口语教程(上)	金利民	夏玉和	2008 年 6 月	/	/	
10	口语教程(下)	金利民	夏玉和	2009 年 1 月	/	/	
11	阅读教程(上)	宁毅	/	2008 年 6 月	宁毅	高洁	2016 年 6 月
12	阅读教程(下)	宁毅	/	2008 年 12 月	宁毅	吴娅敏	2017 年 1 月
13	写作教程	/	/	/	李莉文、李养龙	/	2015 年 8 月
14	英语报刊阅读	/	/	/	王静岩	杜芳、吕和	2016 年 8 月
15	语法教程	史洁、郑仰成	/	2008 年 1 月	史洁、郑仰成	杨清宇	2016 年 8 月
16	英语国家概况	/	/		丁国声	张宝丹	2015 年 4 月
17	英美文学选读	/	/	/	祁继香	郭晨、李瑞霞、闫国娥	2016 年 8 月

（六）职通商务英语

职通商务英语系列教材					
总主编：贺雪娟					
高等教育出版社					
序号	第1版			第2版	
	书　名	主　编	出版时间	主　编	出版时间
1	综合教程1	贺雪娟、郭定芹、付检新	2010年7月	付检新、杨帅	2016年2月
2	拓展教程1	贺雪娟、李颖、李琰	2010年8月	贺雪娟	2016年6月
3	综合教程2	贺雪娟、朱毅恒	2010年9月	贺雪娟、朱毅恒	2016年3月
4	拓展教程2	杨丽波、金钏	2010年9月	贺雪娟	2016年4月
5	综合教程3	邓曼英、刘玉丹	2011年3月	贺雪娟	2017年3月
6	拓展教程3	许灵芝、文平	2011年7月	贺雪娟	2016年7月
7	综合教程4	付检新、戴卓	2011年8月	贺雪娟	2016年3月
8	拓展教程4	贺雪娟、戴卓	2011年8月	贺雪娟	2016年4月
9	听说教程1	贺雪娟、潘静、游娟	2010年7月	贺雪娟	2016年2月
10	听说教程2	贺雪娟、唐菁、李涵	2010年9月	贺雪娟	2016年7月
11	听说教程3	刘亚琴、王波	2011年6月	邓曼英、刘玉丹	2016年3月

（七）旅游职业英语

旅游职业英语系列教材				
《旅游职业英语》编写组				
高等教育出版社				
序号	书　名	主　编	编　者	出版时间（第 1 版）
1	读写实务 1	编写组	刘素琴、李慧华、老青、常红梅、葛岩、全斌	2016 年 10 月
2	读写实务 2	编写组	张竞、卢玲蓉、老青、常红梅、葛岩、全斌	2017 年 3 月
3	读写实务 3	编写组	王月会、杨红全、闫晗、老青、常红梅、王晓敏	2016 年 12 月
4	听说实务 1	编写组	李青、刘静、老青、葛岩	2016 年 7 月
5	听说实务 2	编写组	索惠赟、刘丽洁、陈静、曾菁、何明华、老青、葛岩	2016 年 7 月
6	听说实务 3	编写组	刘巍、高珏、马红、老青、葛岩、吴国初	2017 年 7 月
7	口笔译实务 1	编写组	程云燕、彭洪明、姜丽、赵欣、老青、全斌、王建文	2015 年 7 月
8	口笔译实务 2	编写组	刘晓晶、路东晓、刘新利、黄希、李受恩、老青	2016 年 1 月

（注：本表只列出语言技能类基础教材。）

附录六
首届"全国优秀教材"评选中外语类教材获奖名单

　　"全国优秀教材"奖分为基础教育、职业教育与继续教育、高等教育3个大类,是全国教材建设奖的3大奖项之一。

　　"全国教材建设奖"于2019年12月获批设立,由国家教材委员会主办、教育部承办,面向大中小学教材建设各领域各环节实施,分设"全国优秀教材""全国教材建设先进集体""全国教材建设先进个人"3个奖项,每4年评选一次。

　　首届全国教材建设奖评选工作于2020年10月启动,2021年10月公布评选结果。经评审,最终共评选出全国优秀教材999种、全国教材建设先进集体99个、全国教材建设先进个人200名。现将此次评选中的外语类优秀教材分类汇总如下①:

　　1. 基础教育类

奖项	书　　名	册次/版次	适用学段	主　要　编　者	出版机构
特等奖	普通高中教科书英语	必修第1册/第1版	高中	主编:陈琳;副主编:张连仲	人民教育出版社

---

　　① 说明: 在此国家教材委员会公布的"全国优秀教材"名单中(参见: http://www.moe.gov.cn/srcsite/A26/s8001/202110/t20211012_571686.html),同一套教材的不同年级获奖分别列为多个条目。清晰简便起见,以下列表对同一套教材的多个获奖分册进行了合并处理,如陈琳等主编、外语教学与研究出版社出版的《义务教育教科书英语(一年级起点)》一至六年级教材共12册均获得二等奖,在国家教材委员会公布的获奖名单中分别按6个年级列为6种教材,在此进行了合并呈现。

续　表

奖项	书　　名	册次/版次	适用学段	主　要　编　者	出版机构
一等奖	义务教育教科书英语（三年级起点）	三年级上、下册/第1版	小学	主编：吴欣、Larry Swartz、Beth Levy；副主编：曹洁	人民教育出版社
一等奖	义务教育教科书英语（三年级起点）	三年级上、下册/第1版	小学	主编：陈琳、Printha Ellis；副主编：鲁子问	外语教学与研究出版社
一等奖	义务教育教科书英语	七年级上册/第2版、下册/第1版	初中	主编：刘道义、郑旺全、David Nunan；副主编：张献臣、张雅君	人民教育出版社
一等奖	高级中学课本英语（新世纪版）	三年级第一学期、第二学期（试用本）/第1版	高中	主编：戴炜栋；分册主编：何兆熊、陈立青	上海外语教育出版社
一等奖	普通高中教科书俄语	必修第2册/第1版	高中	总主编：赵为、丁曙；副主编：田旭；本册主编：李莹	人民教育出版社
二等奖	义务教育教科书英语（一年级起点）	一/二/三/四/六年级上、下册/第1版	小学	主编：吴欣、Larry Swartz、Beth Levy；副主编：陶明天、闫赤兵	人民教育出版社
二等奖	义务教育教科书英语（三年级起点）	四/六年级上、下册/第1版	小学	主编：吴欣、Larry Swartz、Beth Levy；副主编：曹洁	人民教育出版社
二等奖	义务教育教科书英语（一年级起点）	一/二/三/四/五/六年级上、下册/第1版	小学	主编：陈琳、Printha Ellis；副主编：鲁子问	外语教学与研究出版社
二等奖	义务教育教科书英语（三年级起点）	四/六年级上、下册/第1版	小学	主编：陈琳、Printha Ellis；副主编：鲁子问	外语教学与研究出版社

奖项	书　　名	册次/版次	适用学段	主　要　编　者	出版机构
二等奖	义务教育教科书英语（三年级起点）	四/六年级上、下册/第2版	小学	中方主编：何锋、齐迅；英方主编：牛津大学出版社（中国）有限公司英语教材编写委员会；副主编：许以达、赵雪如、沈峰	译林出版社
二等奖	九年义务教育课本英语(牛津上海版)	五年级第一学期、第二学期(试用本)/第1版	小学	主编：施嘉平；原作者：Ron Holt	上海教育出版社
二等奖	义务教育教科书英语	八/九年级上、下册/第1版	初中	主编：张春柏、舒运祥；原作者：M Dean、P Etherton、G McArthur	上海教育出版社
二等奖	义务教育教科书英语	八/九年级下册/第1版	初中	主编：陈琳、Simon Greenall；副主编：鲁子问、张连仲	外语教学与研究出版社
二等奖	普通高中教科书英语	必修第1—2册/第1版	高中	主编：王蔷；副主编：曹瑞珍、陈则航、王琦	北京师范大学出版社
二等奖	普通高中教科书英语	必修第1—2册/第1版	高中	主编：刘道义、郑旺全；副主编：吴欣、张献臣	人民教育出版社
二等奖	普通高中教科书英语	必修第2册/第1版	高中	主编：陈琳；副主编：张连仲	外语教学与研究出版社
二等奖	高级中学课本英语(新世纪版)	高中一年级第一学期、第二学期(试用本)/第1版	高中	主编：戴炜栋；分册主编：何兆熊、张沪平	上海外语教育出版社
二等奖	普通高中课程标准实验教科书（选修）牛津高中英语（模块七·高二下学期）	第3版	高中	作者：Deborah Aldred、Gabrielle Duigu、Kelly Fried；英方主编：牛津大学出版社（中国）有限公司英语教材编写委员会；中方主编：王守仁、何锋；副主编：顾爱彬	译林出版社

续　表

奖项	书　　名	册次/版次	适用学段	主　要　编　者	出版机构
二等奖	普通高中教科书日语	必修第1册/第1版	高中	主编：唐磊	人民教育出版社

2. 职业教育与继续教育类

奖项	书　　名	册次/版次	适用对象	主　要　编　者	出版机构
一等奖	新编实用英语综合教程	1—2/第5版	高职	第1册主编：孔庆炎、刘鸿章、姜怡、姜欣；副主编：曹兰、包燕 第2册主编：孔庆炎、刘鸿章、安晓灿、彭新竹；副主编：张敏、王薇	高等教育出版社
一等奖	职场英语系列教材　理工英语	1—4/第1版	继续教育	总主编：刘占荣；分册主编：彭丽(1—4) 副主编：第1册：胡江萍；第2册：栾晓虹；第3册：张锦文；第4册：冯小妮	国家开放大学出版社
一等奖	俄语(MP3版)	1—4(第2次修订版)/第1版	继续教育	主编：林宝煊、阎家业	外语教学与研究出版社
二等奖	外贸英语函电	第3版	高职	主编：项伟峰	北京师范大学出版社
二等奖	世纪商务英语口语教程专业篇	I—II/第5版	高职	第1册主编：刘杰英；副主编：张菲、谭理芸 第2册主编：刘杰英；副主编：胡冬林	大连理工大学出版社
二等奖	点击职业英语：职业英语模块酒店英语	第3版	高职	主编：王君华、何珊；副主编：彭一飞、刘焕、高亢	大连理工大学出版社
二等奖	学英语	1—2/第3版	继续教育	主编：戴丽萍；副主编：刘艳平	北京交通大学出版社

奖项	书 名	册次/版次	适用对象	主 要 编 者	出版机构
二等奖	综合日语	1—4/第1版	继续教育	总主编：张学库； 副总主编：崔风岐、邵红 第1册主编：张冬梅、张明明；副主编：朴金梅、朱莉 第2册主编：齐羽羽、王斌、李庆君；副主编：张颖慧、刘胭脂 第3册主编：张胜芳、金明兰;副主编：曹新宇、李瑞华 第4册主编：张胜芳、甘丽鹃;副主编：于舟、杨起	大连理工大学出版社
二等奖	新视野商务英语视听说	上册、下册/第3版	继续教育	上册主编：马龙海;副主编：李毅、毕亚男、赵佳、姬姝 下册主编：马龙海;副主编：李毅、李慧娟、任芳、崔春萍	外语教学与研究出版社

3. 高等教育类

奖项	书 名	册次/版次	适用对象	主 要 编 者	出版机构
一等奖	新编大学英语（第4版）综合教程	1/第4版	本科生	主编：何莲珍;副主编：蒋景阳	外语教学与研究出版社
一等奖	语言学教程（第5版）	第5版	本科生	主编：胡壮麟;副主编：姜望琪、钱军	北京大学出版社
一等奖	翻译概论（修订版）	第2版	研究生	许钧	外语教学与研究出版社

续　表

奖项	书　名	册次/版次	适用对象	主 要 编 者	出版机构
二等奖	大学思辨英语教程精读 1：语言与文化 大学思辨英语教程精读 2：文学与人生 大学思辨英语教程精读 3：社会与个人 大学思辨英语教程精读 4：哲学与文明	1—4/第 1 版	本科生	总主编：孙有中 第 1 册主编：蓝纯；副主编：夏登山 第 2 册主编：侯毅凌 第 3 册主编：郭亚玲、宋云峰 第 4 册主编：孙有中、顾悦、贾宁	外语教学与研究出版社
二等奖	现代大学英语精读(第 2 版)	1—6/第 2 版	本科生	总主编：杨立民 第 1 册：杨立民、徐克容、陆培敏 第 2 册：徐克容、杨立民 第 3/4 册：杨立民、徐克容 第 5/6 册：梅仁毅	外语教学与研究出版社
二等奖	新编简明英语语言学教程(第 2 版)	第 2 版	本科生	主编：戴炜栋、何兆熊	上海外语教育出版社
二等奖	新编英语语法教程(第 6 版)学生用书	第 6 版	本科生	主编：章振邦	上海外语教育出版社
二等奖	英国文学选读(第 4 版)	第 4 版	本科生	主编：王守仁	高等教育出版社
二等奖	英美诗歌选读	第 1 版	本科生	蒋洪新	湖南师范大学出版社
二等奖	"东方"大学俄语（新版）学生用书	1—8/第 2 册第 2 版,其余第 1 版	本科生	总主编：史铁强；分册主编：第 1 册：史铁强、张金兰；第 2 册：刘素梅；第 3 册：黄玫；第 4 册：张朝意；第 5 册：王凤英；第 6 册：李向东、Я. Н. 普里鲁茨卡娅；第 7/8 册：史铁强	外语教学与研究出版社

续　表

奖项	书　名	册次/版次	适用对象	主　要　编　者	出版机构
二等奖	法语综合教程	1—2/第1版	本科生	主编：曹德明、花秀林	上海外语教育出版社
二等奖	对比语言学（第2版）	第2版	研究生	许余龙	上海外语教育出版社

后 记

　　《中国外语教材史》终于完稿了。事结笔止,真有如释重负的感慨!记得在2017年初,我带领博士团队在山东菏泽学院开展中国外语教学多维研究博士沙龙活动,其间接到了上海外语教育出版社孙玉社长的电话,邀我撰写《中国外语教材史》。我觉得这是一件非常有意义的工作,便欣然应允,回沪后立即着手筹划本书撰写工作。

　　在准备期间,我注意到关于中国外语教育的发展历史有不少论著,但专门关于教材发展历史的不多;即使有,多数也是就1949年后的教材进行梳理和总结,且多与英语教材相关。同时,我觉得撰写外语教材史,不应只限于英语教材,还应该包括其他主要语种(如日语、阿拉伯语、俄语、法语、德语、西班牙语等)的教材,这样才能较为完整地反映中国外语教材发展的历史面貌。

　　随着研究的深入,我们发现,教材史撰写并非易事,因为中国正规的外语教学尽管历史不长,但是教材种类繁多且各具特色。可以说,教材的版本和版次之多,超乎预想,收集工作很难做到穷尽。由于诸多时代的原因,很多教材散落各地甚至海外,很难探寻其根源。因此,要把历史上的外语教材都一一梳理清楚,实在有些力不从心。每个语种教材都有其发展的特点与规律,而且在整个历史长河中,能够被查阅到的教材并不多。即使能查到,也不一定就是当年的最初版本。从这一点上看,撰写好一本能够反映中国各时代特征的外语教材史,其难度可想而知。

　　我们经过一段时间的资料查阅和团队研讨后决定,外语教材史的编写应以时间为线索,分时期分阶段选择最具代表性的教材进行整理和分析,以期准确地总结并勾画出时代特色和重点。整个撰写工作注重三个方面。第一,借鉴历史,展望未来,通过对160多年来中国外语教学的梳理,总结并展现中国外语教材发展的主要背景和历史变化,包括重大的历史事件、重大的政策调整、重大的教材编写方法等,以期从这些背景和变化中找出教材发展的规律和趋势,为未来教材开发和编写提供借鉴。第二,总结教材发展过程中的思想变化、理念变化、教学方法变化以及价值观体系的变化。应该说,外语教学最初由外国传教士引入中国,很多的外语教学理念和方法都是"舶来品",因此探寻前人如何把这些理念与方法融入国人的生活和学习环境就显得尤为重要。第三,通过研究和总结百余年来的外语教材发展历史,我们可以从中汲取有益的经验和教训,对中国未来外语教材的编写有启发作用,尤其对编写符合中国人学习外语的特点以及具有中国特色的外语教材具有重要的现实意义。

本教材史的撰写工作历时五年有余,其间编写组从确定编写思路、设计编写方案、收集稀缺史料到史料归类、分析、评述、成稿,经历了不少坎坷,克服了不少意想不到的困难,几易书稿,饱尝了撰写教材史的酸甜苦辣,度过了许多令人难忘的日日夜夜,最终完成书稿。

这部《中国外语教材史》凝聚了编写组成员的努力、心血和智慧,还有许多编写组外的人士为教材史的撰写提供了各方面的支持和帮助。其中,西安电子科技大学的秦枫教授为查阅和追踪历史上的老教材,不辞辛劳,广泛查阅;哈尔滨工业大学(威海校区)的孟宇博士不仅提供了许多建议,还帮助编写组查阅整理资料并买到珍贵的民国初年的教材;齐齐哈尔大学的雷丹教授认真阅读了本书的不少章节,提出许多宝贵的建议和意见;中国地质大学(武汉)的刘芳博士就教材史的设计和撰写提供了不少富有价值的建议和设想;刘辉博士和皖西学院的刘新国博士为教材史资料的收集提供了许多线索,尤其是教材的图片和内容方面;上海外国语大学的李佐腾博士为本书定稿做了全面的格式整理和细致的检查。另外,上海大学戴朝晖博士、上海理工大学黄芳博士、哈尔滨工业大学(威海校区)史光孝教授、哈尔滨师范大学顾世民教授、上海师范大学李四清博士等都对教材史的研究提供了帮助。商务印书馆(北京)、国家图书馆(北京)以及上海图书馆的徐家汇藏书楼为本教材史的编写提供了许多非常宝贵的历史资料。在此一并表示衷心的感谢!

《中国外语教材史》的撰写是一项复杂的系统工程,涉及面极其广泛,因此疏漏或偏差在所难免,恳请广大读者和同行专家不吝赐教。

陈坚林

2023 年春于上海